GB
한길그레이트북스

인 류 의 위 대 한 지 적 유 산

인류의 위대한 지적유산

테오도르 아도르노

—

부정변증법

—

홍승용 옮김

한길사

인류의위대한지적유산

Negative Dialektik

—

Theodor W. Adorno

—

Translated by
Hong Seung-yong

테오도르 아도르노(1903~69)

집에서 피아노를 치고 있는 아도르노(1967)
어릴 적부터 작곡 수업, 피아노 수업을 받은 아도르노는 『신음악의 철학』『베토벤』『바그너론』 등
음악에 관한 많은 저술을 남겼다.

헤겔(1770~1831)
『부정변증법』은 변증법을 헤겔 변증법의 긍정적 성격으로부터 해방시키고자 한다.

칸트(1724~1804)
칸트의 『실천이성비판』을 발판으로 아도르노는 자유와 필연의 문제를 천착한다.

마르크스(1818~83)
마르크스의 유산에 대한 아도르노의 빚은 신좌파적 궤도수정만으로 쉽게 정산되지 않는다.

프랑크푸르트 학파
위로부터 시계방향으로 호르크하이머, 하버마스, 아도르노, 마르쿠제

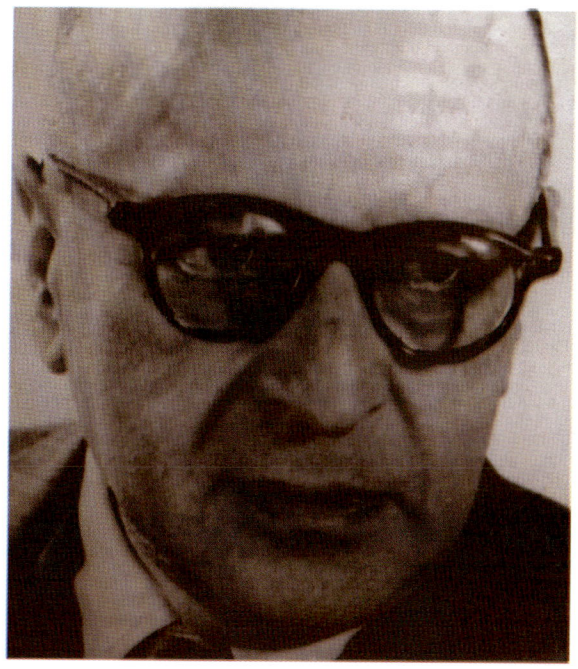

MAX HORKHEIMER
UND THEODOR W. ADORNO

DIALEKTIK
DER
AUFKLÄRUNG

PHILOSOPHISCHE FRAGMENTE

QUERIDO VERLAG N.V.
AMSTERDAM
1947

(위) 신좌파의 역사철학과 문화비판적 사유방식을 결합하고 있는 아도르노와 호르크하이머의 공저 『계몽의 변증법』. 이 책의 부정적 정치의식은 아도르노의 주요 저술들에 그대로 삼투된다. (이레) 초기 프랑크푸르트 학파를 이끈 호르그하이미(1895·~1973)

루카치(1885∼1971)
루카치의 사물화 비판 없이 아도르노의 문화 비판도 없다. 그러나 마르크스-레닌주의자 루카치는
아도르노의 '도펠겡어'인 듯하다.

벤야민(1892~1940)
벤야민이 남긴 몇몇 주요 모티프들이 아도르노에게서 변증법적 용어로 재개된다.

(위) **하이데거**(1889~1976)
하이데거의 '존재'에 대한 아도르노의 비판은 가히 섬멸적이다.
(아래) **브레히트**(1898~1956)
동구의 집단주체 당 중심 사고방식에 맞서 아도르노는 자율적이고 자발적인 개인주체를 강조한다.
이 점에서 그는 브레히트에 대해 그다지 우호적이지 못하다.

아우슈비츠 형무소
아도르노는 칸트의 정언명령을 "아우슈비츠와 유사한 일이 반복되지 않도록 생각하고 행동하라"는
명령으로 변형한다.

옮긴이 **홍승용**은 서울대학교 사범대학 독어교육과를 졸업하고, 같은 대학교 대학원에서 독문학 석사·박사학위를 받았다. 현재 대구대학교 독문학과 교수로 있으며, 『문예미학』 편집위원이다.

주요 논문으로는 「아도르노 미학의 이해」「루카치 리얼리즘론 연구」「리얼리즘의 논리」「루카치의 문예미학―'역사와 계급의식'을 중심으로」「'부정적 변증법'의 마르크스적 요소」「루카치 후기미학의 인식론적 기초―'미의 고유성'에서의 주체-객체 문제」 등이 있으며, 『미학이론』(문학과 지성사, 1984)『문제는 리얼리즘이다』(실천문학사, 1985)『미학서설』(실천문학사, 1986)『미학논평』(문화과학사, 1992)『삶과 문학. 브레히트 평전』(한마당, 1993) 등을 우리말로 옮긴 바 있다.

GB
한길그레이트북스

인류의위대한지적유산

테오도르 아도르노

부정변증법

홍승용 옮김

한길사

부정변증법 • 차례

억압적 자유론 | 자유와 부자유에 대한 자기경험 | 인과성의 위기 | 속박으로서의 인과성 | 이성, 자아, 초자아 | 자유의 잠재력 | 인격주의에 대한 반론 | 비인격화와 실존론적 존재론 | 도덕철학에서의 보편과 개인 | 자유의 상태에 대해 | 칸트에서의 예지적 성격 | 예지적인 것과 의식의 통일 | 예지설의 진리내용

제2장 세계정신과 자연사—헤겔에 대한 부연설명 397

경향과 사실들 | 세계정신의 구성을 위해 | '세계정신과의 조화' | 생산력의 해방 | 집단정신과 지배 | 법의 영역 | 법과 공정성 | 개인주의적 베일 | 보편과 특수의 역동성 | 사회적 총체성으로서의 정신 | 적대적 역사이성 | 세계사 | 적대관계는 우발적인가? | 헤겔식 세계정신의 초현세성 | 헤겔에서의 변증법 중단 | 헤겔의 보편 만들기 | 플라톤주의로의 회귀 | 시간의 탈시간화 | 민족정신의 역할 | 민족정신의 고루함 | 개별성과 역사 | 속박 | 속박 아래의 퇴행 | 주체와 개인 | 변증법과 심리학 | '자연사' | 역사와 형이상학

제3장 형이상학에 대한 명상들 467

1. 아우슈비츠 이후 | 2. 형이상학과 문화 | 3. 오늘날의 죽음 | 4. 행복과 헛된 기다림 | 5. '허무주의' | 6. 칸트의 체념 | 7. 구제의 욕망과 장벽 | 8. 예지계 | 9. 중성화 | 10. '그저 하나의 비유일 뿐' | 11. 타자의 가상 | 12. 변증법의 자체반성

해방적 실천은 충분히 해방적인가
『부정변증법』의 마르크스주의적 요소

• 홍승용(대구대 교수·독문학)

1

해방의 이론은 억압의 현실을 먹고 산다. 예측불허의 과학발전으로도 인류는 아직 자본의 단순논리조차 뛰어넘지 못했고, 구조적 불평등과 불행은 자본 주도 세계체제의 틀 아래서 폭증하고 있다. 이 테제를 뒷받침하기 위해, 상대적 빈곤이 아니라 절대 다수의 절대 빈곤이 문제라는 월러스틴의 통계를 굳이 끌어들일 필요는 없을 것이다. 1990년대 말 '잘 나가던' 한국 자본주의의 실상이 확연하게 드러난 지금, 냉엄한 범세계적 모순들과의 끈질기고 적극적인 이론적·실천적 대결은 어느 때 못지 않게 절실히 요구된다. 마르크스의 유령은 쉽사리 죽은 개 취급될 수 없는 것이다. 이 글은 다시 살아나야 할 마르크스주의적 관심에서, 즉 투명한 현실인식과 인간해방이라는 복합관심에 비추어, 『부정변증법』이 오늘날에도 기여할 수 있는 바를 찾아보고 또 그것이 초래할 수 있는 문제점을 적시하고자 한다. 이를 위해서는 『부정변증법』이 명시적으로 마르크스주의에 대해 언급하는 부분들을 살펴보는 데에서 출발하는 것이 자연스러워 보인다.

2

아도르노의 주요 저서들, 예컨대 『계몽의 변증법』이나 『미학이론』에서 확인되는 현실사회주의체제 및 동구 마르크스주의에 대한 아도르노의 거부입장은 『부정변증법』에서도 매우 신랄하게 표현된다. 정치 영역과 관련해 그는 다음과 같이 분명하게 말한다. 즉 공산주의는 "집권만 하면 어디서나 관리체제로서 자신의 묘혈을 팠다." "전체주의 국가들에서 보는 단일정당들의 명칭은 소수의 직접적 폭력에 대한 알레고리"일 뿐이다. 또한 "테러리즘적 국가기구들은 이제 곧 50년이나 지속되어온 프롤레타리아트의—이들은 이미 오래 전부터 관리되고 있다—독재라는 뻔한 구실 아래 영구집권의 기구로서 안주한다. 이는 그들이 입으로 떠벌리는 이론에 대한 조롱이라고 할 수 있다."

마르크스-레닌주의 이론과 관련해서도 아도르노의 말투는 반공 이데올로기 교과서의 논조와 구분되지 않을 정도이다.[1] 그의 주장에 따르면 유물변증법은 '독단'으로 타락했으며, '정치적 지배수단'이자 '조잡한 세계관'으로 되었다. 특히 정권을 장악한 유물론은 의식을 이해하고 변혁하기는커녕 오히려 '속박'하며, 자신이 막아야 할 '야만상태'로 돌아간다. 특히 인식론

---

[1] 역으로 아도르노의 이론에 대한 마르크스-레닌주의의 비판 역시 그 못지 않게 격렬하다. 그 핵심어들을 나열하면 다음과 같다. '자본주의의 보편적 위기를 배경으로 한 제국주의 철학의 위기' '진보 및 실천과의 괴리' '정신적일 뿐인 저항' '정신생활의 세련된 술책' '아도르노 자신이 비판한 통합에의 동참' '지적 무정부주의' '마르크스주의에 의지하는 마르크스주의 곡해' '철학적 절충주의와 다원주의' '계급대립의 심리화' '변증법적 유물론에 맞서기 위한 알리바이로서의 관념론적 헤겔 동원' '모든 국가 및 그 장치들에 대한 무차별적·비역사적 비판' '진리의 객관적 성격 제거' '지식인적 실천적대성' '부분적 진리로 장식된 마르크스주의 수정' '사회의 본질에 맞선 현상방식의 절대화' '연관체계, 체계론, 이론적 전체성 등을 이룩할 수 없는 무능력' '모델의 불가지론적 사용' '많이 말하고 멋있게 말하기' '냉소적으로 조소하며 재치를 부리는 고루한 서독 시민' '유행현상으로 된 엘리트적 독창성 추구' '규범화되지 않은 언어추구 의지의 언어적 규범으로의 전도' '소시민적 순응' 등. 책 한 권이 통째로 그에 대한 비방을 담고 있는데, 냉전 이데올로기를 감안하더라도, 아도르노 이론의 아

과 관련하여 아도르노는 공식적 마르크스주의를 다음과 같이 비난한다. "공식적 유물변증법은 법령을 통해 인식론을 건너뛰었고, 그로 인해 인식론적으로 보복을 받는다. 모사론이 그렇다. 사상은 사물의 모상이 아니라—사상을 그렇게 보는 것은 단지 물질이 미소한 영상들을 방출한다고 지어내는 에피쿠로스 스타일의 유물론적 신화뿐이다—사물 자체에 다가선다."

그러나 사물 자체에 부단히 다가서려는 자세는 '공식적' 유물변증법이 기계적 유물론 및 형이상학적 사유방식과의 대결을 통해 얻어낸 인식론적 기본 원칙 가운데 하나이기도 하다. 그런데『부정변증법』은 그 비판 근거, 즉 유물변증법이 사물 자체에 다가서는 것을 막는다는 근거를 제시하지 않고 있다. 아도르노는 위의 주장을 논증하는 것이 아니라 그냥 내던져놓을 뿐이다. 말하자면 유물변증법의 기본 원칙을 그다지 새롭지 않은 표현으로 바꾸어 유물변증법에 다시 욕설로서 퍼붓는 것이다.

반영론에 대한 아도르노의 비판을 좀더 살펴보자. 아도르노는 주체의 자발성과 비판적 계기 등의 관점에서 반영론을 비판한다. "모사론은 생산력과 생산관계의 객관적 변증법의 원동력인 주체의 자발성을 부인한다. ……단지 끈질기게 사물화된 의식만이 객관세계의 사진을 소유한다고 망상하거나 남들에게 설득하려 든다." "이른바 반영의 주도권이라는 것은 주관적·비판적 계기를 희생시키게 된다. ……모사적 사유는 무반성적이며 비변증법적인 모순이다. 반성 없이는 이론도 없다."

그러니까 아도르노는 반영론이 이론도 아니라는 험담을 하고 있는 셈이다. 그러나 주체의 자발성 결여는 모사론의 산물이라기보다는 우선적으로 정치적·조직적 실천 차원의 문제라고 보아야 할 것이다. 더욱이 반영 개념을 '객관세계의 사진'이라는 말로 폄하할 수는 없다. 우선 루카치가 강조하는 '본질과 현상의 변증법'이나 이에 근거하는 전형 개념이 '사진'과는 근

폰 곳을 제대로 건드리는 대목이 많다. 적개심이 통찰력을 키우기도 하는 것이다. P. Reichel, *Verabsolutierte Negation. Zu Adornos Theorie von den Triebkräften der gesellschaftlichen Entwicklung*, Berlin : 1972 참조.

본적으로 다른 차원에서 전개된다. 또 반영론의 의미 있는 반성·비판 유무를 판단할 근거는 궁극적으로 현실과의 대질 속에서만 찾을 수 있다는 점에서 쉽사리 반영론을 무반성적·무비판적이라고 단정할 수도 없다.

반영은 인식론에서 인식의 자체증식이라는 관념론적 허구를 그 뿌리부터 비판하고, 주체적 요소를 포괄하는 객관을 일차적인 것으로 보는 유물론의 출발 개념일 뿐이다. 또 반영의 반성적 성격은 구체적 반영의 진행과정에서 판가름날 뿐이며, 일괄적으로 부정될 수 없다. 그러나 아무튼 비판과 반성이 『부정변증법』의 중심 주제인 것은 분명하다.

3

『부정변증법』에서 반성의 일차 대상은 인식의 도구 자체이다. 인식도구에 대한 반성은 수많은 철학자들이 이미 수행한 일이기도 하다. 데카르트의 '방법적 회의', 칸트의 '순수이성비판' 등이 널리 알려진 예일 것이다. 그러나 이들이 비판을 통해 보편타당하고 필연적인 인식의 가능성을 열 수 있다고 생각한 데에 비해, 아도르노는 인식의 불완전성, 오류가능성, 역사적·사회적 제약성 등을 불가피한 것으로서 받아들인다. 이 점에서 아도르노는 유물변증법의 기본 원칙에 따른다.

인식도구에 대한 반성의 필요성을 아도르노는 이렇게 지적한다. 우선 엄청나게 팽창한 사회와 실증적 자연인식의 진보에 비추어볼 때 전통적인 철학의 개념들은 "산업화된 후기자본주의 한가운데에 남은 단순 상품경제의 잔재"처럼 되었다. 또 권력과 정신 사이의 불균형이 어마어마해졌고, 초강대권력을 파악하려는 노력은 그러한 권력의 거부로 인해 수상쩍은 일로 되었다. 철학이 "그 내적 구성이나 내재적 진리까지 전체에 의존한다는 점을 인식하는 대신 전체를 자신의 객체로서 독점하고 그 속에서 스스로가 차지하는 위치에 대해 성찰하는 일을 자신과 무관하다고 거부할수록, 그와 같은 한계와 불균형은 더욱 심각해진다." 더욱이 인식의 주요 도구인 개념 자체도 "역동화된 의식 한가운데의 정태적 사유와 정태적 인식이상

(Erkenntnisideal)의 잔재들을 지닌다. 개념의 내재적 요구는 그 개념을 통해 파악된 것의 변천에 맞서 질서를 형성하는 불변요인이다. 개념의 형식은 그러한 변천을 부정하며 또 이 점에서 그것은 '허위이다.'"2)

그러나 아도르노는 개념을 버리려는 입장, 직관을 개념보다 우월한 인식 도구로 보는 입장에 전적으로 반대한다. 예컨대 그는 후설이나 딜타이가 사물화에 대항한 점을 인정하면서도 직관에 의지한 점을 비판한다. "하지만 직관들은 단지 산만하게만 성공한다. 베르그송 자신의 인식을 포함해서 모든 인식은, 특히 구체화되려면, 그가 경멸한 합리성을 필요로 한다. 절대적인 것으로 격상된 지속·순수생성·순수 현실태는, 베르그송이 플라톤과 아리스토텔레스 이래의 형이상학을 놓고 비난한 것과 동일한 초시간성으로 전도될 것이다." "개념들을 통해 작업해야 할 필요성 때문에 개념의 우선성이라는 미덕을 만들어서는 안 되지만, 그 반대로 이같은 미덕에 대한 비판 때문에 철학을 일괄적으로 판결해서도 안 된다." 아도르노의 주장에 따르면 개념에 대한 비판은 개념을 통해 가능하다. 개념은 "사유의 기관이자 사유와 사유되는 것 사이의 장벽"이라고도 할 수 있는데, "철학은 개념을 통해 개념을 넘어서려고 노력해야 한다."3)

이처럼 '개념을 통해 개념을 넘어선다'는 다소 역설적인 표현을 조금

2) 아도르노가 이 '허위'를 절대화하지는 않는다. 그러나 아무튼 '허위'라는 명칭이 합당하려면 개념을 통한 각 추상물들의 '무의미성', 그것의 현실 설명력 부재 등이 전제되어야 한다. 개념 일반의 속성으로서 제시된 '허위'는 과장된 표현이다.
3) 아도르노가 개념을 강조하고 직관을 비판하는 데 근거해 슈네델바흐는 아도르노 이론을 유미화(Ästhetisierung)하려는 이론적 경향들에 반대한다. 아울러 그는 『부정변증법』을 『미학이론』으로 가는 중간단계로 보는 데에도 반대하여, 양자가 상호보완적이면서 각각 고유의 의미를 지닌다고 본다. H. Schnädelbach, "Dialektik als Vernunftkritik : Zur Konstruktion des Rationalen bei Adorno," in : L. Friedeburg und J. Habermas(Hg.), *Adorno-Konferenz 1983*, Frankfurt/M.: 1983, S. 76, 92 참조. 아도르노 이론의 유미화를 강조하는 예로서는 김유동의 「이론의 심미화 대 실천의 구제 : 아도르노와 하버마스」, 『문예미학』 2호(문예미학회, 1996)를 들 수 있다. 아도르노가 내리는 결론들은 현실

쉬운 말로 바꾸면, 개념에 담긴 허위적 · 억압적 · 부정적 요인들을 비판하면서도 여전히 개념을 통해 대상에 접근해가자는 이야기일 것이다. "철학적 반성은 개념으로써 비개념적인 것을 확인한다. 그렇지 않을 경우 개념은, 칸트의 어법에 따르면, 공허할 것이며 궁극적으로 무엇에 대한 개념이 아닐 테고 그래서 무의미할 것이다."[4] 개념이 비개념적인 것 혹은 존재자를 다루더라도 개념은 여전히 개념으로 남는다. 하지만 그렇다고 해서 개념이 비개념적인 것과 얽혀 있다는 점이 달라지지는 않는다. "개념의 특징은 비개념적인 것과 관계한다는 점과——전통적 인식론에 따르면 개념에 대한 모든 규정은 비개념적 · 지시적 계기들을 필요로 한다——, 또 반대로 그것으로 파악된 존재자들(Onta)의 추상적 통일로서 존재적인 것과 거리를 둔다는 점이다."[5] 이 경우 존재적인 것과의 거리는 개념이 추상의 산물인 점에서 불가피하며 또 일정하게는 허위의 원인으로 되기도 한다. 그러나 동시에 그 거리에 근거하는 추상은 존재자의 직접성에 비해 사태의 본질을 드러내는 한에서는 더 큰 진리치를 지니기도 한다. 이 진리치는 개념이 그 대상 혹은 비개념적인 것과 관계하는 수준 · 밀도 · 범위 등에 의지할 것이다.

한편 아도르노는 '사유하기'(denken)는 곧 '동일시하기'(identifizieren)라고 주장하면서도, 개념으로 파악된 것과 개념을 동일시하는 사유를 '동일

적 · 실천론으로서 부적합하며, 그래서 '이론의 심미화'라는 성격규정이나, 심지어 '지옥이라는 이름의 호화판 호텔'이라는 루카치의 야유조차 합당한 면을 지닌다. 그러나 반실천론적 결론에 도달하는 과정에서 그는 현대의 본질적 난관들에 대한 '개념적' 통찰들을 제공하며, 따라서 그 과정을 면밀히 추적하는 것은 실천론적 관점에서도 유익하다.

4) 레닌의 적절한 표현을 빌린다면 "유물론과 관념론 사이를 진동하는" 칸트의 유물론적 측면으로는, 경험이 결여된 순수 개념만으로는 진정한 인식이 이루어질 수 없고, 사유는 공허해진다고 보는 점을 지적할 수 있다.

5) 여기서 아도르노가 '전통적 인식론'이라고 부르는 것이 칸트의 인식론 등을 가리킨다고 해도, 개념에 대한 규정을 비개념적 · 지시적 계기들과 결합시키는 인식론적 전통은 다분히 유물론적 전통이라고 볼 수 있다.

성사유'라고 칭하고 비판한다.[6] 또한 개념들이 진리와 관련되는 것은 "개념들에 의해 억눌리고 경멸받고 배척당하는 것들", 곧 개념의 '타자' 혹은 '비동일자'를 무대로 한다고 주장한다. 이런 맥락에서 "인식의 유토피아는 개념들을 통해 비개념적인 것을 밝히되 그것을 개념들과 동일시하지 않는 것이다." 이처럼 아도르노는 "개념과 그것이 불러일으키는 것 사이에는 뛰어넘을 수 없는 빈 공간이 벌어져 있다"는 점을 분명히 한다. 또 개념 및 이를 통한 진술에는 자의성과 상대성 내지 규정가능한 오류가 내재하며,[7] 이 때문에 다른 개념들을 이끌어들일 수밖에 없다고 주장한다.

그러나 아도르노는 개념으로써 개념을 넘어서서 비개념적인 것에 접근할 수 있다는 믿음이 철학에는 불가피하며, 이로써 철학에는 어떤 순진성이 따른다고 본다. "이 순진성 때문에 철학은 괴로움을 겪는다. 그렇지 않을 경우 철학은 좌절할 수밖에 없으며, 그와 더불어 모든 정신이 좌절할 수밖에 없다." 따라서 그는 개념들의 의미를 인위적으로 규정함으로써 오류를 제거할 수 있다고 보지는 않으며, 또 손에 잡히는 자료나 기록문들이 아닌 객관적 본질법칙에서 출발하는 마르크스주의를 사변철학 내지 형이상학이라고 비방하는 실증주의 혹은 분석철학에 공감하지 않는다. 분석철학을 그는 "로봇들도 배울 수 있고 복사할 수 있는" 것이라고 혹평한다. 또한 수량화를 절대시하여 질적 계기들을 배제하는 과학의 경향에 비판적이며, 수량화는 수단일 뿐이고 그 목적은 질적인 것이라고 주장한다.

이상에 살펴보았듯이 아도르노의 경우 인식도구에 대한 비판과 반성을

---

6) 슈네델바흐는 무엇이 무엇임을 식별한다는 의미에서의 identifizieren과 무엇과 무엇을 같은 것으로 여긴다는 의미의 identifizieren을 혼용한다고 아도르노를 비판한다. Schnädelbach, 앞의 책, S. 72 참조.

7) 그렇다고 아도르노가 지식사회학류의 상대주의를 주창하는 것은 아니다. 오히려 그는 상대주의가 늘 강력한 이익에 기생한다는 점을 엄격히 비판한다. 인식론적으로 상대주의는 인식과정의 점근성 내지 진리치의 개념을 통해 명확히 비판할 수 있을 것이다. 유물변증법은 각각의 입장에 따른 다양한 인식의 진리치 차이를 본질적인 것으로 본다. 반면에 상대주의는 각각의 입장에 따른 인식의 다양성을 본질적인 것으로 보면서 그 진리치의 차이에 대해 침묵한다.

강조하면서도, 결코 이러한 반성을 물신화하여 개념을 자립시키거나 철학적 사유를 텍스트의 영역에 묶어놓지 않고, 비개념적인 것 혹은 현실에 접근해야 할 필요성을 분명히 한다. 이 점에서 그는 현대의 여러 관념론 조류들에 동조하지 않으며 유물론의 전통을 고수한다. 특정한 인식의 오류가능성을 인정하고 그것을 비판하고 부단히 개념과 동일하지 않은 것에 접근하려는 노력을 공식적 유물변증법이라면 '인식과정의 점근적 성격'이라는 말로 표현할 것이다. 또 가변적 현실 속에서 개념을 통한 인식들을 현실 자체와 동일시하는 태도, 곧 아도르노의 표현으로 동일성사유를 공식적 유물변증법은 '도식주의'라는 말로 비판할 것이다.

4

아도르노의 반성적 사유는 사유의 도구만 아니라 인간의 실천 전체를 겨냥한다. 이를 극명히 보여주는 대목은 『부정변증법』의 제목으로써 이미 암시되는, 역사변증법에 대한 비판일 것이다. 아도르노는 헤겔 변증법에서, 나아가 마르크스-레닌주의 변증법에서 원칙화된 부정의 부정을 통한 긍정으로의 진행을 현실과 관련해 인정하지 않는다. "부정의 부정을 긍정성과 같다고 하는 것은 동일시의 정수이며, 그 순수 형식으로 환원된 형식적 원칙이다. 이를 통해 변증법의 가장 핵심적인 자리에서 반변증법적 원칙, 즉 산수에서처럼 음수 곱하기 음수를 양수로 처리하는 전통적 논리가 주도권을 잡는다."[8] 이 경우 "부정의 부정은 다시 동일성으로 될 것이며 새로운 기만이 될 것이다. 그것은 일관성의 논리학을, 궁극적으로 주관성의 원칙을

---

8) 토이니센은 '부정적'이라는 말에 '존재하지 않는 것'이라는 의미와 '존재해서는 안 될 것'이라는 의미가 내포되며, 『부정변증법』과 관련해서는 후자가 결정적 의미를 지닌다고 지적한다. M. Theunissen, "Negativität bei Adorno, in : L. Friedeburg und J. Habermas(Hg.), 앞의 책, S. 41f 참조. 그러나 『부정변증법』에서 '부정'은 또 한 가지의 결정적 의미를 지닌다. 즉 부정적 상황, 바람직하지 않은 상황을 '비판하고 거부한다'는 의미가 그것이다.

절대자에 투사한 것이다." 부정의 부정이 긍정일 수 없는 근거를 아도르노는 다음과 같이 제시한다. "만일 전체가 속박이고 부정적인 것이라면, 그 전체로서 총괄개념을 이루는, 부분들에 대한 부정도 여전히 부정적이다." "부정된 것은 사라질 때까지 부정적이다. 이것이 결정적으로 헤겔과 구분되는 점이다."

　매우 추상적인 듯해 보이는 위 테제들의 뒤에는 『계몽의 변증법』에서 정립된 아도르노의 현실관, 즉 생산력 발전이 인간해방으로 귀결되기보다 오히려 총체적 지배기술의 발전과 전지구적 파국의 위험을 초래해왔다는 생각이 깔려 있다. 『부정변증법』에 따르면 도처에서 세계는 잔인한 질서를 구축하고 있으며, 개인들은 체제 앞에서 전적으로 무기력하며 자신의 이성에 기초하여 자신과 사회 전체의 삶을 규정할 수도 없다. 민중의 욕구 역시 타율적으로 생산되는 한에서 이데올로기적으로 기능하며, 이에 의존할 수도 없다. 오늘날까지도 사회적 자유는 실현되지 않았다. 민중들의 자유가 실현되었다고 하는 동구권에서는 이미 오래 전부터 억압이 승리했으며, 서구에서도 그 점은 본질적으로 동일하다. 인류가 현재의 부정적 상황을 부정함으로써 어떤 긍정적 현실을 만들어내리라는 기대는 결코 원칙화될 수 없다는 것이다.

　이러한 견해는 무엇보다 스탈린주의적 경제결정론에 대한 반론으로서 이해할 수 있을 것이다. 이는 "경제의 우선권은 결코 불변요인이 아니다"는 아도르노의 단언에서도 드러난다. 또 그것은 생산력 발전이 생산관계의 긍정적 변화를 자동으로 초래하지는 않는다는 자명한 이치를 표현하는 것이기도 하다.[9] 또 "부정된 것은 사라질 때까지 부정적"이므로, 그것이 '사라

---

9) 프롤레타리아트가 계급투쟁에서 필연적으로 승리하리라는 마르크스의 단언은 알튀세르의 어법을 쓴다면 과학적 진술이라기보다 이데올로기에 가깝다. 마르크스의 시대에, 극히 제한된 정보량과 정보처리 능력으로 프롤레타리아트의 승리를 과학적으로 입증하기는 불가능했을 것이며, 아직도 그것은 가능하다고 단언할 수 없다. 이 점에서는 역사유물론을 결정론이라고 비판하는 알튀세르의 입장과, 생산관계의 변화를 생산력 발전과 별도의 차원에서 요구하는 아도르노

질 때까지' 부단히 싸워야 하며 새로 등장한 부정적 상황에 긍정성의 색깔을 덧칠해서는 안 된다는 경고이기도 하다. 브레히트의 표현을 빌린다면 "개혁된 것을 개혁하라"는 정당한 요구라고 할 수 있다.

그렇더라도 다음 문제에 대해서는 따져보아야 할 것이다. 『부정변증법』은 낙관주의적 경제결정론에 대한 반론으로서 나름의 의미를 지니지만, 현실을 옹호한다는 의미에서가 아니라 바람직하다는 의미에서 긍정적인 현실적 힘에 주목하지 못함으로써, 그것 자체가 또 다른 결정론으로 귀결되지는 않는가? 그것이 결정론으로 되지 않기 위해서는 부정적인 현대사회 속에서 이 현대사회의 부정성을 실질적으로 부정하는 현실적 운동의 현존태와 잠재력에 주목해야 할 것이다. 『부정변증법』은 이와 관련해 무엇을 하는가? 아도르노는 부정적 현실을 부정하는 힘의 원천을 어디서 찾는가? 『부정변증법』에서 그는 "철저히 파악되어 통제되는 인간의 욕구들 속에서도 완전히 파악되지는 않은 어떤 것, 체제가 완전히 지배하지는 못하는 주체 몫의 잉여부분이 작동"한다고 주장한다. 이 "주체 몫의 잉여부분"이라는 것은 아도르노

의 입장이 일치한다. 그러나 알튀세르가 그 결과를 미정상태로 놓아두고 있는 데 반해 아도르노는 부정적이라고 규정하는 쪽으로 기운다. 인류의 미래를 이른바 열린 상태로 놓아두는 입장에 대해 아도르노는 매우 비판적이다. 예컨대 그는 이렇게 주장한다. "'인간은 개방적이다'는 성공적 인간학의 테제는——그러한 테제에는 대체로 짐승에 대한 악의에 찬 곁눈질이 따르게 마련이다——공허하다. 이 테제는 자체의 비규정성 혹은 파산상태를 규정적인 것 내지 긍정적인 것(Positives)처럼 내보인다." "인간이 무엇인지 말하지 못하는 것은 결코 특별히 숭고한 인간학이 아니며 오히려 모든 인간학에 대한 거부이다." 역사유물론에서 비결정론을 주장하는 가운데 구체적인 현실 진단을 회피하는 입장에 대해서도 똑같이 비판할 수 있을 것이다. 계급투쟁에서의 승리를 단언하는 것이 믿음성 없는 이데올로기 수준에 머물러서는 안 된다고 하더라도, 그 전망에 대해 동원가능한 모든 정보에 근거해 일정하게 예견하고, 미래에 제기될 수 있는 여러 난관과 문제들에 대해 경고하는 일은 이론의 주요 과제일 것이다. 계급투쟁에서 프롤레타리아트가 이길 수도 있고 질 수도 있으며, 그것은 계급투쟁의 구체적 성과에 의존한다는 추상적 예언은, 아도르노의 표현을 변형시켜 말하자면, '특별히 숭고한 역사유물론이 아니며 오히려 모든 역사유물론에 대한 거부이다.'

가 지배체제의 부정성에 대한 대립물로서 내놓는 비동일자(das Nichtidentische) 혹은 타자(das Andere)의 개념과도 일맥상통할텐데, 이 것들과 부정적 체제 사이의 힘관계는, 아도르노의 현실진단에 따르는 한, 변혁의 차원에서 거의 절망적인 모습이다. 이런 상황에서는 자본주의체제 에 맞서는 대안체제의 건설가능성은 물론이거니와 대항문화 혹은 대안문화 의 발전전망조차 그려내기 어려울 것이다.10) 이 점에서 아도르노는 '운동 속의 이론'이라는 이론 모델에 대해 매우 거북한 자세를 보인다.11) 그가 보 기에 '실천'은 "변혁적 실천에 필요한 비판적 사유를 공허한 것이라고 묵살 하기 위한 행정가들의 구실"일 뿐이다. 전체적으로 보아 아도르노의 이론은 특정한 역사적 체제에 대한 부정에서 모든 체제에 대한 부정으로 넘어감으 로써 다시 특정 체제에 대한 자신의 부정마저 무력화한다.

물론 현대사회의 부정성을 부정하는 해방운동에도 엄연히 부정적 요인은 내재한다. 이를 묵살한 채 그 극복의 필요성을 소홀히 하고 운동을 일괄적 으로 긍정한다면, 이론은 중단될 것이며 운동도 새로운 지배체제에 흡수되 고 말 것이다. 그렇다고 운동 속의 부정적 요인을 절대화하여 그에 대한 구 체적 비판을 넘어서 운동 전체를 일괄적으로 부정한다면 어떠한 현실적 운 동도 불가능할 것이다. 아도르노의 이론은 이 막다른 골목을 향해 달려간 다. 중요한 것은 실패한 운동에서도 긍정적 요인들을 발견해내 추후의 운동

---

10) 이에 반해 '두 개의 민족문화'에 대한 레닌의 구상, 곧 민족문화 속에는 지배 문화만 아니라 근로대중의 생활조건으로 인해 필연적으로 생겨나는 사회주의 적 · 민주주의적 문화요소도 존재한다는 주장은 대항문화 내지 대안문화 건설 을 위한 투쟁을 고무한다. 이 경우에는 총체적으로 부정적인 현실 속에서도 작 동하는 긍정적 성격의(민중적, 민주적, 해방적) 현실적 운동이 존재하며, 이론 가는 이 운동 속에서의 합당한 위치를 찾을 수 있을 것이다.

11) 예를 들어 아도르노는 문화비평가가 문화를 비판하면서도 불가피하게 문화 속 에 위치한다는 점을 지적하는데, 이는 문화비평의 자체반성이 필요하다는 정당 한 주장의 논거가 될 수도 있다. 그러나 아도르노의 구상에서는 총체로서의 현 실과 대치되는 자신의 위치가 암암리에 유일한 저항의 진지로서 절대화된다고 할 수 있다. Adorno, *Prismen*, Frankfurt/M.: 1976, S. 7ff 참조.

에서 활용함과 동시에, 운동에 내재하는 부정성을 구체적으로 비판하여 극복하는 가운데 운동의 전체적 의미를 평가하고 그 성격을 개조해가는 일이다. 예컨대 마르크스의 시대라고 해서 노동운동이 신성하기만 했을 리 없을 테지만, 독일 농민운동과 1848년 혁명, 그리고 파리코뮌의 좌절에서조차 마르크스와 엥겔스는 그 세계사적 의미를 찾아내기도 했고 그로부터 사회주의 정치의 미래형태를 구상하기도 했다. 또 루카치는 현실사회주의 내부의 근본문제들에 주목하고 그 극복을 위해 투쟁하면서도 사회주의와 자본주의의 질적 차이를 확인한다. 이러한 루카치를 아도르노는 관료적 기관원과 동일시하고, 스탈린 시대 루카치의 이론적 성과들을 당의 이데올로기적 요구에 순응하는 것이라고 비난한다. 이에는 공정한 이론적 평가의 노력보다 이데올로기적 편향이 강하게 작용한다고 할 수 있다.

5

아도르노의 이데올로기적 편향은 공식적 마르크스-레닌주의에 대한 직접적 비판에서만 아니라 그 자신의 핵심개념들에서도 확인된다. 물론 이 개념들이 순전히 이데올로기적 기능만을 수행하는 것은 아니며, 일정한 현실 설명력을 지니고 유물론적 성격을 띠기도 한다. 이 점을 잘 보여주는 예로서는 짜임관계(Konstellation)의 개념을 들 수 있다. 이 개념을 아도르노는 벤야민에게서 차용하지만, 그는 그것이 이미 마르크스나 베버와 같은 주요 이론가들의 글에서도 실질적으로 작동하고 있다고 본다.[12] 이 개념의 의미는 다음의 비유에서 어느 정도 드러난다. "대상이 처해 있는 짜임관계 속에서 대상을 인식한다는 것은, 대상이 자체 내에 저장하고 있는 과정에 대해 인식하는 것이다. 이론적 사상은 자신이 해명하고자 하는 개념의 주위를 맴

---

12) 아도르노 자신의 글쓰기 방식도 짜임관계에 의지한다. 즉 그의 이론에서 핵심적인 문제들은 그와 관련되는 여러 테제들을 통해 다각도로 조명되어 그 결과 점차 명확한 의미를 드러내며, 이로써 처음의 의미는 변화되거나 더욱 구체화된다.

돈다. 마치 잘 보관된 금고의 자물쇠들처럼 그 개념이 열리기를 희망한다. 이때 하나의 개별적인 열쇠나 번호가 아니라 어떤 번호들의 배열에 의해 열리는 것이다."

짜임관계에 의거해 사유할 필요성을 아도르노는 일반적으로 다음과 같이 설명한다. 즉 어떠한 존재자라도 규정되기 위해서는 "그 자체가 아닌 다른 존재자를 필요로 하기 때문에……자체 너머를 가리킨다. 매개는 바로 이 점을 나타내는 다른 말일 뿐이다." "짜임관계만이 개념이 내부에서 잘라내버린 것, 즉 개념이 될 수는 없지만 또한 그만큼 되고자 원하는 것, 개념 이상의 것을 외부로부터 표현한다. 개념들은 인식되어야 할 사물의 주위에 모임으로써 잠재적으로 그 사물의 내적 요소를 규정하며, 또 사유가 필연적으로 자체로부터 배제해버린 바에 사유로써 도달한다." 좀더 구체적으로 아도르노는 현실과의 관계 속에서 짜임관계에 대해 이렇게 주장하기도 한다. "자본주의체제는 점점 더 통합화되는 경향을 띠며, 그 계기들은 점점 더 완전한 기능연관관계로 얽혀들어가는데, 바로 이 때문에 원인에 대한 낡은 물음은 짜임관계에 비추어볼 때 점점 더 곤란해진다. 인식비판이 아니라 역사의 실제 과정으로 인해 짜임관계들을 추적할 수밖에 없는 것이다."

인용문에서 보듯 아도르노는 짜임관계의 중요성을 역사의 실제과정, 곧 점점 더 통합화되는 자본주의체제, 그 계기들을 점점 더 완전한 기능연관관계로 얽어놓는 현실에 비추어 파악하는데, 이처럼 객관적 현실에 근거해 적합한 사유방식을 찾는다는 점에서 그는 유물론의 원칙에 의존하고 있다. 또 현대사회 속에서는 일방적 원인/결과 관계보다 상호원인의 문제에 주목해야 한다는 이야기도 나름의 설득력을 지닌다.[13] 이런 사유방식을 흔히 논의되는 문제들에 적용해본다면 다음과 같이 이야기할 수 있을 것이다. 피지배 대중은 지배체제의 일부로서 지배관계 재생산의 본질적 계기로서 작용하며

---

13) 서구 마르크스주의의 존재근거 노릇까지 하는 스탈린 역시 사물과 현상들의 상호연관, 상호규정성을 마르크스주의 변증법의 기본 원리로 파악한다. J. 스탈린, 정성균 역, 『사적 유물론과 변증법적 유물론/마르크스주의와 언어학』 (두레, 1989), 32쪽 이하 참조.

지배관계의 일방적 산물은 아니다. 혹은 상부구조는 토대의 일방적 산물이 아니며 상대적 자율성을 띠고 토대에 작용한다 등등.[14)

짜임관계가 존재자에 대한 규정에서 일반적으로 요구되는 정도와 자본주의체제의 통합화 경향으로 인한 필요성의 정도가 어떤 비중으로 관련을 맺는지에 대해 이 자리에서 면밀히 따지기는 어렵다. 또 짜임관계가 결정적으로 중요해질 만큼 자본주의의 통합화가 진행된 것은 구체적으로 어느 시점부터인지를 확인하는 것도 이 글의 관심사는 아니다.[15) 그러나 다음 문제에 대해서는 분명히 해둘 필요가 있어 보인다. 즉 자본주의체제의 통합경향만을 근거로 원인에 대한 물음을 낡은 것이라고 단정하는 것은 지나친 과장이다. 짜임관계들의 추적이 원인/결과의 관계를 무의미한 것으로 만들 수는 없다. 물론 원인/결과 관계의 도식적 파악을 비판하는 것은 합당하다. 특정한 역사적 사태의 실제 원인은 흔히 '원인'이라고 지칭되는 몇 가지 혹은 몇십 가지의 주요한 혹은 본질적인 원인들에 국한될 수 없으며, 또 결과라고 지칭되는 사태 역시 특정한 관점에서 파악되고 기술되는 것 이상의 '비동일자'를 포함한다. 이 점에서 역사적·사회적으로 제한된 인식에 근거하여 특정한 원인을 특정한 결과와 직결시키는 원인/결과의 도식은, 현실설명에서 중대한 결함을 포함하는 한, 동일성사유로서 비판되어 마땅하다.

그러나 짜임관계 내에도, 상호원인관계 속에서도, 칸트식으로 말하자면

---

14) 이와 같은 짜임관계 개념은 다분히 알튀세르의 중층결정론을 연상시킨다. L. 알튀세르, 이종영 역, 『마르크스를 위하여』(백의, 1997), 101쪽 이하 참조. 하지만 아도르노는 최종심급에서의 경제결정이라는 공식을 운위하지 않으며, 그런 점에서는 해체론으로 가는 태세마저 드러낸다. 그러나 『부정변증법』에서 개념들은 결코 기표의 유희 차원에서 맴돌지 않고 비개념적인 것 혹은 존재자를 지향하며, 이런 차원에서 아도르노는 유물론을 고수한다.

15) 『부정변증법』은 이 문제에 대해 구체적으로 밝히지 않고 있다. 적어도 '후기 자본주의'를 논의의 초점에 두는 이론, 예컨대 하버마스의 경우라면, 이 '후기 자본주의'라고 지칭되는 단계부터는 명백히 짜임관계가 결정적으로 중요한 의미를 지닌다고 볼 수 있을 것이다. J. Habermas, *Technik und Wissenschaft als Ideologie* (Frankfurt/M. : 1978), S. 48ff 참조.

사태의 '시간적 순서'는 존재한다.[16] 또 주된 원인과 이에 따른 부차적 원인, 그로 인한 반작용 등 원인/결과의 관계에 의존해서 파악해야 할 부분은 본질적인 영역이기도 하다. 이는 현존재 속의 역사적 차원에 대한 인식이라고 할 수 있을 것이다. 원인/결과의 관계가 비록 단선적일 수 없고 매우 복잡한 그물망을 이룬다고 해도, 그 복합성 속에서 원인/결과 관계를 배제한 채 "대상이 자체 내에 저장하고 있는 과정에 대해 인식하는 것"은 지배/피지배 관계 파악의 핵심을 벗어날 수밖에 없다.

짜임관계들의 추적을 불가피하게 만든다는 '역사의 실제과정'과 관련된 현실적 조건들 전반에 대해 이 자리에서 상론할 수는 없으나, 그 핵심 사안으로서 『계몽의 변증법』 이래 아도르노가 여러 저서들에서 신랄하게 지적하는 대중들의 체제편입 현상이나 변혁에 대한 소극적 태도에 관하여 살펴보자. 이는 분명 심각한 현실문제이다. 또 그것은 아도르노가 전통적 마르크스-레닌주의의 기본 주제들, 예컨대 계급투쟁이나 실천 등에 대해 거부적 입장을 갖게 되는 주요 근거이기도 하다.[17] 실제로 자본주의적 지배관계의

---

16) I. Kant, *Kritik der reinen Vernunft*(Hamburg : 1956), S. 260f 참조. 칸트는 동시존재의 근거를 상호작용에서 찾는데, 이러한 사고방식과 '짜임관계'가 유사성을 지닌다는 점도 흥미로운 현상이다.

17) 이미 레닌도 제1차 세계대전 전후 제국주의 국가들 내 노동운동 지도부의 노동귀족화 현상을 지적하는데, 여기서도 지배/피지배 관계의 복잡성, 계급투쟁 상황에 대한 단선적 파악의 문제점 등을 충분히 확인할 수 있다. 의식의 차원에서도 "지배계급의 사상이 어느 시대에나 지배적인 사상이다"(*MEW* 3, S. 46)는 마르크스의 테제 역시 계급의식 및 계급관계의 역동적 혼성구조를 적시한다. 마르크스와 레닌은 이 혼성구조와 복합성 속에서 작동하는 계급투쟁 상황에 주목하며 이론을 전개했다. 자본주의체제의 긴밀한 통합과정을 근거로 마르크스주의의 변혁적 뇌관인 계급투쟁 개념을 제거하려는 아도르노의 노력은 타당하지 않다. 통합의 긴밀성에 따라 더 세련되고 끈질긴 이론이 요구될 뿐이다. 즉 환경변화에 부응할 필요성 때문에, 여전히 유지되고 있는 야만적 지배관계의 해체라는 근본 과제를 망각하는 것은 잘못이다. 노동귀족화 현상에 대해서는 레닌, 남상일 역, 『제국주의론』(백산서당, 1988) 참조. 계급관계의 역동적 혼성구조에 대해서는 홍승용, 「루카치의 문예이론 : 역사와 계급의식을 중심으로」, 『문예미학』 2호(문예미학회, 1996) 참조.

원인을 일방적으로 자본가계급에서만 찾을 수는 없으며, 또 피지배대중들이 지배체제의 유지를 원하기도 하고 그 유지에 본질적으로 기여하기도 한다는 점을 부인할 수도 없다. 따라서 양자의 상호원인관계를 묵살하고 일면적 영향관계를 상정하는 것은 비현실적이다. 이 점을 고려하지 않고 변혁이론의 전통적 구호들만으로, 대중들을 움직이는 힘들과 변혁의 조건들을 구체적으로 파악하기는 불가능할 것이다.

그렇더라도 노동자들의 주관적 태도는 현재상태에 고정될 수 없으며, 루카치의 표현을 빌린다면 생산관계 속의 그 위치로 인한 '객관적 가능성'에 근거해서, 또 계급투쟁의 맥락 속에서 일정하게 변할 수밖에 없다. 이 변화의 역동성과 가능성을 고려하지 않고 대중들의 주관적 태도를 거의 불변적인 요인으로 단정하면서 이론을 구성하는 것은 비변증법적이다. 현재의 상호원인관계 역시 역사적 산물이며, 시간의 차원을 염두에 둔다면, 그 관계 내부의 일차적 원인과 이에 의해 야기되어 새로운 사태를 야기하는 부차적 원인을 구체적으로 인식할 수 있고, 또 각 원인들의 영향범위와 강도 등에 대해서도 분화하여 인식할 수 있을 것이다. 말하자면 짜임관계로써 파악될 사태 내 각 계기들간의 역학관계에 대한 세분화된 인식이 필요한 것이지, 짜임관계의 중요성에 대한 단언으로 이 인식을 대신할 수는 없다. 그런데 아도르노의 이론은 특히 계급적 지배관계의 문제와 관련해 역사적 역학관계에 주목하는 구체적 인식으로 진전하기보다 동시대적 현상들에 대한 미분화된 부정적 판결 내지 그것의 실체화에 그친다. 이로써 그의 핵심개념인 '짜임관계'는 가해자와 피해자를 다 같이 불행한 사태의 대등한 책임자로 만드는 변론적 논리에 기여한다.[18]

---

18) 이에 반해 루카치가 강조하는 총체성 개념은 특정한 사태를 부단히 타자와의 관계 속에서 파악함과 동시에 그 타자들의 역사적 역학관계도 고려하도록 요구한다. 한편 '중층결정'은 '짜임관계'와 다른 난점을 지닌다. 중층결정 개념은 각 결정요인들간의 역학관계 파악에 기여한다. 그러나 결정요인들이 몇몇 심급으로 추상화됨으로써 짜임관계에서처럼 부단히 새롭고 다양한 결정요인들을 고려하는 데에는 적합하지 못하다. 총체성 개념은 이 점에서도 장점을 지닌다.

6

아도르노 이론의 변론적 성격은 결코 단순하지 않다. 그의 변론은 유물변증법의 어법과 얽힌 상태로, 전통적 마르크스-레닌주의의 거친 공식화들과 현대 사회의 복잡성 사이의 빈틈으로 스며들며, 그래서 또한 일정한 매력으로 찬탄을 불러일으키기도 하고, 만사에 대해 한 번 더 생각하는 버릇을 길러주기도 한다. 그럼에도 복잡한 아도르노 이론 회로의 중단기적 효과를 생각할 수 있다면 그것은 변혁적 실천의 발목잡기라고 할 수 있다. 이 점을 모순 및 비동일자의 문제와 관련해서 확인해보자.

아도르노에 따르면 '이질적인 것', '차이나는 것', '비동일자' 등이 통일성사유(Einheitsdenken) 내지 동일성의 관점에서 볼 때 모순으로 나타난다. "모순은 동일성의 관점에서 본 비동일자이다. 변증법에서 모순원칙이 우선성을 띨 경우, 이질적인 것은 통일성사유에 비추어 평가된다." "의식이 그 자체의 구성상 통일성을 추구할 수밖에 없고 또 의식과 동일하지 않은 것을 의식의 총체성 요구에 비추어 측정하는 한, 차이나는 것은 상치되고 부조화롭고 부정적인 것으로 나타난다. 변증법은 그러한 것을 의식에다 모순으로서 제시한다." 따라서 아도르노에게 모순은 객관적 현실 내지 사물의 문제라기보다 우선적으로 인식의 문제인 셈이다. 이 점은 다음의 주장에서도 다시 확인된다. "개념과 현실은 똑같이 모순에 찬 존재다. 사회를 적대적으로 분열시키는 것, 곧 지배적 원칙은, 정신화된 차원에서, 개념과 개념으로 포착되는 것 사이의 차이를 유발하는 것과 동일한 원칙이다. 그러나 지배적 원칙의 통일성에 순응하지 않는 그때그때의 요인들은 그 원칙의 척도에 비추어볼 때 이 원칙에 대해 무의미한 것이나 단지 그것과 다른 것으로서 나타나지 않고 논리에 대한 훼손으로 나타나기 때문에, 그러한 차이는 모순이라는 논리적 형식을 얻게 된다."

즉 총체성 개념은 각 역사적 국면에서 요구되는 본질적 결정요인들을 끌어들이고 고려하는 데 필요한 만큼 충분히 유연하다.

인용문에서 아도르노는 현실이 개념과 똑같이 모순에 찬 존재라고 말함으로써 유물변증법의 전통에 따른다. 그러나 모순 개념의 실천적 의미는 슬그머니 희석되고 만다. 위의 주장에 의하면 사회를 적대적으로 분열시키는 것은 지배의 원칙이다. 그러나 지배의 원칙만으로 사회가 적대적으로 분열될 수는 없다. 피지배자들의 저항 역시 모순의 극단적 양태인 적대적 분열 속의 본질적 힘이다. 그런데 위의 주장에서는 사회적 세력간의 모순관계가 일방적으로 지배의 원칙에 환원됨으로써 저항적 피지배세력의 존재 자체가 묵살되고 있다. 이처럼 '차이나는 것'으로 되돌려진 모순 개념을 통해 객관적 현실 속에서 작동하는 모순들, 예컨대 노동과 자본, 부르주아지와 프롤레타리아트, 민족해방 세력과 제국주의 세력, 생산력과 생산관계 사이의 모순들을 어떻게 파악하여 극복논리를 만들어낼지는 의문이다.[19]

물론 모순 개념으로 파악된 현실적 모순에는 '차이나는 것'이라는 말로 파악되어야 마땅할 만한 무수한 질들도 내재한다. 모순 개념은 그러한 질들을 일정하게 사상하는 추상의 산물이기도 하다. 이 점에서 모순 개념이 내포하는 질적 차이들에 대한 세분화된 인식은 경우에 따라 당연히 요구될 수 있다. 이 점을 변증법이 원칙적으로 묵살할 이유는 없을 것이다. 그렇더라도 모순 개념으로 파악되는 현실적 모순들의 여러 중요도, 역사적 순서, 선차성과 부차성 등의 문제는 그 추상의 측면과 별도로 실천적 의미를 지닌다. 뿐만 아니라 인용문에서 아도르노는 개념의 지배를 현실 속의 지배세력에, 개념으로 파악되는 것을 피지배세력에 각각 등치시키는데, 이로써 개념은 해방적 기능과 대립하는 것으로 밀려난다. 그 결과 피지배세력의 해방투쟁에서 개념들이 차지하는 기능에 대해서는 배려되지 않는다. 현실적 모순 극복의 실천은 개념 영역에서도 일정한 실천에 근거해서 혹은 그에 앞질러서 전개된다. 이것이 "개념과 현실은 똑같이 모순에 찬 존재이다"라는 말의

---

19) 아도르노의 관점에서 '동일성사유' 영역으로부터 결코 벗어나지 못했을 마오 쩌둥의 모순론이 강력한 실천적 의의를 지닐 수 있었던 것은 현실 속의 모순들을 논의의 초점에 둠으로써만 가능했다고 할 수 있다. 마오 쩌둥, 이등연 역, 『실천론·모순론』(두레, 1989), 35쪽 이하 참조.

유물론적 의미일 것이다.

　이미 지적했듯이 아도르노가 개념의 필요성을 부인하는 것은 아니다. 그는 개념의 폭력을 교정하는 수단 역시 개념이라고 보며, 계몽의 교정은 계몽의 폐기가 아님을 분명히 한다. 그러나 개념의 폭력을 교정하는 수단으로서 개념을 사용하는 일은 반성을 주업으로 하는 아도르노 주변의 소수 전문지식인들의 배타적 과제라는 인상을 지울 수 없다. 현실 속의 모순을 극복하는 데에 유효한 전략적 개념들 역시 실제로는 부단한 실천과 반성의 산물일 테지만, 아도르노에게 흡족한 상황——즉 현실적으로 불가능한 상황——을 실현해낼 수 없는 한 그것들 역시 일괄하여 지배적 폭력으로 간주될 것이다.

　이런 점에서 그가 개념과 동일시되지 않는 것, 즉 비동일자를 강조하는 것은 당연해보인다. "철학의 테마는 철학에 의해, 우발적인 것으로서, 무시할 수 있는 양으로 격하된 질들일 것이다. 개념으로는 도달하지 못하는 것, 개념의 추상 메커니즘을 통해 삭제되는 것, 아직 개념의 본보기가 되지 않은 것, 그런 것이 개념에 대해서는 절박한 것으로 된다.""그런데 바로 이 동화되지 않는 것이야말로 인식을 필요로 할 것이다.""존재하는 것은 그 존재하는 것 이상의 것이다. 이 그 이상의 것(Mehr)은 그것에 부여되는 것이 아니라 그것으로부터 축출된 것으로서 그것에 내재적인 것이다. 그런 한에서 비동일자는 사물의 동일시에 대항하는 사물 자체의 동일성이라고 할 수 있다.""형이상학이 염두에 두는……절대자는 동일성의 강압이 소멸한 후에 비로소 등장하게 될 비동일자이다."

　비동일자에 대한 강조는 특정한 인식의 역사적·사회적 조건에 대한 반성, 대상들의 풍부함에 대한 유물론적 자각과 이에 접근하려는 노력의 중요성 등을 말한다고 받아들일 수 있다. 그러나 아도르노의 경우 비동일자는 단순히 아직 개념파악되지 않은 것, 주체의 노력에 의해 역사적 조건에 의존하여 파악되어갈 수 있는 미지의 것, 주변적인 것 등에 머물지 않는다. 오히려 그의 이론에서는 이 비동일자야말로 '절박한 것'이며 '인식을 필요로' 하는 '철학의 테마'이다. 나아가 그것은 인식론의 차원을 넘어서

지배체제의 강압 바깥에 위치하는 어떤 대안적 영역을 뜻하기도 하며, 심지어 '절대자'이기도 한 것이다.[20] 이처럼 비동일자가 절대화됨으로써, 개념화된 것 혹은 동일시된 것들의 억압성과 해방성이 구체적·총체적으로 논의되기에 앞서, 모두가 비동일자와의 관계에서 동질화되는 경향을 띤다. 따라서 부정의 부정에서와 마찬가지로 비동일자의 문제에서도 현실 속의 모든 의식적 실천·운동·체제가 일괄적으로 부정될 수밖에 없다. 더욱이 말로 설명할 수도 잡을 수도 없는 무지개, 곧 비동일자를 좇기 위해 이제까지의 노동과 운동의 축적물들이 면밀한 선별작업 없이 부정되는 것이다. 해방적 실천도 억압의 규칙에 의지할 수 있다. 문제는 그 구체적 의미이며, 이는 그 억압의 규칙에 대한 미시적 분석만으로 파악될 수 없다. 아도르노는 이러한 미시적 분석에 과도한 비중을 둠으로써 해방적 실천과의 긴장관계에서 벗어난다.

7

해방적 실천은 그 주체에 대한 합당한 이해를 전제한다. 마르크스주의를 기계적 유물론과 구분하는 본질적 요인 가운데 하나는 주체의 적극성에 주목하는 점이기도 하다. 한편 현대의 인간과학들은 몇몇 주요 측면에서 주체가 역사의 산물임을 증명해왔다. 과학의 성과들을 받아들이고, 나아가 주체의 구성과정을 과학적으로 면밀히 추적할수록, 주체는 더욱 명백하게 역사의 산물로서 필연의 그물에 얽힌 모습으로 파악될 것이다. 마르크스주의적 주체이론은 주체의 적극성을 단순히 선언하는 데에 그쳐서는 안 되고, 이러

---

20) 아도르노는 하이데거의 '존재' 개념을 무자비하게 비판하지만, 부프너는 아도르노가 스스로 의식하는 것 이상으로 하이데거에 접근해 있다고 주장하며, 특히 '비동일자'와 하이데거의 '존재'가 지극히 유사하다는 혐의를 제기한다. R. Bubner, "Adornos Negative Dialektik," in : L. Friedeburg und J. Habermas(Hg.), 앞의 책, S. 36f 참조. 슈네델바흐 역시 양자의 유사성을 지적한다. Schnädelbach, 앞의 책, S. 90 참조.

한 현대과학의 성과 위에서, 그러한 성과에도 불구하고, 주체의 적극성을 입증해야 할 것이다.[21] 이미 마르크스주의의 기본 테제들, 예컨대 "개인은 사회적 존재이다", "의식은 의식된 존재일 뿐이다", "어느 시대에나 지배계급의 사상이 지배적인 사상이다" 등도 주체가 타자에게, 곧 객체 내지 사회에 빚지는 부분에 주목케 한다. 『부정변증법』의 주체론은 이러한 인식에서 출발한다. 그러나 이로부터 힘들여 얻어내는 결론은 마르크스주의적 실천론이 아니다.

아도르노 역시 주체의 역사성·사회성을 분명히 한다. 이 점은 우선 선험적 주체에 대한 설명에서 드러난다. 그의 주장에 따르면 선험적 주체는 "자신을 의식하지 못하는 사회"라고 해독되며, 사회가 없거나 개인이 없으면 선험적 주체는 상상할 수조차 없다. 즉 "이성을 갖춘 존재들은 아 프리오리하게 사회화되어 있다"는 것이다. 아도르노는 주관성의 형식들도 "칸트의 교리에서처럼 인식에 대해 궁극적인 어떤 것이 아니며, 인식은 그 경험의 진행과정에서 그 형식들을 깨뜨릴 수 있다"고 본다. 그는 또한 살아 있는 경험적 의식 없이는 선험적 의식도 없다고 보며, 인식의 원천인 감각은 육체적 계기와 분리될 수 없다는 점에서 정신과 육체의 절대적 이분법은 타당하지 않다고 주장한다.

같은 맥락에서 아도르노는 이렇게 주장한다. "사회는 주체에 앞선다. 주체를 사회에 앞선 존재자로 오해하는 것은 주체의 필연적 착각이며, 이는 사회에 대해 단지 부정적인 것을 말할 뿐이다." 이처럼 아도르노는 개인의 의식 및 경험보다 사회가 앞선다고 보며, 이런 의미에서 주체에 대한 '객체의 우선성'을 단언한다. 즉 "객체는 단지 주체를 통해서만 사유될 수 있지만, 주체에 대해 언제나 타자로서 보존된다. 하지만 주체는 그 자체의 특성상

---

21) 주체선언 수준을 넘어서, 주체에 대한 이론적 성과들을 기초로 필연성의 그물과 관련해 주체의 적극성을 이론적으로 위치짓는 일은 아직 만족스럽게 이루어지지 않았다고 여겨진다. 기계적 유물론과 변증법적 유물론의 차이를 설명하는 엥겔스의 포이어바흐론은 필연성의 그물을 더욱 선명히 해줄 뿐이다. F. 엥겔스, 양재혁 역, 『포이어바흐와 독일 고전철학의 종말』(돌베개, 1987) 참조.

미리부터 객체이기도 하다. 주체에서는 이념으로서도 객체를 결코 떼어놓고 생각할 수 없다. 하지만 객체에서 주체를 떼어놓고 생각할 수는 있다. 주관성의 의미에는 또한 객체이기도 하다는 사실이 포함된다. 하지만 객관의 의미에 주체이기도 하다는 사실이 그와 마찬가지로 포함되지는 않는다." 따라서 "철학적 경험은, 현질서에 담긴 자신의 가능성에 따라, 자신이 현질서와 궁극적으로는 계급관계와 얼마나 혼합되어 있는지를 자각해야 한다."

위의 테제들은 마르크스주의의 입장에서 벗어나지 않는다. 특히 관념론의 핵심개념을 밖으로부터 배제해버리지 않고 구체적으로 규정하고 비판하는 점에서 위의 테제들은 음미해볼 가치를 지닌다. 한편 『계몽의 변증법』에 뿌리를 두는 다음 주장의 경우, 비판의 대상은 일차적으로 관념론이지만 마르크스주의도 그 속에 포함된다고 보아야 할 것이다. "주관성의 우위는 정신화된 상태로 다윈의 생존경쟁을 계승한다. 인간의 목적을 위해 자연을 억압하는 것은 단지 자연적 관계일 뿐이다. 그렇기 때문에 자연을 지배하는 이성 및 이성 원칙의 우월성은 가상인 것이다. 스스로를 베이컨식의 주인으로, 결국 관념론적인 만물의 창조자로 선언하는 주체는 인식론적·형이상학적으로 그와 같은 가상에 가담한다. 그러한 주체는 지배권을 행사하는 과정에서 자신이 지배한다고 생각하는 것의 일부로 되며, 헤겔이 말하는 주인과 마찬가지로 굴복하고 만다."

아도르노의 전공은 분명 주체의 적극성을 구상하는 일이라기보다 이 주체의 '굴복' 상태를 주도면밀하게 기술하는 일이다. 그의 주장에 따르면, 의식의 통일성은 객관을 본보기로 하여 만들어진 것인 한, "상품의 객관성 내지 상품의 대상성을 비로소 성립시키는 사회 속의 생산활동들의 총체적이고 빈틈없는 결합을 개념적으로 반영한 것"이다. 또 선험적 보편성의 현실성은 "등가교환의 원칙을 통해 관철되고 영속화되는 지배관계에 있다." 나아가 "인간에 대한 인간의 매개된 지배이기도 한 바로 그 상품적 성격이 주체들을 미성숙상태에 고착시킨다." 뿐만 아니라 아도르노는 교환가치의 보편적 지배가 주체들로 하여금 주체가 되는 것을 아 프리오리하게 거부하고, 주관성 자체를 단순한 객체로 격하시키기 때문에, 주체의 주도권을 수립한다고 하는 보편성의 원칙은 허위로 된다고 본다. 이제 주체라는 것은 사회의 객관적 기능연관을 은폐하면서 사회 속에서 겪는 주체들의 고통을 무마하는 가운데 광범위하게 이데올로기화했고, 그런 한에서 비자아가 자아보다 현저히 우위를 점한다는 것이다.[22]

이상과 같은 아도르노의 비판적 논의는 특히 자본주의사회 속의 '관리되는' 대중과 관련해 설득력 있다고 볼 수 있다. 그러나 충분히 관리되지 않고 있는, 혹은 관리상태에서 벗어나려는 변혁세력으로서의 대중에 주목하려는 노력은 아도르노의 이론에서 확인할 수 없다. 변혁적 주체 찾기는 현실사회주의사회 속의 집단주체에 대한 비판에서도 처음부터 가망 없는 논법의 벽에 부딪친다. "개인이 차단될 경우 우연성의 찌꺼기로부터 정제된 좀더 높은 차원의 주체가 튀어나오는 것이 아니라 의식 없이 남의 뒤를 따르는 주체가 나타날 것이다. 동구에서 개인의 견해를 이론적으로 단절하는 것은 집단적 억압의 구실로 이용되었다. 현혹된 상태이건 테러당한 상태이건, 당은 그 구성원의 숫자 때문에 인식능력의 차원에서 원천적으로 어떠한 개인보다도 우월하다는 것이다. 하지만 고립된 개인은, 칙령으로 인해 손상되지 않는다면, 때때로 집단보다도 객관적 상황을 더 명쾌하게 지각할지 모른다. 그렇지 않아도 집단은 기관원들의 이데올로기일 뿐이다. 당에는 수천의 눈이 있고 개인에게는 단지 두 눈밖에 없다는 브레히트의 명제는 진부한 진리가 그렇듯이 허위다. 의견을 달리하는 어떤 한 개인의 정확한 환상은, 장밋빛으로 통일된 안경을 쓰고 자신이 보는 것을 진리의 보편성과 혼동하여 퇴행하는 수천의 눈보다 더 많은 것을 볼 수 있다. 인식의 개별화는 그런 혼동과 퇴행에 저항한다."

---

22) 여기서도 아도르노는 알튀세르의 입장과 일치점을 보인다. 그러나 아도르노가 비판적·자율적 개인주체의 영역을 일종의 해방구처럼 상정하는 반면, 알튀세르의 구조주의는 이에도 동조할 수 없을 것이다. '우발성의 유물론'이라는 그의 후기 구상은 무엇보다 구조주의의 감옥으로부터 마르크스주의적 주체를 탈출시키려는 절망적 고뇌의 산물이라고 여겨진다. L. 알튀세르, 서관모·백승욱 편역, 『철학과 마르크스주의, 우발성의 유물론을 위하여』(새길, 1996) 참조.

인용문에서 드러나듯이 현실사회주의가 추구한 집단주체의 구상은 아도르노가 보기에 '의식 없이 남의 뒤나 따르며', '현혹되고' '테러당하고' '칙령으로 손상되어 있는', '기관원들의 이데올로기'일 뿐이다. 따라서 아도르노에게는 그것이 상품의 지배하에서 미성숙상태로 고착되어 있는 자본주의체제의 주체들에 대한 대안일 수 없다. 아도르노 주체론의 긍정적 주인공은 관리되는 세계가 주물러놓지 못하는 주체, 관리되는 세계에 대적하는 주체이며, 이러한 세계가 만들어내는 표면구조를 꿰뚫어보고 비판적·자율적으로 사고할 수 있는 반성적 주체이다. 그와 같은 주체는 '집단적 퇴행의 압력'에 맞서 '객체에 대한 세분화된 경험'을 해낼 수 있어야 하고, '인식의 개별화'를 꾀할 수 있어야 할 것이다. 또 그들은 성숙한 주체일 텐데, 주체들의 성숙상태는 "질적인 것을 추구할 자유"[23]이기도 하다.

이러한 주장에 담긴 일면 타당한 고민을 부인하기는 어렵다. 현대사회에서 적극적·비판적으로 사고하는 주체가 절실히 요구된다는 데에는 충분히 공감할 수 있다. 그러나 아도르노의 고상한 주체 기준을 통과할 성숙한 주체는 실질적으로 아도르노 자신을 비롯한 극소수 지적 엘리트뿐일 것이다. 그의 기준에서 보면 오늘날의 인간은 부자유로운 기능일 뿐이다. "만일 인간의 본질을 현재의 인간상태에 근거해 해독해낸다면 이는 인간의 가능성에 대한 사보타주일 것이다." 하지만 '현재의 인간상태'도 다양하며, 집단주체들의 성격 역시 천차만별이다. 이에 대한 구체적 인식과 평가 없이, 현재의 인간 모두를 "인간의 가능성에 대한 사보타주"에 얽어매놓으면서 현실적 변혁을 기대할 수는 없을 것이다. 관리되는 세계와의 싸움에서는 비판적으로 사고하는 주체의 현실적 세력화 및 이에 따른 집단주체의 형성이 불가피하다. 문제는 어떤 성격의 집단이 구체적으로 형성되느냐에 있다. 해방적 실천의 주체로서 성장하는 집단에서는 질적인 것을 추구할 자유 내지 개

---

23) 질적인 것을 추구하는 맥락에서 아도르노는 마르크스의 핵심사상 가운데 하나인 가치론을 별 이의 없이 받아들이되, 과도하게 교환가치와 사용가치의 대립을 강조하면서, (노동)가치의 문제는 스쳐지나간다. 이는 서구 마르크스주의에서 흔히 나타나는 현상이라고 여겨진다.

별화된 인식과 이 인식의 공유 내지 대중화 사이의 부단한 변증법적 상승과
정이 관건이다. 전자를 절대화하고 이 변증법적 과정에 개입할 다양한 방안
을 모색하지 않는 것은 실천이론 및 실천 자체에 대한 사보타주다.

　"개인의 의식 및 그의 모든 경험보다 사회가 앞선다"는 온당한 인식에서
집단주체에 대한 거부를 거쳐 개인주의 내지 엘리트주의로 돌아갈 수 있는
논거의 핵심은 개인과 사회가 매개되어 있다는 헤겔-마르크스주의적 인식이
다. 즉 "개인적 경험은 자체로서 보편적이기 때문에, 또 그런 한에서, 보편
자에도 접근한다"는 인식에 근거해, 아도르노는 개인이 이미 개인을 넘어서
며 따라서 이론이 개인 차원에 머물러도 좋다는 변론으로 넘어간다. 이러한
논법은 철늦게 모더니즘 옹호론에도 곧잘 활용된다. 즉 예술가 개인의 체험
과 이의 일관된 형식화인 '진정한' 예술작품 속에 이미 사회가 담겨 있다는
인식이, 사회의 어떤 측면이 어떤 당파성을 띠면서 얼마나 효율적으로 어떤
결과를 초래하는 가운데 작품 속에 담기느냐 하는, 예술적 실천의 근본 물음
을 처음부터 막는 데에 악용되는 것이다. 아도르노와 그의 후예들이 낡아빠
진 것으로서 폐기하고 싶어하는 '전형' 개념은 바로 이 절박한 물음에 대한
전략적 접근을 핵심으로 한다. 이 물음이 배제될 때 예술과 사회의 매개에
대한 논의는 아도르노 자신이 거부한 수동적 반영과 이에 대한 독해의 문제
로, 나아가 작품 평가상의 형식주의 내지 무정부주의로 변질될 수밖에 없다.

8

　『부정변증법』은 이제까지 대체로 비판적 관점에서 약술된 몇몇 문제들을
훨씬 넘어서는 광범한 영역의 철학사적 주제들에 관하여 눈여겨볼 만한 논
평과 해석을 가하고 있다. 또 그 한 문장 한 문장에서는 현실적 난제들에
대한 비타협적 고뇌의 흔적을 여실히 느낄 수 있다. 현실변혁의 어려움, 그
과정의 장구함, 단숨에 실현될 수 없는 바람직한 삶의 모습을 그려낼 끈질
긴 노력의 필요성 등을 그로부터 읽어낼 수 있다. 설혹 그 결론이 바람직하
지 못할지라도 극단에까지 도달하려는 사유의 과정들은, 손쉽게 정리된 '바

람직한' 결론들과는 다른 차원에서 현재의 문제들과 대결하는 데 도움을 주리라고 여겨진다. 그래서 『부정변증법』은 실천론의 관점에서도 간단히 '극복'되지 않는다. 『부정변증법』은 그것을 향해 제기될 대부분의 반론에 대해 어떤 식으로든 답변을 마련해놓은 듯하며, 그 논리 내부에 들어가 그것을 깨뜨리기는 쉽지 않다. 그래서 노예적이지 않은 『부정변증법』 독서에는 지능적 완전범죄자와 대적하는 검사의 예리한 시선이 필요할 것이다. 분명 『부정변증법』이 내놓는 주요 결론들은 현질서의 변혁보다 변론 쪽으로 기울며, 이 점에서 유죄 혐의는 불가피하다. 그러나 이 지능범은 아마도 마르크스주의자일 검사의 실천이성을 향해 이미 꽤 친숙하지만 늘 답하기 어려운 질문을 비수처럼 던진다. 해방적 실천은 충분히 해방적인가? 이 질문 뒷면에 투영되는 험악한 싸움판을 어떤 모습으로 만들어갈 것인가는 우리 자신의 실천적 과제로 남아 있다.

주석

『부정변증법』이 집필된 것은 1959년에서 1966년까지다. 그 핵심을 구성하는 것은 저자가 1961년 파리의 콜레주 드 프랑스에서 행한 3회의 강의들이다. 첫 두 강의로부터 구조상의 변화없이 이 책의 제1부가 만들어졌다. 또 셋째 강의는 상당히 변형되고 확대되어 제2부의 기초가 되었다. 하지만 많은 것들이 그보다 훨씬 이전으로 거슬러올라간다. 예컨대 자유에 대한 단원의 첫 구상은 1937년에 이루어졌고, '세계정신과 자연사'라는 모티프는 저자가 칸트학회 프랑크푸르트 지부에서 행한 강연(1932)에서 유래한다. '와해의 논리'라는 이념은 저자의 철학적 구상들 가운데 가장 오래된 것으로서 그의 학창 시절에 나온 것이다.

제2판(1967)에서는 오자들이 교정되었다. 또 '합리성의 질적 계기'에 대한 단락과 '우발성과 필연성'에 대한 주석이 하나 첨가되었다.

머리말

　부정적 변증법이라는 표현은 전통에 위배된다. 변증법은 이미 플라톤의 경우에도 부정이라는 사유수단을 통해 어떤 긍정적인 것(ein Positives)을 산출하려 했다. 그 후에는 '부정의 부정'(Negation der Negation)이라는 표현이 그 점을 간명하게 말해주었다. 이 책은 규정성(Bestimmtheit)을 조금도 소홀히 하지 않으면서 변증법을 그런 긍정적(affirmativ) 본질로부터 해방시키고자 한다. 이 책의 역설적 제목을 전개하는 것이 이 책의 한 가지 의도인 셈이다.

　철학의 통념상으로 어떤 기초 위에 세워지는 것이라고 상정되는 수많은 것들을 상론한 한참 후에야 비로소 필자는 그런 통념에서 기초적이라고 여겨지는 것들을 전개한다. 이에는 기초개념에 대한 비판과 아울러 내용적 사유의 우선성이 함축되어 있다. 내용적 사유의 운동은 단지 실행과정에서만 자의식을 얻는다. 그러한 운동은 아직도 유효한 정신의 규칙에 따르면 어떤 부차적인 것을 필요로 한다.

　이 책이 필자의 실질적 작업들을 위한 하나의 방법론만을 내놓는 것은 아니다. 부정적 변증법의 이론에 따르면, 방법론과 실질적 작업들 사이에 어떤 연속체가 존재하지는 않는다. 그러나 아마 이 불연속성 및 사유를 위한 지침들로서 그로부터 읽어내야 할 것들은 다루게 될 것이다. 이 책은 이러한 방법을 논증하지 않고 정당화한다. 필자는 가능한 한 카드들을 탁자 위에 내놓지만, 이는 결코 게임 자체와 동일한 것이 아니다.

벤야민(Walter Benjamin)은 1937년 당시 필자가 완결한 『인식론 메타비판』(*Metakritik der Erkenntnistheorie*)의 일부를——출판된 것으로는 마지막 장이다——읽고 그것에 대해, 구체적 철학행위에 구속력 있게 도달하려면 황량한 추상의 빙판을 통과해야 한다고 말했다. 이제 돌이켜보면 부정적 변증법은 그러한 길을 드러내고 있다. 현대철학에서 구체화는 대개 사취되었을 뿐이다. 반면에 대체로 추상적인 이 텍스트는 필자의 구체적 처리방식에 대한 해명 못지않게 진정한 구체화에도 기여하고자 한다. 최근의 미학논쟁들에서 사람들은 반극(Antidrama)과 반주인공(Antiheld)에 대해 말하는데, 미학적 주제들과 아예 거리를 두고 있지만 부정적 변증법은 반체계(Antisystem)라고 칭할 수 있다. 그것은 논리적 일관성을 통해, 통일성원칙(Einheitsprinzip)과 상위개념의 독재를 이 통일성의 속박 밖에 위치하는 것의 이념으로 대신하려고 한다. 필자는 자신의 정신적 충동들을 신뢰하게 된 이래, 주체의 힘으로써 본질구성적 주관성(konstitutive Subjektivität)이라는 미망을 깨뜨리는 일을 자신의 과제라고 느꼈다. 이 과제를 더 이상 미뤄놓고 싶지는 않았다. 이 경우 순수철학과 사실적인 것 혹은 공식적인 과학영역 사이의 업무적인 구분을 단호히 넘어서는 것이 결정적 동기 가운데 하나였다.

서론은 철학적 경험의 개념을 설명한다. 제1부는 독일에서 지배적인 존재론의 입장에서 출발한다. 그것을 위로부터 심판하는 것이 아니라, 나름대로 문제적인 그것에 대한 욕구 차원에서 그것을 이해하고 내재적으로 비판한다. 제2부는 그 성과들로부터 부정적 변증법의 이념과 그것이 고수하거나 질적으로 바꾸는 몇몇 범주들에 대한 그것의 입장으로까지 나아간다. 제3부는 부정적 변증법의 모델들을 완성한다. 그것들은 어떤 본보기들이 아니며, 단순히 일반적인 고찰들에 대해 논하는 것도 아니다. 그 모델들은 사실적인 것에 도달함으로써, 우선 불가피하게 일반적인 것으로 취급된 것의 내용적 의도에 부응하고자 한다. 이는 플라톤이 도입하여 그 이래로 철학에서 되풀이되었던, 본보기들을 자체로서는 아무래도 좋은 것으로 활용하는 방식과 대립한다. 그 모델들은 부정적 변증법이 무엇인지 명시해야 하고 그것을 그 자체의 개념에 합당하게 실재의 영역으로 몰고 들어가야 하지만, 또 한편으로 이른바 예시적 방법(exemplarische Methode)과 유사하게, 철학 학과들의 핵심개념들에 중심적으로 개입하기 위해, 이것들에 대해 논구한다. 도덕철학과 관련해서는 자유의 변증법이 이 일을 수행하게 될 것이다. 역사와 관련해서는 '세계정신과 자연사'(Weltgeist und Naturgeschichte)가 그런 일을 해낸다. 마지막 장은 비판적 자기반성을 통한 코페르니쿠스적 전환(die Kopernikanische Wendung)의 지축회전과 같은 의미에서 형이상적 문제들을 모색하며 맴돈다.

울리히 조네만(Ulrich Sonnemann)은 『부정적 인간학』(Negative Anthropologie)이라는 제목을 달게 될 책을 쓰고 있다. 그도 필자도 어떤 일치점을 사전에 알지는 못했다. 이 일치는 사물 자체 속의 어떤 필연성을 가리켜준다.

필자는 부정적 변증법에 제기될 반론을 각오하고 있다. 필자는 이제 아무 원한 없이, 자기들은 언제나 부정적 변증법을 말했고 이제는 저자가 그것을 인정한다고 외치게 될 이쪽과 저쪽의 모든 사람들로 하여금 즐거워하도록 내버려두겠다.

프랑크푸르트, 1966년 여름

아도르노

서론

철학의 가능성

한때 낡아 보이던 철학이 생명을 부지하고 있다. 그 실현의 순간이 지체되었기 때문이다. 철학은 단지 세계를 해석했을 뿐이고 현실에 대해 체념함으로써 자체로서도 불구화되었다는 일괄적 판단은, 세계 변화가 실패한 후 이성의 패배주의로 된다.* 예나 지금이나 이론은 시대착오적이라는 의심을 받지만, 세계는 이론 자체가 시대착오적임을 구체적으로 설복해낼 입지를 마련해주지 않는다. 아마 실천적 이행을 약속한 해석이 충분하지는 못했을 것이다. 이론에 대한 비판이 매달렸던 순간을 이론적으로 연장할 수는 없다. 예측 못할 훗날로 연기된 실천은 이제 자족적 사변에 반대하는 장치가 아니라, 대개 행정가들이 변화하는 실천에 필요한 비판적 사상을 공허한 것이라고 묵살하는 구실로 되었다. 철학은 현실과 하나라는 혹은 현실의 산출 직전에 위치한다는 약속을 깨뜨린 후로 가차없이 자체를 비판할 수밖에 없게 되었다.

이미 150년 전 괴테는 주관적으로 사변을 즐기는 가련한 초학자들이야말로 순진하다고 느꼈다. 그런데 한때 감각적 가상이나 그때그때의 외부지향적 경험에 비하면 단적으로 순진하지 않다고 여겨졌던 것 자체가, 괴테가

---

* 마르크스의 「포이어바흐 테제」에 대한 반론.

느꼈듯이 객관적으로는 순진하게 되었다. 내성적 사상의 건축가는 외향적 기술자들이 장악한 달 뒤편에 처져 있다. 철학 관습에 따르면 개념의 틀들은 전체를 담아낼 수 있어야 할 것이다. 그런데 무한히 팽창한 사회와 실증적 자연인식의 진보에 비추어볼 때, 그 개념의 틀들은 산업화된 후기자본주의 한가운데에 남은 단순 상품경제의 잔재들과도 같다. 어느새 상투어로 되어버린 권력과 정신 사이의 불균형은 어마어마해졌다. 그래서 초강대권력을 파악하려는 노력, 정신 자체의 개념에 의해 고무된 이 노력은 헛일로 되고 만다. 그것을 파악하려는 의지는 파악되어야 할 그 초강대권력이 거부하는, 어떤 권력에 대한 요구를 드러낸다.

철학은 개별과학들로 인해 하나의 개별과학으로 후퇴할 수밖에 없게 되었는데, 이 점이 철학의 역사적 운명을 가장 눈에 띄게 나타내준다. 칸트는, 그 자신의 말을 빌린다면, 철학의 학파개념을 탈피하여 철학의 세계개념에 도달했다.[1] 그런데 철학은 어쩔 수 없이 학파개념으로 돌아가고 말았다. 철학이 학파개념을 세계개념과 혼동할 경우, 이 억지는 웃음거리로 된다. 헤겔은 절대정신에 대한 학설을 주장했고 철학이 절대정신에 속한다고 보았지만, 철학이 현실의 단순한 계기 혹은 분업활동임을 알았고, 이로써 철학의 한계를 설정했다. 그 이래로 그러한 것은 철학 자체의 한계 및 현실에 대한 철학의 불균형으로 되었다. 철학이 이 한계설정을 철저히 망각하고, 그 내적 구성이나 내재적 진리까지 전체에 의존한다는 점을 인식하는 대신 전체를 자신의 객체로서 독점하고 그 속에서 스스로가 차지하는 위치에 대해 성찰하는 일을 자신과 무관하다고 거부할수록, 그와 같은 한계와 불균형은 더욱 심각해진다. 그러한 순진성을 탈피한 철학만이 앞으로도 검토할 가치를 지닌다.

철학의 비판적 자기성찰이 철학사의 절정들 앞에서 중단되어서는 안 될 것이다. 칸트는 합리주의를 비판한 후 형이상학의 가능성에 대해 의문을 던졌다. 이와 마찬가지로 비판적 자기성찰은 헤겔철학이 무너진 후 철학

---

1) 칸트, 『순수이성비판』 제2판, 전집 3권, 아카데미판(선험적 방법론 제3부) 참조.

이 아직도 가능한지, 또 가능하다면 어떻게 가능한지를 물어야 할 것이다. 헤겔의 변증법 이론은 철학적 개념들과 이질적인 것들을 철학적 개념들로써 충분히 다룰 수 있다는 점을 보여주려는 시도였으나 성공하지는 못했다. 그의 시도가 좌절된 이상, 이 시대에 합당한 변증법과의 관계를 설명해야 할 것이다.

변증법은 입장이 아니다

이제는 어떤 이론도 시장을 벗어날 수 없게 되었다. 어떤 이론이든 경쟁적 견해들 가운데 가능한 것으로서 제공되며, 모든 이론이 선택대상으로 되고, 모든 이론이 흡수된다. 사상은 이 점을 외면할 수 없게 되었다. 또 자신의 이론이 그러한 운명과 관계없다고 독선적으로 확신한다면, 이는 틀림없이 자기 이론에 대한 찬양으로 타락할 것이다. 그러나 변증법은 이와 같은 비난이나 이에 부수되는 비난, 즉 변증법은 쓸모없다든지 외부로부터 덧붙여진 방법이므로 자의적이라는 등의 비난에 대해 침묵할 필요가 없다. 변증법이라는 명칭은 우선 대상들이 그 개념과 동화되지 않는다는 점, 또 이 대상들이 전통적 적합성(adaequatio)의 규범과 모순에 빠진다는 점을 말할 뿐이다. 헤겔의 절대적 관념론은 헤라클레이토스*식으로 모순을 본질적인 것이라고 찬양했지만, 모순은 그처럼 본질적인 것이 아니다. 모순은 동일성이, 즉 개념으로 파악된 것이 개념과 동화된다는 생각이 허위라는 표시다.

그러나 동일성의 가상은 사유의 순수한 형식으로 인해 사유 자체에 내재한다. 사유한다는 것은 동일시하는 것이다. 개념적 질서는 사유가 파악코자 하는 것 앞으로 만족한 듯이 접근한다. 사유의 가상과 진리는 서로 뗄 수 없게 얽혀 있다. 예컨대 사유규정들의 총체성 외부에 어떤 즉자존재자

---

* 헤라클레이토스(Herakleitos, 기원전 540?~480?)의 변증법 사상에 따르면 자연은 그 자체로부터, 즉 자연 속에서 작용하는 대립물들과 이 대립물들의 끊임없는 싸움에 의해 추진되는 영원한 생성과정으로부터 산출된다.

(Ansichseiendes)가 있다고 단언함으로써 사유의 가상을 명령조로 제거할 수 있는 것은 아니다. 칸트철학 속에는, 개념의 피안에 있는 즉자(An sich)가 전적으로 비규정적인 것(Unbestimmtes)으로서 무의미하다는 생각이 은밀히 담겨 있다. 또 헤겔은 이런 생각을 칸트 비판에 활용했다. 개념적 총체성의 허위를 의식할 경우, 총체적 동일성이라는 가상을 내재적으로, 즉 동일성 자체의 척도에 의거하여 깨뜨리는 일만이 가능하다. 그러나 개념적 총체성은 배중률*을 핵심으로 하는 논리에 따라 구성되기 때문에 그런 원칙에 적합하지 않은 것, 질적으로 상이한 것은 모두 모순의 징표를 지니게 된다. 모순은 동일성의 관점에서 본 비동일자(das Nichtidentische unter dem Aspekt der Identität)다. 변증법에서 모순원칙이 우선성을 띨 경우, 이질적인 것은 통일성사유(Einheitsdenken)에 비추어 평가된다. 이 이질적인 것은 통일성사유의 한계에 부딪침으로써 스스로를 뛰어넘는다.

변증법은 비동일성에 대한 일관된 의식이다. 변증법이 미리부터 어떤 입장을 취하지는 않는다. 사상의 불가피한 불완전성 때문에, 그리고 사유되는 것에 대한 사상의 책임 때문에 사상은 변증법을 지향할 수밖에 없다. 헤겔에 대한 아리스토텔레스식의 비판자들이 되풀이하여 그랬듯이,[2] 변증법은 모든 것을 닥치는 대로 모순이라는 단순한 논리적 형태에 맞추며, 이로써—크로체**까지 그렇게 주장했다[3]—대립적이지 않은 것, 단순히 상이한 것의 풍부한 다양성을 제거한다는 따위의 반론을 제기할 경우, 이는 실

---

* 배중률은 아리스토텔레스에 의해 정립된 형식논리학의 법칙으로, 모순되는 두 대립자 사이에 어떤 중간자(제3자)도 있을 수 없다는 원리.

2) F.A. 트렌델렌부르크, 『논리연구』 1권(라이프치히 : 1870), 43쪽 이하, 167쪽 이하 참조.

** 크로체(Benedetto Croce, 1866~1952)는 변증법에서 무한한 과정을 발견하지만, 그 과정은 대립을 통해 발전하는 것이 아니라 차이들의 종합만을 보여줄 뿐이고, 이 차이들로부터 계속해서 새로운 차이들이 논리적으로 매개되지 않은 채 역사 속에 출현하며, 역사의 모든 다양성 속에서 정신의 진보에 기여한다고 본다.

3) 크로체, 『헤겔철학 속의 살아 있는 것과 죽어 있는 것』, K. 뷔허 역(하이델베르크 : 1909), 66, 68, 72, 82쪽 이하 참조.

제적인 문제를 방법 탓으로 돌리는 것이다.

의식이 그 자체의 구성상 통일성을 추구할 수밖에 없고, 또 의식과 동일하지 않은 것을 의식의 총체성 요구에 비추어 측정하는 한, 차이나는 것은 상치되고 부조화롭고 부정적인 것으로 나타난다. 변증법은 그러한 것을 의식에다 모순으로서 제시한다. 모순성은 의식 자체의 내재적 성격 덕분에 불가피하고 숙명적인 법칙성의 성격을 지닌다. 사유의 모순과 동일성은 서로 접합되어 있다. 모순의 총체성은 총체적 동일시의 허위일 뿐이다. 모순은 비동일자에도 작용하는 법칙의 지배하에 있는 비동일성이다.

현실과 변증법

그러나 이 법칙은 사유의 법칙이 아니라 현실의 법칙이다. 변증법의 규율에 굴복하는 자는 의심할 바 없이 경험의 질적 다양성을 애석하게 희생시킬 수밖에 없다. 건전한 생각을 하는 자들은 변증법을 통한 경험의 빈곤화에 격분하겠지만, 이러한 빈곤화는 관리되는 세계 속에서 이 세계의 추상적 획일성에 적합한 것임이 입증된다. 변증법의 고통스러운 면은 개념으로까지 고양된, 관리되는 세계로 인한 고통이다. 구체화라는 것은 사실상 이데올로기로 되기 시작했지만, 구체화를 재삼 이데올로기로 격하시키지 않으려면 인식은 그러한 세계에 적합해져야 한다. 다른 형태의 변증법은 변증법의 무기력한 르네상스에 만족할 것이다. 즉 칸트의 아포리아들(Aporien)로부터, 또 그 후계자들의 체계 속에서 계획은 되었으나 실현은 되지 못한 것으로부터, 정신사적으로 변증법을 추론하는 데 만족할 것이다. 그것의 실현은 단지 부정적으로만 가능하다.

변증법은 보편을 통해 제기된 보편과 특수의 차이를 전개한다. 주체는 주체와 객체의 단절에서 벗어날 수 없다. 변증법은 의식에까지 파고든 주체와 객체의 단절이라고도 할 수 있는데, 그것은 객관적인 것을 포함하여 주체가 생각하는 모든 것을 파헤친다. 한편 변증법은 화해로 종결될 것이다. 이 화해로써 비동일자가 해방되고, 정신화된 강압까지도 사라지게 될 것이며, 이제야 비로소 다양한 것들의 다원성이 열릴 것이며, 이에 대해 변증법은 더 이상 아무 힘도 지니지 못할 것이다. 화해란 주관적 이성에는 저주와도 같은 것, 즉 더 이상 적대적이지 않은 다수를 상기하는 일일 것이다. 변증법은 화해에 기여한다. 그것은 자신이 따르는 논리적 강압성을 해체하며, 이 때문에 변증법은 범논리주의라는 비난을 받는다.

관념론적 변증법은 개념의 모든 개별운동과 그 과정 전체를 부정적으로 유발하는 힘이라고 할 수 있는 절대주체의 주도권과 하나로 묶여 있었다. 개개인의 의식만 아니라 칸트나 피히테의 선험적 의식마저 초월하는 헤겔의 구상에서도 그러한 주체의 우선성은 역사적으로 판결을 받는다. 이 우선성은 세계사의 막강한 힘 앞에서 세계사를 구성하는 데에 절망하는 맥빠진 사상의 무기력으로 인해 축출된다. 뿐만 아니라 절대적 관념론이——다른 관념론은 모두 일관성 없는 것이었다——주장한 화해들은 논리적인 것에서 정치사적인 것에 이르기까지 어느 것도 견실하지 못했다. 일관된 관념론은 모순의 총괄개념으로서말고는 전혀 달리 구성될 수 없었다. 이 점은 관념론의 논리적으로 일관된 진리다. 아울러 그것은 논리성(Logizität)으로서의 관념론적 논리성에 뒤따르는 형벌이기도 하다. 말하자면 그것은 가상이면서 필연적이다.

변증법의 비관념론적 형태는 이제 독단으로 타락했고, 관념론적 형태는 교양물로 전락했지만, 변증법에 대한 심판의 재개가 역사적으로 전래되는 철학행위의 어떤 방식이나 인식대상의 철학적 구조의 시의성을 결정하는 유일한 것은 아니다. 헤겔은 철학으로 하여금 공허하고 정말 무의미한 인식형식의 분석에 만족하도록 하지 않고 내용적으로 사유할 권한과 능력을 다시 만들어주었다. 현대철학은 어쩌다 내용적인 것을 다루는 한, 자의적 세계관으로 돌아가며, 그렇지 않을 경우에는 헤겔이 반대한 형식주의 혹은 '아무래도 좋은 것'으로 돌아간다. 현상학은 한때 내용에 대한 욕구로 고무되었다. 그런데 현상학은 모든 내용을 오염이라고 거부하는, 존재에 대한 호소로 발전했다. 이러한 발전은 위의 사실을 역사적으로 증명해준다.

헤겔의 내용적 철학행위는 주체의 우선성을, 혹은 『논리학』 도입부분의 유명한 정식에 따르면, '동일성과 비동일성의 동일성'을 그 기초로 삼았고 또 결론으로 얻었다.[4] 그의 경우 규정적 개별자(das bestimmte Einzelne) 는 정신에 의해 규정될 수 있었다. 왜냐하면 이 개별자의 내재적 규정이 정신 이외의 아무것도 아닐 것이기 때문이다. 헤겔에 따르면 이 점을 상정 하지 않는다면 철학은 내용적인 것과 본질적인 것을 인식할 수 없을 것이 다. 관념론적으로 획득한 변증법의 개념이, 헤겔이 강조한 바와 반대로, 관념론적 장치와 무관한 경험들을 담고 있지 않을 경우, 철학은 내용적 통찰을 거부하고 과학들의 방법론에 스스로를 국한하고 이 방법론을 철 학이라고 선언하고 잠재적으로 자체를 말살하는 등의 체념상태에서 벗어 나지 못할 것이다.

철학의 관심

역사적 위치에 비추어보면 철학은 헤겔이 전통에 따라 무관심을 표명한 것에, 즉 비개념적인 것·개별적인 것·특수한 것에 진정으로 관심을 둔다. 말하자면 플라톤 이래 덧없고 사소한 것이라고 배척당하고 헤겔이 '쓸모없 는 실존'(faule Existenz)이라고 꼬리표 붙인 것에 관심을 두는 것이다. 철 학의 테마는 철학에 의해, 우발적인 것으로서, 무시할 수 있는 양(quantité négligeable)으로 격하된 질들(Qualitäten)일 것이다. 개념으로는 도달하지 못하는 것, 개념의 추상 메커니즘을 통해 삭제되는 것, 아직 개념의 본보기 가 되지는 않은 것, 그런 것이 개념에 대해서는 절박한 것으로 된다.

현대철학의 주역이었던 베르그송과 후설은 그 점을 감지했지만 그로부터 물러나 전통적 형이상학 속으로 달아났다. 베르그송은 비개념적인 것을 위 해 무리하게도 인식의 다른 유형을 구상해냈다. 이로써 변증법적 묘미는 무 차별적 삶의 흐름 속에서 씻겨나가고 만다. 또 사물처럼 고정된 것은 종속 적인 것으로서 거부될 뿐, 그 종속성과 더불어 파악되지는 않는다. 경직된

---

4) 헤겔, 전집 4권, 78쪽 참조.

보편개념에 대한 증오가 비합리적 직접성 혹은 부자유 한가운데의 절대적 자유에 대한 숭배를 야기한다. 그는 자신이 타파한 데카르트와 칸트의 학설들만큼이나 이원론적으로 인식의 두 가지 방식을 대립적으로 구상했다. 부르주아 체제 덕에 특권을 누리는 자들의 여유만만하고 솔직한 태도로 인해 부르주아 체제가 손상되는 일이 없듯이, 실용주의적 지식으로서의 인과론적·기계론적 인식은 직관적 인식으로 인해 손상되는 일이 없다. 베르그송의 철학 자체에서는 그 숭배받는 직관들이 상당히 추상적으로 나타난다. 그것들은 칸트의 경우 연대기적·물리적 시간의 기초가 되고 베르그송의 통찰에 따르면 공간적 시간의 기초가 되는 현상적 시간의식을 거의 벗어나지 못한다. 아마 정신의 직관적 반응방식은 미메시스적* 반응의 태곳적 흔적으로서 물론 발전하기는 힘들지만 실제로 존속할 것이다. 그것의 전신(前身)은 굳어버린 현재를 넘어서는 무엇인가를 약속한다. 하지만 직관들은 단지 산만하게만 성공한다. 베르그송 자신의 인식을 포함해서 모든 인식은, 특히 구체화되려면, 그가 경멸한 합리성을 필요로 한다. 절대적인 것으로 격상된 지속·순수생성·순수현실태**는 베르그송이 플라톤과 아리스토텔레스 이래의 형이상학을 놓고 비난한 것과 동일한 초시간성으로 전도될 것이다. 그것이 신기루에 그치지 않으려면, 그가 모색하는 것은 단지 인식도구와 더불어서만, 즉 인식 자체의 수단에 대한 반성을 통해서만 확인될 수 있으며, 처음부터 그 인식도구와 매개되지 않은 처리방식에서는 자의적인 것으로 타락한다. 이 점에 대해 그는 아무 관심도 없었다.

그에 반해 논리학자 후설은 본질 인식의 방식과 일반화하는 추상을 엄격히 대립시켰다. 그는 특수한 것으로부터 본질을 파악해낼 수 있어야 하는

---

* 아도르노의 경우 미메시스(Mimesis)는 원래 동물의 자체보존을 위한 의태와 유사한 것이지만, 진정한 미메시스는 사물들 가운데에서 이미 알려진 부분 이상의 것, 곧 비동일자와 관계하며, 그래서 비대상적인 것의 모방, 즉 현실적인 것의 모방이 아닌 아직 존재하지 않는 어떤 것의 선취를 의미하기도 한다.

** 순수현실태(actus purus)란 존재와 작용의 통일체를 뜻한다. 아리스토텔레스에 기원하며, 스콜라철학에서는 신을 규정하기 위해 사용되었다.

특유한 정신적 경험을 염두에 두었다. 그런데 그런 경험이 적용된 본질은 흔한 보편개념들과 아무 차이도 없었다. 실제로 마련되는 본질직관들과 그것의 목표 사이에는 현격한 부조화가 존재한다.

두 사람의 탈출시도는 관념론에서 벗어나지 못했다. 즉 베르그송은 실증주의 계열의 철천지원수들처럼 의식의 직접적 소여들(données immédiates de la conscience)을 지향했으며, 후설은 이와 유사하게 의식의 흐름이라는 현상들을 지향했다. 후설도 베르그송도 주관적 내재성의 언저리에 머문다.5) 그들 두 사람에 맞서서는, 그들이 염두에 두기는 했지만 성취하지 못한 것, 바로 그것을 고집해야 할 것이다. 비트겐슈타인에 맞서서는, 말할 수 없는 것을 말해야 할 것이다.*

이러한 요구의 단순한 모순은 철학 자체의 모순이다. 즉 철학이 자체의 개별모순들에 얽히기도 전에, 그와 같은 모순이 철학에 변증법의 자격을 부여하는 것이다. 철학적 자체반성의 작업은 그 역설을 밝히는 것이다. 다른 것은 모두 의미화(Signifikation) 내지 사후구성(Nachkonstruktion)으로서 오늘날이나 헤겔의 시대에나 철학 이전적인 것이다. 하지만 그런 것이 철학에는 가능하다는 믿음, 개념이 개념—정비하고 삭제하는 것—을 넘어서고 그로써 비개념적인 것에 접근할 수 있다는 믿음, 비록 의심스럽기는 하지만 이런 믿음이 철학에는 불가피하며, 이로써 어떤 순진성이 불가피하다. 그리고 이 순진성 때문에 철학은 괴로움을 겪는다. 그렇지 않을 경우 철학은 좌절할 수밖에 없으며, 그와 더불어 모든 정신이 좌절할 수밖에 없다. 극히 단순한 조작도 생각할 수 없을 것이며, 아무런 진리도 존재하지 않을 테고, 실로 모든 것이 그저 공허해질 것이다. 그러나 개념들의 추상적 영역 너머에서 개념들이 진리와 관련되는 것은, 개념들에 의해 억눌리고 경멸받고 배척당하는 것들을 무대로 할 뿐이다. 인식의 유토피아는 개념들을 통해

---

5) 테오도르 W. 아도르노, 『인식론 메타비판』(슈투트가르트 : 1956), 여기저기 참조.

* "명확히 말할 수 있는 것만을 말하고, 그렇지 못한 것에 대해서는 침묵하라"는 비트겐슈타인의 테제에 대한 반론.

비개념적인 것을 밝히되, 그것을 개념들과 동일시하지 않는 것이다.

적대적 전체

그러한 변증법 개념은 그 가능성에 대한 의심을 야기한다. 모순들을 꿰뚫고 있는 운동을 예견하는 것은 아무리 변형되더라도 정신의 총체성, 곧 이미 무효화된 동일성체제를 설교하는 듯해 보인다. 즉 부단히 사물(Sache) 속의 모순에 대해 반성하는 정신은, 그 사물이 모순의 형식으로 조직되려면, 사물 자체가 되어야 한다는 이야기다. 관념변증법에서는 부분적인 것 모두가 그 일면성 때문에 거짓이며, 진리는 부분을 넘어서 전체의 진리라고 한다. 또 전체의 진리를 미리 생각하지 않는다면 변증법적 행보는 동기와 방향을 잃을 것이라고 한다. 이러한 주장에 대해서는, 정신적 경험의 객체가 그 자체로서 극히 실제적으로 적대적 체계이며, 객체 속에서 스스로를 다시 발견하는 인식 주체에 대한 매개 때문에 비로소 그런 것은 아니라고 응수할 수 있다. 관념론이 주체와 정신의 영역 속에 투사한 현실의 강압적 상태는 그 영역으로부터 다시 번역해내야 한다. 관념론으로부터는, 정신의 객관적 결정요인들인 사회가 주체들의 총괄개념이자 그 부정이라는 생각이 남는다. 주체들은 사회 속에서 알아볼 수 없으며 무기력하다. 그래서 사회는 절망적으로 객관적이며 개념적인 것인데, 관념론은 이를 긍정적인 것이라고 오해한다.

체계는 절대정신의 체계가 아니라, 절대정신을 좌우하면서도 그것이 어느 정도로 자신의 정신인지조차 알지 못하는 자들의 지극히 제한된 체계다. 물질적인 사회적 생산과정을 주관적으로 미리 구상하는 것은 이론적 본질구성과 근본적으로 다르다. 그것은 체계의 해결되지 않은 문제, 주체들과 화해하지 못한 측면이다. 선험적 주체처럼 무의식적으로 교환을 통해 동일성을 만드는 주체들 자신의 이성은, 그것이 '주체의 적으로서의 주체'라는 공통분모로써 통분하려는 주체들과 통분되지 않는다. 그에 앞서는 보편성이란 참이기도 하고 거짓이기도 하다. 그것은 헤겔이 '정신'

이라고 칭하는 '영기'(Äther)를 이루기 때문에 참이다. 또 그것의 이성은 아직 이성이 아니며, 그런 보편성은 부분적 이해관계의 산물이기 때문에 허위다. 그 때문에 동일성에 대한 철학적 비판은 철학을 넘어선다. 하지만 지배적 생산관계들 아래에서조차 삶이라는 것이 어쨌든 지속되기 위해서는 동일성 아래로 포괄될 수 없는 것이—마르크스의 용어로 '사용가치'가—필요한데, 이 점이 유토피아의 '말로 다할 수 없는 측면'이다. 유토피아는 유토피아가 실현되지 않으리라는 저주 속에까지 파고든다. 유토피아의 구체적 가능성에 비춰보면 변증법은 그릇된 상태의 존재론이다. 올바른 상태는 변증법으로부터 해방될 것이다. 물론 체계나 모순은 그러지 못할 것이다.

개념의 탈마법화

철학은, 헤겔철학조차, 불가피하게 개념들을 재료로 삼음으로써 처음부터 관념론적으로 될 수밖에 없다는 일반적 반론에 부딪친다. 실제로 어떠한 철학도, 심지어 극단적 경험주의조차, 사실들 그 자체를 움켜쥐고 해부학의 사례들이나 물리학의 실험들처럼 내놓을 수는 없다. 또 여러 가지 회화가 현혹하듯이 개별 사물들을 텍스트에 붙여넣을 수도 없다. 하지만 논증(Argument)은 그 형식적 보편성 차원에서 개념을 물신적으로 받아들이는데, 이는 개념이 논증의 영역 내에서 순진하게 철학적 사유로는 어찌할 수 없는 자족적 총체성으로서 해석되는 것과도 같다.

실제로는 철학적 개념을 포함한 모든 개념들이 비개념적인 것을 향해 다가간다. 왜냐하면 개념들 자체가—일차로는 자연지배를 위해—개념형성을 강요하는 현실의 계기들이기 때문이다. 개념적 매개의 영역이 없다면 아무것도 알 수 없다고 하는데, 그러한 영역의 우선성을, 곧 개념적 매개가 자체에 대해 내부로부터 보여지는 양상을 개념적 매개 그 자체와 혼동해서는 안 된다. 그것을 현실로부터 몰아내는 운동이 그것에다 그처럼 자체로서 존재하는 듯한 가상을 부여하지만, 이 운동도 나름대로 현실에 묶

여 있다. 개념들을 통해 작업해야 할 필요성 때문에 개념의 우선성이라는
미덕을 만들어서는 안 되지만, 그 반대로 이 같은 미덕에 대한 비판 때문
에 철학을 일괄적으로 심판해서도 안 된다. 한편 철학의 개념적 본질이 그
불가피성에도 불구하고 철학의 절대적 요인은 아니라는 통찰 또한 개념의
특성을 통해 매개된 것이지, 독단적 테제는 아니며 순진한 실재론적 테제
는 더군다나 아니다.

헤겔 논리학 첫부분의 '존재'(Sein) 개념과 같은 개념들은 우선 분명하
게 비개념적인 것을 의미한다. 라스크*의 표현을 빌린다면, 개념들은 자
체를 넘어선 어떤 것을 뜻한다. 비록 개념은 비개념적인 것을 자체의 의
미에 포함시킴으로써 그것을 자체와 동화하고 이로써 자체 내에 사로잡히
는 경향을 띠지만, 개념의 의미에는 개념들이 그 자체의 개념성에 만족하
지 않는다는 점도 포함된다. 개념들의 내실(Gehalt)은 개념들에 내재적이
다. 즉 정신적이다. 또한 그것은 동시에 존재적이다. 즉 개념들에 대해
초월적이다. 그 점에 대한 자의식을 통해 개념들은 그 물신주의를 버릴
수 있다. 철학적 반성은 개념으로써 비개념적인 것을 확인한다. 그러지
않을 경우 개념은, 칸트의 어법에 따르면, 공허할 것이며 궁극적으로 무
엇에 대한 개념이 아닐 테고 그래서 무의미할 것이다. 그 점을 인식하고
개념의 자족성을 제거해야만 철학은 미몽에서 깨어난다. 존재자를 다루더
라도 개념은 여전히 개념이다. 그렇다고 해서 개념이 비개념적 전체와 얽
혀 있다는 점이 달라지지는 않는다. 물론 개념은 그것을 개념으로 만드는
자체의 사물화를 통해서만 비개념적 전체에 맞서 응축된다. 개념은 변증
법적 논리학 속의 각 계기와 마찬가지로 하나의 계기다. 개념 속에는 그
것의 의미 덕분에 비개념적인 것에 의한 개념의 매개상태가 남는다. 또
그것의 의미는 개념의 개념적 존재의 근거가 된다. 개념의 특징은 비개념
적인 것과 관계한다는 점과——전통적 인식론에 따르면 개념에 대한 모든

---

* 라스크(Emil Lask, 1875~1915)는 독일의 철학자로 신칸트학파의 리케르트와 빈
델반트의 철학적 단초들을 인식론적 · 가치론적 논저들에서 계승한다.

규정은 비개념적·지시적 계기들을 필요로 한다——, 또 반대로 그것으로 파악된 존재자들(Onta)의 추상적 통일로서 존재적인 것(Ontisches)과 거리를 둔다는 점이다.

부정적 변증법은 개념성의 이런 방향을 돌려 비동일적인 것을 향하게 만든다. 개념 속의 비개념적 요소가 지니는 본질구성적 성격을 통찰하게 되면, 그처럼 제동을 거는 반성이 없을 때 개념이 초래하는 동일성의 강압은 깨어질 것이다. 개념의 자각은 개념이 의미의 통일체로서 즉자적으로 존재한다는 가상을 넘어서 개념 자체의 의미를 지향한다.

'무한성'

개념의 탈마법화는 철학의 해독제다. 그것은 철학의 비대화, 즉 철학이 자체에 대해 절대자로 되는 현상을 막는다. 관념론이 남겼지만 다른 무엇보다 관념론에 의해 타락한 한 가지 이념, 즉 무한성의 이념은 기능전환되어야 한다. 철학의 과제는 과학적 관습에 따라 논구하는 것도, 현상들을 최소한의 명제들로 축소시키는 것도 아니다. 피히테가 한 마디의 '단언'(Spruch)에서 출발한다고 하는 헤겔의 논박은 그 점을 지적하는 것이다. 오히려 철학은 자체에 대해 이질적인 것을 미리 완결된 범주들로 포착하지 않고 그 속에 문자 그대로 침잠하려고 한다. 철학은 현상학이나 지멜*의 구상이 바라면서도 이룩하지 못한 바처럼, 자체에 대해 이질적인 것에 가까이 접근하고 싶어한다. 말하자면 철학은 온전한 외화(Entäußerung)를 목표로 한다.

철학이 철학적 내용을 강요하지 않는 곳에서만 그 내용은 파악될 수 있다. 철학이 철학적 규정들의 유한성 속에 본질을 묶어놓을 수 있다는 환상

---

* 지멜(Georg Simmel, 1858~1918)에 의하면, 삶은 부단히 진화하면서, 또 삶에 내재하는 객관적 형상화의 경향이 정신과 문화의 형식들을 통해 실현되면서, 삶 이상의 것으로서 입증된다.

은 단념해야 한다. 아마 관념철학자들은 자신의 개념장치가, 헤겔의 경우를 포함해 그 의도와는 달리, 보잘것없이 유한하다는 점에 대한 괴로운 의심을 가라앉히고자 했고, 이 때문에 그들은 무한이라는 말을 그처럼 터무니없이 손쉽게 뱉어낼 수 있었을 것이다. 전통적 철학은 자신이 무한한 대상을 소유한다고 믿고, 그로 인해 철학으로서 유한해지고 완결된 모습으로 된다. 새로워진 철학은 그러한 주장을 청산해야 할 것이며, 더 이상 자신이 무한한 것을 처분한다고 남이나 스스로가 믿도록 해서는 안 될 것이다. 그 대신 철학은, 섬세하게 이해한다면, 셀 수 있는 정리들(Theoreme)의 체계 속에 고정되기를 거부하는 한 그 자체가 무한해질 것이다.

철학은 철학을 향해 다가오는, 혹은 철학이 추구하는 대상들의 어떠한 도식으로도 정돈되지 않은 다양성 속에 그 내용을 지닐 것이다. 철학은 진실로 스스로를 그 대상들에게 내맡길 것이며, 대상의 모사상(Abbild)을 구체화와 혼동하면서 대상들을 거울로서 이용하여 그로부터 스스로를 다시 읽어내지는 않을 것이다. 철학은 개념적 반성을 수단으로 하는 풍부하고 환원되지 않은 경험일 뿐이라고 할 수 있다. '의식의 경험에 관한 과학' 조차도 이 경험의 내용들을 범주들의 본보기들로 격하시킬 것이다. 철학으로 하여금 자체의 무한성을 추구하는 모험을 감행하도록 유발하는 것은 철학이 해명하는 개별자와 부분적인 것(Partikulares)이 모두 라이프니츠의 단자(單子)처럼 전체를 자체 내에서 표상하리라는, 보증 없는 기대다. 물론 예정된 조화(prästabilierte Harmonie)보다는 오히려 예정된 부조화에 따라 이 전체는 자체로서 단자와 계속 어긋난다.* 제1철학에 대한 메타비판적 (metakritisch) 반론은 무한성에 대해 허풍을 떨며 무한성을 존중하지 않는 철학의 유한성에 대한 반론이기도 하다.

어떤 대상도 완전히 인식되지는 못한다. 인식이 어떤 전체라는 망상을

---

* 라이프니츠의 예정조화론에 의하면 인과관계가 아닌 모든 사물에 내재하는 질서에 따라, 모든 사건들은 신의 설계대로 정밀하게 만들어진 두 개의 시계처럼 서로 조화를 이루어 어김없이 진행된다. 본문의 '어긋난다'는 말은 이의 패러디이다.

만들어서는 안 될 것이다. 따라서 예술작품들과 개념의 동일성을 만들어내고 예술작품들을 개념으로 모두 처리해버리는 것이 예술작품들에 대한 철학적 해석의 과제일 수는 없다. 하지만 작품이 그 진리의 차원에서 전개되는 것은 그러한 동일시를 통해서이다. 한편 추상의 규칙적 진행으로서든 개념적 규정으로 포착된 것에 대한 개념들의 적용으로서든 그러한 동일시와 구분되는 것도 가장 넓은 의미의 기술(Technik)로 유용할 것이다. 하지만 그것은 순응적이지 않은 철학에서 보면 중요하지 않다. 원칙적으로 철학은 언제나 오류를 범할 수 있으며, 단지 그로써만 무엇인가를 얻을 수 있다. 회의주의와 실용주의도, 이의 극히 인간주의적인 형태인 듀이의 철학조차도 결국 그 점을 인정했다. 그러나 철학의 검증을 위해 철학을 미리부터 포기하지 않는 일이야말로 어떤 강력한 철학의 효소라고 내세울 수 있을 것이다.

방법의 총체적 지배에 맞서 철학은 그 교정장치로서, 유희의 계기를 지닌다. 이러한 계기는 철학을 과학화하는 전통이 철학으로부터 몰아내고 싶어한 것이기도 하다. 헤겔에게도 그것은 괴로운 지점이었다. 그는 "……이성을 통해 규정되지 않고 외적인 우연과 유희에 의해 규정된 종들(Arten)과 차이들"[6]을 거부한다. 순진하지 않은 사상은 자신이 사유한 것에 얼마나 접근하지 못하는지 알면서도 언제나 그것을 완전히 파악하는 것처럼 말해야 한다. 이 때문에 그런 사상은 어릿광대짓에 가까워진다. 이러한 특징들을 통해서만 사상은 자신에게 거부되어 있는 것에 대한 희망을 얻을 수 있는 만큼, 그것들을 부인해서는 안 된다.

철학은 지극히 진지한 것이지만 또한 그렇게 진지하지 않은 것이기도 하다. 아 프리오리하게(a priori) 이미 그 자체인 것도 아니고 보증받은 권한의 대상이 될 수도 없는 것, 그러한 것을 추구하는 일은 그 자체의 개념으로 보아 개념적 본질에 의해 터부시된 통제되지 않는 것의 영역에 속한다. 개념은 자신이 몰아낸 미메시스를 옹호하려면, 자체의 반응방식에서 미메

---

6) 헤겔, 『하이델베르크 백과사전』, 전집 6권, 28쪽.

시스에 빠져버리지 않으면서도 미메시스의 어떤 요소들을 흡수하는 수밖에 없다.

그런 한에서 미적 계기는 셸링의 경우와 완전히 다른 이유 때문이기는 하지만, 철학에 우발적인 것이 아니다. 하지만 철학은 그에 못지 않게 현실적인 것에 대한 통찰의 의무를 통해 미적 계기를 지양해야 한다. 철학이 예술에 대해 친화성을 지닌다고 해서 예술로부터 표절하는 것이 정당화되지는 않는다. 야만인들이 예술의 특권으로 여기는 직관을 통해서는 더욱더 그렇다. 직관이 하늘의 번갯불처럼 고립된 채 예술적 작업에 관여해 들어가는 일은 거의 없다. 직관은 형상물의 형식법칙과 결합되어 있다. 만일 직관을 따로 떼어내려고 하면 그것은 사라지고 말 것이다. 그 형식법칙을 사유로부터 해방시켜줄 만큼 신선한 샘물을 사유가 감추어놓고 있는 것은 결코 아니다. 직관주의가 경악하여 회피하지만 벗어나지 못하는 인식유형, 즉 사물을 처리해내는(verfügend) 인식유형과 절대적으로 상이한 인식유형은 어느 것도 아무런 처리능력을 지니지 못한다. 예술을 모방하여 스스로 예술작품이 되려는 철학은 자체를 말살할 것이다. 그런 철학은 자체의 처리방식에 일종의 주권을 부여하고, 이질적 요소는 재료로서 이 주권에 아 프리오리하게 순응함으로써, 자체의 대상이 철학 자체와 동화된다는 식의 동일성 요구를 상정할 것이다. 철학에서는 바로 이질적 요소에 대한 철학의 관계가 문젯거리인데 말이다.

예술과 철학의 공통점은 형식이나 형상화 방식에 있는 것이 아니라 사이비형태(Pseudomorphose)를 금지하는 반응방식에 있다. 양자는 대립관계를 지니는 가운데 자체의 내용에 충실을 기한다. 즉 예술은 자체의 의미들에 대해 냉담한 입장을 취함으로써, 또 철학은 어느 직접적인 것에도 매달리지 않음으로써 그렇다. 철학적 개념은 개념 없는 예술에 활력을 불어넣는 동경을——이 동경의 충족은 예술의 직접성이라는 가상과 멀어질 텐데——버리지 않는다. 사유의 기관(Organon)이자 사유와 사유되는 것 사이의 장벽과도 같은 개념은 그런 동경을 부정한다. 철학은 그런 부정을 피할 수도 없고 그것에 굴복할 수도 없다. 철학은 개념을 통해 개념을 넘어서려고 노력해야 한다.

사변적 계기

철학은 관념론을 거부한 후에도, 지나치게 긍정적인 헤겔식 사변보다[7] 더 넓은 의미의 사변 없이는 곤란에 처한다. 그런데 사변은 관념론 덕분에 명예를 누리게 되고 관념론과 더불어 경멸받게 된다. 실증주의자들은 직접적인 자료들이나 기록문들이 아니라 객관적 본질법칙들에서 출발하는 마르크스주의적 유물론을 손쉽게 사변이라고 치부한다. 요즈음에는 마르크스를 계급의 적이라기보다 형이상학자라고 칭하는 쪽이 이데올로기적 의심에서 벗어나는 데 더 적합하다. 하지만 진리에 대한 주장이 환상의 초월을 요구하는 곳에서, 확고한 기초라는 것은 일종의 환상일 뿐이다. 부정을 통해서나마 철학의 본질적 관심을 충족시키지 않고 그것을 버리도록 만드는 정리들로 철학을 따돌려놓을 수는 없다. 19세기 이래의 칸트 반대운동은 그 점을 감지했던 것이다. 물론 이 운동은 되풀이해서 반계몽주의(Obskurantismus)에 얽혀 들어갔다.

그러나 철학의 저항에는 전개과정이 필요하다. 음악에서도, 또 어느 예

---

7) "그런데 오늘날에도 회의주의는 빈번히 모든 긍정적 지식 일반의 맞서기 어려운 적으로 간주되며, 또 철학에서 긍정적 인식이 문제인 한 철학의 적으로도 간주되는데, 이에 대해서는 다음과 같은 점을 지적해야 할 것이다. 즉 실제로 회의주의를 두려워할 수밖에 없고 이에 맞설 수 없는 것은 유한하고 추상적으로만 이해력 있는 사유이며, 이에 반해 철학은 회의적인 것을 하나의 계기로서, 말하자면 변증법적 요인으로서 내포한다. 하지만 이 경우 철학은 회의주의가 그렇듯이 변증법의 단순한 부정적 결과에 머물러서는 안 된다. 회의주의는 자신의 결과를 단순한 부정, 즉 추상적 부정으로 고수함으로써 오해한다. 변증법은 그 결과로서 부정적인 것을 포함하며, 이로써 이 부정적인 것은 다름 아닌 결과로서 동시에 긍정적인 것이다. 왜냐하면 그 부정적인 것은 그것이 유래하는 그 근원을 지양된 채로 내포하며, 이것이 없다면 존재하지 않을 것이기 때문이다. 그런데 이것이 논리적인 것의 제3형식, 즉 사변적인 것 혹은 긍정적·이성적인 것에 대한 기본규정이다"(헤겔, 전집 8권, 194쪽 이하).

술에서도 다 그렇겠지만, 그때그때 첫박자를 고무한 충동은 당장 실현되는 것이 아니라 표현이 진행되는 가운데 실현된다. 그 점에서 음악은 총체성이라는 가상이면서도 총체성을 통해서, 사상내용이 지금 이 자리에 현존한다는 가상을 비판한다. 그러한 매개는 철학에도 그에 못지 않게 적합하다. 철학은 성급하게 사상내용을 말하려고 할 경우 공허한 깊이에 대한 헤겔의 심판에 부딪친다. 깊이라는 말을 입에 담는 자는, 등장인물의 형이상학적 견해들을 옮겨놓는 소설이 형이상학적이지 못한 것과 마찬가지로, 깊이를 잃게 된다. 존재의 문제나 그 밖의 서양 형이상학의 중심 테마들을 다루라고 철학에 요구하는 것은 초보적인 소재신앙이다. 아마 철학은 그런 테마들의 객관적 위엄을 거부할 수 없을 테지만, 그 거창한 대상들을 다루는 것이 철학에 합당하리라는 보증은 없다. 철학은 철학적 반성의 은밀히 익숙해진 행로들을 두려워해야 한다. 그리고 철학의 강력한 관심은 아직 어떤 의도들로 과도하게 규정되지 않은 덧없는 객체들에서 탈출구를 찾아야 하는 것이다.

전래의 철학적 문제틀은, 물론 그것의 문제들과 연결된 상태에서, 규정적으로 부정되어야 한다. 객관적으로 총체성에 얽힌 세계는 의식을 해방시켜주지 않는다. 그런 세계는 의식이 떠나고 싶어하는 자리에 부단히 의식을 고착시켜놓는다. 그러나 자신의 문제들의 역사적 형태에 대해 걱정하지 않고 처음부터 상쾌하고 즐겁게 시작하는 사유야말로 그런 세계의 희생물이 될 것이다.

철학은 자체의 '생각하는 숨결'(denkender Atem)을 통해서만 깊이라는 이념에 관여한다. 이에 대한 근세의 모델은 칸트의 순수 오성개념 연역이다. 그는 심오한 변론적 반어로, 그 연역이 '다소 깊이 있게 구상되었다'[8]고 말했다. 헤겔이 간과하지 않았듯이 깊이도 변증법의 한 계기이지 고립된 질은 아니다. 혐오스러운 어떤 독일 전통에 따르면 악과 죽음의 변신론*을 신봉하는 사상들이 깊이 있는 듯한 외양을 취한다. 마치 사상의 품위를 결

---

8) 칸트, 『순수이성비판』 1판, 전집 4권, 아카데미판, 11쪽.

정하는 것은 사상의 결과, 즉 초월성의 확증이거나 아니면 내면성에의 침 잠, 다시 말해 단순한 대자존재인 듯이, 또 세계로부터 후퇴하는 것이 세계 의 근저에 대한 의식과 무조건 동일하다는 듯이, 신학적 목적이 암암리에 전가된다. 깊이의 환상들에 대해서는 기존상황이 너무 천박하지만, 정신사 에서 그 환상들은 이 기존상황에 항상 호의적이었다. 그런 환상들에 대해서 는 저항이 깊이의 진정한 척도일 것이다.

기존의 권력은 표면구조를 구축해놓는데, 의식은 이에 부딪쳐 튕겨나가 고 만다. 의식은 이 표면구조를 부수려고 해야 한다. 이로써만 깊이에 대한 요청은 이데올로기로부터 벗어날 것이다. 그러한 저항 속에는 사변적 계기 가 살아 남는다. 그 사변적 계기의 법칙이 기존 사실들로부터 지시받지 않 는 부분은 대상들과 극히 긴밀히 접촉하고 신성불가침한 초월을 거부하면 서도 기존 사실들을 초월한다. 사상이 저항하지만 사상과 결합되어 있는 것, 그것을 사상이 넘어서는 데에 사상의 자유가 있다. 이 자유는 주체의 표현충동에 따른다. 괴로움(Leiden)을 표현하려는 욕구가 모든 진리의 조 건이다. 왜냐하면 괴로움이란 주체에 짐지워진 객관성이기 때문이다. 주체 가 자신의 가장 주관적인 것으로 경험하는 것, 즉 주체의 표현은 객관적으 로 매개되어 있다.

서술

그러한 점은 왜 철학에서 그 서술(Darstellung)이 사소하거나 외적인 것 이 아니라, 그 이념에 내재적인지를 설명하는 데 도움을 줄 것이다. 철학의 순전한 표현적 계기, 즉 비개념적·미메시스적 계기는 단지 서술을—언어 를—통해서만 객관화된다. 철학의 자유는 바로 철학의 부자유를 도와 소 리내도록 만드는 능력일 뿐이다. 표현적 계기가 그 이상인 것처럼 우쭐거릴

---

* 변신론(Theodizee)이란 신이 세계에서 허용하는 악을 신의 전능·지혜·선과 조 화시킴으로써 신을 옹호하는 논리.

경우 그것은 세계관으로 타락한다. 표현적 계기와 서술의 의무를 포기할 경우 철학은 과학과 동화된다. 표현과 논리정연성(Stringenz)은 철학에서 이분법적 가능성들이 아니다. 그것들은 서로를 필요로 하며, 하나가 없이는 다른 하나도 없다. 표현은 사유와의 씨름에 지치고 사유는 표현 때문에 녹초가 되지만, 표현은 사유를 통해 자체의 우연성에서 벗어난다. 사유는 표현된 것으로서 언어적 서술을 통해 비로소 구속력을 지닌다. 느슨하게 말한 것은 형편없이 사유된 것이다. 논리정연성은 표현된 것으로부터 표현을 통해 쟁취된다. 표현은 표현된 것을 대가로 하는 자체목적이 아니라, 표현된 것을 철학적 비판의 대상이기도 한 그 사물적 무질서(das dinghafte Unwesen)로부터 벗어나도록 끌어내는 것이다. 관념론적 기초공사(idealistische Substruktion)가 없는 사변철학은 관념론의 권위적 권력욕을 깨기 위해 논리정연성에 대한 충실성을 요구한다.

벤야민은 『파사주』(Passagen) 초안에서 사변적 능력을 사실내용들(Sachgehalte)에의 미시적 접근과 탁월하게 결합했는데, 실로 형이상학적인 이 논문 첫부분에 대해 뒷날 어느 편지에서 그것이 단지 "용납할 수 없는 '문학적인 것'"[9]으로서만 성취될 수 있으리라고 판단했다. 이러한 항복선언은 딴 길로 가지 않으려는 철학의 어려움과 동시에 철학의 개념이 멈추지 않고 계속 나아가야 하는 지점을 말해준다. 아마 이 항복선언은 눈을 감은 채 변증법적 유물론을 세계관적으로 받아들임으로써 촉진되었다고도 할 수 있을 것이다. 하지만 벤야민이 파사주이론을 결정적으로 집필할 것을 결심하지 못했다는 사실은 철학이 총체적 실패를 무릅쓰는 곳에서만 전통적으로 사취한 확실성에 대한 답변으로서 아직도 사업 이상의 것일 수 있다는 점을 경고한다. 자신의 사상에 대한 벤야민의 패배주의는 그가 신학적 단계로부터 형식상으로는 아무 변화 없이 유물론적 단계로까지 끌고 들어간 비변증법적 긍정성의 잔재로 인한 것이었다.

이에 반해 헤겔은 철학을 과학의 긍정성이나 아마추어적 우발성에 빠지

---

9) 벤야민, 『서한집』 2권(프랑크푸르트 : 1966), 686쪽.

지 않도록 하는 사상과 부정성을 동일시하는데, 여기에는 경험적 내용이 담겨 있다. 사유는 어떤 특수한 내용에 앞서 자체로 이미 부정이며 자신에게 닥쳐온 것에 맞선 저항이다. 사유는 이런 특성을 자신의 원형인 노동과 노동재료의 관계로부터 물려받았다. 오늘날에는 그 어느 때보다도 이데올로기가 사상을 긍정성 쪽으로 부추기는데, 이때 이데올로기는 교활하게도 이러한 긍정성이 사유에 대립한다는 점과 사유를 긍정성에 익숙해지도록 하려면 사회적 권위의 다정한 위로가 필요하다는 점을 못박아놓는다.

사유의 개념 자체 속에 수동적 직관에 대한 대립물로서 내포되는 노력은 이미 부정적이다. 즉 직접적인 것에 굴복하라는 모든 직접적인 것의 기대에 대한 반항이다. 사유에 대한 비판도 사유의 형식들인 판단과 추론 없이는 불가능한데, 이 판단과 추론은 자체 내에 비판의 싹을 지니고 있다. 판단과 추론의 규정성은 언제나 그것들로 도달하지 못한 것에 대한 배제이기도 하다. 또 그것들이 조직하려는 진리는 비록 수상쩍은 권한을 통해서이기는 하지만, 그것들에 의해 특징지어지지 않은 것을 부정한다. '어떤 것이 어떻다'는 판단은 그것의 주어와 술어의 관계가 판단 속에서와 달리 표현되었다는 생각을 잠재적으로 거부한다. 사유형식들은 단순히 현존하는 것, '주어진' 것 이상이고자 한다.

사유가 그 재료를 향해 겨누는 창끝은 정신화된 자연지배에 그치는 것이 아니다. 사유는 자신이 종합해내는 것에 폭력을 가하지만 동시에 그 대립물 속에서 기다리는 잠재력에 따르며, 그것과 관련해 스스로 가한 바를 보상한다는 이념에 무의식적으로 순종한다. 철학에서는 이러한 무의식이 의식화된다. 화해에 대한 희망은 비화해적인 사유와 결합된다. 왜냐하면 단순한 존재자에 대한 사유의 저항, 주체의 당당한 자유는 객체를 객체로 만듦으로써 객체로부터 사라진 것까지도 객체에서 추구하기 때문이다.

체계에 대한 입장

전통적 사변은 칸트적 기초 위에서 카오스로 표상한 다양의 종합을 발전시켰고, 마침내 어떠한 내용이든 자기 자신으로부터 고안해내려고 했다. 이에 반해 철학의 목표인 닫히지 않고 열린 것은 철학이 비무장상태로 대응하는 현상들을 해석할 때의 철학적 자유와 마찬가지로 반체계적이다. 하지만 철학에 이질적인 것이 체계로서 철학에 맞서는 만큼은 여전히 체계에 주목해야 할 것이다. 관리되는 세계는 그러한 체계를 향해 움직여간다. 체계는 부정적 객관이지 긍정적 주체가 아니다. 체계들이 내용들에 대해 진지하게 타당성을 지니는 한 불길한 사상시(Gedankendichtung)의 영역으로 추방되고, 체계들로부터 단지 질서도식의 퇴색한 윤곽만 남아 있는 시대에는, 무엇이 한때 철학적 정신을 체계로 몰아갔는지 생생히 상상하기가 어렵다.

당파성이라는 미덕 때문에 철학사적 고찰에서 합리주의적인 것이든 관념론적인 것이든, 체계가 2세기를 넘는 동안 그 적수들보다 얼마나 우월했는가를 인식하지 못해서는 안 될 것이다. 체계와 비교할 때 그 적수들은 사소해 보인다. 체계들은 세계를 해석하는 일을 수행해내지만, 엄밀히 말해서 다른 것들은 언제나 그런 일이 이루어지지 않는다고 단언할 뿐이며, 따라서 체념하고 이중적 의미에서 좌절한다. 궁극적으로 체계의 적수들이 좀더 많은 진리를 지닌다면, 이는 철학의 덧없음을 말할 것이다. 어쨌든 철학은 예속성으로부터 그러한 진리를 탈취하고, 거만하게 고급철학이라고 자칭하는 철학들에 맞서 그 진리를 지켜나갈 과제를 안고 있다. 특히 유물론에는 오늘날까지도 압데라(Abdera)*에서 고안되었다는 점이 따라다니는 것이다.

니체의 비판에 의하면, 체계는 존재자에 대한 자신의 행정적 처분권을 개념적으로 구성함으로써 자신의 정치적 무기력을 보상하려는 듯한 학자들의 편협성을 기록하는 것이었다. 하지만 체계적 욕구, 즉 지식의 산만한 성분들(membra disiecta)에 만족하지 않고 절대자에 도달하려는 욕구는 원하지 않더라도 모든 개별 판단의 구속력 속에서 이미 제기되는데, 그것은 종종 엄청난 성공을 거두는 수학적·자연과학적 방법에 대한 정신의 사이비형태 이상의 것이었다. 특히 역사철학적으로 17세기의 체계들은 보상적 목적을

---

* 고대 그리스의 도시로 그 시민들이 우매하기로 유명하다.

가지고 있었다. 시민계급의 이해관계와 일치하여 봉건질서와 이의 정신적 반영형태인 스콜라적 존재론을 파괴한 지성(ratio)은 곧 자신의 작품인 이 파괴의 잔해들 앞에서 카오스에 대한 불안을 느꼈다. 지성은 자신의 지배영역 아래서 위협적으로 존속하고 자신의 폭력에 비례해 강해지는 것 앞에서 떤다. 이러한 불안이 그 초기단계에서부터 시민적 사유에 대해 전체적으로 본질구성적인 반응방식, 즉 질서를 강화함으로써 해방으로 향한 모든 발걸음을 중화시켜버린 그 반응방식을 특징지었다.

시민의식은 그 해방의 불완전성이라는 그늘 속에서 좀더 진보적인 의식에 의해 폐기될 것을 두려워할 수밖에 없다. 시민의식은 그것이 전체적 자유가 아니기 때문에 자유의 왜곡된 이미지만을 산출한다는 점을 감지한다. 그래서 시민의식은 자신의 자율성을 이론적인 체계로까지 확장하며, 이것은 또한 시민의식의 강압 메커니즘과 유사해진다. 시민적 오성은 자신이 외부세계에서 부정한 질서를 자신으로부터 생산해내려고 시도했다. 하지만 그러한 질서는 생산된 질서로서 이미 아무 질서도 아니다. 또 그 때문에 만족할 줄 모르는 것이기도 하다. 그처럼 합리적이면서 동시에 불합리하게 산출된 질서가 체계였다. 즉 즉자존재로서 등장하는 정립된 것(Gesetztes)이 체계인 것이다. 그러한 체계는 자체의 근원을 자신의 내용과 분리된 형식적 사유 속에 옮겨놓을 수밖에 없었다. 달리, 체계는 재료에 대한 지배권을 행사할 수 없었다.

철학적 체계는 처음부터 이율배반적이었다. 그 속에서는 체계의 싹이 자체의 불가능성과 서로 얽혔다. 이러한 불가능성 때문에 근세적 체계들의 초기 역사에서는 하나의 체계가 뒤따르는 체계에 의해 말살될 수밖에 없었다. 체계로서 관철되기 위해 잠재적으로 자신과 관련된 모든 질적 규정들을 소거해버린 지성은 자신이 파악한다고 사칭함으로써 폭력을 가한 객관과 화해할 수 없는 모순에 빠진다. 객관을 자신의 공리들(Axiome)에 점점 더 완전히 종속시키고 마침내 동일성이라는 단 하나의 공리에 종속시킬수록, 지성은 객관으로부터 멀어져갔다.

칸트와 심지어, 자신의 계획과는 다르겠지만, 헤겔의 건축술적 장황함에 이르기까지 모든 체계들의 소심한 면모들은 아 프리오리한 조건을 지니는 실패의 징후들이다. 이 실패는 칸트 체계의 단절들 속에서 더할 나위 없이 솔직하게 나타난다. 이미 몰리에르의 경우에도 소심성은 시민정신의 존재론의 주요 부분이다. 파악되어야 할 것 가운데 개념의 동일성 앞에서 물러서는 것, 그것은 개념으로 하여금 사유산물의 공격할 수 없는 완전무결성·완결성·엄밀성에 대해 어떠한 의심도 생기지 않도록 하는 과도한 작업을 강요한다. 위대한 철학에는 자기 자신 이외에는 아무것도 용인하지 않고 자신 이외의 것을 온갖 이성의 간계를 통해 박해하는 편집광적 열성이 따랐다. 한편 이 박해 앞에서 그 이외의 것은 언제나 더욱더 뒤로 물러선다. 비동일성의 극히 미미한 잔재도 그 개념상 총체적인 동일성을 부정하기에 충분할 것이다. 데카르트의 송과선(松果腺) 및 스피노자의 공리들과 정의들 속에는 이미 합리주의 전체가 투입되며, 그로부터 다시 연역적으로 추론된다. 그런데 그 이래로 이 체계의 기형적 산물들은 자체의 비진리를 통해 체계들 자체의 비진리와 체계들의 미망을 천명해준다.

분노로서의 관념론

지고의 정신은 체계를 통해 신성해진다고 망상하는데, 이 체계의 근원적 역사는 정신 이전적인 것, 즉 인류의 동물적 삶 속에 담겨 있다. 맹수들은 배가 고픈데도 먹잇감을 향한 도약은 어렵고 종종 위험하다. 맹수가 도약을 감행하기 위해서는 아마 또 다른 충동들이 필요할 것이다. 이 충동들은 배고픔이라는 불쾌감과 융합되어 먹잇감에 대한 분노로 되고 이의 표현은 다시 합목적적으로 먹잇감을 놀라게 하고 마비시킨다. 인류로의 진보과정에서 그런 것은 투사(Projektion)를 통해 합리화된다. 적수에 대해 식욕을 느끼는 동물로서의 합리적인 존재는, 이미 운좋게 초자아를 지닌 자로서, 어떤 근거를 찾아야만 한다. 그것이 행하는 바가 점점 더 완전하게 자체보존의 법칙에 따를수록, 그러한 존재는 자체보존의 우위를 자신과 타인들에게 인정할 수 없게 된다. 그렇지 않다면 힘들여 이룩한 정치적 동물의 지위는 근대 독일어로 말하자면 '믿음직하지 못하게'(unglaubwürdig) 될 것이다. 씹어먹어야 할 생명체는 악해야 하는 것이다.

이 인간학적 도식은 인식론으로까지 승화되었다. 관념론의 경우——피히테를 보면 가장 명백한데——비자아(Nichtich, l'autrui)는, 결국 자연을 상기시키는 모든 것은, 열등하다는 이데올로기가 지배적이며, 이로써 자체보존적 사상은 안심하고 그러한 것을 삼킬 수 있게 된다. 이것은 자체보존적 사상의 원칙을 옹호해주며, 이와 마찬가지로 이 원칙은 욕구를 증대시킨다. 체계는 정신화된 배(腹)이며, 분노는 모든 관념론의 징표다. 그것은 칸트의 인도주의까지도 왜곡하며, 그것을 치장해주었던 고상하고 고결한 후광과 대립한다. 인간중심관은 인간경멸과 자매지간이다. 어떠한 것도 공격하지 않은 채 내버려두지 않는다는 점에서 그렇다.

윤리적 계율의 숭고한 엄격성은 그처럼 합리화된, 비동일적인 것에 대한 분노와 동질적이다. 자유주의적인 헤겔 역시 더 나을 바 없었다. 그는 양심의 가책과 더불어 우월감을 느끼면서 사변적 개념 혹은 정신의 실체를 거부하는 자들을 질책했던 것이다.[10] 실로 서양 사유의 한 가지 방향전환이었으나 후세인들이 단지 남용했을 뿐인 니체의 해방적 요소는, 그러한 비밀들을 발설했다는 점이었다. 정신의 마법인 합리화를 버리는 정신은 자각을 통해——타자 속에서 그 정신을 자극하는——극단적 악이기를 그친다.

하지만 체계들이 자체의 결함으로 인해 파괴되는 과정은 어떤 사회적 과정과 대위법을 이룬다. 교환원칙으로서의 시민적 지성은 자신과 통분할 수 있는 것으로 만들고 동일시하려 했던 것을, 비록 잠재적으로는 살인적이지만 점증적인 성과를 거두면서 실제로 체계들에 접근시켰다. 이로써 체계 바깥에 방임되는 것은 점점 줄어들었다. 이론에서 공허함을 자인한 것이

---

10) "특정한 존재, 즉 현존재만을 떠올리는 사유나 표상은 이미 언급했듯이 파르메니데스가 이룩한 과학의 초기단계를 다시 돌이켜보도록 해야 할 것이다. 파르메니데스는 자신의 표상과 아울러 후세의 표상도 순수한 사상(Gedanken)으로, 즉 존재 자체로 정화하고 고양시켰으며 이로써 과학의 기본요소를 만들어낸 것이다"(헤겔, 전집 4권, 96쪽).

묘하게도 실천을 통해 타당하다고 입증된 것이다. 그래서 체계의 위기는—이미 진부해진 체계의 이상에 따라, 그런 생각에 대해 원한에 찬 큰 소리를 전에는 충분히 내지 못하던 온갖 부류의 사람들 사이에서—이데올로기로서 즐겨 논의된다. 현실이 지나치게 철저히 구성될 수도 있으므로, 이제 더 이상 구성되어서는 안 된다는 것이다. 부분적 합리성의 압력 아래 강화되는 현실의 비합리성, 통합을 통한 해체가 그에 대한 핑곗거리로 된다. 사회가 완결되고 그래서 주체들과 화해되지 않은 체계임이 간파된다면, 어쨌든 주체들이 아직도 주체인 한, 주체들에게 사회는 너무 괴롭게 될 것이다. 이른바 실존적 불안이라는 것은 체계화된 사회의 폐소공포증이다. 체계성이란 것은 어제까지만 해도 강단철학의 암호였는데, 강단철학의 숙련공들은 사회의 체계적 성격을 고의적으로 부인한다. 이때 그들은 자유롭고 근원적이며 어쩌면 강단적이지도 않은 사유의 대변자인 척해도 아무 탈 없는 것이다.

이러한 악용 때문에 체계에 대한 비판이 무효화되는 것은 아니다. 진지함을 단념한 회의적 철학과 반대로 모든 진지한 철학에는, 그것이 체계로서만 가능하다는 원칙이 공통적이다. 그러한 원칙은 경험주의 조류들 못지 않게 철학을 마비시켰다. 철학이 합당하게 판단해야 할 것이 이미 처음부터 전제되는 것이다. 외부에 어떠한 것도 남겨놓지 않는 총체성의 서술형식인 체계는 사상의 모든 내용들에 맞서 사상을 절대적인 것으로 설정하고 내용을 사상 속으로 소진케 한다. 이는 관념론을 옹호하는 모든 논증에 앞서 관념론적이다.

체계의 이중성

하지만 체계를 비판한다고 해서 체계가 간단히 청산되는 것은 아니다. 계몽주의의 절정기에 달랑베르는 체계의 정신(esprit de système)과 체계적 정신(esprit systématique)을 구분했으며, 백과전서파의 방법은 그 점을 존중했다. 결속(Verbundenheit)이라는—그것은 오히려 결속되지 않은 것

속에서 결정체를 이룰 것이다——사소한 동기만이 체계적 정신을 옹호하는
것은 아니다. 또 체계적 정신이 모든 것을 자신의 범주들 속에 채워넣는
관료적 욕구만을 충족시키는 것도 아니다. 체계의 형식은 내용상 사상
의 헤게모니로부터 벗어나는 세계에 적합하다. 그러나 통일성과 일률성
(Einstimmigkeit)은 지배적이고 억압적인 사유의 좌표체계 위에 더 이상 적
대적이지 않은 충족된 사회를 삐딱하게 투사한 것이기도 하다.

철학적 체계론의 이중적 의미는 체계들로부터 해방된 사상의 힘을 개별
계기들에 대한 개방적 규정 속에 옮겨놓는 이외에 다른 선택의 여지를 남기
지 않는다. 헤겔의 논리학에서는 이 점이 완전히 낯설지는 않았다. 개별 범
주들에 대한 미시분석은 이 개별 범주들의 자체반성으로 나타나기도 하는
데, 그것은 위로부터 뒤집어씌워진 것에 괘념하지 않고, 각각의 개념 모두
를 그것과 다른 개념들로 이행하도록 해야 했다. 그런데 이러한 운동의 총
체성이 헤겔에게는 체계를 의미했다. 종결짓고 이로써 중단시키는 것이기도
한 체계의 개념과, 주체로부터의 순수한 자족적 산출로서 모든 철학적 체계
론을 구성하는 역동성의 개념 사이에는 모순과 유사성이 존재한다. 정태성
과 역동성의 긴장을 헤겔은 아리스토텔레스적·스콜라적 순수 현실태
(actus purus) 개념을 다시 받아들이는 가운데 통일성의 원칙을 구성함으
로써만, 즉 즉자존재자이자 순수 생성으로서의 정신을 구성함으로써만 해
소할 수 있었다. 주관적 산출과 존재론, 유명론과 실재론을 아르키메데스의
점 위에서 묶어놓는 이 구성의 불합리성은 그러한 긴장의 해소를 체계 내재
적으로도 방해한다.

그렇지만 그러한 철학적 체계 개념은 단순한 과학적 체계론을 훨씬 능가
한다. 과학적 체계론이라는 것은 사상의 잘 조직되고 정리된 서술과 전문학
과들의 일관성 있는 구축을 요구하지만 엄밀히 말해, 즉 객체에 비추어볼
때, 계기들의 내적 통일성을 고수하지는 못한다. 이 통일성에 대한 요청은
모든 존재자와 인식 원칙의 동일성이라는 전제조건에 사로잡혀 있다. 그러
나 다른 한편으로 그러한 요청은, 관념론적 사변에서처럼 일단 부과되면,
과학적 질서에 대한 욕구로 인해 터부시되는 대상들 상호간의 친화성

(Affinität)을 정당하게 상기시키지만, 결국은 그러한 욕구에서 나오는 도식들의 대용품 앞에서 물러서고 만다.

분류학적 논리는 각 대상을 원자로 만드는데, 이 각각의 대상들이 원자로 되지 않고 서로 의사소통하게 하는 것은 객체들 자체의 규정성의 흔적이다. 칸트는 이 객체들 자체의 규정성을 부인했지만 헤겔은 칸트에 맞서 주체를 통해 그것을 부활시키려고 했다. 하나의 사물을 단순히 끼워맞추고 연관체계와 관련짓는 것이 아니라 그 자체를 이해한다는 것은 개별 계기를 다른 계기들과의 내재적 연관관계 속에서 파악한다는 것일 뿐이다. 그런 반주관주의는 절대적 관념론의 바스락거리는 외피 아래서, 그때그때 다루고자 하는 사물들을 그 형성과정에 근거해 해명하려는 성향을 통해 작동한다. 체계라는 구상은 전도된 형태로, 바로 연역적 체계론으로 인해 손상되는 비동일적인 것의 수미일관성(Kohärenz)을 상기시킨다. 체계에 대한 비판과 비체계적 사유는 관념론적 체계들이 선험적 주체에게 떠맡긴 수미일관성의 힘을 해방시키지 못하는 한 외적인 것일 뿐이다.

체계의 이율배반성

체계를 만드는 자아원칙(Ichprinzip) 내지 어떠한 내용에도 앞서는 순수한 방법이라는 것이 예로부터 지성(ratio)이었다. 지성은 그것에 외적인 어떤 것을 통해서도 제한되어 있지 않다. 정신적 질서라는 것을 통해서도 제한되어 있지 않다. 관념론은 그 모든 단계에서 자체의 원칙이 긍정적 무한성이라고 단언한다. 그리하여 관념론은 사유의 특정한 상태, 사유의 역사적 자립화 현상을 형이상학화한다. 관념론은 모든 이질적 존재자를 제거한다. 이러한 것이 체계를 순수 형성 · 순수 과정으로 규정하며, 결국 절대적 산출로 규정한다. 피히테는 사유를 절대적 산출이라고 주장했는데, 그런 한에서 철학의 진정한 체계론자였다. 이미 칸트의 경우에도 해방된 지성 내지 무한진행(progressus ad infinitum)은 비동일자를 최소한 형식적으로나마 인정함으로써만 유지되었다.

총체성과 무한성의 이율배반은——중단 없는 무한은 자족적 체계를 깨뜨리지만 이 체계는 또 무한성 덕분에만 가능하기 때문에 이율배반적이다——관념론적 본질을 지니는 이율배반이다. 그것은 시민사회의 중심적 이율배반을 모방한다. 시민사회도 자체를 보존하고 현상을 유지하기 위해서는, 곧 '존재하기' 위해서는 부단히 팽창하고 확대되어야 하고, 경계선을 점점 더 멀리 밀고 나아가야 하며, 어떠한 경계선도 존중해서는 안 되고, 현상유지에 머물러서도 안 된다.[11] 이미 사람들이 논증한 바처럼, 시민사회는 그 한계에 도달하여 더 이상 자체 외부의 비자본주의적 공간들을 활용할 수 없게 되자마자 자체의 개념상 스스로를 지양할 수밖에 없다. 이로써 왜 고대에는, 아리스토텔레스의 노력에도 불구하고, 역동성이라는 근대적 개념도 체계의 개념도 부적절했는지가 드러난다. 또 플라톤의 대화편 가운데 많은 것이 아포리아적(aporetisch) 형식을 취하지만, 단지 억지로 돌이켜봄으로써만 역동성의 개념이나 체계의 개념을 그에게 부과할 수 있을 뿐이다. 그 때문에 칸트가 이 고대인들에게 가하는 비난은 표현된 그대로 단순히 논리적인 것이 아니라 역사적인 것이다. 즉 철두철미하게 근대적이다.

한편 체계론은 근대의 의식 속에서 이미 습관화되어버렸다. 그래서 심지어는 존재론이라는 이름으로 시작되는 후설의 반체계적 노력들조차——이로부터 기초존재론이 갈라져 나왔는데——불가항력적으로 자체의 주장을 희생하면서 체계로 돌아가고 말았다. 그런 식으로 서로 얽힌 상태에서 체계의 정적 본질과 동적 본질은 끝없이 갈등상황에 처해 있다. 체계가 실제로 완결되고 그 지배권 밖의 아무것도 용납하지 않아야 한다면, 그것은 아무리 역동적으로 구상되더라도 긍정적 무한성으로서 유한하며 정적이다. 헤겔이 자신의 체계를 놓고 자랑했듯이 그처럼 체계가 스스로를 짊어진다는 사실로 인해 체계는 중단된다. 완결된 체계들은 거칠게 말해서 끝장난 것이다. 세계사는 프로이센 국가를 통해 완성되었다는 이야기처럼 헤겔이 되풀이해

---

11) 카를 마르크스, 『자본론』 1권(베를린 : 1955), 621쪽 ; 카를 마르크스/프리드리히 엥겔스, 『공산당 선언』(슈투트가르트 : 1953), 10쪽.

서 제시했던 우스꽝스러운 것들은 단순히 이데올로기적 목적을 위한 탈선도 아니고 전체에 비해 사소한 것도 아니다. 그 필연적 부조리 앞에서는 헤겔이 주장하는 체계와 역동성의 통일이 깨지는 것이다. 역동성은 한계의 개념을 부정하고, 이론으로서는 언제나 바깥에 아직 무엇인가가 있다는 점을 확인함으로써 자체의 산물인 체계를 부인하는 경향을 지닌다. 체계 속의 정적 성격과 동적 성격 사이에 벌어지는 적대관계와 어떻게 타협했느냐는 관점에서 근대철학사를 다루는 것도 성과가 없지는 않을 것이다. 사실상 내부적으로 볼 때 헤겔의 체계는 형성되어가는 것이 아니라, 모든 개별규정의 차원에서 암암리에 이미 예단되어 있는 것이었다. 이러한 안전장치로 인해 그의 체계는 허위라는 판결을 받게 된다.

의식은 상대하는 현상들 속에 마치 무의식적인 듯이 침잠해야 할 것이다. 물론 이로써 변증법은 질적으로 변할 것이다. 체계적 일률성도 깨어질 것이다. 헤겔의 경우 현상은, 그렇지 않다고 아무리 주장하더라도, 개념의 본보기일 뿐인데, 이제는 더 이상 그렇지 않을 것이다. 이러한 것은 헤겔이 말했던 것 이상의 노동과 노력을 사상에 부과한다. 왜냐하면 그의 경우에는 사상이 언제나 이미 자체로서 사상인 것만을 그 대상들로부터 끄집어내기 때문이다. 외화(Entäußerung)라는 강령이 있기는 해도, 그러한 사상은 자체 내에서 만족하며, 종종 반대의 것을 요구하면서도 경구를 중얼거리는 수준에 머문다. 실제로 사상이 사물에 외화되어 사물의 범주가 아니라 사물 자체에 대해 타당성을 지닌다면, 사상의 눈길이 머무는 가운데 객체 스스로가 말하기 시작할 것이다. 헤겔은 인식론에 맞서 대장간 일을 해야만 대장장이가 될 수 있다고 주장했다. 즉 인식은 그것에 저항하는 것, 비이론적인 듯한 것과 씨름하는 가운데 이루어지는 것이다. 이 점에서 헤겔의 주장은 말 그대로 받아들여야 할 것이다. 그럴 때에만 철학은 헤겔이 '객체에 대한 자유'라고 칭한 것을 되찾게 된다. 철학은 그러한 자유를 자유개념의 마법으로 인해, 의미를 설정하는 주체의 자율성이란 마법으로 인해 상실했던 것이다.

그러나 해체하기 어려운 것을 폭파하는 사변의 힘은 부정의 힘이다. 단지 부정 속에서만 체계적 성향은 살아 남는다. 체계에 대한 비판의 범주들은 특

수자를 파악하는 범주들이기도 하다. 한때 체계에서 정당하게 개별자를 넘어
선 것은 체계 밖에 위치한다. 단지 존재하는 것만을 통해 현상으로부터 단순
히 존재하는 것 이상의 것을 해석하여 감지하는 시선은 형이상학을 세속화한
다. 관념론이 환상적으로 구상한 단자들(Monaden)은 철학 형식으로서의 단
상들(Fragmente)을 통해 비로소 제대로 다루어질 수 있을 것이다. 그것은
자체로서는 표상할 수 없는, 부분 속의 총체성이라는 표상들일 것이다.

논증과 경험

변증법의 실행 바깥의 그 무엇도 긍정적으로 실체화하면 안 되는 사상은
대상을 지나쳐 가며, 더 이상 대상과 자신이 하나라고 속이지 않는다. 그러
한 사상은 자체의 절대성을 구상하는 경우보다 더 독립적일 것이다. 그러한
구상에서는 주도적인 것과 예속적인 것이 서로 혼합될 것이며, 서로 내적으
로 의존관계에 놓일 것이다. 칸트는 예지계*를 모든 내재적인 것으로부터
배제했는데, 이는 그 같은 점을 겨냥했을 것이다. 극단에까지 고양된 변증
법적 내재성인 개별자 속으로의 침잠에는 그 계기로서 대상으로부터 벗어
날 자유도 필요하다. 그런데 동일성에 대한 요구에서는 이 자유가 잘려나간
다. 헤겔이라면 이런 자유를 비난했을 것이다. 즉 그는 대상들을 통한 완전
한 매개를 신뢰했을 것이다. 인식적 실천 곧 해명되지 않는 것의 해명에서
는, 미시론으로서의 인식적 실천이 단지 거시론적 수단만을 활용한다는 점
에서, 사상의 그 초월성이라는 계기가 명백히 드러난다.

체계 없는 상태에서의 구속력에 대한 요구는 사유모델들에 대한 요구다.
이 사유모델들이 단순히 단자론적 성격을 띠는 것은 아니다. 사유모델은 특
유한 것(das Spezifische)을 그것의 좀더 보편적인 상위개념을 통해 소멸시

---

* 예지적(intelligibel)이라는 것은 감관으로 지각할 수 없고 사유에 의해서만 파악
  할 수 있다는 뜻이다. 플라톤의 이데아는 '존재의 피안'인데, 신플라톤주의는
  그것을 현상세계나 감각세계와 대립하는 예지계로 정착시켰다. 칸트도 이 전통
  을 존중했다.

키지 않고 포착하면서, 또한 그 이상의 것을 포착한다. 철학적으로 사유한다는 것은 모델들을 통해 사유하는 것이기도 하다. 부정적 변증법은 모델 분석들의 앙상블이다. 철학은 그 대상들을 자체 내에서 움직이도록 하는 힘이 무엇이든 그것을 외부로부터 그 대상들에 불어넣어야 한다. 이 점에 대해 스스로나 타인들을 기만할 경우, 철학은 새로이 위로의 말이나 하는 변론으로 될 것이다. 외부로부터 동원된 힘들이, 궁극적으로는 현상들에 적용된 이론이, 그 대상들 속에서 평온해지리라는 전망과 더불어, 대상들 자체 속에서 기다리고 있는 것은 말을 하기 위해 개입을 필요로 한다. 그런 한에서 철학적 이론은 그 실현을 통해 자체의 종말을 의도한다.

이와 유사한 의도들이 역사 속에 없는 것도 아니다. 프랑스 계몽주의의 최고 개념인 이성의 개념은 형식적 측면에서 어떤 체계적 성격을 계몽주의에 부여한다. 하지만 계몽주의적 이성 이념이 객관적으로 이성적인 사회 건설의 이념과 본질구성적으로 연루됨으로써 그러한 체계는 파토스(Pathos)를 잃는다. 그리고 체계는 이념으로서의 이성이 그 실현을 포기하고 스스로를 정신으로 절대화하자 파토스를 다시 얻게 된다. 백과사전으로서의 사유는—비록 비연속적이고 비체계적이고 이완된 것이지만 이성적으로 조직된 것은—이성의 자체비판 정신을 표현한다. 이러한 정신은 사상까지도 하나의 계기로서 포함하는 현실을 향한 시선, 곧 세계체험을 대변한다. 그런데 이 세계체험은 철학이 실천으로부터 점차 거리를 둠에 따라, 또 철학이 강단의 사업에 편입됨에 따라 철학으로부터 사라지게 되었다. 정신의 자유란 바로 그와 같은 세계체험일 뿐이다.

물론 사유에는 소시민적 과학 에토스(Wissenschaftsethos)가 비난하는 문인적 요소가 불가피하다. 이와 마찬가지로 사유에는 과학화된 철학이 악용하는 것, 즉 정관적 응축, 혹은 그만큼이나 의심받아 마땅한 논증 역시 불가피하다. 철학이 견실할 때에는 언제나 그 두 가지 계기가 결합되었다. 다소 거리를 두고 본다면 변증법은 그 둘을 상호침투하도록 만드는, 자의식으로까지 고양된 노력이라고 할 수 있을 것이다. 그렇지 않을 경우 전문화된 논증은 개념 한가운데에 파묻힌 무개념적 전문가들의 기술로 타락한다.

오늘날 이러한 기술은 로봇들도 배울 수 있고, 복사할 수 있는 이른바 분석철학을 통해 강단에서 확산되고 있다.

내재적 논증의 요소도 체계로 통합된 현실을 받아들여 이 현실에 맞서 현실 자체의 힘을 동원하는 경우에는 정당하다. 이에 반해 사상에서의 자유는 그와 같은 연관관계의 심각한 허위를 이미 알고 있는 수준을 대변한다. 그점을 모른다면 이 자유는 분출되지 않을 것이며, 체계의 힘을 활용하지 못한다면 이 분출은 실패할 것이다. 이 두 계기들의 아무런 단절 없는 융합은, 체계를 넘어설 잠재력을 지닌 것까지도 흡수해버리는 체계의 현실적 힘에 근거한다. 하지만 내재적 연관관계 자체의 허위는, 마치 헤겔이 찬양했던 실현된 이성이기라도 하듯 체계적으로 조직된 세계가 또한 그 낡은 비이성을 통해, 전능한 것처럼 나타나는 정신의 무기력을 영속화한다는 압도적 경험으로부터 추론된다. 관념론에 대한 내재적 비판은, 관념론이 얼마나 자기기만에 빠져 있는지를 보여주는 한, 즉 관념론에 따르면 정신이 일차적인데 이 일차적인 것이 단순한 존재자의 맹목적 패권과 얼마나 공범관계에 놓여 있는가를 보여주는 한, 관념론을 옹호하는 것이기도 하다. 절대정신에 대한 학설은 이 공범관계를 직접 조성한다.

과학적 여론은 경험도 이론을 함축한다는 점을 인정하는 경향을 띨 것이다. 그러나 경험은 하나의 '입장'(Standpunkt)이며 기껏해야 가설이라고 할 것이다. 과학주의의 온건한 대변자들은, 자기들이 점잖은 과학 혹은 청결한 과학이라고 칭하는 것은 그러한 전제조건들에 관해 해명해야 한다고 요구한다. 바로 이러한 요구야말로 정신적 경험과 결합될 수 없는 것이다. 정신적 경험에 어떤 입장을 요구한다면, 그것은 불고기에 대해 그것을 먹는 사람이 취하는 입장일 것이다. 정신적 경험은 그러한 입장을 먹어치움으로써 살아간다. 경험 속에서 입장이 소멸할 때에야 비로소 철학이 이루어질 것이다. 그때까지 이론은 정신적 경험 속에서 이미 괴테가 칸트와의 관계에서 고통스럽게 느꼈던 규율을 대변한다. 경험은 자체의 역동성과 행복에만 내맡겨질 경우 아무 제동도 받지 않을 것이다.

이데올로기는, 니체의 차라투스트라처럼 자신에 대해 기뻐하면서 불가항력적으로 자신에 대해 거의 절대자로 되는 정신을 노린다. 이론은 그것을 방해한다. 이론은 정신의 자신감에 담긴 순진성을 교정하지만, 그렇다고 해서 이론 나름으로 추구하는 자발성을 정신이 포기해야만 하는 것은 아닐 것이다. 왜냐하면 정신적 경험의 이른바 주관적 몫과 그 객체의 구분은 결코 사라지지 않기 때문이다. 인식 주체의 필수적이고 고통스러운 노고가 그러한 구분을 증명해준다.

화해되지 않은 상태에서는 비동일성이 부정적인 것으로 경험된다. 이 앞에서 주체는 자신에게로 물러나 무수한 반응방식들을 보인다. 단지 비판적 자체반성만이 이 무수한 반응들의 편협성을 경계하며, 자신과 객체 사이에 벽을 쌓거나 주체의 대자존재를 즉자 및 대자(das An und für sich)로 상정하는 것을 피한다. 주체와 객체 사이에 동일성을 생각할 수 없을수록, 인식하는 존재로서의 주체에게 요구되는 것, 즉 무제한의 힘과 솔직한 자기인식은 더욱더 모순관계에 빠진다. 이론과 정신적 경험은 상호작용할 필요가 있다. 이론은 모든 것에 대한 해답을 가지고 있는 것이 아니라, 가장 내적인 영역에 이르기까지 허위인 세계에 반응하는 것이다. 이 세계의 마법에서 벗어나 있는 것에 대해 이론은 아무 재판권도 지니지 못한다.

유동성은 의식에 본질적인 것이지 결코 우연한 특성이 아니다. 그것은 이중적 반응방식을 의도한다. 즉 내부로부터 이루어지는 내재적 과정 혹은 본래의 변증법적 반응방식과, 마치 변증법으로부터 벗어나려는 듯한 자유분방한 반응방식이 그것이다. 그런데 양자는 서로 괴리되어 있는 데 그치지 않는다. 규제되지 않은 사상은 변증법과 친화적이다. 변증법은 체계에 대한 비판으로서 체계 밖에 존재할 어떤 것을 상기시킨다. 그리고 인식 속에서 변증법적 운동이 해방시키는 힘은 체계에 맞서는 힘이다. 의식의 그 두 가지 입장은 타협이 아니라 비판을 통해 서로 결합된다.

현기증 일으키는 것

더 이상 동일성에 '붙잡혀'[12] 있지 않은 변증법은, 설혹 파시즘적 결과물

들에서 엿볼 수 있는, 토대가 없다는 비난은 아니더라도, 현기증 일으킨다
는 비난을 유발한다. 보들레르 이래 현대의 위대한 문학에서는 그러한 감정
이 중심적이다. 그런데 철학은 시대착오적으로, 그러한 것에 가담해서는 안
된다는 지시를 받는다. 인간은 자기가 원하는 바를 말해야 마땅하다. 그러
나 크라우스*는, 자신의 명제들 하나하나가 그 점을 정확히 천명하면 할수
록 바로 그러한 정확성 때문에 사물화된 의식이 머릿속에서 풍차처럼 빙빙
돈다고 외쳐대는 것을 경험할 수밖에 없었다. 그러한 불평의 의미는 지배적
견해의 한 가지 관습에서 파악된다. 지배적 견해는 즐겨 양자택일을 제시하
여 그 중 하나를 고르고 다른 하나에는 가위표를 치도록 한다. 예를 들면
어떤 행정적 결정들은 빈번히 제시된 구상들에 대한 '예 아니면 아니오'로
환원된다. 알지 못하는 사이에 이런 행정적 사유가, 아직 자유롭다고 하는
사유의 바라 마지않는 본보기로 되었다. 그러나 철학적 사상의 경우에는,
그 본질적 상황들에서, 그러한 일에 협력하지 않을 필요가 있다. 그렇게 제
시된 양자택일은 이미 타율의 일부다. 양자택일적 요구들의 정당성에 대해
서는 의식을 통해 비로소 판단해야 할 것이지만, 이 의식은 미리부터 그와
같은 결정을 하도록 도덕주의적으로 요구받는다. 어느 한 관점을 신봉하도
록 고집하는 것은 이론 속으로 연장된 양심의 압박이다. 이론이 조야해지는
현상은 이 압박에 부응한다.

중대한 정리들의 경우, 이론을 조야하게 하여 장식물을 제거하고 나면 정
리들의 진리가 남게 되는 것은 결코 아니다. 마르크스와 엥겔스는 예컨대
사람들이 역동적 계급이론과 이의 첨예화된 경제적 표현을 단순화된 빈부
의 대립으로 희석시키는 데 반대했다. 본질적인 것을 개관하면 본질은 위조
된다. 헤겔이 이미 조소한 수준으로 스스로를 깎아내리는 철학, 즉 사상을
놓고 이제 무엇을 생각해야 할지 설명하는 가운데 호의적인 독자들에게 순

---

12) 칸트, 『순수이성비판』 제2판, 전집 3권, 109쪽.
* 크라우스(Karl Kraus, 1874~1936)는 오스트리아의 풍자작가로 전투적 잡지 『횃
  불』을 통해 제반 사회·문화문제를 비판하며, 평화주의를 옹호하고, 파시즘과
  대결했다.

응하는 철학은 밀려드는 퇴행에 편입되면서도 이에 보조를 맞추지도 못한
다. 도대체 철학을 어디서 붙잡아야 하느냐 하는 걱정 뒤에는, 학파들이 서
로 물어뜯었듯이 대개 공격적 입장, 철학을 붙잡아두려는 욕심만이 도사리
고 있다. 죄와 벌의 등가관계가 사상들의 연속에 전이된 것이다. 바로 이
처럼 정신이 지배적 원칙에 동화되는 문제를 철학적 반성은 꿰뚫어보아야
한다.

전통적 사유와 그것이 철학적으로 사멸한 후 남긴 건전한 인간오성은 일
종의 관련체계 혹은 관련틀을 요구하는데, 이 속에서는 모든 것이 제 위치
를 찾게 된다는 것이다. 그런데 어떠한 생각이든 위치를 잡아줄 수 있고 완
결되지 않은 사상을 멀리할 수만 있다면, 이 관련체계의 투명성에는 별로
큰 가치가 부여되지 않으며, 심지어 그것은 독단적 공리들에 내맡겨지기도
한다. 이에 반해 인식은 성과를 거두려면 철저히 몰두하는 태세로(à fond
perdu) 대상들을 향해 몸을 던져야 한다. 이로써 생겨나는 현기증은 진리
의 지표(index veri)다. 열려 있는 것의 충격은 닫혀 있는 것이나 늘 동일
한 것에는 부정성으로서 나타나는데, 그것은 단지 거짓된 것에 대해서만 허
위로 보이는 것이다.

진리의 깨어지기 쉬운 성격

체계들 내지 체계 일반의 분해는 형식적-인식론적 행위가 아니다. 지난날
체계가 세부사항들에 부여하려던 것은 세부사항들 속에서 찾아내야 하는
것이다. 그것이 거기에 있는지도, 그것이 무엇인지도 사상에는 미리 보증되
어 있지 않다. 이로써 비로소 '진리는 구체적인 것'이라는, 전적으로 악용
되어온 말이 본래 뜻을 되찾게 될 것이다. 구체적인 것으로서의 진리는 사
유로 하여금 극히 미소한 것 앞에 머물도록 강요한다. 구체적인 것에 대해
서가 아니라 구체적인 것을 근거로 철학을 해야 할 것이다. 하지만 특유한
대상에 몰두할 경우 명백한 입장이 결여되어 있다는 의심을 살 것이다. 현
존세계에서는 현존세계와 다른 것이 마술로 간주된다. 그런데 그릇된 세계

속에서는 친밀성·고향·안전 따위가 마법의 양상들이다. 사람들은 이것들을 잃게 되면 모든 것을 잃으리라고 두려워한다. 왜냐하면 사람들은 무엇인가에 매달릴 수 있다는 것 이외에, 즉 영원한 부자유 이외에는 어떤 다른 행복도, 심지어 사상의 행복도 알지 못하기 때문이다. 존재론에 대한 비판의 한가운데에서 최소한 존재론의 한 토막이 요구되는 것이다. 마치 의도에 대한 선언에 머물고 마는 단순한 선언보다도 극히 미세한 열린 통찰이, 뜻한 바를 더 잘 표현하지 못한다는 듯이 말이다.

쇤베르크*는 전통적 음악이론과 관련하여, 이로부터는 엄밀히 말해 한 곡이 어떻게 시작되고 끝나는가를 배울 뿐 곡 자체 혹은 곡의 진행과정에 대해서는 아무것도 배우지 못한다고 기술했다. 이러한 경험이 타당하다는 점은 철학에서 확인된다. 그와 유사하게 철학은 어떤 범주들로 요약되는 것이 아니라, 어떤 의미에서는 스스로를 구성해가야만 할 것이다. 철학은 그 진행과정에서 자체의 힘을 통해서만이 아니라 그 척도가 되는 것과의 마찰을 통해서도 부단히 스스로를 새롭게 만들어가야 한다. 어떤 테제나 명제설정이 아니라 철학 내부에서 이루어지는 것이 결정적이다. 또 연역적인 것이든 귀납적인 것이든 어떤 직선적인 사고과정이 아니라 사고의 짜임(Gewebe)이 결정적이다. 따라서 철학은 본질적으로 짤막하게 논평될 수 없다. 그렇지 않다면 철학은 불필요할 것이다. 그런데 철학이 대개 짤막하게 논평된다는 사실은 그 철학에 불리한 일이다.

하지만 어떤 제1원리도 확실한 것도 신봉하지 않으면서 그 서술의 규정성만으로, 절대주의의 형제인 상대주의 앞에서 물러서지 않음으로써, 이미 학설(Lehre)에 접근하는 반응방식은 분노를 야기한다. 그런 반응방식은 단절단계에 이르기까지 헤겔을 넘어선다. 헤겔의 변증법은 모든 것을 포괄하려고 했고, 또 제1철학이 되고자 했으며, 실제로도 절대주체인 동일성원칙을 통해 제1철학이기도 했다. 그러나 사유가 제1원리와 확고부동한 것을

---

* 음악이론가 내지 음악교사로서의 쇤베르크(Arnold Schönberg, 1874~1951)는 특히 인습에 사로잡히지 않은 곡 해석을 고무하여 심대한 영향을 끼쳤다.

단념한다고 해서 자유부동하는 것으로 절대화되는 것은 아니다. 바로 그러한 단념을 통해 사유는 그 자체가 아닌 것에 붙잡히며, 사유의 자급자족이라는 환상도 청산된다. 고삐풀려 자체로부터 달아나는 합리성의 허위, 곧 계몽이 신화로 전도되는 현상 자체도 합리적으로 규정될 수 있다. 사유는 그 자체의 의미상으로 무엇에 대한 사유다. 자체로서는 어떠한 존재자도 설정하지 않는다고 주장하는, 의견이나 판단 따위의 어떤 것에 대한 논리적 추상형식에서조차, 그 존재자를 제거하고 싶어하는 사유에는 사유의 비동일자 곧 사유가 아닌 것이 제거되지 않고 남아 있다. 지성이 이 점을 망각하고 자체의 산물들인 추상들을 사유의 의미에 맞서 실체화할 경우, 비합리적인 것으로 된다. 사유의 자급자족이라는 계율은 사유를 공허하게 만들며 결국 어리석고 원시적인 수준으로 끌어내린다.

토대 없는 것에 대한 비난은, 절대적 원천들의 영역이라는 자족적 정신 원칙을 향해야 할 것이다. 하지만 존재론이 하이데거를 선두로 토대 없는 것을 공격해대는 지점이야말로 진리가 위치하는 곳이다. 진리는 그 시대적 사상내용 때문에 유동적이고 깨지기 쉽다. 벤야민은 켈러*의 "진리는 우리에게서 달아날 수 없다"는 근본적으로 부르주아적인 격언을 철저히 비판했다. 진리의 불멸성이라는 위안을 철학은 단념해야 한다. 형이상학적 근본주의자들**이 떠들어대는 심연 속으로——그것은 교묘한 궤변보다는 망상의 성격을 띤다——빠져들어갈 수 없는 철학은 자체의 안전원칙이라는 계율 아래 분석적으로 되며, 잠재적으로는 동어반복으로 된다. 극단에까지 가는 사상들만이 안전한 동의의 전능한 무기력에 맞선다. 단지 두뇌의 곡예만이, 상투어를 쓴다면, 그것이 자기만족을 위해 경멸하는 사물과 아직 관계를 지닌다. 반성되지 않

---

* 켈러(Gottfried Keller, 1819~1890)는 스위스 작가로, 현세적이고 감각적인 세계를 지향했고 적극적인 정치적 기질을 지녔다. 그의 문학세계는 부르주아적 척도를 표방하며, 묘사된 것에 대한 애정과 묘사의 객관성을 결합시켰다.

** 근본주의(Fundamentalismus)는 현대 자연과학 및 비판적 신학에 맞서 낡은 정통신앙, 특히 성서에 대한 말 그대로의 이해를 고수하는 프로테스탄트 신학 조류다. 여기서 '형이상학적 근본주의'는 기초존재론을 경멸적으로 지칭한다.

은 진부한 것은 거짓된 삶의 복제품이기 때문에 참일 수 없다.

특히 사상의 적용가능성을 위하여 사상의 자족적 과장이니 비구속성이니 하는 상투어로 사상을 중단시키려는 노력은 오늘날 모두 반동적이다. 그러한 논증은 "네가 원한다면 나는 그런 분석을 수없이 해낼 수 있다"는 속된 공식으로 표현할 수 있을 것이다. 이로써 각각의 분석이 모두 가치를 잃게 된다. 알텐베르크*는 이와 동일한 본보기에 따라 자신의 단편형식들을 수상쩍다고 보는 사람들에게, "하지만 나는 그런 걸 원하지 않는다"고 응수했다. 열린 사상은 자의적인 것에 빠져버릴 위험에 처해 있다. 열린 사상이 그러한 위험을 넘어설 만큼 사물을 충분히 다루었다고 보장해주는 것은 아무것도 없다. 하지만 열린 사상의 실행과정상의 일관성과 짜임의 긴밀성은 그것이 포착해야 할 것을 포착하는 데 기여한다. 철학에서 확실성(Sicher-heit)이라는 개념의 기능은 전도(顚倒)되었다. 한때 자기확신(Selbst-gewißheit)을 통해 독단 및 후견관계를 넘어서려고 했던 것이, 인식에 대해 어떠한 일도 일어날 수 없도록 해야 할 사회보장으로 되었다. 반론의 여지가 없는 것에는 실제로 아무 일도 일어나지 않는다.

상대주의에 대한 반론

철학사에서는 인식론적 범주들이 되풀이하여 도덕적 범주들로 바뀐다. 피히테의 칸트 해석은 유일하지는 않아도 아주 두드러진 증거다. 이와 유사한 일이 논리학적-현상학적 절대주의에서도 벌어졌다. 기초존재론자들이 보기에는 토대 없는 사유의 불쾌한 짓이 상대주의다. 변증법은 절대주의만 아니라 상대주의에도 엄격히 대립한다. 양자 사이의 어중간한 입장을 찾음으로써 그런 것이 아니라, 그 자체의 이념에 비추어 허위임을 인

---

* 알텐베르크(Peter Altenberg, 1859~1919)는 순간에 충실한 향락적 · 풍자적 · 반어적 성향의 오스트리아 작가로 인상주의적 소묘의 대가다. 극히 미세한 단면을 어떤 전체의 상징으로서 형상화하려 했다.

정할 수밖에 없는 그 양 극단을 통해서 그러하다. 이제 그런 식으로 상대주의를 다룰 때가 되었다. 왜냐하면 상대주의에 대한 비판이 대개는 형식적으로 이루어져서 상대주의적 사유의 열기는 어느 정도 아무 탈 없이 남아 있었기 때문이다. 넬존* 이래 슈펭글러**에 맞서 애용된 논증, 예컨대 상대주의가 적어도 한 가지 절대적인 것, 즉 자체의 타당성을 전제로 하며, 이로써 자체와 모순된다는 논증은 빈약하다. 이런 논증은 한 원칙의 보편적 부정과 이 부정 자체를 긍정으로까지 끌어올리는 것을 혼동하고 양자의 위치가(Stellenwert)의 특유한 차이를 고려하지 않는다. 상대주의를 의식의 편협한 형태로서 인식하는 편이 더 많은 성과를 낳을 수 있을 것이다.

무엇보다 부르주아 개인주의야말로, 보편자를 통해 매개된 개인적 의식을 궁극적인 것으로 받아들이고 그래서 진리의 기준이란 것은 없다는 듯이 각 개인들의 견해들에 대등한 권한을 부여한다. 모든 사유가 조건을 지닌다는(die Bedingtheit jeden Denkens) 추상적 테제 자체도 그와 같이 조건을 지닌다는 점을, 즉 초개인적 계기를 은폐하고 있다는 점을 극히 내용적으로 상기해야 할 것이다. 그런데 이 초개인적 계기를 통해서만 개인적 의식은 사유로 되는 것이다. 그와 같은 테제 뒤에는 값나가는 유일한 것인 물질적 관계들의 우선권을 위해 정신을 경멸하는 입장이 감춰져 있다. 아버지는 자기 아들의 불쾌하고 단호한 견해들에 맞서 모든 것은 상대적이며, 그리스 속담에서처럼 돈이 곧 사람됨됨이라고 응수한다. 상대주의는 속류유물론이며, 사상은 밥벌이를 방해한다. 이러한 태도는 정신 자체에 대해 적대적이기 때문에 불가피하게 추상적인 상태에 머문다.

---

 * 넬존(Leonard Nelson, 1882~1927)은 독일 철학자로, 자기관찰을 궁극적인 직접적 인식원천으로 간주했다. 윤리학의 기초에 대한 그의 연구는 자유주의적·윤리적 사회주의 원칙들에 근거한 과학적 윤리학과 정치학의 발전에 영향을 끼쳤다.
** 슈펭글러(Oswald Spengler, 1880~1936)는 각 문화들이 상호관계 내지 전파의 가능성 없이 고립되어 있다고 보고, 상대주의와 결합된 다원주의를 주장했다.

모든 인식의 상대성은 언제나 구속력 있는 인식이 이루어지지 못하는 한 외부로부터만 주장할 수 있다. 의식이 특정한 사물 속에 들어가 진리 혹은 허위에 대한 그 사물의 요구와 대결할 때, 사상의 주관적 우연성이라는 것은 사라지고 만다. 상대주의가 한편으로 자의적이고 우연하다고 여기면서 다른 한편으로는 환원될 수 없는 것이라고 여기는 것은 그 자체가 객관으로부터—바로 개인주의적 사회로부터—생겨난다. 이 때문에 상대주의는 공허한 것이며, 또 사회적으로 필연적인 가상으로서 추론될 수 있다. 상대주의적 강령에 따를 경우 각 개인에게 독특하다는 반응방식들은 미리 형성되어 있으며 언제나 양들의 울음소리에 접근한다. 특히 상대성에 관한 틀에 박힌 이야기가 그렇다.

파레토*처럼 제법 영리한 상대주의자들은 개인주의적 가상을 집단이익들로 표현하기도 한다. 그러나 지식사회학적으로 설정된, 계층에 특유한 객관성의 한계들은 그 나름대로 사회 전체로부터, 따라서 객관적인 것으로부터만 제대로 연역될 수 있다. 사회학적 상대주의의 후기 형태인 만하임의 상대주의는, 여러 계층들의 다양한 관점들로부터 '자유부동하는' 지식인층을 통해 과학적 객관성을 추출해낼 수 있다고 망상하는데, 이는 조건짓는 것을 조건지어진 것으로 뒤바꾸어놓는 것이다.

사실상 상이한 관점들은 미리 정해진 전체 사회과정의 구조 속에 자체의 법칙을 지니고 있다. 이 전체를 인식할 경우 그것들은 구속력을 지니게 된다. 경쟁에서 굴복하지 않으려는 사업가는 타인의 노동에 의한 수익 가운데 지불되지 않는 부분을 자신의 이익으로 산정할 수 있도록 계산해야 하며, 이때 등가교환을 한다고—노동력을 그것의 재생산비용과 교환한다고—생각해야 한다. 하지만 객관적으로 필연적인 이 의식이 왜 객관적으로 허위인지도 그와 마찬가지로 엄격하게 설명할 수 있다. 이러한 변증법적 관계는

---

* 파레토(Vilfredo Pareto, 1848~1923)는 정치적으로 무능한 대중, 중간층, 정치적 지도 능력이 있는 소수 엘리트 등으로 이루어진 사회의 피라미드식 위계구조 속에서 엘리트들 사이에서만 권력투쟁이 이루어진다고 보았다.

그 부분적 계기들을 자체 내에서 지양한다. 여러 견해들의 사회적 상대성이라는 것은 생산수단의 사적 소유 아래 이루어지는 사회적 생산의 객관적 법칙에 복종한다.

상대주의를 통해 강령으로서 구현되는 부르주아 회의주의는 편협하다. 하지만 정신에 대한 영속적 적대감은 주관적 부르주아 인간학의 특징에 머무는 것이 아니다. 그러한 적대감은 한때 해방되었던 이성의 개념이 기존의 생산관계 내부에서, 자신의 결과가 이 생산관계를 파괴하게 될 것을 두려워할 수밖에 없음으로써 무르익는다. 그 때문에 이성은 자신을 제한한다. 부르주아 시대 내내 정신의 자율성이라는 이념에는 그것과 반대되는 정신의 자기모멸이 수반되었다. 정신에 의해 통제되는 현 존재의 상태는 정신 자체의 개념 속에 담겨 있는 자유를 향한 발전을 정신에게 금지하는데, 이 점을 정신은 용납하지 못한다. 상대주의는 이에 대한 철학적 표현이다. 어떤 독단적 절대주의를 상대주의에 맞서 제시할 필요는 없다. 상대주의의 편협성을 입증하게 되면 상대주의는 깨진다. 언제나 상대주의에는, 그것이 아무리 진보적인 제스처를 취하더라도, 반동적 계기가 따랐다. 좀더 강력한 이익을 위해 사용될 수 있었던 궤변철학에서도 이미 그러했다. 상대주의에 대한 효과적 비판은 규정적 부정의 본보기다.

변증법과 견고한 것

해방된 변증법도 헤겔과 마찬가지로 어떤 견고한 것(ein Festes) 없이는 곤란하다. 하지만 변증법은 이 견고한 것에 더 이상 우선권을 부여하지 않는다. 헤겔은 그것을 자신의 형이상학 첫머리에서 그다지 강조하지 않았다. 그것은 형이상학으로부터, 충분히 조명된 전체로서, 마지막에 등장해야 한다는 것이다. 이로 인해 그의 논리학 범주들은 독특한 이중성을 지닌다. 즉 그것들은 생겨난 것이고 스스로를 지양하는 것인 동시에 아 프리오리하고 불변적인 구조들이다. 그것들은 각각의 변증법적 단계에서 직접성이 새로 나타난다는 강령을 통해 역동성과 조화를 이룬다.

이미 헤겔의 경우에 비판적 색조를 띠는 이차적 자연에 대한 이론은 부정적 변증법에서도 사라지지 않는다. 이 이론은 매개되지 않은 직접성, 즉 사회 및 사회발전이 사상에 제시하는 구성체들을 있는 그대로 받아들이지만, 이는 현상들 자체와 이 현상들이 스스로 자처하는 것 사이의 내재적 차이를 기준으로 삼아 분석함으로써 그 매개들을 드러내기 위해서이다. 계속 남아 있는 견고한 것, 혹은 청년 헤겔이 '긍정적인 것'(das Positive)이라고 칭한 것은 그런 분석에 대해서나 헤겔에게나 부정적인 것이다. 『정신현상학』 서문에서도 그와 같은 긍정성의 철천지원수인 정신은 부정적 원칙으로 규정된다.[13] 지극히 단순한 성찰을 통해서도 그런 결론에 도달하게 된다. 즉 사유하지 않고 직관에 자신을 내맡기는 것은, 『순수이성비판』에서 인식의 감성적 권리원천이 보여주는 수동적 특성으로 인해 단순히 긍정적인 것으로 기우는 성향을 띤다. 반성을 포기한 채 어떤 것을 그때그때 그것이 나타나는 대로 받아들인다는 것은 잠재적으로 이미 그것을 있는 그대로 인정하는 것이기도 하다. 이에 맞서 모든 사상은 잠재적으로 부정적 운동을 유발한다.

물론 헤겔의 경우 객체에 대한 주체의 우위는 이와 반대되는 온갖 주장에도 불구하고 고스란히 남아 있다. 정신이라는 반쯤 신학적인 말만이 주체의 우위를 은폐하고 있을 뿐인데, 이 정신이라는 말은 개별 주관성을 상기시킬 수밖에 없다. 헤겔의 논리학에는 지극히 형식적 성격을 통해 그 책임이 제기된다. 그의 논리학은 자체의 개념상 내용적이어야 함에도 불구하고 모든 것이 되려고 함으로써, 즉 형이상학이자 동시에 범주론이 되고자

---

13) "구분하는 활동은 오성, 즉 가장 경이롭고 위대한, 좀더 정확히 말해 절대적인 권능의 작업이자 힘이다. 자체로서 완결된 상태로 머물고 실체로서 자체의 계기들을 보존하고 있는 원은 직접적이며 그래서 경이롭지도 않은 상태(Verhältniß)다. 그러나 그것의 영역과 분리된 우발적인 것(das Accidentelle) 자체, 속박되어 있는 것(das Gebundene), 그리고 단지 다른 것과의 관계 속에서만 현실적인 것이 독자적 현존재와 분리된 자유를 얻게 된다는 것은 부정적인 것의 엄청난 능력이다. 그것은 사유, 곧 순수 자아의 에너지다"(헤겔, 전집 2권, 33쪽 이하).

함으로써, 그 출발점을 정당화시켜줄 수 있을 규정적 존재자를 자체로부터
배제한다. 헤겔은 칸트와 피히테를 추상적 주관성의 대변인이라고 지칠 줄
모르고 비판하겠지만, 위와 같은 점에서 그의 논리학은 이들에게서 별로
떨어져 있지 않다. 헤겔의 『논리학』은 그 나름으로 극히 단순한 의미에서
추상적이다. 보편적 개념들에 모든 것을 환원시킬 경우 이미 처음부터 그
개념들의 대립물, 즉 관념변증법이 자체 내에 지니면서 전개시킨다고 자랑
하는 구체적인 것이 삭제된다. 정신은 현존하지 않는 적과의 전투에서 승
리하는 것이다. 우발적 현존재에 대한 헤겔의 경멸적 발언, 즉 철학이 자
체로부터 연역해내는 것을 경멸해도 되고 또 경멸해야 한다는, 크루크*의
글에 대한 헤겔의 경멸적 발언은 "도둑 잡아라" 하는 외침이다. 헤겔의 논
리학은 언제나 이미 개념이라는 매체와 관계하고, 개념의 내용 곧 비개념
적인 것에 대한 개념의 관계 자체에 대해서는 단지 일반적으로만 반성함으
로써, 그것이 증명하겠다고 책임진 개념의 절대성을 미리부터 확신한다.
그러나 주관의 자율성을 비판적으로 통찰할수록, 그것이 그 나름으로 매개
된 것임을 의식하게 될수록, 사상 자체에 내포되지 않은 견고함을 가져다
주는 것과 대결할 사상의 의무는 더욱 구속력을 지닌다. 그렇지 않을 경우
변증법이 견고한 것의 무거운 짐을 움직일 역동도 결코 없을 것이다.

　일차적인 것으로 등장하는 모든 경험을 그대로 부인할 수는 없다. 키에르
케고르가 순진성(Naivetät)으로 옹호한 것이 의식의 경험에 완전히 결여된다
면, 사유는 스스로를 잘못 보고, 이미 확정되어 있는 질서가 사유에서 기대하
는 바에 순응할 것이며, 이로써 실제로 순진해질 것이다. 현상학 및 새 존재
론(Neu-Ontologie)과 얽히게 된 '근원적 경험'(Urerfahrung)과 같은 용어
들은 어떤 참된 것을 지칭하지만 과장을 통해 그것을 손상한다. 만일 자발적
으로, 즉 자체의 종속관계들에 개의치 않고, 표면구조에 대한 저항이 이루어
지지 않는다면, 사상과 활동들은 우중충한 복사에 지나지 않을 것이다.

---

* 크루크(Wilhelm Traugott Krug, 1770~1842)는 칸트의 후계자로 지식과 존재,
　주체와 객체의 근원적 종합을 주장하여 헤겔의 무자비한 비판을 받았다.

객체 가운데에서 사유가 객체에 부과한 객체에 대한 규정들을 넘어서는 것 때문에 객체는 주체에게 일단 직접적인 것으로서 나타난다. 즉 주체가 자신을 완전히 확신하는 경우, 말하자면 일차적인 경험에서, 주체는 가장 주체적이지 않다. 가장 주체적인 것, 직접적으로 주어진 것이 주체의 개입에서 벗어나는 것이다. 다만 그처럼 직접적인 의식은 연속적인 것으로 확정되지도 않고 단순히 실증적인 것도 아니다. 왜냐하면 의식은 보편적 매개인 동시에, 의식의 것인 직접적 소여 속에서 자신의 그림자를 뛰어넘을 수 없기 때문이다. 직접적 소여는 진리가 아니다. 견고한 것 내지 실로 제1원리인 직접적인 것으로부터 아무 단절 없이 전체가 생겨난다고 하는 확신은 관념론적 가상이다. 변증법에 대해 직접성은 그 직접적인 상태에 머물지 않는다. 직접성은 기초가 아니라 계기로 된다.

그 반대극점에 있는 순수 사유의 불변요인(Invariante)에서도 사정은 다르지 않다. 유치한 상대주의만이 형식논리학이나 수학의 타당성에 이의를 제기하고, 그것은 형성된 것이므로 일시적인 것이라고 취급할 것이다. 다만 불변요인들 자체의 불변적 성격이라는 것이 생산된 것이기는 하나, 그 불변요인들을 변하는 것으로부터 분리해내서는 이제 모든 진리를 손에 움켜쥐었다라고 할 수는 없는 것이다. 진리는 변화하는 사실적 요인과 유착되어 있으며, 진리의 불변성이라는 것은 제1철학의 망상이다. 불변요인들은 역사적 역동과 의식의 역동 속에서 무차별적으로 용해되는 것은 아니지만 이 역동 속의 계기들이다. 그것들은 초월성으로서 고착되자마자 이데올로기로 넘어간다. 이데올로기가 언제나 명시적 관념철학과 동일한 것은 결코 아니다. 이데올로기는 내용과 거의 무관하게 어떤 일차적인 것의 구성 자체 속에, 개념과 사물의 함축적 동일성 속에 이미 감추어져 있다. 이 동일성은 일괄적으로 존재에 대한 의식의 종속관계를 설교할 때에도 세계를 변호한다.

경험의 특권

흔히 볼 수 있는 과학의 이상과는 전혀 반대로 변증법적 인식의 객관성에서는 주체적 요소가 적어야 하는 것이 아니라 보다 더 많아야 한다. 그렇지 않을 경우 철학적 경험은 위축된다. 그러나 실증주의적 시대정신은 이 철학적 경험에 대해 알레르기를 일으킨다. 모든 사람이 철학적 경험의 능력을 갖지는 못한다는 것이다. 철학적 경험은 개인들의 특권을 이루는 것으로, 이들의 성향과 이력을 통해 결정된다고 한다. 또 철학적 경험을 인식의 조건으로서 요구하는 것은 엘리트적이고 비민주적이라고 한다. 흔히들 자연과학적 실험을 반복하거나 수학적 연역을 인식하는 데에도 실로 특수한 재능이 필요하다고 생각하기는 하지만, 비견할 만한 지능지수를 가진 인간은 누구라도 그러한 일을 해낼 수 있다. 그러나 실제로 누구나 똑같이 이런 식으로 철학적 경험들을 쌓을 수는 없다는 점을 인정해야 할 것이다. 어쨌든 철학에서 주체가 차지하는 몫은, 만인에 의한 만인의 대체가능성을 염두에 두는 과학 이상의 잠재적으로 몰주체적인 합리성과 비교해서, 어떤 비합리적 부가물을 포함하고 있다. 그것은 자연적 성질이 아니다.

논증은 민주적인 제스처를 취하지만, 관리되는 세계가 그 강압받는 구성원들을 어떻게 만들어놓는지 고려하지 않는다. 관리되는 세계가 완전히 주물러놓지 않은 자들만이 관리되는 세계에 정신적으로 대적할 수 있다. 특권에 대한 비판이 특권으로 되는 것이다. 이처럼 세계의 진행은 변증법적이다. 현재의 사회적 조건들 아래서, 특히 정신적 생산력들을 조종하고 가위질하고 여러모로 불구화하는 교육조건 아래서, 또 이미지의 빈곤이 지배적인 상황에서, 그리고 정신분석학이 진단은 하지만 현실적으로는 전혀 바꾸어놓지 못한 유아기의 병적 과정들 속에서, 모든 사람들이 모든 것을 파악하거나 단지 알아차리기만이라도 할 수 있다고 가정하는 것은 허구일 것이다. 그런 것을 기대한다면, 이는 경험들을 쌓을 가능성이 어쨌든 존재하더라도 항등성(Immergleichheit)의 계율로 인해 그런 가능성을 빼앗기고 마는 사람들의 병적 특징들에 따라 인식을 정돈하는 셈일 것이다.

주관적 이성 개념의 극단적 결론인 전체의지(volonté de tous)에 유추하여 진리를 구성하는 것은 만인의 이름으로 이들을 속여 이들에게 필요한 바를 빼앗는 일일 것이다. 흔히 통용되는 규범들에 정신 구성상으로 완전히 순응하지 않는 행운을 누릴 자격도 없이 누리는 자들은——그들은 환경과의 관계에서 이 행운에 대한 대가를 종종 충분히 치러야 한다——도덕적으로 노력하여, 자신이 대변하는 대부분의 사람들이 볼 수 없거나 현실적 정의 때문에 보지 않으려는 바를 대변자의 입장에서 발언해야 한다.

진리의 기준은 진리가 만인들 사이에서 직접 의사소통될 수 있다는 데 있지 않다. 인식된 것의 의사소통을 인식된 것과 혼동하고 가능한 한 인식된 것보다 더 높이 평가하려는 거의 보편적인 강압에는 저항해야 마땅하다. 오늘날에는 의사소통을 향한 한 걸음 한 걸음이 진리를 팔아먹고 날조하는 것이다. 그런데 모든 언어적인 것은 이 역설과 씨름한다. 진리는 객관적이면서 또 납득하기 어려운 것이다. 진리는 어느 누구에게 직접 주어지는 것이 아니라 주관적 매개를 요하지만, 그 그물조직에 대해서는 이미 스피노자가 개별 진리와 관련해 극히 열성적으로 요구한 바, 곧 '진리는 진리 자체의 지표'라는 말이 타당성을 지닌다.

원한을 가진 자들은 진리에 특권적 성격이 따른다고 말할 것이다. 그러나 진리는 자신이 빚지고 있는 경험들을 구실로 발뺌하지 않고, 진리의 명증성에 도움을 주거나 진리의 결함을 설복시킬 논증의 연관관계들 내지 짜임새들(Konfigurationen)에 관계함으로써 특권적 성격을 버린다. 엘리트적 교만은 철학적 경험에 가장 어울리지 않는 것이다. 철학적 경험은, 현질서에 담긴 자신의 가능성에 따라, 자신이 현질서와, 궁극적으로는 계급관계와 얼마나 혼합되어 있는지를 자각해야 한다. 철학적 경험에서는 보편자가 개별자들에게 산발적으로 부여하는 기회들이, 그 경험의 보편성을 방해하는 보편자에 대항한다. 이러한 보편성이 산출된다면, 이로써 모든 개별자들의 경험도 변할 것이며 이때까지 이 경험을 치유불가능하게 일그러뜨린 많은 우연성도 떨쳐버릴 것이다.

객체가 자체 내에서 스스로를 반영한다는 헤겔의 학설은 그 관념론적 어법이 사라져도 살아 남는다. 왜냐하면 변화된 변증법에서는 주체가 그 주권을 박탈당한 후, 잠재적으로는 이제야 제대로 객관의 반영형식으로 되기 때문이다. 이론은 단정적으로 모든 것을 포괄하는 듯이 행세하지 않을수록 사유하는 자에 대해 대상화되는 일도 적어진다. 체계의 강압이 증발하면 사유하는 자는, 추상적 승리의 대가로 자체의 특유한 사상내용을 포기할 수밖에 없는 파토스적 주관성 관념이 허용하는 것보다, 자신의 의식과 자신의 경험을 더 편견 없이 신뢰할 수 있게 된다.

그것은 위대한 관념론시대와 오늘날 사이에 이루어진 개성의 해방에 적합하다. 이 개성 해방의 성과들은 오늘날의 집단적 퇴행의 압력에도 불구하고, 또 이 때문에 1800년대의 변증법적 충동과 마찬가지로 이론적으로 철회될 수 없다. 물론 19세기의 개인주의는 정신의 객관화 능력을—객관에 대한 통찰 능력 및 객관의 구성 능력을—약화시켰지만, 객체에 대한 경험을 강화시킨 세분화상태를 정신에 가져다주었다.

합리성의 질적 계기

객체에 몰두한다는 것은 객체의 질적 계기들을 정당하게 대하는 것과 같다. 과학주의적 객관화는 데카르트 이래 과학의 모든 수량화 경향과 일치하여, 질들을 배제하고 그것들을 측정가능한 규정들로 변경시키는 성향을 띤다. 합리성 자체가 점점 더 수학적인 방식으로(more mathematico) 수량화 능력과 동일시된다. 이는 승리를 구가하는 자연과학의 우선성을 정확히 고려하는 것이지만, 그것이 지성(ratio)의 개념 자체에 내재하는 것은 아니다. 자연과학은 특히 그 나름으로 이성적으로 사고되어야 하는 질적 계기들을 거부한다는 점에서 맹목적이다.

지성은 단순히 결합(συναγωγή), 즉 분산되어 있는 현상들로부터 현상들의 유개념(Gattungsbegriff)으로 상승하는 것이 아니다.[14] 지성은 구분하는 능력 역시 요구한다. 이 능력이 없다면 사유의 종합 기능, 곧 추상을 통해 통일을 이루는 일도 가능하지 않을 것이다. 같은 것을 총괄하는 일은 필연적으로 그것을 같지 않은 것과 분리하는 일이다. 하지만 이는 질적인 것이다. 이 점을

---

14) 첼러 편, 『그리스 철학』 2-1(튀빙겐 : 1859), 390쪽.

생각하지 않는 사유는 그 자체가 이미 거세된 것이며 자신과 불화를 이룬다.

최초로 수학을 방법적 본보기로 내세운 플라톤은, 결합과 분리(διαίρεσις)를 대등한 것으로 옹호함으로써, 유럽 이성철학의 초기에 지성의 질적 계기를 더욱 강력히 표현했다. 이성철학은, 의식이 자연물(φύσει)과 인공물(θέσει)에 대한 소크라테스 및 소피스트의 구분을 상기하면서, 사물들의 본성에 적응해야만 하며 그것들을 자의적으로 다루어서는 안 된다는 계율로 발전해간다. 이로써 질적 구분은 플라톤의 변증법 혹은 그의 사유이론에 동화될 뿐만 아니라 고삐풀린 수량화의 폭행에 대한 교정수단으로 해석된다. 『파이드로스』(Phaidros) 속의 한 비유는 그 점을 명백히 한다. 여기서는 정돈하는 사유와 비폭력적 자세가 균형을 이룬다. 그에 따르면, 개념의 운동이 종합으로부터 반대방향을 취할 경우 우리는 "아종들(Unterarten)로 분해해갈 때 관절들을 따라 본성에 부합되게 잘라나가야지 형편없는 요리사처럼 팔다리 하나라도 부러뜨리려 해서는 안 된다."15)

모든 수량화에는 수량화되어야 할 것의 기체(Substrat)로서 질적인 계기가 담겨 있다. 이 질적 계기는 플라톤의 경고에 따른다면, 지성이 도달해야 할 대상에 대한 손상으로서 비이성으로 전도되지 않으려면, 부서져서는 안 되는 것이기도 하다. 합리적 조작에는 마치 이차적 반성에 담긴 해독제의 계기처럼 질이 포함되는데, 과학의 제한된 일차적 반성은 이 질을 과학에 예속되어 있으면서도 과학과 이질적인 철학 속에 은닉했다. 수량화하는 어떠한 인식도 그 의미 내지 목적을 질적인 것으로의 재전환을 통해 얻지 못하는 것은 없을 것이다. 통계학의 인식 목표조차 질적인 것이며 수량화는 그 수단일 뿐이다. 지성의 수량화 경향을 절대화하는 것은 이런 경향의 자각 결여와 일치한다. 질적인 것을 고집하는 일은 그 자각에 기여하는 것이지 비합리성을 불러내는 것이 아니다. 훗날 헤겔만이 회고적·낭만적 성향 없이 그에 대한 의식을 보여주었는데, 이때는 물론 수량화의 주도권이 오늘날처럼 그렇게 논란의 여지가 없는 시대가 아직 아니었다. 사실 그에게는

---

15) 같은 책, 265쪽.

과학주의적 전통과 일치하여 "질의 진리 자체가 양이다."[16] 하지만 그는
『철학의 체계』(System der Philosophie)에서 양이라는 것이 "존재에 대해
아무래도 좋고 이에 대해 외적인 규정성"[17]임을 인식한다. 『대논리학』에 따
르면 양 "자체가 하나의 질이다." 질은 양적인 것 속에서 그 중요성을 지닌
다. 그리고 양은 질로 돌아간다.[18]

질과 개인

주체적 측면에서는 인식하는 자를 질 없는 보편자 내지 순수하게 논리적
인 것으로 환원시키는 일이 수량화 경향에 상응했다. 아마 질들은 더 이상
수량화에 국한되지 않고, 정신적으로 순응해야 하는 자에게 수량화를 주입
하지 않는 객관적 상태 속에서 비로소 해방될 것이다. 그러나 수량화의 도
구인 수학은 수량화를 초시간적인 것처럼 보이게 하지만, 수량화는 초시간
적 존재가 아니다. 수량화의 배타적 독점권에 대한 요구는 형성된 것이듯,
사라질 수도 있다. 비록 주체가 질들의 가능성을 감당할 능력을 지니는 것
은 분업적 제한을 통해서이지만, 사물 속에서는 그 질들의 가능성이 주체의
선험적 잔여물이 아니라 질적인 주체를 기다린다.

그렇기는 하나 주체의 반응들 가운데 점점 더 많은 것이 단순히 주관적인
것이라고 경멸받을수록, 사물의 질적 규정들 가운데 점점 더 많은 것이 인
식되지 못하게 된다. '과학은 측정이다'는 온갖 주장에도 불구하고 인식은
세분화 및 뉘앙스를 존중하는 이상을 최근의 발전단계에 이르기까지 완전
히 망각하지는 않았는데, 이러한 이상은 객관성을 위해 없어도 되는 어떤
개인적 능력하고만 관계하는 것이 아니다. 이 이상은 그 동기를 사물로부터
받아들인다. 사물에서, 또 그것의 개념 속에서 가장 미세한 것 내지 개념으

---

16) 헤겔, 전집 4권, 402쪽.
17) 헤겔, 전집 8권, 217쪽.
18) 헤겔, 전집 4권, 291쪽 이하 참조.

로부터 빠져나가는 것까지도 구분할 수 있는 자는 세분화된 사유를 하는 것
이다. 단지 세분화상태만이 가장 미세한 것에 도달한다. 객체를 경험할 능
력이 있어야 한다는 세분화상태의 요청 속에서—그리고 세분화상태는 주
관적 반응형식으로 된 그런 요청의 경험이다—인식의 미메시스적 계기가,
즉 인식하는 자와 인식되는 것의 친화관계라는 계기가 은신처를 찾는다. 계
몽의 전체 과정 속에서 이 계기는 점차 파손된다. 하지만 계몽의 과정은 자
체를 무효화하려 들지 않는 한 그 계기를 완전히 제거하지는 못한다. 어떠
한 친화력도 없는 합리적 인식의 구상에서조차, 한때 마술적 기만에서 의문
의 여지가 없었던 일치를 향한 탐색이 잔존한다. 이런 계기가 완전히 제거
된다면 주체가 객체를 인식할 가능성은 한마디로 이해 불가능할 것이며, 고
삐풀린 합리성은 비합리적으로 될 것이다.

하지만 미메시스적 계기는 그 세속화의 노정에서 합리적 계기와 용해된
다. 이 과정은 세분화상태로서 집약된다. 세분화상태는 자체 내에 미메시스
적 반응능력과 아울러 유·종·종차의 관계를 파악하는 논리적 기관
(Organ)도 담고 있다. 이 경우 개인적 이성의 보편성과 비교할 때 모든 온
전한 개성에 수반되는 만큼의 우연성이 세분화 능력에도 수반된다. 그런데
이 우연성은 과학주의의 기준들에 흡족할 만큼 그렇게 근본적인 것이 아니
다. 헤겔은 그의 저술에 영혼을 불어넣는 정신적 경험의 무대인 개인의 의
식이 우연적이고 제한되어 있다고 비난했는데, 이는 특이하게 일관성 없는
짓이었다. 그것은 단지 개인적 정신과 결합되는 비판적 계기를 무력화시키
려는 욕심에 기인한 것이라고 설명할 수 있을 뿐이다. 개인적 의식은 언제
나 대체로 불행한 의식인데, 여기에는 또 그 이유가 있다. 그것에 대한 헤
겔의 거부감은 그가 자신에게 편리할 때면 강조하는 사실, 즉 그 개별적인
것에 보편적인 것이 상당 정도 내재한다는 사실로 인해 무의미해진다. 그는
전략적 필요에 따라 개인이 마치 직접적 존재인 듯이 다루지만, 이러한 가
상은 그 자신이 깨뜨리는 것이기도 하다. 그러나 이러한 가상과 더불어 개
인적 경험의 절대적 우발성이라는 가상도 사라진다.

개념들이 없다면 개인적 경험은 어떠한 연속성도 지니지 못할 것이다.

논증적(diskursiv) 매체에 관여함으로써 언제나 개인적 경험은 그 자체의 규정상 단순히 개인적인 것 이상의 것이다. 개인은 자기 자신의 통일성 차원에서든 경험들의 통일성 차원에서든, 자신의 개인적 의식을 통해 자신을 객관화하는 한 주체가 된다. 동물들의 경우에는 그 두 가지가 다 불가능할 것이다. 개인적 경험은 그 자체로서 보편적이기 때문에, 또 그런 한에서 보편자에도 접근한다. 인식론적 반성에서도 논리적 보편성과 개인적 의식의 통일성은 다각적으로 서로를 조건짓는다. 하지만 이는 개별성의 주관적 · 형식적 측면에만 해당되는 것이 아니다. 개인적 의식의 모든 내용은 의식을 지니는 사람에 의해, 그의 자체보존을 위해 의식 속에 담기며, 이 자체보존과 더불어 재생산된다. 개인적 의식은 자각을 통해 그로부터 해방될 수 있고, 확대될 수 있다. 그러한 보편성은 개인적 경험 속에서 주도권을 얻는 경향을 지니는데, 이때의 고통이 개인적 의식을 그와 같은 자각으로 몰아간다. 경험은 '현실검증'으로서 개인의 충동과 소망들을 단순히 반복하는 데 그치지 않고 개인이 살아 남을 수 있도록 그것들을 부정하기도 한다.

개인적 의식의 운동에서와 달리 보편자는 주체에 의해 전혀 포착되지 않는다. 개인이 차단될 경우 우연성의 찌꺼기로부터 정제된 좀더 높은 차원의 주체가 튀어나오는 것이 아니라 의식 없이 남의 뒤를 따르는 주체가 나타날 것이다. 동구에서는 개인의 견해를 이론적으로 단절하는 것이 집단적 억압의 구실로 이용되었다. 현혹된 상태든 테러당한 상태든, 당은 그 구성원의 숫자 때문에 인식능력의 차원에서 원천적으로 어떠한 개인보다도 우월하다는 것이다. 하지만 고립된 개인은, 칙령으로 인해 손상되지 않는다면, 때때로 집단보다도 객관적 상황을 더 명쾌하게 지각할지도 모른다. 그렇지 않아도 집단은 기관원들의 이데올로기일 뿐이다. 당에는 수천의 눈이 있고 개인에게는 단지 두 눈밖에 없다는 브레히트의 명제는 진부한 진리가 늘 그렇듯이 허위다. 의견을 달리하는 어떤 한 개인의 정확한 환상은, 장밋빛으로 통일된 안경을 쓰고 자신이 보는 것을 진리의 보편성과 혼동하여 퇴행하는 수천의 눈보다 더 많은 것을 볼 수 있다.

인식의 개별화는 그런 혼동과 퇴행에 저항한다. 객체에 대한 지각은 이 개별화 혹은 세분화에 의존할 뿐 아니라 자체로서 객체에 의해 본질구성되어 있다. 즉 객체는 마치 지각 속에서 통합을 통한 복구(restitutio in integrum)를 요구하는 듯하다. 그렇지만 객체가 필요로 하는 주관적 반응들은 그 나름대로 부단히 객체를 통해 교정되어야 한다. 이 교정은 정신적 경험의 효소인 자체반성 속에서 이루어진다. 은유적으로 말하면 철학적 객관화의 과정은 과학의 추상적 수량화 측면인 수평적 과정에 비교할 때 수직적이며 시간내적이다. 이러한 점에서는 베르그송의 시간 형이상학(Metaphysik der Zeit)도 타당하다.

내용성과 방법

베르그송의 세대 그리고 지멜·후설·셸러도 대상들에 대해 민감한 태도로 내용을 추구하는 철학을 갈망했지만 성공하지는 못했다. 전통은 전통과 결별하는 것을 갈망했던 셈이다. 그렇다고 해서 내용적인 개별 분석이 변증법 이론과 어떤 관계에 있는가 하는 방법적 고찰을 면제받을 수 있는 것은 아니다. 변증법 이론이 내용적 개별 분석에 동화된다는 관념론적·동일철학적 단언은 무기력하다. 하지만 이론을 통해 표현되는 전체는 인식하는 주체를 통해 비로소 그런 것이 아니라 객관적으로 이미 분석되어야 할 개별자 속에 담겨 있다. 전체와 개별자의 매개는 그 자체가 내용적이다. 즉 사회적 총체성을 통한 매개인 것이다. 그러나 그 매개는 총체성 자체의 추상적 법칙성, 즉 교환의 법칙성 때문에 형식적이기도 하다.

이로부터 절대정신을 추출해낸 관념론은 그 매개가 현상들에는 강압 메커니즘으로 닥치게 된다는 진리를 암호화한다. 이는 이른바 본질구성문제(Konstitutionsproblem) 뒤에 감추어져 있다. 철학적 경험은 이 보편적인 것을 직접적으로는 현상으로서가 아니라 객관적으로 그렇듯이 추상적인 것으로서 접하게 된다. 이 철학적 경험은 자신이 소유하지는 못하나 인식하고는 있는 것을 망각하지 않은 채, 특수한 것에서 출발할 수밖에 없다. 그 노정은 이중적이다. 즉 헤라클레이토스의 경우와 마찬가지로 그것은 상승하는 것이기도 하고 하강하는 것이기도 하다. 그것은 자체의 개념을 통해 현상들이 사실적으로 규정되어 있다는 점을 확신하고 있지만, 이를 존재론적으로 그 자체로서 참이라고 상정할 수는 없다.

개념은 비진리, 곧 억압적 원칙과 결합되어 있으며 이로 인해 개념의 인식비판적 품위는 약화된다. 개념은 인식이 충족될 어떤 긍정적 목적을 형성하지는 않는다. 한편 보편의 부정성은 인식을 구제되어야 할 것인 특수자에 고착시킨다. "자기 스스로를 이해하지 못하는 사상들만이 진리다." 모든 철학은 자유를 원할지라도 보편적 요인들을 떼어버릴 수 없는 까닭에 부자유를 수반하며, 이 부자유 속에서는 사회의 부자유가 확장된다. 철학은 강압을 내포하고 있다. 그러나 바로 이 강압을 통해 철학은 자의적인 것으로 퇴행하는 것을 면할 수 있다. 사유는 자체에 내재적인 강압적 성격을 비판적으로 인식할 수 있다. 사유 자체의 강제성이 사유 해방의 매체인 것이다. 객체에 대한 자유는 헤겔의 경우 주체의 무기력화로 귀결되었으며, 이제야 비로소 창출되어야 할 것이다. 그때까지 방법으로서의 변증법과 사물의 변증법은 분리될 것이다.

개념과 현실은 똑같이 모순에 찬 존재다. 사회를 적대적으로 분열시키는 것, 곧 지배적 원칙은 정신화된 차원에서 개념과 개념으로 포착되는 것 사이의 차이를 유발하는 것과 동일한 원칙이다. 그러나 지배적 원칙의 통일성에 순응하지 않는 그때 그때의 요인들은 그 원칙의 척도에 비추어볼 때 이 원칙에 대해 무의미한 것이나 단지 그것과 다른 것으로 나타나지 않고 논리에 대한 훼손으로 나타나기 때문에, 그러한 차이는 모순이라는 논리적 형식을 얻게 된다.

한편 철학적 구상과 그 실행 사이에는 어떤 차이가 남는데, 이는 방법이 존재하는 유일한 자리인 내용들을 방법으로 하여금 완전히 흡수하거나 정신화하도록 허용하지 않는 비동일성을 입증해준다. 내용의 우월성은 방법의 필연적 결함을 나타내는 것이다. 철학자들의 철학 앞에서 무방비상태로 있지 않기 위해 보편적 반성의 형태로 방법으로서 이야기되어야만 하는 것은 단지 실행을 통해서만 정당화되며, 이로써 방법은 다시 부정된다. 방법의 과잉은 내용 앞에서 추상적이며 허위인 것이다. 헤겔은 이미 『정신현상학』에 대한 그 서문의 부적절한 관계를 감수해야만 했다. 철학적 이상은 실행을 통해 실행에 대한 해명이 불필요해지는 상태일 것이다.

실존주의

개념의 물신주의로부터——구속성에 대한 요구를 포기하지 않으면서 강단철학으로부터——탈피하려는 최근의 노력은 실존주의라는 이름을 통해 이루어졌다. 실존주의는 정치적 참여(Engagement)를 통해 기초존재론에서 떨어져 나왔지만 이 기초존재론과 마찬가지로 관념론에 사로잡혀 있다. 더욱이 그것은 철학적 구조에 비할 때 어떤 우연적 요인, 즉 실존주의의 형식적 특성을 충족시키기만 하면 정반대의 정책으로도 교체될 수 있는 우연적 요인을 지니고 있었다. 빨치산은 이편에도 저편에도 있는 것이다. 결단론(Dezisionismus)*을 위한 어떠한 이론적 경계선도 그어지지 않았다.

그렇더라도 실존주의의 관념론적 요소들은 그 나름대로 정치적 기능을 지닌다. 사르트르와 그의 동료들은 사회비평가로서 이론적 비판에 만족하지 않았는데, 공산주의가 집권만 하면 어디서나 관리체제로서 자신의 묘혈을 팠다는 점을 그들은 간과하지 않았다. 중앙집권적 국가정당 제도는 지난날 국가권력에 대한 관계로서 고찰한 바 모두를 조롱하는 것이다. 그 때문에 사르트르는 지배적 실천에서 더 이상 허용되지 않는 계기, 즉 철학 용어로 자발성(Spontaneität)이라는 것을 모든 것의 목표로 삼았다. 객관적 가능성에 비추어볼 때 자발성에 사회적 권력이 부여될 수 없을수록, 사르트르는 결단(Entscheidung)이라는 키에르케고르의 범주를 더욱더 배타적으로 이용했다. 키에르케고르의 경우 이 범주는 궁극목적, 즉 그리스도론(Christologie)**으로부터 그 의미를 얻었다. 사르트르의 경우 지난날 절대

---

* 입법부가 법이라고 선언한 것을 법으로 보는 법철학적 견해.

자를 위해 복무해야 했던 그 범주 자체가 절대자로 된다. 사르트르의 철학은 극단적 유명론이면서도,[19] 가장 영향력 있는 국면에서 주체의 자유로운 행동이라는 낡은 관념론적 범주에 따라 조직되었다. 피히테에게도 그랬듯이 실존주의의 경우에도 그때 그때의 객관적 상황은 아무래도 좋은 것이다. 당연한 귀결로서 사르트르의 연극들 속에서 사회적 상황과 조건들은 기껏해야 현실성 있는 첨가물이 될 뿐 구조적으로는 행동의 계기 이상으로 되는 일이 거의 없다. 또 이 행동은 사르트르 철학의 무객체성(Objektlosikeit)에 의해 비합리성에 빠질 수밖에 없었는데, 불굴의 계몽주의자인 사르트르가 분명히 그러한 것을 의도하지는 않았을 것이다.

결단을 내리는 절대적 자유라는 관념은 자기 자신으로부터 세계를 이끌어내는 절대적 자아라는 관념이 그랬듯이 환상이다. 주인공의 결단을 돋보이게 해주는 배경으로 구성된 무대장치로서의 상황들을 흔들어놓는 데에는 극히 사소한 정치적 경험만으로도 충분할 것이다. 구체적인 역사적 연관 속에서는 그와 같은 절대적 결단을 드라마 작법상으로도 가정할 수 없을 것이다. 지난날 잔인함을 충분히 맛본 어느 사령관이 이제는 더 이상 잔인한 짓을 하지 않겠다고 역시 비합리적으로 결심하고, 배신을 통해 벌써 그에게

** 그리스도의 성질·인격·행위를 다루는 신학의 한 분야.

19) 존재론적 신증명을 도발적으로 옹호하는 데까지 이르는 헤겔의 개념실재론 복원은 무반성적 계몽의 규칙에 따르면 반동적이었다. 그런데 역사의 진행은 그의 반유명론적 의도를 정당화시켜주었다. 셸러식 지식사회학의 조잡한 도식과 반대로 유명론도 그 나름으로 이데올로기로 넘어갔다. 즉 계급이나 이데올로기 등의 껄끄러운 실체들이나 최근에는 아예 사회라는 것이 언급되기만 해도 공식적 과학이 애용하는 이데올로기, 즉 다 안다는 듯이 눈을 깜빡거리며 말하는 "그 따위는 전혀 존재하지 않는다"는 식의 이데올로기로 넘어간 것이다. 유명론에 대한 진정한 비판철학의 관계는 불변적인 것이 아니라 회의의 기능과 함께 역사적으로 변한다(막스 호르크하이머, 「몽테뉴와 회의의 기능」, 『사회연구지』 1938년도 7호, 여기저기 참조). 개념들의 모든 사물적 기초(Jegliches fundamentum in re der Begriffe)를 주체에 돌려놓는 것은 관념론이다. 유명론은 관념론이 객관적 요구를 제기한 대목에서만 관념론과 갈라섰을 뿐이다. 어떤 특정한 자본주의사회에 대한 개념은 헛소리(flatus vocis)가 아니다.

넘겨진 도시의 포위망을 풀고 유토피아적 공동체를 세운다면, 그는 익살맞게 낭만화된 독일 르네상스의 야만적인 시대에조차 설혹 모반하는 병사들에 의해 살해되지 않는다면 상관에 의해 소환될 것이다. 네스트로이*의 홀로페르네스(Holofernes)와 마찬가지로 호언장담하는 괴츠(Götz)**는 리히트슈타트(Lichtstadt)의 학살을 통해 자신의 자유로운 행위에 대해 배우며, 사르트르가 절대적 자발성의 개념으로써 맞섰던 자들의 뻔한 구실인 조직적 민중운동에 투신하는데, 이는 앞에서 한 이야기에 너무나 정확히 들어맞는다. 이 제멋대로의 인간은, 이제 공공연히 철학의 축복을 받으면서, 자유로운 상태에서 다시는 저지르지 않겠다고 맹세한 잔인한 짓을 곧 다시 저지를 뿐이다. 절대적 주체는 자신이 얽혀 있는 일들로부터 빠져나오지 못한다. 그가 끊어버리려는 사슬들, 즉 지배의 사슬들은 절대적 주관성의 원칙과 동일하다. 그런 점이 사르트르의 드라마에서는 그의 철학적 주저(主著)에서와 반대로 명백히 드러난다는 점, 또 그의 연극들이 명제 형태로 다루는 철학을 거부한다는 점, 이러한 점이 그에게는 명예가 된다.

그러나 정치적 실존주의의 어리석음에는 탈정치화된 독일 실존주의 용어법의 경우와 마찬가지로 철학적 이유가 있다. 실존주의는 선택을 규정하는 근거도 없이, 또 엄밀히 말해 다른 어떠한 선택의 여지도 없이, 불가피한 것, 즉 인간의 단순한 현존재를 개인이 선택할 수밖에 없는 하나의 신조(Gesinnung)로서 권장한다. 실존주의는 그러한 동어반복 이상의 것을 가르칠 경우, 유일하게 실체적인 것으로서의 대자존재적(für sich seiend) 주관성과 어우러지게 된다. 라틴어인 'existere'(실존하다)의 파생어를 표어로 삼는 조류들은 소외된 개별 과학에 반대해 생생한 경험의 현실을 불러일으키려 할 것이다. 사물화에 대한 두려움 때문에 그런 조류들은 실체적인 것에서 물러선다. 이 조류들에서 실체적인 문제는 은밀히 단순한 본보기로 되

---

* 네스트로이(Johann Nepomuk Nestroy, 1801~1862)는 오스트리아의 배우 겸 풍자작가로, 탈마법적 반어와 환상을 깨는 회의주의를 지혜와 결합했다. 1849년의 『유디트와 홀로페르네스』는 F. 헤벨의 『유디트』를 희화한 작품이다.
** 사르트르의 드라마 『신과 악마』의 주인공.

고 만다. 그것들이 환원(ἐποχή)을 통해 설정하는 것은 철학의 등뒤에서, 철학적으로 말하자면 비합리적 결단들을 통해 자신의 힘을 관철시킴으로써 그것들에 보복한다.

사실내용들(Sachgehalten)이 삭제된 사유는 비개념적 개별 과학보다 더 나을 것이 없다. 모든 형태의 그런 사유는 철학의 본질적 관심사를 핑계삼아 형식주의를 비난하고도 다시 형식주의에 빠진다. 그 후 이 형식주의는 특히 심리학에서 우연히 차용됨으로써 내용을 담게 된다. 적어도 극단적 형태를 띠는 프랑스 실존주의의 의도는 사실내용과 거리를 둠으로써가 아니라 이에 위협적일 만큼 접근함으로써 실현가능할 것이다. 주체와 객체의 구분은 인간 본질로의 환원을 통해——그것이 절대적 개별화일지라도——지양될 수 있는 것이 아니다.

오늘날 루카치 계보의 마르크스주의에서까지 인기 있는, 인간에 대한 물음은 이데올로기적이다. 왜냐하면 순수 형식의 차원에서 그 물음은 가능한 해답의 불변요인을, 그것이 설혹 역사성 자체일지라도 명령조로 요구하기 때문이다. 있는 그대로의 인간은 언제나 단지 과거의 인간을 의미할 뿐이다. 말하자면 인간은 과거라는 암벽에 고정된 채 만들어져 나온다. 그러나 인간은 과거나 현재 상태의 인간일 뿐만 아니라 가능성으로서의 인간이기도 하다. 어떠한 규정도 이를 예측하기에는 충분하지 않다.

실존을 중심으로 하는 학파들은 극단적으로 유명론적 색채를 띠는 경우에조차 개념과 동화되지 않고 개념에 대립하는 것에 대해 끝까지 생각하지 못하고, 일반적 개념을 통해 그것들에 대해 철학을 한다. 이로써 이 학파들은 개인의 실존에 호소하는 가운데 바라 마지않는 외화(外化)를 이룩할 능력이 없음을 털어놓게 된다. 이 학파들은 실존하는 것(das Existierende)을 통해 실존을 예증한다.

사물 · 언어 · 역사

그러면 달리 어떻게 생각할 것인가 하는 문제는, 여러 언어에서 사물을 범주적으로 포괄하지 않는 이름들(Namen)을 그 멀고도 불분명한 근원상 (Urbild)으로 삼는다. 이때 물론 언어의 인식적 기능은 희생된다. 온전한 인식은 체념하도록 주입받은 것, 또 너무 접근해 있는 이름들이 현혹을 야기하는 것, 바로 그것을 추구한다. 이때 체념과 현혹은 이데올로기적으로 상호보완적이다. 마치 말들이 사물 자체를 지칭해야 하듯이, 말의 선택에서 성깔 있게(idiosynkratisch) 정확성을 기해야 하는 것은 철학에서 서술이 본질적이라는 사실의 중요한 근거다. 현존물($\tau \grave{o} \delta \epsilon \tau\iota$) 앞에서 표현을 그처럼 고집하는 인식적 근거는 현존물 자체의 변증법, 즉 현존물이 그 자체로서 개념적으로 매개되어 있다는 점이다. 그리고 이 매개는 현존물에서 비개념적인 것을 파악하기 위한 출발점이다. 왜냐하면 비개념적인 것 한가운데의 매개는 어떤 뺄셈을 하고 난 나머지가 아니며, 또 그런 처리법의 악무한 (schlechte Unendlichkeit)을 지칭하는 것도 아니기 때문이다. 오히려 질료 ($\ddot{v}\lambda\eta$)의 매개는 그것의 내재적 역사다.

철학은 어떤 부정적인 것을 근거로 어쨌든 아직 정당화된다. 즉 철학으로 하여금 굴복하게 만들고 관념론으로 하여금 일탈하게 만드는, 해결하기 어려운 어떤 것이 '바로-그러하며-달리는-될-수-없다'(So-und-nicht-anders-Sein)고 하면, 그것은 다시 하나의 물신으로, 곧 존재자는 돌이킬 수 없는 것이라는 물신으로 되며, 이 점을 근거로 철학은 정당화되는 것이다. 그 물신은 그처럼 단순하게 '바로 그러하며 달리는 될 수 없는' 것이 아니라, 단지 여러 가지 조건들 아래서 형성된 것일 뿐이라는 점을 인식함으로써 깨지게 된다. 이 형성은 사물을 통해 사라지기도 하고 존속하기도 하는 것이며, 사물의 개념을 통해 정지시킬 수도 없으며, 그 결과와 분리하여 잊어버릴 수 있는 것도 아니다. 시간적 경험은 이 형성과 유사성을 지닌다. 존재자를 그 형성의 텍스트로서 읽는다는 점에서 관념변증법과 유물변증법은 일치한다. 그러나 관념론에서는 직접성의 내적 역사가 직접성을 개념의 단계로서 정당화시켜 주는 데 반해, 유물론에서는 직접성이 개념만 아니라 존재하는 직접적인 것의 허위를 가늠할 척도로 된다. 부정적 변증법은 현실이 속임수로 앗아갔지만 대상 하나하나로부터 밖을 향해 응시하고 있는 가능성을 통해, 경직된 그 대상들에 파고든다.

그러나 그처럼 사물들로 굳어져버린 역사를 언어로써 표현하려고 극단적으로 노력하는 경우에조차 그 사용된 말은 여전히 개념들일 수밖에 없다. 개념의 정확성은 사물의 자체성(Selbstheit)을 대신하려고 하지만 사물이 완전히 현전하게 되지는 않을 것이다. 개념과 그것이 불러일으키는 것 사이에는 뛰어넘을 수 없는 빈 공간이 벌어져 있다. 그 때문에 단어의 선정에서만 아니라 서술 전체에서도 자의성과 상대성은 찌꺼기로 남는다. 벤야민의 경우조차 개념들은 자체의 개념성을 권위적으로 숨기려는 성향을 띤다. 단지 개념들만이 개념이 방해하는 것을 수행할 수 있다. 인식은 일종의 상처를 내는 치유법(τρώσας ἰάσεται)이다. 모든 개념들은 규정 가능한 오류를 범하며, 이 때문에 다른 개념들을 이끌어들일 수밖에 없다. 이름에 담긴 희망 가운데 무엇인가가 넘어감으로써만 이루어지게 되는 짜임관계들(Konstellationen)은 바로 그러한 데에서 생겨난다. 철학의 언어는 이름을 부정함으로써 이름에 접근한다. 철학이 말에 대해 비판을 가하는 바, 즉 직접적 진리에 대한 말의 요구는 늘 말과 사물 사이의 긍정적인 혹은 존재하는 동일성이라는 이데올로기이기 쉽다. 개별 단어나 개념, 또는 열려야 할 청동의 문 앞에서 끈기를 보인다는 것도 불가피한 것이기는 하나 단지 하나의 계기일 뿐이다. 표현에서 인식이 순응하는 내적인 것도 인식되기 위해서는 늘 그것에 외적인 것을 필요로 한다.

전통과 인식

이제 더 이상 근대철학의 주요 흐름 속에서—이 말은 수치스러운 느낌을 준다—함께 헤엄쳐서는 안 될 것이다. 오늘날까지도 주도권을 잡고 있는 근대철학은 사유의 전통적 계기를 제거하여 사유를 그 내용 차원에서 탈역사화하고, 역사를 사실이나 확인하는 과학의 한 특수분야로 보려 한다. 주관적 소여의 직접성(Unmittelbarkeit von subjektiv Gegebenem)이라는 것에서 모든 인식의 기반을 찾은 이래, 사람들은 순수 현재(pure Gegenwart)라는 우상에 얽매인 채 사상으로부터 그 역사적 차원을 몰아내려 했다. 허구적인 일차원적 현재가 내적 감각의 인식적 근거로 된다. 이런 관점에서는 공식적으로 서로 적수로 간주되는 근대사상의 아버지들, 즉 방법론의 근원에 대해 자서전적으로 설명하는 데카르트와 우상론을 전개한 베이컨은 서로 조화를 이룬다. 사유 속의 역사적 요인, 즉 객관화된 논리학의 초시간성에 따르지 않는 것은 미신과 동일한 것으로 여겨진다. 그러나 검증하는 사유에 반대하는 교회의 제도적 전통에 호소하는 것이야말로 실제로 미신이었다. 권위에 대한 비판은 충분한 근거를 지니는 것이었다. 하지만 이 비판은, 인식의 대상들을 매개하는 계기인 전통이 인식 자체에 내재적이라는 점을 간과한다. 인식은 대상들을 정지시키는 객관화를 통해 그 매개적 계기를 백지화할 경우 곧 그 대상들을 왜곡하고 만다. 인식은 자체로서, 그 내용에 대해 자립화된 형식의 차원에서조차, 무의식적 기억으로서 전통에 관여한다. 아마 과거의 것에 대한 지식을 포함하지 않으면서 여전히 화급한 문제라는 것은 결코 제시될 수 없을 것이다.

어떤 동기를 가지고 진척되는 시간내적 운동으로서의 사유 형태는 사유의 구조 속에서 내면화된 대우주적·역사적 운동과 미리부터, 소우주적으로 같아진다. 칸트의 연역이 이룩한 업적 가운데에는 인식의 순수 형식, 곧 '사유하는 자아의 통일성'(Einheit des Ich denke) 속에서, 구상력을 통한 재생산의 단계에서, 역사적인 것의 흔적인 기억을 감지했다는 점도 중요한 위치를 차지한다. 그러나 어떠한 시간도 그 속에 존재하는 것 없이는 있을 수 없으므로, 후기의 후설이 내적인 역사성이라 칭한 것은 내적인 것으로 (inwendig), 즉 순수한 형식으로 머물 수 없다. 사유의 내적 역사성은 사유의 내용과 얽혀 있으며 이로써 전통과도 얽혀 있다.

그에 반해 순수한 주체, 즉 완전히 승화된 주체는 절대적으로 무전통적일 것이다. 그러한 순수성의 우상, 곧 총체적 초시간성의 우상에 복종하는 인식은 형식논리학과 일치할 것이며 동어반복으로 될 것이다. 또 그로써 선험적 논리학이 차지할 공간도 전혀 없을 것이다. 시민의식이 아마 자신의 덧없음을 보상하기 위해 추구했을 초시간성은 시민의식의 기만 가운데 절정에 위치한다. 벤야민은 이를 인식하여 자율성이라는 이상을 철저히 거부했으며 자신의 사유를 전통에 맡겼다. 물론 이 전통은 자의적으로 설정된 것이고 주관적으로 선택된 것이기 때문에, 벤야민이 자족적 사유에 부여한 권위를 지니지는 못한다. 전통적 계기는 비록 선험적 계기에 대립하는 것이지만 마치 선험적인 듯하다. 또 그것은 점적인 주관성이 아니라 본래의 본질 구성적인 것, 즉 칸트의 말로 영혼 깊은 곳에 은폐되어 있는 메커니즘인 것이다.

『순수이성비판』의 출발점을 이루는 지나치게 제한된 물음들의 여러 변형들 가운데에는, 전통에 자신을 내맡길 수밖에 없는 사유가 어떻게 변화하면서도 전통을 보존하는가 하는 문제 역시 빠져서는 안 될 것이다. 정신적 경험은 바로 그와 같은 것이다. 베르그송의 철학, 또 그 이상으로 프루스트의 소설은 그러한 정신적 경험에 집착했다. 다만 그들의 경우 직접성의 마법에 빠져 있었는데, 이는 개념의 기계적 작동을 통해 미리부터 삶을 몰아내는 시민적 초시간성에 대한 혐오에 기인했다. 전통에 대한 철학의 연관은 단지 전통에 대한 규정적 부정일 뿐이라고 할 수 있다. 철학은 그것이 비판하는 텍스트들을 통해 수립된다. 텍스트들 자체가 구현하는 전통에 의해 철학에 전해지는 텍스트들을 통해 철학적 반응은 전통과 공약수를 갖는다. 이 때문에 철학으로부터 해석으로 넘어가는 일, 즉 해석된 것이나 상징을 절대적인 것으로 격상시키는 일 없이——사상이 성서의 돌이킬 수 없는 원형을 세속화하는 자리에서——진리를 찾는 해석으로 넘어가는 일은 정당화된다.

수사법

철학은 명시적으로든 잠재적으로든 텍스트들과 결합됨으로써, 방법의 이상 아래 부인하려고 하지만 그럴 수 없는 것, 즉 자신의 언어적 본질을 시인한다. 이 언어적 본질은 전통과 유사하게 근대철학사에서 수사법으로서 배척받았다. 고립되어 효과를 내기 위한 수단으로 격하된 언어적 본질은 철학 속의 허위를 떠맡게 되었다. 플라톤이 비난하는 사물과의 분리로 인해 고대 이래 수사법이 얽혀들어간 채무관계는 수사법에 대한 경멸을 통해 청산된 셈이다. 그러나 표현을 사유 속에서 살려내주었던 수사법적 계기에 대한 박해는, 객체를 도외시한 채 수사법을 옹호하는 것 못지 않게, 수사법적 계기를 기술화하고 그리하여 잠재적으로는 그것을 제거하는 데 기여했다.

수사법은 철학에서 언어로써만 생각할 수 있는 것들을 대변한다. 수사법은 서술의 요구들을 통해 관철되는데, 그것들을 통해 철학은 이미 알려지고 확정된 내용들의 커뮤니케이션과 구분된다. 무엇인가를 대변하는 것 모두가 그렇듯이 수사법이 위험스러운 이유는, 직접적으로는 서술이 사상에 제공할 수 없는 것을 그것이 쉽사리 가로채려 들기 때문이다. 설득의 목적은 수사법을 부단히 훼손한다. 그러나 그러한 목적이 없다면 실천에 대한 사유의 관계가 사유행위로부터 사라질 것이다. 플라톤에서 의미론자들에 이르기까지 공식적으로 인정받는 철학 전통 전체가 표현에 대해 갖는 알레르기는, 훈육되지 않은 태도에 대해 논리학에 이르기까지 비난을 가하는 모든 계몽의 성향과 일치한다. 그런 성향은 사물화된 의식의 방어기제라고 할 수 있을 것이다.

철학과 과학의 결합은 잠재적으로 언어의 폐기로 귀결되고 이로써 또한 철학 자체를 폐기하기에 이른다. 따라서 철학은 언어적 노력 없이는 잔존할 수 없다. 언어의 폭포 속에서 헤매는 대신 철학은 언어에 대해 반성한다. 언어적 타락이—과학적으로 말해서 부정확한 것이—언어에 의해 매수될 수 없다는 투의 과학적 제스처와 곧잘 결합하는 데에는 충분한 이유가 있다. 왜냐하면 사유에서 언어를 폐기한다는 것은 결코 사유의 탈신화화(Entmythologisierung)가 아니기 때문이다. 그런 것에 현혹되어 언어를 희생할 경우, 철학은 자신이 다루는 사물에 대해 단순히 의미 차원과 다른 차원에서 관계맺게 해주는 것까지도 희생하게 된다. 언어로써만 유사한 것이 유사한 것을 인식할 수 있기 때문이다. 이름과 그것이 가리키는 것 사이에는 궁극적 유사점이 없다고 보는 유명론이 수사법에 제기하는 끝없는 비난

을 물론 무시할 수는 없다. 또 그에 맞서 수사법적 계기를 무턱대고 제시할
수도 없다.

어의상으로 사유기관으로서의 언어라 할 수 있는 변증법은 수사법적 계
기를 비판적으로 구제하려는 노력일 것이다. 즉 사물과 표현을 무차별
(Indifferenz)의 수준에까지 접근시키려는 노력이다. 변증법은 역사적으
로 사유의 오점으로 여겨진 것, 즉 무엇으로도 완전히 깨뜨릴 수 없는 언
어와 사유의 연관관계를 사상의 힘이라고 간주한다. 이러한 것이 현상학
을 고무하여, 극히 소박하게나마 언어의 분석을 통해 진리를 확인하게끔
했다.

수사법적 성질을 통해 문화·사회·전통은 사상에 영혼을 불어넣는다.
적나라하게 반수사법적인 것은 시민적 사유의 귀결인 야만과 동맹을 맺는
다. 키케로*에 대한 비방이나 디드로**에 대한 헤겔의 반감은 생활고로 인
해 자신을 일으켜세울 자유를 상실한 자들, 또 언어의 육체(Leib der
Sprache)를 죄악시하는 자들의 원한을 증언한다.

통속적 견해와 달리 변증법에서는 수사법적 계기가 내용과 관계한다. 변
증법은 이 수사법적 계기를 형식적·논리적 계기와 매개함으로써, 정확하
지만 비본질적인 것과 자의적 견해 사이의 딜레마를 극복하고자 한다. 그
러나 변증법은 구조에 의해 미리 결정된 것이 아닌 열린 것으로서의 내용
을 애호한다. 이는 신화에 대한 반론이기도 하다. 항상 동일한 것(das
Immergleiche)은 설혹 형식적 사유법칙으로 되어 다소 모호해진다 해도
신화적인 것이다. 내용을 추구하는 인식은 유토피아를 추구한다. 가능성에
대한 의식인 유토피아는 파손되지 않은 것으로서의 구체적인 것에 집착한
다. 유토피아가 위치할 자리를 차단하는 것은 결코 직접적 현실성이 아닌
바로 가능성이다. 따라서 그것은 기존상황 속에서 추상적인 모습을 띤다.

---

* 키케로(Marcus Tullius Cicero, 기원전 106~43) : 로마의 정치가. 수사법의 대가
　로 유명하다.
** 디드로(Denis Diderot, 1713~1784) 역시 예술비평을 통해 탁월한 문체를 보였다.

비존재자로부터는 지워지지 않는 색채가 나온다. 존재의 일부인 사유는 비록 부정적으로나마 비존재자에 접근함으로써 이 비존재자에 봉사한다. 단지 극단적으로 먼 것만이 가까운 것이리라. 철학은 그것의 색채를 포착하는 프리즘이다.

제1부

존재론에 대한 관계

제1장 | 존재론적 요구

물음과 답변

독일의 존재론들, 특히 하이데거의 존재론은 아직도 여전히 영향력을 발휘하는데, 사람들은 그 정치적 이력의 흔적들을 두려워하지도 않고 있다. 무언중에 존재론은 의식에 비추어 정당화될 필요가 없는 타율적 질서를 인정하려는 준비태세라고 이해된다. 그러한 해석들은 다소 높은 위치에서 오해나 존재적인 것 속으로의 일탈이나 물음의 극단성 결여 등으로 부인되기도 하지만, 이는 단지 그러한 해석의 품위를 높여줄 뿐이다. 즉 존재론은 주제넘은 오성이 파고들 수 있는 어떤 특정한 내용들에 고정되지 않을수록 더욱 거룩해 보이는 것이다. 파악 불가능 상태가 공격 불가능 상태로 되는 셈이다. 추종을 거부하는 자는 정신적으로 조국이 없는 자, 또 존재 속에 고향을 두지 못하는 자라고 의심받는다. 이는 지난날 관념론자인 피히테나 셸링이 자신의 형이상학에 반대하는 자들을 저열하다고 비난한 것과 별로 다르지 않다. 존재론은 서로를 공격하면서 서로 잘못된 형태라고 배척하고 있지만, 이들 여러 방향들은 모두 변론적이다.

하지만 존재론에 어떤 강력한 욕구가 부응하지 않는다면 형이상학의 영향력은 이해할 수 없을 것이다. 그런 욕구는 어떤 소홀히 된 것의 지표, 즉 절대자에 대한 지식과 관련해 칸트가 내린 판결로서, 그러한 지식이 끝나지 않으리라는 바람이라고도 할 수 있다. 새 존재론 조류들의 초창기에 신학적 공감을 품은 채 형이상학의 부활에 대해 말했을 때에도 그것은 아직 조잡한 상태로나마 명백히 드러나 있었다. 사물 자체를 지향하는 직접적 의도 (intentio recta)로 간접적 의도(intentio obliqua)를 대신하는 후설의 의지도 이미 그러한 점을 다소 포함하고 있었다. 하지만 『순수이성비판』에서 인식 가능성의 한계를 그은 것은 다름 아니라 인식능력 자체에 대한 재점검이었는데, 현상학의 강령은 일단 그로부터 벗어나고자 했다. 사물의 각 분야와 영역들을, 궁극적으로는 '모든 현존재자의 총괄개념으로서의 세계'를 존재론적으로 본질구성하려는 '기투'(Entwurf) 속에서는 전체에 대한 인식에 한계를 부여하는 일 없이 전체를 파악하려는 의지가 분명히 꿈틀거린다. 예를 들어 『존재와 시간』 시기의 하이데거는 후설의 형상들(εἴδη)로부터 실존범주(Existentialien)라는 개념을 만들어내는데, 그 형상들은 그와 같은 영역들이 그 최고의 것까지 포함해 도대체 어떤 것일지를 포괄적으로 예료해야(antezipieren) 하는 것이었다. 그 이면에는 이성의 기투들이 존재자의 온갖 풍부한 양상의 구조를 미리 제시할 수 있으리라는 생각이 암시적으로 감추어져 있었다. 이는 해묵은 절대자 철학의 두 번째 부활로, 그 첫째는 칸트 이후의 관념론이었다.

그러나 이와 동시에 비판적 경향은 독단적 개념들에 맞서기보다, 오히려 이제 체계적 통일성을 포기한 채 서로 대립하는 절대적인 것들(Absoluta)을 정립하거나 구성하지 않고, 수용적으로, 즉 실증주의적 과학이상에 따라 교육받은 태도로 그것들을 받아들이거나 기술하려는 노력으로서 꾸준히 작용해왔다. 이로써 절대적 지식은 다시 셸링의 경우와 마찬가지로 지적 직관 (intellektuelle Anschauung)으로 된다. 그리하여 매개들에 대해 반성하는 대신 매개들을 삭제해버리기를 원하는 것이다. 철학은 자체의 한계들——조직화되어 이용 가능한 과학의 한계들——에 만족할 필요없다는 비타협적 동기가 타협주의로 전도된다. 비판 없이 있는 그대로 받아들인 기존상황의 범주적 조직이나 구조가 절대적인 것으로 확정된다. 또 방법의 무반성적 직접성은 그때 그때 자의적인 것으로 되고 만다. 비판주의에 대한 비판이 비판 이전적으로 되는 것이다. 이로써 부단한 퇴행의 정신적 반응방식이 증대한다. 절대자는 그것이 가장 바라지 않는 것, 물론 비판적 진리가 그것에 대해 말하는 것, 즉 일종의 자연사적인 것(ein Naturgeschichtliches)으로 되고, 이로부터 꽤나 신속하고도 조잡하게 순응의 규범이 추론될 수 있었다.

그에 반해 관념론적 학파로서의 철학은, 아무 준비 없이 철학과 관계하는 자들이 철학으로부터 기대하는 바를 거부했다. 그것은 칸트가 강요한 철학의 과학적 자기책임의 이면이었다. 한 분과로서 행해지는 철학은, 사람들이 이 철학과 관계하는 유일한 이유가 되는 문제들을 공허한 것이라고 내버리도록 만드는데, 이런 철학이 사람들과 아무 관계도 없다는 의식은 독일 관념론에서 이미 요란한 소리를 낸다. 교수로서의 조심성 없이 쇼펜하우어와 키에르케고르는 그와 같은 점을 발설했으며, 니체는 강단제도에 대해 어떤 식으로도 동의하지 않았다. 그러나 이런 관점에서 현재의 존재론들은, 언젠가 틸리히*가 정식화했듯이, 우리에게 무조건 문제가 되는 것에 대해 물음으로써 간단히 철학의 강단반대 전통을 자기 것으로 만들지는 않는다. 현재의 존재론들은 강단적이지 않은 것의 파토스를 강단적으로 자리잡게 했다. 이러한 존재론에서는 세계의 멸망 앞에서 느끼는 쾌적한 전율이, 경우에 따라 문헌학적으로도 확실한 기반 위에서 작업하고 있다는 안도감과 확고하게 결합한다. 예로부터 젊은이의 특권이라고 할 수 있는 대담성이 보편적 동의 및 극히 강력한 교육제도의 보호를 받는다는 점을 알고 있는 셈이다.

그 운동 전체로부터 운동의 출발이 약속하는 듯해 보이던 것과 반대되는 것이 이루어지게 되었다. 중요한 것을 다루는 일이 하나의 추상적인 것으로 퇴보했는데, 신칸트주의적 방법론조차 그 추상성을 능가하지는 못한다. 이

---

* 틸리히(Paul Johannes Tillich, 1886~1965) : 독일 신학자. 종교적 사회주의자. 그의 사상은 신학과 철학, 교회와 사회, 종교와 예술, 루터주의와 사회주의, 관념론과 마르크스주의, 현실과 환상, 이론과 실천 사이의 경계에 위치하는 특징을 지닌다. 『무조건적인 것에 대한 물음』은 1964년의 저서다.

러한 발전과정은 존재론에 대한 욕구 자체의 문제성과 분리될 수 없다. 이 욕구는 지난날 선험적 체계를 통해서도 충족될 수 없었듯이 그러한 철학을 통해서도 충족될 수 없을 것이다. 그 때문에 존재론은 모호한 분위기로 스스로를 위장했던 것이다.

독일의 다소 오래된 한 가지 전통에 따라 존재론은 해답보다 문제를 더 높이 평가한다. 존재론은 자신이 약속한 바를 이행하지 못하자 이 실패 자체를 태연하게 실존범주(Existential)로 격상시켰다. 실제로 철학에서는 문제들이 개별 과학들과는 다른 비중을 차지한다. 개별 과학에서는 문제들이 해결됨과 더불어 제거되는 데 반해, 문제들의 철학사적 리듬은 오히려 지속과 망각의 리듬일 것이다. 그렇다고 해서 사람들이 요지부동으로 키에르케고르의 뒤를 따라 암송하듯이, 묻는 자의 실존이야말로 해답을 추구할 뿐 얻을 수는 없는 진리라고 말하지는 않겠다. 오히려 철학에서는 거의 언제나 진정한 물음은 어떤 식으로든지 그 해답을 포함하고 있다. 철학에서는, 실험에서처럼 물음과 해답의 선후관계가 없다. 철학이 스스로 체험한 바를 따라잡으려면 그것에 맞추어 자신의 물음을 만들어야 한다. 철학의 해답들은 주어지거나 만들어지거나 혹은 생산되는 것이 아니다. 오히려 전개되어서 투명해진 물음 자체가 해답으로 된다. 관념론은 바로 이 점을 묵살하고 언제나 자신의 형태를, 경우에 따라 모든 내용을 산출해내고 '연역하려' 한다. 그에 반해 스스로를 근원이라고 주장하지 않는 사유는 자신이 경험으로서 이미 지니고 있는 것을 재현할 뿐, 생산하는 것은 아니라는 사실을 감추어서는 안 될 것이다. 사유는 그 표현적 계기로 인해 수학에서처럼 우선 문제들을 내고 그 다음에 사이비 해답들을 제시하는 방식을 취할 수 없다. 철학에서는 문제니 해결이니 하는 말들이 허위인 듯하다. 그 이유는 다름 아니라 사유와 사유된 것이 완전히 서로 매개되어 있는 곳에서 그러한 말이 사유된 것과 사유의 독립성을 가정하기 때문이다.

참인 것만이 실제로 철학적으로 이해된다. 이해를 하면서 어떤 판단을 충족시키며 따라가는 과정은 참이냐 거짓이냐에 대한 결정과 일치한다. 한 정리의 논리정연성 혹은 그 결여에 관해 함께 따라가며 판단하지 않는 사람은 그 정리를 이해하지 못한다. 이 정리는 논리정연성에 대한 요구 속에 이해되어야 할 의미내용을 담고 있다. 이로써 이해와 판단의 관계는 보통의 시간질서와 구분된다. 이해 없이는 판단할 수 없는 것과 마찬가지로 판단 없이는 이해할 수 없다. 이처럼 이해를 근거로 한다면, 해결은 판단이고 문제는 단지 물음일 뿐이라는 도식은 타당성을 잃는다. 수학적 모델과 대조되는 이른바 철학적 증명의 열기 자체도 매개되어 있는 것이다. 그렇다고 수학적 모델이 간단히 사라지지는 않을 테지만 말이다. 왜냐하면 철학적 사고의 논리정연성을 고려할 때 철학적 방법은 추론형식들에 비추어 평가될 수 없기 때문이다.

철학에서의 증명들은 표현된 것이 논증적 사유의 수단들과 공약수를 지니게 함으로써 표현된 것에 구속력을 부여하려는 노력이다. 그러나 그 표현된 것이 논증적 사유로부터 순수하게 추론되지는 않는다. 즉 사유의 그러한 생산성에 대한 비판적 반성 자체가 철학의 한 가지 내용인 것이다. 비록 헤겔의 경우 동일성으로부터 비동일자를 추론하겠다는 주장을 극단까지 밀고 가지만, 『대논리학』의 사유구조는 결산을 치른 후에 결과들을 제시하는 식이 아니라 문제제기들 속에 이미 해답들을 내포하는 것이다. 그는 분석판단에 대해 그것이 허위라는 주장을 할 정도로 극단적인 비판을 가하고 있지만, 그의 경우 모든 것이 분석판단이며 사유에 대해 외적인 어떤 것을 끌어들이는 일 없는 사유 자체만의 움직임이다.

새로운 것 혹은 다른 것이 또한 과거의 것 혹은 이미 알려진 것이라는 점은 변증법의 한 계기다. 이 계기가 동일성테제와 연관성을 가지는 점은 명백하지만, 그것이 동일성테제에만 한정되는 것은 아니다. 철학적 사상은 자체의 체험에 스스로를 맡기게 될수록, 역설적으로 분석판단에 접근한다. 인식의 어떤 결함을 올바르게 의식하게 된다는 것은 대개 그 자체가 인식이다. 이는 영속적 생산이라는 관념론적 원칙에 대한 대응물이라고 하겠다. 전통적 증명 장치를 포기하고 이미 알려진 지식을 강조하는 가운데, 철학에서는 그 영속적 생산이 결코 절대적인 것은 아님이 확실해진다.

긍정적 성격

굶고 있는 사람의 고통이 음식을 보증해주지 않는 것과 마찬가지로, 존재론적 욕구가 그 원하는 바를 보증해주지는 않는다. 하지만 이 점을 처음부터 생각하지 않은 철학운동은 그 보증에 대한 의심 때문에 괴로워하지도 않는다. 무엇보다 이 때문에 그런 철학운동은 거짓된 긍정성(das unwahr Affirmative)에 빠졌다. "세계를 어둡게 한다고 해서 존재의 빛에 도달하는 것은 아니다."[1] 기초존재론은 그 반향의 원인이 되었던 범주들을 바로 그런 이유 때문에 부정하거나 승화시키며, 이로써 그것들은 달갑지 않은 문제와 직면할 때 그다지 쓸모없게 된다. 그런데 이 범주들로부터는 그것들이 산출될 수 있는 것이 아니라 결여되어 있는 것의 복제품들이라는 점, 또 그것들이 이 결여를 보상하는 이데올로기라는 점을 간과할 수 있다.

하지만 존재(Sein)에 대한 숭배나 적어도 어떤 우월한 것으로서 '존재'라는 단어가 지니는 매력은, 지난날 인식론에서 그랬듯이 실제로도 기능개념들(Funktionsbegriffe)이 실체개념들(Substanzbegriffe)을 점점 더 몰아내게 되었다는 데 근거한다. 사회는 지난날 자유주의가 생각했던 바와 마찬가지로 총체적 기능연관으로 되었다. 말하자면 존재하는 것은 타자(Anderes)에 대해 상대적인 것이며, 즉자로서는 중요하지 않게 된 것이다. 이에 대한 두려움 때문에, 또는 주체가 실체성을 상실할지도 모른다는 어렴풋한 의식 때문에, 사람들은 그 실체성과 아무 구분 없이 동일시되는 '존재'가 틀림없이 기능연관보다 더 오래 남으리라는 단언에 귀를 기울이게 된다. 하지만 존재론적 철학행위가 마치 주문이라도 외워 불러일으키겠다고 하는 것들은 현실의 과정들, 즉 사회생활의 생산과 재생산에 의해 무너지고 만다. 인간과 존재와 시간을 근원현상들(Urphänomene)로서 이론적으로 되살리려고 노력한다고 해서 이 부활한 이념들의 운명을 저지할 수는 없다. 역사적으로 토대를 상실한 개념들은 언제나 철학 고유 영역에서도 독단적 가설들이라

---

1) 마르틴 하이데거, 『사유의 경험으로부터』(풀링겐 : 1954), 7쪽.

고 적절히 비판받았다. 예컨대 칸트의 경우 오류 추리에 대한 단원에서 경험적 영혼의 초월성이나, '현존재'(Dasein)라는 말의 아우라(Aura)를 비판하며, 또 반성 개념들의 애매성에 대한 단원에서는 존재에 대한 직접적 호소를 비판한다. 새 존재론은 칸트의 이 비판을 받아들이지 않고 반성을 통해 그 비판을 더욱 진전시키지도 않는다. 오히려 그런 비판이 합리주의적 의식에 속하는 것이므로 진정한 사유는 이런 의식의 오점을 마치 세례를 통해 씻어버려야 한다는 듯이 거동한다. 그러면서도 비판철학을 제어하기 위해 새 존재론은 비판철학에 직접 존재론적 내용을 주입한다.

  하이데거가 칸트로부터 반주관주의적이고 '초월적인' 계기를 간파해낸 것은 타당성 없는 바도 아니다. 칸트는 자신의 문제제기의 객관적 성격을 『순수이성비판』 서문에서 강령적으로 강조하고 있으며, 순수 오성개념들을 연역하는 가운데 이에 대해 아무 의문점도 남기지 않는다. 그러한 객관적 성격은 관습적 철학사에서 코페르니쿠스적 전환이라고 기술된 것으로 소진되지 않는다. 객관적 관심은 단순한 인식의 형성이나 경험주의식 의식 분석에 대한 주관적 관심에 대해 우월성을 지닌다. 그러나 이러한 객관적 관심은 결코 감추어진 존재론과 동일시될 수 없다. 필요하다면 다른 존재론을 위한 가능성을 남겨놓을 수도 있는 이 동일시는 합리주의적 존재론에 대한 칸트의 비판만 아니라 이성비판 자체의 사고과정과도 대립한다. 그에 따르면 객관성—인식의 객관성과 인식된 모든 것의 총괄개념의 객관성—은 주관적으로 매개되어 있다. 사실 그러한 객관성은 주체-객체라는 양극관계 너머의 어떤 즉자를 가정하도록 허용하지만, 이런 가정을 극히 의도적으로 불확정상태로 방치하기 때문에 어떠한 해석도 그 객관성으로부터 존재론을 이끌어낼 수는 없을 것이다. 주체로의 전환이 공격한 그 인식의 우주(kosmos noetikos)를 구제하려고 했던 한에서 그의 저서는 어떤 존재론적 계기를 내포한다. 그러나 그것은 단지 하나의 계기일 뿐이며 더욱이 중심적인 계기도 아니다. 그의 철학은 구제되어야 할 것을 위협하는 것의 힘으로 그것을 구제하고자 한다.

주체의 무기력화

객관주의적 의도로부터 존재론을 부활시키는 데에는, 물론 존재론의 계획에는 전혀 맞지 않는 사실, 즉 주체라는 것이 사회의 객관적 기능연관을 은폐하면서 사회 속에서 겪는 주체들의 고통을 무마하는 가운데 광범위하게 이데올로기화했다는 사실이 도움을 주었을 것이다. 오늘날에만 그런 것은 아니지만 그와 같은 한에서는 비자아가 자아보다 현저히 우위를 점한다. 하이데거의 철학은 이 문제를 다루지 않고 있으나 실제로는 그것을 기록하고 있다. 즉 그의 철학에서는 그와 같은 역사적 우위가 은밀하게 모든 존재적인 것 혹은 사실적인 것에 대한 존재의 존재론적 우위 자체로 되는 것이다. 그는 또 아주 신중하게 만인이 보는 앞에서 이념을 향한 코페르니쿠스적 전환을 다시 역전시키는 일은 하지 않는다. 그는 자신의 존재론을 객관주의와 구분했으며, 또 자신의 반관념론적 태도를 비판적인 것이든 순진한 것이든 실재론과 열심히 구분했다.[2] 의심할 여지 없이 존재론적 욕구는 강단에서 벌어지는 학파들간의 논쟁에 따라 반관념론으로 평준화할 수 있는 것이 아니었다. 그렇더라도 그 존재론적 욕구의 충동들 가운데 아마 가장 끈질긴 것이 관념론을 거부했을 것이다.

인간중심적 생활감정은 흔들리게 되었다. 주체 혹은 철학적 자각은 수백 년 전에 이루어진 지구중심주의에 대한 비판을 받아들이게 된 셈이다. 이러한 동기는 아주 속 편하게 세계관적으로 이용될 수 있었지만 단순히 세계관적인 것 이상의 의미를 지닌다. 철학적 발전과 자연과학적 발전 사이의 과도한 종합들은 실로 가증스럽다. 즉 이러한 종합들은 물리학적·수학적 공식들의 자립화를 무시하는데, 이 공식들은 이미 오래 전부터 직관이나 기타 인간의 의식과 직접 통분되는 범주들을 통해 취급할 수 없게 되었다. 그런데도 근대우주론의 성과들은 광범위하게 영향력을 발휘했다. 우주를 주체와 닮은 것으로 보거나 혹은 심지어 주체의 정립으로서 추론하려는 관념들

---

2) 하이데거, 『기초의 본질에 대해』(프랑크푸르트 : 1949), 14쪽 참조.

은 모두 자신이 살고 있는 작은 도시를 세계의 중심점으로 생각하는 편집광
이나 소시민들의 순진성과 비교할 수 있는 것으로 배척되었다.

철학적 관념론의 근거인 자연지배 자체는 바로 20세기 초반의 그 과도한
팽창으로 인해 자신의 전능함에 대한 확신을 상실했다. 그 이유는 다름 아
니라 사람들의 의식이 그 팽창의 뒤를 지지부진하게 따라왔고 사람들이 처
한 상황의 질서가 여전히 비합리적인 채로 남아 있었기 때문이며, 또 이제
이루어진 성과의 규모에서는 도달 불가능한 것과 비교할 때의 그 빈약함을
측정할 수 있게 되었기 때문이기도 하다. 자연지배가 진전됨에 따라 그로써
막아내고자 한 재앙, 즉 사회가 변하여 이루어진 이차적 자연과 자연지배가
점점 더 얽히게 된다는 예감 및 불안은 보편적이다. 존재론과 존재철학
(Seinsphilosophie)은——다른 좀더 조잡한 것들과 마찬가지로——의식이 그
러한 연루상태에서 벗어나기를 바라면서 취하는 반응방식들이다. 그러나
그것들은 어떤 치명적 변증법을 내포한다. 인간을 만물의 중심점으로부터
몰아내고 인간의 무기력상태를 경고하는 진리는 주관적 반응방식으로서의
무기력감을 강화시키며, 인간으로 하여금 그 무기력상태와 자신을 동일시
하게 만들고 이로써 이차적 자연의 마법을 강화시킨다.

비판적 예감의 우중충한 세계관적 파생물인 존재신앙(Seinsgläubigkeit)
은 실제로 하이데거가 언젠가 부주의하게 규정한 존재에 대한 예속
(Seinshörigkeit)으로 변질되고 만다. 존재신앙에 빠진 자는 자신이 만유
(das All)를 마주 대한다고 느끼지만, 어떠한 부분적 요인에라도, 그것이
주체의 나약함을 강력히 설복하게 되면, 쉽사리 집착한다. 주체들 자신의
연관관계로부터 생겨난 재앙에 기꺼이 굴복하려는 주체의 태세는, 주체들
이 주관성의 테두리에서 벗어나겠다고 헛된 희망을 품게 된 데 대한 복수
다. 키에르케고르 고유의 제스처인 철학적 비약(der philosophische
Sprung)이라는 것 자체가, 존재에 대한 주체의 복종으로써 벗어날 수 있다
고 여기는 자의적 망상이다. 헤겔의 표현에 따르면 주체가 함께 있을 경우
에만 주체에 대한 속박이 줄어든다. 이미 숨은 신(deus absconditus)이 언
제나 신화적 신들의 비합리적 특징들을 지니고 있었듯이, 주체에 대해 단순

한 타자일 뿐인 것들 속에서는 주체에 대한 속박이 영속화된다.

놀라울 정도로 구매력이 높은 선-불교와 같은 예술산업적 세계관들의 저속한 이국취미를 근거로 오늘날의 복고 철학들을 조명할 수 있다. 그러한 이국취미와 마찬가지로 이 복고 철학들은 주체들 속에 간직된 역사로 인해 취할 수 없는 어떤 사상적 입장을 가장한다. 정신을 그 역사적 경험 수준에서 가능하고 도달할 수 있는 것에 한정하는 일은 자유의 한 요소다. 개념 없이 떠다니는 것은 그 반대를 구현한다. 주체를 염두에 두지 않은 채 우주 속으로 달아나버리는 교의들은 존재철학과 더불어, 자신과 자신의 현실적 속박에 대한 주체의 극히 미미한 자각보다 더 쉽사리 세계의 경직된 상황 및 그 속의 성공기회들과 결합될 수 있는 것이다.

존재, 주체, 객체

물론 하이데거는 존재론의 대중적 성공을 도와준 환상을 간파했다. 그것은 유명론과 주관주의가 침전되어 이루어진 의식으로부터, 즉 단지 자체반성을 통해 현재의 상태로 된 의식으로부터 간단하게 직접적 의도의 상태를 선택할 수 있다는 환상이다. 그는 직접적 의도와 간접적 의도, 주체와 객체, 개념과 존재자 등의 피안에 위치한다고 주장하는 존재의 교리를 통해 이 양자택일을 회피한다. 존재는 최상의 개념이다. 왜냐하면 존재라는 말을 하더라도 존재 자체를 입에 담고 있는 것이 아니라 존재라는 단어만을 말할 뿐이기 때문이다. 그러나 추상적으로 획득한 개념적 특성단위로 끝나지 않는, 존재라는 단어를 통해 함께 사유된 계기들로 인해 존재는 모든 개념성에 앞서 특권을 가지는 것이라고 한다. 적어도 완숙기의 하이데거는 그런 일에 더 이상 관여하지 않지만, 존재에 대한 그의 주장은 범주적 직관(kategoriale Anschauung), 혹은 본질직관에 대한 후설의 교의를 상정한다. 하이데거 철학이 존재에 부여하는 구조상, 단지 이 직관을 통해서만 존재는 실존철학파의 용어로 해명되거나 노출될 수 있을 것이다. 하이데거가 중요시하는 존재는 관념화(Ideation)에 복종하는 것의 이상(Ideal)일 것이다. 그런 교의 속에 들어 있는, 개념으로 파악된 것의 특성단위로서의 분류법적(klassifikatorisch) 논리학에 대한 비판은 아직도 유효하다.

그러나 후설의 철학은 분업의 한계 내에 머물렀고, 또 이른바 기초정립의 문제(Fundierungsfragen)를 들먹이고는 있지만 후기에 이르기까지 엄밀과학이라는 개념을 충분히 비판하지 않았다. 그는 이 엄밀과학의 규칙들과 그것에 대한 비판을 통해 의미를 지니는 것을 직접 일치시키려 했다. 말하자면 그는 케이크를 먹으면서 또 가지고 있으려고 했던 셈이다. 그가 명시적으로 있는 그대로 강의한 방법론은, 인식이 분류법적 개념들을 확인하는 방식을 통해 주어진 사물에 대한 단순 정리 내지 분류로서의 개념들이 소유할 수는 없고—그의 경우 정신내적인 것과 의식 내재성에 대립하는 것 사이를 오락가락하는—사물 자체의 파악을 통해서만 소유할 수 있는 것들을 분류적 개념들에 주입하려고 한다. 후설 생시의 통례대로 범주적 직관의 비과학성을 비합리주의적이라고 비난할 수는 없다. 그의 연구는 전체로서 비합리주의에 반대하는 것이다. 오히려 그것이 과학에 오염된 점을 비난해야 할 것이다.

하이데거는 이 점을 알아차렸고 후설이 주저했던 일을 밀고 나아갔다. 그러나 그는 이때 후설이 옹호하던[3] 합리적 계기를 내버렸으며, 또 베르그송과 유사하게 암암리에 사유의 필수불가결한 계기인 논증적 개념에 대한 관계를 희생하는 방식을 실행했다. 그는 서로 매개되지 않고 분리되어 있는 두 가지 인식방법을 병렬시키는 베르그송의 약점을 덮어주었다. 즉 그는 범주적 직관에 해당하는 바의 고상한 품위라는 것을 동원함으로써, 그것의 정당성에 대한 문제와 아울러 인식비판의 문제까지 존재론 이전적인 것으로 제쳐놓은 것이다. 인식론적 선결문제들이 만족스럽지 못하다는 점이 이 문제들을 간단히 삭제해버리기 위한 근거로 된다. 독단론에 대한 비판의 전통과 반대로, 그에게는 독단론이 간단히 더 높은 차원의 지혜로 된다. 이것이 하이데거식 태고주의(Archaismus)의 근원이다. 존재에 해당하는 그리스어

---

3) 『이념들』에 있는 이성의 심판에 대한 단원을 참조할 것.

의 애매성은 질료·원칙·순수 본질 등이 이오니아에서는 구분되지 않는다
는 데 기원한다. 그런데 하이데거는 이를 결함이 아니라 근원적인 것의 우
월성으로 치부한다. 그것이 존재 개념의 개념성으로 인한 상처, 즉 사유와
사유된 것 사이의 괴리로 인한 상처를 치유한다는 것이다.

존재론적 객관주의

그러나 주관화하거나 대상화하는 형이상학의 타락 이전 시대에 위치한
듯이 등장하는 것은 생각과는 반대로 노골적인 즉자로 되고 만다. 스스로를
부정하는 주관성은 객관주의로 전도된다. 그와 같은 사유는 대립적인 두 입
장을 다같이 존재의 상실이라고 산정함으로써 비판주의적 논쟁을 조심스럽
게 회피한다. 하지만 후설의 환원을 꾸준히 계승하는 것이기도 한 개념들의
승화─존재라는 말이 뜻하는 바─는 개별화된 현존재나 합리적 추상의
흔적을 모두 버리게 된다. 이 존재는 동어반복으로 되며 그 동어반복에서는
주체가 추방된다. "하지만 존재─존재란 무엇인가? 그것은 그것 자체다."[4]
존재는 불가피하게 이런 동어반복에 접근한다. 설혹 현명하고 개방적인 태
도로 이 동어반복을 선택하고 그것이 가장 깊이 있는 것을 보장해주는 것이
라고 주장한다고 해도 더 나아질 것은 없다.

모든 판단은, 헤겔이 지적하는 바로는 분석판단도, 원하든 원하지 않든
단순한 주어 개념(Subjektbegriff)과 동일하지 않은 어떤 것을 주장한다는
요구를 내포한다. 만일 판단이 이 점을 염두에 두지 않는다면, 이는 판단의
형식을 통해 이미 체결한 계약을 깨뜨리는 것이다. 그런데 새 존재론이 다
루고 있는 존재 개념에서는 그것이 불가피하다. 새 존재론은 "바로 그 순수
성의 차원에서 순수한 직접성의 정반대, 즉 철두철미 매개되어 있는 것, 매
개를 통해서만 의미 있는 것인 존재를 단순히 직접적인 것이라고 멋대로 위
조하는 일로 끝난다."[5] 존재론은 존재를 단지 그 자체를 통해서 규정할 수

---

4) 하이데거, 『플라톤의 진리론』 제2판(베른 : 1954), 76쪽.

밖에 없는데, 왜냐하면 그것은 개념들을 통해서 파악될 수도 없으며, 따라서 '매개되지도' 않았고 감각적 확실성의 모델에 따라 직접적으로 나타나는 것도 아닐 터이기 때문이다. 그리하여 존재에 대한 어떤 비판의 장치 대신에 순수한 명칭의 반복이 등장한다. 그러한 환원의 잔여물, 즉 온전한 본질6)이라는 것은, 나름의 동기가 있는 사상운동이 배척해야 했던 자들 유형의 원질(ἀρχή)과 동일해진다. 언젠가 하이데거가 사르트르에 반대하며 언급했듯이,7) 어떤 철학이 형이상학임을 부인한다고 해서 실제로도 그렇다고 판정되는 것은 아니다. 그러나 이 경우 그처럼 형이상학적 내용을 부정하는 가운데에는 허위가 감추어져 있지 않은가 의심할 수도 있다. 이른바 영점으로부터의 새 출발이라는 것은 애써 모든 것을 잊으려고 하는 것을 위장하는 것일 뿐으로, 야만상태에 대한 공감과 무관하지 않다.

스콜라적 존재론이나 그 후예인 합리주의적 존재론들을 포함해 과거의 존재론들이 몰락한 것은 세계관이나 사유양식의 우발적 변천이 아니었다. 그런데 한때 존재론적 욕구가 반발했던 역사적 상대주의는 그러한 우발적 변천을 믿는다. 아리스토텔레스의 체념적·개별과학적 특징들에 반대한 플라톤의 열성적 태도에 공감한다고 해서, 이데아론이 사물의 세계를 반복하고 있을 뿐이라는 반론이 약해지는 것은 아니다. 질서의 축복에 대한 어떠한 변론으로도 아리스토텔레스의 형이상학 속에서 현존물(τόδε τι)과 본원적 실체(πρώτη Οὐσια) 사이의 관계가 야기하는 난관들을 없앨 수는 없다. 이 난관들은 존재와 존재자의 규정들이 매개되어 있지 않은 데 기인하는데, 새 존재론은 순진하게도 그 매개되지 않은 상태를 결단코 부활시킨다. 비록 객관적 이성에 대한 요구는 정당한 것이라 해도 그것만으로는 존재론적 신(神) 증명에 대한 칸트의 비판을 청산할 수 없을 것이다.

엘레아 학파가 오늘날 칭송받는 존재 개념으로 넘어간 점에 대해 하이데

---

5) 카를 하인츠 하크, 『현대 존재론 비판』(슈투트가르트 : 1960), 73쪽.
6) 하이데거, 『사유란 무엇인가?』(튀빙겐 : 1954), 57쪽 참조.
7) 같은 책, 72쪽 이하 참조.

거는 그다지 큰 가치를 부여하지 않지만, 그러한 이행은 물활론(Hylo-zoismus)*과 비교할 때 이미 계몽이었다. 그러나 비판적 사유의 반성 뒤의 신성한 옛날로 되돌아감으로써 그 모든 것을 지워버리려는 의도는 일단 인식되면 존재론적 욕구의 충족을 방해했을 철학적 강압들을 회피하고자 할 뿐이다. 기만당하지 않고 철학으로부터 본질적인 것을 경험하려는 의지는, 돌이 아니라 빵을 주어야 한다는 합당한 의무와 빵은 있어야 하므로 있음에 틀림없다고 하는 부당한 확신 사이의 어정쩡한 욕구에 따라 재단된 답변들 때문에 기형화된다.

실망한 욕구

방법의 우월성을 지향하는 철학은 선결문제(Vorfragen)라는 것들에 만족하고 또 그래서 경우에 따라 기초과학으로서 안도하는데, 이는 선결문제나 철학 자체가 이제 인식에 대해 거의 아무런 영향력도 가지지 못한다는 점을 기만할 뿐이다. 인식의 도구에 대한 반성들은 이미 오래 전부터 과학적으로 인식된 것과 관계하지 못하고, 도대체 무엇이 인식 가능한가 하는 문제나 과학적 판단들의 타당성에만 관계할 뿐이다. 그 반성에 대해 특정한 인식은 종속적이며 본질구성체(Konstitutum)일 뿐이다. 그러한 반성은 본질구성체의 보편적 구성에 몰두한다는 점으로부터 자체의 요구를 이끌어내지만 이 본질구성체를 아무래도 좋은 것으로 방치한다. 이 점을 진술한 최초의 공식은 '선험적 관념론자'는 '경험적 실재론자'[8]라는 칸트의 유명한 말이다. 경험의 근거를 설정하려는 『순수이성비판』의 노력에 경탄하는 것은, 이 비판의 엄청난 노력이 경험 자체의 내용에 무관심하다(ἀδιάφορον)는 파산선언에 귀를 기울이지 않은 것이다. 그런 경탄은 오성의 정상적 작동이나 그에 합당한 현실관만을 고무할 뿐이다. 하긴 하이데거조차 '정상적인 방식으로

---

* 탈레스, 아낙시메네스, 헤라클레이토스 등 이오니아 학파를 일컫기도 한다.
8) 칸트, 『순수이성비판』, 전집 4권, 아카데미판, 233쪽.

생각하는 인간'[9]을 선택하고 있다. 세계내적 직관이나 상식적 판단들 가운데 그가 배척하는 것은 거의 없다. "칸트는 '온 세상'에 맞서 '온 세상'이 정당하다는 것을 증명하려 했다. 이는 그의 은밀한 기지였다. 그는 민중의 편견을 위해 학자들에게 반대하는 글을 썼다. 그러나 그의 글은 민중을 위한 글이 아니라 학자들을 위한 글이었다."[10]

패배주의로 인해, 관습적 의식의 우상들 뒤에 감추어진 어떤 진실을 파헤치려는 철학 고유의 충동은 마비된다. 애매성에 대한 단원에서 볼 수 있는 사물의 본질을 인식하려는 주제넘은 태도에 대한 조소, 철학이 어떤 외적인 것으로서의 감성계(mundus sensibilis)에 만족할 때의 자족적이고 남성적인 체념은, 개념을 그 자체의 현실과 혼동하는 형이상학에 대한 계몽주의적 거부일 뿐만 아니라 표면적인 것에 굴복하지 않는 형이상학에 대한 반계몽주의적 거부이기도 하다. 존재론적 욕구 속에는 비판철학이 망각했다기보다 오히려 비판철학이 근거짓고자 한 과학의 명예를 위해 열성적으로 삭제한, 그 최상의 것에 대한 어떤 기억이 남아 있다. 즉 사상으로부터 그 사상을 만들어낸 근거를 없애지는 않겠다는 의지가 남아 있는 것이다.

과학들이 관념철학으로부터 돌이킬 수 없게 떨어져 나온 이래, 성공적인 과학들은 이제 자체의 방법론을 진술하는 일 이외에 어떠한 정당성도 찾지 않는다. 과학은 자체해석을 통해 자체의 원인(causa sui)이 되고 스스로를 주어진 것으로서 받아들이며 이로써 자체의 현존하는 분업적 형태를 승인하게 되지만, 그 결함은 머지않아 드러날 수밖에 없다. 특히 정신과학들은 차용해온 긍정성이상(Positivitätsideal)을 통해 수많은 개별 연구에서 사소함과 무개념성의 제물이 된다. 사회학·경제학·역사학 등과 같은 개별 분과들간의 구분으로 인해, 현학적으로 구획되고 과도하게 변호받는 고립공간 속에서 인식에 대한 관심은 사라지고 만다. 존재론은 그 점을 상기시키지만, 신중하게 사변적 사상을 통해 사물에 본질을 불어넣으려 하지는 않는

---

9) 하이데거, 『형이상학 입문』(튀빙겐 : 1958), 31쪽.
10) 니체, 전집 12권(뮌헨 : 1924), 182쪽, 아포리즘 193.

다. 오히려 그 본질은 주어진 어떤 것처럼 튀어나와야 할 터인데, 이런 생각은 존재론적 욕구가 넘어서고자 하는 긍정성(Positivität)의 규칙에 바쳐진 공물이라고도 할 수 있을 것이다.

여러 전문 과학자들은 과학주의적 방법들을 건드릴 필요는 없는 가운데, 존재론이 결정적인 보완을 해주리라고 기대한다. 후기의 하이데거 철학은 본질과 사실 간의 전통적 구분을 넘어섰다고 주장한다. 이는 과학활동에서 서로 결합되지 않은 채 번창하고 있는 본질과학과 사실과학, 혹은 수학적·논리학적 학과들과 사실적 학과들간의 괴리에 대해 그의 철학이 느끼는 근거 있는 분노를 반영하지만, 한쪽의 인식적 이상은 다른 쪽과 결합될 수 없을 것이다. 그러나 배타적인 과학적 기준들과, 본질교리(Wesenslehre)나 그 후에 등장한 존재교리(Seinslehre)가 내놓는 절대적 요구 사이의 적대관계는 이 교리의 명령을 통해 제거되는 것이 아니다. 존재교리는 분업적 의식의 결함들을 치유하는 듯이 거동하지만, 실은 동일한 결함들에 사로잡힌 채 그 적수와 추상적으로 맞선다. 존재교리가 과학에 반대하여 제시하는 것은 과학의 자체반성도 아니며, 또 발터 브뢰커(Walter Bröcker)가 명백히 생각하듯 필연적 운동을 통해 질적 타자(qualitativ Anderes)로서 과학 위에 위치할 어떤 것도 아니다. 셸링에 반대한 노 헤겔의 비유에 따른다면, 존재교리는 총알처럼 돌연히 나타나는 것이며, 과학 자체의 어떤 측면을 적절히 변화시키지 못하면서 과학을 일괄적으로 처리해버리는, 과학에 대한 부가물일 뿐이다. 하지만 존재교리가 고상하게 과학에 등을 돌린다는 것은 궁극적으로 과학의 전면적 지배를 증명해준다. 이는 파시즘 치하에서 비합리주의적 구호들이 과학적·공학적 활동과 대위법을 이루었던 것과 유사하다. 과학들에 대한 비판으로부터 과학에 본질적인 것인 존재로 이행하는 경우에도 과학들에서 도대체 무엇이 본질적일 수 있는지를 다시 간과하게 되며, 또 존재론적 욕구로부터 그런 이행을 통해 가능해진 듯이 보이는 것을 앗아간다.

존재론적 철학행위는 과거 칸트가 그랬던 것 이상으로 초조하게 실체적인 것(Sachhaltiges) 모두와 거리를 두는데, 이로써 그것은 셸링이나 심지어 헤겔식 관념론보다도 통제되지 않은 인식을 더 이상 허용하지 못한다. 바로 고대의 존재론들에서 철학적 의식과 불가분의 관계에 있던 사회적 의식이 특히 이단으로서, 다만 존재자를 다루는 것으로서, 주제전이 ($\mu\varepsilon\tau\acute{\alpha}\beta\alpha\sigma\iota\varsigma$ $\varepsilon\acute{\iota}\varsigma$ $\check{\alpha}\lambda\lambda o$ $\gamma\grave{\varepsilon}\nu o\varsigma$)로서 금지된다. 하이데거의 해석학은 헤겔이『정신현상학』서문에서 시작한, 인식론에 맞선 전환을 받아들였다.[11] 그러나 내용을 단지 경험적인 것으로 보아 처음부터 배격하는, 내용철학에 맞선 선험철학의 유보조항들은, 비록 하이데거 자신은 부인하고 있지만 존재를 존재자로부터 구분하고 존재 자체를 해명하려는 그의 계획 속에 잔존한다.[12] 기초존재론이 공허한 것은 무엇보다도 그것이 철학을 방법론으로 만들려는 데서 생기는 '순수성'이라는 이상을—이를 마지막으로 전수한 자는 후설이다—존재자에 대한 존재의 대비로서 보존하면서도, 마치 사실적인 것에 대해 철학하는 척하기 때문이다. 이런 태도와 그 순수성은 모든 특정한 구분들, 심지어 모든 내용들마저 사라지는 경우에만 서로 결합될 수 있을 것이다.

하이데거는 셸러의 나약함에 놀라면서, 제1철학을 자료들의 우발성이나 그때 그때 영원하다는 것들의 일시성과 눈에 띄게 연루시키지는 않았다. 하지만 그는 실존이라는 말이 원래부터 약속하는 구체화 역시 포기하지 않는다.[13] 개념과 실재의 구분을 원죄라고 주장하면서도 그는 존재의 파토스 속

---

11) 하이데거,『숲속의 오솔길』(프랑크푸르트 : 1950), 121쪽 이하 참조.

12) 하이데거,『존재와 시간』6판(튀빙겐 : 1949), 27쪽 참조.

13) 이미 수년 전에 귄터 안더스는(『인간의 낡은 모습』(*Die Antiquiertheit des Menschen*), 뮌헨 : 1961, 186쪽 이하, 220쪽, 326쪽)에서, 또 특히『철학, 현상학 연구』8권 3호, 337쪽 이하의「하이데거 철학의 사이비 구체성에 대해」에서) 기초존재론의 사이비 구체성을 비판했다. 양차 세계대전 사이의 독일 철학에서 극히 감정적으로 사용된 구체화라는 단어는 시대정신에 물들어 있었다. 이 단어의 마술은 호메로스의 작품에 등장하는 네키이아(Nekyia)의 특징을 이용했다. 즉 오디세우스는 이 그림자들에게 말을 시키기 위해 이들에게 피를 먹여준다. '피와 땅'(Blut und Boden)은 아마 근원에 대한 호소로서는 그다지 영향을 끼치지 못했을 것이다. 이 공식에 처음부터 따라다닌 반어적 어조는 전성기 자본주의 공업 생산 조건하의 태고상태라는 것이 뻔하다는 의식을 노출한다. '검은 군대'(das Schwarze Korps)라는 것도 고대 게르만인들의 수염난 모

에서 이 구분을 영속화한다. 존재의 여러 기능들 가운데에는, 존재자에 맞서 더 높은 위엄을 과시하지만 그것이 존재자와 구분되려 하면서도 분화나 적대관계에 앞서는 어떤 것으로서의 존재자에 대한 기억을 수반한다는 점도 과소평가될 수 없다. 존재는 형편없는 시에서 잎사귀들이 바람에 살랑거리듯 능숙하게 유혹의 말을 던진다. 다만 시에서는 그런 소리로 찬양받는 것이 사라져도 별 문제가 없지만, 철학에서는 사상이 사유는 하지만 어쩌지도 못하는 것을 마치 소유물인 듯이 주장하는 것이다. 순수한 특수화와 순수한 보편성은 둘 다 불확정적인 것인데, 그것들을 상호 이행시키는 변증법이 존재의 교리에서는 묵살당한 채 이용되기만 한다. 즉 불확정성이 신화의 갑옷으로 되는 것이다.

습에 대한 조소였다. 그에 반해 바꿀 수 없는 것, 교체될 수 없는 것으로서의 구체적인 것의 가상은 매력적이었다. 그러한 환각은 단조로움을 향해 발전해가는 세계 한가운데에서 등장했다. 그것이 환각인 까닭은 교환관계의 토대를 건드리지 않았기 때문이다. 그렇지 않았다면 그 구체적인 것을 동경하는 자들은 자신이 평준화라고 칭한 것, 곧 자본주의 원칙의 위협을 심각하게 느꼈을 것이다. 그들은 이 원칙을 의식하지는 못하면서 그 원칙을 이유로 자본주의의 적수들을 비난했다. 구체성의 개념에 대한 강박상태는 그것을 사상으로 파악하지 못하는 무능력과 결합되어 있다. 마술주문 같은 말이 사물 자체를 대신하는 것이다. 물론 하이데거의 철학은 이 같은 구체화의 허위까지도 이용해먹는다. 현존물(τόδε τι)과 실체(ούσια)가 구분되지 않는다는 평계로 그는, 이미 아리스토텔레스가 구상했듯이, 필요와 입증될 주제(thema probandum)에 따라 한 가지를 다른 한 가지로 대신한다. 단순한 존재자는 존재자라는 오점에서 벗어나 그 자체의 순수한 개념인 존재로 격상되어 공허한 것이 된다. 이에 반해 제한적인 내용을 모두 버린 존재는 더 이상 개념으로서 나타날 필요없이 직접 현존물(τόδε τι)로, 즉 구체적인 것으로 간주된다. 그 두 계기는 일단 절대적으로 괴리되면, 서로 대립하는 어떠한 종차(differenzia specifica)도 지니지 않으며 교환 가능하게 된다. 이러한 혼동(quid pro quo)이 하이데거 철학의 한 가지 핵심이다.

'이점으로서의 결함'

하이데거의 철학은 그 자신 '세인'(das Man)이라 칭하는 바를 극히 혐오하지만—통상적 인간학은 그런 명칭을 탄핵해야 마땅할 것이다—고도로 발전된 신용체계와 같다. 즉 하나의 개념은 다른 개념에서 그 내용을 차용한다. 이로써 생겨나는 유동상태는 스스로 확고한 기반을 가진다고 느껴 외래어인 '철학'(Philosophie)보다 독일어인 '사유'(Denken)를 더 애호하는 철학의 제스처를 비꼬고 있다. 한물간 재담에 따르면, 채권자는 채무자가 빚을 갚을 것이냐 갚지 않을 것이냐에 의존하기 때문에 채무자가 채권자보다 유리한 입장에 있다. 이와 마찬가지로 하이데거는 자기가 빚지고 있는 것들로부터 축복을 받는다. 존재가 사실도 아니고 개념도 아니라고 하는 주장은 존재를 비판에서 면제해준다. 어느 쪽을 비판하든지 그것은 오해로 처치될 수 있다. 개념은 사실적인 것(das Faktische)으로부터 꽉 찬 풍요의 분위기, 사상적으로 부실하게 만든 것이 아닌 것, 곧 즉자의 분위기를 차용한다. 반면에 존재자는 그것을 종합하는 정신으로부터 사실적 존재 이상의 것이라는 아우라(Aura), 즉 초월성의 존엄을 차용한다. 그리고 바로 이런 구조가, 존재자와 개념을 메스로 갈라놓는 반성적 오성에 견주어 더 높은 위치에 있는 것으로 실체화된다. 이 모든 것 뒤에 손에 남는 것들이 빈약하다는 사실까지도 하이데거는 하나의 장점으로 위조한다. 물론 그렇다고 지칭된 적은 없지만, 어떠한 내용이나 인식의 결여도 깊이의 한 지표로 전도시키는 것이 하이데거 철학을 관통하는 불변요인 가운데 하나다. 본의 아닌 추상성이 자발적인 맹세처럼 등장하는 것이다.

플라톤의 진리론에 대한 논문에는 "사유는 그 잠정적 본질의 빈곤 속으로 하락하는 과정에 있다"[14]는 말이 나온다. 이는 마치 존재 개념의 공허성이 하이데거 사상의 진퇴양난들(Aporien)에 기인하는 것이 아니라 근원적인 것의 수도승적 순결성에 기인한 것처럼 주장하는 것이다. 그러나 결코 개념

---

14) 하이데거, 『플라톤의 진리론』, 119쪽.

이 아니면서 아주 특별한 개념이어야 한다는 '존재'는 한마디로 진퇴양난의
개념이다.[15] 하이데거는 더 추상적인 것을 더 구체적인 것으로, 또 그래서
더 진실된 것으로 변형한다. 그러한 금욕주의에서 무엇이 중요한지는 악의
에 찬 비판보다도 더 혹독하게 그 자신을 비판하는 다음과 같은 그의 주장
에서 드러난다. "사유는 말하는 행위를 통해 언어 속에 눈에 띄지 않는 고
랑들을 파놓는다. 그 고랑들은 농부가 느린 걸음으로 밭을 갈아 만드는 고
랑보다도 더 눈에 띄지 않는다."[16] 이처럼 겸허한 태도를 꾸며대지만 그는
결코 신학적 모험을 감행하지는 않는다. 아마 존재의 속성들은 과거 절대이
념의 속성들과 마찬가지로 신성(Gottheit)의 전통적 속성들과 유사할 것이
다. 그러나 존재철학은 신성의 실재를 경계한다. 그 모두가 극히 의고적인
데도 비현대적이라는 점을 털어놓으려 하지는 않는다. 오히려 그것은 존재
자에 대한 알리바이로서의 현대성에 관여한다. 존재는 이 존재자로 넘어갔
지만, 존재자는 존재 속에서 안전하게 된다는 것이다.

무인지경

셸링 이래 내용적 철학행위는 동일성테제에 근거했다. 존재자의 총괄개
념이, 궁극적으로는 정신의 계기인 존재자 자체가 주관성에 환원될 수 있을
때에만, 또 사실과 개념이 정신의 좀더 높은 영역에서 동일할 때에만, 선천
적인 것은 동시에 후천적인 것이라는 피히테의 공리(Axiom)에 따라 철학
이 진행될 수 있었다. 그러나 동일성테제에 대한 역사적 판결은 하이데거에
게도 해당된다. 사상이 자신에게 주어진 것 혹은 궁극적으로 '섭리로서 선
사된' 것에 복종해야 한다는 그의 현상학적 원칙에서는——이는 마치 사상
이 그런 섭리의 조건들 속에 파고들어갈 수 없으리라는 생각이다——동일성
테제와 연루되어 있는 사변적 개념인 구성의 가능성이 터부였다.

---

15) 아도르노, 『인식론 메타비판』(슈투트가르트 : 1956), 168쪽 참조.
16) 하이데거, 『플라톤의 진리론』, 84쪽.

이미 후설의 현상학도 '사물 자체로'(Zu den Sachen)라는 구호 아래 인식론에서 벗어나려고 애썼다. 하이데거가 나중에 자신의 학설을 비형이상학적이라고 했듯이, 후설은 자신의 학설을 분명히 비인식론적이라고 지칭했다.17) 하지만 그는 마르부르크(Marburg)의 어느 신칸트주의자보다도 실체적 문제(Sachhaltigkeit)로 넘어가는 일을 더 심각하게 두려워했다. 아마 신칸트주의자의 경우에는 미분법(Infinitesimalmethode) 덕분에 실체적 문제로 넘어가기가 용이해졌을 것이다. 후설과 마찬가지로 하이데거도 경험 세계를 희생시키며, 후설의 표현으로 직관적(eidetische) 현상학이 아닌 것은 모두 비철학적 사실과학들이라고 몰아붙인다. 더구나 그는 후설의 형상(εἴδη)까지도 추방해버리는데, 이 형상은 실체성의 흔적들이 섞여 있기는 하나 사실로부터 자유로운 가장 높은 단계의 사실적인 것의 개념 단위들이다. 존재는 본질적 특성들(Wesenheiten)이 응축된 것이다.

존재론은 그 자체의 귀결로 인해 무인지경(Niemandsland)에 들어선다. 즉 존재론은 후천적 지식을 배제해야 하고, 사유에 대한 학문 혹은 하나의 부분적 학과로서의 논리학이어서도 안 된다. 사유의 한걸음 한걸음은 존재론이 충족되기를 희망해도 되는 유일한 지점 너머로 존재론을 이끌어갈 수밖에 없을 것이다. 결국 존재에 대해서도 별로 확실하게 말할 것이 없게 된다. 여기서는 신화적 명상보다 오히려 사상의 빈곤이 나타난다고 할 수 있다. 즉 자신의 타자가 되고자 하면서, 자신이 주장하는 것 속에서 길을 잃게 될까 불안해하지 않고는 아무것도 자신에게 허용할 수 없는 사유의 빈곤이 나타나는 것이다. 철학은 의례적(ritual) 제스처로 되는 경향이 있다. 물

---

17) 그는 『이념들』의 현상학적 기초 고찰에서 자신의 방법을 조작들의 구조(Gefüge von Operationen)라고 설명하면서 그것을 연역해내지는 않는다. 이로써 허용된 자의는 불가피하며, 그는 후기 단계에서야 그것을 제거하려고 했다. 만일 그런 방법이 연역되었다면 그것은 그 방법이 결단코 원하지 않았을, 위로부터 내려오는 방법임이 드러날 것이다. 그것은 유사실증주의적인 '사물 자체로'라는 방법과 어긋날 것이다. 한편 사물 자체에 접근하려는 방법은 결코 현상학적 환원을 강요하지 않으며, 그래서 이 현상학적 환원은 어떤 자의적 정립을 가정한다. 그것은 '이성의 심판'을 고집하면서도 비합리주의에 빠진다.

론 이런 제스처 속에서도 어떤 진실된 것, 즉 철학의 침묵이라는 진실이 꿈틀거린다.

실패에 그친 즉물성

존재철학에는 일종의 정신적 반응방식인 즉물성(Sachlichkeit)의 역사적 신경조직이 낯설지 않다. 즉물성은 이차적 천성으로 된 주관적 정립들(Setzungen)이라는 중간층, 즉 사유가 자기 주위에 쌓은 벽들을 깨뜨리려 한다. 후설의 강령 속에서는 그런 것이 공명하고 있으며 하이데거도 그에 동의했다.[18] 관념론에서 인식의 근거를 이루는 주체의 활동은 관념론의 몰락 이후, 없어도 좋은 장식으로서 단지 신경을 건드릴 뿐이다. 이런 점에서 기초존재론은 현상학과 마찬가지로 본의 아니게 실증주의의 후예다.[19]

하이데거의 경우에는 즉물성이 재주를 넘는다. 즉 그는 아무 형식 없이 순수하게 사물들만을 근거로 철학하려 하지만, 이로 인해 사물들을 놓치고 마는 것이다. 인식의 주관적 감옥에 대한 권태는, 주관성을 초월하는 것이 인식에 대해 직접적이며, 인식이 개념을 통해 초월적인 것을 오염시키지는 않으리라는 확신을 불러일으킨다. 뒷날의 청년운동과 같은 낭만주의적 조류들과 유사하게, 기초존재론은 제약과 혼란을 초래하는 주관성의 계기에 반대한다는 이유에서 자신을 반낭만주의적이라고 착각한다. 그리고는 하이데거조차 서슴없이 사용한 전투적 표현을 빌린다면, 그 주관성을 '극복하고자'(überwinden)[20] 한다. 그러나 주관성이 매개된 것임을 부인할 수는 없으므로, 기초존재론은 주관성이나 매개에 대한 반성 이전의 의식단계로 돌아가기를 원한다. 이는 성공하지 못한다. 기초존재론은 마치 주관이 없는 듯이, 나타나는 그대로의 사물에 따른다고 억측할 때, 아울러 자료에 합당

---

18) 하이데거, 『존재와 시간』, 35쪽 참조.
19) 아도르노, 앞의 책, 135쪽 이하 참조.
20) 하이데거, 『형이상학 입문』, 155쪽 참조.

하고 본원적이며 신즉물적인 듯해 보일 때 사유된 것으로부터 모든 규정들을 삭제한다. 이는 지난날 칸트가 초월적 물자체로부터 모든 규정을 삭제한 것과 마찬가지다. 그 규정들은 단순한 주관적 이성의 산물로서, 혹은 특수한 존재자의 후예들로서 불쾌할 것이다.

모순적 욕구들이 서로 충돌하고 서로를 말살한다. 사변적으로 사고해서는 안 되고 따라서 사상이 그 무엇도 정립해서는 안 되며, 역으로 세계의 일부분으로서 존재의 선차성(Vorgängigkeit)을 오염시킬 어떤 존재자가 침투해서도 안 된다. 그래서 사상은 지극히 공허한 것, 즉 의식단위로서 언제나 존재하는 의식에 대한 기억, 곧 '자아성'(Egoität)을 수반한 과거의 선험적 주체보다 훨씬 공허한 어떤 X만을 생각할 수 있을 뿐이다. 절대로 표현될 수 없고 모든 술어들로부터 떨어져 있는 이 X는 존재의 이름 아래 실재적 존재(ens realissimum)로 된다. 진퇴양난의 개념구성이 불가피한 가운데, 존재철학의 의지와 반대로 존재에 대한 헤겔의 판결이 존재철학에 적용된다. 즉 존재는 무와 구분할 수 없을 만큼 동일한 것이다. 하이데거는 이 점을 결코 착각하지 않았다. 좌파 실존주의자들은 실존적 존재론을 허무주의로 해석해 실존적 존재론자들을 놀라게 했다. 그러나 실존적 존재론을 허무주의라고 비난할 수는 없다.[21] 단지 실존적 존재론은 그 최상위 단어의 단순한 허무성을 긍정적인 것으로 내세우는 점에서 비난받아야 한다.

범주적 직관에 대해

아무리 끝없이 조심해가며 양 측면에서 존재를 하나의 무차원적인 점으로 압축한다고 해도, 그런 방법은 사물 속에 기반(fundamentum in re)을 둔다. 범주적 직관 혹은 개념에 대한 깨달음은 범주적으로 구성된 사실들, 곧 전통적 인식론이 단지 종합(Synthesen)이라고만 생각했던 것들에 언제나 또한 감각적 질료(ΰλη)를 넘어서 어떤 계기가 상응해야(korrespondieren)

---

21) 같은 책, 154쪽 이하 참조.

한다는 점을 상기시킨다. 그런 한에서 범주적으로 구성된 사태들은 언제나 직관성을 환기시키면서 어떤 직접적 요소를 지닌다.

흔히 통용되는 논리학의 말투로 인해 난관에 빠져들지 모르겠지만, 서로 간에 등식이 성립되는 수들의 종합이 없다면 간단한 수학 명제도 성립될 수 없다. 이와 마찬가지로—이 점을 칸트는 소홀히 한다—만일 그 요소들의 관계가 종합에 일치하지(entsprechen) 않는다면 종합은 불가능할 것이다. 또 노골적으로 말해서 오해를 유발할지 모르지만, 등식의 양변이 실제로 같지 않다면 종합은 불가능할 것이다. 그러한 상응이 없다면 이성적 종합이 불가능한 것과 마찬가지로, 사유를 통한 종합과 무관하게 그 공속관계(Zusammengehörigkeit)에 대해 의미 있는 말을 할 수도 없을 것이다. 이는 '매개'의 모범적인 사례다. 사람들이 반성을 해보면 사유가 일종의 활동(Tätigkeit)인지, 아니면 바로 그 사유의 긴장이 오히려 일종의 순응인지 헷갈리게 된다는 점도 그런 사실을 말해준다.

그와 분리될 수 없는 이야기이지만, 자발적으로 사유되는 것은 현상으로 나타나는 어떤 것이다. 하이데거는 그것을 완전히 사유에 환원시키는 일에 맞서서 현상으로 나타나는 측면을 강조하는데, 이것은 관념론을 치유하는 교정수단일 것이다. 그러나 이때 그는 사실적 계기를 분리하며 이 계기를 관념론이 종합의 계기를 파악할 때와 마찬가지로—헤겔의 용어를 빌린다면—추상적으로 파악한다. 이처럼 실체화됨으로써 그 사실적 계기는 계기이기를 그치고 사물화되고 마는데, 이는 개념과 존재자의 분리를 반대하는 존재론이 가장 바라지 않는 바일 것이다.

하지만 사실적 계기는 그 자체의 성격상 발생론적(genetisch)이다. 헤겔이 주장한 정신의 객관성은 역사적 과정의 산물이지만 정신적인 것에 대한 일종의 직관적 관계를 허용한다. 이 점은 예컨대 후기의 리케르트* 같은 여

---

* 리케르트(Heinrich Rickert, 1863~1936)는 칸트·피히테의 영향 아래 선험적 주관성에 인식근거의 기능을 부여하는데, 존재론과 가치론 쪽에 관심을 모으는 후기에도 선험론적 단초를 고수한다.

러 관념론자들도 재발견하였다. 그처럼 형성된 정신적인 것의 객관성을 강력히 확신할수록, 또 그 객관성을 고찰 주체의 '투사'(Projektion)로 간주하지 않을 경우 의식은 구속력 있는 정신관상학(Physiognomik des Geistes)에 더욱 접근한다. 모든 규정들을 자기 편으로 끌어들이지 않는 사유, 또 대상의 자격을 박탈하지 않는 사유에 대해 정신의 구조물은 이차적 직접성으로 된다. 범주적 직관의 교리는 너무 순진하게 이것을 신뢰하며, 그래서 이차적 직접성과 일차적 직접성을 혼동한다.

헤겔은 본질논리학(Wesenslogik)에서 이 수준을 훨씬 넘어섰다. 그의 본질논리학은 본질을 존재로부터 도출되어 나온 것으로 다루며, 또 그것에 대해 자립적인 것, 즉 일종의 현존재(Dasein)로서도 다룬다. 그에 반해 하이데거가 암암리에 받아들이고 있는, 정신적 사태들(Sachverhalte)의 순수 기술(reine Deskription)이라는 후설의 요구——즉 정신적 사태들을 나타나는 바 그대로만 받아들이라는 요구——는 정신적인 것이 반성되고 다시 사유되면 어떤 다른 것으로 된다는 점을 묵살하고, 그 정신적 사태들을 독단화한다.

이때 주저 없이 전제되는 바에 따르면, 논란의 여지없이 적극적 활동이라고 할 수 있는 사유는 사유된다고 해서 또한 산출물이라고는 할 수 없는 어떤 대상을 어쨌든 가질 수 있다는 것이다. 그리하여 이미 순수한 정신적 사태라는 개념 속에 들어 있는 관념론이 잠재적으로는 존재론으로 변신한다. 그러나 순수하게 받아들이는 사유라는 기초와 더불어, 현상학파 전체의 영향력에 기여했던 주장도 무너진다. 즉 현상학은 고안해내는 것이 아니라 조사하고 기술하는 것이며 인식론이 아니라는 주장, 한마디로 반성적 지성의 오점을 지니지 않는다는 주장도 무너지게 된다. 하지만 기초존재론의 비밀인 존재는 최상위의 공식으로 표현된, 순수하게 나타난다는 범주적 사태다.

현상학적 분석은 종합하는 의식이 어떤 수용적 특성을 지닌다는 점을 이미 오래 전부터 잘 알고 있었다. 판단 속에 공속되는 것(das im Urteil Zusammengehörige)은 비교를 통해서만 아니라 본보기를 통해서도 인식된다. 통찰의 직접성 자체가 아니라 그것을 실체화하는 데 반대해야 할 것이다. 어떤 종을 대변하는 한 대상에서 일차로 무엇인가가 명확해짐으로써, 그 종 자체가 극히 분명하게 조명되는 것이다. 이러한 조명 속에서는 종에 대해 그것의 정의만을 알 뿐인 동어반복이 사라지게 된다. 직접적 통찰의 계기가 없다면, 특수자가 보편자라고 하는 헤겔의 명제는 단순한 주장에 머물 것이다. 후설 이래의 현상학은 그런 원칙을 살려내기는 했지만, 물론 그 보완물인 반성적 요인을 희생시켰다.

하지만 현상학의 본질직관이라는 것은──후기의 하이데거는 자신을 키워 준 현상학파의 이 구호를 경원했다──평온을 위해 유명론 편을 들어서도, 실재론 편을 들어서도 해결할 수 없는 모순들을 포함하고 있다. 우선 관념화(Ideation)라는 것은 매개된 것을 통해 직접성을 사취하는 이데올로기, 즉 매개된 것을 통해 논란의 여지없이 주체에게 명백한 절대적 즉자존재의 권위를 부여하는 이데올로기와 친화적이다. 한편 본질직관은 정신적 사태들에 대한 관상학적 시선을 지칭한다. 이 시선은 합당하다. 왜냐하면 정신적인 것은 인식하면서 그것을 지향하는 의식에 의해 구성되는 것이 아니라 그 자체로서, 또 개인적 활동주체를 훨씬 넘어서는 집단적 정신생활 속에, 또 정신 자체의 내재적 법칙에 의해 객관적 근거를 가지기 때문이다. 직접적 통찰의 계기는 그러한 정신의 객관성에 적합하다. 이미 자체 내에서 미리 형성되어 있는 이 계기는 감각적 사물들과 마찬가지로 직관될 수 있다. 다만 이 직관은 감각적 사물에 대한 직관과 마찬가지로 절대적인 것도 아니고 반박의 여지가 없는 것도 아니다. 후설은 칸트의 선천적 종합판단과 마찬가지로 그처럼 관상학적으로 반짝 떠오르는 것에도 과학에서처럼 무조건 필연성과 보편성을 부여한다.

그러나 범주적 직관이 얼마든지 틀릴 수 있는데도 기여하는 대목은, 사물 자체를 파악하는 경우이지 사물들을 분류적으로 정리하는 경우는 아닐 것이다. 허위(ψεῦδος)는 범주적 직관의 비과학성이 아니라 그것의 독단적 과학화에 있다. 관념화하는 시선(der ideierende Blick) 밑에서는 정신적으로 주어진 것이 직접적인 것이라는 가상 때문에 얼어붙었던 매개가 꿈틀거린다. 이 점에서 본질직관은 알레고리적 의식에 가깝다. 본질직관은 단순히 존재한다는 것에 내재하는 형성된 것의 경험으로서 사람들이 그것을 사용하는 목표와 거의 정반대되는 것, 즉 존재를 경건하게 받아들이는 것이 아니라 비판하는 것이라고 하겠다. 말하자면 그것은 사물과 그 개념의 동일성에 대한 의식이 아니라 양자의 단절에 대한 의식인 셈이다. 순전히 긍정적인 것의 기관이라도 되는 듯이 존재철학이 자랑하는 그것의 진리는 바로 부정성에 있다.

하이데거는 존재가 단순한 개념이어서는 안 된다고 하면서 존재를 강조하는데, 이는 판단의 내용이 판단들 속에서 해소될 수 없다는 데 근거를 둘수 있다. 그것은 지난날 후설이 종(species)의 이상적 단위에 근거를 둘 수있었던 것과 마찬가지다. 이 예시적 의식의 가치는 역사적으로 증가할 수도있다. 세계가 사회화되고 그 대상들이 보편적 규정들로 더욱 촘촘히 뒤덮일수록—안더스*의 지적에 따르면—개별 사태는 그 보편적 차원에서 직접통찰되는 경향을 띤다. 또 이 경우 개별 사태에 미시적으로 깊이 파고들수록 더 많은 것을 간파할 수 있게 된다. 이런 사실은 본질직관이 감지하지못하는 가운데 본질직관을 야기할 수도 있겠지만 물론 존재론적 의도와 엄격히 대립하여 유명론적 성격을 띤다.

그러한 방법은 개별 과학의 반론, 즉 잘못된 혹은 성급한 일반화를 행하고 있다는, 이미 오래 전에 자동화된 비난에 노출되기는 한다. 하지만 그것은 사태들을 겸손하게 외부로부터 정리한다는 자신의 과학적 에토스를 사태들을 본질적으로 다루거나 파악하지 못하는 데 대한 합리화에 오래 전부터 악용해온 사유습관의 책임만은 아니다. 경험적 연구들은 예시적 사유의매체인 개념의 예료들(Antezipationen)과 관련하여, 한 개별자로부터 거의직접적인 듯이 범주적인 것으로서 파악해낸 것은 보편성을 지니지 않는다는 점을 구체적으로 증명해준다. 그런 한에서 이 연구들은 그와 같은 검증

---

* 안더스(Günther Anders, 1902~)는 오스트리아의 문화비평가로 시대비판적이고 문화비판적인 에세이집 『인간의 낡은 모습』(1956), 『카프카론』(1951), 『히로시마와 나가사키에서의 일기』(1959) 등을 썼다.

을 회피하면서도 마치 검증에 자신을 맡기기라도 하는 듯이 연구의 용어를
탐내는 하이데거와 후설의 방법이 오류임을 설복시켜준다.

존재는 인공물이다

존재는 모든 추상에 앞서며 결코 개념이 아니거나 적어도 질적으로 특별
한 개념이라는 주장은, 어떠한 직접성도 이미 헤겔 현상학의 교리에 의하면
온갖 매개들 속에서 계속 되풀이하여 자신을 재생산하는 인식의 계기이지
인식의 전체는 아니라는 점을 은폐한다. 만일 인식이 사유의 종합하는 기능
과 종합되어야 할 것 사이의 상호침투이며 또 양자는 독립적인 것이 아니라
면, 하이데거가 존재에 합당한 철학의 유일한 근거라고 상정하는 직접적 기
억이라는 것은 하이데거 자신이 경시하는 사상의 자발성에 의하지 않는 한
실패하게 될 것이다. 직접적인 것 없이는 어떠한 반성도 내용을 가지지 못
하겠지만, 반성 없이는, 즉—순전히 사유하지 않는 수동적 사상에 대해서
만 나타난다는—존재가 뜻하는 바를 구분하고 사유하는 규정 없이는 그
직접적인 것도 구속력 없고 자의적인 상태에 머문다. 존재가 스스로를 드러
낸다느니 스스로를 비춘다느니 하는 선언이 부자연스러운 어조를 띠는 것
은 그런 주장의 허구적 성격에 기인한다.

이른바 근원어(Urwort)라는 것을 사유에 의해 규정하고 충족시킬 수 없
으며 또 그런 말을 그 내용과 비판적으로 대조할 수 없다면, 존재에 대한
모든 논의는 의심스러운 것이 된다. 존재는 그것이 요구하는 비규정성으로
인해 전혀 사유될 수 없으므로 사유되지 않은 것이다. 그러나 존재철학은
이 충족 불가능성을 공격 불가능성으로, 또 합리적 과정으로부터의 면제를
반성적 오성에 대한 초월성으로 만드는데, 이는 영리하기도 하지만 절망적
이기도 한 폭력행위다. 어중간한 상태에 머물고 마는 현상학보다 좀더 단호
하게 하이데거는 의식의 내재성에서 탈피하려고 한다. 그러나 그의 탈피는
기저(Substrat)에서의 종합이라는 계기에 대해 맹목적인, 거울 속에서의
탈피다.

하이데거가 숭배하는 엘레아 학파의 존재철학에서도 정신은 존재와 동일한 것임을 자인했다. 또 이 정신이—정신에 대립한다고 상정되는—순수한 자체성(Selbstheit)으로 제시하는 것 속에도 이미 정신은 함축적 의미로서 포함되어 있다. 그러한 점을 그는 무시한다.

철학 전통에 대한 하이데거의 비판은 객관적으로는 자신이 약속하는 바와 반대로 된다. 그의 비판은 주관적 정신을 은닉하고, 이로써 필연적으로 종합의 바탕이 되는 자료나 사실성까지 은닉한다. 또 그 자체로서 그러한 계기들을 통해 표현된 것을 유일하고 절대적인 것이라고 속인다. 이 때문에 그의 비판은 개념들 가운데 인간에 의해 만들어진 것을 탈마법화하라는 요구, 즉 일종의 '파괴'와 반대의 것으로 된다. 그러한 비판은 그 속에 포함되어 있는 인간적 관계들을 인식하지 못하고 이 인간적 관계들을 예지계(mundus intelligibilis)와 혼동한다. 그것은 또 자체가 거부하는 바를 보존한다. 즉 그 자체의 강령에 의하면 은폐적인 것이므로 제거되어야 할 사유구조물들을 여전히 보존하는 것이다. 그 사유구조물들의 배후에 있는 것을 현상으로 나타나게 만든다는 구실 아래, 그것들은 알지 못하는 사이에 또다시 즉자로 된다. 물론 그렇지 않아도 사물화된 의식은 그런 사유구조물들을 즉자로 여기기는 한다. 마치 물신적인 것을 파괴하는 듯한 태도를 취하는 것이 실제로는 그것을 물신적인 것으로 간파하기 위한 조건들만을 파괴한다. 언뜻 보아 탈피인 듯한 것이 실제로는 그것이 탈피하고자 했던 것으로 돌아가고 만다. 그러한 탈피의 귀착점인 존재는 인공물(Θέσει)일 뿐이다.

정신적으로 매개된 것인 존재를 단순히 받아들이기만 하는 직관에 스스로를 양도하는 가운데 철학은 천박한 비합리주의적 생철학으로 수렴되고 만다. 비합리성에 대한 지적 자체가 철학적 비합리주의와 동일하지는 않을 것이다. 비합리성은 단순한 술어적 판단의 형식을 통해 동일성을 요구하는 인식에서 지양될 수 없는 주체와 객체의 비동일성이 남기는 흔적이다. 그것은 또한 주관적 개념의 독재에 반대하는 희망이기도 하다. 그러나 이 경우 비합리성은 주관적 개념과 마찬가지로 지성(ratio)의 기능이며 지성의 자아비판 대상이다. 말하자면 그물을 통과해 빠져나가는 것이 그물에 의해 걸러지는 것이다. 비합리주의의 철학명제들도 개념들에 의지하며 이로써 또한 그것들과 모순된다고 할 수 있는 합리적 계기에 의지하는 셈이다.

하이데거는 지성과 사유된 것의 부적합성을 드러내는 주체와 객체의 불일치 너머의 지위를 찬탈한다. 이로써 그는 변증법이 해결하고자 하는 문제를 회피한다. 그러나 이러한 비약은 이성적 수단들로는 실패하고 만다. 사유는 모든 사상 속에, 심지어 사유과정 자체에도 존재하는 주체와 객체의 구분을 직접 사라지게 하는 어떠한 입장도 얻어낼 수 없다. 그 때문에 하이데거의 진리계기는 세계관적 비합리주의로 평준화되고 만다. 철학은 칸트의 시대와 마찬가지로 오늘날에도 이성의 추방이나 말살이 아니라 이성에 의한 이성의 비판을 요구한다.

'존재의 의미'

사유를 금지하게 되면 사유는 단순히 존재하는 것을 인준하고 만다. 사상의 진정한 비판적 욕구, 즉 문화의 망상에서 깨어나려는 욕구도 덫에 걸리고 일정한 방향으로 조종되며 허위의식 쪽으로 유도된다. 사유의 배경을 이루는 문화에 대한 사유에서는, 그 모든 것이 무엇이며 무엇을 위한 것이냐 하는 물음이 배제된다. 쉽게 말한다면, 그 의미가 인간에게 자명하지 않게 되고 그 의미를 문화사업이 점점 완전하게 대신할수록 더욱더 절박해지는, 그 의미에 대한 물음이 사유에서 배제되는 것이다. 그 대신 문화로서 의미를 지닌다고 주장하는 것의 '일단 그러하며 달리는 될 수 없는 상태'(das nun einmal So- und nicht Anderssein)가 자리를 굳히게 된다. 현존하는 문화의 중압으로 인해, 그 문화가 주장하는 의미가 실현되어야 한다고 고집하거나 그 의미 자체의 정당성을 고집하는 일은 없다.

이에 맞서 기초존재론은 감추어진 관심사와 '잊혀진 것'의 대변자로서 등장한다. 특히 그 때문에 기초존재론은 그러한 관심사를 간단히 선입견으로 간주하는 인식론에 반감을 갖는다. 그렇더라도 기초존재론이 임의로 인식론을 파기할 수는 없다. 존재론에 이르는 왕도로서의 현존재——주관성——

에 관한 교리에는 은밀히 존재론적 파토스로 인해 격하된 과거의 주관적 반문이 다시 나타난다. 서양철학의 전통을 무력하게 만든다는 현상학적 방법의 요구조차 그런 반문에 기원을 두는 것이며, 이 점에는 별로 오해의 여지가 없다. 현상학적 방법이 근원적인 것이라는 효과를 누리게 된 것은 그 방법을 요구하는 자들이 그와 같은 문제를 점차 망각한 덕분이다.

  존재의 의미나 그 전통적 변형들의 의미에 대한 물음, 즉 도대체 왜 무 (nichts)만이 존재하지 않고 무엇인가가 존재하는가 하는 물음은 현상학적 근원을 가지는 것이다. 그러한 물음이 존재라는 단어의 의미분석에 양도되고 있다. 존재 혹은 현존재가 결국 무엇이냐 하는 것은 존재 혹은 현존재의 의미와 동일하다고 한다. 의미론이 언어에서 해독해내는 의미들처럼 이미 그 자체로서 문화에 내재적인 것이, 단순한 존재자의 무의미성만 아니라 인간에 의해 만들어진 것의 상대성으로부터도 벗어나 있는 듯 취급된다. 그것이 언어의 선차성이라는 교리의 하이데거적 형태가 지니는 기능이다. 존재라는 단어의 의미가 직접 존재의 의미라고 하는 것은 형편없는 애매어이다.

  물론 애매한 말들이 언제나 부정확한 표현인 것은 아니다.[22] 서로 일치하는 말들은 하나의 동일한 것을 지시하게 된다. 의미의 두 가지 뜻은 서로 얽혀 있다. 의미가 자체를 부인할 경우, 또 개념들로부터 개념형성 메커니즘 너머에 있는 어떤 객관적 의미에 대한 모든 기억이 축출될 경우, 인간의 사유도구인 개념들은 아무 의미도 가질 수 없다. 실증주의는 개념들을 교체 가능하고 우연적인 기호들로 볼 뿐이며, 그 결과로 진리를 존중한다면서 진리를 근절한다. 존재철학이라는 그 반대 입장은 실증주의적 이성의 어리석음을 비난한다. 그러나 애매어의 통일성은 그것의 함의적 차이를 꿰뚫었을 때에만 드러난다. 의미에 관한 하이데거의 설명에서는 이 차이가 사라진다. 이때 그는 실체화를 추구하는 자신의 성향에 따른다. 즉 어떤 조건지어진 것들의 영역에서 얻어낸 연구결과에다 그는 그것의 표현양식을 통해 무조건성의 가상을 부여한다. 이는 존재라는 말의 애매성으로 인해 가능해진다.

---

22) 아도르노, 『헤겔에 대한 세 연구』(프랑크푸르트 : 1963), 127쪽 이하 참조.

진정한 존재가 존재자로부터 근본적으로 분리된(χωρίς) 것으로 표상된다면, 존재는 그 의미와 동일하다. 즉 본질로서의 존재의 의미만을 진술하면 존재 자체의 의미를 얻게 되는 것이다.

이런 도식에 따라 부지불식간에 관념으로부터 탈피하려는 시도는 취소되며, 존재의 교리는 순수 사유가 아닌 모든 것을 존재로부터 제거하는 사유의 교리로 퇴화한다. 존재의 의미는 부재하는 것으로 느껴지지만, 어떤 종류의 것이든 존재의 의미를 획득하기 위해 분석판단을 통해 의미의 영역으로서 미리 구성되는 것, 곧 의미의 교리가 보상적으로 제시된다. 개념이 어쨌든 개념이기 위해서는 무엇인가를 의미해야 한다는 사실이, 개념의 하부구조(ὑποχείμενον)——존재 자체——는 의미를 가진다는 점의 구실이 된다. 왜냐하면 존재는 개념으로서, 즉 언어적 의미말고는 달리 있을 수 없기 때문이라는 것이다. 이 개념이 개념이 아니라 직접적으로 존재해야 한다는 주장은 의미론적 의미를 존재론적 위엄으로 감싸는 것이다. "'존재'에 관한 논의는 이 명칭을, 개별 경우들로서의 존재자에 대한 역사적 학설들을 그 공허한 보편성 속에 포함하는 한 유(Gattung)의 의미에서 결코 이해하지 않는다. '존재'는 그때 그때 능란하게, 그래서 또한 전통으로 충만된 상태에서 말한다."[23] 이런 말에서 그러한 철학은 위안을 얻는다. 이와 같은 위안이야말로 이론적 내용을 훨씬 능가하는 기초존재론의 자력(磁力)이다.

미리 규정되어 있는 존재론

정신을 근거삼아 존재론은 정신에 의해 파괴된 질서를 그 권위와 아울러 재건하고 싶어한다. '기투'(Entwurf)라는 표현은 자유를 근거로 자유를 부정하려는 존재론의 경향을 드러낸다. 즉 초주관적 구속성이, 정립하는 주관성의 한 가지 행위 탓으로 돌려지는 것이다. 이처럼 너무 뻔한 자가당착을 후기의 하이데거는 단지 독단적으로만 묵살할 수 있었다. 주관성에 대한 기

---

23) 하이데거, 『동일성과 차이』 제2판(풀링겐 : 1957), 47쪽.

억이 기투의 개념에서 사라지게 된다. "기투에서 던지는 자는 인간이 아니라, 인간의 본질인 현존재의 실존 속에 인간을 순응시키는 존재 자체다."[24]

하이데거가 존재를 숙명의 영역으로 신화화하는 데에는, 명령에 의한 주체의 계획을 가장 권위 있는 계획이라고 천명하고 자기 자신을 존재 자체의 목소리로 위장하는 신화적 오만도 포함되어 있다.[25] 그와 같은 것에 순응하지 않는 의식은 '존재망각상태'(Seinsvergessenheit)[26]로서 자격박탈당한다. 그처럼 질서를 명령하는 요구는 하이데거적 사유구조와 어울린다. 그것은 단지 사유에 대한 폭력행위로서만 가능하다. 왜냐하면 존재망각상태라는 표현에서 조잡한 떨림음으로 메아리치는 상실이라는 것은 결코 운명적 타격이 아니라 동기를 가지는 것이기 때문이다. 하이데거가 그처럼 애도해 마지않는 존재란 지난날의 원질($\alpha\rho\chi\alpha\iota$)의 유산이라 할 수 있는데, 그것은 자연으로부터 탈피하는 의식에서는 소실된 것이다. 신화 자체는 미망(迷妄)임이 드러났다. 미망, 명령만이 신화를 현재화시킬 수 있다. 하지만 존재를 비판적 개념 너머에 있는 것이라고 스스로 꾸며내고는 존재가──계몽의 어떤 요소가 살아 남아 있는 한 타율성에 필요한──법적 권리를 얻으리라는 것이다.

하이데거의 철학이 존재상실(Seinsverlust)이라고 지칭하는 바에 의해 겪게 되는 고통은 단순한 허위가 아니다. 그렇지 않다면 그가 횔덜린*에게서 도움을 찾기는 어려웠을 것이다. 사회 자체의 개념에 의한다면 인간들의 관계는 자유에 기반을 두고자 하는데, 오늘날에 이르기까지 인간간의 관계에서 자유는 실현되지 않았다. 이 점에서 사회는 그토록 경직되고 훼손되어 있다. 보편적 교환관계 속에서는 모든 질적 계기들이 똑같은 것으로 평준화

---

24) 하이데거, 『플라톤의 진리론』, 84쪽.
25) 같은 책, 75쪽 참조.
26) 같은 책, 84쪽.
* 횔덜린(Johann Christian Friedrich Hölderlin, 1770~1843)은 프랑스혁명에 열광했으나 독일현실의 참상에 좌절하여, 1802년경부터 정신병을 앓았다. 하이데거는 1936년 그에 대한 연구서 『횔덜린과 시의 본질』을 발표하였다.

되는데, 이 질적 계기들의 총괄개념이 구조와 같은 것일 수도 있다. 제도적 형식들의 힘이 과도해질수록, 그 형식들이 속박하고 자체의 형상에 따라 기형화시키는 삶은 더욱 혼돈스러워진다. 화해된 이성의 실현이야말로 인간다운 질서 혹은 폭력 없는 질서와 일치할 테지만, 상부구조라는 명칭으로 포괄되는 모든 것을 포함한 삶의 생산과 재생산은 그러한 이성을 투명하게 비춰주는 것은 아니다. 자연발생적인 과거의 질서는 이미 사라졌거나 불행히도 그 정당성을 상실한 채 잔존한다. 결코 사회는 아직도 여전히 비합리적인 개별 운명의 우연성에서 나타나는 것처럼 무정부적으로 진행되지는 않는다. 그러나 사회의 대상화된 법칙성은 아무 불안 없이 살 수 있는 현존재의 상태와 정반대되는 것이다.

존재론적 기투는 이 점을 느끼고 있으며, 그것을 희생물인 주체들에 투사한다. 또 그것은 가장 추상적인 질서인 존재의 구조에까지 이르는 질서 자체라는 메시지를 통해 객관적 부정성에 대한 예감을 묵살한다. 도처에서 세계는 잔인한 상태의 질서로 넘어갈 준비를 하고 있으며, 변론적 철학이 명시적으로나 암시적으로 비난하는 그 반대 상황으로 넘어가려고는 하지 않는다. 자유라는 것이 대체로 이데올로기에 그쳤다는 점, 인간이 체계 앞에서는 무기력하고 자신의 이성에 기초하여 자신과 전체의 삶을 규정할 수 없다는 점, 또 인간이 더 많은 고통을 겪지 않고는 결코 그러한 것들을 생각할 수 없다는 점, 이상과 같은 사실로 인해 사람들의 반항은 전도된 형태로 되고 만다. 즉 사람들은 더 나은 어떤 것의 가상보다는 더 나쁜 현실을 음흉하게 바라는 것이다.

시류에 따르는 철학들은 그런 방향으로 자신의 쟁기를 끌고 간다. 이 철학들은 히틀러처럼 고독한 모험을 비극적으로 연기하면서, 이제 서서히 드러나기 시작하는 강력한 이해관계의 질서와 이미 조화를 느낀다. 그런 철학들은 형이상학적으로 근거지가 없으며 무 속에 머물러 있는 듯이 행세하는데, 이것은 인간을 절망케 하고 또 신체적으로도 말살하겠다고 위협하는 질서를 정당화하는 이데올로기다. 부활한 형이상학의 반향은 미리부터 억압에 동의하는 것이다. 동구에서는, 자유의 실현에 대한 사상이 부자유로 변질되는 가운데, 이미 오래 전부터 그러한 억압이 승리했다. 서방의 경우에도 이 억압의 승리는 사회적 잠재력 속에 내재해 있다.

하이데거는 예속적 사유를 장려하며, 여론의 시장에 반대하는 모범적 제스처를 쓰면서 휴머니즘이라는 말의 사용을 거부한다. 이때 그는 여러 가지 주의들(Ismen)을 향해 호통치는 자들의 통일전선에 가담한다. 휴머니즘에 관한 수다는 실로 혐오스러운 것이기는 하나, 하이데거가 휴머니즘에 관한 수다를 척결하고 싶어하는 것은 단지 그의 교리가 휴머니즘 자체를 끝내려고 하기 때문은 아닌가 의심할 수도 있을 것이다.

사물화에 대한 저항

하지만 비록 권위주의적 의도를 지니고 있기는 해도 몇 가지 경험 차원에서 풍부해진 존재론은, 셸러의 한 제자가 『중세의 세계와 우리』(Die Welt des Mittelalters und wir)라는 저서를 발행했을 때처럼 공공연히 위계질서를 찬양하는 일은 드물게 되었다. 전면적 은폐의 전술은 지배관계의 기반을 어정쩡하게 사회의 과거 단계에 두는 사회발전 국면과 조화를 이룬다. 집권을 위해서는 시민사회의 인간학적 최종산물들을 고려하고 또 그것을 이용해야 한다. 영도자가 원자화된 민중의 위에 서서 신분적 망상에 대해 호통을 치며 자신의 지위를 영속화하기 위해 때때로 근위병들을 바꾸듯이, 존재의 전능과 유일성(Alleinheit) 속에서는 존재론 르네상스의 초기 산물인 위계질서에 대한 공감들이 사라지게 된다.

물론 그러한 것도 단순히 이데올로기에 그치는 것은 아니다. 논리적 절대주의를 세우려는 후설의 글, 즉 『순수 논리학 서설』(Die Prolegomena zur reinen Logik)에까지 거슬러올라가는 반상대주의는 정태적이고 사물화된 사유에 대한 반감과 융합된다. 그런데 이러한 반감은 독일 관념론과 마르크스에게서도 나타나지만, 초기의 셸러나 새 존재론의 첫 단계에서는 일단 소홀히 되었다. 그렇지 않아도 상대주의의 시의성은 약화되었다. 그래서 상대주의에 대해 수다를 떠는 일도 적어졌다. 철학적 욕구는 부지불식간에 사실

내용(Sachgehalt)과 견실성(Festigkeit)에 대한 욕구로부터 사회에 의해 이루어지고 또 그 구성원들에게 절대적으로 지시된 정신의 사물화를 피하려는 욕구로 넘어갔다. 즉 이 사물화를 심판하고, 확고한 근원에 호소함으로써 사물화에 한계를 설정하고, 그러면서도 존재론이 과학활동에 대해 별 해를 끼치지 않는 것과 마찬가지로 사물화에 대해 심각하게 해를 끼치지는 않는 형이상학을 통해 사물화를 피하려는 것이다.

더럽혀진 영원한 가치들 가운데 모든 사물적인 것에 앞서는 실체, 곧 존재의 신성함에 대한 신뢰만이 남을 뿐이다. 사물화된 세계는, 자체로서 역동적이며 '이루어져야' 하는 것인 존재에 비추어볼 때, 그 경멸스러운 비본래성으로 인해 변화될 가치도 없는 것으로 간주된다. 그리하여 상대주의에 대한 비판이 점차 진보해가는 서구사상의 합리성, 즉 주관적 이성 전체를 이단시하는 것으로 과장된다. 분석적 지능(Intellekt)에 대한 반감은 오래 전부터 검증된 것이며 이미 여론에 의해 다시 부추겨진 것인데, 이 반감이 사물로서 소외된 것에 대한 반감과 결합한다. 사실 그 두 가지는 예로부터 상호작용하는 것이었다.

하이데거는 사물에 대해 적대적이며 동시에 기능에도 반대한다. 어떤 일이 있어도 존재가 어떤 사물이어서는 안 된다고 하면서도 그가 은유적으로 되풀이하여 표현하는 바에 의하면, 그 '기반'은 하나의 확고한 것이어야 한다는 것이다.[27] 그런 점에서 주관화와 사물화는 다르기만 한 것이 아니라 상관개념들이기도 하다는 점이 드러난다. 인식된 것이 기능화되고 인식의 산물로 되면 될수록, 그것에 담긴 운동의 계기는 점점 더 완전히 주체의 활동으로서 주체의 것으로 산정된다. 또한 객체는 객체화된 노동의 결과, 즉 하나의 죽은 노동으로 된다. 모든 주관적 종합의 필수조건으로서 이 종합에 선행하는, 객체를 단순한 재료로 환원하는 작업은 객체로부터 객체 자체의 역동성을 흡수해버린다. 객체는 그 질을 상실하고 정적인 것으로 되며, 어쨌든 운동에 관련해 논의될 만한 요인을 모두 상실한

---

27) 하이데거, 『기초의 본질에 대해』, 42쪽, 47쪽 참조.

다. 한 부류의 범주들을 칸트가 역학적이라고 칭한 것도 전혀 근거 없는
바는 아니다.[28)]

그러나 역동성을 상실한 소재는 단순히 직접적인 것이 아니라, 그 절대적
구체성의 가상과 달리 추상에 의해 매개되어 있으며 추상을 통해 비로소 끄
집어내지는 것이라고 할 수 있다. 삶을 완전히 추상적 요인과 구체적 요인
으로 양극화하는 경우도 있는데, 아마 삶은 양자간의 긴장을 통해서만 존재
할 것이다. 그 양극은 다같이 사물화된 것이며, 자발적 주체로부터 남게 되
는 것인 순수 통각(Apperzeption)조차 살아 있는 자아와 분리됨으로써, 칸
트적인 '사유하는 자아'(Ich denke)로서 이미 주체가 되지 못한다. 또 그것
은 자립화된 논리성으로 인해 모든 것을 지배하는 경직상태로 뒤덮인다. 다
만 사물화에 대한 하이데거의 비판은, 현실에 근원하는 것을 남의 뒤를 따
라 사고하고 실행하는 지능(Intellekt) 탓으로 돌린다. 현실이야말로 이러한
지능을 그 경험세계와 아울러 사물화하는데도 말이다.

정신이 과오를 범한다면 그것은 정신의 불경한 호기심에 기인하는 것이
아니다. 오히려 정신은 정신 자체를 하나의 계기로 포함하고 있는 현실의
연관에 의해 강요받는 바를 전수할 뿐이다. 사물화를 존재와 존재역사
(Seinsgeschichte) 속에 미루어놓고, 그리하여 자체반성 및 이로써 불붙은
실천으로써 변화시킬 수도 있는 것을 운명인 듯이 애도하거나 신성시하는
것은 허위일 뿐이다. 실제로 존재의 교리는 실증주의에 맞서 정당하게도——
특히 칸트와 헤겔을 포함하여——자신이 중상모략하는 전체 철학사의 기반,
즉 내면과 외면, 주체와 객체, 본질과 현상, 개념과 사실 등의 이원론들이
절대적인 것은 아니라는 생각을 전승한다. 그러나 이 이원론들의 화해가 돌
이킬 수 없는 근원 속으로 투사된다. 또 그로 인해 이원론에 반대해 전체가
구상되었으면서도 화해의 충동에 맞서 그 이원론이 굳어진다. 존재망각상
태에 대한 만가(輓歌)는 화해에 대한 태업이다. 희망은 신화처럼 불가해한
존재역사에 매달리는데, 이 존재역사는 희망을 부인한다. 존재역사의 숙명

---

28) 칸트, 『순수이성비판』, 95쪽 참조.

성은 기만의 연관관계로서 타파되어야 마땅할 것이다.

그릇된 욕구

그러나 이 기만의 연관관계는 존재론적 기투들에만 관련되는 것이 아니다. 그것은 그 기투가 연루되어 있는 욕구들, 또 은연중 존재론의 테제들에 대한 보증 같은 것이 되는 욕구들과도 관련된다. 아무리 순진해도 사회적 과정들이 아직 수요와 공급을, 따라서 또한 욕구들을 직접 표준으로 삼는다고는 믿을 수 없게 된 후, 물질적 욕구 못지 않게 정신적 욕구 자체도 비판을 받게 되었다. 이 욕구들은 결코 불변요인도 아니고 추론될 수 없는 것도 아니며, 그 충족을 보장해주는 것도 아니다. 이 욕구에서의 허위나, 이 욕구가 생기면 충족될 수밖에 없으리라는 환상은 동일한 허위의식에 기인하는 것이다. 설혹 이 욕구들이 손에 잡힐 듯 명백할지라도, 그것은 타율적으로 생산되는 한 이데올로기에 관여한다.

물론 실질적인 것을 그 이데올로기적인 것으로부터 깨끗이 분리해낼 수는 없다. 적어도 비판 자체가 일종의 이데올로기, 즉 단순한 자연적 생활이라는 이데올로기에 굴복하려 들지 않는 한 그렇다. 실질적 욕구들은 객관적으로 이데올로기가 될 수 있는데, 그렇더라도 이 욕구들을 부정할 명분이되지 않을 수도 있다. 왜냐하면 철저히 파악되어 통제받는 인간의 욕구들속에서도 완전히 파악되지 않는 어떤 것, 곧 체제가 완전히 지배하지 못하는 주체 몫의 잉여부분이 작동하기 때문이다. 물질적 욕구는 심지어 그 왜곡된 형태, 즉 과잉생산에 의해 야기된 형태로서도 존중되어야 할 것이다. 또한 존재론적 욕구도, 사람들이 자신의 행동을 지배하는 필연성을 이성적으로─의미있게─인식하지도 인정하지도 못하는 상태 속에 그 실질적 계기를 내포하고 있다.

인간의 욕구에 대한 허위의식은 성숙한 주체에게는 불필요한 것을 지향하며, 그로 인해 가능한 모든 욕구충족을 더럽힌다. 뿐만 아니라 허위의식은 이루어질 수 없는 것을 이루어질 수 있는 듯이 착각하는데, 이것은 자신에게 거부되어 있는 욕구들의 가능한 충족에 대한 보완이라고 할 수 있다. 이와 아울러 그처럼 전도된 욕구들 속에서는 스스로를 의식하지 못하는, 물질적 좌절로 인한 고통이 정신화되어 나타난다. 이러한 물질적 좌절이 욕구 때문에만 생기는 것은 아니듯이, 그로 인한 고통은 그 좌절의 척결을 촉구한다. 아무것도 원하지 않는, 욕구 없는 사유는 무의미할 것이다. 그러나 만일 욕구가 단지 주관적으로만 표상될 경우, 욕구로부터 생긴 사유는 혼란에 빠질 것이다.

욕구들은 참과 거짓의 혼합물이다. 올바른 것을 원하는 사상은 참이라고 할 수 있다. 욕구들은 결코 자연상태가 아니며 이른바 문화적인 기준에 비추어 파악된다고 보는 학설은 타당하지만, 이 문화적 기준 속에도 나쁜 비합리성까지 포함하는 사회적 생산관계들이 감추어져 있다. 유보된 것에 대한 대용품으로서의 정신적 욕구들과 관련해서는 그와 같은 비합리성을 가차없이 비판해야 할 것이다.

새 존재론은 그 자체로서 대용품이다. 즉 스스로 관념론적 입장의 피안에 위치한다고 자처하는 것이 잠재적으로는 관념론에 머무르면서 관념론에 대한 날카로운 비판을 방해한다. 일반적으로, 대중들이 제대로 믿지는 않으나 문화산업이 대중들에게 제공하는 원초적 소망충족만이 대용품인 것은 아니다. 이른바 철학의 숭고함을 통해 공식적 문화정전(Kulturkanon)이 자신의 상품들을 처분할 경우 기만에는 한계가 없다.

오늘날 철학의 욕구들 가운데 가장 절박한 것은 어떤 견고한 것에 대한 욕구인 듯해 보인다. 이런 욕구가 존재론들을 고취시키며, 존재론들은 그 욕구에 따른다. 이 욕구는, 사람들이 안전을 원하며 무력감을 자아내는 역사적 역동성에 의해 매장되기를 원하지 않는다는 사실에서 그 권리를 얻는다. 요지부동의 태도가 이미 심판받은 옛것을 보존하고 싶어한다. 기존 사회형식들이 이런 동경을 절망적으로 차단할수록, 절망적 자체보존은 그만큼 더 불가항력적으로 절망적인 동시에 자체보존이기도 해야 하는 철학 속에 파고든다. 불변적 구조들은 도처에 존재하는 공포를 본보기로, 또 총체적 몰락의 위협을 받는 사회의 현기증을 모델로 만들어진다. 이 위협이 사라진다면 그와 아울러 이 위협에 대한 추상적 부정물 이외의 아무것도 아닌, 그것의 긍정적 도착현상도 아마 사라질 것이다.

나약함과 지지물

좀더 특수한 측면에서 볼 때, 어떤 불변요인들의 구조에 대한 욕구는 원래 19세기 이후 보수적 문화비판에 의해 구상되었고 그 이래 대중화된 관념, 즉 세계가 형식을 잃었다는 관념에 대한 반응이다. 양식을 형성하는 능력이 소멸했다는 등의 예술사적 테제들이 그런 관념형성에 기여했다. 이 관념은 미학에서 출발하여 전체에 대한 견해로까지 확장되었다. 예술사가들이 가정했던 것, 즉 그와 같은 상실이 생산력의 해방으로 가는 강력한 진일보라기보다 실제의 상실이었다는 주장은 확인되지 않았다. 아돌프 로스*처럼 미학적으로 혁명적인 이론가들은 금세기 초까지만 해도 감히 그렇게 주장할 수 있었다.29) 다만 그 사이에 기존문화와 결탁한 문화비판의 초조해진 의식이 그것을 잊었을 뿐이다.

질서를 부여하는 형식들의 상실에 대한 탄식은 이 형식들의 폭력과 더불어 증가한다. 예전보다 제도들은 더 막강하다. 이미 오래 전에 제도들은 지난날 바로크양식이 그랬듯이 세상을 뒤덮는 문화산업의 네온빛 양식을 만들어냈다. 이제 더 이상 제도나 그 정신적 유사체를 변화시킬 생각도 못하는 무력감에 빠진 의식에 대해, 주관성과 형식들 사이의 완화되지 않은 갈등은 형식의 독재 아래, 공격자와의 동일시로 역전된다. 세계가 형식을 상실했다는 탄식은, 주체가 암암리에 외부로부터 타율적으로 기대하는 구속력 있는 질서에 대한 호소의 서곡이라고도 할 수 있다. 그런데 그러한 주장이 단순한 이데올로기 이상의 것인 한, 그것은 주체 해방의 성과가 아니라 이 해방의 실패 결과다. 단지 주관적 이성에 따라 조형된 현존재 상태의 무

---

* 로스(Adolf Loos, 1870~1933)는 오스트리아의 건축가로, 유겐트 양식에 맞섰고 프랑스·오스트리아·체코의 인터내셔널 양식에 영향을 끼쳤다. 그의 건축물들은 장식 없이 기하학적으로 단순화되며 자연상태의 재료들을 이용했다.

29) 로스, 전집 1권(빈-뮌헨 : 1962), 278쪽 및 여러 곳 참조.

형식적 요소로서 나타나는 것은 주체를 속박하는 것, 곧 순수한 대타존재 내지 상품적 성격의 원칙이다. 보편적 등가성과 비교가능성을 위해 이 원칙은 모든 곳에서 질적 규정들을 격하하고 평준화하는 경향을 지닌다. 그러나 인간에 대한 인간의 매개된 지배이기도 한 바로 그 상품적 성격이 주체들을 미성숙상태에 고착시킨다. 주체들의 성숙상태와 질적인 것을 추구할 자유는 별개의 것이 아닐 것이다.

현대예술 자체의 탐조등 아래서는 양식의 억압적 계기들이 드러난다. 양식으로부터 차용한 형식에 대한 욕구는 형식의 나쁜 면, 강압적인 면을 속여넘긴다. 자체의 명백한 기능을 통해 자신의 존재근거를 제시할 수 없고 단지 외부로부터 형식이라고 설정된 형식은 허위이며 따라서 형식으로서도 불충분하다. 사람들은 정신이 형식들 속에서 안전하다고 믿게 하려 들지만, 잠재적으로 정신은 형식을 넘어선다.

다만 세계가 가장 진보적인 의식에 대립하는 형식범주들에 더 이상 순응하지 않도록 세계를 구성하는 일이 실패했기 때문에, 지배적인 의식은 발작적으로 그 범주들을 자신의 것으로 만들 수밖에 없는 것이다. 그러나 정신은 이 범주들의 결함을 완전히 몰아낼 수 없으며, 이 때문에 정신은 두드러지게 눈에 띄는 현재의 타율성에 맞서 과거의 타율성이나 추상적 타율성을 내세운다. 즉 자체원인(causae sui)으로서의 가치들이니 타율성과 생명체의 화해상태니 하는 환상을 내세우는 것이다. 극단적 현대예술에 대해 증오심을 보인다는 점에서 복고적인 보수주의와 파시즘은 아직도 여전히 행복하게 합창하고 있다. 이 증오심은, 소홀히 되고 있는 것에 대해 현대예술이 경고를 가하며 또 그 단순한 존재만으로도 타율적 구조이상(Strukturideal)의 수상쩍은 면을 폭로하는 데 기인한다.

인간의 주관적 의식은 자신이 사로잡혀 있는 불변적 요인들을 파괴하기에는 사회적으로 너무 약해져 있다. 그러기는커녕 이 주관적 의식은 불변요인들에 적응하면서 이 불변요인이 부재한다고 탄식한다. 사물화된 의식은 사물화된 세계의 총체성 속의 한 계기다. 존재론적 욕구는 사물화된 의식의 형이상학이다. 이는 그러한 형이상학이 그 교리 내용상, 자체로 이미 싸구

려가 된 사물화 비판을 이용해먹는다고 해도 그렇다. 불변성의 형태 자체도
그러한 의식의 경직된 상태가 투사된 것이다. 항등상태(Immergleichheit)
의 목록에 이미 포함되어 있지 않은 그때 그때의 요인들을 체험할 능력이
없는 그 의식은 불변성을 영원성 혹은 초월성의 이념으로 위조한다. 부자유
상태 속에서는 물론 아무도 해방된 의식을 가질 수 없을 것이다. 그런데 이
제까지 늘 자율적인 척해왔지만 실제로도 자율적이며 자신을 제어할 수 있
는 이 해방된 의식은 타자로 인해——실상은 그 의식을 지배하는 세력들로
인해——자신을 상실할 것을 언제나 걱정할 필요는 없을 것이다.

지지물(Halt), 이른바 실체적인 것에 대한 욕구는 그런 욕구가 독선적으
로 원하는 바와 달리 그처럼 실체적인 것이 아니다. 오히려 그것은 현대에
전형적인 인간훼손으로 심리학에 알려져 있는, 자아의 나약함을 말해주는
특징일 뿐이다. 외부로부터, 또 내적으로 억압받지 않는 인간은 결코 어떠
한 지지물도 찾지 않을 것이다. 아마 자기 자신을 지지물로서 찾지도 않을
것이다. 타율적 조건들 아래서도 자신의 자유를 찾을 수 있었던 주체들은,
지지물이 없다는 점을 곧잘 자유의 탓으로 돌리는 부자유로운 자들보다, 그
러한 지지물이 없어도 덜 괴로워할 것이다.

만일 자신을 결코 사물과 동일시해서는 안 된다면, 인간은 사물적인 상부
구조를 필요로 하지도 않을 것이며, 사물적 특성을 본보기삼아 자신의 모습
을 불변적인 것으로 그려도 안 될 것이다. 불변요인에 대한 교리는 현실이
별로 변하지 않았다는 사실을 영구화하며, 이 교리의 긍정성은 나쁜 상황을
영구화한다. 그런 한에서 존재론적 욕구는 허위다. 아마 불변요인들이 무너
진 뒤에야 형이상학은 새벽을 맞이할 것이다. 그러나 위안은 별 도움이 되
지 못한다. 현재 문제가 되는 것은 시간적 여유를 가지지 못할 것이며, 결
정적인 문제에서는 기다린다는 것이 아무런 효과도 없다. 그와 같은 일에
관계하는 자는 시간적인 것과 영원한 것이라는 구분을 따르는 셈이다. 이
구분은 허위지만, 그렇더라도 필요한 해답들이 역사적 시점에서는 차단되
어 있기 때문에 위안을 추구하는 물음들은 모두 이율배반적 성격을 지닌다.

제2장 | 존재와 실존

존재론에 대한 내재적 비판

존재론적 욕구에 대한 비판은 존재론에 대한 내재비판을 촉구한다. 존재철학 자체의 구조 내에서 존재철학 자체와 대결하지 않고, 또 헤겔의 요구에 따라 존재철학 자체의 힘으로 그것에 맞서지 않고, 일반적으로 존재철학 외부에서 그것을 거부하는 것은 존재철학에 대해 아무 힘도 발휘하지 못한다.

하이데거의 사상적 운동들의 동기 및 결과들은 설혹 명시되지 않더라도 추후 구성될 수 있다. 그의 명제들 가운데 전체적 기능연관 속의 위치가 (Stellenwert)를 지니지 않는 것은 별로 없다. 그러한 한에서 하이데거는 연역적 체계들의 후예다. 연역적 체계들의 역사는 이미 사상적 진보과정에 의해 촉발된 개념들로 가득 차 있는데, 이 점은 그 개념들에 상응하는 사실을 명시할 수 없더라도 그러하다. 또 이 개념들을 형성해야 할 필요성 때문에 철학의 사변적 계기가 나타나는 것이기도 하다. 그 개념들 속에서 굳어버린 사유의 운동을 다시 유연하게 만들고, 말하자면 반복해서 그 신빙성을 추적해야 할 것이다. 이 경우 존재철학이 존재라고 칭하는 것과 같은 것은 없다는 점을 그 앞에서 명백히 드러내 보여도 충분하지 못하다. 왜냐하면 존재철학이 그것을 '있다'고 상정하지는 않기 때문이다. 그 대신 존재의 이 맹목성은, 그것을 이용하는, 논박 불가능한 것이라는 주장에 대한 응답으로서 연역되어야 할 것이다. 존재의 무의미성을 확인하면 실증주의는 승리의 환호성을 올리겠지만, 그 무의미성 역시 역사철학적으로 밝혀진다.

한때 객관적으로도 구속력 있다고 간주되던 신학적 내용이 세속화된 것은 돌이킬 수 없으므로, 그 신학적 내용을 변호하는 자는 주관성을 통해 그 내용을 구제하려들 수밖에 없다. 종교개혁의 교의도 이미 잠재적으로는 그런 입장을 취했다. 칸트 철학의 모습은 틀림없이 그러했다. 그 이래 계몽은 불가항력적으로 진행되었으며, 주관성 자체도 탈신화화(Entmythologisierung) 과정 속에 끌려들어갔다. 이로써 구제의 기회는 어떤 한계가 치까지 하강했다. 역설적이게도 이 구제의 희망은 구제를 포기하는 데에서, 아무 유보조건 없이 스스로를 반성하는 세속화에서 찾을 수 있게 되었다. 하이데거의 출발점은 이에 따르고 전통적 형이상학을 부정하는 한에서 참이다. 그러나 그가 헤겔과 별 다름없이, 구제되어야 할 것이 그로써 직접 현전하는 듯이 이야기하는 점은 거짓이다.

존재가 사유되기 시작한 이래, 개념적 반성으로서의 존재 자체도 사유에 붙잡혀 있게 되었다. 그런데 존재철학 자체의 증언상 이 사유에 의해 해체된 의미가 존재 속에 있다고 광고하자마자 존재철학은 실패한다. 건전한 인간 오성이 존재라는 단어의 무의미성에 대해 야유하는 것은 정당하다. 그런데 그 무의미성을 사유의 빈곤이나 무책임한 단선적 사유 탓으로 돌릴 수는 없을 것이다. 그 무의미성에서는, 의미를 객관적으로 소멸시키는 매체였던 사상을 통해서는 긍정적 의미를 파악하거나 산출하는 것이 불가능하다는 점이 확인된다. 만일 하이데거처럼 존재를 그 외연논리적(umfangslogisch) 개념과 구분하려 한다면, 존재자와 추상의 범주들을 제거하고 나면 칸트의 초월적 물자체 개념보다 주술적 파토스말고는 아무것도 나을 것이 없는 어떤 미지의 것을 얻게 될 것이다. 하지만 그로 인해, 하이데거가 포기하고 싶지 않을 사유라는 말도, 사유되어야 할 것과 마찬가지로 아무 내용 없게 된다. 즉 개념 없는 사유는 어떠한 사유도 아닌 것이다. 하이데거의 표현대로라면 존재를 생각하는 것이야말로 진정한 과제인데, 이 존재가 모든 사유규정으로부터 스스로를 차단한다는 점으로 인해 존재에 대해 사유하라는 호소는 공허해진다. 사유하는 주체에 대한 저주인 하이데거의 객관주의는 그 점을 뒤집어서 충실히 표현해준다.

실증주의자들에게는 무의미한 명제들을 통해, 우리 시대를 향해 어음이 제시된다. 그 명제들이 허위인 이유는 그것들이 의미심장한 듯이 자처하고 어떤 사상내용 자체의 메아리인 듯한 소리를 내기 때문이다. 하이데거 철학의 가장 깊은 세포 속에는 의미가 없다. 그의 철학은 구원의 지식인 듯 자처하지만 실제로는 셸러가 지배의 지식이라고 지칭한 것이다. 물론 관념론적 정신숭배에 반대하는 하이데거의 존재숭배는 존재의 자체 신격화에 대한 비판을 전제로 한다. 그러나 하이데거의 존재는 그 적대자인 정신과 거의 구분할 수 없으며, 정신 이상으로 억압적이다. 다만 명석성을 원칙으로 한 정신보다 덜 명석할 뿐이며, 그래서 그것은 어떤 정신철학보다도 지배적 본질에 대해 비판적 자체반성을 수행할 능력이 없다.

하이데거의 경우 존재라는 말에 실리는 전하(電荷)는, 믿음의 진리와 무관하게 경건성이나 신앙성 자체가 일종의 공로인 듯이 중성화된 문화가 경건하거나 신앙심 있는 인간에게 무조건 바치는 찬양과 잘 어울린다. 하이데거의 경우 이런 중성화는 그 본연의 역할을 다한다. 즉 존재신앙은 반쯤이든 완전히든 세속화된 종교들 속에 별 구속력 없이 끌려들어가 있던 내용을 완전히 삭제한다. 하이데거의 경우, 그가 주입하는 종교적 관습들 가운데 남게 되는 것은 종속성과 노예적 성격을 일반적으로 강화하는 일뿐으로, 이는 사유의 객관적 형식법칙의 대용품이라고 할 수 있다. 그러한 사유의 구조는 영원히 손에 잡히지 않지만, 논리실증주의와 마찬가지로 그것 역시 하이데거를 그대로 두지 않는다. 사실로 하여금 사실 이상의 것이 되게 만드는 것들 모두가 사실로부터 삭제되자, 하이데거는 말하자면 증발하는 아우라(Aura)의 폐기물을 자신의 것으로 차지한 셈이다. 그와 같은 것은, 철학이 자신의 전문분야처럼 단일한 전체(ἕν χαὶ πᾶν)를 다루는 한에서, 철학에 어떤 사후존재(Postexistenz)와 같은 것을 보장해준다.

존재라는 표현은 그러한 아우라의 느낌 이외에는 아무것도 아니다. 물론 그것을 비춰주는 별자리는 없을 테지만 말이다. 이 아우라 속에서는 매개의 계기가 고립되며 그로 인해 직접적인 것으로 된다. 그러나 주체와 객체라는 양극과 마찬가지로 매개도 실체화되어서는 안 된다. 매개는 그 양극의 짜임 관계(Konstellation) 속에서만 타당성을 지닌다. 매개는 매개된 것에 의해 매개된다. 하이데거는 매개를 마치 비대상적 객관성인 듯이 과장한다. 그는 조야한 사실들(facta bruta)의 둔탁한 상태와 세계관적 헛소리 사이의 상상적인 중간지대에 자리잡는다.

자신의 매개들을 인정하지 않으려는 존재 개념은 무본질적인 것 또는 존재자의 반복으로 되는데, 아리스토텔레스는 본질의 본보기인 플라톤의 이데아가 그처럼 무본질적인 것이라는 점을 간파하기도 했다. 그런데 하이데거는 언제나 존재자로부터 끄집어낸 것을 존재에 부여한다. 이로써 순수 본질성에 대한 존재의 강력한 요구가 근거 없어지지만, 존재에 지울 수 없이 내재하는 존재자는 하이데거적 형태에서 그 존재적 성격을 자인할 필요없이 그러한 존재론적 요구에 기생적으로 참여한다. 존재가 스스로 드러나며 주체에 의해 수동적으로 받아들여져야 한다는 점을 하이데거는 하나의 사실적인 것 내지 존재적인 것이어야 할, 인식론의 낡은 자료들로부터 차용한다. 그러나 이 존재적인 것은 동시에 존재의 성역 속에서 한때 존재에 대한 비판을 허용했던 우발성의 흔적을 없애버린다. 철학자들의 이데올로기적 첨가물을 기대하지 않더라도, 철학적 아포리아의 논리를 통해 하이데거는 그러한 존재자의 경험적 위세를 본질적인 것으로 왜곡한다.

실체로서의 존재라는 관념에 대한 사유적 규정은 사유된 것을 분석하고 또 해당 정치 용어로 표현하면 '때려부숨으로써' 그것을 불가피하게 소홀히 하는데, 그러한 관념은 지난날의 체계나 오늘날의 세계와 같은 엘레아 학파적 완결성으로 귀결된다. 체계들의 의도와 달리, 완결된 것은 타율적이다. 그것은 개인이나 오늘날까지도 실현되지 못한 사회적 전체 주체의 이성적 의지로써 도달할 수 없는 것이다. 정적인 상태로 변모하여 눈앞에 다가온 사회 속에서는 변론적 이데올로기의 재고목록을 위한 새로운 동기들이 증대하지 않는 듯하다. 오히려 그 동기들은 희미해지고 식별하기도 힘들어져, 시의성 있는 경험들로써 그것을 거부하기는 어렵다. 철학의 상환청구(Rückgriffe)와 책략들을 통해 존재자가 존재에 투사될 경우, 존재자는 행복하게도 정당화된다. 존재자가 단순한 존재자로서 경멸받을 경우, 그것은 이 경멸 바깥에서 아무런 방해를 받지 않고 횡포를 저지를 수 있다. 강제수용소의 직원들은 성실하게 수용소의 원칙들에 따라 행동하는데, 세심한 독재자들이 강제수용소 방문을 회피하는 방법은 바로 그와 다를 바 없다.

계사

존재에 대한 숭배는 케케묵은 이데올로기인 시장의 우상(idola fori) 덕분에 살아간다. 즉 존재라는 말과 그로부터 추론된 형식들의 어둠 속에서 번성하는 것 덕분에 살아간다. '이다'(Ist)는 문법적 주어와 술어 사이에 실존판단(Existentialurteil)의 연관관계를 만들어내며, 이로써 존재적인 것을 암시한다. 그러나 그것은 동시에 순수하게 그 자체로 보면, 계사(Copula)로서 한 종합(Synthesis)의 보편적·범주적 사태를 의미하면서, 스스로 어떤 존재적인 것을 나타내지는 않는다. 그 때문에 그것은 별 생각 없이 존재론의 편에 속하는 것으로 치부된다.

하이데거는 계사의 논리성으로부터 존재론적 순수성을 얻어내며, 이는 사실적인 것에 대한 그의 알레르기와 어울린다. 하지만 그는 실존판단으로부터 존재적인 것에 대한 기억을 이끌어내는데, 이로써 그는 종합의 범주적 성과를 소여상태(Gegebenheit)로 실체화할 수 있게 된다. 아마 '이다'에도 어떤 '사태'가 상응할 것이다. 즉 그때 그때의 술어적 판단에서는 '이다' 역시 주어 및 술어와 마찬가지로 그 의미를 지니는 것이다. 그러나 그 '사태'는 존재적이지 않고 의도적이다. 계사는 그 자체의 의미로 보아 단지 주어와 술어 사이의 관계를 통해서만 실현된다. 그것은 자립적이지 않다. 하이데거는 계사를 의미 있게 하는 유일한 것인 그런 관계를 계사가 초월한다고 오해한다. 이로써 그는 자신이 반항했던 사물적(dinghaft) 사유에 압도된다. 그는 '이다'가 뜻하는 바를 절대적 이상적 즉자——바로 존재——로 고정시키는데, 이로 인해 일단 계사로부터 분리되면 판단의 주어나 술어로써 표현된 것은 동일한 권리를 갖게 될 것이다. 계사를 통한 종합은 양자에게 단지 외적으로만 다가올 텐데, 바로 이에 반대하기 위해 존재의 개념이 고안된 것이기도 하다. 주어·계사·술어는 진부한 논리학에서와 마찬가지로 사물들을 본보기삼아 그 자체로서 완결되고 완성된 개별성들이 될 것이다.

그러나 진술(Prädikation)은 사실상 덧붙여지는 것이 아니다. 오히려 그것은 주어와 술어를 연결하는 가운데, 이것들이 이미 그 자체로서 그러한 것 '일'——만일 '이다'에 의한 종합 없이도 어쨌든 그러한 것을 상상할 수 있다면——바로 그것이기도 하다. 이로써 미리 정해진 어떤 본질인 '존재'나 순수 종합인 '생성'을 계사로부터 추정하기(Extrapolation)는 불가능해진다. 이러한 추정은 의미이론적 혼동에 근거하는 것이다. 말하자면 계사 '이다'의 일반적 의미, 즉 판단의 종합을 위한 문법적 부호와 그때 그때의 판단 속에서 '이다'가 획득하는 특수한 의미를 혼동하는 데 근거하는 것이다. 양자는 결코 일치하지 않는다. 그런 한에서 '이다'는 우연적 표현들과 비교할 수 있다. 그것의 보편성은 특수한 판단을 수행하기 위한 보편적 형식, 곧 특수화에 대한 일종의 환어음이다. 전문어상으로 그러한 보편성에 대해서는 학술용어인 '계사'라는 말을 쓰고, 그때 그때의 판단을 통해 이루어지는 특수한 작업에 대해서는 바로 '이다'라는 말을 씀으로써 양자를 구분한다.

하이데거는 이 차이를 무시한다. 이로써 '이다'의 특수한 작업이 단지 그 보편적인 것의 한 가지 현상방식으로 된다. 실존판단의 내실과 범주 사이의 구분은 모호해진다. 진술적 내용을 보편적 문법형식으로 대신함으로써 '이다'의 존재적 업무가 일종의 존재론적인 것, 즉 존재의 한 존재방식으로 바뀐다. 그러나 '이다'의 의미 속에 상정되어 있는 특수자 속의 매개되고 매개하는 업무를 소홀히 할 경우, 어떤 성격의 것이든 그 '이다'의 기저

(Substrat)는 사라지고 단지 매개 일반의 추상적 형식만 남게 된다. 헤겔의 표현으로 '순수 생성'인 이 매개의 추상적 형식은, 헤라클레이토스와 더불어 파르메니데스*까지 추방하고자 하지 않는 한, 다른 어떤 것이나 마찬가지로 어떤 근원적 원칙이라고 할 수 없다.

존재라는 말은 자의적 규정에서나 건성으로 듣고 넘어갈 수 있을 어떤 배음(倍音)을 지닌다. 그리고 이 배음이 하이데거 철학에 그 나름의 음색을 부여한다. 각각의 존재자는 그 자체 이상의 것이다. 존재자와 대조되면서 존재는 이 점을 상기시킨다. 어떠한 존재자라도 규정되거나 스스로를 규정함으로써 그 자체가 아닌 다른 존재자를 필요로 하기 때문에—왜냐하면 어떤 존재자가 그 자체만으로 규정될 수는 없기 때문이다—존재자는 자체 너머를 가리킨다. 매개는 바로 이 점을 나타내는 다른 말일 뿐이다. 그러나 하이데거는 자체 너머를 가리키는 것을 붙잡아두려고 하며, 그것이 무엇인가를 가리키기 위해 넘어서는 것을 파편처럼 남겨놓으려 한다. 그의 경우 연루상태(Verflochtenheit)는 그 절대적 대립물인 원형적 실체(πρώτη ούσία)로 된다. 존재하는 것의 총괄개념인 존재라는 말을 통해 계사가 대상화된 것이다.

아마 존재 없이 '이다'에 관해 논한다는 것은 '이다' 없이 존재에 관해 논하는 것과 마찬가지로 불가능할 것이다. 이 단어는 모든 술어적 판단 속에서 종합을 조건짓지만 또 종합 속에서 비로소 결정체를 이루는 객관적 계기를 지시한다. 그러나 판단 속의 사태와 마찬가지로 존재는 '이다'에 대해 자립적이지 않다. 하이데거가 언어를 단순한 의미화(Signifikation) 이상의 것으로 받아들이는 것은 타당하지만, 언어는 그 형식들의 비자립성을 통해, 하이데거가 언어로부터 억지로 끄집어낸 것을 논박한다. 문법에서 '이다'가 무엇인가가 존재한다는 능동형으로서의 존재라는 기저범주(Substrat-kategorie)와 결합될 경우, 존재는 즉자로서 사용되지 않고 단지 그 존재하

---

* 파르메니데스(Parmenides, 기원전 540~470)는 모든 개별 존재자를 유일하게 참인 존재의 현상으로 본다.

는 것 모두에 대한 관계 속에서 상호적으로 사용될 뿐이다. 물론 존재론적
으로 순수한 것이라는 가상은, 판단들에 대한 모든 분석이 결코 어느 쪽도
다른 쪽으로—메타논리적으로 볼 때 주체이든 객체이든[1])—환원될 수 없
는 두 계기에 이르게 된다는 점 때문에 강화된다.

   절대적 제1원리라는 망상에 사로잡힌 사상은 결국 그 환원 불가능성 자
체를 그처럼 궁극적인 것이라고 광고하는 경향을 띨 것이다. 하이데거의 존

---

1) 순수논리적 관계인 판단 속의 주체-객체 관계와 인식론적 · 물질적 관계로서의
   주체와 객체의 관계는 우선 엄격히 구분되어야 한다. 주체(Subjekt)라는 용어는
   앞에서와 뒤에서 거의 모순적인 것이다. 판단이론에서 주체라는 용어는 기초로
   깔려 있는 것이며, 그것에 대해 무엇인가가 서술되는 것이다. 그것은 판단행위
   및 판단의 종합 속에서 판단된 것에 비할 때, 어떤 점에서는 객관적인 것이며
   사유가 작용하는 대상인 것이다. 그러나 인식론적으로 주체는 사유기능을 의미
   하며, 대체로 사유하는 존재자이기도 하며, 자아(Ich)의 개념이 의미하는 바가
   완전히 달라지지 않는 한 자아의 개념으로부터 배제할 수 없는 것이기도 하다.
   그렇기는 해도 이러한 구분은 구분된 것 사이의 긴밀한 유사성도 내포한다. 판
   단이 이루어진 사태—현상학의 언어로는 '판단된 것 그 자체'—및 바로 그
   사태에 근거하고 그것을 산출하는 종합의 짜임관계는 주체와 객체의 물질적 관
   계를 상기시킨다. 이 주체와 객체는 서로 구분되며, 어느 한쪽의 순수한 동일성
   으로 환원되지 않고 서로를 조건짓는다. 왜냐하면 객체를 객체로 만드는 규정,
   즉 주체 없는 어떠한 객체도 규정될 수 없기 때문이고, 또 주체 자신을 포함
   해서 주체에 맞서 존재하는 것이 없다면 주체는 어느 것도 생각할 수 없기 때문
   이다. 그래서 사유는 존재자에 묶여 있다. 논리학과 인식론 사이의 평행선은 단
   순한 유추 이상의 것이다. 실존 혹은 공간적 · 시간적 사실성과 무관한 것으로
   알려진 사태와 종합 사이의 순수 논리적 관계는 사실상 주체-객체 관계의 추상
   이다. 즉 이 관계가 순수 사유의 관점 아래 옮겨지고 특수한 존재적 사태가 모
   두 무시되는 것이다. 그러나 이때 이 추상은 사실성의 빈 자리를 차지하는 어떤
   것(Etwas), 그러한 추상을 통해 아주 일반적으로 지칭되지만 사실적인 것을 뜻
   하는 어떤 것, 또 사실적인 것을 통해서만 그 자체가 의미하는 것이 되는 어떤
   것에 대해 아무 힘도 지니지 못한다. 추상이라는 방법론적 장치는 그것이 순수
   한 형식으로서 손안에 움켜쥐고 있다고 망상하는 것의 의미에서 한계에 부딪친
   다. 형식논리적인 '어떤 것'에서는 존재자의 흔적을 지울 수 없다. '어떤 것'이
   라는 형식은 물질 혹은 '현존물'(τόδε τι)을 모델로 만들어졌다. 그것은 물질적
   인 것의 형식이며, 그런 한에서 그 자체의 순수논리적 의미에 따라, 인식론적
   성찰이 사유에 대한 대립물로서 추구하는 메타논리적 요인을 필요로 한다.

재 개념 속에서는 환원 불가능성으로의 환원(die Reduktion auf Irredukti-bilität)이 공명한다. 하지만 그것은 형식화되는 바와 어울리지 않는 형식화다. 이 형식화는, 그 자체로 받아들인다면 어떠한 판단에서나 판단의 계기들이 어느 한쪽으로 동화되지 않는다는 부정적인 것을 의미할 뿐이다. 달리말해 그 계기들이 서로 동일하지 않다는 점을 의미하는 것이다. 판단 계기들의 이 관계 외부에서는 그 환원 불가능성이라는 말로 전혀 아무것도 생각할 수 없다. 즉 그것은 공허한 것이다. 이 때문에 그 환원 불가능성에 판단계기들에 대한 존재론적 우월성을 부여할 수는 없다. 이때의 오류추론은 그계기들 가운데 한 계기를 다른 계기로 환원시킬 수 없다는 부정적인 것을어떤 긍정적인 것으로 변형시킨 데 있다.

하이데거는 동일성 속의 비동일성을 변증법적으로 통찰하는 경계선에까지 이른다. 그러나 그는 존재 개념 속의 모순을 감당하지 못한다. 그는 이모순을 억누른다. 어쨌든 존재라는 말로 사유될 수 있는 것은 그 개념과 그것이 뜻하는 바 사이의 동일성을 비웃는다. 그러나 하이데거는 그것을 동일성으로서, 그 타자성(Andersheit)이 없는 순수한 자체 존재(reines es selbst Sein)로서 다룬다. 그는 절대적 동일성 속의 비동일성을 가족의 수치인 듯이 쉬쉬한다. '이다'가 단순한 주관적 기능도 아니고 사물적인 것, 존재자 혹은 전통적 사유에 따르면 객관성도 아니기 때문에 그는 그것을 제3의 것인 존재라고 칭한다. 그러한 이행과정에서, 하이데거는 자신이 겸손하게 분석한다고 믿는 표현의 의도를 무시한다.

'이다'가 결코 단순한 사상도 단순한 존재자도 아님을 인식한다고 해서, 그것이 그 두 가지를 초월하는 것이라고 찬양해도 되는 것은 아니다. 지극히 희미한 보편성을 통해서라고 할지라도 '이다'에 대해 어쨌든 생각만이라도 하려면, 한편으로는 존재자에 또 한편으로는 개념들에 도달한다. 이계기들의 짜임관계는 단 하나의 유일한 본질로 환원될 수 없다. 거기에는자체로서는 본질이 아닌 어떤 것이 내재한다. 존재라는 말이 약속하는 통일성은 그것이 사유되지 않는 한에서, 하이데거 자신의 방법론에 따라 의미가분석되지 않는 한에서 지속된다. 그러한 분석이 이루어지면 존재의 심연 속에서 사라진 것이 다시 드러나게 된다. 그러나 존재에 대한 분석 자체가 터부시되면 논리적 아포리아가 은폐된다. 존재를 통해 절대적인 것이 사유되어야 할 테지만, 그것이 절대적인 이유는 바로 그것이 사유될 수 없기 때문이라는 이야기다. 존재는 그 계기들에 대한 인식을 마술적으로 현혹시키기 때문에 그 계기들의 피안에 존재하는 듯해 보인다. 이성이 그 최선의 것을 생각할 수 없다는 이유로 그 자체로서 나쁜 것이 되고 마는 것이다.

존재의 비초월성

전체성을 신봉하는 하이데거의 언어원자론(Sprachatomistik)과 반대로, 실제로는 모든 개별 개념들이 이미 그 자체로 분류법적 논리학이 소홀히 하는 판단들과 얽혀 있다. 논리학을 개념·판단·추론으로 삼분하는 낡은 방식은 린네(Linné)의 체계와 마찬가지로 과거의 잔재다. 판단은 개념들의 단순한 종합이 아니다. 왜냐하면 판단 없이는 어떠한 개념도 있을 수 없기 때문이다. 하이데거는 이 점을 간과하는데, 이는 아마 스콜라 철학의 마법에 사로잡혀 있기 때문일 것이다. 하지만 존재나 '이다'의 매개상태 속에는 주체가 포함되어 있다. 하이데거는 관념론적이라고도 할 수 있는 이 계기를 억누르며 이로써 주관성을 모든 주체-객체 이원론에 앞서는 절대자로 격상시킨다. 판단에 대한 어떠한 분석도 주체와 객체에 이르게 된다고 해서, 즉 자로서 존재할 그 계기들의 피안의 영역을 만들어낼 수는 없다. 분석을 통해 나타나는 것은 그 계기들의 짜임관계이지 더 높은 차원의 것이 아니며, 더욱이 더 일반적인 제3의 것은 결코 아니다.

물론 하이데거의 생각처럼 '이다'는 사물적인 것, 현존재($\tau\grave{\alpha}$ ὄντα), 존재자 혹은 흔히들 이해하는 객관이 아니라고 할 수 있을 것이다. 왜냐하면 종합이 없다면 '이다'가 아무 기저도 가지지 못할 터이기 때문이다. 이와 같은 사태 속에서는 그것에 상응할 어떠한 현존물($\tau\acute{o}\delta\varepsilon$ $\tau\iota$)도 지적할 수 없을 것이다. 그러므로 그러한 추론에 따른다면 '이다'는 바로 그 제3의 것, 즉 존재를 가리키게 된다는 것이다. 하지만 이 추론은 허위이며, 자족적 의미

론의 폭행이다. 그것이 오류라는 점은 '이다'의 순수 기저라는 것이 사유될
수 없다는 점에서 명백해진다. 사유하려는 모든 시도는 매개들과 부딪치는
데, 실체화된 존재는 이 매개들에서 벗어나고 싶어한다. 그러나 하이데거는
존재가 사유될 수 없다는 점으로부터 존재의 형이상학적 위엄이라는 이점
을 추가로 이끌어낸다. 존재는 사유되지 않기 때문에 절대적이라는 것이다.
또 존재는——극히 헤겔적으로——주체나 객체에 완전히 환원될 수 없기 때
문에 그것의 피안에 위치한다는 것이다. 그러나 존재는 주체 및 객체와 전
혀 무관하게 있을 수 없을 것이다.

　존재를 생각할 수 없는 이성은 결국, 마치 사유가 이성으로부터 분리되기
라도 하듯이 그 자체도 비방을 받게 된다. 존재가 단순히 존재하는 것, 혹
은 사건들의 총괄개념에 그치지 않는다는 데에는 논란의 여지가 없다. 이
반실증주의적 인식을 통해, 사실성을 넘어서는 개념의 특성을 합당하게 다
룰 수 있을 것이다. 언어를 언어로 만드는 어떤 잉여부분(das Mehr)이 없
다면 어떠한 개념도 불가능할 것이다. 그러나 현존재(τὰ ὄντα)와 대비되는
존재라는 말 속에서 메아리치는 소리, 즉 모든 것이 그 자체 이상의 것이라
는 말은 그것의 연루상태를 의미하지 초월성을 의미하는 것이 아니다. 하이
데거의 경우에는 이 연루상태가 초월성으로 되며, 이로써 개별 존재자에 부
가된다. 주체나 객체가 직접적인 것도 궁극적인 것도 아니라고 보는 한에서
그는 변증법을 따르고 있다. 하지만 그는 주체와 객체의 피안에서 어떤 직
접적인 것, 제1원리를 추구함으로써 변증법에서 뛰쳐나온다. 산재되어 있
는 존재자에서 그 자체 이상인 것을 형이상학적 원질(ἀρχή)이라고 찬양할
경우 사유는 태고주의적으로 되고 만다.

　아우라(Aura)[2]의 상실에 대한 반응으로서 하이데거는 이 아우라, 즉 사
물들의 자체를 넘어서는 요인을 기능전환하여 기저로 만들며 이로써 사물
들 자체와 동일시한다. 그는 신화적 자연종교에 훨씬 앞서 혼란으로 인해

---

2) 발터 벤야민이 전개한 개념. 전집 1권(프랑크푸르트 : 1955), 366쪽 이하 및 426
　쪽 이하 참조.

야기된 두려움을 다시 원시화하라고 처방한다. 즉 존재라고 하는 독일어 명
칭 아래, 천둥이 칠 때면 애니미즘 이전 단계의 원시인들을 엄습하던 무기
력감과도 같은 마나(Mana)3)를 끄집어내는 것이다. 하이데거는 불변적으로
비합리적인 사회에서는 합리성이 발전하더라도 여전히 과거로 돌아가는 일
이 벌어진다는 법칙에 은밀히 따른다. 손해를 보고 나서 영리해진 그는 클
라게스*의 낭만적인 그리스 원주민론(Pelasgertum)이나 오스카 골트베르크
(Oskar Goldberg)가 말하는 힘들을 회피하고, 손에 잡히듯 뻔한 미신의
영역에서 빠져나와 형상들을 현실로 생각하는 따위의 신화적 요소들이 더
이상 이루어지지 않는 어떤 희미한 영역으로 들어간다. 그는 비판을 피해
가지만, 근원의 이점들을 버리지 못한다. 즉 그는 근원을 극히 먼 곳에 옮
겨놓으며, 그래서 근원은 시간 외적이고 따라서 또 언제나 나타나는 것이
다. "그러나 그런 것은 있을 수/없도다."4)

　단지 퇴행을 통해서만 역사로부터 벗어날 수 있다. 퇴행의 목표인 가장 오
래된 것은 진실이 아니라 절대적 가상일 뿐이다. 즉 자연 속에 어리석게 사로
잡혀 있는 것일 뿐이다. 그리고 이 자연에서 인간이 파악하지 못한 것은 그저
초자연의 패러디에 지나지 않는다. 하이데거의 초월성5)은 그 자체의 내재적
성격에 대해 냉담한, 절대화된 내재성이다. 단순히 파생적인 것, 매개된 것일

3) 호르크하이머·아도르노, 『계몽의 변증법』(암스테르담 : 1947), 26쪽 참조.
* 클라게스(Ludwig Klages, 1872~1956)는 독일 철학자·심리학자로, 모든 생명
　체는 영혼을 가지며 육체의 의미는 영혼이라고 보았다. 합리적 오성의 의식행
　위에 맞서 영혼의 직관과 육체의 감각을 대립시켰다.
4) 횔덜린, 전집 2권, 프리드리히 바이스너 편(슈투트가르트 : 1953), 190쪽.
5) "철학의 기본 테마로서의 존재는 어떤 존재자의 유가 아니지만 모든 존재자와
　관계한다. 그것의 '보편성'은 더 높은 곳에서 찾아야 한다. 존재와 존재구조는
　모든 존재자 및 어떤 존재자의 존재할 수 있는 모든 규정성 너머에 위치한다.
　존재는 초월적인 것 자체다. 현존재의 존재의 초월성은 그 속에 가장 근본적인
　개별화의 가능성과 필연성이 담겨 있는 한 하나의 특별한 초월성이다. 초월성
　으로서의 모든 존재 해명은 선험적(transzendental) 인식이다. 현상학적 진리(존
　재의 해명상태)는 선험적 진리(veritas transcendentalis)다"(하이데거, 『존재와
　시간』 제6판, 튀빙겐 : 1949, 38쪽).

뿐인 존재가 구체적 존재자(ens concretissimum)의 휘장을 뒤집어쓸 수 있게 되는 가상에 대해서는 설명이 필요하다. 그러한 가상은 순수 현존물(Diesda)과 순수 사유라는 전통적 인식론과 형이상학의 양극이 추상적이라는 데 근거한다. 수많은 규정들이 그 두 가지로부터 동떨어져 있으며, 그래서 판단이 그 대상을 지향하려는 한 그 두 극단에 관해 진술할 바는 별로 없다. 이로써 양자는 서로 구분할 수 없는 듯해 보이며, 그 때문에 그때 그때 해명되어야 할 바에 따라 부지불식간에 그것들을 뒤바꾸어 추구하는 일도 가능해진다.

순수한 존재자의 개념에는 그 이상에 비추어볼 때 아무 범주도 필요하지 않는데, 완전히 성질을 상실한 것이기 때문에 어떠한 존재자에도 한정될 필요가 없을 것이며, 또한 존재라고 칭할 수 있을 것이다. 그러나 절대적 개념으로서의 존재는 개념으로서 스스로를 정당화할 필요가 없다. 그것은 어떤 규모로 파악해도 한정될 것이고 그 자체의 의미를 위배할 것이다. 그 때문에 그것은 현존물($τόδε\ τι$)이 본질적인 것의 위엄을 갖추는 것과 마찬가지로 간단히 직접적인 것의 위엄을 지닐 수 있다. 그 두 가지의 서로 무관한 극단 사이에서 하이데거의 철학[6] 전체가 이루어진다. 그러나 그의 의사와

---

[6] 하이데거의 철학은 헤겔과 접촉하면서도 변증법을 회피하는데, 그 덕분에 그의 철학은 초월성을 획득했다고 주장하게 된다. 그것은 부단히 변증법적 반성과 접하면서도 이를 전적으로 거부하는 가운데 전통적 논리학에 종사하며, 술어적 판단을 본보기로 변증법적 논리학에서 단순한 계기일 뿐인 것의 확고하고 절대적인 성격을 자신의 것으로 만든다. 예컨대 『존재와 시간』의 첫부분에 나오는 공식에 따르면(하이데거, 『존재와 시간』, 13쪽 참조), 현존재는 존재론적이라고 하는——인정받지는 못했어도 역설적인——장점을 지닌 존재자, 즉 실존자일 것이다. 현존재는 주체의 소심한 독일식 변형이다. 하이데거는 그것이 매개의 원칙이면서 매개되지 않았다는 점, 또 그것이 본질구성자(Konstituens)로서 본질구성물(Konstitutum)인 사실성을 전제로 한다는 점을 간과하지 않았다. 사태는 변증법적이다. 그런데 하이데거는 그러한 사태를 극단적으로 무모순성의 논리에 옮겨놓는다. 그는 서로 모순적인 주체의 계기들로 두 개의 속성을 만들어내며 이를 마치 실체와도 같은 주체에 부착시킨다. 그런데 이는 존재론적 위엄에 기여한다. 즉 전개되지 않은 모순이 논증적 논리학의 언어로 번역되고도 이 논리학의 조건들에 따르지 않기 때문에, 어떤 더 높은 차원의 것 자체에 대한 보증이 되는 것이다. 이러한 투사(Projektion)를 통해, 존재라고 칭해지는 실체는

반대로 존재 속에서는 존재자가 주도적 위치를 차지한다. 존재는 금단의 열매가 마치 사랑의 여신의 열매이기나 한 듯이 금단의 열매로부터 생명을 얻는다. 존재는 자신의 아우라적 절대성을 위해 어떠한 존재자에 의해서도 오염되지 않으려고 한다. 그러나 존재는 언제나 또한 단순한 존재자를 의미함으로써만 절대성에 대한 요구의 근거가 되는 직접적인 것으로 된다. 존재에 관한 논의가 순전한 기원(Invokation)에 어떤 것을 첨가한다면, 그것은 존재적인 것에서 유래할 뿐이다. 하이데거의 경우 실질적 존재론의 흔적들은 시대적인 것이다. 이는 셸러의 경우와 마찬가지로 형성된 것이자 일시적인 것이다.

표현 불가능한 것의 표현

존재 개념의 부흥을 야기한 진정한 경험까지 파악될 때에야 비로소 존재 개념은 합당하게 다루어질 것이다. 그 경험은 표현 불가능한 것을 표현하려는 철학적 욕구다. 철학 고유의 욕구인 이 욕구를 철학이 초조하게 차단하면 할수록, 표현할 수 없는 것을 직접 다루려는 유혹은 더 커진다. 그리고 철학에 대한 최악의 정의라고는 할 수 없는──그것이 또한 철학에 대한 비웃음을 부추기기도 하는데──시시포스의 노고를 기울이지 않게 된다.

정신적 형식으로서의 철학 자체는 하이데거의 경우 명상의 대상이 되면서 또한 명상을 방해하는 것이 취하는 유동적 요인과 매우 유사한 어떤 계기를 지니고 있다. 왜냐하면 철학은 그 개념사를 통해 추측할 수 있는 것보다 훨씬 더 특유한 의미에서 하나의 형식이기 때문이다. 헤겔 철학의 한 층을 제외하면 철학사에서 철학이 자신과 얽혀 있는 과학이나 과학이론 혹은

긍정적인 것(Positives)으로서 개념도 사실도 넘어서게 되는 것이다. 이 긍정성은 그에 대한 변증법적 반성을 견뎌내지 못할 것이다. 그러한 도식들이 기초존재론 전체의 상투적 논법(τόποι)이다. 기초존재론은 변증법적 구조들을 단순히 명명하기만 하면 되는 듯이 비변증법적으로 표현하고 실체화하고는, 이로부터 사유 및 사실에 대한 초월성을 이끌어낸다.

논리학 등과의 질적 차이를 반성하는 경우는 드물다. 철학의 본질은 이성의 진리(vérités de raison)나 사실의 진리(vérités de fait)에 있지 않다. 철학이 말하는 어떠한 것도 어떤 실제 사례의 확고한 기준들에 따르지는 않는다. 즉 개념적인 것들에 대한 철학의 명제들은 논리적 사태의 기준들에 따르지 않으며, 이와 마찬가지로 사실적인 것에 대한 명제들은 경험적 연구의 기준들에 따르지 않는다.

철학은 또한 그러한 거리(Distanz) 때문에 깨어지기 쉽다. 철학을 고정시킬 수는 없는 것이다. 철학이 과학의 테러로 인해 되풀이하여 어떤 확고부동한 것에 매달린 한, 철학의 역사는 영원한 실패의 역사다. 과학에서 배척되는 과학성을 요구함으로써 철학은 철학에 대한 실증주의적 비판을 받아 마땅하게 된다. 이러한 비판은 철학이 어쨌든 자체의 이념에 따르는 경우, 철학을 그 자체의 것이 아닌 기준과 대질시킴으로써 오류를 범한다. 그러나 철학은 진리를 포기하지 않으며, 단지 과학의 진리가 한정된 것이라는 점을 밝힐 뿐이다.

철학의 유동적 성격은 다음과 같은 점을 통해 규정된다. 즉 철학은 검증적 인식에 거리를 두고 있음에도 불구하고 비구속적인 것이 아니며 오히려 엄밀성을 띠는 고유의 생명을 지닌다. 철학은 그 자체가 아닌 것, 자신과 대립되는 것, 그리고 형편없이 순진한 긍정적 인식이 구속력 있는 것으로 간주하는 것에 대한 반성 속에서 그 엄밀성을 찾는다. 철학은 과학도 아니며, 실증주의가 진부한 모순어법(Oxymoron)을 써서 철학을 격하시키듯 사상시도 아니다. 오히려 철학은 철학과 상이한 것에 대해 매개되기도 하고 또 그것들과 구분되기도 하는 형식이다. 그러나 철학의 유동적 측면은 철학 자체에 담긴 표현 불가능한 것의 표현일 뿐이다.

실로 이런 점에서 철학은 음악과 유사하다. 이 유동적 성격을 올바르게 말로 표현하는 것은 거의 불가능하다. 아마 이로 인해——예컨대 니체를 제외하고——철학자들은 그 점을 간과하게 되었을 것이다. 오히려 그러한 성격은 철학의 구속력 있는 속성으로서, 철학 텍스트를 이해하기 위한 전제조건이다. 그것은 역사적으로 생겨났을 것이며, 음악의 경우와 같이 다시 침묵하게 될지도 모른다. 하이데거는 이 점을 깨달았다. 또 아마 그것이 곧 소멸될 듯하기 때문이겠지만, 철학의 이 특유한 성격을 문자 그대로 하나의 부문으로, 더 높은 질서에 속하는 듯한 하나의 대상성으로 변형했다. 즉 사실성이나 개념들에 대해 보통 판단되고 있는 것처럼 판단하지 않는다는 점을 스스로 인식하고 있는 철학, 그리고 결코 자신의 대상에 대해 확신을 가질 수 없는 철학은 사실·개념·판단 등의 피안에 마치 긍정적인 듯한 내용을 가지고 싶어하는 것이다.

이로써 사유의 유동적 성격은 사유가 표현하고자 하는 표현 불가능한 것 자체로까지 격상된다. 말하자면 비대상적인 것이 고유의 본질과 어떤 윤곽을 지닌 대상으로 된다. 그것은 또 바로 그 때문에 손상되기도 한다. 하이데거가 뿌리치려는 전통의 짐 아래서, 표현 불가능한 것이 존재라는 말로 간결히 표현된다. 그리하여 사물화에 대한 반론이 사유를 포기함으로써 비합리적인 것으로 되고 사물화된다. 하이데거는 철학의 표현 불가능한 측면을 직접 주제로 취급함으로써 철학을 다시 정체시키고 마침내 의식을 폐기해버리기에 이른다. 그 죄가로, 하이데거가 파려고 하면서도 자신의 구상에 따라 메워버린 우물은, 매개들을 통해 표현 불가능한 것을 지향하는 경향이 있는 철학, 이 파괴되었다는 철학의 인식보다도 더 빈곤하게 고갈된다. 횔덜린을 남용하는 가운데 하이데거가 시대의 빈곤 탓으로 여긴 것은 사실상 시대의 피안에 위치한다고 망상하는 사유의 빈곤일 뿐이다.

표현 불가능한 것을 직접 표현하는 것은 쓸모없다. 위대한 음악에서와 마찬가지로 그것이 표현될 경우 그 징표는 미끄러져가는 것, 덧없이 사라지는 것이었다. 또 이 표현은 어떤 지시적인 '이것이 그것이다'(Das ist es)라는 생각이 아니라 진행과정에 집착했다. 사상을 희생시킴으로써 표현 불가능한 것을 생각하려는 사상은, 그것을 자신도 극히 원하지 않는 것, 즉 그저 추상적인 객체라는 무의미한 것으로 변조한다.

어린이의 질문

기초존재론이 보기에 너무 존재적·심리학적이지만 않다면, 기초존재론은 어린이야말로 존재에 관해 묻는다고 주장할 수도 있을 것이다. 그런 주장은 어린이로부터 반성을 배제하는데, 자고로 관념론에서 그랬듯이 반성에 대한 반성은 그것을 복구하고 싶어한다. 그러나 이 이중의 반성이 어린이처럼 직접 질문을 던지기는 어렵다. 철학은 어린이의 행동을 마치 성인의 의인관을 통해서처럼, 인류 전체의 유년기 철학으로서 시간이전적·초시간적인 것으로 윤색한다.

어린이는 행동 대상들 가운데 하나로서 이미 초기 단계에도 어느 정도 친숙한 세계보다는, 그들이 나이 든 후에는 거의 상상할 수도 없는 노력을 기울여 습득하는 말들에 대한 자신의 관계 때문에 고생한다. 어린이는 말의 의미를 확인하려고 하며, 정신분석학적으로도 설명되는 현상이지만, 짓궂게 불평하면서도 고집스럽게 그 일에 관여함으로써 단어와 사물 사이의 관계에 접근한다. 어린이는 의자가 왜 의자냐고 하는 문제로 어머니를 귀찮게 괴롭힐지도 모른다. 그의 순진성은 순진하지 않다. 문화는 언어로서 아주 일찍부터 어린이의 의식활동 속에 침투해 들어가 있다. 이는 근원성에 대해 논하기 위한 일종의 저당권이라고 할 수 있다.

말의 의미와 말의 진리내용, 즉 말의 '객관에 대한 관계'는 아직 명확히 드러나 있지 않다. 의자라는 말이 무엇을 의미하는지를 아는 일과 의자가 실제로 무엇인지를—그런데 이에는 실존판단도 관계한다—아는 일이 어린이의 의식에서는 동일한 것이거나 적어도 분화되지 않고 있으며, 어쨌든 많은 경우에 아주 어렵게만 서로 구분될 수 있다. 그처럼 습득된 어휘를 통해 방향을 잡는 한에서 바로 어린이의 직접성은 자체로 매개되어 있으며, 원인과 제1원리의 천착도 미리 형식화되어 있다. 언어는 어떤 인공물(Θέσει)로서가 아니라 자연물(φύσει)로서 체험되며, '당연한 것으로 받아들여진다.' 이처럼 태초에는 물신주의가 존재하며, 처음을 추구하는 일은 언제나 이 물신주의의 지배에서 벗어나지 못한다.

물론 사유된 것은 모두 단연코 언어적이며, 무반성적 유명론은 틀리기 쉬운 언어에 계시적(geoffenbart) 언어의 속성을 부여하는 실재론과 마찬가지로 허위이기 때문에, 그 물신주의를 꿰뚫어보기는 쉽지 않다. 하이데거는

무언어적 즉자(sprachloses An sich)라는 것은 없다는 점, 따라서 언어가
진리 속에 있는 것이지 진리가 단순히 지칭되는 것으로서 언어 속에 존재하
는 것은 아니라는 생각을 옹호한다. 그러나 언어가 진리에 본질구성적으로
관여한다고 해서 양자가 동일성을 지니는 것은 결코 아니다. 언어의 힘은
반성을 통해 표현과 사물이 서로 분리된다는 점에 의해 확증된다.[7] 언어는
표현과 그 뜻하는 바의 비동일성을 의식할 때에만 진리의 법정(Instanz der
Wahrheit)으로 된다. 하이데거는 이 반성을 거부한다. 그는 언어철학적 변
증법의 첫발을 디딘 후 멈추고 만다. 그의 사유는 명명식을 통해 이름
(Name)의 힘을 부활시키고 싶어하는 점에서도 원시상태로의 복귀다. 그러
나 이 이름의 힘은 그러한 일을 주체에게 허용할 정도로 세속화된 언어 속
에 편재해 있는 것이 아니다. 주체들은 세속화를 통해 언어들로부터 이름을
앗아버렸다. 또 언어의 객관성에는 철학적 신앙이 아니라 비타협적 세속화
가 필요하다.

언어가 단순한 기호 이상으로 되는 것은 단지 그 의미적 힘(signifikative
Kraft)을 통해서이며, 언어가 가장 정확하고 밀접하게 그 뜻하는 대상을 가
지는 경우에만 가능하다. 언어는 그것이 형성되고 있는 한 표현과 사물 간
의 끊임없는 대질 속에 존재한다. 크라우스 자신은 언어에 대한 존재론적
견해에 기울어 있었을지 모르나, 그런 기준에 따라 움직였다. 그러나 하이
데거의 방법은 숄렘*의 표현에 의하면 독일 티를 내는 비교론(秘敎論,
Kabbalistik)이다. 그는 역사적 언어들을 마치 존재의 언어처럼 대하는데,
이는 억지의 반낭만주의가 모두 그렇듯이 낭만주의적이다. 그런 식의 파괴
는 그가 고려하지 않은 문헌학적 교양 앞에서 침묵하는데, 그 자신도 이 교
양을 미루어놓고 있다. 그러한 의식은 자신을 둘러싸고 있는 것을 긍정하거
나 적어도 그것에 만족한다. 진정한 철학적 극단주의는, 그것이 역사적으로

---

7) H. 슈베펜호이저, 「하이데거 언어이론 연구」, 『철학 문집』 7호, 1957, 304쪽
참조.

* 숄렘(Gershom Gerhard Scholem, 1897~1982)은 유대교 종교사학자로 유대 신
비교(카발라) 연구의 창시자다.

어떻게 등장하였든, 의심의 산물이다. 이 의심만을 파괴하는 극단적 문제 자체는 허상이다.

존재에 대한 물음

본래성(Eigentlichkeit)이라는 하이데거의 낡은 범주는 존재라는 말의 강력한 표현을 밑받침해주는데, 물론 나중에 그 범주는 거의 거론되지 않는다. 개념과 존재자에 대한 존재의 초월성은 가상도 아니고 인위적이지도 않고 근거 없지도 않은 것으로서의 본래성에 대한 욕구를 회복시키고자 한다. 철학의 역사적 전개과정에서는 의구심(θαυμάλειν) 혹은 표면현상에 대한 불만인 철학 특유의 충동, 곧 본질과 가상 사이의 구분이 평준화되었는데, 여기에 저항하는 것은 정당하다.

무반성적 계몽은 현상들 뒤의 진정한 세계가 본질이라는 형이상학적 테제를 그와 마찬가지로 추상적인 반대 테제, 즉 본질은 형이상학의 총괄개념이므로 가상이라는 테제로써, 따라서 가상이 본질이라는 식의 테제로써 부정한다. 세계의 분열로 인해 본래적인 것, 곧 분열의 법칙이 감춰진다. 실증주의는 자료가 아닌 것이나 은폐되어 있는 것을 신화나 주관적 투사라고 배척함으로써 이 법칙에 따른다. 이로써 실증주의는 지난날 감성계(mundus sensibilis) 속의 고통을 본체(das Noumenale)라고 단언함으로써 위로했던 학설들과 마찬가지로, 가상적인 것을 확정한다.

하이데거는 이 메커니즘을 다소 알아차렸다. 그러나 그가 아쉬워하는 본래적인 것(das Eigentliche)은 곧 어떤 긍정성(Positivität), 즉 의식의 한 가지 태도로서의 본래성으로 뒤집힌다. 또 이 의식은 범속성에서 벗어나오는 가운데, 낡은 본질론의 신학적 태도를 무기력하게 모방한다. 감추어진 본질은 그것이 재앙(Unwesen)은 아닌가 하는 의심을 면제받는다. 『존재와 시간』과 '현대의 정신적 상황'에 관한 야스퍼스의 소책자*를 통해 전개된 이른바 대중화(Vermassung)의 범주들 자체가 인간으로 하여금 현 상태에 머물게 만드는, 감추어진 재앙의 범주들일 수도 있다는 점에 대해서는 감히

숙고하지 않고 있다. 이 경우 인간은 본질을 망각했다는 이유로 또다시 철학의 비난을 받는다. 본래성의 파토스 속에 떨림음처럼 남아 있는, 사물화된 의식에 대한 저항은 좌절된 것이다. 비판의 잔여부분은 현상, 곧 주체들을 향하게 된다. 그리하여 본질의 책임은 단지 주체들의 책임에 의해 표현되고 재생산될 뿐이므로 본질은 아무 탈 없이 남게 된다.

기초존재론은 의구심(θαυμάλειν) 때문에 탈선하지 않는 한편, 질문의 형태를 통해 무엇이 본래적인 것인가 하는 그 해답과는 담을 쌓는다. 이 물음이, 존재에 대한 물음이라는 역겨운 용어로 포장된 것도 일리가 있다. 그것이 허위인 까닭은, 누구라도 몸으로 느끼는 관심사—즉 개인이 죽음을 통해 절대적으로 소멸하느냐 아니면 기독교적 확신(non confundar)의 희망을 가지고 있느냐 하는 햄릿의 독백에 나오는 솔직한 관심사—에 호소하면서도, 햄릿이 죽느냐 사느냐 하는 말로써 의도한 바가 순수한 본질로 대치되고 이것이 실존을 삼켜버리기 때문이다.

실존적 존재론은 현상학적 관습에 따라 어떤 것을 주제로 삼고, 제반 기술(Deskriptionen) 및 구분(Distinktionen)을 동원하여 관심을 충족시키고는 그 주제로부터 주의를 돌려놓는다. 하이데거는 이렇게 말한다. "그러므로 존재에 대한 물음은 존재자를 바로 이런저런 존재자로서 탐구하고 이로써 이미 존재에 대한 이해 속에서 움직이고 있는 과학들의 가능성의 아 프리오리한 조건을 목표로 삼을 뿐 아니라, 존재적 과학들에 선행하며 이 과학들의 기초를 이루는 존재론 자체의 가능성을 위한 조건도 목표로 삼는다. 아무리 풍부하고 확고하게 짜인 범주체계를 활용할 수 있다고 해도, 존재론은 우선 존재의 의미를 충분히 해명하지 못하고 이 해명을 자신의 기본과제로 파악하지 않는 한, 근본적인 점에서 맹목적이며 그 가장 고유한 의도를 뒤바꾸어놓은 것이다."[8]

---

* 『현대의 정신적 상황』(1931)이라는 시대 분석서에서 야스퍼스는 제국주의 사회의 현실적 원인에 대해 분석하지 못하고 개인 차원의 해결책을 모색함으로써 부르주아 지식인들의 수동적 태도를 유포했다.

위의 글에서 현상학적으로 장황하게 존재에 대한 물음으로서 치장된 것을 과장함으로써, 이 존재에 대한 물음은 그와 같은 말로써 표상될 수 있는 것을 상실한다. 또 그렇게 표상된 것은 자칫 번거로운 편견으로 격하되고, 좌절이 오히려 더 높은 차원의 진리이자 회피한 물음의 본래적 해답인 듯이 강조된다. 단지 충분히 본래적이기 위해 이른바 존재에 대한 물음은, 그것이 유일하게 존재의 진정한 의미로서 용납하는 것의 무차원적 점(der dimensionslose Punkt)으로 수렴한다. 하이데거의 경우, 점차 드러나는 존재가 존재라는 말만을 되풀이할 뿐이라는 점에서[9] 동어반복으로 나타나는데, 존재에 대한 물음은 자신을 넘어서거나 궁극적으로는 그러한 동어반복을 넘어서는 데에 대한 금지로 변한다.

가능하다면 하이데거는 존재의 동어반복적 본질을 논리학의 규정들보다 우월한 것이라고 내세울 것이다. 그러나 그것은 진퇴양난으로부터 전개될 수 있을 것이다. 이미 후설이 그랬듯이, 하이데거는 자신이 너무 우월한 태도로 무효화시킨 형이상학의 역사 속에서 양립 불가능한 것으로 입증된 사유의 욕구들에 아무 걱정 없이 똑같이 순종한다. 즉 그는 순수하고 모든 경험적 혼합에서 벗어나고 그래서 절대적으로 타당한 것에 따르면서 동시에 직접적이고 개념적 부가물을 가지지 않기 때문에 논박할 수 없는 단순히 주어진 것에 따른다. 그래서 후설은 '순수' 현상학, 곧 형상적(eidetisch) 현상학의 강령과, 현상으로 나타나는 대상의 자체소여상태(Selbstgegeben-heit)라는 강령을 결합했다.

'순수 현상학'이라는 책제목에도 이미 모순적 규범들이 함께 나타나고 있다. 그것은 인식론이 아니라 임의로 취할 수 있는 입장이 되고자 하는데, 이로써 그 범주들 상호간의 관계를 충분히 생각하는 일이 면제된다. 이 점을 고려할 때 하이데거는 스승인 후설과, 단지 자신의 모순적 계획을 후설의 무대인 의식으로부터 의식 초월적인 것 속으로 옮기는 점에서만 다를 뿐

---

8) 하이데거, 『존재와 시간』 제6판(튀빙겐 : 1949), 11쪽.
9) 제1부 78쪽 참조.

이다. 그런데 이 구상은 중기의 후설이 노에마(Noema)*를 과도하게 중요시하면서 예시한 것이기도 하다. 그러나 순수한 것과 직관적인 것 사이의 양립 불가능성으로 인해 그 통일성의 기저를 불확정적으로 선정할 수밖에 없으며, 그래서 이 기저는 그들 두 요구들 가운데 하나가 다른 하나를 허위라고 비판할 근거가 되는 계기는 포함하지 못한다.

그 때문에 하이데거의 존재는 존재자일 수도 개념일 수도 없다. 그로써 존재는 논쟁 불가능한 것이 되지만 그 대신 공허해지고 만다. 즉 단지 이름의 자체동일성(Selbstgleichheit) 이외에 아무것도 얻지 못하는[10] 어떠한 사상이나 직관에 의해서도 존재는 실현될 수 없는 것이다. 하이데거의 저서들에서 넘쳐나는 끝없는 반복들도 그의 능변보다는 그와 같은 진퇴양난에 기인한다고 할 수 있다. 단지 규정을 통해서만 하나의 현상은 자체를 넘어서게 된다. 완전히 규정되지 않은 채 남아 있는 것은 그 점을 보상하기 위해 항상 되풀이하여 논의된다. 이는 행동의 목표에 도달하지 못하고 그로부터 반발되는 몸짓들이 무의미한 의례를 통해 수행되는 것과 마찬가지다. 그토록 신화가 되고 싶어하는 존재철학은 신화와 마찬가지로 반복의 의례를 수행한다.

---

* 의식 내면에서의 객관적 측면. 초월적 실재가 아닌 관념적·의미적 존재.

10) "그것은"──존재는──"지나치게 객관적이라고 주장들을 하지만, 이 객관성이라는 것은 완전히 공허한 상태로 나타난다. 즉 '그냥 있는 모든 것에 대한 공허한 사견(leere Meinung von allem schlechthin)으로' 나타난다. 일종의 혼동을 통해서만, 즉 현대 존재론이 뜻한 바로서의 존재(dem Sein als Gemeintem)에 부여되는 의미를 존재 자체의 의미로 위조함으로써만, 뜻하는 주체들(meinende Subjekte) 없이도 존재는 의미를 지닌다. 따라서 자의적 분리, 곧 주관성이 현대 존재론의 생존원칙(principium vitale)임이 입증된다. 존재론은 존재자에 근거하지 않고서는 달리 존재를 기술할 수 없다. 그런데 존재론이 바로 이러한 자신의 조건을 은폐한다"(카를 하인츠 하크, 『현대 존재론 비판』, 슈투트가르트 : 1960, 69쪽).

곡예

존재와 존재자의 변증법, 즉 어떠한 존재도 존재자 없이는 사유될 수 없으며, 어떠한 존재자도 매개 없이는 사유될 수 없다는 사실을 하이데거는 은폐한다. 말하자면 하나가 다른 것에 의해 매개되지 않는 경우에는 존재할 수 없는 계기들이 그의 경우 매개되지 않은 채 단일한 것(das Eine)으로 되며, 이 단일한 것이 긍정적인 존재(positives Sein)로 된다. 그러나 이 계산은 뜻대로 되지 않는다. 그 범주들의 채무관계에 대한 소송이 제기된다. 존재자는 억지로 축출되지만 다시 등장한다. 즉 존재자로부터 정제된 존재는 자체가 배척하고 있는 존재자를 다시 자체내에 지니고 있는 한에서만 근원적 현상인 것이다.

하이데거는 그의 사유 전체의 모체를 이루는 전략적 주요 저서에서 이 문제를 처리하고 있다. 존재론적 차이라는 용어를 통해 그의 철학은 존재자라는 해결하기 어려운 계기를 취급한다. "물론 존재적인 것의 영역으로부터 완전히 독립적이라고 하는 '존재'라는 것을 무엇이라고 이해해야 할 것인가 하는 점은 결정하지 않은 채 남겨둘 수밖에 없다. 존재에 대한 규정은 존재를 주체와 객체의 변증법 속으로 끌어들이는데, 존재는 바로 이 변증법에서 벗어나야 할 것이다. 하이데거 존재론의 중심부라고 할 수 있는 이 불확정성에는 존재와 존재자라는 양 극단이 필연적으로 서로에 대해 불확정상태로 남으며 그래서 그 차이가 무엇인지를 진술할 수 없다는 점도 포함되어 있다. '존재론적 차이'에 관한 논의는 '존재는 존재이기 때문에 존재자가 아니다'라는 동어반복에 환원된다. 따라서 하이데거는 자신이 서구 형이상학을 향해 비난한 과오, 즉 존재자와 구분해서 존재가 무엇을 뜻하는지 말하지 못한다는 과오를 범하고 있다."[11]

그러한 철학의 입김 아래 존재자는 존재론적 사실(Tatbestand)[12]로 되는

---

11) 카를 하인츠 하크, 『현대 존재론 비판』(슈투트가르트 : 1960), 71쪽.
12) 존재적인 것으로서의 현존재는 동시에 존재론적이라는 점에서 장점을 지닌다는 하이데거의 학설, 또 현존재에는 존재가 머문다고 하는 그의 학설은 처음부터 존재를 실체화한다. 그가 원하듯이 존재가 현존재에 선행하는 것으로서 자

데, 이는——하이데거의 기본테제에 따르면 존재자는 존재 없이 사유될 수 없는 것과 꼭 마찬가지로——존재는 존재자 없이 사유될 수 없다는 점을 모호하게 실체화하여 표현해주는 것이기도 하다. 이로써 그는 자기 나름의 곡예를 부리는 셈이다. 존재론에 대립적인 것, 즉 존재적인 것 없이 존재론은 불가능하다는 존재론의 난관, 즉 존재적인 것에 대한 존재론적 원칙의 의존성, 떨쳐버릴 수 없는 존재론의 이 스캔들(Skandalon)이 존재론의 구성요소로 되고 있다. 덜 영리한 다른 존재론들에 대한 하이데거의 승리는 존재적인 것의 존재론화에 근거한다. 존재자 없이는 어떠한 존재도 없다는 사실이, 존재의 본질에는 존재자의 존재라는 점이 속한다는 형식으로 환원된다. 이로써 참인 것이 허위로 된다. 즉 존재자가 본질로 되는 것이다. 비록 존재자의 개념적 통일이 존재라는 단어의 의미를 나타내지만, 존재는 즉자존재의 차원에서 다시 존재자로 돌아가고 싶어하지 않으면서도 존재자를 제 것으로 만든다.

존재론적 차이의 전체 구성은 일종의 '포템킨 마을'*이라고 할 수 있다. 그것은 그저 존재자는 존재의 존재방식이라는 테제를 통해, 절대적 존재에 대한 회의를 더욱 우월한 자세로 거부하기 위해서만 세워진 것이다.[13] 모든 개

립화될 때에만 현존재는 존재에 대한 그 같은 명료성(Durchsichtigkeit)을 얻게 되지만, 존재는 또한 이 명료성을 통해 비로소 드러나게 된다. 그런 점에서도 이른바 주관주의의 극복이라는 것은 가짜다. 하이데거가 환원적인 계획을 세우기는 하지만, 존재가 존재자 속으로 초월해간다는 학설을 통해 기초존재론이 말로는 맹세코 부정하는 주관성의 존재론적 우선성이 다시 밀수입된다. 하이데거는 나중에 존재의 온전한 우선성이라는 뜻에서 현존재 분석에 방향전환을 가하는데 이는 일관성 있는 것이었다. 그 우선성은 존재자에 근거를 둘 수 없다. 왜냐하면 이 우선성에 따르면 존재는 없기 때문이다. 물론 이로써 그가 영향력을 발휘할 수 있게 해주었던 모든 것이 떨어져나가지만, 이미 그 영향력은 후기 하이데거의 권위와 얽혀 있었다.

* 포템킨 마을(Potemkinsches Dorf) : 위장물. 예카테리나 2세의 크림 지방 여행 (1787)을 계기로 지역의 번성을 꾸며대기 위해 포템킨 공작이 급조해내고 사람들을 거주시킨 마을들에서 유래했다.

13) "……존재는 존재자 없이는 현존하지 못하며, 존재자는 존재 없이 결코 있을 수 없다는 점이 존재의 진리에 속한다면"(하이데거, 『형이상학이란 무엇인가』

별 존재자가 그것의 개념, 즉 존재적인 것의 개념에 환원됨으로써, 그것을 개
념에 맞서 존재자로 만드는 요인이 그로부터 사라지게 된다. 존재적인 것 및
그 등가물들 모두에 대한 논의의 형식적·보편개념적 구조가, 개념적 성격에
이질적인 그 개념의 내용을 대신하게 된다. 그것이 가능한 까닭은, 존재자의
개념이──이런 점에서 하이데거가 찬양하는 존재의 개념과 분명 유사하다──
단적으로 비개념적인 것, 개념으로 끝나지 않는 것을 포괄하면서 그 포괄된
것 자체와 자신의 차이를 드러내지 않는 개념이기 때문이다. '존재자' 라는 것
이 모든 존재자의 개념이기 때문에 존재자 자체가 개념으로 되고 일종의 존
재론적 구조로 되며, 이는 아무 단절 없이 존재의 구조로 넘어간다. 『존재와
시간』에서는 존재자의 존재론화가 명쾌한 공식으로 표현된다. 즉 "현존재의
'본질' 은 그 실존에 있다."[14] 실존자로서의 실존자라는 현존재에 대한 정의
로부터, 현존재와 실존의 개념을 통해, 바로 현존재자에서 본질적이지 못한
것 혹은 존재론적이지 못한 것이 곧 존재론적이라는 결론이 튀어나온다. 존
재론적 차이는 비개념적인 것을 비개념성으로 개념화함으로써 제거된다.

존재신화

존재적인 것이 존재론과 같은 성격을 지닐 때에만 존재론은 존재적인 것
때문에 성가신 일을 겪지 않게 된다. 존재론적 차이에 대한 존재론의 선행
성(Vorgängigkeit)은 다음의 허위진술로 논증된다. "그러나 이 경우 실존과
본질을 대립시키는 일이 중요한 것은 아니다. 왜냐하면 존재에 대한 이 두
가지 형이상학적 규정들의 관계는 물론이거니와 그 두 규정들 자체도 문제
시되지 않고 있기 때문이다."[15] 하이데거의 경우 비록 반대되는 주장을 하
지만, 이처럼 존재론적 차이에 앞선다고 하는 것은 본질 쪽으로 기운다. 즉

제5판, 프랑크푸르트 : 1949, 41쪽).

14) 하이데거, 『존재와 시간』, 42쪽.

15) 하이데거, 『플라톤의 진리론』 제2판(베른 : 1954), 68쪽.

존재자라는 개념이 나타내는 차이점이 부인됨으로써, 이 개념은 그 아래 포함되어야 할 비개념적인 것을 통해 고양된다.

　이 점은 플라톤에 관한 논문의 다른 구절에서도 파악된다. 여기서는 실존에 대한 물음이 실존에서 벗어나 본질에 대한 물음으로 변형된다. "'인간은 실존한다'는 명제는 인간이 실제로 존재하느냐 존재하지 않느냐 하는 물음에 대답하는 것이 아니라 단지 인간의 '본질'에 대한 물음에만 대답할 뿐이다."16) 실존과 본질의 대립관계를 거부하는 대목에 나오는 '아직 아닌 상태'(Noch nicht)에 대한 논의는17) 어떤 초시대적인 것에 대한 우연적이고 일시적인 은유가 아니다. 실제로 그것은 엘레아 학파보다는 이오니아 활물론자들의 고풍스러운 사유다. 지난날 활물론자들이 남긴 빈약한 철학적 명제들 속에서는 실존과 본질이 모호하게 혼합되어 있다. 파르메니데스는 사유와 존재를 동일시하기 위해 양자를 구분해야 했는데, 그로부터 아리스토텔레스에 이르는 고대 형이상학의 연구와 노력은 그 구분에 대한 강요를 본질로 한다. 탈신화화는 구분이며, 신화는 구분되지 않은 것의 기만적 통일이다. 그러나 근원적 원칙들로는 그것이 뜻하는 세계를 설명하기에 부족하여 그 원칙들을 분석하게 되었고, 또 이로써 본질과 사실 사이에서 떠도는 것인 존재의 마술적 치외법권이 개념들의 망에 사로잡히게 되자, 하이데거는 존재의 특권을 위해 개념의 비판적 작업을 퇴락의 역사라고 판결할 수밖에 없었다. 이 경우 마치 철학은 역사의 피안에서 하나의 역사적 관점을 장악할 수 있기라도 하는 듯하지만, 다른 한편으로는 실존과 마찬가지로 그 자체 존재론화되는 역사에 복종해야 하는 것이다.

　하이데거는 체계적 강압으로 인해 반지성적이며 철학으로 인해 반철학적인데, 이는 현대의 종교 르네상스가 그 교리의 진리에 의해서가 아니라 종교를 가지는 것이 유리하다고 여기는 철학에 의해 고취되는 것과도 같다. 사유의 역사는 거슬러올라가 밝힐 수 있는 한에서 계몽의 변증법이다. 그

---

16) 같은 책, 70쪽 이하.
17) 같은 책, 68쪽 참조.

때문에 하이데거는 청년기에 유혹받았듯이 사유 역사의 어느 한 단계에 머무르지 않고, 웰스(Herbert George Wells)의 타임 머신을 타고는 모든 것이 모든 것일 수 있고 모든 것이 모든 것을 의미할 수도 있는 태고주의의 심연 속에 빠져든다.

그는 신화를 향해 손을 내민다. 또 그의 신화 역시 20세기의 신화들 가운데 하나일 뿐이다. 그것은 역사를 통해 가상임이 폭로되었으며, 모든 의식이 얽혀들어간 현실의 합리적 형태와 신화가 결코 결합될 수 없다는 점을 통해 명백해진다. 이러한 의식은 신화와 동류의 것이 아님에도 불구하고 신화적 지위가 가능하기라도 한 듯이 신화적 지위를 차지하려 든다. 하이데거의 존재 개념을 통해 운명의 신화적 개념이 등장한다. "존재자의 도래는 존재의 운명에 달려 있다."[18]

이로써 그가 칭송하는 존재 속의 실존과 본질의 구분되지 않은 상태는 있는 그대로의 모습으로 거론된다. 즉 그것은 자연적 연관관계의 맹목성이며, 그 연관의 숙명이며, 존재에 대한 논의 속에서 떨림음을 내고 있는 초월성에 대한 절대적 부정인 것이다. 존재 개념 속의 가상은 이 초월성이다. 그러나 그것이 가상인 이유는 오늘날까지의 실제 인간 역사의 궁핍상태인 현존재로부터 이끌어낸 하이데거의 규정들이 이 궁핍상태에 대한 기억을 포기하기 때문이다. 이 규정들은 존재 자체의 계기들로 되며, 이로써 그러한 실존에 앞서는 것으로 된다. 그 규정들의 엄청난 힘과 장엄함은 역사적 현실의 치욕이나 오류 가능성에 대해 냉담하며, 그로써 이 역사적 현실은 불변적인 것으로 인준받게 된다.

무의미한 것을 의미라고 찬양하는 것은 신화적이다. 그것은 상징적 개별 행위들을 통해 자연적 연관관계들을 마치 초자연으로 만들려는 듯이 의례적으로 반복하는 것이다. 불안 따위의 범주들은 적어도 영원히 지속하리라고 상정할 수 없을 것이다. 그런데 이 범주들이 그와 같은 변형을 통해 존재 자체의 본질구성요인, 그처럼 실존에 앞서는 것, 실존의 아 프리오리로

---

18) 같은 책, 75쪽.

된다. 그 범주들은 현재의 역사적 단계에서 긍정적·직접적으로 지칭될 수 없는 바로 그러한 '의미'로서 등장한다. 존재의 의미를 바로 그 대립자인 한낱 실존에서 이 실존의 형식으로 나타나게 함으로써, 무의미한 것에 의미를 갖다 붙이는 것이다.

존재적인 것의 존재론화

헤겔은 주체의 우선성이라는 관념론적 테제를 통해 현존재의 존재론적 특수지위를 예상했다. 헤겔은 비동일자(das Nichtidentische)도 단지 개념으로서만 규정될 수 있다는 점을 충분히 이용했다. 이로써 비동일자는 그의 경우 변증법적으로 제거되고 동일성에 넘겨진다. 즉 존재적인 것이 존재론적으로 되는 것이다.

『논리학』의 언어적 뉘앙스들이 그 점을 곧 드러낸다. 야코비*와 관련해 '생성'(Werden)에 대해 붙인 셋째 주석에 의하면, 공간과 시간은 '비규정적인 것으로(als unbestimmt) 분명히 규정되는데, 이는——그것의 가장 단순한 형태로 환원시킨다면——존재다. 그런데 바로 이 비규정성(Unbestimmtheit)이 그 존재의 규정성을 구성하는 것이다. 왜냐하면 비규정성은 규정성에 대립하는 것이기 때문이다. 이로써 비규정성은 대립하는 것으로서 자체가 규정된 것 혹은 부정적인 것이며, 그것도 순수하고 완전히 추상적으로 부정적인 것이다. 이 비규정성 혹은 추상적 부정은 그처럼 그 자체에 존재를 지니는 것으로서, 내적·외적 반성이 그것을 무(Nichts)와 동일시함으로써, 또 공허한 사상의 산물 혹은 바로 무라고 단언함으로써 진술하는 그것이다. 달리 표현한다면, 존재는 무규정적인 것(das Bestimmungslose)이므로 그 자체인 (긍정적) 규정상태가 아니다. 곧 존재가 아니라, 무다."[19] 비규정적인 것에

---

* 야코비(Johann Jacobi, 1805~1877)는 열성적 민주주의자로 언론자유, 헌법준수 등과 관련하여 프로이센 정부와 군주제에 맞서 독일 통일 등을 위해 투쟁했다.

19) 헤겔, 전집 4권, 110쪽.

대한 동의어로서 암암리에 비규정성이라는 말이 이용된다. 이 비규정성의 개념에서는 그 개념의 실체가 사라진다. 이 개념은 비규정적인 것에 대한 규정으로서, 이 비규정적인 것과 동일시되며 그로 인해 비규정적인 것을 무와 동일시할 수 있게 된 것이다. 이로써 실제로 논리학을 통해 비로소 증명되어야 할 절대적 관념론이 이미 상정된다.

헤겔이 존재가 아니라 어떤 것(Etwas)에서 출발하기를 거부한 것은 그와 동일한 의미를 지닌다. 비동일자는 결코 직접성이 아니며 매개되어 있다는 것은 진부한 이야기다. 그러나 헤겔은 가장 핵심적인 대목에서 자신의 이 인식에 충실하지 못하게 된다. 그의 인식에 따르면 비동일자는 실로 동일하지만—자체로서 매개된 것으로서—또한 비동일적이며, 그에 대한 모든 동일시에 대해 타자다. 다른 경우에 그는 반성철학의 어법에 맞서 비판이전적 어법을 옹호하려는 의도를 가지고 있었으나, 비동일자의 변증법을 감당해내지 못한다. 그의 경우 비동일자에 대한 그 자신의 개념은 비동일자를 동일자 혹은 자체동일성(Sichselbstgleichheit)으로 만드는 도구인데, 그 개념은 불가피하게 자체동일성의 대립물을 내용으로 한다. 이 점을 그는 성급하게 묵살한다. 그가 『피히테·셸링 철학의 차이점』에서 분명하게 확인했고 또 즉시 자신의 철학 속에 통합시켰던 바는 그의 철학에 대한 가장 심각한 반론으로 된다. 비동일자의 영속적 저항에 근거하는 헤겔의 절대적 체계는 그 자신이 이해하고 있는 바와 달리 자체를 부정하고 있다. 사실상 비동일자 없이는 아무런 동일성도 없지만, 그의 경우 총체적인 것인 이 동일성이 존재론적 우위를 장악한다. 비동일자의 매개상태를 그것의 절대적·개념적 존재로 끌어올리는 일도 그러한 일에 도움을 준다. 헤겔의 이론은 불가해한 것(das Unauflösliche)을 개념들로 존중하는 대신 그것의 보편개념, 즉 불가해성의 개념 아래 그것을 포함시킴으로써 삼켜버린다. 헤겔이 도달할 뻔했던, 비동일자에 대한 동일성의 의존상태는 동일성철학 모두에 대한 반박이다. 스테레시스(Steresis)라는 아리스토텔레스적 범주가 이러한 반박의 최후방책이자 또한 숙명으로 된다.

헤겔은 추상적 개념의 필연적 결점, 즉 그 개념 자체가 비개념적인 것일

수는 없다는 점을, 자신이 불가피하게 추상의 대상으로 삼는 실체에 비한
개념의 공적, 더 높은 측면, 정신이라고 산정한다. 훗날 단순한 것이 훌륭
하다고 하는 하이데거의 독선적 이데올로기가 그랬듯이, 더 적은 것이 더
참이라고 주장한다. 그러나 빈곤성에 대한 변호는 다시 하나의 점으로 쪼그
라든 사유를 위한 변명에 그치지 않고 그 자체의 엄밀한 이데올로기적 기능
을 지닌다. 가난과 검소한 생활의 품위를 부추기는 고결한 단순성이라는 겉
치레는, 이제 모든 사람에게 나누어줄 만큼 충분한 재화가 없다고 주장할
수 없을 정도로 생산수준이 높아진 사회 속에서 현실적 결핍이 여전히 존재
한다는 모순에 순응한다.

자체의 개념상 순진성을 버렸다는 하이데거의 철학은 『라인 가족의 벗』*에
대해 시시덕거림으로써, 그런 모순을 묵과하는 데 기여한다. 즉 하이데거 철
학의 존재역사에서는 결핍이 좀더 고상한 것 자체인 듯이 혹은 적어도 허공에
서나마(ad Kalendas Graecas) 빛을 발한다. 이미 헤겔의 경우에도 추상을 통
해 생겨난 것이 더 실체적인 것으로 간주된다. 그는 동일한 논법에 따라 질료
및 실존으로의 이행[20] 등에 대해 논한다. 실존의 개념은 규정되지 않은 상태
이고 개념으로서의 실존에는 그 뜻하는 바가 결여되어 있다는 이유에서 헤겔
은 그것의 형식만을 조명한다. 이로써 헤겔은 서구 형이상학의 경계 내에서
맨 가장자리에 위치하게 된다. 엥겔스는 그 점을 간파했지만, 물질이 최초의
존재라고 하는, 뒤집히기는 했지만 여전히 비변증법적인 결론을 이끌어냈
다.[21] 이 최초의 존재라는 개념 자체도 변증법적으로 비판받아야 할 것이다.

하이데거는 헤겔의 익살스러운 술책을 반복한다. 단지 헤겔이 그것을 드

---

* J.P. 헤벨(1760~1826)의 산문집. 『라인 가족 벗의 보물상자』(*Schatzkästlein des
  Rheinischen Hausfreundes*)를 지칭함. 이에 대해 하이데거는 1957년 「가족의
  벗 헤벨」이라는 글을 썼다.

20) 이에 대해서는 베르너 베커, 『헤겔 논리학에서 기초와 기초지어진 것의 변증
   법』, 프랑크푸르트대학 학위논문, 1964, 73쪽 참조.

21) 알프레트 슈미트, 「마르크스 이론 속의 자연 개념」, 『프랑크푸르트 사회학 논
   집』, 제2권(프랑크푸르트 : 1962), 22쪽 이하 참조.

러내고 하는 데 반해, 결코 관념론자가 되고 싶어하지 않는 하이데거는 존재적인 것의 존재론화를 구름으로 덮어놓을 뿐이다. 그러나 개념적 약점을 그 장점으로 위장하려는 동기는 어느 경우에나, 비감성적인 것이 더 높은 것이라고 하는 해묵은 플라톤적 금욕(Versagung)이다. 논리학은 금욕적 이상을 극단으로 승화시키며, 동시에 그것을 물신화한다. 이는 공인된 충족의 기만에 맞서 금욕적 이상이 그 나름의 진리를 지닐 수 있는 자리, 곧 감각적인 것에 대한 긴장이 결여되어 있기 때문이다. 자체의 내용을 뿌리침으로써 순수해지는 개념은 은밀히—진보 개념과 상응하여—기계장치들이 아무리 진보해도 결코 가난을 없애선 안 되는 생활조직의 모델로 작동한다.

존재론이 가능하다면 그것은 단지 반어적으로, 즉 부정성의 총괄개념으로서만 가능할 것이다. 자체와 동일한 것으로 남아 있는 것, 즉 순수한 동일성은 그릇된 것이다. 신화적 숙명은 초시간적이다. 라이프니츠와 헤겔의 신지학*에 이르기까지, 신화의 세속화인 철학은 거창한 완곡어법을 통해 불변적인 것을 선한 것으로 곡해함으로써 신화의 노예 노릇을 했다. 만일 존재론을 구상하면서, 반복을 통해 불변요인으로 되어가는 근본사태에 따르고자 한다면, 그야말로 끔찍한 일일 것이다. 문화의 존재론은 문화 전반이 실패한 대목을 완전히 받아들여야 할 것이다. 철학적으로 합당한 존재론의 위치는 존재의 구성보다는 문화산업의 구성에서 찾아야 할 것이다. 존재론을 벗어난 것이야말로 비로소 선한 것이다.

실존 개념의 기능

실존의 교리는 일차로 존재적인 것을 존재론화하려 한다. 케케묵은 논의에 따르면 실존은 본질로부터 추론될 수 없으므로 그 자체가 본질적이어야 한다. 실존은 키에르케고르의 본보기를 넘어서 격상되지만, 바로 그로 인해 키에르케고르에 맞서 둔화된다. "열매를 보면 그 나무를 알지어다"라는 성

---

* 신지학(Theosophie) : 신성(神性)에 대한 신비적 통찰.

경의 구절조차 실존의 차원 안에서는 실존에 대한 신성모독처럼 들리며 따라서 그런 말도 해서는 안 된다. 존재의 존재방식인 실존은 더 이상 개념에 반대해 맞서지 않으며, 그것의 통렬한 면모는 떨어져버렸다. 실존은 플라톤적 이데아의 위엄을 받아들인다. 그러나 그것은 또한 결코 사유된 것이 아니라 단순히 거기에 있는 것이기 때문에 달리 생각될 수 없는 것이 가지는 불가침성도 지니게 된다.

이 점에서 하이데거와 야스퍼스는 일치한다. 야스퍼스는 악의 없이 키에르케고르에 반대하여 실존의 중립화를 주장한다. "나는……그의 부정적 결의들 속에서……내가 사랑하고 원했던 것, 또 기꺼이 하려고 했던 것, 혹은 하지 않으려고 했던 것, 그 모두와 반대되는 것을 느꼈다."[22] 존재 개념을 구성하면서 분리를 일삼는 증상(pater subtilis)*에 전염되지 않았던 야스퍼스의 실존주의조차 처음부터 스스로를 '존재에 관한 물음'[23]으로 이해했다. 하이데거와 야스퍼스는 모두 자신에 대해 충실한 채, 파리에서 실존의 이름 아래 그들의 취향으로는 너무 성급히 강의실을 떠나 술집으로 밀려들어가[24] 거기서 별로 존경스러운 소리를 듣지 못하게 된 것들을 향해 성호를 그을 수 있었다.

물론 비판이 존재적인 것의 존재론화는 불가능하다는 테제에 머무는 한, 그것 자체도 여전히 불변적 구조관계들에 대한 판단이며 너무 존재론적이라고 할 수 있다. 사르트르가 정치 문제로 전향하게 된 철학적 동기가 그것이었다. 스스로를 실존주의적이라고 칭하고 또 전위주의적으로 거동했던 제2차 세계대전 이후의 운동은 어떤 나약하고 그림자 같은 성격을 띠고 있었다. 독일의 창시자들은 실존주의가 전복적이라고 의심했는데, 실존주의는 그 신봉자들의 몰골을 그와 유사하게 바라본다. 이 신봉자들은 반항자의 의상을 차려입고 있는데, 그들은 문화의 사기에 더 이상 가담하지는 않으나

---

22) 야스퍼스, 『철학』(베를린 · 괴팅겐 · 하이델베르크 : 1956), 제1권, 20쪽.
* 존재와 존재자를 구분하는 하이데거의 입장을 지칭하는 듯하다.
23) 같은 책, 4쪽.
24) 같은 책, 23쪽 및 하이데거, 『휴머니즘에 대해』(프랑크푸르트 : 1949), 17쪽 이하 참조.

단지 할아버지들의 가부장적 위엄을 나타내는 유행 지난 상징물 따위를 걸친 동굴인(Höhlenmensch) 같은 청년인 셈이다.

실존 개념에서 진리인 것은, 통제되지 않은 경험 혹은 잠재적으로는 인식 계기로서의 주체를 몰아내는 사회와 과학주의적 사유의 어떤 상태에 반대한다는 점이다. 철학에 대한 키에르케고르의 반항 역시, 그의 말에 따르면 주관성이 사라져버린 사물화된 의식에 대한 반항이었다. 말하자면 그는 철학에 맞서 철학의 이익을 지킨 셈이다. 이런 일이 프랑스 실존주의 학파에서도 시대착오적으로 되풀이된다. 그 사이에 현실적으로 무기력해지고 내적으로 약화된 주체는 고립되며—그 대척점인 존재를 하이데거가 실체화한 것을 보완하는 의미에서—실체화된다. 존재의 분리와 다를 바 없이 주체의 분리는, 사르트르의 『존재와 무』에서 분명히 드러나듯이, 매개된 것을 직접성이라고 보는 환상으로 귀결된다. 존재가 개념에 의해 매개되어 있고 그래서 주체에 의해 매개되어 있듯이, 그 반대로 주체는 자신이 살고 있는 세계에 의해 매개되어 있으며 또 주체의 결단은 무기력하고 단지 내적일 뿐이다. 이 무기력으로 인해 사물적 재앙(das dinghafte Unwesen)이 주체를 압도할 수 있는 것이다.

실존 개념은 서로 다른 것을 결합하는 듯해 보였기 때문에 철학의 출발점으로서 많은 사람들을 매혹시켰다. 즉 그것은 모든 인식과 아울러 모든 존재자를 구성한다는 주체에 대한 반성과, 구체적이고 모든 개별 주체에 대해 직접적인 그 주체의 경험의 개별화를 결합하는 듯해 보였던 것이다. 그 두 가지의 분리는 주관적 입장 전체를 자극해왔다. 즉 본질구성적 주체에 대해서는, 그것이 경험적 주체로부터 단순히 추상되었을 뿐이며 그 때문에 그자신 및 어떤 경험적 현존재의 근거를 찾는 것은 쓸모없다고 비난할 수 있었다. 또 개인에 대해서는, 그 개인이 세계의 우연한 일부이며 그래서 존재자를 포괄하고 경우에 따라 존재자를 만들어내는 데 필요한 본질적 필연성을 지니지 못한다고 비난할 수 있었다. 실존 혹은 선동적 용어로 인간은 보편적인 듯이, 즉 모든 인간에게 공통적인 본질인 듯이 여겨진다. 동시에 이보편적 성격이 인간의 특수화 혹은 특정한 개별성 속에서말고는 표상될 수도 사유될 수도 없는 한, 인간은 특수한 듯이 여겨진다. 그러나 모든 인식

비판에 앞서 직접적 의미의(in intentione recta) 인간 개념에 대해 극히 간
단하게만 반성해도 이 발견의 환호성은 그 명증성을 잃는다. 인간이 무엇인
지를 진술할 수는 없는 것이다.

오늘날의 인간은 기능인일 뿐이며 부자유롭다. 또 여러 인간학들이 들먹
이고 있는 속수무책의 빈곤상태를 논외로 하더라도, 오늘날의 인간은 인간
의 불변적 성격으로 간주된 모든 것의 뒤로 퇴보하고 있다. 수천 년 전부터
인간이 겪어온 손상들을 현대의 인간은 사회적 유산으로 끌고 다닌다. 만일
인간의 본질을 현재의 인간 상태에 근거해 해독해낸다면 이는 인간의 가
능성에 대한 사보타주일 것이다. 이른바 역사적 인간학이라는 것도 좀더
쓸모있는 것은 못 된다. 사실 역사적 인간학은 형성된 존재 및 조건성
(Bedingtheit)이라는 문제를 계산에 넣었을지 모르지만, 그것들을 주체들의
업적으로 보았을 뿐, 주체들을 현상태로 만들고 인간의 특성(qualitas
humana)이라는 명목하에 관용되어온 비인간화의 과정을 추상해버렸다. 인
간학은 구체적인 것으로 등장하면 할수록 더욱더 기만적으로 된다. 즉 주체
로서의 인간이 아니라, 태곳적부터 역사적 주체형성과 병행해 진행되어온
탈주체화 과정에 근거하는 인간의 특성에 무관심해지는 것이다.

'인간은 개방적이다' 라는 성공적 인간학의 테제는——그러한 테제에는 대
체로 짐승에 대한 악의에 찬 곁눈질이 따르게 마련이다——공허하다. 이 테
제는 자체의 비규정성 혹은 파산상태를 규정적인 것 내지 긍정적인 것
(Positives)처럼 내보인다. 실존은 하나의 계기일 뿐 전체는 아니다. 물론
실존은 전체에 대립하여 고안된 것이지만, 전체와 분리되어 철학으로 양식
화되기만 하면, 그것은 전혀 불가능한 일인데도 마치 자신이 전체인 듯한
태도를 취한다. 인간이 무엇인지 말하지 못하는 것은 결코 특별히 숭고한
인간학이 아니며 오히려 모든 인간학에 대한 거부다.

'자체로서 존재론적인 현존재'

키에르케고르는 유명론의 관점에서, 형이상학에 반대하는 신학의 무기로

서 본질에 대립하는 실존을 제시한다. 그런데 그는 인간이 신의 모습으로
창조되었다는 도그마에 따라 직접적 개별자인 실존에 상징성을 부여한다.
그는 존재론에 반대한다. 그러나 존재자가, 곧 현존재로서의 '그 개별자'
가, 존재론의 특성들을 흡수한다. 『죽음에 이르는 병』(*Krankheit zum
Tode*)의 출발 성찰들에서와 별로 다르지 않게 『존재와 시간』에서도 실존은
특별대우를 받는다. 키에르케고르가 말하는 주체의 '명석성'
(Durchsichtigkeit) 혹은 의식은 실존을 존재론화하기 위한 명분이다. 즉
"현존재가 이러이러한 관계를 가질 수 있고 또 언제나 어떤 관계를 갖는
존재 자체를 우리는 실존이라고 한다."[25] 혹은 문자 그대로 다음의 주장도
있다. "현존재는 실존규정성(Existenzbestimmtheit)으로 인해 자체로서
'존재론적이다.'"[26]

주관성의 개념은 존재의 개념 못지 않게 변색되며 따라서 자의적으로 이
존재의 개념과 동조될 수 있다. 주관성 개념의 다의성 덕분에, 현존재를 존
재의 존재방식과 동일시하고 그것들의 존재론적 차이를 분석해서 없애는
일이 가능해지는 것이다. 그 다음 현존재는 그 공간적·시간적 개별화 때문
에 존재적이라고 하며, 로고스로서 존재론적이라고 한다. 하이데거가 현존
재로부터 존재를 추론할 때의 '동시성'(Zugleich), 즉 '다른 모든 존재자에
앞서는' '현존재의' '여러 가지 우월성'이라는 그의 말이 함의하는 그 '동시
성'이라는 것도 애매한 것이다. 주체가 의식에 의해 규정된다고 해서, 주체
가운데 의식과 분리될 수 없는 부분이 전적으로 의식인 것도 명석한 것도
'존재론적'인 것도 아니다. 그 어떤 것(Etwas)이 아니라 단지 명제들만이
존재론적일 수 있을 것이다.

개인이 없다면 그의 의식도 없을 터인데, 의식을 지니는 개인은 시간과
공간 속에 머물며, 사실적인 것(Faktizität), 즉 존재자일 뿐 존재는 아니
다. 존재에는 주체가 포함되어 있다. 왜냐하면 그것은 직접 주어진 것이

---

25) 하이데거, 『존재와 시간』, 12쪽.
26) 같은 책, 13쪽.

아니라 개념이기 때문이다. 그런데 주체에는 개인적 의식이 포함되어 있고 따라서 존재적인 것이 포함되어 있다. 이 존재자가 사유할 수 있다고 해서, 마치 그러한 존재자가 직접적으로 본질적인 듯이 그 존재자로부터 존재자로서의 규정을 삭제할 수는 없다. 바로 '그 자체로서'(an ihm selbst)가 아닌 측면에서 주체는 '존재론적이다.' 왜냐하면 이러한 자체성(Selbstheit)은 존재론적 우위라는 강령이 자체로부터 배제하는 존재적인 것을 상정하기 때문이다.

유명론적 관점

그러나 존재론적 실존 개념이 비개념적인 것을 개념으로 격상시킴으로써 그것을 제거한다는 점만 아니라, 그로써 비개념적 계기가 그 개념 속에서 획득하는 위치가(Stellenwert) 역시 비판받아야 된다. 프로테스탄트인 키에르케고르의 실존철학 뿌리 중 하나인 유명론은 하이데거의 존재론에 비사변적인 것의 매력을 부여했다. 실존 개념에서 실존자(das Existierende)가 잘못 개념화되듯이, 그와 상보적으로 실존자에는 개념에 대한 우선성이 부여되고, 그로부터 다시 존재론적 실존 개념이 이득을 본다.

개인이 사회적으로 매개된 가상이라면, 개인의 인식론적 반성형식 또한 사회적으로 매개된 가상이다. 그때 그때 말하는 자의 개별 의식이 왜 어떤 다른 자의 의식에 선행하는 것이어야 하느냐는 문제는 불가해하다. 그는 '나의' 라고 말함으로써 어떤 언어적 보편성을 전제하면서, 이를 개별화의 우월성을 통해 부인하는 것이다. 또한 그가 이제 일단 가지게 된 의식을 전개하도록 만드는 우연이 그에게는 필연성의 근거로 된다. 이 경우 이미 일찍이 헤겔이 인식했듯이, '나의' 라는 한정 속에는 그로써 배제되어야 할 다른 의식에 대한 관계가 아 프리오리하게 포함되어 있다.

사회는 주체에 앞선다. 주체를 사회에 앞선 존재자로 오해하는 것은 주체의 필연적 착각이며, 이는 사회에 대해 단지 부정적인 것을 말할 뿐이다. '나의' 라는 말 속에서는 사유재산관계가 언어적으로 영구화되었으며, 거의

논리적 형식으로 되어버렸다. 고립된 현존물(τόδε τι)로부터 공허하고 무가
치하다고 비난받는 보편자가 추상적이듯이, '나의'라는 말이 그 구분을
통해 암시하고 있는 보편적 계기 없이는 순수한 현존물(τόδε τι)도 추상적
이다.

키에르케고르의 철학적 인격주의(Personalismus),* 또 예컨대 부버**식의
그 추출물은 유명론에서 형이상학의 잠재적 가능성을 감지했다. 그러나 일
관된 계몽은 유명론의 테제 자체에도 변증법적으로 파고드는 대신 유명론
을 절대화할 경우, 즉 어떤 궁극적으로 주어진 것을 믿음으로써 반성을 중
단할 경우 신화로 돌아가고 만다. 이러한 반성 중단, 혹은 자신의 순진성에
대한 실증주의자다운 자만심은 단지 집요한 개념으로 되어버린 무반성적
자체보존일 뿐이다.

권위주의적 실존

하이데거는 존재로서의 현존재라고 할 수 있는, 이미 존재론화된 개념인
실존범주(Existential)를 실존적인 것(Existentiell)이라는 개념보다 더 좋아
한다. 그런데 이 실존적인 것이라는 개념을 지배하는 생각은, 진리의 척도
가 어떤 성격의 것이든 그 객관성이 아니라 사유하는 자의 순수한 양태존
재(das pure so Sein)나 반응양태(so sich Verhalten)라는 생각이다. 이성
에서 그 이성적 계기를 제거함으로써 실증주의자들의 주관적 이성이 고상
한 것으로 취급된다. 이 점에서 야스퍼스는 키에르케고르를 무조건 따른

---

 * 인격주의 : 주관적 · 관념론적이고 불가지론적이며 종교적인 형태의 후기 부르주
   아 철학. 실제적 인간 개체도 사회적 · 역사적 위인도 아닌, 내적 활동성으로부
   터 행위하고 평가하는 정신적 본질로서의 인격 개념을 논의의 중심에 둔다. 최
   고의 인격은 인간을 닮은 현실의 창조자, 신이다.
 ** 부버(Martin Buber, 1878~1965)는 이스라엘의 사회철학자로, 각각의 상대에
   대한 직접적 관계를 추구하는 그의 입장은 현대 교육학과 심리치료에 영향을
   끼쳤다.

다. 물론 하이데거의 객관주의는 주관성이 진리라는 명제에 동조하기 어려울 것이다. 그러나『존재와 시간』의 실존범주들(Existentialien)에 관한 분석에서는 그러한 취지가 잘 드러난다. 그가 독일에서 애호를 받게 된 데에는, 극단적 제스처나 신성한 어조가 인격을 목표로 하는 핵심적인 것 혹은 진정한 것이라는 이데올로기와 결합한다는 점도 기여한다. 개인들은 특권의식을 품고 교활하면서도 어리석게 자기 자신에게 그런 특성들이 있다고 여기는 것이다. 주관성은 칸트가 기능적이라고 지칭한 본질을 통해 확고하게 미리 규정된 실체들을 용해시키지만, 주관성에 대한 존재론적 단언은 그로 인한 불안을 가라앉힌다. 특히(χατ᾽ ἐξοχήν) 기능적 개념인 주관성은 이미 선험적 통일성이라는 칸트의 학설에서 구상되었듯이, 절대적으로 확고한 것으로 된다.

그러나 주체와 객체가 상호침투하여 이루는 주체와 객체의 짜임관계(Konstellation)인 진리는 결코 주관성에 환원시킬 수도 없고, 역으로 존재에 환원시킬 수도 없다. 그러나 하이데거는 주관성에 대한 존재의 변증법적 관계를 지워버리려고 한다. 주체에서 진리인 것은 주체 자체가 아닌 것에 대한 관계 속에서 전개될 뿐, 결코 주체의 양태존재(Sosein)에 대한 고압적 단언을 통해 전개되지는 않는다. 헤겔은 그 점을 의식했지만, 원시시대로 돌아가기를 원하는 실존주의 학파들에게는 그러한 것이 성가실 뿐이다. 실제로 진리가 주관성이고 또 사유가 주체의 반복일 뿐이라면, 그것은 아무 쓸모도 없을 것이다.

주체를 실존적으로 추켜세우면, 주체를 위해 그 주체에게 명백해지는 것들이 제거된다. 그 결과는 상대주의보다 자신이 고상하다고 생각하면서도 상대주의에 빠져 주체를 불가해한 우연성으로까지 끌어내리는 것이다. 이러한 비합리주의적 실존주의는 자신도 역시 지식인이라고 털어놓으며 빼기면서 지식인들에 반대하는 선동을 벌인다. "그러나 철학자들은 철학적 근원을 가지는 진정한 말과 공허한 지성에서 나온 말을 전혀 객관적으로 구분하지 않은 채 감히 수다를 떤다. 연구자로서의 인간은 자신의 연구결과에 대해 그때 그때의 보편타당한 기준을 가지고 있고 그것이 불가피하게 타당성을 지닌다는 점에서 만족을 얻는다. 이에 반해 철학자로서의 인간은 공허한 말과 실존을 불러일으키는 말을 구분하기 위해 자신의 존재라고 하는 그때 그때의 주관적 기준만을 가지고 있을 뿐이다. 따라서 과학에서와 철학에서는 이론적 행위의 에토스가 근원적으로 서로 다르다."

그처럼 자신을 사상의 기준이라고 선언하는 실존은, 그 외화의 대상인 타자를 결하고 있기 때문에 자신의 단순한 교의들에 권위주의적으로 타당성을 부여한다. 이는 실제 정치에서 독재자가 그때 그때의 세계관에 타당성을 부여하는 경우와 마찬가지다. 사상의 진행과정 속에서만 사상은 비로소 사상으로 되고 주관성은 생명을 지닐 수 있는데, 사상을 사유하는 자들에게 환원시킴으로써 사상의 진행과정이 중단된다. 주관성은 굳건히 다져진 진리의 기반으로서 사물화된다. 낡은 어휘인 인성(Persönlichkeit)이라는 말로부터도 이미 그 모든 것을 간파할 수 있을 것이다. 사유는 사유하는 자의 처음부터 이미 있던 그 상태로, 동어반복으로, 혹은 퇴행적 의식의 한 형태로 된다.

그에 반해 개별 주체들에 의해 구현된 이성으로 매개된 사유가 그렇게 사유하는 자들의 한계를 타파하는 것이야말로 사상의 유토피아적 잠재력일 것이다. 오류를 범하기 쉬운 나약한 자, 곧 사유하는 자를 능가하는 것이 사상의 가장 훌륭한 힘이다. 그러한 힘이—키에르케고르 이래 반계몽적 목적을 위해—실존적 진리 개념에 의해 손상되며, 편협성이 진리 추구의 능력으로 선전된다. 그 때문에 모든 나라의 구석구석에서 실존 숭배가 번창한다.

'역사성'

이미 오래 전부터 존재론은 관념론에 대한 실존 개념의 대립관계를 폐기했다. 지난날 인간이 만든 이념을 신성시하는 데 맞서 증언해야 했던 존재자가 훨씬 더 야심차게 존재 자체를 신성시하게 된 것이다. 『순간』

(*Augenblick*)* 시기의 키에르케고르는 이념을 실존과 대질시킬 때 물질적 실존의 조건들을 염두에 두었다. 그런데 존재를 신성시하는 영기(Äther)는 이 물질적 실존의 조건들에 비할 때 존재를 미리부터 고상한 것으로 꾸며놓는다. 헤겔 좌파를 과소평가하지 않은 키에르케고르의 경우에는 시간성과 영원성의 역설적 접합이라는 신학적 징표 아래 역사가 사변 속에 끼여들었다. 그러나 이 역사는, 실존 개념이 존재 속에 흡수되어 논의에 적합한 보편개념으로서 철학적으로 정비되자 다시 감춰진다.

존재 교리의 양가성(Ambivalenz)은 역사에 대한 존재 교리의 관계도 규정한다. 이 양가성이란 존재자를 다루면서도 그것을 또한 존재론화하여 그 형식적 특징들(characteristica formalis)에 환원함으로써 그것의 비개념적 요인 모두를 박탈한다는 점이다.[27] 한편으로 역사가 역사성이라는 실존범주로 치환됨으로써, 역사적인 것의 핵심이 사라지게 되고, 불변요인의 교리에 대한 모든 제1철학의 요구는 가변적인 것에까지 확장된다. 즉 주체와 객체의 내적 결합과 짜임관계를 규정하는 역사적 조건들을 염두에 두지 않은 채, 역사성이 역사를 비역사적인 것으로 중지시킨다.[28] 이로써 사회학에 대한 판결도 가능해진다. 지난날 후설의 경우 심리학이 그러했듯이, 이제 사

---

* 『순간』은 키에르케고르가 1854~55년에 발간한 팜플렛집이다. 여기서 그는 신약 성서의 기독교 정신이 이제는 현재적이지 못하며, 교회는 엄밀히 말해 기독교정신을 음흉하고 교활하게 제거하는 것이라고 보면서 덴마크 교회와 대적했다.

27) "그 존재상 본질적으로 미래적이어서 자체의 죽음에 대해 자유롭고 이 죽음 앞에서 부서지면서 자체의 사실적 현존(Da)에 부딪쳐 반사될 수 있는 존재자, 말하자면 미래적인 존재자로서 동일하게 근원적이었던 그런 존재자만이 물려받은 가능성을 전수받으면서 자신의 던져진 상태(Geworfenheit)를 떠맡을 수 있고 '자체의 시간'을 위해 현재적일 수 있다. 유한한 것이기도 한 본래적 시간성만이 운명과 같은 것, 즉 본래적 역사성을 가능하게 해줄 뿐이다"(하이데거, 『존재와 시간』, 385쪽).

28) 기초존재론은 그 언어적 형태를 통해 역사적·사회적 계기를 인정할 수밖에 없다. 그런데 이 계기는 또한 역사성이라는 순수 본질(essentia)로 환원될 수 없을 것이다. 따라서 『본래성이라는 전문어』(*Jargon der Eigentlichkeit*) 속의 언어비판적 인식들은 철학적 내용을 비판하는 것이기도 하다. 하이데거가 기투의 개념에서 늘 드러내는 자의성은 현상학이 사실적 분과(materiale Disziplin)

회학은 진정한 사유 작업에 해로운, 사물 자체에 외적인 상대화로 왜곡된
다. 인식될 수 있는 모든 것의 핵 속에 실제의 역사가 담겨 있지 않은 듯이
말이다. 또 진지하게 사물화에 저항하는 모든 인식이 경직화된 사물들을 유
동화시키지 않는 듯이 말이다. 또 이로써 그러한 사물들 속에서 역사를 지
각할 수 없다는 듯이 말이다.

다른 한편으로 역사의 존재론화는 제대로 검토되지 않은 역사적 힘에 존
재의 권능을 부여하고, 이로써 마치 존재 자체의 명령이기라도 한 듯이 역
사적 상황들에 대한 굴복을 정당화할 수 있게 해준다. 뢰비트*는 하이데거
역사관의 이러한 측면을 강조했다.[29] 역사가 경우에 따라 묵살될 수도 있고
우상화될 수도 있다는 것은 존재철학으로부터 나오는 실질적 정치적 귀결

로 넘어간 이래 직접 물려준 유산으로서, 다음과 같은 결과들에서 명백하게 나
타난다. 즉 하이데거의 경우 현존재와 실존에 대한 특유의 규정들, 곧 그가 인
간의 조건(condition humaine)으로 간주하고 진정한 존재 교리의 열쇠라고 보
는 것은 그 자신이 생각하듯이 그렇게 엄밀하지 않고 우연한 개인적 요인에 의
해 왜곡되어 있다. 잘못된 음조가 그 점을 뒤덮어 들리지 않게 하며, 바로 그
로써 잘못을 털어놓고 있다.

* 뢰비트(Karl Löwith, 1897~1973) : 독일 철학자. 인간을 초자연적 · 자연 외적
초월성과 무관한 자연적 존재로서 이해하는 인간학의 관점에서 역사를 해석했
다. 아우구스티누스에서 하이데거까지의 관념론적인 신학적 역사철학 구조를
비판적으로 조명했다.

29) "위의 인용문에서 하이데거가 '자신의 시간'이라는 말에 붙이는 인용부호는 아
마도 다음 사실을 암시할 것이다. 즉 이 경우 지금 이 순간 닥쳐오는 어떤 현
재를 위해 임의로 '전력을 다하는 일'(Einsatz)이 아니라 어떤 진정한 순간의
결정적 시간이 문제이며, 이 순간의 결정적 성격은 통속적 시간 및 역사와 실
존론적 시간 및 역사의 구분에서 생겨난다. 그러나 주어진 경우에 결정의 시간
이 어떤 '근원적' 순간인지 아니면 단지 어떤 세계진행 과정 및 경과중에 닥쳐
온 '현재'일 뿐인지를 어떻게 분명히 구분할 수 있겠는가. 무엇을 위해 이루어
진 결단인지를 모르는 결단상황(Entschlossenheit)은 그에 대해 아무런 해답도
주지 않는다. 굳게 결단한 사람들이 운명적이고 결정적인 듯하지만 통속적인
일, 즉 그것을 위해 희생할 필요까지는 없는 일을 위해 진력하게 되는 사례는
이미 한두 번이 아니다. 전적으로 역사적인 사유 내부에서 도대체 어떻게 '본
래적인' 사건과 '통속적으로' 일어나는 사건 사이에 경계선을 그을 수 있으며,
스스로 선택한 운명과 선택한 것이 아니라 인간에게 닥쳐오거나 그를 순간적

가운데 하나다. 실존론적 존재론의 기투들(Entwürfe)은 시간 자체, 또 그와 아울러 일시성(Vergängnis)을 영원한 것으로 절대화할 뿐 아니라 찬양하기도 한다. 실존의 개념은 일시성의 본질성 혹은 시간적인 것의 시간성으로서, 실존을 명명함으로써 실존과 멀어진다. 실존이 현상학적 문제의 표제로 다루어지기만 하면 이미 그것은 통합된 셈이다.

이상과 같은 것들이 최근의 철학적 위안들이며, 신화적 완곡어법의 일종이라고 할 수 있다. 그것은 자연의 마력을 달래며 모방함으로써 그 마력을 깨뜨릴 수 있다는 신앙이 그릇되게 부활된 것이다. 실존론적 사유는 예전에 사라진 미메시스(Mimesis)의 동굴로 기어들어간다. 그러나 이때 실존론적 사유는 자신이 불필요한 종업원처럼 해고해버린 철학사에서 유래하는 선입견, 즉 사라지지 않는 것은 선한 것이라는 플라톤적 선입견에 따른다. 이는 끝없는 전쟁에서 그때 그때 더 강한 자들이 정당하다는 것을 말할 뿐이다. 그런데 플라톤의 교육학은 전투적 미덕들을 장려하기는 했지만 그래도 대화편 『고르기아스』(Gorgias)에 의하면, 그것은 가장 높은 미덕인 정의의 이념에 책임을 져야 했다. 그러나 실존 교리의 암울한 하늘에는 이제 어느 별도 빛나지 않는다. 실존은 신성시하는 요인도 없이 신성시된다. 존재자가 관여해야 할 영원한 이념, 혹은 존재자를 조건지어야 할 영원한 이념으로부터 남는 것은 그렇지 않아도 이미 존재하는 것에 대한 적나라한 긍정, 즉 권력에 대한 긍정밖에 없다.

선택과 결정으로 오도하는 숙명을 어떻게 분명히 구분할 수 있는가. 그리고 통속적 역사는 단순한 오늘날의 현존에 대한 하이데거의 경멸에 명백히 보복을 가하지 않았는가. 즉 통속적 역사는 통속적으로 결정적인 순간에 하이데거로 하여금 히틀러 밑에서 프라이부르크대학 총장직을 맡도록 오도하고, 결단이 이루어진 가장 본래적인 현존재로 하여금 '독일적 현존재'로 바뀌도록 오도했으며, 그리하여 실존론적 역사성에 대한 존재론적 이론을 실제 역사적 사건, 즉 정치적 사건의 존재적 토대 위에서 실천하도록 했던 것이다"(카를 뢰비트, 『하이데거, 빈곤한 시대의 사상가』(Heidegger, Denker in dürftiger Zeit), 프랑크푸르트 : 1953, 49쪽).

제2부

부정적 변증법
—개념과 범주들

'어떤 것'의 폐기 불가능성

존재자 없이는 어떤 존재도 없다. 존재 개념을 포함한 모든 개념을 사유하는 데 필연적인 기저(Substrat)로서의 '어떤 것'(Etwas)은 더 이상의 어떤 사유과정을 통해서도 결코 없앨 수 없는 가장 극단적인 추상, 즉 사유와 동일하지 않은 실체적인 것(das Sachhaltige)의 추상이다. 이 '어떤 것' 없이는 형식논리학도 생각할 수 없다. 형식논리학에서 그 메타논리학적 (metalogisch) 흔적을 없앨 수는 없다.[1] 일반적 형식을 통해 그 실체적인

---

1) 헤겔은 논리학 삼부작 중 첫 권의 첫 주석에서 존재가 아닌 '어떤 것'으로 시작하는 것을 거부한다(헤겔, 전집 4권, 특히 89쪽, 80쪽 참조). 그는 이로써 주체의 우선성을 설명하려는 전체 작업을 주관적인 의미에서 관념론적으로 예단한다. 그가 이 저서의 아리스토텔레스적 특징에 부응하여 추상적인 '어떤 것'에서 출발하더라도 그의 경우 변증법이 달리 진행되기는 어려울 것이다. 그처럼 순수한 '어떤 것'이라는 관념은 존재의 관념보다 비동일자에 대해 더 관용적일 것이다. 하지만 그것이 덜 매개되어 있는 것은 아니다. '어떤 것'의 개념에 머물 수도 없을 것이며, 그것에 대한 분석은 그 개념이 사유하는 것의 방향, 즉 비동일자의 방향으로 계속 움직여야 할 것이다. 그러나 헤겔은 논리학의 출발단계에서 '어떤 것'이라는 말이 상기시키는 비동일성의 자그마한 흔적조차 참지 못한다.

것을 떨쳐버릴 수 있다고 여기는 것, 즉 절대적 형식을 상정하는 것은 환상이다. 실체적인 것 일반이라는 형식에서는 실체적인 것에 대한 내용적 경험이 본질구성적(konstitutiv)이다.

그와 상관적으로 주관적 반대극단에서도 순수 개념 혹은 사유의 기능 역시 존재하는 자아로부터 근본적으로 구분되지 않는다. 피히테 이래 관념론 제1의 허위(πρῶτον ψεῦδος)는, 추상의 운동을 통해 추상의 모체로부터 벗어난다는 생각이었다. 그 모체는 단지 사상으로부터 분리되고 사상 고유의 영역에서 추방될 뿐이지, 자체로서 소멸되지는 않는다. 그것이 소멸된다는 믿음은 마술적이다. 사유된 것이 없다면 사유는 이미 그 자체의 개념과 모순되겠지만, 또한 이 사유된 것은 절대적 사유에 의해 비로소 정립되어야 할 존재자를 미리부터 암시한다. 이는 단순한 자가당착(ὕστερον πρότερον)이다. 무모순성의 논리학에서는 그런 것이 불쾌할 것이다. 변증법만이 개념의 자체비판을 통해 그러한 것을 파악할 수 있다.

객관적으로 보아 변증법은 이성비판에서 논의된 것들의 내용 혹은 인식론에 의해 유발되며, 그 때문에 변증법에서 절정에 달하는 관념론의 몰락 이후에도 살아 남는다. 그러한 사상은 관념론과 대립하는 관념론의 계기에 도달하게 되는데, 이 계기를 다시 사상 속으로 사라지게 할 수는 없다. 칸트의 구상에서만 해도 형식과 내용이니 주체와 객체니 하는 이분법이 가능했고, 그 대립쌍들의 상호 매개상태로 인해 혼란을 빚는 일은 없었다. 칸트는 그러한 구상의 변증법적 본질, 즉 그 속에 함축된 의미로서의 모순을 깨닫지 못했다. 하이데거의 스승인 후설에 이르러서야 비로소 선천성(Apriorität)의 이념은 극히 첨예화되며, 그로 인해 그 자신이나 하이데거의 의지와 반대로 형상(εἴδη)에 대한 그의 요구에서 그것들의 변증법을 간파할 수 있었다.[2]

그러나 변증법은 일단 불가피한 것이 된 이상 존재론이나 선험철학과 같이 자체의 원칙에 집착할 수 없으며, 아무리 수정된다 하더라도 어떤 하나

---

2) 아도르노, 『인식론 메타비판』(슈투트가르트 : 1956), 97쪽 및 여기저기 참조.

의 기본적 구조로 고정될 수 없다. 존재론에 대한 비판은 결코 어떠한 존재
론도, 비존재론적인 것의 존재론도 목표로 하지 않는다. 그렇지 않다면 그
것은 단지 어떤 다른 것을 무조건 제1원리로 설정한 것일 뿐이라고 할 수
있다. 다만 이 경우에는 절대적 동일성·존재·개념이 아니라 비동일자·
존재자·사실성 등이 제1원리인 셈이다. 이로써 비개념적인 것의 개념이
실체화되고, 그 개념이 뜻하는 바와 반대되는 일이 이루어질 것이다.

기초철학 혹은 제1철학(πρώτη φιλοσοφία)은 필연적으로 개념의 우월성을
수반한다. 개념의 우월성을 거부하는 것들은 이른바 기초로부터 철학한다는
형식도 버리게 된다. 선험적 통각(transzendentale Apperzeption)에 대한
사상, 또 존재에 대한 사상에서조차 철학은 그 개념들이 그것들에 대해 생각
하는 사유와 동일하기만 하면 만족할 수 있었다. 이러한 동일성이 원칙적으
로 무효화될 경우, 어떤 궁극적인 것으로서의 개념의 평온함도 그 동일성의
추락 속에 휘말려든다. 모든 보편개념의 기초적 성격은 특정한 존재자 앞에
서 사라지기 때문에, 철학은 더 이상 총체성을 희망해서는 안 된다.

실체적인 것에 대한 강요

『순수이성비판』에서는 감각(Empfindung)이 그 '어떤 것'으로서, 없앨
수 없는 존재적인 것의 지위를 차지하고 있다. 그러나 감각은 어떤 다른 실
재적 존재자에 대해 인식적 지위상 아무런 우월성도 지니고 있지 않다. 자
체의 반성 위계질서(Reflexionshierarchie)에 사로잡혀 있고 그 자체와 가
장 가까운 경험은, 선험적 분석에 대해 우연적이며 존재적 조건들과 결합되
어 있는, 감각의 '나의' 것이라는 특성을 어떤 권한으로 오해한다. 마치 어
떤 개인적 의식에 대해 궁극적이라고 여겨지는 것이 자체로서도 궁극적인
것이며, 또 타인의 개인적이고 자신에게 한정된 의식 모두가 그 타인 자신
의 감각에 대해 그와 동일한 우선권을 주장해서는 안 된다는 듯이 말이다.

그러나 선험적 주체라는 형식이 기능을 발휘하기 위해, 즉 타당성을 가지
고 판단하기 위해 엄밀히 감각을 필요로 한다면, 그것은 거의 존재론적으로

순수 통각만 아니라 그 대척점인 질료와도 확고히 결합되어야 할 것이다.
이는 주관적 본질구성에 관한 모든 학설을 뒤흔들 게 틀림없는데, 실제로
칸트에 따르면 질료는 주관적 본질구성에 환원될 수 없는 것이기도 하다.
하지만 그로써 또한 불변적인 것 혹은 자체와 같은 것(sich selbst
Gleiches)이라는 이념도 무너질 것이다. 이 이념은 자체의 내용들, 바로 이
'질료'에 비교할 때 불변적인 것이기를 원했고 또 그 때문에 그 질료를 묵
살한 개념의 지배에서 유래한다. 감각들, 혹은 칸트가 말하는 질료 없이는
결코 형식을 상상할 수 없으며 따라서 그것은 인식 가능성을 위한 조건들인
데, 그러한 감각들 내지 질료는 일시적 성격을 지닌다. 개념으로부터 제거
할 수 없는 비개념적 요인은 개념의 즉자존재를 부인하며 개념을 변화시킨
다. 비개념적인 것의 개념은 그 자체에, 혹은 인식론에 머물 수 없다. 인식
론은 철학으로 하여금 실체적인 것을 다루도록 강요한다.

철학은 실체적인 것을 다룰 수 있을 때면 언제나 역사적 존재자를 상대로
씨름했는데, 이는 셸링이나 헤겔에 이르러서만 아니라 이미 플라톤의 경우
에도 본의 아니게 그러했다. 즉 그는 존재자를 비존재자라고 명명했지만,
등가교환이니 분업이니 하는 경험적 규정들을 영원한 이데아와 긴밀히 관
련짓는 국가론을 쓰기도 한 것이다. 오늘날 강단에서는 정규적이고 본격적
인 철학과 사회에 대한 발생론적 철학외적 관계를 은밀히 구분하고 있다.
전자는 설혹 자체의 개념성을 부인할지라도 가장 높은 차원에 있는 개념들
을 다루는 것이며, 후자는 지식사회학과 이데올로기 비판을 악명 높은 원형
(Prototypen)으로 한다는 것이다. 이러한 구분은 적합하지 않으며, 또 정
규철학에 대한 욕구라는 것도 수상쩍다.

철 늦게 자신의 순수성에 대해 걱정하는 철학이 지난날 자체의 실체를 형
성했던 모든 것으로부터 등을 돌리기만 하는 것은 아니다. 철학적 분석은
내재적으로, 즉 순수하다는 개념들이나 그 진리내용의 내부에서, 순수성을
요구하는 자들이 두려워하기도 하고, 거만을 떨면서 개별 과학들에 떠넘기
기도 하는 존재적인 것과 부딪치기도 하는 것이다. 정규철학이 헛되이 주물
러대는 개념들 속의 극히 미세한 존재적 잔재 때문에도, 정규철학은 반성을

통해 현존재자 자체를 끌어들일 수밖에 없으며, 현존재자의 단순한 개념을 두둔하거나 개념이 뜻하는 바와 자신은 무관하다는 망상을 할 수 없게 된다.

철학적 사유는 시간과 공간을 삭제하고 난 뒤에 그 나머지를 내용으로 가질 수 있는 것도 아니고, 시공간적인 것에 대한 일반적 연구성과를 얻은 것도 아니다. 철학적 사유는 특수한 것, 즉 공간과 시간 속에서 규정된 것 속에서 결정체를 이룬다. 순전한 존재자 개념은 그릇된 존재 개념의 그림자일 뿐이다.

'요지경식 형이상학'

어떤 절대적 제1원리에 대해 가르칠 때에는 언제나 그것의 의미에 합당한 상관쌍으로서 그것보다 열등한 것, 그와 절대적으로 이질적인 것이 논의된다. 이처럼 제1철학과 이원론은 불가분의 관계에 있다. 이 이원론에서 벗어나기 위해 기초존재론은 자신의 제1원리에 대한 규정을 멀리하려 들 수밖에 없다. 칸트의 제1원리, 즉 통각의 종합적 통일(synthetische Einheit der Apperzeption)의 경우도 그보다 더 나을 바 없었다. 그의 경우 대상에 대한 모든 규정은 아무 성질 없는 다양(die qualitätslose Mannigfaltigkeit) 속에 주관성을 투입하는 것일 뿐이다. 이때 그에게 선험적 논리학의 자발적 실행들(spontane Leistungen)로 여겨지는 규정 행위들이 그 자체가 아닌 어떤 계기에도 순응해야 한다는 점이나, 종합 자체에 근거해 허용되고 요구되는 것만이 종합된다는 점을 그는 고려하지 않는다. 활동적 규정은 결코 순수하게 주관적인 것이 아니며, 따라서 이때 자연에 대해 법칙을 부여한다는 절대적 주체의 승리라는 것은 공허하다.

실제로 주체와 객체는 칸트의 기본구도에서처럼 확고하게 대립하지 않고 상호침투한다. 그 때문에 칸트는 사물을 혼돈상태에 있는 추상적인 것으로 격하시키지만, 이는 또한 그 추상적인 것에 형식을 부여해야 할 힘을 촉발하기도 한다. 주체가 행사하는 속박은 또한 주체 자신에 대한 속박이 되기도 한다. 그 둘은 모두 소멸(Verschwinden)이라는 헤겔식 복수의 여신에게 쫓긴다. 주체는 범주적 실행 속에서 소진되고 빈곤해진다. 주체에 대립하는 것을 규정하고 명확하게 표현하여 그것을 칸트가 말하는 대상으로 만들려면, 주체는 그러한 규정의 객관적 타당성을 위해 단순한 보편성으로 희석되어야 하며, 인식 대상이 계획에 맞게 그 개념으로 환원되도록 그 대상 못지 않게 주체 자신에게서도 무엇인가를 잘라내야 한다. 객관화하는 주체는 추상적 이성의 한 점으로, 마침내는 논리적 무모순성으로 수렴하는데, 한편 이 무모순성이라는 것은 특정한 대상과 무관할 경우 아무 의미도 지니지 못한다.

절대적 제1원리는 그 대립물과 마찬가지로 필연적으로 비규정상태 (unbestimmt)에 머문다. 어떤 구체적 선행요인(ein konkret Vorgängiges)에 대해 반문한다고 해서 추상적 대립의 통일이 나타나는 것은 아니다. 오히려 양극단 각각을 그 자체의 상대방의 계기로 규정함으로써 경직화된 이분법적 구조가 와해된다. 이원론은 철학사상에서 불가피하게 나타나는 것이기는 하나 사유가 진행되는 과정에서 허위로 되고 만다. 매개는 그에 대한 극히 일반적이고 자체로 불충분한 표현일 뿐이다.

그러나 아직까지도 은근히 존재론을 부추기고 있는, 자신이 제1원리라고 하는 주체의 요구가 제거된다면, 전통철학의 도식상 부차적인 것이 더 이상 부차적이지 않고 이중적 의미에서 종속적이지도 않다. 그것에 대한 과소평가는 모든 존재자가 관찰자에 의해, 또 관찰자의 집단이나 종족에 의해 채색된다는 뻔한 사실의 뒷면이었다. 이러한 사실 뒤에서는 순수 즉자를 통찰한다는 관념이 잊혀진 채 기회를 엿보고 있다. 실제로 객관적인 것 속에 포함된 주관적 매개의 계기를 인식한다는 것은 그러한 관념에 대한 비판을 의미하기도 한다.

서양의 형이상학은 이단자들의 경우를 제외한다면 요지경식 형이상학 (Guckkastenmetaphysik)이었다. 자신도 제한된 계기일 뿐인 주체는 스스로를 신격화시킨 데 대한 벌로서, 이 형이상학에 의해 영원히 자체 속에 감금되었다. 주체는 마치 성탑의 구멍을 통해 보는 것처럼 검은 하늘을 바라

보는데, 거기에는 이념의 별 혹은 존재의 별이 떠오르는 것이다. 그러나 바로 주체를 에워싸고 있는 장벽은 주체가 불러일으키는 모든 것에 사물적인 것의 그림자를 던지며, 주관적 철학은 이 그림자를 무기력하게 다시 공격한다. 존재라는 말이 어떠한 경험을 수반하든 간에 그것은 존재자에 대한 알레르기를 통해서가 아니라 존재자의 짜임관계들(Konfigurationen) 속에서만 표현될 수 있다. 그렇지 않을 경우 철학의 내용은 어떤 뺄셈과정의 빈약한 결과로 될 것이며, 이는 사유하는 실체인 주체의 데카르트적 명증성의 경우와 다를 바 없을 것이다.

밖을 내다볼 수는 없다. 밖에 있을 수 있는 것, 그것은 단지 내부에 있는 자료와 범주들을 통해서만 나타난다. 이에 따라 칸트 철학의 진리와 비진리가 구분된다. 그의 철학은 절대자에 대한 직접적 지식이라는 환상을 깨뜨리는 점에서 진리다. 반면에 그것은 이 절대자를 어떤 원형적 지식(intellettus archetypus)이라고 할 수 있을 어떤 직접적 의식에 상응하는 모델로서 기술하는 점에서 허위다. 이 허위를 증명한 것이 칸트 이후 관념론의 진리다. 하지만 이 칸트 이후의 관념론은, 마치 주체의 순수한 개념이 존재 자체인 듯이, 주관적으로 매개된 진리를 주체 자체와 동일한 것으로 보는 점에서 다시 허위다.

실체화될 수 없는 무모순성

이상의 고찰들은 역설(Paradoxie)의 외관을 유발한다. 주관성 혹은 사유 자체는 그 자체를 근거로 설명될 수 없고, 사실적인 것, 특히 사회를 근거로 설명될 수 있다. 반면 인식의 객관은 사유 혹은 주관성 없이는 있을 수 없다고 하겠다. 이 역설적 상황은 설명에 대한 데카르트적 규범에서 나온다. 즉 앞의 것에 근거해 나중의 것을, 적어도 논리적으로 나중의 것을 논증해야 한다는 규범에서 나오는 것이다. 이 규범은 이제 구속력을 지니지 못한다. 이 규범의 척도에 따른다면 변증법적 사태는 단순한 논리적 모순일 것이다. 그러나 그러한 사태는 외부로부터 끌어들인 위계적 질서의 도식에

따라 설명될 수 있는 것이 아니다. 그렇지 않다면 설명의 과정에서 밝혀져
야 할 것이 미리부터 전제되며, 주관적 사유원칙인 무모순성이 사유되어야
할 것, 곧 객체에 고유하다고 상정하는 것이 될 것이다.

어떻게 보면 변증법적 논리학은 그 논리학을 배척하는 실증주의보다도
더 실증주의적이다. 왜냐하면 변증법적 논리학은 사유로서, 사유되어야 할
것, 곧 대상이 사유규칙에 따르지 않는 경우에도 그 사유대상을 존중하기
때문이다. 대상에 대한 분석은 사유규칙과 접한다. 사유는 자체의 법칙성에
만족해야 할 필요가 없다. 사유는 자체를 희생시키지 않고도 자체에 맞서서
사유할 수 있다. 변증법에 대한 정의가 가능하다면 이상과 같은 것도 하나
의 정의로서 제시할 수 있을 것이다. 사유의 무기가 사유와 유착되어 있어
야만 하는 것은 아니다. 사유는 자신의 논리적 요구의 총체성이 기만이라는
점을 꿰뚫어보기에 충분할 정도로는 확장되어 있다. 주관성은 사실적인 것
을 전제하며 역으로 객관은 주체를 전제한다는 겉보기에 견디기 어려운 명
제는 단지 그러한 기만에 대해서만, 즉 원인과 결과의 관계를 곧 객체의 경
험에 적용되지 않는 주관적 원칙을 실체화하는 경우에만 그러하다. 철학적
처리방식으로서의 변증법은 가장 오래된 계몽의 매체인 계교를 통해 그러
한 역설의 매듭을 풀고자 하는 노력이다. 키에르케고르 이래 역설이 변증법
의 타락한 형태로 된 것은 우연이 아니다.

변증법적 이성은 논리적 규칙이라는 주관적 강요로서 계속되는 자연의 연
관관계 및 이의 기만을 초월하면서 자신의 지배권을 그러한 연관관계에 강요
하지 않으려는 충동에 따른다. 즉 희생도 치르지 않고 복수도 하지 않으려는
것이다. 변증법적 이성 자체의 본질도 적대적인 사회와 마찬가지로 형성된
것이며 일시적인 것이다. 물론 적대관계는 고통과 마찬가지로 사회에 한정된
것이 아니다. 변증법을 보편적 설명의 원칙으로서 자연에까지 확장시킬 수는
없지만, 또한 사회내적인 변증법적 진리 및 그와 무관한 진리라는 두 종류의
진리를 나란히 설정할 수도 없다. 과학에서의 학과구분에 기준을 두고 있는
사회적 존재와 사회외적 존재라는 구분은, 타율적 역사 속에서 맹목적 자연
발생상태가 영속화된다는 점을 은폐한다.[3] 변증법적인 내재적 연관관계 자

체를 통해서만 그 연관관계로부터 벗어나게 된다. 변증법은 비판적으로 그러한 연관관계에 대해 성찰하며 자신의 운동에 대해 반성한다. 그렇지 않다면 헤겔에 맞서는 칸트의 권리요구는 아직 유효할 것이다.

　그와 같은 변증법은 부정적이다. 그것의 이념은 헤겔과의 차이점을 명시해준다. 헤겔의 경우 동일성은 긍정성과 일치했다. 즉 절대정신으로까지 확장되고 고양된 주관성 속에 비동일적인 것과 객관적인 것 모두를 포함시킴으로써 화해를 이룬다는 것이다. 그에 반해 모든 개별 규정 속에서 작용하는 전체의 힘은 이 규정에 대한 부정일 뿐만 아니라 허위이기도 하다. 절대적·총체적 주체의 철학은 부분적이다(partikular).[4]

---

3) 『세계정신과 자연의 역사』, 여기저기 참조.

4) 동일성이라는 말은 근세 철학사에서 다의적이었다. 우선 그것은 개인적 의식의 통일성을 지칭했다. 즉 하나의 자아가 모든 경험들을 통해 동일한 것으로 유지된다는 것을 의미했다. '나의 모든 표상들을 수반할 수 있어야 할 나의 사유'라는 칸트의 주장은 그것을 뜻했다. 그런가 하면 동일성은 이성을 지닌 모든 존재 속의 법칙적으로 동일한 것, 곧 논리적 보편성으로서의 사유이기도 했다. 또 그것은 모든 사유대상의 자체동일성, 곧 단순한 A=A를 뜻하기도 했다. 끝으로 인식론적으로는 주체와 객체가 어떻게 매개되어 있든 일치한다는 것을 뜻했다. 처음의 두 가지 의미층은 칸트의 경우에도 결코 엄격히 구분되지 않고 있다. 이는 느슨한 어법 탓이 아니다. 오히려 동일성은 관념론내의 심리학적 계기와 논리학적 계기의 접점을 나타낸다. 사유의 보편성으로서의 논리적 보편성은 개인적 동일성과 결합되어 있으며, 이 개인적 동일성이 없다면 그것도 생겨날 수 없을 것이다. 왜냐하면 그렇지 않을 경우 현재의 것 속에서 어떠한 과거의 것도, 따라서 그 어느 것도 동일한 것으로서 확인되지 않을 터이기 때문이다. 그런데 이 동일한 것에 대한 호소는 또한 논리적 보편성을 전제로 하며, 사유의 호소인 것이다. 칸트의 '사유하는 자아', 곧 개인적 통일성의 계기는 언제나 또한 초개인적 보편자를 요구한다. 개별적 자아는 수적인 통일성 원칙의 보편성 덕분에 하나의 자아인 것이다. 의식의 통일성 자체는 논리적 동일성의 반성형식이다. 하나의 개인적 의식이 하나의 의식이라는 사실은 단지 배중률, 곧 타자가 존재할 수 없어야 한다는 논리적 전제조건 아래서만 타당하다. 그런 한에서 개인적 의식의 단일성(Singularität)은 가능하기 위해서라도 초개인적이다. 그 두 계기 가운데 어느 것도 다른 것에 대해 우선성을 지니지 못한다. 동일한 의식이 없다면, 즉 특수화의 동일성이 없다면 보편자도 없을 것이며, 그 역의 명제도 성립한다. 이런 점에서 특수와 보편의 변증법적 파악은 인식론적으로 정당화된다.

동일성체제에 내재하는 동일성체제의 전복 가능성은 그것의 정신적 원칙
에 대립하여 작용한다. 존재자가 정신으로부터 총체적으로 추론된다면 불
행히도 정신은 자신과 모순을 이룬다고 생각하는 단순한 존재자와 유사해
질 것이다. 그렇지 않다면 정신과 존재자는 조화를 이루지 못할 것이다. 만
족할 줄 모르는 동일성의 원칙이야말로 모순을 이루는 것을 억압함으로써
적대관계를 영구화하는 것이다. 자신과 동일하지 않은 어느 것도 받아들이
지 않는 것은 설혹 스스로를 화해라고 오해할지라도 그 화해를 모두 축출한
다. 동일하게 만드는 폭력행위는 그것이 지워버리는 모순을 재생산한다.

헤겔 좌파에 대한 관계

맨 처음에는 코르슈*가, 다음에는 변증법적 유물론(Diamat)의 대표자들
이 제기한 반론에 따르면, 비동일성으로의 전환은 그 내재비판적 성격 및
이론적 성격으로 인해 신헤겔주의나 역사적으로 낡은 헤겔 좌파의 뉘앙스
를 은연중에 지닌다고 한다. 마치 마르크스의 철학 비판이 철학으로부터의
해방을 가져온 듯이 말이다. 그러면서도 동구 사람들은 문화적 열성으로 인
해 마르크스주의 철학을 포기하기 싫어한다. 이론과 실천의 통일에 대한 요
구는 부단히 이론을 시녀로 전락시켰으며, 그 통일 속에서 이론이 수행해야
했을 일을 이론으로부터 제거했다. 사람들이 모든 이론에 요구하는 실천적
검증이 검열의 인장으로 된 것이다. 그러나 이렇게 찬양받는 이론-실천에
서 이론이 굴복하자 실천은 비개념적인 것으로 되고 정치의 일부로 되었다.
실천은 정치로부터 사람들을 해방시켜야 했는데도 그 일부로 된 것이며, 결
국 권력에 내맡겨지고 말았다. 독단과 사유금지를 통한 이론의 말살은 잘못
된 실천에 기여했다. 이론이 그 자립성을 다시 획득한다는 것은 실천 자체
의 관심사다.

---

* 코르슈(Karl Korsch, 1886~1961) : 독일의 마르크스주의 이론가·정치가. 현실
　사회주의내의 계급대립을 주장, '좌익' 수정주의자로 비판받았다.

그들 두 계기의 상호관계는 결코 영구히 결정되지는 않았으며 역사적으로 변화한다. 모든 것을 지배하는 사업이 이론을 불구화하고 모독하고 있는 오늘날, 이론은 비록 무기력한 상태로나마 단순히 존재한다는 점만으로도 그러한 사업에 대해 반대증언을 하는 것이다. 그 때문에 이론은 정당하며 또 미움을 받는다. 이론이 없다면 언제나 변화를 추구하는 실천 자체는 변화될 수 없을 것이다. 이론을 시대착오적이라고 꾸짖는 자는, 좌절된 채로나마 여전히 고통을 야기하고 있는 것을 낡은 것이라고 묵살하는 논법에 따른다. 이로써 세계의 진행과정이——이에 순응하지 않는 것은 이론의 이념일 뿐인데도——승인되며, 실증주의적으로든 권력을 통해서든 이러한 이념이 말살될 때조차 이론은 그 타당성을 지니지 못하게 된다.

한편 나름으로 비중 있는 이론을 상기할 때 느끼는 분노는 서방측 정신적 관습의 조급성과 그다지 멀리 떨어져 있지 않다. 철학사적으로 성문화된 동기들을 다시 다룰 때면 늘 따라다니는 학파 냄새나 아류에 대한 두려움은 이미 오래 전부터, 학파들로 하여금 자신을 아직까지 없었던 것이라고 자랑하도록 오도한다. 바로 그러한 것이 이미 존재해온 것의 숙명적 연속성을 강화한다. 그러나 사회적 메커니즘으로부터 즉각적으로 자신의 범주들을 이끌어내면 낼수록 그만큼 더 요란하게 근원적 체험을 고집하는 방법이 의심스러운 것과 마찬가지로, 사상들을 그 근원과 동일시하는 것도 불가능하다. 이처럼 사상을 그 유래와 동일시하는 습관 역시 일종의 근원철학(Ursprungsphilosophie)이다.

하이데거처럼 존재역사에 대한 망각, 즉 역사외적 망각이 아닌 역사적 망각에 저항하는 자, 혹은 한때 쟁취했던 의식의 자유를 도처에서 희생시키자는 요구에 저항하는 자는 결코 정신사적 복고(Restauration)를 옹호하지 않는다. 역사를 세계의 심판이라고 생각하는 자들만이, 역사가 여러 입장들을 넘어서 진행되었다는 사실을 그 입장들의 진리내용에 대한 판결로서 존중한다. 이론적으로 흡수되지 않고 처분된 것이 종종 나중에야 그 진리내용을 드러내곤 한다. 그러한 진리내용은 지배적인 건강체에 자리잡은 종기와 같은 것으로 된다. 상황이 변하게 되면 그것은 다시 이론적으로 흡수되지 않왔던 것에 주목하도록 해준다. 헤겔과 마르크스의 이론에서 불충분한 상태로 남아 있던 것이 역사적 실천 속에 파고들어갔다. 그 때문에 그러한 것에 대해 새로 반성해야 하며, 사유가 실천의 우월성에 비합리적으로 굴복해서는 안 될 것이다. 실천 자체도 탁월한 이론적 개념이었던 것이다.

'와해의 논리'

헤겔과의 결별은 의도상 부분적인 것으로는 해결되지 않는 모순, 곧 전체와 관련되는 모순을 통해 파악할 수 있다. 형식과 내용이라는 칸트식 구분을 비판하는 헤겔은 따로 분리될 수 있는 형식, 또는 사실과 무관하게 다룰 수 있는 방법 따위가 아닌 철학을 원했다. 그러나 그 자신은 방법적으로 철학을 했다.

사실상 변증법은 단순한 방법도 아니고 순진한 의미에서 실재적인 것(ein Reales)도 아니다. 화해되지 않은 사물, 곧 사상으로 대신되는 동일성이 결여되어 있는 사물은 모순적이다. 또 그런 사물은 그것을 일률적으로 해석하려는 모든 노력에 대립한다. 이 때문에 변증법은 단순한 방법일 수 없다. 사상의 조직 욕구가 아니라 그러한 사물 자체가 변증법을 유발한다. 한편 모순성이 하나의 반성적 범주, 즉 개념과 사물을 사유로써 대질하는 것이기 때문에, 변증법은 단순히 실재적인 것이 아니다. 처리방식(Verfahren)으로서의 변증법은 사물 속에서 일단 체험한 모순 때문에, 또 그 모순에 맞서, 모순들 속에서 사유하는 것이다. 현실 속의 모순인 변증법은 현실에 대한 모순이다.

그러나 이러한 변증법은 이제 헤겔과 결합될 수 없다. 변증법의 운동은 모든 대상과 그 개념의 차이 속에 있는 동일성을 지향하지 않는다. 오히려 그것은 동일자를 의심한다. 변증법의 논리는 와해(Zerfall)의 논리다. 즉 그것은 인식하는 주체가 우선 직접 대면하는 개념들의 대상화되고 정비된 형태를 와해시키는 논리다. 그러한 개념들이 주체와 동일하다는 것은 허위다. 이 허위와 더불어, 현상을 주관적으로 미리 형식화하는 작업은 그 속의 비동일자, 혹은 말로 표현할 수 없는 개별자(individuum ineffabile)를 향해 진행된다.

동일적 규정들의 총괄개념은 전통철학의 소망상(Wunschbild)에 상응할 것이다. 즉 아 프리오리한 구조 및 이의 고풍스런 후예인 존재론에 상응할 것이다. 그러나 이 구조는 모든 특수한 내용에 앞서서 추상적으로 확정된 것으로서, 가장 단순한 의미에서 부정적이며 정신화된 강압이다. 이 부정성의 힘은 오늘날까지도 실제로 세력을 지니고 있다. 그와 다를 수도 있는 상황, 그것은 아직 시작되지 않았다. 이 점이 모든 개별 규정들을 촉발한다. 아무 모순 없는 것으로 등장하는 모든 규정은 존재와 실존의 존재론적 모델과 마찬가지로 모순적임이 드러난다. 철학으로부터는 철학의 구성과 동일한 어떤 긍정적인 것(Positives)도 획득할 수 없다. 탈신화화의 과정에서는 탈신화화를 주관하는 도구적 이성에서까지도 긍정성을 부정해야 한다. 화해의 이념은 개념을 통한 화해의 긍정적 정립을 거부한다.

그럼에도 불구하고 관념론에 대한 비판은 구성(Konstruktion)이 일단 개념으로부터 얻은 통찰이나, 개념들의 안내를 통해 얻은 방법의 에너지를 버리지 않는다. 관념론의 모습 속에 포함되어 있는 것, 관념론 자체의 연역적 방법을 계승하면서 관념론을 명시하는 것, 총체성의 총괄개념을 전개하면서 총체성의 분열상과 허위를 드러내 보이는 것, 그러한 것만이 관념론적 마법의 원을 벗어날 수 있다. 순수한 동일성은 주체에 의해 정립된 것이며, 그런 한에서 외부로부터 끌어들여진 것이다. 따라서 동일성을 내재적으로 비판한다는 것은, 극히 역설적이지만, 외부로부터 비판하는 것이다. 주체는 자신이 비동일자에 가한 바에 대해 보상해야 한다. 그렇게 함으로써 주체는 절대적 대자존재(Fürsichsein)라는 가상으로부터 자유롭게 된다. 이 절대적 대자존재의 가상은 동일시를 추구하는 사유의 산물이다. 이러한 사유는 하나의 사물을 그 종(Art)이나 유(Gattung)의 한 예로 격하시킬수록 더욱더 그것을 아무런 주관적 편견 없이 다룬다고 여긴다.

동일성의 변증법

사유는 우선 자체와 대립하는 것, 곧 개념에 몰두하여 이 개념에 내재하

는 이율배반적 성격을 깨닫게 됨으로써 모순의 피안에 위치하는 어떤 것이
라는 이념에 집착한다. 자체와 이질적인 것에 대한 사유의 대립은 사유 자
체 속에서 사유의 내재적 모순으로서 재생산된다. 보편과 특수의 상호비판,
즉 개념이 개념을 통해 파악된 것에 합당한지, 또 특수한 것이 그 개념을
충족하는지에 대해 판단하는 동일시의 행위들은 특수한 것과 개념의 비동
일성을 다루는 사유의 매체다. 그것은 또한 사유만의 매체가 아니다. 동일
시의 형태로 실제로 자신에게 가해지는 강압에서 벗어나고자 한다면 인류
는 동시에 인류 개념과의 동일성도 획득해야 한다. 중요한 범주들은 모두
그 개념에 관여한다.

인간의 노동을 평균 노동시간이라는 추상적 보편개념으로 환원시키는 교
환원칙은 동일시의 원칙과 근본적으로 유사하다. 동일시의 원칙은 교환이
라는 사회적 모델을 가지고 있으며, 또 동일시의 원칙 없이는 교환도 있을
수 없다. 교환을 통해서 비동일적 개별 존재나 업적들이 통분될 수 있고 동
일해진다. 이러한 원칙이 확장되면 전 세계가 동일자로, 총체성으로 된다.
그러나 이 원칙이 추상적으로 부정될 경우, 그리하여 환원될 수 없는 질적
인 것을 더욱 존중하기 위해 이제는 등가관계에 따라 일이 진행되어서는 안
된다는 생각이 이상으로서 표명될 경우, 그것은 낡은 불의로 돌아가기 위한
변명이 될 것이다. 왜냐하면 등가교환의 본질은 예로부터 등가교환의 이름
아래 같지 않은 것이 서로 교환된다는 데에, 또 노동의 잉여가치가 절취된
다는 데에 있었기 때문이다. 비교 가능성이라는 기준을 단순히 제거한다면,
비록 이데올로기적이기는 하나 일종의 약속으로서 교환원칙에 내재하는 합
리성 대신 직접적 점유나 폭력, 혹은 오늘날처럼 독점기업들과 도당들의 적
나라한 특권이 등장할 것이다.

사유의 동일시 원칙으로서의 교환원칙에 대한 비판은, 오늘날까지 단순
한 구실에 지나지 않은 자유롭고 정당한 교환의 이상이 실현되기를 바란다.
그로써만 교환을 초월하게 될 것이다. 비판이론은 교환이 균등한 것의 교환
이면서도 불균등한 것의 교환이라는 점을 폭로한다. 이 경우 질적으로 다른
것은 어느 것도 용납하지 않는 시민적 평등이상(Egalitätsideal)에 담긴 원

한에 대해 다분히 회의적이지만, 평등 속의 불평등에 대한 비판 역시 평등을 목표로 한다. 어느 누구의 살아 있는 노동 가운데 일부도 빼앗는 일이 없게 된다면 합리적 동일성이 이루어질 것이며, 사회는 동일시하는 사유를 넘어설 것이다.

이로써 우리는 헤겔에게 충분히 접근한다. 개별 구분들을 통해 헤겔에 대한 경계선을 긋기는 어렵다. 오히려 이론적으로나 실제 결과에서 의식이 동일성을 궁극적이고 절대적인 것이라고 주장하고 강화하고 싶어하느냐, 아니면——자유가 자연으로의 회귀를 통해서가 아니라 문명의 강압을 통해서만 실제적인 것으로 될 수 있듯이——동일성을 보편적 강압으로부터 벗어나기 위해 필요하지만 어쨌든 보편적 강압의 장치인 것으로서 체험하느냐 하는 의도에 의해 헤겔과의 경계선이 그어진다.

총체성이 그 개념에 따라 부정하는 총체성 자체와의 비동일성을 확인시킴으로써, 총체성에 반대하는 것은 가능해진다. 이로써 부정적 변증법은 그 출발점으로서 동일성철학의 최고 범주들과 결합되어 있다. 그런 한에서는 부정적 변증법도 허위이며, 동일성의 논리에 따르며, 그것을 통해 대립하고자 한 바로 그 대립물의 상태로 남아 있다. 부정적 변증법은 그 비판의 과정에서 스스로를 교정해야 한다. 형식상 부정적 변증법에 대해서조차 일차적인 듯이 다루어지는 개념들이 이 과정에서 영향을 받는다. 어떤 사유가 모든 사유에 불가피한 형식의 필요로 인해 완결성에 원칙적으로 따르면서 완결된 구조에 대한 전통철학의 요구를 내재적으로 부인하느냐, 또는 그 완결성의 형식을 스스로 강요하고 그 의도상으로 스스로를 제1원리로 만드느냐 하는 것은 별개의 문제다.

관념론에서는 최고의 형식적 원칙인 동일성 원칙이 그 자체의 형식화를 통해 긍정(Affirmation)을 내용으로 삼았다. 이 점은 용어법을 통해 순진하게 드러난다. 즉 단순한 술어적 명제들을 긍정문이라고 지칭하는 것이다. 계사(Copula)는 '그것은 다름 아니라 그러하다'(Es ist so, nicht anders)고 말한다. 계사가 나타내는 종합 행위는 '그것은 달리 될 수가 없다는 점'(daß es nicht anders sein soll)을 천명한다. 그렇지 않다면 종합이 이루어

지지 않을 것이다. 모든 종합 속에서는 동일성을 추구하려는 의지가 작동한
다. 동일성은 사유에 내재하는 사유의 아 프리오리한 과제로서, 긍정적이고
(positiv) 바람직해 보인다. 즉 종합의 기저(Substrat)는 종합을 통해 자아
와 화해를 이루며, 따라서 좋다는 이야기다. 이는 또한 사물이 얼마나 주체
자신의 것인지를 통찰함으로써 주체가 자신과 이질적인 것에 따르면 좋겠
다는 도덕적 욕구를 즉각 허여한다. 동일성은 이데올로기의 근원형식이다.
동일성은 그 속에서 억압된 사물에 대한 적합성(Adäquanz)으로서 향유된
다. 적합성은 언제나 지배의 목표들 아래 이루어지는 억압이기도 했고, 그
런 점에서 자체에 대한 모순이었다.

  인류는 자신에 대해서까지 동일성의 우월성을 실현하기 위해 말로 다할
수 없는 노력을 기울인 후, 그 우월성을 정복된 사물에 대한 규정으로 만듦
으로써 기뻐하고 승리를 만끽한다. 이 경우 정복된 사물이 겪은 바를 인류
는 그 사물의 즉자로서 제시할 수밖에 없다. 계몽에 대한 이데올로기의 저
항력은 동일시하는 사유, 곧 사유 일반과의 연루상태에서 나온다. 사유는
'비자아가 궁극적으로는 자아다'라는 단언을 결코 실현하지 못한다는 점에
서 자체의 이데올로기적 측면을 드러낸다. 즉 자아가 비자아를 파악하면 할
수록, 그만큼 더 완전하게 자아는 자신이 객체로 격하되었음을 깨닫는 것이
다. 동일성은 어떤 적응의 교리에 대한 법정으로 되는데, 여기서는 주체가
지향해야 한다는 객체에 주체가 가한 것에 대해 객체가 다시 주체에게 보복
한다. 주체는 자신의 이성에 맞서서 이성을 사용해야 할 것이다. 그 때문에
이데올로기 비판은 결코 주변적인 것, 과학내적인 것 혹은 객관적 정신이나
주관적 정신의 산물들에 한정된 것이 아니라, 철학적으로 중심적인 것이다.
즉 그것은 본질구성적(konstitutiv) 의식 자체에 대한 비판이다.

사유의 자체반성

  의식의 힘은 그 자체의 기만에까지 다가선다. 고삐가 풀려 자체로부터 떨
어져나온 합리성이 어디서 오류로 되고, 어디서 진정 신화로 되는지는 합리

적으로 인식할 수 있다. 지성(ratio)의 기저가 비록 희미하더라도 그것이 사라진다면 이는 지성 자체의 산물이며 그 추상작용의 결과인데, 지성이 그 필연적 진행과정에서 이 사실을 간과하게 되면 곧 비합리성으로 전도된다. 사유는 무의식적으로 자체의 운동법칙에 따를 경우 그 자체의 의미, 즉— 주관적 의도들의 비약에 제동을 거는—사상에 의해 사유된 것에 대립한다. 사유의 자족성이 독재를 휘두를 때 사유는 공허해질 수밖에 없다. 이 공허함은 결국 주관적 측면에서 어리석음과 유치함으로 귀결된다. 의식의 퇴행은 의식의 자각이 결여된 결과다. 의식의 자각은 동일성의 원칙을 꿰뚫어볼 수 있다. 그러나 그것은 동일시 없이는 생각할 수 없다. 왜냐하면 모든 규정은 동일시이기 때문이다.

하지만 바로 이 규정은 비동일자로서의 그 대상 자체에도 접근한다. 즉 이 비동일자에 각인을 가함으로써 비동일자에 의해 각인되고자 하는 것이다. 비동일성은 동일시의 은밀한 목표이며 동일시에서 구제되어야 할 것이다. 전통적 사유의 오류는 동일성을 자신의 목표로 여긴다는 점이다. 동일성의 가상을 파괴하는 힘은 사유 자체의 힘이다. 즉 사유는 '그것은 무엇이다'(Das ist)라는 형식을 사용하여, 마치 불가결한 듯해 보이는 사유의 형식을 뒤흔드는 것이다. 비동일자에 대한 인식은 동일성사유 이상으로, 또 그와 달리 동일시를 이룬다는 점에서도 변증법적이다. 이 인식은 어떤 것이 무엇이다라고 말하려 한다. 반면에 동일성사유는 어떤 것이 무엇에 속하며 그것은 또한 무엇을 대표하는 본보기인지를, 즉 그것 자체가 아닌 어떤 것을 말한다. 동일성사유는 그 대상에 가차없이 접근하면 할수록 그 대상의 동일성으로부터 멀어진다.

동일성에 대한 비판을 통해 그 동일성이 사라지는 것은 아니다. 단지 그것이 질적으로 변할 뿐이다. 사상에 대한 그 대상의 친화성(Affinität)이라는 요인들이 그 동일성 속에서 생명을 지닌다. 동일성이 존재한다는 생각, 즉 사물이 자체로서 그 개념과 일치한다는 생각은 망상이다. 그러나 동일성의 이상은 간단히 내던질 수 없다. 사물이 개념과 동일하지 않다는 비난 속에는 사물과 동일하고자 하는 개념의 갈망이 담겨 있다. 그와 같이 비동일성에 대한 의식은 동일성을 포함한다. 아마 형식논리에 이르기까지 그러한 동일성을 상정하는 것은 순수 사유에서 나타나는 이데올로기적 계기일 것이다. 그러나 이 계기 속에도 이데올로기의 진리계기, 즉 어떠한 모순이나 어떠한 적대관계도 존재해서는 안 된다는 지침이 감추어져 있다.

단순히 동일시를 행하는 판단 속에서도 실용주의적이고 자연을 지배하는 요인에는 유토피아적 요인이 결합된다. 'A'는 그것이 아직 아닌 그러한 것이 되어야 하는 것이다. 이러한 희망은 모순되게도 술어적 동일성의 형식이 파손되는 부분과 결합된다. 철학적 전통에서는 이념이라는 말이 그것을 표현한다. 이념이라는 것은 동떨어진 것($\chi\omega\rho\iota\varsigma$)도 공허한 소리도 아니다. 그것은 부정적 기호다. 획득된 동일성 모두의 비진리는 진리의 뒤집힌 형태다. 이념들은 사물의 실제 상태와 그것이 주장하는 바 사이의 동굴들 속에서 살아간다. 유토피아는 동일성과 모순을 초월하는 것이며 서로 상이한 것의 혼합상태일 것이다. 유토피아를 위해서 동일시는 스스로를 반성하며, 이로써 언어상으로 어느 한 객체의 동일시가 아니라 인간 및 사물들과의 동일시에 대해 운위하는 논리학의 외부에서 유토피아라는 말을 사용한다.

유사한 것을 인식하는 것은 유사한 것이냐 아니면 유사하지 않은 것이냐 하는 그리스의 논쟁은 단지 변증법적으로만 해결될 수 있을 것이다. 단지 유사한 것만이 유사한 것을 인식할 수 있다는 테제에서는, 모든 인식과 인간적 실천에서 제거될 수 없는 미메시스의 계기가 의식된다. 그런데 이 제거될 수 없다는 측면에서 그보다 훨씬 뒤지는 친화성(Affinität)이 자체를 긍정적으로(positiv) 정립할 때, 그 미메시스의 계기에 대한 의식은 허위로 된다. 인식론에서는 그로부터 '객체가 주체다'라는 잘못된 결론이 불가피하게 나온다. 전통철학은 자신과 유사하지 않은 것을 자신과 유사하게 만듦으로써 그것을 인식한다고 생각하나, 엄밀히 말해 그로써 단지 자신을 인식할 뿐이다. 새로워진 철학의 이념은 유사한 것을 자신과 유사하지 않은 것이라고 규정하는 가운데 유사한 것을 지각하는 것이리라.

동일시 판단 속에 있는 비동일성의 계기는, 하나의 집합에 총괄된 모든

개별 대상이 그 집합에 대한 정의에는 포함되지 않은 규정들을 지니는 한에
서 단적으로 명백하다. 개념의 모체인 개별 대상들의 특성의 통일체에 그치
지 않는 다소 중요한 개념에서는 그 반대 경우도 타당성을 지닌다. 누군가
가 자유로운 인간이라고 하는 판단은, 특히 진지하게 생각해보면, 자유의
개념과 관계된다. 그러나 이 자유의 개념은 그 사람에 대해 서술되는 바 이
상의 것이다. 이는 그 사람이 다른 규정으로 인해 그 자유의 개념 이상인
것과 마찬가지다. 자유의 개념은 자유롭다고 정의된 모든 개별 인간들에게
적용될 수 있다는 것 이상을 말한다. 자유의 개념은, 오늘날 이 자리에서는
그 누구도 가지고 있다고 할 수 없을 성질들을 개인들이 가지게 될 상태라
는 이념을 원천으로 한다. 어떤 사람을 자유롭다고 찬양한다면, 이 찬양의
특성은 그 사람을 통해 어떤 불가능한 것이 드러나게 되므로 그에게 그 불
가능한 것이 할당된다는 함의(sous-entendu) 속에 있다. 이처럼 눈에 띄면
서 동시에 비밀스럽기도 한 것이, 어쨌든 보람 있는 동일시 판단 모두에 영
혼을 불어넣는다.

　자유의 개념은 경험적으로 적용되면 당장 그 자체에도 못 미치게 된다.
그렇게 되면 그것은 그 자체가 말하는 바가 아니다. 하지만 이 개념은 그래
도 그것을 통해 파악된 것의 개념이어야 하므로, 그것과 대질되어야 한다.
이 대질을 통해 이 개념은 자체에 대한 모순으로 된다. 철학적 용어가 한때
자유의 이념이라고 칭한 것을 단순히 설정된 '조작적'(operationell) 정의로
써 자유의 개념으로부터 몰아내려 한다면, 편의를 위해 자의적으로 이 개념
을 자체가 뜻하는 것보다 격하시킬 것이다.

　개별자는 그에 대한 보편적 규정 이상이기도 하고 그 이하이기도 하다.
그러나 이 모순을 지양함으로써만, 즉 특수자와 그 개념 사이의 동일성을
획득함으로써만, 특수자 혹은 규정된 것은 자체에 도달할 것이다. 따라서
보편개념이 개별자로부터 앗아가는 것을 보전하는 일뿐만 아니라, 자신의
궁핍과 비교되는 개념의 잉여부분도 개별자의 관심사다. 오늘날까지도 개
별자는 이 잉여부분을 자신의 부정성으로서 경험한다. 보편과 특수 사이의
모순은 개별성(Individualität)이 아직 존재하지 않으며, 따라서 그것이 어

디서든 설정된다면 좋은 것이 아니라는 점을 내용으로 한다. 동시에 자유의 개념과 그 실현 사이의 모순은 이 개념의 불충분성이기도 하다는 점 역시 변함없다. 자유의 잠재력은, 그에 대한 강압적 형식화(Formalisierung)로 인해 그 잠재력이 띠게 된 양상에 비판을 가하고자 한다.

모순의 객관성

그러한 모순은 결코 주관적 사유의 오류가 아니다. 객관적 모순상황이야 말로 변증법에서 사람들을 화나게 만드는 요인(das Erbitternde)인데, 특히 오늘날이나 헤겔 시대에 주도적인 반성철학에 대해 그러하다. 그것은 흔히 통용되고 있는 논리학과 결합될 수 없으며, 판단의 형식적 일치를 통해 제 거될 수 있다고들 한다. 비판이 이와 같은 논리학의 규칙을 추상적으로 고 수하는 한, 객관적 모순은 단지 다음 사실을 독단적으로 드러내줄 뿐일 것 이다. 즉 주관적 개념장치는 그것이 판단하는 특수한 존재자와 관련해 불가 피하게 그 판단의 진리를 주장하며, 반면에 이 존재자는 이미 개념들에 대 한 정의들 속의 진술적(apophantisch) 욕구를 통해 미리 형식화되어 있는 한에서만 판단과 일치한다는 사실이 그것이다. 진보한 반성철학적 논리학 은 그러한 것을 쉽게 받아들일 수 있을지 모른다.

그러나 객관적 모순성은 판단 속의 존재자 가운데 외부에 머무는 것만 아 니라 판단된 것 속의 어떤 것 자체도 가리킨다. 왜냐하면 판단은 언제나 판 단에 포함되는 부분적인 것을 넘어서서 판단될 존재자를 뜻하기 때문이다. 그렇지 않다면 판단은 그 자체의 의도에 비추어볼 때 쓸모없을 것이다. 또 한 그것은 바로 이 의도를 충족시키지 못한 것이다. 동일성철학의 부정적 동기는 자체의 힘을 유지하고 있다. 부분적인 것은 아무것도 진리가 아니 다. 그것은 그 부분성이 주장하듯이 그것 자체가 아니다.

변증법적 모순은 사물에 대한 실패한 개념형성의 단순한 투사(Projektion) 도 아니고, 정신착란에 빠진 형이상학도 아니다. 경험은 모순 가운데 어떤 것이 등장하든 간에, 의식의 통일성을 통해 그것을 조정하는 일을 거부한

다. 개인들이 자신에 대한 규정이라고 이해하는 것과, 그가 생을 영위하고
자 할 때 사회가 그에게 강요하는 규정, 즉 '역할' 사이의 모순은 어떤 조
작(Manipulation) 없이—본질적 차이들을 없애버리는 빈약한 상위개념들[5]
의 중재 없이—결코 통일체로 결합될 수 없다. 그와 마찬가지로 기존사회
에서 생산성을 증가시키고 있는 교환원칙으로 인해 또한 기존사회의 말살
위험도 증가한다는 모순 역시 그럴 수 없다.

　이런 모순을 견디지 못하는 주관적 의식은 절망적 선택에 직면한다. 이
의식은 자신과 대립하는 세상의 진행과정을 조화로운 것으로 꾸며놓고 자
신의 훌륭한 통찰을 억누른 채 그러한 인습에 굴복하거나, 혹은 심술궂게
자신의 규정에 따르면서 마치 세상의 진행과정이란 없다는 듯이 행세함으
로써 그 진행과정에 의해 파멸하는 수밖에 없다. 이러한 의식이 객관적 모
순과 그로부터 유출되는 일들을 개념장치로써 자기 쪽에서 제거할 수는 없
다. 그러나 아마 그 모순을 파악할 수는 있을 것이다. 다른 것은 모두 공허
한 주장일 뿐이다. 그러한 모순을 최초로 검토한 헤겔이 생각한 것보다 더
큰 비중을, 모순은 차지한다. 한때 총체적 동일성을 위한 매체였던 그것이
총체적 동일성의 불가능성을 말해주는 기관으로 된 것이다.

　변증법적 인식은 그 적수들이 주장하는 것처럼 위로부터 모순들을 구성
하고 그것을 해소함으로써 진전해 나아가야만 하는 것이 아니다. 비록 헤겔
의 논리학은 때때로 그런 식으로 진행되지만 말이다. 오히려 사상과 사물의
부적합성을 추적하고 이 부적합성을 사물에서 경험하는 것이 변증법적 인
식의 과제다. 사물은 이미 평온하게 되어 있는데도 객관적 적대관계라는 고
정관념에 사로잡혀 있다는 비난을 변증법이 두려워할 필요는 없다. 전체가
평화롭게 되지 않았을 때에는 어떠한 개별자도 평화를 찾을 수 없다. 아포

---

5) 그러한 상위개념, 곧 이데올로기를 위한 논리적 포괄 기술의 본보기는 오늘날
　통용되고 있는 산업사회의 개념이다. 이 개념은 마치 기술적 생산력 수준만이
　사회형태를 직접 결정하는 듯이, 이 기술적 생산력들에 호소함으로써 사회적
　생산관계들을 간과한다. 이러한 이론적 전도는 물론 동구와 서구가 관료적 지
　배의 징후 아래 부인할 수 없도록 서로 일치한다는 점을 핑계로 삼는다.

리아적 철학 개념들은 단순히 사유에 의해 해결되지 않은 것이 아니라 객관
적으로 해결되지 않은 것의 상처이다. 모순들을 개선 불능의 사변적 완고성
탓으로 돌리는 것은 책임전가일 것이다. 철학은, 사람들이 자신의 역사에서
인류의 괴로움을 얼마나 알아차리지 못하는지 놀랍다고 하는 지멜의 인식
을 수치스러움 때문에 묵살할 수 없다. 변증법적 모순은 단순히 '존재하는'
것이 아니다. 그것은 그러한 것을 확신한다는 데에 그 의도—즉 주관적 계
기—를 지니고 있다. 이 의도의 차원에서 변증법은 상이한 것(das
Verschiedene)을 지향한다. 철학의 자체비판으로서의 변증법적 운동이 철
학적인 것임에는 변함이 없다.

개념으로부터의 출발

존재자는 직접 존재하는 것이 아니라 단지 개념을 통해서만 존재한다.
따라서 단순한 소여상태(Gegebenheit)가 아니라 개념에서 출발해야 할
것이다. 개념의 개념 자체도 문젯거리로 되었다. 개념 자체도 바로 그 비
합리주의적 대립물인 직관 못지 않게, 합리적 특성들과 겹치는 태곳적 특
성들을 지닌다. 즉 역동화된 의식 한가운데의 정태적 사유와 정태적 인식
이상(Erkenntnisideal)의 잔재들을 지니는 것이다. 개념의 내재적 요구는
그 개념을 통해 파악된 것의 변천에 맞서 질서를 형성하는 불변요인이다.
개념의 형식은 그러한 변천을 부정하며 또 이 점에서 그것은 '허위다.'
변증법에서 사유는 그 개념성의 태고주의들(Archaismen)에 이의를 제기
한다. 개념 자체는 어떠한 내용에도 앞서 내용들에 대립하는 자체의 형식
을 실체화한다. 그러나 이로써 이미 동일성원칙도 실체화한다. 즉 단순히
실제의 사유과정(denkpraktisch)에서 상정될 뿐인 어떤 사태(Sach-
verhalt) 자체가 확고한 것, 불변적인 것으로서 존재한다고 보는 원칙을
실체화하는 것이다. 동일시를 수행하는 사유는 개념의 논리적 동일성을
통해 대상화를 꾀한다.

주관적 측면에서 변증법은 사유의 형식이 더 이상 그 대상들을 불가변적

인 것, 곧 자체로서 동일한 것으로 만들지 않도록 사유하는 것을 추구한다. 이 대상들이 불변적이라는 생각은 경험과 대립한다. 전통철학이 확고하다고 여기는 것의 동일성이 얼마나 불확실한지는, 그것을 보증해주는 것, 즉 개인의 의식에서 확인할 수 있다. 칸트의 경우 개인의 의식은 보편적으로 미리 지시된 통일체로서 모든 동일성의 기반을 이루어야 한다. 실제로 이전에 이미 어느 정도 의식적으로 살았던 나이 든 사람이라면 회상을 통해 지나간 과거를 분명히 기억할 것이다. 아무리 어린 시절이 비현실적인 것으로서 그에게서 멀어져가도 이 과거는 통일체를 형성한다. 하지만 그 비현실성 속에서는 그가 기억하는 자아, 즉 한때 그 자신이었고 잠재적으로는 다시 현재의 그 자신이 되는 자아가, 동시에 어떤 타자·이방인·분리된 채 고찰되어야 하는 자이기도 하다.

동일성과 비동일성의 이 양가성은 동일성의 논리적 문제틀에서도 나타난다. 이를 위해 비동일성 속의 동일성이라는 유창한 공식이 전문용어로 마련되어 있기는 할 것이다. 이 용어에 맞서서는 일단 동일성 속의 비동일성이라는 말을 대립시켜야 할 것이다. 그러나 이처럼 단순히 형식적으로만 말을 바꾸게 되면, 변증법은 결국 '제1변증법'(prima dialectica)[6]으로서 제1철

---

6) "만일 변증법을 통해 단지 개별 과학들의 성과가 새로이 개조되고 하나의 전체로서 숙고될 뿐이라면, 변증법은 다소 고차원적인 경험론이며 엄밀히 말해 경험들로부터 전체의 조화를 설명하려고 애쓰는 고찰일 뿐이다. 그러나 그럴 경우 변증법은 발생론적 고찰과 불화를 일으켜서는 안 된다. 또 변증법은 관찰과 발견의 우연한 성과를 모두 배제하는 내재적 진보를 자랑삼아서도 안 될 것이다. 그럴 경우 변증법은 여타의 과학들과 동일한 방법·동일한 수단으로 작업하며, 다만 부분들을 전체의 사상으로 묶어낸다는 목표에서만 다르게 된다. 따라서 이때 다시 심각한 딜레마가 생겨난다. 만일 변증법적 발전이 자립적이며 따라서 자체를 근거로만 규정된다면, 실제로 변증법은 모든 것을 스스로 알아야 한다. 그렇지 않고 변증법이 유한한 과학들과 경험적 지식들을 전제로 한다면, 내재적 진보와 빈틈없는 연관관계는 외부로부터 받아들인 것을 통해 파괴된다. 더욱이 이 경우 변증법은 경험에 대해 무비판적인 태도를 취한다. 변증법은 어느 쪽을 선택해도 좋다. 제3의 가능성은 없다"(F.A. 트렌델렌부르크(Trendelenburg), 『논리학 연구』(*Logische Untersuchungen*), 제1권, 라이프치히 : 1870, 91쪽 이하).

학이 아니냐 하는, 그릇된 추론의 여지가 남게 될 것이다. 비동일자로의 방향전환은 변증법을 수행해 나아가는 가운데 진실임이 입증된다. 그것이 선언에 그친다면 결국 철회되고 말 것이다.

전통철학들에서는, 셀링의 말로 철학이 구성을 행하는 경우에도, 이 구성은 그 철학들에 의해 미리 소화된 것이 아니면 아무것도 용납하지 않는 추후구성일 뿐이었다. 전통철학들은 이질적인 것마저 자신이라고 해석하고 궁극적으로는 정신이라고 해석함으로써 이질적인 것을 똑같은 것, 즉 동일한 것으로 여기게 되었다. 또 그러한 것 속에서 전통철학들은 마치 하나의 거대한 분석판단을 통해서처럼 질적으로 새로운 것을 위한 여지를 남기지 않고 자체를 반복했다. 그와 같은 동일성의 구조가 없다면 철학은 불가능하며 여러 확정들의 단순한 나열로 분열되고 만다는 사고방식이 은밀히 통용된 것이다. 철학사상을 동일성이 아니라 비동일자로 돌리려 노력만 해도 불합리하다는 생각이다. 철학사상은 아 프리오리하게 비동일자를 그 개념에 환원하고 이와 동일시한다는 것이다. 이처럼 분명한 생각들은 너무 극단적이며, 그 때문에 대부분의 극단적인 물음들과 마찬가지로 너무 무의미하다. 이 지칠 줄 모르는 항고(Rekurs)의 형식 속에서는 가혹한 노동 윤리가 포효하고 있는데, 이 형식은 통찰해야 할 것 앞에서 언제나 물러서며, 그것을 고스란히 남겨놓는다.

뿌리 혹은 근원이라는 카테고리 자체도 지배적이며, 제일 먼저 존재했기 때문에 제일 중요하다는 주장인 셈이다. 말하자면 이주민이나 유랑민에 맞서 토착민이나 정착민을 인정해주는 것이다. 파생물 내지 이데올로기에 의해 무마되지 않으려 해서 매력적인 것, 즉 근원이라는 것도 그 나름으로 이데올로기적 원칙이다. '근원이 목표다'라는 크라우스의 보수적인 듯한 명제 속에서는, 그 당시의 의도라고 하기 어려운 것이 드러난다. 근원의 개념에서 그 정태적 해악(Unwesen)을 제거해야 하리라는 생각이 그것이다. 아마 근원이라는 것을 통해 선한 자연이라는 망상으로 돌아가는 것이 목표는 아닐 것이다. 오히려 근원이라는 것은 목표에서만 찾을 수 있으며 이 목표를 근거로 구성될 것이다. 일시적 삶의 내부에말고는 어떠한 근원도 없다.

종합

변증법도 관념변증법인 한 근원철학이었다. 헤겔은 그것을 원에 비유했다. 운동의 결과가 운동의 시초로 돌아가면 그 결과는 완전히 무효화된다. 그로써 주체와 객체의 빈틈없는 동일성이 생겨나게 될 것이다. 이 동일성의 인식론적 도구를 종합(Synthesis)이라고 칭했다. 종합은 분리된 계기들을 그 연관성 속에서 결합하는 개별 사유행위로서가 아니라, 주도적인 최상의 이념으로서 비판받아야 한다. 그런데 종합의 개념은 일반적 어법으로는 분석에 맞선 구성(Aufbau)으로서, 아마 프로이트(Freud)의 정신분석에 반대되는 이른바 정신종합(Psychosynthese)이라는 것을 고안해냄으로써 가장 역겹게 나타났을 취지를 명백히 지니게 되었다. 체질적으로는 종합이라는 말을 입에 올리기도 싫다.

이미 헤겔은 삼단계의 도식을 소란스러운 것이라고 인정했으며, 이 도식에서 기대할 수 있는 것보다 훨씬 드물게 종합이라는 말을 사용한다. 아마 헤겔 사유의 실제 구조는 이 도식에 상응할지 모르겠다. 극단적으로 가까운 거리에서 관찰된, 이리저리 적용된 개념들의 규정적 부정들(bestimmte Negationen)이 우위를 점한다. 그러한 성찰들에서 형식적으로 종합이라고 특징지을 수 있는 것은, 그때 그때 선행하는 개념의 운동에 종속되는 것이 그 종합에서 구제되는 한 부정에 충실하다. 헤겔의 종합은 철두철미 그 운동의 불충분성에 대한, 말하자면 그 생산원가에 대한 통찰이다. 그는 일찍이『정신현상학』서문에서 이미 자신이 설명하는 변증법적 논리학의 부정적 본질을 거의 의식하기에 이른다.

헤겔 논리학의 계율, 즉 하나의 개념이 자체의 의미 곧 자체의 동일성을 통해 움직이게 될 때까지, 그리고 그것이 자체와 비동일적인 것으로 될 때까지 순수하게 바라보라는 계율은 종합이 아니라 분석의 계율이다. 개념들이 자체를 충족시키기 위해서는 그것의 정태성(Statik)이 개념들의 역동성을 자체로부터 해방시켜야 하는데, 이는 현미경을 통해 물방울을 볼 경우의 소란스러운 모습에 비유할 수 있다. 따라서 이러한 방법은 현상학적이다. 즉 현상으로 나타나는 것에 대해 수동적 관계를 갖는 것이다. 이 방법은 이미 헤겔의 경우에도 벤야민이 정지상태의 변증법(Dialektik im Stillstand)이라고 부른 그것이었으며, 100여 년 지난 후 현상학으로 등장한 것들 모두를 능가한다.

변증법은 객관적으로 볼 때 동일성의 강압을 그 속에 저장되어 있는 에너지, 즉 그것의 대상화 작용들 속에 응고된 에너지로써 파괴하는 것을 의미한다. 헤겔은 물론 동일성 강압의 허위를 인정할 수 없었지만, 부분적으로는 동일성의 강압에 맞서 그와 같은 일을 관철하기도 했다. 개념은 자체와 동일하지 않고 자체 내에서 움직여진 것으로 경험됨으로써, 이제는 단순한 개념 자체가 아니다. 헤겔 용어로는 그것의 타자에[7] 도달하지만, 이 타자를 삼켜버리지는 않는다. 개념은 그 외부에 있는 것을 통해 규정된다. 왜냐하면 그 자체의 특성으로 보아 자체만으로 완전히 해명되는 것이 아니기 때문이다. 개념 자체로서도 개념은 결코 단순히 그것 자체에 머물지 않는다.

헤겔은 『논리학』에서 일차적 3요소들의 종합인 생성(Werden)을 다루는데,[8] 이때 그는 우선 존재와 무가 완전히 공허하고 무규정적인 것으로서 서로 같다고 규정한 후, 두 개념들의 문자 그대로의 의미가 지니는 절대적 상이성이 드러내는 차이에 주목한다. 그는 동일성이 단지 비동일자를 통해서만 의미있게, 곧 동어반복 이상의 수준에서 진술될 수 있다는 자신의 초기 이론을 첨예화한다. 즉 종합을 통해 서로 동일시되어야만 그 계기들은 비동일자가 되리라는 것이다. 그로부터 그 계기들의 동일성에 관한 주장에는 헤겔이 생성이라고 칭한 동요상태, 즉 자체내에서 진동하는 동요상태가 생겨난다.

변증법은 동일성을 꿰뚫고 비동일성이 존재한다는 의식으로서, 하나의 전진적 과정일 뿐만 아니라 역행적 과정이기도 하다. 그런 점에서 원이라는 비

---

7) 헤겔, 전집 4권, 543쪽 참조.
8) 같은 책, 98쪽 이하 참조.

유는 적절하다. 개념의 전개는 또한 후퇴이기도 하고, 종합은 개념 속에서 침몰하고 '사라져버린' 차이에 대한 규정이기도 하다. 그것은 횔덜린이 생각했듯이, 소멸해야만 했던 자연적인 것에 대한 기억이라고도 할 수 있다. 종합의 완수를 통해서만, 즉 모순된 계기들의 결합을 통해서만 그 계기들의 차이가 드러난다. 존재와 무가 서로 동일한 단계가 없다면, 양자는 헤겔의 용어를 빌리면 서로 무관할(gleichgültig) 것이다. 그것들은 동일한 것임으로써 비로소 서로 모순적인 것으로 된다. 변증법은 에히터나흐 봄행진(Echternacher Springprozession)*에 대한 추억을 수치로 여기지 않는다.

의심할 나위 없이 헤겔은 칸트에 맞서 종합의 우선성을 제한했다. 칸트의 경우에는 다수성(Vielheit)과 통일성(Einheit)이 이미 대등한 범주들인데, 헤겔은 플라톤의 후기 대화편을 본받아 그 둘을 서로 불가분의 관계에 있는 계기들로 인식했다. 그렇기는 해도 그는 칸트나 플라톤을 포함한 전체 전통과 마찬가지로 통일성을 편파적으로 옹호한다.

통일성에 대한 추상적 부정 역시 사유에는 적합하지 못하다. 다수를 직접 소유한다는 환상은 미메시스적 퇴행으로서—그 대척점이 되는 통일성사유가 맹목적 자연의 모방으로서 이 자연에 대한 억압을 통해 신화적 지배관계로 귀결되는 것과 마찬가지로—신화 혹은 산만한 상태의 공포로 돌아가고 말 것이다. 계몽의 자체반성은 계몽의 철회가 아니다. 물론 오늘날의 기존상황을 위해 계몽이 계몽의 철회로 타락하기는 한다. 통일성사유의 자체비판적 전환도 응고된 종합인 개념들에 의존하고 있다. 종합 행위의 경향은 그것이 다수에 대해 가하는 일을 각성함으로써 방향을 바꿀 수 있다. 통일성만이 통일성을 초월한다. 친화성(Affinität)은 통일성의 발전과정에서 억눌려왔고, 마치 그 속에서 알아볼 수 없도록 세속화된 채 겨울잠을 잔 듯하지만, 통일성을 통해 그 생존권을 지니게 된다. 이미 플라톤이 잘 알고 있었듯이 주체의 종합들은 개념을 통해 간접적으로 그 종합 자체가 원하는 바를 모방한다.

---

* 중세 이래 성림강령절에 시행되었다. 3보 전진하고 2보 후퇴하거나 5보 전진하고 3보 후퇴하는 춤 형식이다.

긍정적 부정에 대한 비판

비동일자를 그 자체로 긍정적인 것(Positives)으로서 직접 획득할 수는 없다. 부정적인 것에 대한 부정을 통해서도 그럴 수는 없다. 부정적인 것에 대한 부정 자체가 헤겔의 경우와 같이 긍정(Affirmation)인 것은 아니다. 헤겔에 따르면 긍정적인 것은 부정의 결과로 나와야 하는데, 그것은 그가 청년시절에 맞서 싸운 긍정성(Positivität)과 단순히 명칭만 같은 것이 아니다. 부정의 부정을 긍정성과 같다고 하는 것은 동일시의 정수이며, 그 순수 형식으로 환원된 형식적 원칙이다. 이를 통해 변증법의 가장 핵심적인 자리에서 반변증법적 원칙, 즉 산수에서처럼 음수 곱하기 음수를 양수로 처리하는 전통적 논리가 주도권을 잡는다. 그러한 논리는 수학에서 차용한 것인데, 다른 때라면 헤겔은 수학에 상당히 까다롭게 반발했다.

만일 전체가 속박이고 부정적인 것이라면, 그 전체로서 총괄개념을 이루는, 부분들에 대한 부정도 여전히 부정적이다. 그러한 부정의 긍정적 측면은 단지 규정적 부정 곧 비판일 뿐이지, 운 좋게 긍정을 손에 쥐게 되는 뒤집힌 결과는 아닐 것이다. 불투명한 직접성, 즉 형성된 것이므로 가상이기도 한 직접성을 재생산한다는 점에서, 원숙기 헤겔의 긍정성은 변증법 이전의 용어로 나쁜 것(Schlechtes)의 특성들을 지닌다. 그의 분석은 주관성이 즉자존재라는 가상을 파괴하지만,[9] 이 때문에 주관성을 지양하여 그 자체로 돌아가게 한다는 제도(Institution) 역시—그는 거의 기계적으로 이 제

---

9) 거의 모든 헤겔의 범주가 그렇듯이 부정된 부정, 또한 그로 인해 긍정적인 부정도 몇 가지의 경험내용을 지닌다. 즉 철학적 인식의 주관적 진척을 위해 그렇다. 인식하는 사람이 어떤 통찰에 무엇이 결여되어 있거나 어떤 점에서 그것이 오류라는 점을 충분히 정확하게 안다면, 그는 그러한 확정성을 통해 그 결여된 부분을 이미 장악하곤 한다. 다만 이 규정적 부정의 계기는 그 나름으로 주관적인 것으로서, 객관적 논리나 특히 형이상학에 돌려서는 안 된다. 어쨌든 그러한 계기는 명확한 인식의 충분성(Zulänglichkeit)을 가장 강력히 옹호해준다. 즉 명확한 인식이 가능함을 논증하는 것이다. 또 그러한 계기는 헤겔의 형이상학을 넘어서는 형이상학의 가능성을 뒷받침하기도 한다.

도를 더 고차원적인 것으로 취급하지만—주관성보다 더 고차원적인 것은
결코 아니다. 비록 추상적으로 주관성은 그 자체로서 억압된 것이지만, 오
히려 그러한 제도 속에서는 주관성에 의해 합당하게 부정된 것이 확장된 채
재생산된다. 주체가 수행한 부정은 합당했다. 또한 주체에 가해진 부정도
정당한 것이었으나 그것은 이데올로기였다.

그때 그때의 새로운 변증법적 단계에서 헤겔은 자기 논리학의 간헐적 통
찰에 대립하여 그 앞 단계 통찰의 권리를 망각함으로써, 자신이 추상적 부
정이라고 비난하는 것의 복사품을 마련한다. 즉 추상적—말하자면 주관적
자의에 근거해 확인된—긍정성을 마련하는 것이다. 이론 차원에서 이 추
상적 긍정성은 헤겔의 주장에 따르면 사물(Sache)로부터 생겨나야 할 테지
만, 실은 그렇지 않고 방법으로부터 생겨난다. 또 그것은 현실적으로 역겨
운 것이 되고 이로써 자체의 해악(Unwesen)을 인정하게 되듯이, 이데올로
기로서 세계 전체에 확산되었다. 사람들이 긍정적이기만 하면 칭찬해대는
통속어에 이르기까지, 마침내는 긍정적 세력들이라는 살기등등한 문구들을
통해 긍정적인 것 자체가 물신화된다.

그에 반해 불굴의 부정은 존재자의 인준에 관계하지 않는 일을 진지하게
받아들인다. 부정의 부정은 부정을 없애는 것이 아니라 부정이 충분히 부정
적이지 못했다는 점을 증명한다. 그렇지 않을 경우 변증법은 헤겔에게서 보
듯이 부정을 통합시킨 상태에 머물겠지만, 부정은 무기력하게 되고 결국에
는 처음 정립된 것과 무관해질 것이다. 부정된 것은 사라질 때까지 부정
적이다. 이것이 결정적으로 헤겔과 구분되는 점이다. 지워버릴 수 없는
비동일자의 표현인 변증법적 모순을 동일성으로써 다시 매끄럽게 다듬는
것은 그 표현이 의미하는 바를 무시하고 순수한 일관성사유(Konsequenz-
denken) 속으로 돌아가는 것을 뜻한다. 부정의 부정이 긍정성(Positivität)
이라는 주장은 만유개념성(Allbegrifflichkeit)으로서의 긍정성을 이미 출발
점에서부터 상정하는 자만이 옹호할 수 있을 뿐이다. 그런 사람은 메타논리
학적인 것(das Metalogische)에 대한 논리학의 우위, 추상적 형태로 이루
어지는 철학의 관념론적 기만, 혹은 정당화 자체(Rechtfertigung an sich)

따위를 노획품으로 챙기게 된다. 부정의 부정은 다시 동일성으로, 새로운 기만으로 될 것이다. 그것은 일관성의 논리학을, 궁극적으로는 주관성의 원칙을 절대자에 투사한 것이다.

헤겔의 다음 문장은 극히 심오한 통찰과 그것의 타락상태 사이에서 변색한다. "진리도 그 객체들과 일치하는 지식으로서 긍정적인 것이다. 그러나 진리는 그 지식이 타자에 대해 부정적으로 반응하고 객체에 침투하여 그 객체 자체이기도 한 부정을 지양한 한에서만 자체와의 동일성으로 된다."10) 진리를 객체에 파고드는 지식의 부정적 반응이라고 규정한 것—따라서 객체의 직접적 양태존재(Sosein)라는 가상을 깨뜨리는 것—은 '객체와 일치하는' 지식으로서의 부정적 변증법의 계획인 듯한 느낌을 준다. 그러나 이 지식을 긍정성으로 설정함으로써 그러한 계획은 단연코 부정된다. '자신과 같은 상태' 혹은 순수한 동일성이라는 공식을 통해 그 객체에 대한 지식은 속임수임이 드러난다. 왜냐하면 이 지식은 전혀 객체에 대한 지식이 아니고, 절대적인 것으로 정립된 지식에 대한 지식(νόησις νοήσεως)이라는 동어반복이기 때문이다.

화해의 이념은 개념을 통한 화해의 긍정을 단호히 거부한다. 그에 반대하여, 긍정적인 부정의 부정을 비판하는 것은 헤겔 논리학의 중추신경을 해치며 어떠한 변증법적 운동도 허용하지 않게 된다고 반론을 제기한다면, 이때 변증법적 운동은 권위주의적으로 헤겔의 자기이해에 한정되는 것이다. 부정의 부정이 긍정적이라는 원칙 없이는 헤겔의 체계구성이 와해되었을 것이 틀림없지만, 변증법의 경험내용은 그러한 원칙에 있지 않고 동일성에 대한 타자의 저항에 있다. 바로 여기서 변증법의 힘이 나온다. 주체의 현실적 지배가 모순들을 야기하는 한, 변증법 속에는 주체도 감추어져 있다. 그러나 그 모순들은 객체 속에 침투해들어가 있다. 변증법을 순수하게 주체에 전가하고 모순을 마치 그 자체를 통해서 없앤다는 것은, 변증법을 총체성으로 확장시킴으로써 변증법을 없애는 것이기도 하다. 헤겔의 경우 변증법은

---

10) 헤겔, 앞의 책, 543쪽.

체계에서 생겨났다. 그러나 체계가 그 척도는 아니다.

개별자 역시 궁극적인 것이 아님

동일성 때문에 혼란에 빠진 사유는 해소될 수 없는 것(das Unauflös-liche) 앞에서 쉽사리 굴복한다. 그리고 객체의 해소 불가능성(Unauflös-lichkeit)으로부터 주체를 위해 한 가지 터부를 마련한다. 즉 이 주체는 비합리주의적 혹은 과학주의적으로 만족하면서 자신과 같지 않은 것은 건드리지 말아야 한다는 것이다. 이처럼 통용되는 인식의 이상에 항복하는 가운데, 그러한 사유는 이와 같은 이상에 존경심마저 바친다. 사유의 이러한 태도는 이 이상에 결코 이질적이지 않다. 그것은 언제나 동화할 때의 식욕을, 동화되지 않는 것에 대한 혐오와 결합시킨다. 그런데 바로 이 동화되지 않는 것이야말로 인식을 필요로 할 것이다. 개별성에 대한 이론의 체념은 과도한 탐욕 못지 않게 기존질서를 위해 일한다. 즉 기존질서에다 정신적 불가침투성, 혹은 견고성의 권위와 후광을 만들어주는 것이다.

개별적 실존자는 그 상위개념인 실존과 일치하지 않듯이, 해석 불가능한 것도 아니고 인식 불가능한 궁극적인 것도 아니다. 헤겔 논리학의 가장 지속적인 성과에 의하면 개별적 실존자는 단지 대자적으로만 아니라 그 자체로서도 그것의 타자이며 타자와 결합되어 있다. 존재하는 것은 그 존재하는 것 이상의 것이다. 이 그 이상의 것(Mehr)은 그것에 부여되는 것이 아니라 그것으로부터 추출된 것으로서 그것에 내재한다. 그런 한에서 비동일자는 사물의 동일시에 대항하는 사물 자체의 동일성이라고 할 수 있다. 대상의 가장 내적인 측면은 동시에 이 대상에 대해 외적이라는 점이 드러나며, 그것의 폐쇄성이라는 것은 단지 가상일 뿐이고 동일시하여 고정시키는 처리 과정의 반영일 뿐이라는 점도 드러난다. 개별자에 대해 집요하게 사유할 경우, 즉 개별자를 대변한다는 보편자가 아니라 개별자의 본질에 대해 집요하게 사유할 경우 그러한 결론에 도달한다.

타자와의 커뮤니케이션은 개별자 속에서 결정체를 이루는데, 개별자는

그 현존재의 차원에서 이 커뮤니케이션에 의해 매개되어 있다. 후설이 인식
했듯이 사실상 보편자는 개별 사물의 중심에 존재하는 것이지 어떤 개별자
를 다른 개별자와 비교함으로써 비로소 구성되는 것이 아니다. 왜냐하면 절
대적 개별성은——그런데 후설은 이에 대해 전혀 주의하지 않았다——보편성
때문에 유발되는 추상과정의 산물이기 때문이다. 개별자는 사유로부터 연
역되지 않지만, 개별자의 핵심은 극단적으로 개별화되어 모든 도식을 거부
하는 예술작품들과 비교할 수 있을 것이다. 그러한 작품들을 분석하면 그것
들의 극단적 개별화 속에서 보편적 계기들, 즉 그 자체에 대해 은폐되어 있
는 유형(Typik)에 관여한다는 사실을 알게 된다.

짜임관계

통합을 이루는(einigend) 계기는 부정의 부정 없이, 그러나 또한 최고
원칙으로서의 추상에 따르는 일도 없이, 개념들로부터 단계적으로 더 보
편적인 상위개념들로 발전함으로써가 아니라 개념들이 짜임관계 속에 들
어섬으로써 살아 남는다. 이 짜임관계는 분류적 방식에는 무관하거나 부
담이 될 뿐인 대상의 특유한 측면을 밝혀준다. 이에 대한 모델로는 언어
적 반응을 지적할 수 있다. 언어는 인식기능들을 위한 단순한 기호체계에
머물지 않는다. 언어는 본질적으로 언어로서 등장할 경우, 곧 서술로 될
경우 자체의 개념들을 정의하지 않는다. 언어는 하나의 사물을 중심으로
개념들을 설정해놓는 관계를 통해 개념들에 그 객관성을 만들어준다. 이
로써 언어는 뜻한 바를 완전히 표현하려는 개념의 의도에 기여한다. 짜임
관계만이 내부에서 개념이 잘라내버린 것, 즉 개념이 될 수는 없지만 또
한 그만큼 되고자 원하는 것, 개념 이상의 것을 외부로부터 표현한다. 개
념들은 인식되어야 할 사물의 주위에 모임으로써 잠재적으로 그 사물의
내적 측면을 규정하며, 또 사유가 필연적으로 자체로부터 배제해버린 바
에 사유로써 도달한다.

'구체적'(konkret)이라는 헤겔의 용어에 의하면 사물 자체는 사물의 연관

관계이지 순수한 자체상태(Selbstheit)는 아니라고 하겠는데, 그러한 용어는 논증적 논리에 대해 철저히 비판하면서도 이것을 소홀히 하지 않는 가운데 그와 같은 사실을 기술한다. 그렇지만 헤겔의 변증법은, 변증법의 가장 단순한 어의가 언어를 상정함에도 불구하고, 언어가 없는 변증법이다. 그런 한에서 헤겔은 통상적 과학의 숙련자로 남아 있었다. 중요한 의미에서 그에게는 언어가 필요없었다. 그 이유는 그의 경우 모든 것이, 심지어 비언어적이고 불투명한 것까지도 정신이어야 했고, 또 정신은 연관관계여야 했기 때문이다. 그러한 가정은 구제될 수 없다.

그러나 미리 사유된 연관관계 속으로 결코 용해될 수 없는 것은 비동일자로서 스스로 자체의 폐쇄성을 초월할 것이다. 그것은 개념에 의해 그것과 분리되어 있는 것과 커뮤니케이션을 한다. 그것은 단지 동일성의 총체성 요구에 대해서만 불투명할 뿐이며, 이 요구의 압력에 저항한다. 하지만 그것은 그 자체로서 표현되기를 기대한다. 언어를 통해 그것은 그 자체상태라는 속박에서 벗어난다. 비동일자 가운데 그것의 개념으로 정의되지 않는 것은 그것의 개별적 현존재를 초월하는데, 그것은 개념에 대한 양극관계 속에서 개념을 응시함으로써 비로소 그 개별적 현존재로 수렴한다. 비동일자의 내적 측면은 비동일자 자체가 아닌 것, 그리고 그것의 조작되고 경직된 자체와의 동일성이 그것에 대해 유보하고 있는 것에 대한 비동일자의 관계다. 비동일자는 경직화를 통해서가 아니라 외화(Entäußerung)를 통해 비로소 자체에 도달하게 된다. 헤겔 외화이론의 억압적 계기들을 받아들이지 않더라도 그에게서는 이 점을 배울 수 있다.

객체는 그것이 위치해 있는 짜임관계에 대한 의식인, 단자론적 집요함 앞에서 열린다. 즉 내적인 것 속으로의 침잠이 가능하려면 그처럼 외적인 것이 필요한 것이다. 그러나 개별자의 그러한 내재적 보편성은 침전된 역사로서 객관적이다. 이 침전된 역사는 개별자의 내부에 있기도 하고 외부에 있기도 하며 그것을 포괄하는 것으로서, 그 속에는 개별자가 위치한다. 어떤 사물이 위치해 있는 짜임관계를 인식한다는 것은 형성된 것으로서 그것이 자체 내에 담고 있는 짜임관계를 해독하는 것이기도 하다. 외부와 내부라는 이원론도 역사적 조건하에서 생겨났다. 다른 대상들에 대한 관계 속에서 대상의 역사적 위치가도 포착하는 지식만이 대상 속의 역사를 밝혀낼 수 있다. 즉 이미 인식된 것을 활성화하고 집약함으로써 또 그것을 변화시킴으로써 그럴 수 있는 것이다. 대상이 처해 있는 짜임관계 속에서 대상을 인식한다는 것은, 대상이 자체 내에 저장하고 있는 과정에 대해 인식하는 것이다. 이론적 사상은 자신이 해명하고자 하는 개념의 주위를 맴돈다. 마치 잘 보관된 금고의 자물쇠들처럼 그 개념이 열리기를 희망하는 것이다. 이때 그 열림은 하나의 개별적인 열쇠나 번호가 아니라 어떤 번호들의 배열에 의해 이루어진다.

과학 속의 짜임관계

짜임관계를 통해 어떻게 대상들을 해명할 수 있느냐 하는 것은 이 문제에 무관심한 철학이 아니라, 중요한 과학적 연구들에서 파악해낼 수 있다. 실제의 과학활동은 이에 대한 철학적 자기이해, 즉 과학주의보다 여러모로 나았다. 이 경우 진리 자체의 개념을 짜임관계로 파악하면서도 내용상 형이상학적인 벤야민의 『독일 비극의 기원』(*Ursprung des deutschen Trauerspiels*)과 같은 연구를 출발점으로 삼을 필요는 없다.[11] 오히려 베버처럼 극히 실증주의적인 성향의 학자를 근거로 하는 것이 바람직할지도 모른다.

실로 그는 '이상적 유형들'(Idealtypen)을 전적으로 주관주의적 인식론의 의미에서 대상에 접근하기 위한 보조수단으로 이해했으며, 자체로서는 아무런 실체성도 지니지 못하며 임의로 다시 없앨 수 있는 것이라고 생각했다. 그러나 유명론이 자체의 개념들을 공허한 것으로 평가하더라도, 모든 유명론에서는 사물의 특성 가운데 어떤 것이 개념 내에서 유효성을 지니면서 사유활동상의 이점(Vorteil)을 넘어서듯이—이는 무반성적 유명론

---

11) 발터 벤야민, 『독일 비극의 기원』(프랑크푸르트 : 1963), 15쪽 이하 참조.

비판의 결코 사소하지 않은 동기다——베버의 실제 연구는 서남학파의 방법론*에서 기대할 수 있는 것보다 훨씬 더 객체를 지향한다. 적어도 어떤 사회적 대상에 대한 연구가 대상의 근거를 이루는 대상 영역 내부의 종속성에 한정되고 총체성을 통한 대상의 결정을 무시하는 한 허위가 된다면, 실제로 개념은 사물의 충분한 근거인 셈이다.12) 상위개념이 없다면 그러한 종속성들은 극히 현실적인 사회적 종속성을 은폐할 뿐이다. 그리고 이 사회적 종속성은 개념이 포괄하는 개별 사물들을 통해서는 적합하게 보상되지 않는다. 그러나 그것은 개별자를 통해서만 나타나며 이로써 또 개념은 특정한 인식 속에서 변하게 된다.

베버는 당시 통용되던 과학활동에서와 달리 프로테스탄트 윤리와 자본주의 정신에 관한 논문에서 자본주의의 정의(Definition)에 대한 문제를 제기하면서, 역사적 개념들을 정의하는 것이 어렵다는 점을 그 이전에는 칸트·헤겔·니체나 인식했을 정도로 명확히 인식했다. 그는 '최근류, 종차' (genus proximum, differentia specifica)13)라는 도식에 따른 한정적 정의방식(das abgrenzende Definitionsverfahren)을 분명히 거부하며, 그 대신 다음과 같이 요구한다. 즉 사회학적 개념들은 그것의 "역사적 현실로부터 간파되는 개별 구성성분들로부터 점차로 작성되어야 하며, 따라서 결정적인 개념적 파악은 연구의 출발점이 아니라 연구의 끝에 가서 이루어져야 한

---

 * 베버 자신이 신칸트주의의 서남학파 신봉자임을 자처했으며, 리케르트에 의거해 자연과학과 문화과학을 구분하고, 문화과학에서는 가치와 법칙을 분리했으며, 과학의 통일을 포기했다.

12) "본질적 통일로서의 전체인 이 관계는 단지 개념 속에만, 곧 목적 속에만 존재한다. 이러한 통일을 위해서는 기계적 원인들로 충분하지 못하다. 왜냐하면 기계적 원인에는 목적이 규정들의 통일로서 근거가 되지 않기 때문이다. 그래서 라이프니츠는 충분한 근거라는 말로, 이 통일을 위해서도 충분하고 따라서 단순한 원인이 아니라 자체로서 궁극적인 원인들을 포괄하는 그런 것이라고 이해했다. 하지만 근거에 대한 이런 규정은 아직 여기에 적합하지 않다. 목적론적 근거는 개념의 특성이자, 이성이기도 한 개념을 통한 매개의 특성이다"(헤겔, 전집 4권, 555쪽).

13) 막스 베버, 『종교사회학 논문 전집』, 1권(튀빙겐 : 1947), 30쪽.

다"[14]는 것이다. 끝에 가서 이루어질 그 정의가 언제나 필요한지, 또 베버가 '작성'(Komponieren)이라고 칭한 것이 형식적 정의에 의한 결과 없이도 가능한 것인지, 베버의 인식론적 의도가 궁극적으로 무엇을 지향하는지는 미지수다.

속류과학주의가 생각하듯이 정의가 인식의 모든 것은 아니지만, 정의를 배제할 수도 없다. 진행과정에서 정의해낼 수 없는 사유, 즉 한순간이나마 사물을 언어적 함축성(Prägnanz)을 통해 표현할 수 없는 사유는, 아마 언어적 정의들에 만족하는 사유와 마찬가지로 불모의 것이리라. 그러나 정통파 과학주의가 받아들일 수 없을 '작성'이라는 명칭을 베버가 사용한 저의는 좀더 본질적이다. 이 경우 그는 물론 인식의 처리방식이라는 주관적 측면만을 염두에 둔다. 그러나 논의가 되고 있는 이 작성이라는 것은 그와 유사한 경우인 음악에서의 작곡과 비슷한 성격을 지녔을지 모른다. 음악에서 작곡은 주관적으로 이루어지지만 그 속에서 주관적 생산이 소멸함으로써만 성공한다. 이 생산을 통해 이루어지는 연관성은—그것은 바로 '짜임관계'이다—객관성, 즉 정신적 내용에 대한 기호로 읽을 수 있다. 그러한 짜임관계들의 문자와 유사한 성격은 주관적으로 사유되고 결합된 것이 언어를 통해 객관적인 것으로 전도된다는 점이다.

베버의 방법과 같이 지극히 전통적인 과학의 이상과 그 이론에 빚지고 있는 방법도 그의 경우에 테마로 다루어지지 않는 이 계기 없이는 존립할 수 없다. 비록 그의 완숙기 저작들, 특히 『경제와 사회』(*Wirtschaft und Gesellschaft*)는 겉보기에 종종 법학에서 차용한 언어적 정의로 넘쳐나 곤란을 겪는 듯하지만, 좀더 자세히 살펴보면 이 정의들은 그 이상의 의미를 지닌다. 그것들은 단순히 개념적인 정착에 그치는 것이 아니다. 그것들은 조작적(operativ) 목적을 위해 개념을 약술하는 대신, 추구하는 중심개념의 주위에 개념들을 모음으로써 그 개념의 의도를 표현하려는 시도들이기도 하다. 그리하여 마르크스의 경우와 유사하게, 모든 점에서 결정적인 자본주의의

---

14) 같은 자리.

개념이 탐욕이나 이윤추구동기 따위의 주관적이고 고립적인 범주들과 단호히 구분된다. 그 유명한 이윤추구동기는 자본주의 속에서 수익성의 원칙과 시장기회를 지향해야 하며, 자본의 계산을 활용해야 한다는 것이다. 또 자본주의의 조직형식은 자유노동의 형식이며, 가계와 경영은 분리되어 있으며, 자본주의는 그것을 관통하는 합리성 일반이라는 원칙에 따라 경영부기와 합리적 법체계를 필요로 한다는 것이다.[15]

이상과 같은 목록이 완전한지는 의심스럽다. 물론 합리성이 없다면 특히 등가교환 및 그 문제들은 생각할 수도 없겠지만, 베버가 등가교환을 통해 재생산되는 계급관계를 도외시한 채 합리성을 강조하는 것은 방법을 통해 이미 자본주의를 그 '정신'과 너무 동일시하는 것이 아닌지 물어야 할 것이다. 하지만 자본주의체제는 점점 더 통합되는 경향을 띠며, 그 계기들은 점점 더 완전한 기능연관관계로 얽혀들어간다. 바로 이 때문에 원인에 대한 낡은 물음은 짜임관계에 비추어볼 때 점점 더 불확실해진다. 인식비판 때문에 비로소 그런 것이 아니라 역사의 실제 과정으로 인해 짜임관계들을 추적할 수밖에 없는 것이다. 베버에게는 체계가 결여되어 있다고 곧잘 비난들을 한다. 그런데 그의 경우 체계 대신 짜임관계가 등장한다는 점에서, 그의 사유는 실증주의와 관념론의 양자택일 피안에 위치하는 제3의 것이라는 점이 입증된다.

본질과 현상

하나의 범주가——부정적 변증법 전체에서는 동일성과 총체성의 범주가——변할 경우 모든 범주들의 짜임관계가 변하며, 이로써 각각의 범주도 또다시 변하게 된다. 이에 대한 본보기는 본질과 현상이라는 두 개념이다. 이것들은 철학 전통에서 생겨나 확정된 것이지만 그 방향은 전도된다. 이제 본질은 더 이상 순수한 정신적 즉자존재로서 실체화될 수 없게 되었다. 오

---

15) 같은 책, 4쪽 이하 참조.

히려 본질은 직접적인 것의 표면 혹은 이른바 사실들 아래 감춰져 있는 것, 사실을 사실로 만드는 어떤 것으로 된다. 즉 그것은 이제까지 역사를 지배하던 숙명의 법칙인 것이며, 또 사실들 속에 깊이 은폐되어 이 사실들에 의해 태평하게 부인되면 될수록 그만큼 더 불가항력적인 것으로 된다. 그러한 본질은 처음부터 재앙(Unwesen)이며, 인간을 그 자체보존(sese conservare)의 수단으로 격하시키고, 삶을 재생산하면서 인간의 욕구를 충족시키기 위해 존재하는 듯 속임으로써 인간의 삶을 잘라내고 위협하는, 세계의 조직인 것이다.

헤겔이 말하는 본질과 마찬가지로 이러한 본질도 현상으로 나타날 수밖에 없다. 물론 자체의 모순 속에 위장된 채 말이다. 존재자와 그것이 주장하는 상태 사이의 모순을 통해서만 본질은 인식된다. 아마 그것도 이른바 사실이라는 것과 비교한다면 개념적이지 직접적인 것은 아닐 것이다. 그러나 이 개념성은 단순한 인공물(θέσωι), 곧 인식 주체의 산물이 아니다. 즉 그 속에서 주체가 확증되어 자신을 재발견하게 되는 것은 아니다. 오히려 그 개념성은 비록 주체의 책임에 의해서이기는 하지만, 개념파악된 세계가 주체 자신의 세계가 아니라 그에게 적대적인 것이라는 점을 표현한다.

후설의 본질직관론은 거의 부지불식간에 이 점을 증언한다. 그것은 본질이 그것을 파악하는 의식에 대해 완전히 이질적인 것이라는 결론에 도달한다. 비록 순수한 절대적 이념영역이라는 물신적 형태를 통해서이기는 하지만, 본질직관론은 그것이 개념의 본질성과 아무 생각 없이 동일시하는 개념들이 단순한 종합과 추상의 산물에 지나지 않는 것은 아니라는 점을 기억하고 있다. 즉 이 개념들은 관념론의 교리에 따라 단순히 정립된 개념들을 끌어들이는, 다수(das Viele) 속의 한 계기도 나타내고 있는 것이다. 후설의 과장되고 그래서 또 오랫동안 스스로도 알지 못했던 관념론, 즉 순수 정신의 존재론화는 그의 가장 영향력 있는 저서들 속에서도 왜곡된 채 반관념론적 동기를 표현하는 데 도움을 주었다. 그것은 곧 사유하는 주체가 모든 것을 지배한다는 테제에 대한 불만이다.

현상학은 주체가 이미 법칙들에 따를 수밖에 없을 때, 주체에게 법칙들을 규정하는 것을 금지한다. 그런 한에서 주체는 법칙들로부터 어떤 객관적인 것을 체험한다. 그러나 관념론자들의 경우와 마찬가지로 후설의 경우에도 모든 매개가 사유의 측면, 곧 주체의 측면과 연관을 가지고 있다. 이 때문에 후설은 개념에서 객관성의 계기를 특유한(sui generis) 직접성으로만 이해할 수 있을 뿐이며, 그러한 것을 인식론적 폭력으로써 감각적 지각을 본보기삼아 구상하는 수밖에 없다. 그는 어쨌든 본질도 또한 그 나름으로 계기이고 형성된 것이라는 점을 발작적으로 부인했다.

무지에서 나온 교만한 태도로 후설은 헤겔을 저주하지만, 그에 앞서 헤겔은『논리학』제2권의 본질범주들(Wesenskategorien)이 존재범주들(Seins-kategorien)의 자체반성 산물들로서 형성된 것일 뿐만 아니라 객관적으로도 타당하다는 점을 인식했다. 변증법을 광적으로 거부한 사유는 그와 같은 인식에 도달하지 못했다. 하지만 후설의 기본 테마, 곧 논리적 명제들은 그로 하여금 그러한 문제에 부딪칠 수밖에 없게 했을 것이다. 왜냐하면 그의 이론에 의하면 이 명제들은 객관적 성격을 띠며 '본질법칙들'일 뿐만 아니라——그 자신은 이 점에 대해 일단 침묵하고 있으나——사유와 결합되어 있고, 가장 내적인 측면에서는 그 자체가 아닌 것에 의지하고 있기 때문이다.

논리절대주의의 절대자는 형식적 명제들과 수학의 타당성에 근거를 둔다. 그렇지만 그것은 절대적이지 않다. 왜냐하면 긍정적으로 달성된 주체와 객체의 동일성으로서의 절대성에 대한 요구 자체가 조건지어진(bedingt) 것이며, 주관적 총체성 요구의 침전물이기 때문이다. 하지만 그 나름으로 존재자인 듯하면서도 또한 비존재자이기도 한 본질의 변증법은, 헤겔이 그랬던 것처럼, 산출하는 정신과 산출된 정신으로서의 정신의 통일성으로 결코 해소될 수 없다. 본질의 객관성에 대한 그의 학설은 존재를 자신에게 도달하지 않은 정신이라고 가정한다.

본질은 주체에 의해 비로소 정립되는 것이 아니라 주체가 따르는 것의 개념 내 비동일성을 경고한다. 논리학과 수학이 즉자존재라는 가상이나 형식적 범주들에 대한 존재론적 해석은, 그것들을 존재적 영역으로부터 구분하는 데 근거를 둔다. 그러나 이러한 구분조차—헤겔이라면 이렇게 칭했을 터인데—존재적인 것으로부터의 반발로서 존재적 측면을 가지는 것이다. 이 존재적 계기는 그러한 논리학과 수학 속에서 재생산된다. 이것들은 스스로를 분리되고 조건지어진 것으로서 통찰할 수 없기 때문에—왜냐하면 구분이 그것들 자체의 본질이기 때문이다—일종의 현존성(Dasein)을 획득한다. 하지만 사회 및 사회적 운동의 본질법칙은 더욱 그러할 것이다. 이 법칙들은 사실적인 것(das Faktische)을 통해 나타나며 또 사실적인 것은 그 법칙들에 대해 속이기도 하는데, 사실적인 것보다도 이 법칙들이 더 현실적이다. 그러나 그 법칙들은 본질성이라는 전통적 속성들을 내버린다. 그 법칙들은 세계를 지금의 상태로 만드는, 개념으로 환원된 부정성이라고 칭할 수 있을 것이다.

니체는 형이상학 속의 신학적 유산과 결코 화해할 수 없었다. 그는 본질과 현상의 차이를 경멸했으며 배후의 세계를 촌놈들에게 맡겨버렸다. 이 점에서 그는 실증주의 전체에 동의한다. 불굴의 계몽이 반개화론자들에게 어떻게 도움이 되는지를 이보다 더 분명히 이해할 수 있는 경우는 없다.

본질은 재앙(Unwesen) 자체의 법칙에 따라 은폐되는 어떤 것이다. 어떤 본질이 존재한다는 데 반론을 제기하는 것은 가상의 편, 곧 총체적 이데올로기의 편에 서는 것을 의미한다. 그런데 이제는 현존재가 그러한 총체적 이데올로기로 되고 말았다. 구분을 허용하는 어떠한 본질도 모르기 때문에 현상으로 나타나는 것 모두를 똑같이 타당하다고 보는 자는 광신적인 진리애로 인해, 허위 또는 니체가 경멸한 과학적 어리석음에 동참한다. 즉 그는 다루려는 대상들의 중요성에 신경쓰지 않고, 여론에 따라 기계적으로 그 중요성에 대해 떠들거나 아니면 어떤 한 사물과 관련해, 말하자면 아직 작업이 이루어지지 않았느냐의 여부를 그 중요성의 기준이라고 여기는 것이다.

과학적 입장은 본질적이냐 비본질적이냐에 대한 결정을 그때 그때 대상을 다루는 학문들에 맡긴다. 어떤 영역에서 본질적인 것이 다른 영역에서는 비본질적일 수도 있다는 것이다. 이와 마찬가지로 헤겔은 그 구분을 제3자,

우선 사물의 내재적 운동 외부에 있는 것 속에 옮겨놓는다.[16] 본질과 가상
사이의 변증법에 대해서는 꿈도 꾸지 않은 후설이 얄궂게도 헤겔에 비할 때
정당성을 지닌다. 즉 사실상 틀릴 수도 있으나 직접적인, 본질적인 것과 비
본질적인 것에 대한 정신적 경험이 있으며, 과학적 질서욕구는 주체들에게
서 그것을 강제적으로만 앗아갈 수 있는 것이다. 그러한 경험이 이루어지지
않을 경우 인식은 정적이고 비생산적인 상태에 머문다. 그 경험의 척도는
객관적으로 주체들에게 그들의 고통으로서 닥쳐오는 것들이다. 물론 본질
과 현상의 이론적 평준화와 병행하여 주관적으로도 인식하는 자는 고통과
행복을 경험할 능력과 함께 본질적인 것과 비본질적인 것을 구분할 기본적
능력도 상실한다. 이 경우 어느 쪽이 원인이고 어느 쪽이 결과인지를 제대
로 알지는 못할 것이다.

　오류의 위험이 따르더라도 중요한 것에 대해 숙고하기보다 차라리 사소
한 것의 타당성에 유의하려는 집요한 충동은 퇴행적 의식의 가장 흔한 징후
에 속한다. 최신 스타일의 촌놈은 표면세계가 명시적으로 혹은 암묵적으로
그에게 지껄이는 것을 사들이면서 이 표면세계에 만족하는데, 이로써 그는
배후세계로 인해 흥분하는 일이 없게 된다. 실증주의는 우선 본질이라는 객
관적 범주를 삭제하고 다음에는 수미일관하게 본질적인 것에 대한 관심을
말살함으로써 이데올로기로 된다. 그러나 이 본질적인 것은 결코 감추어진
보편적 법칙에 한정되는 것이 아니다. 그것의 긍정적 잠재력은 법칙의 지배
를 받는 것들, 세계진행의 판결에서 비본질적인 것, 주변으로 내던져진 것
속에서 살아 남는다. 그러한 것을 향한 시선, 즉 심리학적인 것을 훨씬 넘

---

16) "따라서 어떤 현존재에서 본질적인 것과 비본질적인 것이 서로 구분되는 한 이
　　구분은 일종의 외적인 정립이며, 그 현존재 자체를 건드리지 않으면서 그 현존
　　재의 일부를 다른 부분과 분리하는 것이다. 이 구분은 제3의 것에 귀결된다.
　　이때 어떤 것이 본질적인 것에 속하는지 비본질적인 것에 속하는지는 불확정
　　적이다. 그런 것을 수행하는 것은 어떤 외적인 고려나 고찰이며, 그래서 동일
　　한 내용이 때로는 본질적인 것으로, 때로는 비본질적인 것으로 간주될 수 있
　　다"(헤겔, 앞의 책, 487쪽).

어서서 프로이트가 말하는 '현상세계의 찌꺼기'를 향한 시선은 비동일자로 서의 특수한 것을 추구하려는 의도에 따른다. 본질적인 것은 지배적 보편 성, 곧 재앙을 비판적으로 넘어서는 한 이것과 대립한다.

객관에 의한 매개

본질과 현상의 매개, 또 개념과 사물의 매개도 과거의 상태, 즉 객체 속 의 주관성이라는 계기에 머물지 않는다. 사실들을 매개하는 것은, 그것들을 미리 형식화하고 파악하는 주관적 메커니즘이라기보다 주체가 경험할 수 있는 것의 배후에 있는, 주체에 대해 이질적인 객관이다. 그러한 객관은 일 차적인 주관적 경험영역에는 거부되어 있으며 이 영역 앞에 위치한다. 현재 의 역사적 단계에서, 흔한 말로 너무 주관적으로 판단할 경우 대체로 주체 는 자동으로 전체 여론(consensus omnium)에 따르게 된다. 주체는 이와 같은 객관의 평균치에 저항하고 주체로서 해방될 때에야 비로소 거짓된 복 제품에 만족하지 않고 객체를 합당하게 다룰 것이다. 오늘날의 객관성은 주 체에 대한 만족할 줄 모르는 억압이 아니라 그러한 해방에 의존한다.

주체들 내면에서 객관화된 것의 막대한 힘은 주체들이 주체가 되는 것을 방해하며, 이와 마찬가지로 객관적인 것에 대한 인식도 방해한다. 이 객관 적인 것은 한때 '주관적 요인'이라고 칭해지던 것으로부터 형성되었다. 이 제는 주관이 오히려 객관으로서 매개된 것이며, 이러한 매개는 전통적 매개 보다 더 절박하게 분석을 요한다. 주관적 매개 메커니즘들에서는 객관의 매 개 메커니즘들이 연장되며, 선험적 주체를 포함한 모든 주체는 이 매개에 얽매여 있다. 그 자체의 주장에 따르자면, 주체에 앞선 질서는 자료들이 특 정한 방식으로 통각되도록 하며, 인식론을 위해 본질구성적인(kon- stituierend) 주관성을 그 나름으로 본질구성한다. 범주들의 연역에서 칸트 가 결국 인정하듯이 우연한 상태, 곧 '주어진 상태'(gegeben)로 남는 것, 즉 이성이 바로 그 범주들만을 처리할 수 있을 뿐 여타의 어떠한 중심개념 들도 처리할 수 없다는 점은, 칸트에 따르면 범주들을 통해 비로소 이루고

자 하는 것에 기인한다.

그러나 매개의 보편성은, 마치 직접적인 것의 매개와 개념의 매개가 동일한 듯이, 하늘과 땅 사이의 모든 것을 매개로 평준화하기 위한 근거가 되는 것이 아니다. 개념에 대해서는 매개가 본질적이며 개념 자체도 그 성격상 직접적으로 매개다. 하지만 직접성의 매개는 반성규정(Reflexions-bestimmung)이며, 단지 그와 대립되는 것, 곧 직접적인 것과의 관계 속에서만 의미가 있다. 매개되지 않은 것은 아무것도 없다. 그러나 헤겔이 강조했듯이 그러한 매개는 언제나 필연적으로 어떤 매개된 것과 관계하며, 이것이 없다면 매개도 없을 것이다. 그에 반해 매개 없이는 매개된 것도 없다는 말은 단지 부정적이고 인식론적인 성격을 띨 뿐이다. 즉 매개 없이는 어떤 것을 규정하는 것이 불가능하다는 점에 대한 표현, 달리 말해 무엇에 대한 사유야말로 사유라는 동어반복을 그다지 넘어서지 못하는 성격을 지닐 뿐이다. 반면 그 어떤 것 없이는 어떠한 매개도 남지 못할 것이다. 매개될 어떤 직접적인 것이 매개 속에 포함되어 있듯이 직접성의 매개상태가 직접성 속에 담겨 있지는 않다. 헤겔은 이러한 구분을 소홀히 했다.

직접적인 것의 매개는 그것의 양태(Modus), 즉 그것에 대한 지식 및 이 지식의 한계와 관계한다. 직접성은 결코 양태성(Modalität)이 아니며, 어떤 의식과 관련해 단순히 '어떻게'(Wie)의 문제를 규정하는 데 그치는 것도 아니다. 그것은 오히려 객관적이다. 즉 직접성의 개념은 그 개념을 통해 지워버릴 수 없는 어떤 것을 암시한다. 매개는 결코 모든 것이 매개로 동화된다고 말하는 것이 아니라, 그것을 통해 매개되는 것, 곧 동화되지 않는 것(ein nicht Aufgehendes)을 상정한다. 그러나 직접성 자체는, 인식이나 매개가 직접적인 것을 필요로 하는 것처럼 인식이나 매개를 필요로 하지는 않는 계기를 대변한다.

철학에 한동안 필수불가결한 '직접적', '간접적' 등의 개념들을 철학이 사용하는 한, 철학 언어는 관념변증법이 부인하는 사태를 천명한다. 관념변증법은 외관상의 최소차이(minimale Differenz)를 간과함으로써 설득력을 지니기 쉽게 된다. 직접적인 것도 완전히 매개되어 있다는 의기양양한 인식은 매개된 것을 지나쳐 유쾌한 여행을 하며, 어떠한 비개념적인 것에 의해서도 중단되지 않고, 개념의 총체성 곧 주체의 절대적 지배에 도달한다. 그러나 은폐된 차이는 변증법을 통해 인식될 수 있으며, 이 때문에 변증법에서는 총체적 동일시가 최종 결정권을 가지지 못한다. 변증법은 동일시의 속박에 대해 외부로부터 독단적으로 현실주의적 테제라는 것들을 대비시키지 않고도, 그러한 총체적 동일시의 속박을 벗어날 수 있다.

결국 자신만을 항상 동일시하는 동일시의 원(Zirkel der Identifikation)은 자기 외부의 어떠한 것도 허용하지 않는 사유에 의해 그어졌다. 이런 사유가 속박을 받는 것은 그 자체의 탓이다. 그처럼 총체적이고, 따라서 부분적이기도 한 합리성은 자연의 위협에 의해 역사적으로 규정된 것이다. 이것이 그 합리성의 한계다. 동일시하는 사유, 즉 동일하지 않은 어떤 것이라도 모두 동일하게 만드는 그것은 불안한 가운데 자연에 얽매인 상태(Naturverfallenheit)를 영속화한다. 무반성적 이성은 그것의 지배에서 벗어나는 어떠한 사유 앞에서도 광기에 빠질 정도로 맹목적이다. 당분간 이성은 병적이다. 그로부터 치유되어야 비로소 이성은 진정으로 이성일 것이다. 변증법의 효소인 소외이론조차, 이질적이고 따라서 비합리적인 세계에 접근하려는 욕구 혹은 노발리스(Novalis)의 말을 빌린다면 '어디서나 고향처럼 느끼려는' 욕구를, 동경의 주체가 낯선 것 내지 다른 것을 사랑할 수 없는 태곳적 야만상태와, 곧 동화 및 박해의 열망과 혼동한다. 이질적인 것이 더 이상 추방되지 않는다면 소외도 더 이상 없을 것이다.

특수성과 특수자

매개 개념의 다의성으로 인해 인식의 대립적 양극단들이 서로 동일시되면서 단적으로 모든 것을 좌우하는 그 질적 차이를 희생하게 되는데, 이 다의성의 근원은 추상에서 찾을 수 있다. 그러나 '추상적'(abstrakt)이라는 단어는 아직 너무 추상적이며 그 자체가 다의적이다. 보편적 개념들로 파악된 것의 통일성은 개념으로 규정된 특수자와 근본적으로 다르다. 이 특수자에서는 개념이 또한 그것의 부정적 요인이기도 하다. 즉 개념은 그 특수자 자체이지만 직접 명명될 수 없는 것을 삭제하며 그것을 동일성으로 대체한다. 이 부정적인 것, 거짓된 것, 하지만 또 필연적인 것이 바로 변증법의 무대다. 그 핵심은 관념변증법상으로는 역시 추상적이지만, 간단히 제거되지 않았다. 헤겔의 생각과 달리 무(nichts)와 구분되는 점에서, 가장 비규정적인 어떤 것(das unbestimmteste Etwas)조차도 단순히 비규정적인 것은 아니다. 이런 점에서 모든 규정들의 주관성을 주장하는 관념론적 학설은 타당하지 않다.

오늘날의 논리학에 의하면 특수자는 보편자에 의해 동일시되는데, 이 보편자 없이는 특수자가 규정될 수 없겠지만 그렇다고 특수자가 보편자와 동일한 것은 아니다. 관념론은 어떤 것이 비록 아무 성질도 없는 것이라고 해도 그 때문에 무라고 칭해질 수 없다는 점을 인식하려 하지 않는다.

헤겔은 자신이 구상한 특수자의 변증법 앞에서 뒤로 물러서기 때문에—이 변증법은 동일자의 우위 및 이에 따라 필연적으로 관념론을 척결할 것이다—부단히 궤변에 빠진다. 그는 특수자의 자리에 특수화라는 보편적 개념, 예컨대 '실존'의 개념을 이끌어들이는데, 이 개념에는 더 이상 특수자가 들어 있지 않다. 그것은 지난날의 합리주의와 관련해 반성적 개념들의 애매성 때문에 칸트가 합당하게 비판한 사유의 처리방식을 복원한다. 헤겔의 변증법은 실패에 그칠 경우 궤변으로 된다, 특수자를 변증법적 동인으로 만드는 것, 즉 특수자가 상위개념 속에서 용해될 수 없다는 점을, 헤겔의 변증법은 마치 특수자 자체가 그 자체의 상위개념이고 그래서 용해될 수 없다는 듯이 보편적 사태로서 취급한다. 바로 그 때문에 비동일성과 동일성의 변증법은 가상적인 것으로 된다. 즉 동일자에 대한 동일성의 승리로 되는 것이다. 개념 자체는 결코 특수자가 아닐 것이다. 그런데 이 개념 없이는 어떠한 특수자도 확인하지 못하는 인식의 불완전성이, 특수자를 넘어서서 특수자로부터 개념에 맞서는 것을 제거하는 정신에게는 요술처럼 이점으로 된다. 특수성이라는 보편적 개념은 그것이 추상화하며 뜻하는 특수자에 대해 아무 힘도 지니지 못한다.

주체-객체의 변증법

주체와 객체의 양극상태 자체는 비변증법적 구조이며 그 속에서 모든 변증법이 이루어지는 듯이 여기기 쉽다. 그러나 그 두 개념은 형성되어 나온 반성범주들(Reflexionskategorien)로서, 결합시킬 수 없는 어떤 것을 표시하는 공식이다. 그것들은 결코 긍정적인 것이나 일차적인 사태가 아니라, 전적으로 부정적인 것이며 비동일성의 표현일 뿐이다. 그렇기는 해도 주체와 객체의 차이는 그 나름으로 간단히 부정될 수 없다. 그것은 궁극적 이원성도 아니며 그 배후에 어떤 궁극적 통일성을 감추고 있는 것도 아니다. 그것들은 서로를 통해 구성되며 또 그러한 구성을 통해 서로 분리된다. 주체와 객체의 이원론은 원칙으로서 기초가 되어버린다면, 그것이 거부하는 동일성의 원칙과 마찬가지로 또다시 총체적·일원론적으로 될 것이다. 절대적 이원성은 곧 통일성일 것이다.

그러나 이 점을 헤겔은 결국 사유 속으로 주체-객체의 양극성을 끌어들이려는 목적에 이용했으며, 이 양극성을 양쪽으로 전개한다는 점을 피히테나 셸링에 대한 자신의 장점이라고 느꼈다. 그의 주장에 따르면 주체와 객체의 변증법은 존재의 구조로서 주체로 된다.[17] 양자는 추상들로서 사유의 산물

---

17) "한 대상을 개념파악한다는 것은 사실상 자아가 그 대상을 자신의 것으로 만들고 그것에 침투하고 그것을 자기 자신의 형식으로 끌어들이는 것, 즉 그것을 직접적으로 규정성인 보편성 혹은 직접적으로 보편성인 규정성 속으로 끌어들이는 것일 뿐이다. 직관이나 표상에서 대상은 아직 어떤 외적인 것, 낯선 것이다. 개념파악을 통해 그 대상이 직관과 표상에서 취하는 즉자 및 대자존재는 어떤 정립된 존재로 변화한다. 말하자면 자아가 그 대상에 사유를 통해 침투하는 것이다. 그러나 그 대상은 사유 속에 존재하듯이 즉자 및 대자적으로도 존재한다. 또 그것은 직관과 표상 속에 존재하듯이 현상이기도 하다. 대상은 우선 우리에게 직접성을 띠고 나타나지만, 사유는 그 직접성을 지양하며, 그로부터 어떤 정립된 존재를 만든다. 그러나 대상의 이 정립된 존재는 대상의 즉자 및 대자존재 혹은 객관성이다. 따라서 대상은 이 객관성을 개념 속에 지니며, 이 개념은 대상을 받아들인 자의식의 통일성이다. 그러므로 대상의 객관성 혹은 개념 자체는 자의식의 본성 이외의 아무것도 아니며, 자아 자체말고는 다른 어떤 계기나 규정들도 지니지 않는다"(헤겔, 전집 5권, 16쪽).

이다. 양자의 대립을 상정할 경우 불가피하게 사유를 제1원리라고 선언하게 된다. 그러나 이원론은 순수한 사상의 암시에 따르지 않는다. 사상은 사상으로 남아 있는 한 이분법에 따라 이루어진다. 이 이분법은 사유의 형식으로 되었으며, 또 그것 없이는 아마 사유도 없을 것이다. 존재의 개념을 포함한 모든 개념은 사유와 사유된 것의 차이를 재생산한다. 이 차이는 현실의 적대적 상황에 의해 이론적 의식에 각인되었다. 따라서 그 차이가 이 적대적 상황을 표현하는 한 이원론의 허위는 진리다. 그러나 그와 유리될 경우 적대관계는 이원론의 영원성에 대한 철학적 변명으로 될 것이다. 유일하게 가능한 것은 개별 계기들에 대한 규정적 부정이다. 이를 통해 주체와 객체는 절대적으로 대치되며, 바로 그로써 서로 동일시된다.

실제로 주체가 전적으로 주체인 것은 결코 아니며, 객체도 완전히 객체인 것은 아니다. 그럼에도 불구하고 양자는 그것들을 초월하는 어떤 제3의 것에서 분리되어나온 것이 아니다. 제3의 것도 그에 못지 않게 허위일 것이다. 그것을 무한한 것으로 보아 긍정적이고 유한한 인식으로부터 떼어놓고, 이 유한한 인식으로 하여금 도달할 수 없는 것을 부단히 추구하도록 자극하려 한 칸트의 해결책은 충분하지 않다. 그런 사상에 내재하는 총체성 요구에 반대하여 주체와 객체의 이원성을 비판적으로 고수해야 할 것이다.

물론 객체를 이질적인 것, 극복되어야 할 것으로 만들어서 전유하는 분리작업은 주관적인 것이며, 사물을 정리하고 다듬어놓는 작업의 산물이다. 다만 분리작업의 근원이 주관적인 것이라는 점을 비판한다고 해도, 일단 실제로 분리가 이루어진 뒤에는 그 분리된 것이 다시 결합되지 않는다. 의식은 우선 자의적으로 여러 요인들로 분열시켜놓은 것을 결합시킨다고 자만한다. 그 때문에 종합에 대한 논의는 언제나 이데올로기적 어조를 띤다. 종합은 스스로에 대해 은폐되어 있고 점차 터부시된 분석의 은폐수단이다.

시민정신은 그 비판자들이 분석을 남용했다고 비난하지만, 분석은 시민정신 자체의 무의식적 산물이다. 바로 여기에 속류 귀족의식이 분석에 대해 품는 적의의 근거가 있다. 이 분석의 모델은 합리적 노동과정들이다. 합리적 노동과정들은 종합의 보편개념적(allgemeinbegrifflich) 처리방식과도 같은 상품생산의 조건으로서 분석을 필요로 한다. 만일 칸트가 이론에 대한 자기 방법론의 관계, 즉 연구되는 주체에 대한 인식론적으로 연구하는 주체의 관계를 이성비판에 끌어들였다면, 다양을 종합하게 될 형식들 자체도 그의 저술 구성상—충분히 시사적으로—선험적 분석론이라고 명명된 작업들의 산물이라는 점을 간과하지 않았을 것이다.

주관적 환원의 방향전환

인식론적 반성과정은 주도적 경향상 점점 더 객관으로부터 주체로 돌아가는 과정이었다. 바로 이 경향이야말로 전환되어야 할 것이다. 철학 전통에서 주관성의 개념을 존재자로부터 구분지어주는 것은 존재자를 모방하여 형성된 것이다. 오늘날까지 철학은 자각의 결여로 고생하면서, 매개자인 주체 속의 매개를 망각했다. 이는 다른 어떤 망각과도 마찬가지로 훌륭하다고 칭찬할 만한 일이 아니다. 마치 망각에 대한 처벌처럼 주체는 그 망각된 것 때문에 시달림을 받는다. 주체가 인식론적 반성의 대상으로 되면 곧 대상성을 지니는데, 주체는 이 대상성의 부재를 곧잘 사실영역에 대한 우월성이라고 자랑하기도 한다.

이미 헤겔도 묵과하지 않았듯이 주체의 본질성(Wesenhaftigkeit), 곧 이차적 현존재는 그 가능성의 조건으로서 일차적 현존재인 사실성을—비록 부정된 상태로이기는 해도—전제한다. 일차적 반응들의 직접성은 일단 자아의 형성과정에서 깨어졌으며 그와 아울러 자발성도 파괴되었는데, 선험론적 관례에 따르면 순수 자아는 그 자발성으로 수렴된다. 순수 자아의 중심적(zentristisch) 동일성은 관념론이 그것에 부여하는 것을 대가로 치른다. 철학의 본질구성적 주체는 사물적이고 자연주의적인 것이라고 해서 자신으로부터 삭제해내는 특수한 정신적 내용보다 더 사물적이다. 자아는 점점 더 독재적으로 존재자 위에 올라섬에 따라 부지불식간에 객체로 되며 얄궂게도 자신의 본질구성적 역할을 취소한다.

순수 자아만이, 『순수이성비판』 초판의 순수 오성개념 연역을 위한 모델임이 오해의 여지없이 드러나는 경험적 자아에 의해 존재적으로 매개되어 있는 것은 아니다. 철학은 존재자에 맞서 선험적 원칙에 그 제1원리를 둔다고 믿는데, 이 선험적 원칙 자체도 그처럼 매개되어 있는 것이다. 알프레트 존-레텔(Alfred Sohn-Rethel)은 정신의 보편적·필연적 활동인 그 원칙 속에 논란의 여지없는 사회적 노동이 감추어져 있다는 점에 최초로 주목했다. 비존재자이지만 행위를 하는, 또 보편자이지만 특수자를 경험하는 선험적 주체라는 당혹스러운 개념은 일종의 비누거품이라고 할 수 있다. 그것은 결코 필연적으로 개인적인 의식의 자급자족적·내재적 연관관계로부터 만들어질 수 없을 것이다. 하지만 그것은 이 개인적 의식과 비교할 때 더 추상적인 것뿐만 아니라, 그것의 각인 능력(prägende Kraft)으로 인해 더 현실적인 것을 나타내기도 한다.

동일성철학의 마법원 너머에서, 선험적 주체는 자신을 의식하지 못하는 사회라고 해독될 수 있다. 그러한 무의식상태 역시 연역 가능하다. 특권의 정당화인 정신의 지배라는 징후 속에서 정신노동이 육체노동으로부터 분리된 이래 분열된 정신은 아픈 양심을 과장해가며, 자신이 제1원리이자 근원적인 것이라는 테제에서 이끌어내는 지배권을 다시 요구할 수밖에 없었고, 그래서 몰락하지 않으려면 그러한 요구가 어디에서 기인하는지를 애써 망각해야 했다. 정신은 자신의 견고한 지배권이 결코 정신의 지배권이 아니며 그 궁극적 근거(ultima ratio)는 그 지배권이 행사할 수 있는 물리적 힘에 있다는 점을 극히 절실하게 감지한다. 정신은 파멸하지 않으려면 이런 비밀을 발설할 수 없다. 피히테 같은 극단적 관념론자들의 증언에 따르더라도 추상을 통해 비로소 주체는 본질구성자(Konstituens)로 되는데, 추상은 육체노동과의 분리를 반영하며 육체노동과의 대질을 통해 파악될 수 있다.

마르크스는 『고타강령 비판』(Kritik des Gothaer Programm)에서 라살주의자들에게,* 속류사회주의자들 사이에서 흔히 떠도는 말처럼 노동

---

* 라살(Ferdinand Lassalle, 1825~1864)은 마르크스가 이미 극복한 리카도의 가치론을 정치경제학의 기초로 삼았고, 헤겔의 영향 아래 노동운동을 계급투쟁이 아닌 관념들 사이의 투쟁으로 대치시키려 했다. 라살주의는 독일 노동운동에 막대한 영향을 끼쳤으나 개량주의·수정주의의 주요 원천으로 비판받았다.

만이 사회적 부의 근원인 것은 아니라고 비판했다.[18] 이로써 그는 이미 공식적 철학의 주제들을 극복한 시기에, 노동은 어떠한 형태로도, 즉 신체적 근면의 형태로든 정신적 생산의 형태로든 결코 실체화될 수 없다는 점을 철학적으로 천명한 것이다. 그러한 실체화는 단지 생산적 원칙의 우선권이라는 환상을 계승하는 것일 뿐이다. 이 원칙은 비동일자에 대한 관계 속에서만 자체의 진리에 도달하는데, 인식론을 경멸한 마르크스는 이 비동일자를 처음에는 대략적으로 또 너무 협소하게 자연이라는 명칭으로 표현했고, 나중에는 자연원료 혹은 더 하중이 작은 다른 용어들로 표현했다.[19]

『순수이성비판』 이래 선험적 주체의 본질을 이루는 것, 곧 개별 주체들의 업무들 속에서 수행되면서도 동시에 이를 초월하는 순수 활동 내지 기능성(Funktionalität)은, 자유부동하는 노동(freischwebende Arbeit)을 근원으로서의 순수 주체에 투사한다. 칸트는 주체의 기능성을 그에 할당되는 질료 없이는 무가치하고 공허하다고 함으로써 제한하는데, 이로써 그는 사회적 노동이 어떤 것에 대한 노동이라는 점을 단호히 제시한 것이다. 그의 뒤를 잇는 관념론자들의 좀더 거창한 결론은 그 점을 주저하지 않고 제거해버렸다. 그러나 선험적 주체의 보편성은 사회의 기능적 연관관계의 보편성이다. 말하자면 그것은 개별적 자발성과 성질들로부터 만들어졌으나 그것을 다시 평준화의 교환원칙으로 제한하고 잠재적으로는 무기력하게 전체에 의존하는 것으로서 제거하는 전체의 보편성인 것이다. 주체들이 주체로 되는 것을 아 프리오리하게 거부하고 주관성 자체를 단순한 객체로 격하시키는 인간에 대한 교환가치의 보편적 지배는, 주체의 주도권을 수립한다는 그 보편성의 원칙을 허위로 만들어놓는다. 선험적 주체의 잉여부분(das Mehr)은 자체로서 고도로 축소된 경험적 주체의 결여부분(das

---

18) 마르크스, 『고타강령 비판』, 프란츠 보르케나우의 머리말이 있는 선집(프랑크푸르트 : 1956), 199쪽 이하 참조.

19) 알프레트 슈미트, 「마르크스 이론 속의 자연 개념」, 『프랑크푸르트 사회학 논집』, 11권(프랑크푸르트 : 1962), 21쪽 참조.

Weniger)이다.

선험적인 것에 대한 해석

선험적 주체는 이데올로기의 극단적 한계사례(äußerster Grenzfall)로서 진리에 밀접히 접근한다. 선험적 보편성은 결코 자아의 나르시시즘적 자기숭배나 자아의 자율성에 관한 망상이 아니다. 오히려 그것의 현실성은 등가교환의 원칙을 통해 관철되고 영속화되는 지배관계에 있다. 철학이 찬양하는 추상과정, 즉 인식하는 주체만이 가지고 있다는 추상과정은 실제의 교환사회에서 전개된다.

선험적인 것을 필연적인 것이라고 보는 규정은 기능성 및 보편성과 결합되는데, 그러한 규정은 유(Gattung)의 자체보존 원칙을 말해준다. 추상이 없으면 이 원칙이 실현되지 않겠지만, 이 원칙은 추상을 위한 근거를 제공한다. 말하자면 추상은 자체보존적 이성의 매체다. 하이데거를 패러디한다면 별 기교를 부리지 않아도, 철학적 보편 속의 필연성에 대한 사상은, 궁핍을 피하고 조직화된 노동으로 생필품의 결핍을 제거할 필요성에 근거하여 해석될 수 있을 것이다. 물론 이로써 하이데거의 언어신화학 자체는 완전히 뒤바뀔 것이다. 즉 그것은 객관적 정신 속에 파고드는 물질적 과정에 대한 반성을 처음부터 쓸모없다고 배척하는, 객관적 정신의 신격화라고 할수 있을 것이다.

의식의 통일성은 개인적 의식의 통일성이며, 또 원칙으로서 이 개인적 의식의 흔적을 눈에 띄게 지니기도 하며 따라서 존재자의 흔적을 지니기도 한다. 물론 개인의 자의식은 그 편재성(Ubiquität) 때문에 선험철학에 대해서는 어떤 보편자로 되는데, 이 보편자는 이제 자명성을 구현한다는 장점을 더 이상 자랑할 수 없게 되었다. 그러나 의식의 통일성은 객관을 본보기로 하여 만들어진 것인 한, 즉 대상들의 본질구성 가능성을 그 척도로 삼는 한, 상품의 객관성 내지 상품의 대상성을 비로소 성립시키는 사회 속의 생산활동들의 총체적이고 빈틈없는 결합을 개념적으로 반영한 것이다.

나아가 자아의 견고하고 지속적이고 불가침투한 측면은, 원초적 의식에 의해 지각되는, 경험적 의식에 비친 외부세계의 불가침투성에 대한 미메시스다. 주체의 정신적 전능(Allmacht) 속에서는 주체의 현실적 무능이 메아리친다. 자아원칙(Ichprinzip)은 주체에 대한 부정을 모방한다. 관념론이 수천 년간 주입했듯이 객체가 주체인 것은 아니다. 그러나 아마 주체는 객체일 것이다.

주관성의 우위는 정신화된 상태로 다윈의 생존경쟁을 계승한다. 인간의 목적을 위해 자연을 억압하는 것은 단지 자연적 관계일 뿐이다. 그렇기 때문에 자연을 지배하는 이성 및 이성 원칙의 우월성은 가상이다. 스스로를 베이컨식의 주인으로, 결국 관념론적인 만물의 창조자로 선언하는 주체는 인식론적·형이상학적으로 그와 같은 가상에 가담한다. 그러한 주체는 지배권을 행사하는 과정에서 자신이 지배한다고 생각하는 것의 일부가 되며, 헤겔이 말하는 주인과 마찬가지로 굴복하고 만다. 주체가 객체를 소비함으로써 얼마나 그 객체에 예속되는지는 헤겔이 말하는 주인을 통해 명백해진다. 그가 행하는 바는, 주체가 자신의 마법으로 사로잡았다고 여기는 것의 마법이다. 그의 절망적 자기숭배는 자기반성을 방해하는 무기력의 경험에 대한 반응이다. 그래서 절대적 의식은 무의식적인 것이다.

칸트의 도덕철학은 다음의 모순을 노골적으로 드러내는 가운데 그와 같은 점을 증명한다. 즉 칸트가 자유롭고 숭고하다고 칭하는 바로 그 주체가 존재자로서, 자유를 통해 넘어서려고 하는 자연 연관관계의 일부이기도 한 것이다. 탈신화화를 향한 강력한 진보인 플라톤의 이데아론도 이미 신화를 반복한다. 즉 그의 이데아론은 자연으로부터 인간에게로 옮겨지고 인간에 의해 실천되는 지배관계들을 본질들로서 영속화하는 것이다. 자연에 대한 지배는 탈신화화(Entmythologisierung)의 조건이자 단계였지만, 탈신화화가 신화의 제물로 되지 않으려면 그러한 지배관계에도 개입해야 할 것이다.

그러나 주체적 계기의 구성적 힘을 철학적으로 강조할 경우 언제나 진리가 차단된다. 삼각룡(Triceratops)이나 코뿔소 같은 종족들은 몸을 보호해주는 갑옷 같은 외피를 마치 몸에 유착된 감옥처럼 끌고 다니면서—최소한 의인화해서 본다면—그것을 벗어던지려 하지만 그러지 못하는 듯하다. 생존을 위한 장치 속에 사로잡혀 있다는 점이 코뿔소의 특수한 야수성을 설명해줄 수 있듯이, 자인하지 않음으로써 더욱 끔찍해지는 인류의 야수성도 설명해줄 수 있을 것이다. 주관적 계기는 마치 객관적 계기로 둘러싸이는 듯하며, 그 자체가 주체에게 제한을 가하며 부과된 것으로서 객관적이다.

'선험적 가상'

관념철학이나 존재론과 같은 철학의 전통적 규범들에 따르면 그 모든 것에는 자가당착(ὕστερον πρότερον)의 어떤 요소가 달라붙는다. 그런데 그와 같이 생각한다면 이는 곧 인정하지는 않더라도 매개된 것으로서 추론해내려고 한 것, 즉 주체 내지 사유를, 매개하는 것으로서 전제하는 셈이라고 실로 논리정연한 목소리로 말할 수 있을 것이다. 또 철학의 규정들은 단지 규정이라는 점만으로도 이미 사유의 규정들이라고 말할 것이다. 그러나 비판적 사상이 주체가 차지했던 빈 왕좌를 객체에 넘겨주고 싶어하는 것은 아니다. 그럴 경우 객체는 우상에 지나지 않게 될 것이다. 오히려 비판적 사상은 위계질서를 제거하고 싶어한다.

아마 선험적 주체를 아르키메데스의 점으로 여기는 가상을 주관성의 분석으로써 순수하게 자체 내에서 완전히 깨뜨릴 수는 없을 것이다. 왜냐하면 그러한 가상에는 개인의 의식 및 그의 모든 경험보다 사회가 앞선다는 진실이 담겨 있으며, 이 진실이 사유의 매개들로부터 추론되어 나올 수 있는 것은 아니기 때문이다.

객관적 상황에 의해 사유가 매개되어 있다는 점을 통찰하는 것이 사유를 부정하는 것은 아니며, 또 사유를 사유로 만드는 객관적 법칙들을 부정하는 것도 아니다. 사유로부터 뛰쳐나올 수 없다는 사실은, 사유가 부정하면서도 또한 자체의 형태를 통해 추구하고 표현하기도 하는 바를, 곧 비동일자에 의지하고 있음을 가리켜준다.

그러나 칸트를 훨씬 능가하는 선험적 가상의 근거는 명백하다. 말하자면 왜 사유가 간접적 의도(intentio obliqua)에서 늘 되풀이하여 불가피하게 자체의 우선성 혹은 주체의 실체화로 귀결되는지는 명백한 것이다. 즉 유명론의 역사에서 플라톤에 대한 아리스토텔레스의 비판 이래 추상의 사물화는 주체의 오류라고 비난받았지만, 추상이야말로 그 자체가 주체를 주체로 만드는 원칙이자 주체 자신의 본질이다. 그래서 주체에게는 그 자신이 아닌 것에 호소하는 것이 외적이고 강제적이라고 여겨질 수밖에 없다. 주체에게 그 자신의 자의성을 승복시키고 주체의 우선성(Prius)이 후천성임을 승복시키는 것이, 주체에게는 언제나 초월적 독단처럼 들린다. 관념론을 엄격히 내부로부터 비판할 경우, 관념론은 이 비판을 통해 인정받게 된다는 식의 변론을 손에 넣는다. 말하자면 그 비판이 관념론의 가설들을 이용하므로, 관념론은 잠재적으로 이미 그 비판을 내포하고 있으며, 그래서 비판보다 우월하다는 것이다. 그러나 관념론은 외부로부터 가해지는 논박들도 또한 반성철학적이고 변증법 이전적이라고 거부한다.

그렇더라도 이 양자택일 앞에서 분석이 물러설 필요는 없다. 내재성이란 동일성 정립들의—이의 원칙은 내재비판을 통해 무너지는데—총체성이다. 마르크스의 말을 빌린다면 관념론 앞에서는 관념론 '자체의 가락'을 연주해야 할 것이다. 관념론을 내부로부터, 곧 동일성의 척도에 따라 결정하는 비동일자는 동시에 관념론의 원칙에 대립하는 것이기도 하다. 관념론은 이것을 극복하겠다고 맹세하지만 헛수고다. 물론 외부에서 얻은 지식이 전혀 없다면, 또 달리 말해서 직접성의 어떤 계기가 없다면, 변증법의 틀 너머를 내다보는 주관적 사상의 첨가물이 없다면, 내재비판은 자체의 목적을 이룰 수 없다. 다름 아닌 관념론은 그러한 자발성의 계기를 거부할 수 없다. 왜냐하면 그것이 없다면 관념론 자체도 존재할 수 없을 것이기 때문이다. 관념론의 가장 본질적인 요인은 자발성이라고 할 수 있는데, 이 자발성이 관념론을 깨뜨린다.

이데올로기로서의 주체는 주관성이라는 명칭으로만 풀리는 마법에 걸려 있는데, 이는 하우프의 코 큰 난쟁이(Zwerg Nase)가 '함께 즐기자' (Nießmitlust)는 이름의 약초로만 풀리는 마법에 걸려 있는 것과 같다.* 난쟁이에게는 이 약초가 비밀로 되어 있었다. 그래서 그는 '몰락하는 통치권'(Oberherrlichkeit im Verfall)이라는 명칭의 '수제렌 파이'(Pastete Souzeraine)를 만드는 법을 배우지 않았다. 그가 아무리 자기반성을 해도 이 반성만으로는 자신의 기형화된 모습이나 자신의 업무를 지배하는 규칙을 알지 못할 것이다. 거기에는 외부의 자극이 필요하다. 곧 거위 미미(Gans Mimi)의 지혜가 필요한 것이다. 그와 같은 자극이 철학에는, 특히 헤겔 철학에는 이단(Ketzerei)이다. 내재비판의 한계는 내재적 연관관계의 법칙이 타파되어야 할 현혹(Verblendung)과 궁극적으로는 한몸이라는 데 있다. 그러나 실로 질적 비약을 뜻하는 이 순간은 단지 내재적 변증법의 수행을 통해서만 나타난다. 그런데 내재적 변증법은 플라톤의 변증법이 즉자로 존재하는 이념들로 이행한 것과 매우 유사하게 스스로를 초월하는 특성을 지닌다. 변증법이 총체적으로 결집될 경우 이미 변증법은 동일성 원칙으로 돌아가는 총체성일 것이다.

셸링은 헤겔에 맞서 그러한 관심사를 감지했다. 이로써 그는 신비론에 빠져들게 될 사상을 포기한다고 조소받게 되었다. 물질(Stoff) 자체에 추진력을 인정해주는 셸링의 유물론적 계기는 그의 철학의 그러한 측면에 기여한다고 할 수 있다. 하지만 이러한 비약도 키에르케고르의 경우처럼 실체화해서는 안 될 것이다. 그렇지 않을 경우 이 비약은 이성을 모독한다. 변증법은 자체에 대한 의식을 근거로 스스로를 제한해야 한다. 그러나 비약이 전

---

* 하우프(Wilhelm Hauff, 1802~1827)의 동화 『코 큰 난쟁이』(1828)는 야곱이라는 아이에 대한 이야기다. 아이의 어머니는 시장에서 야채와 약초를 판다. 어느 날 못생기고 못된 노파가 물건이 형편없다고 욕한다. 야곱은 노파의 모습, 특히 큰 코를 놀린다. 그 죄로 노파는 야곱을 자기 집으로 데려가 약초로 잠재운다. 야곱이 다시 깨어나 집으로 달려오자 사람들은 그를 혐오한다. 야곱이 코 크고 못생긴 난쟁이로 변한 것이다. 이제 그는 어느 영주의 주방장으로 고용되며, 영주를 위해 언젠가 '수제렌 파이'를 만들어야 한다. 오랜 노력 끝에 야곱은 파이의 주요 재료인 '함께 즐기자'라는 이름의 약초를 찾는다. 그 냄새를 맡자 그는 본래의 모습으로 돌아간다.

혀 없다면, 그 자체의 운동 속에서는 철학이 자체의 꿈에서 깨어날 수 없다. 깨어나기 위해서는 철학의 마법이 멀리하는 것, 곧 어떤 타자 및 새로운 것이 필요하다. 이런 사실에 대한 실망은, 하우프의 동화를 읽으면서 기형적인 모습으로부터 풀려난 난쟁이가 공작에게 '수제렌 파이'를 대접할 기회를 놓치게 되어 슬퍼하는 아이의 실망과 다를 바 없다.

객체의 우선성

동일성에 대한 비판을 수행할 경우 객체의 우월성을 모색하게 된다. 동일성사유는, 비록 이의를 제기하겠지만 주관주의적이다. 그것을 수정하고 동일성을 허위로 산정한다고 해서 주체와 객체의 균형이 이루어지는 것은 아니며, 인식에서 기능 개념이 모든 것을 지배하게 되는 것도 아니다. 비록 제한적이기는 하나 주체는 이미 무기력해진 것이다. 주체는 비동일자가 극히 미세하게만 넘쳐도 자신의 절대성이라는 척도에 따라, 왜 자신이 절대적으로 위협받는다고 느끼는지 안다. 주체는 최소한의 문제로도 전체로서 손상되는데, 왜냐하면 주체는 전체를 참칭하기 때문이다. 주관성은 그것이 자체를 근거로는 전개시킬 수 없는 연관관계 속에서 자체의 질을 바꾼다. 매개 개념에 담긴 불균등성으로 인해 주체는 객체가 주체에 귀속되는 것과 완전히 다르게 객체에 귀속된다. 객체는 단지 주체를 통해서만 사유될 수 있지만, 주체에 대해 언제나 타자로서 보존된다. 하지만 주체는 그 자체의 특성상 미리부터 객체이기도 하다. 주체에서는 이념으로서도 객체를 결코 떼어놓고 생각할 수 없다. 하지만 객체에서 주체를 떼어놓고 생각할 수는 있다. 주관성의 의미에는 또한 객체이기도 하다는 사실이 포함된다. 하지만 객관의 의미에 주체이기도 하다는 사실이 그와 마찬가지로 포함되지는 않는다.

"나의 모든 표상들을 수반해야 할, 나는 사유한다"라는 논리적 사유의 의미에도, 존재하는 자아가 내포되어 있다. 왜냐하면 논리적 사유도 시간적 연속을 그 가능성의 조건으로 하며, 시간적 연속은 단지 시간적인 것의 연속으로서만 존재하기 때문이다. '나의'라는 말은 여러 객체들 가운데 한 객체인 주체를 가리키며, 또 이 '나의' 라는 것이 없다면 '나는 사유한다' 도 없을 것이다. 주체와 동의어인 현존재는 이와 같은 사태를 암시한다. 주체가 존재한다는 사실은 객관으로부터 받아들인 것이다. 이 점이 주체 자체에 어떤 객관성을 부여한다. '기초로 깔려 있는 것' (das zugrunde Liegende) 을 뜻하는 라틴어 '수비엑툼' (subiectum)이 인공적 철학용어로 다름 아닌 '객관적' (objektiv)이라고 칭한 바를 상기시키는 것은 우연이 아니다. 그에 반해 객체는 그 규정의 가능성에 대한 반성을 통해 비로소 주관성과 관련된다. 그렇다고 객관이 직접적인 것이라거나, 순진한 실재론에 대한 비판을 망각해야 한다는 이야기는 아니다.

객체의 우선성은, 변증법 속의 한 계기이며 이 변증법을 넘어서 있는 것이 아니라 그 속에서 스스로를 명료하게 표현하는, 자체로서 매개된 것과의 점증적인 질적 구분을 의미한다. 칸트만 해도 객관의 우선성이라는 계기를 버리지 않았다. 그는 『순수이성비판』에서[20] 인식능력의 주관적 분류를 객관적 의도에 따라 조종했으며, 초월적인 물자체를 집요하게 옹호했다.[21] 그는 즉자로 존재한다는 것이 어떤 객체의 개념과 무조건 모순되지는 않음을 염두에 두었다. 또 객체가 주관적으로 매개되어 있다는 것은 객체의 이념보다 오히려 주체의 불완전성(Insuffizienz) 때문이라고 생각했다. 그의 경우에도 주체가 스스로를 벗어나지는 못하지만, 그는 타자성(Andersheit)의 이념을 희생시키지 않는다.

---

20) 칸트, 『순수이성비판』, 전집 3권, 아카데미판(베를린 : 1911), 93쪽 이하 참조.
21) 객체의 우선성은 문자 그대로 사상이 어떠한 객관성으로부터도 분리됨으로써, 그 자체로서 사상은 아닌, 자체의 절대적 객관성을 얻어냈다고 망상하는 지점까지, 말하자면 형식논리학까지 역으로 추적할 수 있을 것이다. 모든 논리적 명제들이 관계맺는 그 어떤 것은 그런 명제들이 전적으로 무시할지는 몰라도, 사상이 뜻하는 것, 사상 자체가 존재하기 위해서는 필수적인 바로 그것의 복사품이다. 사상적이지 않은 것이 사상의 논리적·내재적 조건이다. 엄밀히 말해서 계사, 곧 '이다' 는 실존판단의 본보기에 따라 언제나 이미 대상성이기도 하다. 이로써 형식논리학을 통해 순수하게 무조건적인 것, 또 철학의 확실한 기반을 얻겠다는 희망들, 곧 안전에 대한 욕망에서 나온 희망들도 모두 무산된다.

타자가 없다면 인식은 동어반복으로 전락할 것이며, 인식된 것은 인식 자체일 것이다. 『순수이성비판』에서 범주로서의 인과성을 주체에 귀속시키고도 물자체가 현상들의 알려지지 않은 원인이라고 주장하는 껄끄러운 이야기보다도, 그러한 것이 칸트의 명상에서는 더 괴로웠을 것이다.

선험적 주관성의 구성은 객체의 반대편에서 객체를 지배하려는 거창한 역설적 노력이자 그릇된 노력이었다. 그런 한에서 그것에 대한 비판을 통해 비로소 긍정적·관념론적 변증법이 단지 선언만 한 것을 완수할 수 있을 것이다. 존재론이 구속력 있는 구성적 역할을 주체로부터 비판적으로 박탈하면서도 이차적 직접성의 상태에서 주체를 객체로 대치하지 않는 한에서, 일종의 존재론적 계기가 필요하다. 단지 주체의 반성, 특히 주체에 대한 반성을 통해서만 객체의 우선성에 도달할 수 있다. 일반적인 논리적 규칙들과 쉽게 결합될 수 없는 이 사태, 즉 추상적으로 표현된 모습으로는 앞뒤가 맞지 않는 이 사태는 다음 사실을 통해 납득할 수 있을 것이다. 즉 『계몽의 변증법』에서 약술했듯이 주체의 근원적 역사는 기술할 수 있겠지만 객체의 근원적 역사는 기술할 수 없다는 점이 그것이다. 객체의 근원적 역사는 언제나 이미 객체들을 다룰 것이다. 이에 맞서서, 인식하는 주체 없이는 객체에 대한 인식도 없다고 반론을 제기하더라도, 그로부터 의식의 존재론적 우선권은 추론되지 않는다.

어쨌든 주관성이 '존재한다'는 모든 주장은, 주체가 자신의 절대적 존재를 통해 비로소 논증하겠다고 참칭하는 어떤 객관을 이미 포괄한다. 다만 주체도 매개되어 있기 때문에, 즉 객체를 비로소 정당화해주는 객체의 근본적 타자가 아니기 때문에, 주체는 어쨌든 객관을 파악할 수 있다. 주관적 매개는 본질구성적이라기보다 오히려 객관 앞의 장벽이다. 주관적 매개는 객관의 본질적 측면, 즉 존재자라는 점을 흡수하지 않는다. 발생론적으로 말해서 자립하게 된 의식, 곧 인식 수행과정에서 이루어지는 여러 활동들의 총괄개념은 인간이라는 유적 존재의 리비도적(libidinös) 에너지로부터 파생되었다. 인간의 본성은 이 에너지와 무관하지 않다. 후설의 경우처럼 의식이 '절대적 근원들의 영역'을 결정하는 것은 결코 아니다. 의식은 살아 있는 주체의 기능이며, 그것의 개념은 이 주체의 형상에 따라 형성되었다. 살아 있는 주체를 의식 자체의 의미로부터 몰아낼 수는 없다.

이 경우 주관성의 경험적 계기가 선험적 혹은 본질적 계기와 혼합되리라는 반론은 설득력 없다. 경험적 의식, 즉 살아 있는 자아의 의식과 아무 관계도 없다면, 선험적 의식도 순수한 정신적 의식도 없을 것이다. 객체의 발생에 관해 이와 유사하게 생각하는 것은 무의미할 것이다. 객체의 매개는 그것이 정태적·독단적으로 실체화되어서는 안 되고, 주관성과 얽힌 상태 속에서만 그것이 인식될 수 있다는 사실을 의미한다. 주체의 매개는 객관의 계기 없이는 주체가 문자 그대로 아무것도 아니라는 사실을 의미한다.

객체의 우선성을 나타내는 지표는 온갖 판단에서도 그렇거니와 오늘날까지 현실의 조직에서도 정신이 무능하다는 점이다. 정신이 동일시를 통해서 화해를 이룩하지 못했으며 정신의 우월성은 실패했다는 부정적 사실이야말로 정신 자체를 탈마법화시키는 원동력이 된다. 정신은 참이기도 하고 가상이기도 하다. 참인 이유는 정신을 통해 그 순수한 형식으로 표현되는 지배관계로부터 그 무엇도 면제되어 있지 못하기 때문이다. 허위인 이유는 정신이 지배관계에 연루된 상태에서는 그 자신이 생각하고 내세우는 그런 정신이 전혀 아니기 때문이다.

이로써 계몽은 전통적 자기이해를 초월한다. 즉 계몽은 이제 인간으로의 환원(reductio ad hominem)이라는 의미에서 탈신화화일 뿐만 아니라, 그 반대로 인간의 환원(reductio hominis)이라는 의미에서, 곧 절대자로 날조된 주체의 기만에 대한 통찰이라는 의미에서 탈신화화이기도 하다. 주체는 뒤늦게 생겨나긴 했지만 가장 오래된 신화의 닮은꼴이다.

객체는 소여가 아니다

객체의 우선성은 그 자체가 매개된 것으로서 주체-객체 변증법을 중단시키지 않는다. 매개와 마찬가지로 직접성도 변증법의 피안에 위치하지 않는다. 인식론의 전통에 따르면 직접적인 것은 주체의 영역에 속하지만, 주체의 소여상태(Gegebenheit)나 정서(Affektion)로서 그러하다. 물론 주체는 자율적이고 자발적인 한 그 직접적인 것을 형식화하는 힘을 가져야 할 테지만, 직접적 소여가 단순하게 현존하는 한 그러한 힘을 지니지 못한다고 한다. 직접적 소여는 주관성에 대한 교리가— '나의 것'에 관한 교리, 즉 주체의 소유물로서의 주체의 내용에 관한 교리가—근거로 삼았던 기본 사실이다. 또한 소여의 형태를 통해 어떤 객관적인 것은 마치 주체 내의 객관성의 경고처럼 저항을 하기도 한다.

  그래서 흄은 직접적인 것의 이름으로, 직접적인 것에 맞서 자신이 독자적인 것이라고 주장하고 싶어하는 동일성, 곧 자아의 원칙을 비판했다. 그러나 어떤 결론적인 것에 정통한 인식론의 마음에 들도록 직접성을 고정시킬 수는 없을 것이다. 그런 인식론에서는 직접적 소여와 단순하게 주어진 형식들이 상호보완적으로 서로에 맞춰 재단되어 있다. 물론 직접성은 추론의 우상에 제동을 건다. 하지만 그 자체도 객체로부터 추상된 것이며, 인식론이 모델로 삼았던 주체적 생산과정의 원료이기도 하다.

  소여는 그 빈약하고 맹목적인 형태로는 객관성이 아니다. 그것은 단지 주체가 구체적 객체를 압류해버린 이후, 자체의 영역에서 완전히 지배하지는 못하는 한계가치일 뿐이다. 그런 한에서 경험론은 사물들을 비록 감각주의적으로 환원하고 있지만 객체의 우선성을 다소는 알아차렸다. 즉 로크 이래 경험론은 감각들에서 유래하지 않은, 혹은 '주어져 있지' 않은 의식의 내용은 존재하지 않는다고 주장해왔다. 흄이 사물을 제거한 것은 경험론 전체에 담긴 순진한 실재론에 대한 비판의 절정이었다. 그렇더라도 이 비판은 경험론과 결합되어 있는, 직접성의 사실적 성격 및 창조자로서의 주체에 대한 회의 때문에 여전히 미발전상태로 '실재론적'이다.

  그러나 일단 사유가 주체의 우선성이라는 가정으로부터 탈피한다면, 잔여규정(Residualbestimmung)으로서 주관적 환원을 통해 일종의 최소 객체를 자료들의 직접성 속에 옮겨놓는 경험론적 인식론의 권리도 사라진다. 그러한 구성은 주체의 우선성이라는 독단과 그것의 실현 불가능성 사이의 타협일 뿐이다. 모든 규정들을 버리고 난 적나라한 자료는 칸트의 주관적 인식론에 의해 그것과 대조되는 추상과정의 산물일 뿐이다. 자료가 그 형식들로부터 점점 더 순수해질수록 그것은 또한 점점 더 빈약해지고 더 '추상적으로' 된다. 주체의 첨가물을 빼고 난 다음에 남는 소여가 객체의 잔여분이라는 생각은 제1철학의 한 가지 망상이다.

객체를 구체적인 것으로 만드는 규정들이 객체에 단지 부과되어 있다는 생각은 주관성의 우선성을 흔들림 없이 믿을 경우에만 타당하다. 그러나 주관성의 형식들은 칸트의 교리에서처럼 인식에 대해 궁극적인 어떤 것이 아니다. 인식은 그 경험의 진행과정에서 그 형식들을 깨뜨릴 수 있다. 자연과학들로부터 숙명적으로 분리된 철학이 전혀 아무런 단락 없이 물리학에 호소할 수 있다면 바로 그러한 맥락에서다. 아인슈타인 이래 물리학의 발전은 이론적으로 엄밀하게 직관의 감옥 및 공간·시간·인과성의 주관적 선천성(Apriorität)이라는 감옥을 파괴했다. 뉴턴의 관찰 원칙에 따를 때, 주관적 경험은 그러한 파괴의 가능성과 더불어 객체의 우선성을 옹호하고 자체의 전능을 반박한다. 그런 경험은 원하지는 않아도 변증법적 정신에 입각해 주관적 본질구성요인들(Konstituentien)에 대한 교리에 맞서 주관적 관찰을 내세운다.

개체는 순수한 사실성(Faktizität) 이상인 것이다. 아울러 이 순수한 사실성을 제거할 수 없다는 점으로 인해 그것의 추상적 개념 및 그것의 찌꺼기인 기록된 감각자료들(Sinnesdaten)에 만족할 수 없게 된다. 어떤 구체적 객체라는 이념은 주관적·외면적 범주화 및 그 상관물인 아무 규정 없는 사실이라는 허구에 대한 비판에 포함된다. 사실성과 개념으로부터 마치 덧셈하듯 합성되어 나온 것은 이 세상에 아무것도 없다. 칸트는 상상적인 100탈러를 예로 들어, 이 돈에는 그것의 현실성이 또 다른 특성으로서 덧붙여지는 것이 아니라고 하는데, 이 본보기의 증명력은 『순수이성비판』 자체의 형식-내용이라는 이원론에 작용하며, 그 책을 훨씬 넘어서는 힘을 지닌다. 엄밀히 말해 그것은 플라톤 이래의 철학 전통이 만드는 다양성과 통일성의 구분을 부정한다. 개념도 사실성도 그 보완물에 대한 첨가물이 아니다.

헤겔의 지나친 관념론적 전제에 따르면 사물은 이미 즉자로서 주체인데, 그것이 과정 속에서 이 주체로서 드러나며, 그 때문에 주체는 객체 곧 사물 자체에 순수하게 아무 조건 없이 스스로를 내맡길 수 있다고 한다. 이러한 헤겔의 전제는 관념론에 맞서서 주체의 사유하는 행동방식에 관한 어떤 진리를 나타낸다. 즉 주체가 객체를 창조하는 것은 아니며 또 인식의 원칙은 객체의 편을 드는 것이기 때문에, 실제로 주체는 객체에 주목해야 하는 것이다.

여기서 전제되는 주체의 수동성은 객체의 객관적 규정성(Bestimmtheit)에 비추어 평가된다. 그러나 주체의 수동성에는 이미 칸트의 학설에 따를 경우 의식이 마치 자동적·무의식적으로 수행하는 듯한 동일시들보다 더 끈질긴 주관적 반성이 필요하다. 정신의 활동, 특히 칸트가 본질구성 문제 탓으로 보는 정신의 활동은 그가 그것과 동일시한 자동작용(Automatismus)과 다른 것이라는 사실이야말로, 관념론자들에 의해 발견되었으나 물론 곧 무력화되고 만 정신적 경험을 특이하게 구성하는 것이다.

사물 자체라고 할 수 있는 것은 직접 현존하지도 않고 긍정적이지도 않다. 그것을 인식하려는 자는 가장 본질적인 면에서 결코 사유가 아닌, 다양의 종합이라는 연관지점(der Bezugspunkt der Synthese des Mannigfaltigen) 이하가 아니라 그 이상으로 사유해야 한다. 이때 사물 자체는 결코 사유의 산물이 아니며, 오히려 동일성을 관통하는 비동일자다. 이 비동일성은 '이념'이 아니지만 일종의 부가된 것(ein Zugehängtes)이다. 경험을 해나가는 주체는 그 비동일성 속에서 소멸되는 것을 목표로 작업한다. 진리는 주체의 소멸일 것이다. 하지만 이 소멸은 방법으로 대상화된 주체의 더 큰 영광을 위한(ad maiorem gloriam) 것으로, 과학적 방법에서 주관성 특유의 모든 요인을 빼냄으로써 단순히 가상적으로 비쳐진 것일 뿐이다.

객관성과 사물화

까다로운 철학에서는 객체의 우선성에 대한 사상이 수상쩍은 것이다. 이에 대한 반감은 피히테 이래로 제도화되었다. 수천 번 반복되고 변형된 그 반대의 단언은 곪아터지려는 의심, 즉 타율적인 것이 자율성보다 더 막강하다는 의심을 묵살하고 싶어한다. 이 자율성은 이미 칸트의 학설상으로도 그 막강한 힘에 의해 강요될 수 없다는 것이다. 그러한 철학적 주관주의가 이데올로기적으로 시민적 자아 해방에 그 논거로서 수반된다. 이 주관주의는 현존상태에 대한, 또 이의 사물적 성격에 대한 잘못 추론된 반론으로부터 끈질긴 힘을 이끌어낸다. 철학은 그 사물적 성격을 상대화하거나 유동화함으로써 상품들의 우선권을 초월한다고 믿으며, 상품의 주관적 반영형식인 사물화된 의식을 초월한다고 믿는다. 피히테의 경우 이러한 충동은 만물을 지배하려는 열망과 마찬가지로 오해의 여지가 없다. 그는 인습적·무반성적 의식을 통해 보증되는 세계의 즉자존재가 단지 만들어진 것이며 형편없이 유지되는 것임을 간파했다. 그런 한에서 그는 반이데올로기적이었다.

객체의 우선성에도 불구하고 세계의 사물성(Dinghaftigkeit)은 가상이기도 하다. 세계의 사물성은 주체들로 하여금 그들의 사회적 생산관계를 사물들 자체 탓으로 돌리도록 오도한다. 마르크스는 이 문제를 물신을 다룬 부분에서 상론하는데, 이는 실로 독일 고전철학의 한 유산이기도 하다. 그 속에는 심지어 고전철학의 체계적 동기까지 살아 남아 있다. 즉 상품의 물신적 성격은 주관적이고 잘못된 의식 탓으로 간주되지 않고, 사회적 아 프리오리인 교환과정으로부터 객관적으로 연역된다. 이미 마르크스는 비판적으로 산출되어야 할 객체의 우선성과, 그것이 기존상태 속에서 희화된 모습, 곧 상품적 성격을 통해 왜곡된 모습 사이의 차이를 명시하고 있다.

교환은 과도적인 것(Vorläufiges)으로서 실재적 객관성을 지니며, 동시에 객관적으로 허위다. 즉 그 자체의 원칙인 균등성의 원칙을 어긴다. 그래서 교환은 필연적으로 허위의식을, 즉 시장의 우상을 만들어낸다. 단지 냉소적으로 볼 때에만 교환사회의 자연발생성은 자연법칙이다. 경제의 우선권은 결코 불변요인이 아니다. 사물화 혹은 상품적 성격을 해체하면 현자의 돌을 얻게 된다고 상상하고 자위하기는 쉽다. 그러나 사물화 자체는 그릇된 객관성의 반영형식이다. 의식의 한 형태인 그 반영형식에 이론을 집중할 경우, 지배적 의식 및 집단 무의식이 비판이론을 관념론적으로 받아들일 수 있게 될 것이다. 『자본론』과 반대로 마르크스의 초기 저술들이 오늘날 특히 신학자들 사이에서 애호받는 것은 그러한 데서 기인한다. 루카치의 중요한 저서 『역사와 계급의식』 속의 사물화 부분 때문에 40년 이상 그를 이단시한 잔인하고 원초적인 기관원들이 루카치 구상의 관념론적 성격을 감지했다는 것은 아이러니가 아닐 수 없다.

변증법은 사물화나 혹은 어떤 다른 고립된 범주로 환원될 수 없다. 그 범주가 아무리 논쟁적이더라도 그렇다. 그런데 사물화에 대한 탄식은 사람들을 고통스럽게 하는 것에 대해 탄핵하기보다 오히려 그것을 지나치고 만다. 재앙은 사람들을 무기력하고 무감각하도록 저주하지만 사람들에 의해 바뀔 수도 있는 제반 관계들 속에 있는 것이지, 일차적으로 사람들 속이나 그 관계들이 사람들에게 나타나는 방식 속에 있는 것은 아니다. 총체적 파국의 가능성에 비추어볼 때 사물화는 하나의 부수현상이다. 또 그와 결합되어 있는 소외, 곧 사물화에 상응하는 주관적 의식상태는 전적으로 부수현상일 뿐이다. 이 소외는 불안에 의해 재생산된다. 이미 본질구성되어 있는 사회 속에서 사물화된 의식은 사회의 본질구성요소(Konstituens)가 아니다.

사물적인 것을 근본 악이라고 여기는 사람, 즉 존재하는 모든 것을 순수 현실성(Aktualität)으로 역동화하고 싶어하는 사람은 타자(das Andere) 혹은 낯선 것(das Fremde)에 대해 적대적으로 되는 경향을 지닌다. 그런데 이 낯선 것이라는 명칭이 소외(Entfremdung)라는 말 속에서 울려나오는 것도 이유가 없지는 않다. 즉 의식만이 아니라, 화해된 인류가 그러한 비동일성의 상태로 해방되어야 할 것이다. 그러나 절대적 역동성은 폭력적으로 자체 내에서 스스로를 만족시키고 비동일자를 자신의 단순한 기회로 악용하는 절대적 행위일 것이다. 불굴의 인간적 구호들은 주체와 동일하지 않은 것을 새로이 주체에 동화시키는 데 쓰인다. 사물들은 정복당한 것의 단편들로서 굳어진다. 이 정복당한 것의 구제는 사물들에 대한 사랑을 뜻한다. 의식이 사물적인 것으로서 낯설게 경험하는 것을 기존상태의 변증법에서 배제할 수는 없다. 그것은 부정적으로 말하자면 강압과 타율성이지만, 또한 사랑해야 하지만 의식의 동종교배라는 속박이 사랑을 불허하는 것의 기형화된 모습이기도 하다. '아름다운 낯선 것'이라는 아이헨도르프*의 말은 소외에서 세계고(Weltschmerz)와 수난을 느낀 낭만주의를 넘어선다. 화해된 상태는 낯선 것을 철학적 제국주의와 병합시키지 않고, 이질적인 것과 자신의 것 피안에서 접근이 허용된 가운데 먼 것(das Ferne)과 상이한 것이 남아 있다는 사실에서 행복을 찾을 것이다. 사물화를 지치지 않고 비난할 경우 그러한 변증법과 차단된다. 그리고 이 비난을 수행하는 역사철학적 구성은 그 때문에 비판받는다.

초기의 루카치는 의미로 충만된 시대를 염원했는데, 그러한 시대 역시 그가 부르주아 시대에만 해당된다고 단언한 사물화 내지 비인간적 제도의 산물이었다. 중세 도시들에 대한 오늘날의 묘사들을 보면 마치 민중들을 즐겁게 하기 위해 처형이 거행된 듯이 여겨지곤 한다. 그 당시 주체와 객체의 조화가 지배적이었다고 하더라도, 그것은 최근의 경우와 마찬가지로 압력에 의해 야기되었으며 불안정한 것이었다. 과거 상태에 대한 찬양은 불가피한 것으로 체험되는, 훗날의 불필요한 가스살해에 기여한다. 과거 상태는 사라져버린 것으로서만 찬란해진다. 주체 이전적 단계인 그 상태에 대한 숭배는 개인이 해체되는 집단 억압의 시대에 끔찍한 모습으로 등장했다.

사물화와 사물화된 의식은 자연과학들의 해방과 아울러 결핍 없는 세계의 잠재력 역시 촉진했다. 그 전에도 이미 사물적으로 비인간화된 상태가 인도주의의 조건이었다.[22] 적어도 인도주의는 의식의 사물적 형태들과 결합되어왔으며, 반면에 순수한 수단으로 평가되고 주체에 환원된 사물들에 대한 무관심한 태도는 인도주의를 무너뜨리는 데 도움을 주었다. 사물적인

---

* 아이헨도르프(Josepf von Eichendorff, 1788~1857)는 단순한 언어로 영혼과 자연을 훌륭히 결합시킨다. 낭만주의적 경관에 대한 대부분의 표상이 그에게서 유래한다.
22) 벤야민, 『독일인. 일련의 편지』(*Deutsche Menschen. Eine Folge von Briefen*), 프랑크푸르트 : 1962, 아도르노의 후기, 128쪽 참조.

것 속에서는 지배적 생산관계들 아래, 곧 인간이 알지는 못하나 인간 자신의 기능연관 아래 인간이 예속된다는 점과 객체의 비동일적 성격 양자가 서로 결합되어 있다.

성숙기의 마르크스는 해방된 사회의 특성에 대한 자신의 몇 안 되는 표현들에서 사물화의 토대인 분업에 대한 자신의 입장을 바꾸었다.[23] 자유의 상태를 그는 본원적 직접성과 구분한다. 그가 이윤이 아닌 삶을 위한 생산 내지 어떤 의미에서는 직접성의 복원을 기대한 계획의 계기 속에는 사물적인 낯선 요소가 보존되어 있다. 또 철학을 통해 비로소 사유된 것을 실현하려는 구상 속에도 매개가 보존되어 있다. 그러나 사물적인 견고한 것이라는 계기가 없다면 변증법이 가능하지 않으며 순진한 변화의 교의로 다듬어지리라는 것은 철학적 관습 탓도 아니며, 의식을 통해 그처럼 견고한 모습으로 인식되는 사회적 강압의 탓만도 아니다. 사상을 사상으로 만드는 데 꼭 필요한 것, 즉 사상과 상이한 것들에 대해 사유하는 일이 철학의 과제다. 그러나 사상의 악령은 그것이 존재해서는 안 된다고 주입한다.

유물론으로의 이행

객체의 우선성으로 이행함으로써 변증법은 유물론적으로 된다. 비동일자의 긍정적 표현인 객체는 일종의 용어법적인 가면(eine terminologische Maske)이다. 인식의 대상으로 정리된 대상 속에서는 육체적인 것이 인식론으로 번역됨으로써 미리부터 정신화되어 있으며, 결국은 후설의 현상학이 방법론적 차원에서 일반적으로 지시한 바처럼 환원되어 있다. 인식비판에서 해결되기 어려운 주체 및 객체의 범주가 현상학에서는 거짓으로, 즉 순수하게 서로 대립되지는 않는 것으로 나타난다면, 이는 객체 속의 객체적 요소, 곧 객체에서 정신화될 수 없는 요소가 단지 주체의 우선성에 의문을 품지 않는 주관적 분석의 관점에서만 객체라고 칭해진다는 것을 의미한다.

---

23) 마르크스, 『자본론』, 1권(베를린 : 1955), 514쪽 참조.

정신에 대한 반성에서 특유하게 정신적이지 않은 것, 곧 객체로서 나타나는 것이 외부에서 본다면 물질로 된다. 비동일성의 범주도 동일성의 척도에 따른다. 그 척도로부터 해방될 때 비동일적 계기들은 물질적인 것 혹은 물질적인 것과 불가분하게 융합된 것으로 나타난다.

모든 인식론의 난제인 감각(Empfindung)은 인식의 원천이어야 할 그 자체의 풍부한 특성과 모순되게, 인식론에 의해 의식의 한 가지 사실로서 곡해된다. 육체적 계기 없이는 어떤 감각도 없다. 그런 한에서 감각의 개념은 그것이 통합한다고 하는 것에 비할 때, 인식의 모든 단계들의 자족적 연관관계에 대한 욕구를 위해 왜곡되어 있다. 인식의 양식화원칙에 따른다면 감각은 의식에 속하지만, 인식 규칙의 선입견에 사로잡히지 않은 감각의 현상학은 감각을 의식에 동화되지 않는 것으로도 기술해야 할 것이다. 모든 감각은 자체로서 신체적 느낌(Körpergefühl)이기도 하다. 신체적 느낌이 감각을 '수반하는' 것은 결코 아니다. 이 경우에는 감각과 신체적인 것의 분리가 전제될 것이다. 그러나 이러한 분리는 단지 정신의 자립성을 주장하는 이론적 의도에 의해, 엄밀히 말해 추상을 통해서 감각에 부과된 것이다. '감성적'(sinnlich), '감각적'(sensuell) 혹은 이미 '감각'이라는 단어들의 언어적 뉘앙스만 해도 그것으로 지시되는 사태들이 인식론에서 취급되듯이 순수한 인식의 계기가 아니라는 점을 드러내준다.

자급자족적 인식론은 감각 위에 위계질서를 세우고 싶어하는데, 육체가 없다면 사물세계(Dingwelt)의 주관적·내재적 재구성에서는 그러한 위계질서의 토대, 즉 감각도 없을 것이다. 인식에서 순수하게 인식적이지는 않은 계기, 곧 육체적 계기는 환원 불가능하다. 이 때문에 주관적 요구는 바로 극단적 경험론이 그것을 보존한 곳에서조차 무너지게 된다. 인식주체의 인식적 성과들이 그 자체의 의미상으로 육체적이라는 사실은 주체와 객체의 토대설정관계만 아니라 육체적 요인의 품위에도 영향을 끼친다. 주관적 인식의 존재적 극단에서 육체적 요인은 인식의 핵심으로 등장한다. 이로써 육체를 감각들과 행위들의 연관관계의 법칙으로서, 말하자면 정신적으로 구성하려는 인식론의 주도적 이념이 주도권을 잃는다. 감각들은 그 자체로서

이미 체계론이 의식을 통한 감각들의 형식화로서 표현하고 싶어하는 것이
기도 하다.

전통철학은 자신의 범주들을 재단함으로써 자신에게 이질적인 것에 마술
을 걸었다. 주체도 객체도 헤겔의 어법을 쓴다면 단순히 '정립된 것'은 아
니다. 이로써 비로소 왜 철학에서 주체와 객체라는 말로 포장되는 적대관계
가 근원적 사태로 해석될 수 없는지 완전히 설명된다. 그렇지 않다면 정신
은 그 내재적인 육체적 성격에 모순되게 육체의 단순한 타자가 될 것이다.
그러나 정신만을 통해서 그 적대관계가 제거될 수 있는 것은 아니다. 왜냐
하면 그럴 경우 잠재적으로는 적대관계가 다시 정신화될 것이기 때문이다.
그 적대관계 속에서는 주체에 대해 우선성을 지닐 수도 있고 또 주체로부터
벗어나는 것이 표현된다. 또 거기서는 이 시대와 주체의 화해되지 않은 상
태가 마치 객관의 우선성의 전도된 형태처럼 나타나기도 한다.

유물론과 직접성

유물론에 대한 관념론적 비판은 내재적 방법을 쓰고 단순히 설교에 그치
지 않는 한, 직접적 소여에 대한 교리를 즐겨 이용한다. 의식의 사실들이
사물세계에 관한 모든 판단들과 마찬가지로 물질 개념(Materiebegriff)의
기초를 이루기도 해야 한다는 것이다. 관념론적 논박에 의하면, 속류 마르
크스주의의 관례에 따라 정신적인 것을 두뇌과정들(Gehirnvorgänge)과 동
일시하려면 본래의(orginär) 감성적 지각들은 두뇌과정들에 대한 지각들이
지 예컨대 색채에 대한 지각들이 아니어야 할 것이다. 이러한 반론의 논박
불가능한 논리적 설득력은 그 논쟁 대상의 조야한 자의성 덕분이다.

그와 같은 의식적 과정들로의 환원은 과학주의적 인식이상, 곧 과학적 명
제들의 유효성을 빈틈없이 방법적으로 보증해야 할 필요에 의해 조종된다.
검증(Verifikation)이라는 것도 그 나름으로는 철학적 문제틀에 종속되는 것
인데, 이 검증이 철학적 문제틀의 척도로 된다. 또한 판단들의 타당성을 결
정하는 기준 내지 그것을 검토하는 행로가 마치 사태들과 동일한 듯이, 과

학이 존재론화된다. 그러나 판단들은 주관적 인식 가능성이라는 규범들에 따라 그 사태들을 이미 구성된 것으로서 다루면서 그것에 역으로 작용한다. 과학적 판단들에 대한 검토는, 그때 그때 어떻게 판단에 도달했는가를 한걸음 한걸음 명확히 함으로써 다각도로 이루어져야 한다. 이로써 그와 같은 검토는 주관적 강세를 띠게 된다. 즉 인식 주체가 어떤 판단을 내릴 때—예컨대 동일한 부문의 다른 명제들과 모순되는 판단을 내릴 때—어떤 오류를 범했는지 검토하는 것이다.

그러나 그러한 반문은 판단된 사태 자체 및 그것의 객관적 논거와는 일치하지 않는다는 점이 드러난다. 누군가가 계산을 잘못하고 그 점을 그에게 설명해주었다고 해서, 그러한 계산 본보기나 이에 적용된 수학적 규칙들이 '그의' 계산에 환원될 수 있다고 말하는 것은 아니다. 비록 계산의 객관성을 이루는 계기로서 주관적 행위들이 필요하더라도 그렇다. 이러한 구분은 선험적·본질구성적 논리학의 개념을 위해서는 극히 중요한 결과를 초래한다.

이미 칸트는 자신의 합리주의적 선배들이 범했다고 비난한 오류를 되풀이했다. 즉 반성개념들의 애매성(Amphibolie)을 되풀이한 것이다. 그는 인식 주체가 판단에서 걷게 되는 행로에 대한 반성을 판단의 객관적 논거라고 위조했다. 특히 이 점에서 『순수이성비판』은 과학이론(Wissenschafts-theorie)임이 드러났다. 그러한 애매성을 철학적 원칙으로 설정하고 마침내는 그로부터 형이상학을 짜냈다는 점이 아마 근세 철학사의 가장 숙명적인 과오일 것이다. 이 철학사 자체도 역사철학적으로 파악해야 할 것이다. 객관성을 신이 뜻한 것으로 간주한 토마스주의적 위계(ordo)*가 파괴되자 객관성도 무너져버린 듯해 보였다. 그러나 동시에 과학적 객관성은 단순한 억측(Meinen)에 비할 때 엄청나게 향상되었으며 이로써 과학적 객관성의 기

---

* 토마스주의(Thomismus) : 13세기 토마스 아퀴나스와 그 추종자들이 발전시킨 객관적·관념론적 신학·철학 이론으로 유럽 봉건사회를 지배계급의 이해에 따라 정당화했다. 현실태와 가능태라는 아리스토텔레스의 범주를 이용해 교회의 교의에 입각한 자체 체계내의 모든 존재자들에 대한 위계질서를 구축했다.

관인 지성(ratio)의 자신감도 늘었다. 이 모순은, 지성의 유혹에 따라, 볼프
학파*의 합리주의가 명백히 처리한 방식처럼 존재론적으로 지성을 반성의
교정장치 혹은 수단으로부터 본질구성요소로 재해석해냄으로써 해결될 수
있었다. 그런 한에서 칸트의 비판주의도 비판이전적 사유에 사로잡혀 있었
으며, 또 주관적 본질구성론 전체가 그러했다. 칸트 이후 관념론자들의 경
우에는 이 점이 명백해졌다.

오늘날 이미 사람들 사이에서 자명한 관습으로 된 수단의 실체화는 이론
상으로 이른바 코페르니쿠스적 전환 속에 내포되어 있었다. 칸트의 경우 이
것은 그 내용적 경향상 천문학에서의 그것과 반대되는 은유인데, 여기에는
그 까닭이 있다. 보통 유물론에 대한 논박을 주도하는 전통적인 논증적
(diskursiv) 논리학은 그러한 방법을 선결문제 요구의 허위(petitio
principii)라고 비판할 수밖에 없을 것이다. 『순수이성비판』 첫머리에 전제
되어 있는 의식의 우선성은 과학을 정당화시켜주어야 하는데, 그것은 과학
적 규칙에 입각해 판단들을 입증하거나 논박하는 처리방식의 척도들로부터
추론된다. 그러한 순환논법이야말로 잘못된 접근법의 지표다. 그것은 의심
의 여지가 없는 절대적 제1원리인 의식의 순수 사실들 자체란 없다는 점을
감춰버린다. 이것이 유겐트 양식(Jugendstil)**이나 신낭만주의(Neu-
romantik)*** 세대의 기본 경험이었다. 이 세대의 신경은 정신적인 것이 구
속력 있는 사실성을 지닌다는 지배적 관념을 거부했던 것이다.

사후적으로 타당성 검증의 독재 아래 분류적 욕구에 따라, 의식의 사실들
은 견고하다고 간주되는 자체의 요소를 반박하는 자체의 미묘한 경계선 변

---

* 볼프(Christian Wolff, 1679~1754)는 기계적 유물론의 요소를 내포하는 관념론
  적 합리주의 체계를 세웠고 이성을 인간 최고의 힘으로 규정했다.
** 19세기 말에서 1914년경까지의 국제적인 예술양식조류를 일컫는다. 이론차원
  에서는 비역사적 · 개인주의적 · 공예적 입장이 공통적이다.
*** 1890년경부터 20세기 초 독일에서 확산된 자연주의 반대운동을 일컫는다. 유
  미주의, 유겐트 양식, 상징주의 등과 유사성을 띤다. 개인적 시각과 체험, 인
  간의 심리적 내면, 비합리주의 등을 중요시했다.

경현상들(Grenzübergänge), 특히 육체적 신경분포상태로 넘어가는 경계선 변경현상들과 구분된다. 직접적 소여의 주체 혹은 직접적 소여가 주어져 있다는 자아가, 초주관적 세계와 무관하게는 가능하지 않다는 점도 그런 사실에 부합된다. 누군가에게 어떤 것이 주어질 경우 그는 아 프리오리하게 이 주어진 것과 동일한 영역에 속한다. 이 점으로 인해 주관적 아 프리오리에 대한 테제는 타당성을 잃는다.

유물론은 재치 있는 적수들이 비난하듯이 독단론이 아니다. 오히려 독단적인 것으로서 간파된 것을 해체하는 것이 유물론이다. 그렇기 때문에 유물론은 비판철학에서 그 나름의 권한을 지닌다. 칸트가 『윤리 형이상학 정초』 (*Grundlegung zur Metaphysik der Sitten*)에서 자유를 감각으로부터의 자유로서 구상했을 때, 그는 뜻하지 않았지만 자신이 논박하려고 했던 것을 존중하게 되었다. 소여성들의 관념론적 위계질서와 마찬가지로, 이미 은밀히 정신의 우월성으로 귀결되는 육체와 정신의 절대적 구분은 구제될 수 없다. 양자는 역사적으로 합리성과 자아원칙의 발전과정에서 서로 대립하게 되었다. 하지만 한쪽이 없다면 다른 쪽도 없다. 무모순성의 논리학은 이 점을 비난할지도 모른다. 그러나 그러한 사태가 이 논리학을 중단시킨다. 의식의 사실들에 대한 현상학은 이 사실들을 의식의 사실로 정의하게 만드는 것을 넘어서도록 강요한다.

변증법은 지식사회학이 아니다

마르크스는 역사유물론을 형이상학적 속류 유물론과 대립시켰다. 이로써 그는 유물론을 철학적 문제틀 속으로 끌어들였다. 반면 속류 마르크스주의는 철학에 도달하지 못한 채 독단론 속에서 허둥거렸다. 그 이래 유물론은 어떤 결단을 통해 취해야 할 반대입장이 아니라, 관념론 및 관념론이 왜곡시켜 선택하는 현실에 대한 비판의 총괄개념으로 되었다. '비판이론'에 대한 호르크하이머의 정식화는 유물론을 받아들이기 좋게 만들려는 것이 아니다. 그것은 오히려 유물론 자체에서 과학의 '전통적' 이론만 아니라 세계에 대한 아마추어적 설명들과도 유물론을 구분해주는 기준을 이론적으로 자의식하도록 하려는 것이다.

변증법적 이론은—마르크스의 이론이 대개 그렇듯이—설혹 그 활동영역 전체를 궁극적으로는 부정하더라도 내재적이어야만 한다. 이 점에서 변증법적 이론은 단순히 외부로부터 도입된, 또 철학이 기민하게 발견했듯이 철학에 비해 무기력한 지식사회학과 대조된다. 지식사회학은 철학의 사회적 기능 및 이해관계에 의한 제약성(Interessenbedingtheit)으로 진리내용을 대신하면서, 진리내용 자체를 비판하지 않고 그것에 대해 무관심한 태도를 취함으로써 철학 앞에서 실패하고 만다. 지식사회학은 이데올로기 개념을 가지고 너절하게 거지죽을 끓여내지만, 이데올로기 개념 앞에서도 실패한다. 왜냐하면 이데올로기 개념은 단지 그것이 관계하는 것의 진리 혹은 허위에 대한 관계 속에서만 의미가 있기 때문이다. 가상이 아니지만 가상 속에 그 지표를 지니고 있는 것과 관련해서만, 사회적으로 필연적인 가상에 대해 논할 수 있을 것이다. 이데올로기 비판은 주체와 객체의 몫 및 그것의 역동성에 대해 판단해야 할 것이다. 이데올로기 비판은 거짓된 객관성 내지 개념들의 물신주의를 사회적 주체로 환원시킴으로써 부정한다. 또 거짓된 주관성 내지 때때로 보이지 않을 정도로 은폐된 주장, 즉 '존재하는 것은 정신이다'라는 주장을 그 속임수와 기생적 비실재(Unwesen)와 그것의 내재적 정신 적대성(Geistfeindschaft) 등을 증명함으로써 부정한다. 그에 반해 무차별적인 총체적 이데올로기 개념 전체는 공허한 것으로 귀결된다. 이데올로기 개념이 올바른 의식과 구분되지 않을 경우 그것은 허위의식의 비판에도 쓸모없다.

객관적 진리의 이념에서는 유물변증법이 철학에 온갖 비판을 가하더라도, 또 바로 그렇기 때문에, 필연적으로 철학적이다. 그에 반해 지식사회학은 사회의 객관적 구조만 아니라 객관적 진리 및 그 인식의 이념도 부인한다. 파레토를 창시자로 한다고 볼 수 있는 실증주의적 경제학 유형에서처럼 지식사회학에서 사회는 개인적 반응방식들의 평균치일 뿐이다. 지식사회학은 이데올로기에 대한 이론을 초기 시민사회의 우상론에서처럼 일종의 주관적 우상론으로

되돌려놓는다. 엄밀히 말해 그것은 철학 전체와 더불어 유물변증법에서 벗어
나려는 변론의 책략이다. 그러한 병렬방식을 통해 정신 자체의 위치가 설정된
다. 이른바 의식형식들이라는 것의 그러한 환원은 철학적 변론과 훌륭히 결합
될 수 있다. 철학적 가르침의 진리나 허위가 사회적 조건들과는 아무 관계도
없다는 지식사회학의 변명은 아무 탈 없이 남아 있다. 이는 상대주의와 분업
이 서로 동맹을 맺는 것이라고 할 수 있을 것이다. 후기 셸러의 두 세계에 대
한 이론*은 별 생각 없이 그 점을 최대한 이용했다. 단지 철학적 범주들의 진
리내용을 해독함으로써만 철학적으로 사회적 범주들로 넘어갈 수 있다.

정신의 개념

주인과 하인에 대한 헤겔의 글은 주지하듯이 특히 자아 자신이 규정한 목
적 및 이질적 물질에 자아가 적응하는 가운데 노동관계로부터 자의식이 발
생하는 과정을 보여준다. 이때 그는 바로 자아의 근원이 비자아(Nichtich)
속에 있다는 사실을 그다지 감추지 않는다. 즉 자아의 근원을 실제의 생활
과정에서, 혹은 인류가 살아 남고 식량을 조달하기 위한 법칙들에서 찾는
다. 이에 따라 헤겔은 정신을 실체화하지만 그것은 헛수고다. 그런 일을 어
떻게든 실행하기 위해 헤겔은 정신을 전체라고 과장하지만 정신의 종차
(differentia specifica)는 그 개념상 주체이며 따라서 전체가 아니라는 점이
다. 그와 같은 허위는 변증법적 개념의 노력에 굴복하지 않는 것이다. 총체
성으로 되어야 할 정신이란 난센스다. 그것은 20세기에 등장한 단일정당이
라는 것과 유사하다. 단일정당은 자신 이외의 어떠한 정당도 용인하지 않는
데, 전체주의 국가들에서 보는 단일정당들의 명칭은 소수의 직접적 폭력에
대한 알레고리로서 이빨을 드러내며 웃는 듯하다.

헤겔에 의하면 정신은 타자 속에서 생명을 얻는다. 그런데 총체성으로서의

---

* 후기 셸러의 철학적 인간학에 의하면 충동원칙과 정신원칙이 의식에 대해 이해
할 수 없는 연관 속에서 대립한다.

정신에서 이 타자와의 모든 차이가 제거된다면, 순수한 존재가 변증법적 논리학의 출발점에서 무(Nichts)로 나타나는 바처럼 정신은 또다시 무로 될 것이다. 즉 정신은 단순한 존재자 속에서 소멸할 것이다. 『정신현상학』 시기의 헤겔은 정신 개념을 자체 내에서 매개된 것이라고, 즉 정신이자 동시에 비정신이라고 지칭하기를 주저하지 않았을 것이다. 그러나 그로부터 절대적 동일성의 사슬을 내던진다는 결론을 끄집어내지는 않았을 것이다. 그렇더라도 정신이 그 자체로서 정신이 아닌 것을 필요로 한다면, 노동에 대한 호소는 더 이상 철학 분야의 변론가들이 자신의 궁극적 지혜로서 되풀이하여 주장하듯 주제전이(μετάβασις εἰς ἄλλο γένος)인 것은 아니다. 정신의 활동이 노동으로서 개인들에 의해서만 아니라 개인들의 수단들을 통해서도 수행되고 그 수행과정에서 개인들을 정신활동 자체의 기능으로 격하시킨다는 관념론의 인식은 여전히 남아 있다. 관념론적 정신 개념은 사회적 노동으로의 이행을 이용한다. 즉 개별적 행위자들을 흡수하는 보편적 활동을 그것은 쉽사리, 이 개별적 행위자들을 무시하는 가운데 즉자로 변형할 수 있다.

유명론에 대한 유물론의 공감은 그에 대해 논쟁적으로 응수한다. 그러나 철학적으로 그것은 너무 편협했다. 즉 개별적인 것과 개인들만이 진정으로 현실적인 것이라는 생각은 헤겔을 통해 훈련된, 가치법칙에 대한 마르크스 이론과 결합될 수 없다. 이 가치법칙은 자본주의 내에서 사람들의 머리 위에서 실현되는 것이다. 보편과 특수의 변증법적 매개는 특수를 택하는 이론으로 하여금 보편을 성급히 비누거품으로 취급하는 것을 허용하지 않는다. 그럴 경우 이론은 현상태 속의 보편이 지닌 파괴적 패권을 파악할 수 없다. 또 개인들을 존중함으로써 보편자로부터 나쁜 부분성을 제거하게 되는 상태라는 이념도 파악할 수 없을 것이다.

그러나 그와 마찬가지로 사회가 없거나 이 사회가 선 또는 악을 위해 통합하는 개인들이 없다면, 선험적 주체는 상상할 수조차 없다. 선험적 주체의 개념은 이 점에서 좌절한다. 심지어 칸트의 보편성도 만인을 위한, 즉 이성을 지닌 모든 존재를 위한 보편성이고자 하는데, 이성을 갖춘 존재들은 아 프리오리하게 사회화되어 있다. 유물론을 무조건 유명론 쪽으로 쫓아버리려는 셸러의 시도는 전술적 책략이었다. 부인할 수 없는 철학적 반성의 결여에 힘입어, 일단 유물론에 저급하다고 먹물을 칠해놓은 다음 그 저급성을 멋지게 극복하는 것이다.

유물변증법은 조잡한 세계관을 혐오하여 차라리 과학과 손잡았지만, 그것 자체가 몰락과정에서 정치적 지배수단으로서 조잡한 세계관으로 되었다. 유물변증법은 브레히트가 자살하듯이 그로부터 요구한 바, 즉 전술적 목적을 위한 단순화에 저항한다. 그것은 자체의 본질상으로도 변증법적이며, 철학이자 반철학이다. 의식이 존재에 의존한다는 명제는 뒤집힌 형이상학이 아니라, 정신을 계기로서 내포하는 전체 과정의 피안에 정신이 즉자로 존재한다는 정신의 기만에 맞서서 첨예화된 표현일 뿐이다.

그러나 의식의 조건들도 즉자는 아니다. 마르크스와 하이데거의 경우 존재라는 표현은 비록 아무런 공통점도 없는 바 아니지만 완전히 다른 것을 뜻한다. 사유에 대한 존재의 선차성 혹은 존재의 '초월성'이라는 존재론적 강령에서는 극히 먼 곳에서이기는 하나 유물론적 메아리가 울려온다. 그러나 존재에 대한 강령이 사유 속의 유물론적 계기를 모든 존재자의 피안에 있는 순수한 기능성(Funktionalität)으로 바꿔놓음으로써 정신화하고, 허위의식 비판에서 유물론적 존재 개념에 내재하는 것을 마술로 몰아낼 경우, 그것은 이데올로기로 된다. 이데올로기에 맞서 진리를 지칭하려던 단어가 가장 허위인 것으로 된다. 그것은 말하자면 어떤 관념적 영역을 선언하기 위해 관념성을 부인하는 것이다.

순수 활동과 발생

정신을 활동(Tätigkeit)이라고 규정할 경우 철학은 정신으로부터 그 타자로 넘어갈 수밖에 없다. 칸트 이래 관념론은, 헤겔조차, 그러한 규정을 피하지 못한다. 그러나 정신은 활동을 통해 발생(Genesis)에 관여하는데, 이 발생은 정신을 불순하게 만드는 것이기 때문에 관념론을 화나게 만든다. 철학자들이 되풀이해서 말하듯이 활동으로서의 정신은 일종의 형성과정

(Werden)이다. 그 때문에 그것은 철학자들이 더 큰 가치를 두는 바처럼, 역사와 분리되지(χωρίς) 않는다. 정신의 활동은 그 단순한 개념상 시간내 적이며 역사적이다. 즉 그것은 형성과정이자 이 과정이 축적되어 형성된 것 이기도 하다. 시간의 가장 보편적인 관념이 어떤 시간적인 것을 필요로 하 듯이, 기저(Substrat)가 없다면, 활동하는 것과 또 활동이 가해지는 대상이 없다면 활동도 없다. 절대적 활동이라는 이념 속에는 단지 행위자만이 감추 어져 있을 뿐이다. 순수 노에시스 노에세오스(νόησις νοήσεως)*란 형이상 학으로 중화된, 창조주에 대한 소심한 신앙이다. 절대자에 대한 관념론적 교리는 신학적 초월성을 과정으로 흡수하여, 어떤 절대자 내지 존재적 조건 들과 무관한 것을 용납하지 않는 일종의 내재성으로 끌고 가려 한다.

한편으로 총체성에 대한 요구를 희생시키지 않으려면 세속화를 극단까지 수행해야 하지만, 다른 한편으로 총체성이라는 절대자에 대한 자신의 망상 을 신학적 범주들로만 발언할 수 있다는 점이야말로 아마 관념론의 가장 심 각한 오류일 것이다. 종교로부터 떨어져나올 경우 이 범주들은 본질을 잃게 되며, 이제 그것들은 '의식의 경험'에 떠넘겨지지만 이 의식의 경험을 통해 충족되지는 않는다. 정신의 활동은 일단 인간화되면 살아 있는 사람들 이외 의 누구에게도 어느 것에도 부여될 수 없다. 그로 인해 모든 자연주의를 극 단적으로 벗어나는 개념, 즉 통각의 종합적 통일이라는 주관성의 개념에까 지도 자연의 계기가 침투한다.

자아는 그 자신 또한 비자아이기도 한 한에서만 비자아와 관계하고 무엇 인가를 '행한다.' 그 행위라는 것이 사유일지라도 그렇다. 이차적 반성에서 사유는 자신의 타자에 대한 주권을 파괴한다. 왜냐하면 사유는 그 자체로서 이미 언제나 타자이기 때문이다. 그래서 모든 활동의 최고 추상물, 곧 선험 적 기능(transzendentale Funktion)은 사실적 발생에 대해 우선성을 지니 지 못한다. 그 속의 현실적 계기와 현실적 주체들의 활동 사이에는 아무런 존재론적 심연도 없다. 따라서 정신과 노동 사이에도 그렇다. 아직 실제로

---

* 사유의 사유. 사유와 사유대상이 동일함을 의미한다.

존재하지 않는 어떤 상상물을 제작하는 일인 노동은 물론 현존재자만으로 모두 설명되지 않는다. 현존재를 정신으로 평준화할 수 없듯이 정신을 현존재로 평준화할 수는 없다. 하지만 정신에서 존재하지 않는 계기는 현존재와 서로 얽혀 있어서 그것을 깨끗이 뜯어낸다는 것은 그것을 대상화하고 위조하는 것이라고 할 수 있다.

정신과 육체의 선차성에 대한 논쟁은 변증법 이전적으로 일을 처리한다. 그런 논쟁은 제1원리에 대한 문제를 여전히 끌고 다닌다. 그것은 거의 물활론적으로 일종의 원질(ἀρχή)을 추구하며, 내용상으로는 그 해답이 유물론적인 듯할지라도 형식상으로는 존재론적이다. 육체와 정신 양자는 그것들의 경험으로부터 추상된 것들이며, 그것의 극단적 차이는 일종의 정립된 것이다. 그 차이는 역사적으로 얻어낸 정신의 '자의식'을 반영하며, 또한 정신이 자신의 동일성을 위해 부정하는 것으로부터 정신이 분리되었음을 반영한다. 모든 정신적인 것은 수정된 육체적 충동이며, 이 수정은 단순히 존재하는 것이 아닌 것으로의 질적 전환이다. 셸링의 통찰에 따르면 충동은 정신의 예비형태다.[24]

고통은 육체적이다

의식의 기본사실이라는 것들은 단순한 의식적 사실과 다른 것이다. 쾌와

---

24) "그러므로 존재 역시 존재자에 대해 완전히 무관심하다. 그러나 이 평정상태가 내밀해지고 자체로서 더욱 즐거워질수록, 영원 속에서 그런 상태는 개입하지도 알지도 못하는 가운데 자신에게 돌아가 자신을 발견하고 향유하려는 조용한 열망, 즉 의식을 가지려는 충동을 만들어낸다. 하지만 그 평정상태가 이 충동을 스스로 의식하지는 못한다"(셸링, 『우주의 역사』(*Die Weltalter*), 뮌헨 : 1946, 136쪽).

"따라서 우리는 자연을 그 가장 낮은 단계에서부터, 그 가장 내적이고 가장 은밀한 상태에 비추어볼 때 열망하는 것이자 점점 상승하고 계속해서 추구해나아가며 마침내는 최고의 본질적인 것인 순수한 정신적 존재 자체까지 끌어당겨 자신의 것으로 만든다는 점을 알아야 한다"(같은 책, 140쪽).

불쾌의 차원에서는 육체적인 요인이 그러한 사실들 속에 파고든다. 변증법
적 사상의 원동력인 모든 고통과 부정성은 다양하게 매개되어 있고 종종 알
아볼 수 없게 된 육체적 요인의 형태다. 이와 마찬가지로 모든 행복은 감성
적 충족을 목표로 하고 여기서 그 객관성을 얻는다. 행복에서 이 충족의 전
망이 모두 차단된다면 그것은 행복이 아니다. 주관적인 감성적 자료들에서
는 정신 내부의 정신에 반대하는 요소인 그러한 차원이 마치 그 자료들의
인식론적 복사품처럼 희미해진다. 이는 흄의 기이한 이론과 전혀 다르지 않
은데, 그에 따르면 표상들 내지 이념들—의도적 기능을 지니는 의식적 사
실들—은 인상들의 희미한 모상들(Abbilder)이다.

손쉽게 이런 학설을 은밀한 소박-자연주의(naiv-naturalistisch)라고 비판
할 수도 있을 것이다. 그러나 이 학설 속에서는 육체적 계기가 완전히 축출
될 때까지 마지막으로 인식론적 여운을 남기며 떨고 있다. 인식 속에서 이
육체적 계기는 인식을 운동시키고 그 진행과정에서 만족하지 못한 채 재생
산되는 인식의 동요로 잔존한다. 불행한 의식은 현혹당한 정신의 허영이 아
니라 정신에 내재적이며 정신이 육체와 분리됨으로써 얻게 된 단 하나의 진
정한 품위(Würde)다. 이는 정신에게 부정적으로 정신의 육체적 측면을 상
기시킨다. 이런 측면을 감당할 능력이 있다는 사실만이 어쨌든 정신에 희망
을 준다.

경험된 세계 속의 무의미한 고통의 극히 미세한 흔적만 있어도, 경험에는
고통이 없다고 변명하려 드는 동일성철학 전체가 허위라고 비난할 수 있을
것이다. "거지가 한 명이라도 있는 한 아직 신화는 존재한다."[25] 그 때문에
동일성철학은 사상으로서의 신화다. 육체적 계기는 인식을 향해 고통이 없어
야 하고 상황이 달라져야 한다고 말한다. "아픔은 '사라지라'는 말을 한다."

그래서 특유의 유물론적 요인은 비판적 요소 내지 사회적인 변혁적 실천
으로 수렴된다. 불행을 제거하거나 완화하는 일은, 이론적으로 선취될 수도
없고 어떤 한계를 명할 수도 없는 일정한 정도까지, 그 불행을 느끼는 개인

---

25) 벤야민, 『파사주』 원고, 편찬서 K, Bl. 6.

의 몫이 아니다. 그것은 개인이 주관적으로는 인류와 분리되고 객관적으로는 무기력한 객체의 절대적 고독 속으로 밀려나게 되는 경우에도 인류의 몫일 뿐이다. 인류의 모든 활동들은 인류의 육체적 존속을 가리켜 보인다. 설혹 그 점을 오해하고 조직적으로 자립해버리고 인류의 업무를 단지 부수적으로만 해낼지라도 그렇다. 심지어 사회가 스스로를 말살하기 위해 수행하는 준비작업들까지도 고삐 풀린 비합리적 자체보존이지만, 동시에 괴로움에 맞서는 무의식적 행위들이다. 물론 자신의 문제에만 국한되어 있기는 하나, 그런 작업들의 총체적 부분성 역시 그와 같은 괴로움에 맞서는 것이다.

이 작업들에 직면하여, 사회를 사회로 만드는 유일한 목적이 요구하는 바에 의하면, 사회는 생산관계들이 이쪽에서도 저쪽에서도 무자비하게 방해하지만 생산력들에 비추어볼 때 지금 이 곳에서 직접 가능할 수도 있는 그 상태로 건설되어야 할 것이다. 이러한 사회건설의 목적은 그 마지막 구성원의 육체적 괴로움까지도, 또 이 괴로움의 내면적 반영형식들까지도 부정하는 데 있을 것이다. 그것은 결국 사람들 자신 및 모든 생명체에게 투명한 연대를 통해 실현해야 할 만인의 관심사다.

유물론에는 형상이 없다

한편 유물론은 그와 같은 것이 실현되지 않기를 바라는 자들에게 스스로를 비하하여 즐거움을 주었다. 그와 같은 것이 유발한 미성숙상태는 칸트가 생각했듯이 인간 자신의 책임은 아니다. 최소한 이제까지 이 미성숙상태는 집권자들에 의해 계획적으로 재생산되었다. 이들은 객관적 정신을 묶어둘 필요 때문에 그것을 조종하는데, 그것은 수천 년 내내 묶여 있던 의식에 자신을 맞춘다. 유물론이 한때 변혁하고자 했던 세상 못지 않게 정치적 권력을 장악한 유물론도 그와 같은 실천에 스스로를 내맡겼다. 이 유물론은 의식을 이해하고 나름대로 변혁하는 대신 여전히 그것을 속박하고 있다. 테러리즘적 국가기구들은 이제 곧 50년이나 지속되어온 프롤레타리아트의——이들은 이미 오래 전부터 관리되고 있다——독재라는 뻔한 구실 아래 영구집권의 기구로서 안주한다. 이는 그들이 입으로 떠벌이는 이론에 대한 조롱이라고 할 수 있다. 그들은 자신의 신민들을 코앞의 이해관계에 묶어두고 그들을 고루한 상태에서 벗어나지 못하게 한다.

한편 이론의 타락은 그 속에 가짜의 요소가 아무것도 없었다면 불가능했을 것이다. 이론을 독점하는 기관원들은 문화를 일괄적으로 외부로부터 주물러댐으로써, 자신들이 문화보다 우월하다고 서툴게 속임수를 쓰려 들고 보편적 퇴행에 일조한다. 눈앞에 다가온 혁명을 기대하면서 철학을 청산하려고 했고 철학의 요구를 감내하지 못했던 생각은 이미 그 당시에도 철학에 뒤처지는 것이었다. 유물론의 거짓된 부분 속에서는 고상한 철학의 허위가 드러난다. 즉 지난날 시민사회가 은밀히 그랬듯이 지배적 유물론이 냉소적으로 경멸하는 정신의 절대권에 담긴 허위가 드러나는 것이다. 관념론적 숭고(das idealistisch Erhabene)는 그러한 가짜의 복제품이다. 카프카와 베케트의 텍스트들은 이런 관계를 훤하게 조명해준다.

유물론의 약점은 지배상황의 반성되지 않은 약점이다. 거부의 원칙인 정신화의 책임을 감수하며 이를 따라잡지 못하는 것은, 항구적으로 열등한 것의 관점에서 비난받는 고상한 것에 비해 더 나쁜 것이기도 하다. 유물론의 속물적·야만적 요소는 제4계층의 치외법권을 문화로서 영구화하는데, 이제 그것은 제4계층에 국한되지 않고 문화 자체에까지 확산되었다. 유물론은 자신이 막아야 할 야만상태로 돌아간다. 그런 일에 맞서는 작업은 비판적 이론의 과제들 가운데 결코 사소한 일이 아니다. 그렇지 않으면 과거의 허위가 마찰계수만 줄어들고 그래서 더 나빠진 상태로 존속할 것이다.

지난날 구세주의 재림에서와 마찬가지의 일이 혁명과 관련하여 벌어진 후에는 예속상태가 증대한다. 유물론적 이론은 부르주아 의식의 공허해진 숭고(das Sublime)에 대해 단지 미학적으로만 결손상태로 된 것이 아니라 허위로 되기도 했다. 이 점은 이론적으로 규정될 수 있다. 변증법은 사물들 자체 속에 들어 있지만, 그것을 반영하는 의식이 없다면 변증법도 없을 것이다. 이는 변증법이 의식 속으로 소멸해버릴 수 없는 것과 마찬가지다. 어떤 무조건적 단일자, 즉 아무 구분 없는 총체적 물질 속에서는 변증법도 없을 것이다.

공식적 유물변증법은 법령을 통해 인식론을 건너뛰었고, 그로 인해 인식론적으로 보복을 받는다. 모사론이 그러하다. 사상은 사물의 모상이 아니라——사상을 모상으로 보는 것은 단지 물질이 미소한 영상들을 방출한다고 지어내는 에피쿠로스*식 유물론의 신화뿐이다——사물 자체에 다가선다. 사상의 계몽적 의도, 곧 탈신화화에 의해 의식의 형상적 성격(Bildcharakter)이 제거된다. 형상에 매달리는 사상은 신화에 사로잡혀 있는 우상숭배다. 형상들의 총괄개념은 현실 앞의 장벽과 어우러진다. 모사이론은 생산력과 생산관계의 객관적 변증법의 원동력인 주체의 자발성을 부인한다. 필연적으로 객체를 그르치는 객체의 완고한 반영에 주체가 얽매이고, 객체가 사상 속의 주관적 과잉상태에 대해서만 드러날 경우, 그 결과는 통합적 관리의 평화롭지 못한 정신적 침묵이다.

단지 끈질기게 사물화된 의식만이 객관세계의 사진을 소유한다고 망상하거나 남들에게 설득하려 한다. 그런 의식의 환상은 독단적 직접성으로 넘어간다. 레닌이 인식론으로 들어가는 대신 인식론에 맞서 강압적으로 되풀이하여 인식대상들의 즉자존재를 단언할 때, 그는 주관적 실증주의와 현존 권력들의 공모관계를 드러내려 했다. 이때 그의 정치적 필요성은 이론적 인식목표에 대립했다. 권력에 대한 요구를 근거로 초월적 논의가 문제를 종결짓는다. 그리고 이는 해악을 초래한다. 즉 비판받는 이론들 속에 파고들어가지 않았기 때문에 그것들은 있는 그대로 아무 탈 없이 남아 있으며, 전혀 타격받지 않은 것으로서 변화된 권력구도들 속에서는 임의로 부활할 수 있는 것이다. 경험비판주의에 대한 이 레닌의 저술 이후 내재적 철학에 대한 비판은 더 이상 필요치 않게 되었다는 브레히트의 말은 단견의 소치였다.

---

* 에피쿠로스(Epikur, 기원전 341~270)는 기계론적 유물론을 체계화하고 특히 감각적 경험을 중시하는데, 이때 감각적 인상들은 물질적 입자가 지각 대상으로부터 지각 기관으로 밀어닥치는 것이라고 보았다. 예컨대 사물의 표면으로부터 떨어져나온 상들이 극히 짧은 시간 동안 공간을 통과해 대상의 직접적 모사물을 눈에 전달한다고 보는 것이다.

유물론적 이론이 동구권 국가들의 예술을 손상하는 바와 똑같은 지역주의에 굴복하지 않으려면 철학적 욕구들에 부응해야 한다. 이론의 객체는 어떤 직접적인 것이 아니다. 이론이 이 직접적인 것의 복제품을 집으로 끌고 갈 수는 없을 것이다. 인식이 국가경찰처럼 그 대상들의 앨범을 가지고 있는 것은 아니다. 오히려 인식은 대상들을 그 매개상태 속에서 사유한다. 그렇지 않다면 인식은 표면의 복사에 만족할 것이다. 너무 과장되기도 했고 또 그 자체로도 문제가 많은 감성적 직관이라는 기준은 결국 브레히트도 인정했듯이 극단적으로 매개되어 있는 것, 곧 사회에 적용될 수 없다. 이 기준은 객체의 운동법칙으로서 객체 속에 들어갔지만 현상의 이데올로기적 형태에 의해 필연적으로 은폐되는 것에는 적용되지 않는다.

마르크스는 마치 속담 속의 도자기 상점에서처럼 인식론적 범주들을 가지고 학술적으로 언쟁을 벌이는 꼴에 역겨움을 느끼고 분격했다. 그는 반영이라는 표현 따위에 지나친 하중을 얹지 않았다. 이른바 반영의 주도권이라는 것은 주관적 · 비판적 계기를 희생시키게 된다. 이 계기에 대한 강조 속에는 이데올로기와 아울러 이데올로기에 대한 적대감도 일부 살아 있다. 즉 생산된 것 및 생산관계들이 직접적 자연이라는 궤변을 방해하는 것이다.

어떤 이론도 선동적 단순성을 위해 객관적으로 도달한 인식의 수준에 대해 어리석은 태도를 취해서는 안 된다. 이론은 이 인식수준을 반영하고 그것을 더욱 발전시켜야 한다. 이론과 실천의 통일은 억압적 사회의 소산인 사유의 나약함에 대한 인정을 뜻하는 것이 아니었다. 사유가 자동기록기와 같아지고 싶어하고 그것을 기리기 위해 스스로를 기꺼이 버리고 싶어할 때, 그러한 자동기록기의 형태를 통해 의식은 현단계에서 직관적으로 주어지기는커녕 기능적이고 자체 추상적인 현실 앞에서 파산을 선언할 것이다. 모사적 사유는 무반성적이며 비변증법적인 모순일 것이다. 반성 없이는 이론도 없다. 자신과 자신이 사유하는 것 사이에 제3자, 곧 형상들을 삽입하는 의식은 부지불식간에 관념론을 재생산할 것이며, 어떤 표상들의 덩어리가 인식의 대상을 대신할 것이다. 그리고 그러한 표상들의 주관적 자의(Willkür)는 명령하는 자들의 자의이다.

사물을 파악하려는 유물론적 열망은 그 반대를 원한다. 단지 형상이 없을 때에만 완전한 객체는 사유될 수 있을 것이다. 이처럼 형상이 없는 상태는 신학적 우상금지와 합치된다. 유물론은 유토피아를 긍정적으로 그려내는 것을 허용치 않음으로써 우상금지를 세속화했다. 이것이 유물론의 부정성이 지니는 내실이다. 유물론은 가장 유물론적인 곳에서 신학과 일치한다. 유물론의 열망은 육체적인 것의 부활일 것이다. 절대정신의 왕국인 관념론에는 그것이 완전히 이질적이다. 역사유물론의 소실점은 그 자체의 지양일 것이다. 즉 물적 욕구들이 충족된 상태에서 물적 욕구들의 우선성으로부터 정신이 해방되는 것이다. 육체적 욕구가 충족됨으로써 비로소 정신은 화해를 이룰 것이다. 그리고 정신은 물질적 조건들의 속박 속에서 물질적 욕구들의 충족을 거부하는 동안 단지 약속만 하는 것, 바로 그것이 될 것이다.

제3부

모델들

제1장 | 자유
실천이성에 대한 메타비판

'사이비 문제'

사이비 문제(Scheinproblem)에 대한 논의는, 사유의 과제로 떠맡겨지기는 했어도 사유로써 결정할 수 없는 논의들이 도그마의 확고한 권위로부터 나오는 것을 한때 계몽적으로 막으려 했다. 스콜라철학(Scholastik)이라는 말의 경멸적 용법*에서는 그런 의미가 함께 울려나온다.

하지만 이미 오래 전부터 사이비 문제는 이성적 판단이나 이성적 관심을 조소하는 것들이 아니라, 불명확하게 정의된 개념들을 사용하는 문제라고 간주된다. 어떤 의미론적 터부는 실제 문제들을 단지 의미 문제들인 듯이 묵살해버린다. 예비적 고찰이 고찰에 대한 금지로 변질된다. 흔히 통용되는 정밀과학을 그대로 따라 만들어진 방법의 규칙들이, 심사숙고해야 할 바를 규제한다. 설혹 이것이 아무리 절박한 것일지라도 그러하다. 승인된 처리방식 내지 수단들이 인식되어야 할 대상 내지 목적에 대해 우월성을 지니게 된다. 일의적으로 할당된 기호에 저항하는 경험들은 비방을 받는다. 그런 경험들이 야기하는 난관들은 단지 느슨한 과학 이전적 전문어(Nomen-

---

* 내용 없는 사변과 개념적 궤변 등.

klatur)의 책임이라는 것이다.

의지(Wille)가 자유로운지의 여부는 용어들이 그 뜻하는 바를 극히 뚜렷하게 진술하려는 욕구에 대해 냉담한 만큼이나 중대하다. 법체계나 형벌, 궁극적으로는 철학 전통 전체에서 도덕 또는 윤리라고 칭해온 것의 가능성은 그에 대한 답변에 좌우된다. 따라서 지적 욕구를 지닌 자는 그 순진한 질문을 사이비 문제라고 묵살할 수는 없게 되는 것이다. 사유의 독선적 청결성은 지적 욕구에다 빈약한 대리만족을 제공한다. 그렇더라도 의미론적 비판을 부주의하게 무시할 수는 없다. 참인 대답을 얻을 수 없는 한, 어떤 문제가 절박하다고 해서 그 대답을 강요할 수는 없다. 더욱이 그릇된 욕구가, 또 절망적 욕구가 대답의 방향을 제시할 수는 없다. 논의되는 대상들에 대해 그것이 존재자냐 아니면 비존재자냐를 판단하는 식으로 반성해서는 안 될 것이다. 오히려 그 대상들을 물건처럼 고정시킬 수는 없다는 점과 그것들에 대해 사유해야 할 필요성을, 그것들 자체의 규정 속에 받아들임으로써 반성해야 할 것이다.

『순수이성비판』의 이율배반에 관한 단원 및 『실천이성비판』의 상당히 많은 부분들은, 명시적 의도를 가지고서든 그렇지 않고서든, 그러한 것을 시도한다. 물론 이때 칸트는 흄과 마찬가지로 다른 전통적 개념들을 독단적이라고 비난하면서도 독단적 용법을 완전히 피하지는 못했다. 그는 사실성(Faktizität)——곧 '자연'——과 사유필연적인 것(Denknotwendiges)——곧 예지계——사이의 갈등을 이분법적으로 무마해버렸다. 그러나 의지나 자유를 어떤 존재자처럼 가리켜 보일 수 없다 하더라도, 이는 단순한 변증법 이전적 인식론과의 유비(Analogie)에 의할 때 다음의 사실을 결코 배제하지 않는다. 즉 비유컨대 칸트식의 '대상'이 그 현상들을 통분하듯, 충동들이나 경험들을 통분하는 개념들 아래——그것들에 어떤 자연주의적 토대가 상응하지는 않지만——개인적 충동들이나 경험들이 종합되는 것이다. 이 모델에 따르면 의지는 모든 충동들의 법칙적 통일일 것이다. 그런데 이 충동들은 물론 자연적 인과성의 틀에 머물면서도——인과적 연관 바깥에는 어떤 의지적 행위들의 연속도 있을 수 없다——자연적 인과성과 달리 자발적이면서 동시에 이성에 의해 규정되는 것임이 입증된다. 자유란 그러한 충동들의 가능성을 나타내는 말일 것이다.

그러나 이 명민한 인식비판적 해결책만으로는 충분하지 않다. 의지가 자유로우냐 그렇지 않으냐 하는 물음은 구속력 있으면서도 동시에 수상쩍은 '이것이냐/저것이냐'를 강요한다. 그리고 의지적 충동들의 법칙적 통일로서의 의지 개념은 이 양자택일을 무심히 지나쳐버린다. 무엇보다도 주관적 내재철학(subjektive Immanenzphilosoiphie)의 모델을 지향하는 개념 구성의 경우에는 의지와 자유의 단자론적 구조가 암암리에 전제된다. 그런데 극히 단순한 사실이 그 구조와 모순을 이룬다. 즉 분석적 심리학이 '현실검증'(Realitätsprüfung)이라고 칭하는 것에 의해 매개된 상태에서, 의지와 자유라는 말로 지칭되는 결정들 속에는 외적, 특히 사회적 현실의 수많은 계기들이 파고든다. 의지에 내재하는 이성적인 것의 개념이 어쨌든 무엇인가를 말해야 한다면, 그것은 비록 칸트가 고집스럽게 부인하고는 있더라도 바로 그러한 계기들과 관계한다. 그 개념들의 내재철학적 규정에 우아함과 자족성을 부여하는 것은 사실상, 자유로우냐 부자유로우냐 하고 물을 수 있는 실제의 결정들에 비추어볼 때, 일종의 추상이다. 이 추상을 통해 영적 요소 가운데 남게 되는 것은 내면과 외부의 현실적 복합체에 비할 때 빈약한 것이다. 이 빈약하고 화학적으로 순수해진 것에서는 자유나 그 반대의 것에 대해 무엇을 진술해도 되는지 알 수 없다.

좀더 엄밀히 또 좀더 칸트식으로 말한다면, 그런 결정을 내리는 경험적 주체 자신은——또 경험적 주체만이 결정을 내릴 수 있을 뿐, 선험적으로 순수하게 사유하는 자아(das transzendental reine Ich denke)는 어떠한 충동도 가질 수 없을 것이다——시공간적 '외부' 세계의 계기이며, 이 세계에 대해 어떠한 존재론적 선차성도 지니지 못한다. 그 때문에 선험적으로 순수하게 사유하는 자아 속에 의지의 자유에 대한 물음을 자리잡아주려는 시도는 좌절한다. 그러한 시도에서는 예지적인 것과 경험적인 것의 경계선이 경험계 한가운데에 그어지는 것이다. 그런 한에서는 이 사이비 문제의 테제도 참이다.

의지의 자유에 대한 물음이 각 개인의 결정에 대한 물음으로 축소되고 이 결정이 그것의 맥락으로부터 유리되고 개인이 사회로부터 유리되자마자, 그 물음은 절대적 순수 즉자존재라는 망상에 굴복한다. 즉 제한된 주관적 경험이 가장 확실한 것의 위엄을 참칭하는 것이다. 그 대안의 기저에는 어떤 허구적 요소가 담겨 있다. 즉자로서 존재한다는 주체는 그것이 스스로와 구분짓는 것, 즉 모든 주체들의 연관관계에 의해 그 자체로서 매개되어 있다. 이 매개를 통해 주체는 자신의 자유의식에 따른다면 원하지 않는 상태, 곧 타율적인 상태로 된다. 부자유가 긍정적으로 상정되는 경우에도, 사람들은 그 부자유의 조건들을 내재적으로 완결된 심리적 인과성의 조건들로서 고립된 개인 내부에서 찾게 되지만, 물론 이 개인도 본질적으로 그렇게 고립된 존재는 아니다. 개인이 이미 자신의 내부에서 현실적 자유를 찾지 못하듯이, 결정에 대한 정리 역시 순진한 자의성의 감정을 간단하게 사후적으로 제거할 수는 없다. 심리학적 결정론이 수립된 것은 뒤늦은 단계에 와서야 가능했던 것이다.

자유에 대한 관심들의 분열상

17세기 이래로 위대한 철학은 자유를 자신의 가장 고유한 관심사로 규정했다. 자유를 명쾌하게 논증하라는 시민계급의 암시적 명령에 따른 것이다. 하지만 그러한 관심은 자체 내에서 적대적이다. 그것은 과거의 억압에 반대하지만, 합리적 원칙 자체 속에 감추어져 있는 새로운 억압을 촉진한다. 자유와 억압을 나타내는 하나의 공통된 공식을 찾는다면 이러하다. 즉 자유가 그것을 제한하는 합리성에 내맡겨지고, 경험세계로부터——이 속에서 자유가 실현되는 것을 사람들은 전혀 바라지 않는다——제거되는 것이다. 이 이분법은 점진적 과학화(Verwissenschaftlichung)와도 관계한다. 과학화가 생산을 촉진하는 한, 그것과 시민계급은 서로 동맹을 맺고 있다. 또한 과학화는——이미 체념적으로 내면성에 빠진——시민적 자유가 실존한다는 믿음을 건드리자마자 두려움을 유발할 수밖에 없다.

　이러한 것이 이율배반론(Antinomienlehre)의 현실적 배경이다. 칸트의
경우에도 이미 그러하거니와 그 이후 관념론자들의 경우 자유의 이념은 개
별 과학적 연구, 특히 심리학 연구와 대립한다. 칸트는 이런 연구의 대상들
을 부자유의 영역으로 추방한다. 실증적 과학은 사변——칸트의 경우 본체
론(die Lehre von den Noumena)——아래에 위치한다는 것이다. 사변적 능
력의 마비 및 그에 상응하는 개별 과학의 발전과 더불어, 그 대립은 극단적
으로 첨예화되었다. 이에 대해 개별 과학들은 편협성을, 철학은 구속력 없
는 공허함을 그 대가로 치렀다.

　개별 과학들이 철학의 내용으로부터 점점 더 많은 것을 압류할수록——예
컨대 심리학은, 칸트까지도 멋대로 추측을 해대는, 성격의 발생 문제를 철
학으로부터 앗아갔다——의지의 자유에 대한 철학명제들은 더욱더 난처하게
장광설로 타락한다. 개별과학들이 점점 더 법칙성을 추구함으로써 모든 신
조에 앞서 결정론 편을 들 수밖에 없을수록, 철학에는 점점 더 과학 이전적
이고 변론적인 자유관들이 퇴적된다.

　칸트의 경우에는 자유의 이율배반이, 헤겔의 경우에는 자유의 변증법이
본질적인 철학적 계기를 이룬다. 그들 이후 적어도 강단철학은 경험계 너머
의 어떤 고귀한 영역이라는 우상을 섬기게 되었다. 또 개인들의 예지적 자
유를 찬양하는데, 이는 속박받지 않는 경험적 자유에 책임을 지우고, 형이
상학적으로 정당화된 처벌의 전망을 통해 그 자유를 더 훌륭히 통제할 수
있기 위해서다. 자유론과 억압적 실천의 동맹이 이루어질 경우 철학은 살아
있는 사람들의 자유와 부자유에 대한 진정한 통찰로부터 점점 더 멀어진다.
그리고 철학은 헤겔이 철학의 빈곤이라고 진단한 진부한 교화의 수준에 시
대착오적으로 접근한다.

　하지만 개별 과학은——형법을 본보기로 든다면——자유에 대한 물음을 감
당할 수 없고 자신의 무능을 드러낼 수밖에 없기 때문에 바로 철학에서 도
움을 찾지만, 철학은 과학주의에 대한 추상적이고 그릇된 대립관계로 인해
도움을 줄 수 없다. 과학은 자신의 해결 불가능한 문제에 대한 결정을 철학
에서 기대할 경우 단지 철학으로부터 세계관적 위안을 얻을 뿐이다. 그러면

개별 과학자들은 취향에 따라, 또——이 점을 걱정하지 않을 수 없는데——
자신의 심리적 충동구조에 따라 그런 위안을 지표로 삼을 것이다. 자유와
결정론의 복합문제에 대한 관계는 비합리적이고 자의적인 태도에 내맡겨지
며, 우유부단하고 다소 경험적인 개별적 단언들과 독단적 보편성들 사이에
서 동요한다. 결국 그러한 복합문제에 대한 입장은 바로 정치적 신조나 인
정받는 권력에 의존하게 된다.

자유와 결정론에 대한 성찰들은 마치 혁명적 시민계급 초기 시절에서 유
래하는 듯이, 태곳적 뉘앙스를 풍긴다. 그러나 자유가 실현되지도 않은 채
낡아빠지게 된다는 점을 숙명으로 받아들여서는 안 될 것이다. 저항적 입장
에서는 그 점을 설명해야 한다. 자유의 이념은 처음부터 추상적·주관적으
로 구상되었다. 그래서 객관적·사회적 경향은 그것을 힘 들이지 않고 깔아
뭉갤 수 있었다. 무엇보다 이 때문에 자유의 이념은 사람들에 대한 힘을 잃
었던 것이다.

자유, 결정론, 동일성

자유에 대한, 즉 자유의 개념 및 실제의 자유 자체에 대한 무관심은 주체
들에게 마치 불가항력적인 듯이 다가오는 사회의 통합에 의해 유발된다. 보
살핌받는 데에 대한 주체들의 관심은 자유에 대한 관심을 마비시켰다. 주체
들은 자유를 보호받지 못하는 상태라고 생각해 두려워하는 것이다. 자유에
대해 언급하는 것만 해도 자유에 대해 호소하는 것과 마찬가지로 이미 상투
적이다. 비타협적 유명론은 바로 그 점에 적응한다. 비타협적 유명론이 객
관적 이율배반들을 논리적 규준에 따라 사이비 문제들의 영역으로 추방한
것은 그 나름으로 사회적 기능을 지닌다. 즉 모순들을 부인함으로써 은폐하
는 것이다. 자료들이나 이의 시대적 유산인 기록문들에 매달림으로써 의식
은 외부현실과 모순된다는 짐을 벗게 된다.

그러한 이데올로기의 규칙들에 따른다면, 다양한 상황에 처한 사람들의
행동방식들만이 기술되고 분류될 수 있고, 의지나 자유에 대해 논할 수는

없을 것이며, 이에 대해 논하는 것은 개념물신주의(Begriffsfetischismus)라는 것이다. 또 행동주의가 실제로 계획했듯이, 자아에 대한 모든 규정들을 간단히 반응방식들이나 개별 반응들로 다시 번역해야 할 것이며, 그럼으로써 이것들은 고정되고 말았을 것이다. 이때 그렇게 고정된 것이 비록 그러한 반사작용들로부터 나왔을지는 몰라도, 이것들에 비할 때 새로운 성질들을 산출해낸다는 점이 고려되지는 않는다. 실증주의자들은 그들의 형이상학적 철천지원수들이 품었던 제1원리의 우월성이라는 도그마에 굴복한다. "요컨대 가장 오래된 것이 가장 많이 존경받지만, 선서를 한 증인이 가장 높이 숭배받는다."[1] 아리스토텔레스의 경우 그것은 신화다. 그 가운데 노골적인 반신화론자들(Antimythologen) 사이에서도 살아 남은 것은, 현존하는 모든 것이 한때 존재했던 것으로 환원된다는 생각이다. 그들의 수량화하는 방법의 등가관계(Gleich um Gleich)에는 운명의 마법에서와 마찬가지로, 형성되어가는 타자를 위한 공간이 없다.

그러나 사람들의 내면에서, 그들의 반사작용으로부터 나오지만 이에 대립하면서 객관화되는 것, 곧 성격이나 의지는 자유의 잠재적 기관이면서도 자유를 무너뜨리는 것이기도 하다. 왜냐하면 그것은 사람들 자신을 점진적으로 굴복시키는 지배의 원칙을 구현하기 때문이다. 자아의 동일성과 자기소외는 처음부터 서로를 동반한다. 그래서 자기소외의 개념은 형편없이 낭만주의적이다. 자유의 조건인 동일성은 또한 직접적으로 결정론의 원칙이기도 하다. 의지는 사람들이 성격으로 객관화되는 한에만 존재한다. 이로써 사람들은 자기 자신에 대해—그것이 무엇이든 간에—인과성에 따르는 외부의 사물세계를 모델로 하는 어떤 외적 존재가 된다.

더욱이 그 의도상 순수하게 기술적(deskriptiv)이고 실증주의적인 '반응'(Reaktion)이라는 개념은 그것이 인정하는 바와 비교되지 않을 만큼 더 많은 것을 전제한다. 즉 그때 그때 주어진 상황에 대한 수동적 종속관계를 전제로 하는 것이다. 아 프리오리하게 주체와 객체의 상호작용 내지 자발성

---

1) 아리스토텔레스, 『형이상학』, A권, 983 b.

(Spontaneität)이 이미 방법론을 통해 배제되는데, 이는 사람들에게서 시류에 따라 그러한 계기를 이론적으로 다시 떼어놓는 순응의 이데올로기와 조화를 이룬다.

만일 이 모두가 수동적 반응들에 그친다면, 좀 오래된 철학 용어로, 수용성(Rezeptivität)에 머물 것이며 어떠한 사유도 불가능할 것이다. 의지가 의식을 통해서만 가능하다면, 이에 상응하여 의지가 있는 곳에만 실로 의식도 있을 것이다. 자체보존(Selbsterhaltung)이라는 것도 그 역사 속에서는 조건반사 이상의 것을 요구하며, 이로써 궁극적으로 자체보존을 넘어설 어떤 것을 준비한다. 이 경우 추측하건대 자체보존은 자신의 반사작용들에 형식을 부여하는 생물학적 개인에 의지할 것이다. 또 반사작용들은 통일성의 계기가 전혀 없다면 존재하기 어려울 것이다. 이 통일성은 자체보존의 자체(Selbst)로서 힘을 지닌다. 그리고 이 자체에 대해 자유는 반사작용들과 그 자신 사이에 형성된 차이로서 열린다.

자유와 조직사회

자유에 대해 아무런 사상도 없다면 조직사회는 이론상 거의 논증될 수 없을 것이다. 그럴 경우 조직사회는 자유를 또다시 축소시킬 것이다. 국가계약에 대한 홉스의 구상에서는 그 두 가지가 드러난다고 할 수 있다. 실제로 홉스와 같은 결정론자의 생각과는 반대로, 철저한 결정론은 만인에 대한 만인의 투쟁(bellum omnium cotra omnes)을 인준할 것이다. 만일 모든 사람들이 똑같이 미리 규정되어 있고 맹목적이라면, 행위의 모든 기준이 사라질 것이다. 이로써 어떤 극단적 관점이 드러난다. 즉 공동생활의 가능성을 위해 자유를 요구하는 데에는, 공포가 없으려면 자유가 현실적이어야 한다는 오류추리(Paralogismus)가 담겨 있지 않느냐 하는 것이 그것이다. 그러나 오히려 아직 자유가 없기 때문에 공포가 존재한다. 의지와 자유의 문제에 대한 반성은 이 문제를 제거하는 것이 아니라, 그것을 역사철학적으로 전환시킨다. 즉 의지는 자유롭다는 테제와 의지는 부자유롭다는 테제가 왜

이율배반이 되었는가 하는 문제로 전화시키는 것이다.

그러한 반성이 역사적으로 생겨났다는 점을 칸트는 간과하지 않았으며, 자기 도덕철학의 혁명적 요구를 명백히 그 반성이 지체되었다는 점에 근거해 논증했다. "사람들은 인간이 그의 의무를 통해 법칙들에 묶여 있음을 인식했지만, 단지 자기 자신의 입법이면서도 또한 보편적인 입법에만 종속되어 있다는 점을 생각하지 못했다. 또 자신의 것이기는 하지만 자연의 목적들에 비추어본다면 보편적 입법 의지에 따라 행위하도록 속박을 받을 뿐이라는 점을 생각하지 못했다."[2] 하지만 그는 자신이 영원한 이념으로 여긴 자유 자체가 개념으로서만 아니라 경험내용상으로도 역사적 본질을 지닐 수 있지 않을까 하는 생각을 결코 하지 못한다. 모든 시대 모든 사회에는 자유의 개념만 아니라 실제의 자유도 결여되어 있었다. 모든 시대와 사회에 객관적 즉자로서의 자유가 설혹 사람들에게는 전적으로 은폐되어 있을지라도 존재한다고 보는 것은, 주관적 의식에 기초해야 하고 그래서 의식 일반이라는 것이 어떤 살아 있는 사람에게서 완전히 사라진다면 유지될 수 없을, 칸트의 선험 원칙(Prinzip des Transzendentalen)과 모순될 것이다.

바로 그래서 칸트는 도덕적 의식이 도처에 현존하는 것임을, 심지어 극단적 악인의 마음속에도 현존하는 것임을 입증하려고 집요하게 노력했다. 그렇지 않을 경우 그는 자유가 존재하지 않는 사회 및 단계에는 이성적 성격과 아울러 인간적 성격도 없다고 해야 했을 것이다. 물론 루소의 추종자였던 그가 마음 편하게 그럴 수는 없었을 것이다. 칸트에게 자명했던 근세적 의미의 개인이 형성되기 전에, 즉 단순한 생물학적 개체만이 아니라 그의 자체반성을 통해 통일체로서 일단 구성된 개별자[3] 혹은 헤겔적 '자의식'이 형성되기 전에, 현실적 자유든 당위적 자유든 자유에 대해 논하는 것은 시대착오적이다. 또한 이와 마찬가지로 자유는, 단지 풍부한 재화가 생산되는 사회적 조건들 아래서만 온전하게 만들어질 터인데, 다시 완전하게 어쩌면

---

2) 칸트, 『윤리 형이상학 정초』, 전집 4권, 아카데미판, 432쪽.
3) 호르크하이머·아도르노, 『계몽의 변증법』(암스테르담 : 1947), 106쪽.

흔적도 없이 소멸될 수도 있을 것이다.

자유로운 사람들이 극단적으로 악하게 행위하거나 칸트가 상상한 모든 수준을 넘어서 악한 행위가 벌어진다는 사실이 재앙이 아니라, 브레히트의 뇌리를 스쳤듯이 사람들이 더 이상 악할 필요가 없게 된 세상이 아직 없다는 점이야말로 재앙이다. 이 점을 생각하면 악은 사람들 자신의 부자유다. 즉 어떤 악한 일이 일어난다면 그것은 이 부자유로부터 나올 것이다. 사회는 개인들을 이들의 내재적 발생의 차원에서도 현재의 그들 상태로서 규정한다. 개별화의 원칙(principium individuationis)이라는 허울 아래 나타나는 모습처럼 개인들의 자유나 부자유가 일차적인 문제는 아니다. 왜냐하면 쇼펜하우어가 마야(Maja)의 베일에 대한 신화를 통해 설명했듯이, 주관적 의식에는 자아로 인해 그 종속성에 대한 통찰도 어려워지기 때문이다.

개별화의 원칙, 즉 개별자들 속의 이성의 보편성과 결합되는 특수화의 법칙은 개인들을 포괄하는 연관관계들로부터 그들을 격리시키는 경향을 띠며, 이로써 주체의 자족상태에 대한 아부적 신뢰를 부추긴다. 자유의 이름 아래 이 자족상태의 총괄개념은 개별성을 제한하는 모든 것의 총체성과 대비된다. 그러나 개별화 원칙은 결코 형이상학적으로 궁극적·불변적 요인이 아니며, 그래서 자유도 그런 것은 아니다. 오히려 자유는 이중적 의미에서 계기다. 즉 분리될 수 없고 결합상태로 있다는 점에서, 또 현재의 조건들 아래서 차단되기는 했지만 한동안은 언제나 자발성의 한순간 혹은 역사적 매듭점일 뿐이라는 점에서 그렇다.

자유주의 이데올로기가 과도하게 강조하는 개인의 자립성이 주도적인 것도 아니지만, 그 이데올로기가 그릇되게 해석하는, 사회와 개인의 지극히 현실적인 분리상태를 부인할 수도 없다. 때때로 개인은 비록 부분적이기는 해도, 이성을 통해 자신의 관심사를 추구할 수 있는 자립적 존재로서 사회와 대립했다. 그런 단계에서, 또 그런 단계 이후로, 자유에 대한 물음은 사회가 개인에게 약속하는 만큼 개인이 자유로울 수 있도록 허락하는가 하는 진정한 물음이었다. 이와 아울러 그것은 사회 자체가 그만큼 자유로운가 하는 물음이기도 했다. 개인은 사회의 맹목적 연관관계를 일시적으로 탈피하

기도 한다. 하지만 창문 없는 고립상태 속에서는 그 연관관계가 제대로 재
생산되는 것을 돕는다.

그에 못지 않게 부자유에 대한 테제는 내면과 외면의 화해되지 않은 상태
에 대한 역사적 경험을 말해준다. 즉 인간은 외적 현실에 예속된 존재로서
부자유로우며, 그들에게 외적인 이 현실은 그들 자신이기도 하다. 헤겔의
『정신현상학』의 인식에 따르면 이 외적 현실과 구분되는 것 및 그와 비교해
필연적인 것으로부터 주체는 자유와 부자유의 개념들을 얻는다. 그리고 이
것들을 자기 자신의 단자론적 구조와 다시 관련짓는다.

철학 이전적 의식은 이 양자택일에 도달하지 못한다. 순진하게 행동하고
환경에 맞서 자신을 정립하는 주체에게는 그 자신의 조건지어진 상태
(Bedingtheit)가 불투명하다. 이를 극복하려면 의식은 그것을 투명하게 만
들어야 할 것이다. 자신의 자유를 통해 주체로서의 자신을 다시 지향하는
사상의 주권은 부자유의 개념을 유발하기도 한다. 양자는 단순한 대립관계
가 아니라 상호 연루된 관계를 지닌다. 의식은 이론적 지식욕을 통해 그런
관계를 깨닫게 되는 것이 아니다. 자연을 지배하는 주권과 이의 사회적 형
태인 인간에 대한 지배가 의식에게 그 대립물, 곧 자유의 이념을 암시하는
것이다.

위계질서 속에서 상층부에 위치한 자, 눈에 드러나게 종속적이지는 않은
그런 자가 자유의 역사적 원형이었다. 자유는 자연의 피안이라는 추상적 보
편 개념 속에서 인과성 영역으로부터의 자유로서 정신화된다. 하지만 이로
써 그것은 자기기만으로 된다. 심리학적으로 말한다면 주체가 자유롭다는
테제에 대한 주체의 관심은 나르시시즘적일 것이며, 또 모든 나르시시즘적
인 것들이 그렇듯이 무절제할(maßlos) 것이다. 심지어 자유의 영역을 절대
적으로 심리학의 상부에 위치시키는 칸트의 논증에서도 나르시시즘은 효력
을 발휘한다.

『윤리 형이상학 정초』(Grundlegung zur Metaphysik der Sitten)에 의하
면 모든 사람은 "가장 사악한 악한"조차 "그에게 성실한 의도, 훌륭한 원칙
들을 따를 때의 의연함, 동참의 자세와 일반적 호의 같은 본보기들이⋯⋯

제시될 때," 그렇게 마음먹기를 바란다는 것이다. 그런데 그는 그로부터 어떠한 "욕구충족"도, 또 "실제적이거나 그 밖의 생각해낼 수 있는 성향들 가운데 어느 하나를 충족시키는 상태"도 기대할 수 없으며, "단지 그의 인격의 좀더 커다란 내적 가치만을" 기대할 수 있으리라고 말한다. "그러나 오성적 세계에 속한 한 구성원의 관점을 취하게 될 때 그는 이처럼 더 나은 인격을 지니게 된다고 믿는다. 그리고 자유의 이념, 즉 그를 규정하는 감성계의 원인들로부터의 독립성은 원하지 않아도 그를 그런 방향으로 몰아간다……." [4] 칸트는 자유에 대한 테제의 동기를 이룬다는, 인격의 좀더 큰 내적 가치에 대한 기대 자체를 이미 윤리법칙의 객관성으로써 논증하려는 노력을 꺼리지 않지만, 의식은 바로 그 기대를 근거로 하여 비로소 이 객관성에 도달한다는 것이다. 하지만 그는 자유와 관련해 '공통적 인간 이성의 실천적 사용' [5]이 자기고양에 대한 욕구 내지 인격의 '가치'와 결합되어 있다는 사실을 망각케 하지는 못한다.

한편 그에 못지않게 그 직접적 의식, 곧 칸트식 '정초'의 방법적 출발점인 '공통적·윤리적 이성인식'은, 그것이 광고하는 것과 동일한 자유를 부인하려는 관심도 경험한다. 주체 및 주체들의 공동체가 자유를 점점 더 많이 떠맡을수록 주체의 책임은 더 커진다. 그리고 주체는 이 책임으로 인해 시민생활 속에서 좌절하는데, 그것이 이론적으로 인정해주는 온전한 자율성이 실제의 삶에서도 주체에게 허용된 적은 없다. 그 때문에 주체는 죄책감을 느낄 수밖에 없다. 주체들은 자신이 자연에 속해 있다는 점에서, 또 자신들에 맞서 자립화한 사회에 직면해 자신이 무기력하다는 점에서 완전히 자기 자유의 한계를 깨닫게 된다. 하지만 억압받는 자들도 관여하는 자유 개념의 보편성은 자유의 모델로서의 지배권에 전복적으로 맞선다. 자유의 특권을 누리는 자들은 그에 대한 대응으로서, 다른 사람들이 아직 자유를 위해 성숙하지 못했다는 점을 즐거워한다. 그들은 자연적 인과관계를 통

---

4) 칸트, 『윤리 형이상학 정초』, 454쪽 이하.

5) 같은 책, 454쪽.

해 그 점을 이해하기 좋게 합리화한다.

주체들은 자신의 육체적 성격과 융합되어 있다. 뿐만 아니라 반성을 통해 힘들여 육체의 세계로부터 구분된 영적 요소 속에서도 이를 꿰뚫고 작용하는 합법칙성이 지배한다. 이 합법칙성에 대한 의식은 영혼을 하나의 통일체로 규정하는 데 비례해 증대했다. 그러나 직접적으로 분명한 자유의 자의식이 존재하지 않듯이, 그런 부자유의 의식도 존재하지 않는다. 언제나 이미 사회에서 지각된 것을 주체에 다시 반영하는 일이 필요하거나—이 가운데 가장 오래된 것이 이른바 플라톤적 심리학이다—아니면 대상화를 수행하는 과학으로서의 심리과학이 필요한데, 이 심리과학의 수중에서는 그것에 의해 발견된 정신생활이 여러 사물들 가운데 하나로 되어 사물세계에 대해 진술된 인과성 아래 종속된다.

자아 이전적 충동

점차 깨어나는 자유의식은 어떤 견고한 자아에 의해서도 아직 조종되지 않는 태곳적 충동에 대한 기억을 자양분으로 한다. 자아가 이 충동을 점점 더 제어할수록 과거의 자유는 점점 더 카오스적인 것으로서 수상스럽게 된다. 제어되지 않은 자아 이전적 충동은 추후 자연에 예속된 부자유상태의 영역으로 추방되었지만, 그 충동에 대한 회상이 없다면 자유의 이념을 만들어낼 수도 없을 것이다. 하지만 이 자유의 이념은 그 나름으로 자아의 강화로 귀결된다. 행동방식으로서의 자유를 경험적 현존재 위로 가장 높이 추켜세우는 철학적 개념, 즉 자발성의 개념 속에서는 관념철학의 자아가 말살수준에 이르기까지 통제하면서 이를 자신의 자유에 대한 입증이라고 여기는 어떤 것의 메아리가 울린다.

사회는 자체의 전도된 형태를 변호하기 위해 개인들로 하여금 자신의 개성을 실체화하고 이로써 그들의 자유도 실체화하도록 부추긴다. 이 집요한 가상이 도달하는 한에서 본다면, 의식은 강박성 신경증과 같은 병적 상태 속에서만 자신의 부자유의 계기에 대해 가르침을 받는다. 이런 상태는 의식이 '자아에 대해 낯선' 것으로 경험하는 법칙들에 따라 자신의 내재성 영역 한가운데에서 행위하는 것을 금한다. 말하자면 자유 고유의 영역 속에서 자유를 거부하는 셈이다. 신경증환자들의 고통은 메타심리학적으로, 그들이 내적으로는 자유롭고 외적으로는 부자유롭다는 식의 편리한 이미지를 뒤흔들어놓는다는 측면도 지닌다. 그렇다고 병적 상태가 주체에게 말해주는 진리, 또 주체가 자신의 충동이나 이성적 관심과 화해시킬 수도 없는 진리가 병적 상태에서 주체에게 떠오르는 것은 아니다. 신경증환자들의 모든 진리 내용은, 그들이 내면 속에서 자아에 낯선 것, 즉 '이는 전혀 내가 아니다'라는 느낌을 통해, 내적 자연에 대한 자아의 지배가 좌절되는 곳에서, 자아에게 자아의 부자유를 명시한다는 점이다.

전통적 인식론에서 인격적 자의식(persöhnliches Selbstbewußtsein)이라고 칭한 것의 통일성에 포함되는 것은——이 통일성이 자체의 모든 계기들에 법칙성으로 각인되는 한에서는 그 자체가 강압적 본질을 지닌다——자기 자신에게로 후퇴하는 자아에게 자유로운 듯이 나타난다. 이는 자아가 자유의 이념을 자신의 지배권이라는 모델로부터 도출해내기 때문이다. 즉 일단은 사람들과 사물들에 대한 지배로부터, 그 다음에는 내면화된 상태에서 그것이 사유함으로써 처분하는 모든 구체적 내용에 대한 지배권으로부터 자유의 이념을 도출하기 때문이다.

그것은 스스로를 절대자로 과장하는 직접성의 자기기만에 그치지 않는다. 누군가가 자아로서 단순히 반사적으로 행위하지 않는 한에서만 그의 행위는 어쨌든 자유롭다고 칭해질 수 있을 것이다. 그러나 모든 것을 결정하는 원칙으로서의 자아에 의해 제어되지 않은 것, 즉 칸트의 도덕철학에서처럼 자아에게 부자유롭다고 여겨지고 오늘날까지 실제로도 부자유로웠던 것도 그와 마찬가지로 자유로울 것이다. 자아경험의 진보를 통해 자유는 이 자아경험에 대해 소여로서 문젯거리가 되지만, 또한 자유에 대한 주체의 관심이 사라지지는 않기 때문에 이념으로 승화된다. 이는 억압(Verdrängung)에 대한 정신분석학적 이론을 메타심리학적으로 입증해준다. 이 이론에 따르면, 충분히 변증법적으로, 억압의 기구 혹은 강압 메커니즘은 자유의 기관인 자아와 동일하다.

내성(Introspektion)을 통해서는 자아내에서 어떤 긍정적인 것으로서의 자유도 부자유도 발견하지 못한다. 내성은 이 둘을 정신 외적인 것과의 관계를 통해 구상한다. 즉 사회적 강압으로 인한 괴로움의 논쟁적 대립상으로서의 자유, 또는 이 강압의 닮은 꼴로서의 부자유가 그것이다. 주체는 스스로를 '절대적 근원들의 영역'으로 여기면서 자신에 대해 사색하지만, 주체가 그런 영역인 것은 아니다. 또 주체가 자신의 주권을 스스로에게 부여할 수 있도록 하는 규정들도 언제나 그 규정들의 자체이해상으로 단지 그 규정들을 필요로 하게 되는 것, 바로 그것을 필요로 한다. 자아에서 결정적인 요소, 곧 자아의 자립성과 자율성에 대해서는 단지 자아의 타자성 내지 비자아에 대한 관계 속에서만 판단할 수 있을 뿐이다. 자율성이 존재하는지 하지 않는지는 그것의 대립자 내지 모순, 곧 주체에게 자율성을 허용하거나 거부하는 객체에 달려 있다. 그것과 유리될 경우 자율성은 허구적이다.

결정실험들

의식이 의식의 자체경험에 호소함으로써 자유에 대해 밝혀내는 바는 극히 보잘것없다. 이 점은 내성의 결정실험들*이 증명해준다. 가장 용이한 결정실험을 나귀에게 실시하는 데에는 그럴 만한 이유가 있다.** 칸트까지도—베케트의 연극들에나 어울리게—의자에서 일어서려는 결심을 통해 자유를 현시하려고 시도함으로써, 그러한 도식에 따른다. 의지가 자유로운지에 대해 구속력 있게, 말하자면 경험적으로 결정하려면 상황들로부터 그

---

* 결정실험(experimentum crucis)이란 그 결과를 통해 여러 가능성들 가운데 하나를 결정하게 되는 실험을 말한다.
** 뷔리당(Buridan)의 나귀 : 뷔리당이 착안했다는 비유. 한 마리의 나귀가 똑같은 건초더미 사이에서 꼼짝하지 않고 있다가 굶어죽는데, 왜냐하면 어느 쪽의 건초를 먹을지 결정할 수 없기 때문이다. 뷔리당(Johannes Buridan)은 14세기 철학자로 의지론에서 결정론과 비결정론을 중재하고자 했다.

경험적 내용을 엄격히 제거해야 할 것이다. 그리하여 그렇게 산출된 사상실험적(gedankenexperimentell) 조건들에서는 결정요인들 가운데 가능한 한 적은 수만이 드러나야 한다. 이보다 덜 우스꽝스러운 견본은 모두, 결정을 내리는 주체에게 결정요인들로 간주되어야 할 이성적 근거들을 지닌다. 이와 같은 실험들은 그 결정의 기준이 될 원칙으로 인해 어리석은 것이 되고 말며, 또 이 원칙은 그런 결정을 무가치하게 만든다. 뷔리당 스타일의 순수한 상황들은 자유의 증거를 위해 고안되거나 산출된 경우가 아닌 한, 원칙상 끼여들어서는 안 될 것이다. 설혹 그런 것이 확인되더라도 그것은 어떤 인간의 삶에 대해 아무 중요성도 지니지 못할 것이며, 따라서 자유에 대해 아무래도 좋을(ἀδιάφορον) 것이다.

물론 칸트의 여러 결정실험들은 그보다 더 많은 것을 요구한다. 그는 "자유를 과학 속에 도입할" 권리의 증거로서 그러한 것들을 끌어들인다. 왜냐하면 "경험도 우리 내면에 있는 개념들의 이러한 질서를 입증하기"[6] 때문이다. 그러나 그 자신의 이론에 따르면 단연코 초경험적인 것에 대한 경험적 증거들은 그로 하여금 의심을 하도록 만들 것이다. 왜냐하면 그로써 원칙상 비판적 사태와 분리되어 있다는 영역 속에 비판적 사태가 자리잡게 되기 때문이다.

이에 대한 본보기는 사실 엄밀하지 못하다. "누군가가 자신이 좋아하는 대상과 이를 위한 기회가 생긴다면 그로서는 자신의 쾌락적 성향을 전혀 거부할 수 없노라고 주장한다고 하자. 만일 그가 이 기회를 이용해서 쾌락을 누린 후에는 그를 매달기 위해 그의 집 앞에 교수대가 설치된다고 해도 그는 자신의 성향을 통제하지 않게 될 것인지 물어보자. 그러면 그가 어떤 대답을 할지는 오래 추측하지 않아도 될 것이다. 하지만 만일 그의 제후가 그와 마찬가지로 그럴싸한 핑계들로 어떤 성실한 사람을 파멸시키고 싶어 당장 사형을 시키겠다고 위협하면서 이 사람에게 불리한 허위증언을 하도록 요구할 경우, 그가 자신의 삶에 아무리 애착을 지녔다고 해도 이 애착을 극복하는 것이 가능하다고 생각할지 물어보자. 그가 그런 일을 하게 될지 하

---

6) 칸트, 『실천이성비판』, 전집 5권, 아카데미판, 30쪽.

지 않게 될지는 아마 그도 감히 단언하지 못할 것이다. 하지만 그는 생각할 것도 없이 그런 일을 할 수 있다고 인정할 수밖에 없을 것이다. 말하자면 그는 자신이 해야 한다는 것을 의식하기 때문에 어떤 일을 할 수 있다고 판단하며, 달리 도덕적 법칙이 없다면 그가 알 수 없었을 자유를 내면에서 인식하게 된다."[7]

추측하건대 칸트가 '쾌락적 성향' 때문에 비난한 사람 역시 칸트가 존경스럽게 제후라고 칭하는 폭군에게 협박당하는 사람과 마찬가지로 그런 일을 할 수 있다고 인정할 것이다. 자체보존의 중요성을 의식하면서 그러한 결정을 할 경우, 아마 두 사람 모두 실제의 상황에서 자신이 어떻게 행동하게 될지 모른다고 말하는 것이 사실일 것이다. '자아충동'(Ichtrieb)과 같은 심리적 계기나 죽음에 대한 불안은 급박한 상황에서라면 개연성 없는 사상실험에서와는 다르게 나타날 수밖에 없을 것이다. 이 사상실험에서는 그런 계기들이 아무 감정 없이 고려할 수 있는 표상으로 중화되기 때문이다. 아무리 성실한 사람의 경우에도 그가 고문대 위에서 어떻게 반응할 것인지 예언할 수는 없다. 칸트에게는 자명했던 것의 한계가 이제 결코 허구적이지 않은 상황으로 인해 드러난다. 그의 본보기는 그가 기대했듯이 실제의 사용에 근거해 자유 개념을 정당화하는 것을 허용하지 않는다. 그에 대해 기껏해야 경멸이나 할 수 있을 것이다.

사기도박꾼에 대한 예도 쓸모없기는 마찬가지다. "도박에서 돈을 잃은 자는 아마 자신에 대해, 자신의 어리석음에 대해 화를 낼 수 있을 것이다. 하지만 그가 도박에서 속임수를 썼다는 점을 의식할 경우(비록 그 때문에 돈을 땄더라도), 윤리적 법칙과 자신을 비교하면 당장 자신을 경멸할 수밖에 없을 것이다. 따라서 이는 자신의 행복을 위한 원칙과 다른 어떤 것임에 틀림없다. 왜냐하면 자기 자신에게 '비록 내 돈주머니를 가득 채웠지만 나는 쓸모없는 인간이다' 라고 말해야 할 경우, 자신을 칭찬하고 '나는 부자가 되었으니 영리한 사람이다' 라고 말하는 것과는 다른 판단 척도가 있어야 할

---

7) 같은 자리.

것이기 때문이다."[8]

사기꾼이 자신을 경멸할 것인지 하지 않을 것인지는, 설혹 그가 윤리법칙에 대해 반성한다고 가정해도, 명백히 경험적인 문제다. 그는 유아적으로 자신이 선택받은 자로서 모든 시민적 의무를 초월해 있다고 느낄지도 모른다. 또 성공한 속임수와 관련해서도 고소하다고 여기고, 나르시시즘으로 무장하여 이른바 자기경멸에 맞설지도 모른다. 또 그는 자신과 같은 사람들 사이에서 인정된 윤리법전에 따를 수도 있다. 그가 자신을 쓸모없는 자라고 욕할 수밖에 없다면, 이때의 파토스(Pathos)는 칸트가 그러한 예를 통해 논증하려는 칸트식 윤리법칙을 인정하는 데 근거한다. 예컨대 도덕적 광기라는 개념으로 포괄되는 모든 사람들의 집단에서는 그러한 법칙이 효력을 발휘하지 못하지만, 이들이 이성을 잃고 있는 것은 결코 아니다. 단지 은유적으로만 이들을 미친 사람으로 분류할 수 있을 것이다.

예지계에 대한 명제들 가운데 경험계에서 위안을 찾는 것은 경험적 기준들을 감수할 수밖에 없다. 그런데 이 기준들은 어떤 열등한 것으로서의 이른바 본보기에 대한 사변적 사상의 혐오감과 일치하여, 그러한 위안에 대치된다. 칸트의 경우 이 혐오감에 대한 증거들이 없지 않다. "판단력을 날카롭게 해준다는 점이 본보기들의 유일하고 중대한 이점이기도 하다. 왜냐하면 오성적 통찰의 타당성 및 정확성과 관련해 말하자면, 본보기들은 규칙들의 조건을 적합하게 충족시키는 일이 (한계사례로서) 드물며, 더욱이 규칙들의 충분성을 일반적으로 경험의 특수한 사정들과 무관하게 통찰하려는 오성의 노력을 종종 약화시키고, 그래서 결국 규칙들을 원칙보다는 공식으로 사용하는 데에 익숙해지도록 함으로써, 대개는 오성적 통찰을 다소 손상하기 때문이다. 결국 본보기들은 판단력이라는 천부적 재능이 결여되어 있는 사람에게는 없어선 안 될, 판단력의 보행기다."[9]

---

8) 같은 책, 37쪽.

9) 칸트, 『순수이성비판』 제2판, 전집 3권, 아카데미판, 97쪽. 헤겔도 특히 『철학사』에서, 본보기들의 철학적 사용을 신랄하게 반복하여 비판했다.

그렇기는 해도 칸트는 『실천이성비판』에서 자신의 통찰과는 반대로 본보 기들을 경멸하지 않았다. 이로 인해 그는 경험적 허위추론을 통해서말고는 형식적 윤리법칙과 현존재 사이의 관계 및 이와 아울러 명령법의 가능성을 설명할 수 없었기 때문에 본보기를 필요로 하지 않았느냐는 의심을 유발한 다. 그러나 이 본보기들이 공허한 것으로 사라짐으로써 그의 철학은 그에게 보복을 가한다. 도덕적 실험들의 불합리는 양립할 수 없는 것을 결합시켜놓 는다는 데 그 핵심이 있을 것이다. 즉 계산 가능한 것의 영역을 깨뜨리는 것을 계산해내겠다고 하는 점이 그 핵심일 것이다.[10]

부가요인

그렇기는 하지만 이 실험들은 그 모호한 경험에 상응하여 부가요인(das Hinzutretende)이라고 칭할 수 있는 한 가지 계기를 보여준다. 주체의 결 정들은 인과적 사슬을 통해 진행되는 것이 아니고, 오히려 일종의 충격이 이루어지게 된다. 의식은 이 부가요인 내지 사실적인 것(Faktisches)을 통

---

10) 칸트의 사상실험들은 실존주의적 윤리학과 유사하다. 선의가 고립된 행동이 아니라 어떤 삶의 연속체를 매체로 한다는 점을 잘 알았던 칸트는 선의가 어떤 것이어야 하는지를 증명하는 실험에서 선의를 두 가지 대안 사이의 결정으로 극단화한다. 그런데 그런 연속체는 이제 존재하기 어렵다. 그래서 사르트르는 결정의 문제에만 매달리는데, 이는 18세기로 퇴행하는 방식이라고 할 수 있다. 하지만 양자택일적 상황을 통해 자율성을 명시해야 한다면 그것은 모든 내용에 앞서 타율적이다. 칸트는 결정상황들을 나타내는 자신의 본보기들 가운데 하나 에서 어떤 폭군을 끌어들일 수밖에 없다. 이와 유사하게 사르트르의 본보기들 은 여러모로 파시즘에서 유래하는데, 이는 파시즘에 대한 탄핵으로서는 참이지 만 인간의 조건으로서는 그렇지 못하다. 어떠한 양자택일에도 굴복할 필요가 없는 자야말로 비로소 자유로울 것이다. 그리고 현존상황 속에서는 양자택일을 거부하는 것이 자유의 한 가지 흔적이다. 자유란 상황들의 비판과 변화를 뜻하 지, 그 강압적 구조 한가운데에서 결정을 내림으로써 이 상황들을 확증하는 것 이 아니다. 브레히트는 집단주의적 교육극 『예스맨』(Jasager)을 가지고 학생들 과 토론한 후, 그와 달리 진행되는 『노맨』(Neinsager)을 덧붙였다. 이때 그는 자신의 공식적 신조에 반대해 위와 같은 통찰이 발현되도록 기여했던 것이다.

해 외화되는데, 철학전통은 그것을 다시 의식이라고 해석할 뿐이다. 마치 순수한 정신의 개입이라는 것이 어떻게든 상상 가능하다는 듯이, 그 부가요인이 개입을 해야 한다는 것이다. 이를 위해서 증명되어야 할 어떤 것이 구성된다. 그러나 주체의 반성은 자연의 인과성을 깨뜨리지는 못할지라도 일련의 다른 동기를 덧붙임으로써 인과성의 방향을 바꾸고 싶어한다.

자유라는 계기의 자체경험은 의식과 결합되어 있다. 주체에게 자신의 행위가 자신과 동일한 것으로 나타나는 한에서만 주체는 자신을 자유롭다고 여기는데, 이는 단지 의식적 행위의 경우에만 해당된다. 의식적 행위들에서만 주체성은 힘들게, 일시적으로나마 머리를 쳐든다. 그러나 이 주체성을 고집하는 것은 합리주의적으로 제약되었다. 그런 한에서 칸트는 진정으로 '순수한' 이성, 즉 모든 자료에 비해 우월한 이성으로서의 실천이성이라는 자신의 구상에 합당하게, 이론적 이성 비판이 무너뜨린 학파에 사로잡혀 있었다. 의식 내지 이성적 통찰은 단순히 자유로운 행위와 동일한 것이 아니며, 의지와 온전하게 동일시할 수도 없다. 그런데 칸트의 경우 바로 그런 일이 이루어진다. 그의 경우 의지는 자유의 총괄개념이며 자유로이 행동할 '능력'이며, 자유롭다고 표상되는 모든 행동들의 특징의 통일체다.

'순수 의지의 규정근거'와 '필연적으로 결합'되어 있는 '초감성계 속의' 범주들에 대해 그는 이렇게 주장한다. "그것들은 언제나 이성적 존재로서의 본질들과만 관련되며, 또 이 이성적 존재들에서도 의지에 대한 이성의 관계 및 실천적인 것과만 관련된다."[11] 이성은 어떤 성격의 물질에도 얽매이지 않은 채 의지를 통해 현실을 만들어낸다는 것이다. 칸트의 도덕철학 저술들에 산재해 있는 여러 표현들은 그런 논의로 수렴될 것이다. 『윤리 형이상학 정초』에서는 의지가 "확실한 법칙의 관념에 따라 스스로를 행위로 규정하는 능력으로서 사유된다."[12][13] 같은 글의 뒷부분에 따르면, 의지는 "생명체들

---

11) 칸트, 『실천이성비판』, 56쪽 이하.
12) 칸트, 『윤리 형이상학 정초』, 427쪽.
13) '확실한 법칙의 관념'은 순수이성의 개념으로 귀결된다. 실제로 칸트는 그것을 '원칙들에 근거한 인식의 능력'이라고 정의한다.

이 이성적인 한에서, 그 생명체들의 인과성의 일종이다. 그리고 자유는 생명체들을 규정하는 낯선 원인들과 독립하여 작용할 수 있으므로 인과성의 특성일 것이다."14) '자유를 통한 인과성'이라는 모순어법은 제3이율배반 테제에 등장하며 『윤리 형이상학 정초』에서 설명되는데, 그것은 단지 의지를 이성과 동화되게 하는 추상 덕분에만 납득할 수 있는 것으로 된다. 실제로 칸트에게는 자유가 그것을 규정하는 낯선 원인들의 피안에 위치하며, 이성과 일치하는 필연성으로 수렴된다는 이유에서, 살아 있는 주체들의 인과성의 한 가지 특성으로 된다.

『실천이성비판』에서 그는 의지를 '목적들의 능력'15)이라고 파악하는데, 이러한 견해는 객관적 목적 개념을 지향함에도 불구하고 의지를 이론적 이성으로 해석한다. 왜냐하면 그런 목적들은 "언제나 원칙들에 의한 욕구능력들의 규정근거들이기 때문이다."16) 그러나 원칙이라는 말로는 단지 그 나름으로 감성세계에 속하는 욕구능력을 통제하는 능력을 암암리에 부여받는 이성의 법칙들만을 생각할 수 있을 것이다. 의지는 순수한 로고스(λόγος)로서 주체와 객체 사이의 임자 없는 영역으로 된다. 이는 이성 비판에서는 기대하지 않았던 만큼 이율배반적이다.

하지만 스스로를 해방시키는 근대적 주체의 자체반성 초기에는, 예컨대 『햄릿』에는, 인식과 행위의 괴리가 모범적으로 묘사되어 있다. 주체가 점점 더 대자적인 존재자로 되고 기존 질서와의 단절 없는 조화로부터 거리를 둘수록, 행위와 의식은 점점 더 일치하지 않게 된다. 부가요인에는 합리주의적 규칙에 비추어볼 때 비합리적인 측면이 포함된다. 이런 측면은 물질적 실체(res extensa)와 사유적 실체(res cogitans)라는 데카르트적 이원론을 파손한다. 이 이원론은 부가요인과 사상의 차이를 고려하지 않고 부가요인을 정신적인 것으로서 사유적 실체라고 간주한다. 부가요인은 정신외적인 것과 정신내적인 것

---

14) 같은 책, 446쪽.
15) 칸트, 『실천이성비판』, 59쪽.
16) 같은 자리.

의 이원론이 아직 완전히 고착되지 않았던 단계의 흔적 내지 충동으로서, 의도적으로 중재될 수 있는 것도 아니고 존재론적으로 궁극적인 것도 아니다.

이른바 의식적 사실들을 내용으로 하는 의지의 개념 역시 그 영향을 받는다. 그런데 순수하게 기술적으로(deskriptiv) 말하자면 그 의식적 사실들이라는 것은 단순히 그것에 머물지 않는데, 이 점은 의지가 실천으로 넘어가는 과정에 감추어져 있다. 정신내적이면서 동시에 육체적인 충동은 그것이 속하기도 하는 의식의 영역을 넘어서 나아간다. 충동과 더불어 자유는 경험 속으로 들어선다. 이는 맹목적 자연도 아니고 억압되는 자연도 아닌 상태로서의 자유 개념에 영혼을 불어넣는다. 인과적 상호의존성에 대한 어떤 증명을 통해서도 이성을 위축시키지 않는 자유의 환상은 정신과 자연의 화해에 대한 환상이다. 그것은 의지와 이성을 등치하는 칸트의 관점에서 나타나듯이 그렇게 이성에 대해 낯선 것이 아니며, 하늘에서 떨어지는 것도 아니다. 그것은 순수한 실천이성으로 환원된 의지라는 것이 일종의 추상이기 때문에 철학적 반성에 대해 무조건 타자처럼 나타난다.

부가요인이란 그 추상에 의해 삭제된 것을 나타내는 명칭이다. 그것이 없다면 실제로 의지라는 것은 전혀 존재할 수 없을 것이다. 이미 오래 전에 존재했던 것, 즉 거의 알아볼 수 없게 된 것과 언젠가는 존재할 수 있을 것이라는 양극단 사이에서 그것은 섬광처럼 나타난다. 자유의 이념을 충족시킬 행위들의 총괄개념인 진정한 실천에는 실제로 충분한 이론적 의식이 필요하다. 행동으로의 이행과정에서 이성을 삭제하는 결단론(Dezisionismus)은 행동을 지배관계의 자동현상에 내맡긴다. 그러한 결단론이 제 것으로 여기는 무반성적 자유는 총체적 부자유에 예속된다. 자연적 인과성을 긍정적으로(affirmativ) 연장하는 사회다윈주의(Sozialdarwinismus)와 결단론을 결합시킨 히틀러 제국은 그 점을 가르쳐주었다.

그러나 실천에는 의식으로 해소되지 않는 또 다른 어떤 것, 육체적인 것, 이성과 매개되어 있지만 이성과는 질적으로 구분되는 것이 필요하다. 그 두 계기들은 결코 분리되어 경험되지 않는다. 하지만 철학적 분석은 이 현상을, 마치 합리성에 어떤 타자가 추가된다는 식으로말고는 달리 철학의 언어로 전혀 표현될 수 없도록 정리했다. 칸트는 이성만을 실천의 동인으로 인정함으로써, 퇴색한 이론의 마법에 맞서 그것을 보완하기 위해 실천이성의 우선성을 고안해내고도, 그 마법에서 벗어나지 못했다. 그의 도덕철학 전체는 이 문제로 고생한다. 행동에서 순수한 의식과 다른 것, 칸트의 관점에서 행동을 촉구하는 것, 즉 갑자기 분출되어 나오는 그것이 자발성이다. 그런데 칸트는 이 자발성도 순수한 의식 속으로 옮겨놓았다. 왜냐하면 그렇지 않을 경우 '사유하는 자아'의 본질구성적 기능이 위험해졌을 것이기 때문이다. 그의 경우 배척당한 요인에 대한 기억은 정신내적으로 해석된 자발성에 대한 이중의 해석 속에서만 아직 잔존한다. 자발성은 한편으로 의식의 업무(Leistung), 곧 사유다. 다른 한편으로 그것은 무의식적이고 본의 아닌 것이며, 사유적 실체(res cogitans)의 피안에서 이루어지는 사유적 실체의 심장박동이다.

순수 의식 — '논리학' — 자체도 하나의 형성된 것이며, 자체의 발생과정을 흡수해버린 채 타당성을 얻게 된 것이다. 칸트에 의하면 의지는 순수 의식일 텐데, 그 순수 의식은 칸트의 강령이 은닉하는 의지의 부정이라는 계기에서 발생했다. 논리학은 자체에 맞서 밀폐된 실천이다. 논리학의 주관적 상관물인 정관적(kontemplativ) 태도는 아무것도 원하지 않는 태도다. 반대로 모든 의지적 행동은 논리학의 자족적 메커니즘을 깨뜨린다. 이는 이론과 실천을 대립관계로 몰아넣는다. 칸트는 이러한 사태를 전도시킨다. 부가요인이 의식의 증대와 더불어 점점 더 승화될지라도, 또 그로써 비로소 실체적이고 일관된 것으로서의 의지 개념이 형성될지라도 운동적 반응형식이 완전히 제거된다면, 예컨대 손이 더 이상 움직이지 않는다면 의지도 존재하지 않을 것이다.

위대한 합리주의 철학자들이 의지라는 말로 생각했던 것은 그에 대해 설명하지도 않은 채 이미 의지를 부정한다. 또 쇼펜하우어가 『의지와 표상으로서의 세계』 제4권*에서 자신을 칸트주의자로 여길 수 있었던 것은 부당하

---

* 쇼펜하우어의 주저 『의지와 표상으로서의 세계』(1819)는 '지식 이론' '자연철학' '미학' '윤리학' 4권으로 이루어져 있다.

지 않다. 의지가 없다면 의식도 없다는 사실이 관념론자들에게는, 마치 의지가 의식 이외의 아무것도 아닌 듯이 순전한 동일성 속에서 모호해진다. 선험적 인식론의 가장 심오한 구상인 생산적 구상력(produktive Einbildungskraft)에서는 의지의 흔적이 순수한 지적 기능에 편입된다. 일단 그러한 일이 이루어지면 자발성은 기이하게도 의지에서 은닉된다. 발생론적으로 이성은 충동에너지로부터 이의 분화과정으로서 발전했다. 모든 사유행위의 자의성(Willkür) 속에서 명시되고 주체의 수동적 '수용적' 계기들과의 구분을 위한 유일한 근거가 되는 의지가 없다면, 자체 의미상 어떠한 사유도 없을 것이다. 그러나 관념론은 그 반대를 확신하면서, 자신이 파괴되지 않으려면 그 점을 발설해선 안 되는 것이다. 이로써 관념론의 왜곡상태만이 아니라 진정한 사태와의 인접상태도 설명된다.

긍정적 자유의 허구

자유는 부자유의 구체적 형태에 상응하여 단지 규정적 부정을 통해서만 파악될 수 있다. 긍정적일(positiv) 경우 자유는 가상(Als ob)으로 된다. 예컨대 『윤리 형이상학 정초』에서 문자 그대로 그러하다. "이제 나는 다음과 같이 말하겠다. 즉 자유의 이념 아래서만 행위할 수 있는 모든 존재는 바로 그 때문에 실천적 관점에서 실제로 자유롭다. 다시 말해 그러한 존재에게는 자유와 불가분으로 결합되어 있는 모든 법칙들이 효력을 지닌다. 마치 그의 의지가 자체로서도 그렇거니와 이론적 철학에서도 유효하게 자유롭다고 선언되는 듯이 말이다."[17] 이 허구는 아마 바로 그 취약점 때문에 '이제 나는 다음과 같이 말하겠다'는 말로써 상당한 주관적 강세를 띠게 된다. 그런데 이러한 허구의 난점은 칸트가 다음과 같이 변명하고 있는 각주를 통해 조명된다. "자유를 단지 이성적 존재가 그들의 행위시에 이념적으로만 기초로 삼을 때 우리 의도에 충분하다고 받아들였는데……이는 내가 자유를 그 이

---

17) 칸트, 『윤리 형이상학 정초』, 448쪽.

론적 의도에서도 증명해야 할 의무에 얽매이지 않기 위해서였다."[18]

하지만 그는 그러한 이념 아래서만 행위할 수 있는 존재들, 곧 실제적 인간들을 염두에 둔다. 그리고 이런 존재들은 『순수이성비판』에 따른다면 인과성을 그 범주표에 기입해놓는 '이론적 의도'가 뜻하는 바이다. 마치 경험적 인간들의 의지가 이론적 철학에서도, 자연철학에서도 자유로운 것으로 입증된 듯이, 그들에게 자유를 인정해주는 데에는 칸트의 엄청난 노력이 필요했다. 왜냐하면 윤리법칙이 그들과 전적으로 통분될 수 없다면, 도덕철학 역시 아무 의미도 지니지 못할 것이기 때문이다. 도덕철학은 제3이율배반이 두 가지의 가능한 해답을 똑같이 일종의 무승부로 끝나는 경계선 침범이라고 비난한다는 점을 묵살하고 싶어할 것이다. 칸트는 존재하는 것과 존재해야 할 것의 이분법을 실천철학에서 엄격히 표방하지만, 제반 매개를 추구할 수밖에 없다. 그의 자유 이념은 역설적으로 된다. 즉 자유의 칸트식 개념과는 결합될 수 없는 현상계의 인과성에 동화되는 것이다.

칸트의 그릇된 추론들이 온갖 재치 있는 주장들보다도 우월한 것은 당당하고 순진무구한 태도 덕분이기도 하다. 이 순진무구한 태도로 그는 이상과 같은 점을, 자유의 이념 아래에서만 행동할 수 있고 그 주관적 의식이 자유의 이념과 결합되어 있는 존재들에 관한 명제로 표현한다. 그런 존재들의 자유는 그들의 부자유, 곧 달리는 어찌할 수 없다는 점을 토대로 한다. 그것은 동시에 자체의 자유 및 자체의 영적 삶의 무수한 타자에 대해 자존심 (amour propre) 때문에 착각할 수도 있는 경험적 의식을 토대로 한다. 자유의 존재(das Sein von Freiheit)는 공간적·시간적 현존재의 우연성에 내맡겨져 있다고 할 수 있을 것이다. 자유가 긍정적으로 소여 혹은 소여 한가운데의 불가피한 요인으로 설정되면, 그것은 직접 부자유로운 것으로 된다.

그러나 칸트 자유론의 역설은 현실 속의 그 입지에 엄격히 상응한다. 실존요인(Existentes)으로서의 자유에 대한 사회적 강조는 완화되지 않은 억압 혹은 심리학적으로 말해서 강압적 특징들과 손을 잡는다. 이것들은 자체

---

18) 같은 자리.

내적으로 적대적인 칸트 도덕철학에서, 경험적 조건들을 고려하지 않은 채 엄격히 처벌하려는 욕구가 의지의 자유에 대한 학설과 결합하는 형사학적 (kriminologisch) 실천과 공통점을 지닌다. 『실천이성비판』에서 자유를 위하여 명령법과 인간들 사이의 간극을 메워야 할 개념들 전체, 즉 율법·강요·존경·의무 등의 개념은 억압적이다. 자유에 근거하는 인과성은 자유를 복종으로 변조한다. 칸트는 그 후의 관념론자들처럼 강압 없는 자유를 감내하지 못한다. 뒤틀리지 않은 자유 개념은 이미 그에게 무정부상태에 대한 불안을 야기하는데, 이런 불안 때문에 훗날 부르주아 의식은 자신의 자유를 말살하려고 했다. 『실천이성비판』의 임의의 공식들에서는, 내용을 통해서보다는 오히려 어감을 통해서 더 그러하지만 그런 점을 인식할 수 있다. "그런데 법칙에 대한 의지의 자유로운 복종을 의식하는 것은, 모든 성향들에 가해지기는 하나 자신의 이성을 통해서만 가해지는 불가피한 강압과 결합된 상태에서, 법칙을 존중하는 것이다."[19]

칸트에 의해 두려움을 야기하는 위엄의 차원으로까지 아 프리오리한 것으로 변형된 것을, 심리분석자들은 심리학적 조건들에 기인하는 것으로서 설명한다. 관념론에서 자유를 추론 불가능한 강압으로 격하시키는 것, 바로 그것을 인과적으로 설명함으로써 결정론적(deterministisch) 과학은 현실적으로 자유에 기여한다. 이는 자유의 변증법 가운데 일부다.

사상의 부자유

전성기의 독일 관념론은 당시 『소년의 마술피리』(*Des Knaben Wunderborn*)*에 수록된 「사상은 자유롭다」(Die Gedanken sind frei)는 노래에 동의한다. 이 관념론의 강령에 의하면 존재하는 모든 것은 사상 혹은 절대

---

19) 칸트, 『실천이성비판』, 80쪽.

* 낭만주의 작가 아르님(Achim von Arnim)과 브렌타노(Clemens Brentano)가 수집한 독일 민요집.

자의 사상이어야 하므로 자유로워야 한다. 그러나 이는 단지 사상이 전혀 자유롭지 않다는 사실에 대한 의식을 달래려는 것일 뿐이다. 어떠한 사회적 통제에 앞서서도, 또 지배관계들에 대한 어떤 순응에 앞서서도 사상의 순수한 형식인 논리정연성(Stringenz)에 대해서는 부자유를 입증할 수 있다. 그것은 사유된 것에 대해서만 아니라, 집중을 통해 자신을 억제할 수밖에 없는 사유하는 자에 대해서도 강압인 것이다. 판단의 수행과정 속에 적응해 들어가지 못하는 것은 말살된다. 사유는 철학이 필연성의 개념으로 반영한 폭력을 미리부터 행사한다. 철학과 사회는 동일시를 통해 철학 속에서 극히 내적으로 매개된다. 오늘날 보편적인 과학적 사유의 규제는 이 해묵은 관계를 처리방식 및 조직형식들을 통해 외부로 끌어낸다. 그러나 강압적 계기 없이는 사유가 전혀 존재할 수 없을 것이다. 자유와 사유의 모순은 사유에 의해서도 사유를 위해서도 제거될 수 없으며 오히려 사유의 자체반성을 요구한다.

라이프니츠에서 쇼펜하우어에 이르기까지 사변철학자들은 인과성을 집중적으로 검토했는데 이는 정당했다. 인과성은 칸트의 토대 위에 있다고 생각하는 점에서 쇼펜하우어의 형이상학까지 포함하는 광의의 합리주의의 난제다. 순수한 사유형식들의 합법칙성, 곧 인식 근거(causa cognoscendi)가 효과 근거(causa efficiens)로서의 대상들에 투사된다. 인과성은 형식논리학적 원칙, 엄밀히 말해 노골적 동일성의 원칙인 무모순성을 객체들에 대한 물질적 인식의 규칙이라고 상정한다. 비록 역사적으로 발전과정은 그 반대로 진행되었더라도 그렇다. 이로 인해 지성(ratio)이라는 말은 이성 및 근거(Grund)라는 이중적 의미를 지닌다. 인과성은 이에 대해 죄값을 치러야 한다. 즉 흄의 통찰에 의하면, 인과성은 감각적으로 직접적인 어떤 것에도 호소할 수 없는 것이다. 그런 한에서 인과성은 독단론의 잔재로서 관념론 속에 끼여들어갔으며, 또 한편 인과성이 없다면 관념론은 그것이 추구하는 존재자에 대한 지배권을 행사할 수 없을 것이다. 동일성의 강압에서 벗어난다면, 아마 사유는 이 강압을 모방한 인과성이 없더라도 상관없을 것이다. 인과성은 자체로서 형식을 산출해내지는 못하는 내용에 대해 구속력 있는 것으로 형식을 실체화한다. 따라서 메타비판적 반성은 경험론을 수용할 수밖에 없을 것이다.

이에 대립해 칸트 철학 전체는 통일성의 징후 속에 놓여 있다. 이로 인해 그의 철학은 순수 형식들에서 유래하지 않는 '물질'을 상당히 강조하면서도 체계의 성격을 지니게 된다. 그는 자신의 후예들 못지 않게 그와 같은 것을 기대했던 셈이다. 그러나 여기서 주도적인 통일성은 이성의 개념 자체이며, 궁극적으로는 순수한 무모순성의 논리적 통일성이다. 칸트의 실천론에서는 이 통일성에 아무것도 첨가되지 않는다. 용어법상으로 암시된 순수 이론적 이성과 순수 실천적 이성 사이의 구분, 또 이와 마찬가지로 형식논리학적 이성과 선험논리학적 이성의 구분 그리고 궁극적으로는 다소 좁은 의미의 이념론 구분은 이성 자체 내부의 차이들이 아니라 단지 이성의 사용과 관련된 차이들일 뿐이다. 그리고 이 이성의 사용은 대상들과는 전혀 아무런 상관도 없거나 대상들의 단순한 가능성에만 관계하거나 아니면 실천이성처럼 그 대상들, 즉 자유로운 행위들을 스스로 만들어낸다는 것이다.

논리학과 형이상학이 같은 것이라는 헤겔의 강령은 아직 테마로 다루어지지는 않아도 이미 칸트의 이론에 내재한다. 칸트에게는 이성 자체의 객관성, 즉 형식논리학적 타당성의 총괄개념이 모든 물질적 영역에서 치명적으로 비판받는 존재론의 도피처로 된다. 이 점이 세 가지 비판의 통일성을 만들어낸다. 바로 이러한 통일성의 계기로서 이성은 때때로 변증법을 자극하는 데 도움이 된 이중적 성격을 획득한다. 칸트의 경우 이성은 한편으로 사유와 구분되는 주관성의 순수한 형태이며, 다른 한편으로 객관적 타당성의 총괄개념 내지 모든 객관성의 근원상이다. 이성의 이중적 성격으로 인해 칸트 철학은 다른 독일 관념론자들의 경우와 마찬가지로 전환을 이룩할 수 있다. 즉 유명론적으로 주관성을 제거해낸 진리와 모든 내용의 객관성을, 바로 그것이 제거한 주관성에 의거해 가르치는 것이다. 이성 속에서는 양자가 이미 하나라는 것이다. 물론 이 경우 객관성이라는 말이 뜻하는 것, 곧 주체에 대립하는 것은—칸트가 아무리 그 점을 받아들이지 않더라도—추상을 통해 주체 속에서 소멸한다.

그러나 이성 개념의 구조적 이중성은 의지의 개념에도 전파된다. 의지의 개념이 자발성의 이름으로, 곧 주체에서 결단코 대상화될 수 없는 것의 이름으로 주체 이외의 아무것도 아니어야 하는가 하면, 그것은 견고하고 동일적인 것으로서 이성과 마찬가지로 대상화되고, 사실적·경험적 세계 한가운데에서 가설적이기는 하지만 사실적인 능력으로 되며, 그래서 이 경험세계와 통분될 수 있게 된다. 단지 의지의 아 프리오리하게 존재적인 성격, 즉 마치 어떤 특성처럼 현존하는 성격 덕분에, 자가당착에 빠지지 않으면서 의지가 그 객체인 행위를 만들어낸다고 판단할 수 있는 것이다. 의지는 그것이 작용하는 세계에 속한다. 의지에 대해 이 점을 확언할 수 있다는 것은 순수이성을 무차별개념(Indifferenzbegriff)으로 설정한 데 대한 보상이다. 의지는 그에 대한 대가를 치를 수밖에 없다. 대상화를 포기하는 모든 충동은 타율적인 것으로서 의지로부터 추방되는 것이다.

'형식주의'

칸트에 맞서 체계내재적으로 제기될 수 있는 반론, 즉 이성을 그 객체들에 따라 구분하는 것은 자율성론을 위반하는 것이며, 이성을 그것이 아니어야 할 것, 곧 이성외적인 것에 예속시킨다는 반론이 그렇게 심각하지는 않을 것이다. 그러한 불일치 속에서는 칸트가 배제해버린 것, 즉 이성의 비동일자에 대한 내적 의존관계가 그의 의도에 맞서 발현된다. 다만 칸트는 거기까지는 나아가지 않는다. 이른바 이성의 모든 적용분야들에서 이성이 통일성을 이룬다는 학설은 이성과 이성의 적용대상 사이의 확고한 구분을 상정한다. 하지만 이성이 어쨌든 이성이기 위해서는 필연적으로 그 적용대상과 관계맺기 때문에, 그의 이론과는 반대로 자체로서도 그 적용대상에 의해 규정되어 있다. 예컨대 객체들의 특성은 실제로 해야 할 일에 대한 판단들에는 칸트의 이론적 원칙들에와 질적으로 다르게 작용한다. 이성은 그 대상들에 따라 자체로서도 분화된다. 그래서 이성을, 상이한 타당성의 등급을 지니기는 해도 늘 동일한 것으로, 즉 상이한 대상영역들에 외적으로 각인해서는 안 된다.

이 점은 의지론에도 해당된다. 의지는 그 질료인 사회와 분리되어(χωρίς) 있지 않다. 만일 의지가 사회와 분리되어 있다면 정언명령이라는 것은 그 자체를 위반하게 될 것이다. 왜냐하면 이 정언명령의 질료일 뿐인 다른 인간들이 자율적 주체에 의해 목적이 아니라 단지 수단으로만 이용될 것이기 때문이다. 이것이 단자론적 도덕 구성의 자가당착이다. 단순한 이론적 태도보다 명백히 더 구체적인 도덕적 태도가——실천이성은 그것에 '이질적인 것' 인 모든 객체로부터 독립해 있다는 교리의 결과로서——이론적 태도보다도 더 형식적으로 된다.

칸트 윤리학의 형식주의는 셸러 이래의 반동적 독일 강단철학이 낙인찍었듯이 그저 저주받아 마땅할 뿐인 것은 아니다. 그것은 행해야 할 일에 대한 긍정적 결의론*을 제공하지 않지만, 특권과 이데올로기를 위한 내용적 · 질적 차이들의 악용을 인도적으로 방해한다. 그것은 보편적 법규범을 약정한다. 그런 한에서 그 추상성에도 불구하고 또 바로 이 추상성 때문에, 그 속에서는 어떤 내용적 요소 즉 평등의 이념이 존속한다.

칸트의 형식주의를 너무 합리주의적이라고 본 독일의 비평계는 파시즘적 실천을 통해 자신의 잔인한 색깔을 고백했다. 여기서는 누가 살해되어야 할 것인지의 문제가 어떤 맹목적 외관, 즉 어떤 특정한 종족에 속하느냐 속하지 않느냐 하는 데 달려 있었던 것이다. 이런 구체성의 가상적 성격, 즉 완성된 추상 속에서 인간들을 자의적 개념들로 통합하고 이에 따라 취급한다는 사실이 그 이래로 '구체적' 이라는 단어를 더럽힌 오점을 씻어주지는 못한다. 하지만 그렇다고 해서 추상적 도덕성에 대한 비판을 취소하자는 것은 아니다. 특수자와 보편자가 여전히 화해되지 않은 상태에 비춰보면, 추상적

---

* 결의론(Kasuistik)이란 여러 가지 의무들간에 갈등이 있을 경우 어떤 결정을 내리는 일에 대한 규칙들을 말한다. 칸트도 일종의 결의론을 인정하지만 어떤 하나의 원칙을 특수한 경우에 어떻게 적용할 것인가에 대한 논의 수준에 머물고 상세한 학설로 발전시키지는 않는다.

도덕성은 단기적으로 영원한(kurzfristig ewig) 규범들의 물질적 가치윤리(materiale Wertethik)라는 것과 마찬가지로 충분하지 못하다. 원칙으로 선별될 경우, 어느 한쪽에 호소하는 것은 다른 쪽에 호소하는 것과 마찬가지로 그 상대편에 대한 불의가 될 것이다.

칸트의 실천이성을 탈실천화하는 것, 곧 그것의 합리주의와 그것의 탈대상화는 서로 접합되어 있다. 그것은 탈대상화됨으로써 비로소 경험세계 속에서 이 경험세계 및 행동(Handeln)과 행위(Tun) 사이의 도약을 염두에 두지 않고 작용할 수 있게 될 절대적 최고존재로 된다. 순수한 실천이성의 강령은 자발성을 명상으로 다시 옮기는 작업을 준비한다. 또 그것은 추후 시민계급의 역사에서 실제로 수행되었으며, 지극히 정치적 의미를 지니는 정치적 무관심(Apathie)을 통해 완성되었다. 실천이성의 주관화가 완성됨으로써 실천이성의 즉자존재적 객관성이라는 가상이 만들어진다. 이로써 실천이성이 존재론의 심연을 넘어서 존재자에 어떻게 도달하여 개입하게 될지는 더 이상 밝혀지지 않는다. 이 점이 칸트의 윤리법칙에 담긴 비합리적 요소의 뿌리다. 즉 그가 모든 이성적 투명성을 부인하는 소여성이라는 말로 표현한 것의 뿌리인 것이다. 그것은 반성의 진행을 중단시킨다.

그의 경우 자유는 실천 영역에서도 이성의 불변적 자체동일성(Sich-Selbstgleichheit)으로 귀결되기 때문에, 이성이라는 말과 의지라는 말을 구분해주는 요소를 상실한다. 의지는 자체의 총체적 합리성을 통해 비합리적으로 된다. 『실천이성비판』은 현혹의 연관관계 속에서 움직인다. 『실천이성비판』에서는 이미 정신이 행동의 대용품으로 복무한다. 이때 행동은 순수한 정신 이외의 아무것도 아니어야 할 것이다. 이는 자유에 대한 사보타주다. 칸트의 경우 자유의 담당기관인 이성은 순수한 법칙과 일치한다. 자유에는 칸트 이론에서 타율적이라고 여겨지는 요인이 필요할 것이다. 이성적 판단이 없을 때와 마찬가지로, 순수이성의 척도로서 우연한 요인이 없다면 자유도 없을 것이다. 자유와 우연의 절대적 구분은 자유와 합리성의 절대적 구분과 마찬가지로 자의적이다. 법칙성에 대한 비변증법적 척도에 따르면 자유에서는 언제나 어떤 우발적인 면이 나타난다. 자유는 법칙 및 우연이라는 부분적(partikular) 범주들을 넘어서는 반성을 요구한다.

사물로서의 의지

이성의 근세적 개념은 일종의 무차별(Indifferenz) 개념이었다. 그 개념에서는 순수 형식으로 환원된——그리고 이로써 잠재적으로 객관화되고 자아로부터 유리된——주관적 사유가, 자체의 본질구성(Konstitution)을 포기한 논리적 형식들의 타당성과 균형을 이루었다. 하지만 이 타당성은 또 주관적 사유 없이는 상상할 수도 없을 것이다. 칸트의 경우 의지의 표현인 행위들은 그러한 객관성에 관여한다. 또 그것들은 대상들이라고 칭해지기도 한다.[20] 이성의 모델을 모방한 그것의 대상성은 행위와 대상의 종차를 무시하는 것이다. 행위들의 상위개념 또는 통일성 계기(Einheitsmoment)인 의지는 그와 유사하게 대상화되어 있다.

그런데 명백한 모순에도 불구하고 이로써 의지가 이론적으로 겪게 되는 바에 진리내용이 완전히 결여되어 있는 것은 아니다. 개별 충동들에 비추어 볼 때 의지는 실제로 자아의 통일성 원칙이 '그 자아의' 현상들에 맞서 일정한 자립성을 지니는 한, 자립적이며 마치 사물적인 듯하기도 하다. 자립적이고 또 그런 한에서 대상적인 의지에 대해서는, 강력한 자아나 좀 낡은 말로 성격(Charakter)에 대해서와 마찬가지로 거론할 수 있다. 칸트의 구성(Konstruktion) 바깥에서도 이 의지는 자연과 예지계 사이의 중간물이며,

---

20) "실천이성이라는 개념을 나는 자유를 통해 가능한 어떤 활동으로서의 객체라는 표상으로 이해한다. 따라서 하나의 인식으로서의 실천적 인식의 대상이 된다는 것은 단지 의지가 행위에 관계함으로써 그 의지 혹은 그 반대가 현실화되리라는 것을 의미할 뿐이다. 또 어떤 것이 순수한 실천이성의 대상이냐 아니냐 하는 판단은 우리가 그럴 능력을 가졌을 경우(이에 대해서는 경험이 판단할 수밖에 없다) 어떤 객체가 형성되도록 하는 행위를 의지할(wollen) 가능성과 불가능성을 구분하는 것일 뿐이다"(칸트, 『실천이성비판』, 전집 5권, 아카데미판, 57쪽).

그래서 벤야민은 그것을 이러한 중간물로서 운명과 대조하기도 했다.[21] 개별 충동들을 종합하고 규정하는 의지로 그것들을 대상화하는 일은 그 충동들을 승화시키는 일이다. 즉 일차적 충동목표를 성공적으로 전위시키고 지속될 수 있게, 다른 쪽으로 전환시켜내는 것이다. 그것이 칸트의 경우에는 의지의 합리성이라는 말로써 충실히 표현되고 있다. 이를 통해 의지는 그것의 '질료'인 산만한 충동들과 다른 것으로 된다. 어떤 인간에게서 그의 의지를 강조하는 것은 그의 행위들의 통일성 계기를 뜻하는 것이며, 이는 그 행위들을 이성 아래 복종시키는 것이다. 『돈 조반니』(*Don Giovanni*)의 이탈리아판 제목에서는 이 방탕아가 '일 디솔루토'(il dissoluto), 곧 해체된 자라고 지칭된다. 또 추상적 이성법칙에 따르는 인격의 통일로서 도덕(Moral)이라는 말이 쓰이기도 한다.

칸트의 윤리론은 주체의 총체성이 생명을 지니도록 해주지만 또 그 총체성 바깥에서는 의지가 될 수 없는 계기들에 대한 주도권을 그 총체성에 인정해준다. 이러한 발견은 진보적이었다. 즉 그것은 추후 부분적 충동들에 대해 결의론적으로(kasuistisch) 판단하는 것을 방해했다. 또 그것은 그의 저술들의 정당성을 내적으로 종결짓기도 했다. 그 점은 자유에 도움을 주었다. 주체는 그 자신으로서 도덕적으로 되며, 그에게 이질적인 내적·외적 부분 요인에 비추어 평가되어서는 안 된다. 주체의 의식이 사회 법칙을 받아들이지 못하는 가운데 사회는——단테의 경우조차 그랬듯이——주체의 행동들을 심판하지만, 주체는 유일한 윤리적 법정으로서 의지의 이성적 통일성을 설정함으로써 위계적 사회가 그에게 가하는 폭력에 맞선 보호책을 얻는다. 개별 행위들은 허용되며, 어떠한 고립적 행위도 절대적으로 선하거나 악하지는 않다. 행위의 척도는 행위의 통일 원칙인 '선한 의지'다. 신분제 질서의 조직이 점점 더 긴밀한 모습을 띨수록 인간의 보편적 면모는 파편화되는데, 이 신분제 질서의 반사작용들 대신 전체로서의 사회의 내면화가 등장한다. 비록 의지를 대상화하는 데에는 허위의식이 담겨 있지만, 도덕을

---

21) 벤야민, 전집 1권(프랑크푸르트 : 1955), 36쪽 이하 참조.

이성의 냉정한 통일성에 내맡긴 것은 칸트의 시민적 탁월성이었다.

이율배반의 객관성

칸트에 따르면 자유 및 부자유에 대한 주장은 모순들로 귀결된다. 따라서 그에 대한 논쟁은 아무 성과도 없다고 한다. 과학적·방법적 기준들의 가설 아래, 모순적 대립의 가능성을 지닐 수 있는 정리들(Theoreme)이 이성적 사유에 의해 제거될 수 있다는 점이 자명한 듯이 진술된다. 이런 생각은 헤겔 이래 더 이상 고수할 수 없게 되었다. 모순은 사물 자체에 담긴 모순일 수 있으며, 처음부터 처리법의 탓으로 돌릴 수는 없는 것이다. 자유에 대한 관심의 절박성은 그러한 객관적 모순성을 암시한다.

칸트는 이율배반들의 필연성을 명시함으로써 사이비 문제의 구실을 경멸했지만, 무모순성의 논리에 재빠르게 굴복했다.[22] 선험적 변증론에는 그에 대한 의식이 결코 없지 않다. 물론 칸트의 변증론은 아리스토텔레스의 본보기에 따라 궤변의 변증론으로 제시된다. 그러나 그것은 테제와 안티테제를 각각 자체로서는 모순 없이 전개한다. 그런 한에서 그것은 그 대립을 속 편하게 제거하는 것이 결코 아니며, 오히려 이 대립의 불가피성을 명시하려고 한다. 그러한

---

22) "왜냐하면 우리를 필연적으로 경험 및 모든 현상들의 한계를 넘어서도록 몰고 가는 것은 무조건적인 것인데, 이성은 이것을 물자체 속에서 필연적이면서 충분히 정당하게 모든 조건지어진 것에 대해 요구하며 이로써 또한 조건들의 계열이 완성될 것을 요구하기 때문이다. 그런데 우리의 경험적 인식이 물자체로서의 대상들 자체를 지향한다고 가정하면, 모순 없이는 그 무조건적인 것을 전혀 생각할 수 없다는 점이 드러난다. 그에 반해 우리에게 주어지는 사물들에 대한 우리의 표상이 물자체로서의 사물들을 지향하는 것이 아니라 오히려 현상들로서의 이 대상들이 우리의 표상방식을 지향한다고 가정하면 모순이 사라진다는 점도 드러난다. 따라서 또한 그 무조건적인 것은 우리가 알고 있는 (우리에게 주어지는) 한에서의 사물이 아니라, 우리가 알지 못하는 한 곧 물자체로서의 사물들에서 접하게 될 수밖에 없다는 점도 드러난다. 그렇다면 처음에 우리가 단지 시험삼아 가정한 것이 논증되었다는 점을 알 수 있다"(칸트, 『순수이성비판』, 전집 3권, 아카데미판, 13쪽 이하).

대립은 좀더 높은 단계의 반성을 통해 비로소 '해소될' 수 있다고 한다. 말하자면 논리적 이성이 그 즉자존재에 대해 알지 못하고 따라서 이성으로서는 긍정적으로 판단할 자격을 지니지 못하는 것, 바로 그러한 것에 대한 논리적 이성의 실체화로 해소되리라는 것이다. 이성에 모순이 불가피하다는 점은 모순이 이성 및 '논리'로부터 추출된 것임을 가리킨다. 내용상으로 이는 이성을 지니는 주체가 자유롭기도 하고 부자유롭기도 할 가능성을 허용한다.

칸트는 비변증법적 논리학을 통해, 순수 주체와 경험적 주체를 구분하고 이 두 개념의 매개상태를 간과하는 가운데 그 모순을 무마한다. 주체는 자기 자신의 객체로서, 범주들을 통한 합법칙적 종합에 예속되어 있는 한에서 부자유롭다고 한다. 경험세계에서 행위할 수 있으려면 주체는 실제로 '현상'으로서 표상될 수밖에 없다. 칸트가 이 점을 언제나 부인하는 것은 결코 아니다. 『순수이성비판』과 일치하여 『실천이성비판』이 주장하는 바에 따르면, 사변적 비판은 "경험의 대상들 자체를, 그 가운데 우리 자신의 주관까지도 단지 현상으로서만 유효하게"[23] 한다는 것이다. 종합 내지 매개는 긍정적으로 판단되는 어느 것으로부터도 추출되는 것이 아니다. 사상의 통일성 계기인 그것은 사유된 모든 것을 포괄하며 그것을 필연적인 것으로 규정한다. 자유의 조건인, 확고한 동일성으로서의 강력한 자아에 대한 논의도 같은 처지에 놓이게 된다. 그것은 분리에 대해 아무 힘도 지니지 못할 것이다.

인격의 대상화는 칸트식으로 말해서 본질구성요인(Konstituens)의 영역이 아니라 본질구성물(Konstitutum)의 영역에만 자리잡을 수 있을 것이다. 그렇지 않다면 칸트는 자신이 합리주의자들에게 비난했던 논리적 오류를 범할 것이다. 그러나 주체는 자신의 합법칙성의 근거인 자신의 동일성을 정립함으로써, 칸트식으로 말해 그것을 '본질구성함'(konstituiert)으로써, 자유롭다고 한다. 본질구성요인은 선험적 주체이고 본질구성물은 경험적 주체이어야 한다는 주장으로써 모순을 제거할 수는 없다. 왜냐하면 의식의 통일체로 개별화되지 않고, 따라서 경험적 주체의 계기로서말고는 달리 어떠

---

23) 칸트, 『실천이성비판』, 6쪽.

한 선험적 주체도 존재할 수 없기 때문이다.

선험적 주체는 환원 불가능한 비동일자를 필요로 하며, 이는 동시에 합법칙성에 제한을 가한다. 이 비동일자가 없다면 주관성의 내재적 법칙과 마찬가지로 동일성도 존재할 수 없을 것이다. 단지 비동일자에 대해서만 그것은 하나의 법칙이며 그렇지 않다면 동어반복일 것이다. 주체의 동일시 원칙 자체가 사회의 내면화된 원칙이다. 그 때문에 사회적으로 존재하는 실제의 주체들에서는 오늘날까지도 부자유가 자유에 대해 우월성을 지닌다. 동일성 원칙에 따라 만들어진 현실의 내부에서는 어떠한 자유도 긍정적으로 현존하지 못한다. 보편적 속박 아래서 사람들이 내적으로는 동일성 원칙 및 명백한 결정요인들로부터 벗어나 있다고 여겨지는 곳에서도, 당분간 그들은 결정되어 있는 처지 이상이 아니라 그 이하에 머물 것이다. 정신분열증으로서의 주관적 자유는 인간을 무엇보다도 자연의 마법 속에 동화하는 파괴적 요인일 것이다.

의지에 대한 변증법적 규정

약화된 상태로나마 상상 속에도 잔존해 있는 육체적 충동들이 없는 의지는 의지도 아닐 것이다. 하지만 동시에 의지는 충동들의 집중적 통일로서, 충동들을 제어하고 잠재적으로는 부정하는 장치로 자리를 잡는다. 이 때문에 의지를 변증법적으로 규정할 필요가 있다. 의지는 의식이 자체의 영역을 떠나고 이로써 단순히 존재하는 것을 변화시키도록 해주는, 의식의 힘이다. 이 격변이 저항이다. 의문의 여지없이 그에 대한 기억이 도덕의 선험적 이성론에 늘 따라다녔다. 예컨대 철학적 의식과 무관한 윤리법칙의 소여성에 대해 칸트가 내린 단언에서도 그러했다. 그의 테제는 타율적이고 권위주의적이지만, 윤리법칙의 순수한 이성적 성격을 제한하는 점에서는 진리의 계기를 지닌다.

유일한 이성이라는 것을 엄밀히 받아들인다면 그것은 온전한 철학적 이성 이외의 아무것도 아닐 것이다. 그러한 동기는 도덕성의 자명성에 대한 피히테의 공식에서 절정을 이룬다. 하지만 의지의 합리성에 따르는 양심의 가책으로서 의지의 비합리성은 일그러지고 그릇된 것으로 된다. 일단 의지가 이성적 반성에서 벗어난 자명한 것이어야 한다면, 이 자명한 것은 해명되지 않은 후진상태 및 억압에 도피처를 허용하게 된다. 자명성은 문명상태(das Zivilisatorische)의 표지다. 즉 유일한 것, 불변적인 것, 동일한 것은 선하다는 생각이 그것이다. 그러한 것에 순응하지 않는 것, 또 논리 이전적인 자연적 계기의 모든 유산은 직접적으로 악이 되는데, 이는 그 대립상(Gegenbild)의 원칙과 마찬가지로 추상적이다. 과거의 것, 굴복한 것, 그러나 완전히 굴복하지는 않은 것의 사후존재(Postexistenz)가 시민적 입장에서는 악이다. 그러나 그것은 그것의 폭력적 대립물과 마찬가지로 무조건 악하지는 않다. 이에 대해서는 단지 그때 그때 그 계기들이 의식에 도달할 수 있는 범위에서 일관되게 반성하는 의식만이 결정할 수 있다.

엄밀히 말해 이론의 가장 진보적인 수준이라는 것말고 달리 올바른 실천 및 선 자체에 대한 심판의 장치는 없다. 의지를 조종하게 될 선의 이념은, 그 속에 구체적인 이성적 규정들이 들어차지는 않더라도 부지불식간에 사물화된 의식, 곧 사회적으로 인정된 것에 복종한다. 이성과 유리되어 자체 목적으로 선언된 의지의 승리를 국가사회주의자들은 어느 전당대회에서 공인했는데, 그러한 의지는 이성에 대항하는 모든 이상들과 마찬가지로 흉악한 짓을 저지를 태세를 갖추고 있다. 선한 의지의 자명성이라는 것은 그러한 기만 속에서 완강한 것으로 되는데, 이는 의지가 저항해야 마땅할 권력의 역사적 침전물이라고 할 수 있다. 그러한 위선에 맞서 의지의 비합리적 계기는 모든 도덕성을 원칙적으로 틀릴 수 있는 것이라고 판결한다. 도덕적 확실성은 존재하지 않는다. 그것을 상정하는 것부터가 이미 비도덕적이며, 어쨌든 윤리라고 칭해질 수 있는 것으로부터 개인을 그릇되게 벗어나도록 해주는 것이다.

사회가 모든 상황에 이르기까지 점점 무자비하게 객관적으로 적대관계 속에 얽혀들어갈수록, 어떤 개별적인 도덕적 결정은 타당한 것으로 보장받기 어렵게 된다. 개인이나 집단이 그들로 구성된 사회의 총체성에 맞서 무엇을 기도하든지간에 그것은 이 총체성의 악에 감염되는데, 이 점은 아무 일도 하지 않는 자의 경우에도 마찬가지다. 원죄라는 것이 이 상태로 세속화된 셈이다. 도덕적으로 확실하다고 망상하는 개별 주체는 좌절하고 공범관계에 빠지는데, 그 이유는 그가 그러한 질서 속에 얽혀들어가 윤리적 자질에 호소하는 조건들, 즉 그 질서의 변화를 열망하는 조건들에 관해 거의 아무것도 할 수 없기 때문이다. 도덕이 아니라 도덕적인 것(das Moralische)의 그러한 타락을 나타내기 위해 전후의 재치 있는 현대독일어는 '지나친 요구'(Überforderung)라는 표현을 고안해냈는데, 이 또한 일종의 변론 도구일 뿐이다.

도덕적인 것에 대한 생각할 수 있는 모든 규정들은, 이성으로서의 자의식의 통일성같이 극히 형식적인 규정들까지도, 도덕철학이 연루되지 않고 싶어하는 질료(Materie)로부터 형성되어 나온 것이다. 오늘날 도덕은 그것이 혐오하는 타율성에 되맡겨졌고, 그래서 자체 지양의 경향을 띤다. 재료(Material)에 호소하지 않고는 이성으로부터 어떠한 당위(Sollen)도 흘러나올 수 없을 것이다. 그러나 이성은 일단 재료를 추상적으로(in abstracto) 그 가능성의 조건으로서 인정할 수밖에 없다면, 특유의 재료에 대한 성찰을 저지해선 안 될 것이다. 그렇지 않으면 이성은 타율적으로 될 것이다.

돌이켜보면 도덕적인 것의 긍정성, 즉 주관적 관념론자들이 도덕적인 것에 관해 단언한 무오류성(Unfehlbarkeit)은 아직 어느 정도 폐쇄적이었던 사회의 기능이거나, 적어도 그 사회 속에 제한된 의식에 대해 그런 사회의 가상이 가졌던 기능이었음이 드러난다. 인도주의의 조건 및 한계들이라는 말로 벤야민은 그 점을 뜻했을 것이다. 칸트와 피히테의 교리가 요구한, 이론에 대한 실천이성의 우선성은 엄밀히 말해 이성에 대한 이성의 우선성이라고 할 수 있다. 그것은 전통주의적 단계에 대해서만 타당하다. 이 단계의 수준은 관념론자들이 해소하겠다고 망상한 의심들을 결코 견뎌내지 못했던 것이다.

명상

마르크스는 실천 이성의 우선성이라는 테제를 칸트와 독일 관념론으로부터 받아들였으며, 세계를 단지 해석만 할 것이 아니라 변혁해야 한다는 요구로까지 첨예화시켰다. 이로써 그는 근원적으로 부르주아적인 절대적 자연지배의 강령에 동의한 것이다. 동일성 원칙의 현실적 모델, 곧 주체와 같지 않은 것을 주체와 같게 만들려는 노력 자체에 대해 변증법적 유물론은 논박을 가하지만, 그러한 모델은 주효하게 된다. 그러나 마르크스는 개념에 내재적인 현실을 밖으로 뒤집어놓듯이, 변혁을 준비한다. 그의 주장에 의하면 이제 때가 되었다는 실천의 목적은, 시민사회를 꿰뚫고 지배한 형태의 실천 우선성을 청산하는 것이었다. 생산력이 해방되어, 궁핍 때문에 불가피하고 나아가 인간 내부에서 자동화되는 실천이 인간을 더 이상 삼켜버리지 않게 되기만 한다면, 비인간성을 수반하지 않는 명상도 가능할 것이다.

아리스토텔레스가 처음 최고선(summum bonum)으로서 전개한 명상, 즉 실천의 영역 아래에서 만족하는 오늘날까지의 명상의 나쁜 측면은 그것이 바로 세계 변혁에 대한 무관심을 통해 고루한 실천의 일부로 되었다는 점, 즉 그것이 방법 및 도구로 되었다는 점이다. 노동을 가능한 한 최소로 축소시킬 경우 실천의 개념은 근본적인 영향을 받을 수밖에 없을 것이다. 실천을 통해 해방된 인류에게 주어질 인식은, 이데올로기적으로 과장되고 주체들을 이렇게든 저렇게든 허둥거리게 만드는 실천과 구분될 것이다. 그러한 인식의 반사광이 오늘날의 명상 위에 비춰진다.

정신의 행복은 가난한 나라들에서 폭증하는 주민들의 점증적 불행 한가운데에서, 이미 겪은 파국과 또 다쳐오는 파국 앞에서 허용되지 않는다는 반론이 포이어바흐 테제에서 추론되어 흔히 통용되고 있다. 그러나 이러한 반론은 대개 무능력을 미덕으로 삼는다는 점 이상의 문제를 안고 있다. 사실 이제는 정신을 제대로 향유할 수 없다. 왜냐하면 자체의 무가치성을, 즉 자신에게 허용된 꾸어온 시간을 꿰뚫어보아야 하는 행복이란 어떠한 행복도 아닐 것이기 때문이다. 그런 행복은 아직 작동하고 있을 때에도 주관적으로조차 이미 공허하다. 변혁적 실천에 대한 인식의 가능한 관계는 적어도 당분간 마비되어 있는데, 그런 인식은 그 자체로도 축복이 아니라는 점을 수많은 것들이 증언한다. 실천은 연기되며 또 기다려주지도 못한다. 이로 인해 이론도 병이 든다.

하지만 어떤 일을 하든 좀더 나은 일을 원하는데도 결국은 형편없는 상황으로 끝나게 될 위험에 처해 있는 자는 생각을 할 수밖에 없을 것이다. 이런 점이 사유를 정당화할 뿐 아니라 정신에서 얻을 수 있는 행복을 정당화해주기도 한다. 사유의 수준은 결코 추후에 가능한 실천과의 어떤 투명한 관계의 수준이어야 할 필요가 없다. 실천에 대한 사유가 설혹 적나라한 강압 때문에 실천을 미루어놓을지라도 이에는 언제나 어떤 부적합한 요인이 따른다. 하지만 '누구에게 유익한가'(cui bono) 하는 문제로 자신의 사유를 속박하는 자는 모든 것을 망쳐놓기 쉽다. 유토피아주의에 대한 경고에 따른다면, 언젠가 어떤 더 나은 실천에는 무엇이 부여되고 그 과제가 무엇일 것인지를 사유는 지금 이 자리에서 간파할 수 없다. 이는 실천이 그 자체의 개념상 인식과 언제나 동화되지 않는 것과 마찬가지다. 실천의 검증이 없이도 사유는 표면구조에 맞서야 할 것이며, 가능한 한도까지는 움직여야 할 것이다. 이제까지의 최선의 이론을 포함한 전래의 이론에 맞서 응축되는 현실이 그것을 에워싸는 마법으로 인해 그러한 것을 요구한다. 그러한 현실이 주체를 낯선 눈으로 바라보면, 주체는 자신의 태만을 상기하면서 응답의 노력을 아껴서는 안 될 것이다.

관건이 되는 실천 자체가 가짜라는 절망적 사태 덕분에 역설적으로 사유는 숨돌릴 틈을 얻게 되는데, 그것을 활용하지 않는다면 이는 실제로 죄악이나 다름없다. 사유의 개념을 절대화해선 안 된다는 사실이 오늘날 얄궂게도 사유에는 유리하게 작용한다. 즉 실천이 그 자체에 대해 아무리 감추어져 있더라도, 사유는 반응으로서 실천의 일부로 남는 것이다. 하지만 허용되지 않은 정신의 행복과 대조하여, 문자 그대로의 감각적 행복을 더 나은 것으로 여기는 자는 역사적 승화의 결말에서는 먹을 것에 대한 아이들의 관계가 어른들에게는 즐겁지 못하듯이 고립된 감각적 행복에는 퇴행적 성격이 따른다는 점을 이해하지 못한다. 그런 점에서 아이들과 닮지 않는 것은 자유의 일부다.

제3이율배반의 구조

선험적 분석론의 성과들에 따르면 제3이율배반은 처음부터 단절되어 있는 셈이다. "누가 자네들에게 세계의 최초상태를 생각해내고 아울러 점차 진행되는 현상들의 계열의 절대적 시초를 생각해냄으로써, 무한한 자연에 한계를 설정하는 하나의 기준점을 상상할 수 있게 했는가?"[24] 그러나 칸트는 이 이율배반이 이성 사용상의 피할 수 있는 오류임을 일괄적으로 확인하는 데 만족하지 않고, 그것을 다른 이율배반들과 마찬가지로 전개했다. 칸트의 선험적 관념론은 절대적 동일성 설정을 막는 반관념론적 금지를 담고 있다. 인식론은 헤아릴 수 없는 '무한한' 경험 내용을 이성 자체에 대한 긍정적 규정들로부터 얻을 수 있는 듯한 태도를 취해서는 안 된다는 것이다. 그 점을 위반하는 자는 상식적으로 받아들일 수 없는 모순에 빠진다고 한다. 칸트는 이처럼 설득력 있는 생각을 더욱더 천착한다. 그가 비난하는 바와 같은 방식으로 작동하는 이성은 그 자체의 의미상 자체의 저지할 수 없는 인식이상을 위해, 마치 저항할 수 없는 자연적 유혹을 받는 듯이, 가서는 안 된다는 지점에까지 나아갈 수밖에 없다. 이성은 존재자의 총체성이 아무튼 이성과 일치한다는 속삭임을 듣는다는 것이다.

한편 제반 조건을 추적하는 이성의 무한한 진행과정 속에서 체계와 이질적인 듯한 필연성은 그 진정한 면(Authentisches) 곧 절대자의 이념을 지니는데, 이것이 없다면 단순한 사물과 사유의 일치(adaequatio rei atque cogitationis)를 인식으로 여기는 관점과 반대로, 진리는 생각할 수도 없을 것이다. 그러한 진행과정과 아울러 이 이율배반은, 비판적 이성으로서 선험적 분석론에서 그와 같은 탈선들을 억누를 수밖에 없는 바로 그 동일한 이성에서 제거될 수 없다고 한다. 이런 주장은 의도하지 않은 자아비판을 통해, 중요한 진리의 기관인 비판주의적 이성에 대한 비판주의의 모순을 증명한다. 칸트는 모순의 필연성에까지 다가서면서, 동시에 이성의 천성에서 유래한다는 그 필연성을 더욱 존중하기 위해 그것을 감춰버리고 단지 개념들의 수정 가능한 그릇된 용법에 근거해 설명함으로써, 구멍을 메워버린다.

칸트는 '자유를 통한 인과성'에 대해 논했듯이 제3이율배반의 테제에서

---

24) 칸트, 『순수이성비판』, 311쪽.

는 자유를 설명하기 위해 '필연'[25]에 대해 논한다. 이에 따르면 칸트 자신의 실천적 자유론은——그 의도는 명백히 드러나지만——단순히 무인과율적이거나 반인과율적일 수 없다. 그는 인과성의 개념을 안티테제에서 사용한 개념과 명시적으로 구분하지 않는 한에서 그것을 수정하거나 확대한다. 무한의 온갖 역설(Paradoxie)에 앞서 이미 모순적 요인이 그의 정리(Theorem)를 파헤쳐놓는다. 과학적 인식의 타당성에 대한 이론으로서의 『순수이성비판』은 자체의 주제들을 법칙 개념 아래에서만 다룰 수 있을 뿐이며, 법칙성에서 벗어나 있을 만한 것까지도 그렇게 할 수밖에 없다.

칸트의 인과율 개념

지극히 형식적인, 인과성에 대한 칸트의 유명한 정의는 다음과 같다. 즉 발생하는 모든 것은 그 앞의 어떤 상태를 전제하며, "어떤 규칙에 따라 불가피하게 그러한 상태의 뒤를 잇는다."[26] 역사적으로 이 정의는 라이프니츠학파에 맞선다. 즉 어떤 즉자존재로서의 내적 필연성에 근거해 상태들의 연속을 해석하는 데 반대한다. 한편 그것은 흄의 이론과도 구분된다. 즉 흄이 우연의 산물인 인습에 떠넘긴 사유의 규칙성 없이는 일관된 경험이 가능하지 않다는 것이다. 흄도 자신이 인습이라고 무시하는 것을 설득력 있게 만들기 위해서는 당장 인과적으로 논할 수밖에 없다.

이에 반해 칸트의 경우 인과율은 주관적 이성의 기능으로 되며, 그것으로써 표상된 것은 점점 더 희미해진다. 그것은 마치 한 토막의 신화처럼 소멸한다. 즉 인과율이 이성원칙 자체, 바로 규칙에 따른 사유에 접근하는 것이다. 또 인과적 연관관계들에 대한 판단들은 동어반복으로 넘어간다. 이성은 자신이 그렇지 않아도 법칙들의 능력으로서 발휘하는 바를 그러한 인과적 연관관계들에서 확인한다. 이성이 여러 법칙들을, 아니 그보다는 법칙 그

---

25) 같은 자리.
26) 같은 책, 308쪽.

자체를 자연에 지시한다는 것은 이성의 통일성 아래의 포괄을 뜻할 뿐이다. 이성은 자신의 동일성원칙인 이 통일성을 객체들에게 떠넘기며, 그것을 객체들에 대한 인식이라고 위조한다. 일단 인과성이 마치 객체들의 내적 결정에 대한 터부를 통해서인 듯이 이렇게 근본적으로 탈마법화되면, 그것은 자체 내에서도 해체된다.

인과성을 구제하려는 칸트의 입장은, 흄이 내버린 것을 이성에 천부적인 것으로 보고 인간학적 우연은 아니지만 말하자면 이성의 필수 특성으로 간주하는 점에서만은, 인과성을 부인하는 흄의 입장에 비해 우월하다. 인과성은 대상들이나 그것들의 관계가 아니라 단지 주관적 사유의 강압으로부터 생겨난다는 것이 칸트의 입장이다. 어떤 상태가 그 다음 상태와 어떤 본질적이고 특유한 관계를 맺을 수 있다는 생각은 칸트에게도 독단적인 것으로 간주된다. 그러나 칸트의 구상에 따르면 어떤 점에서도 인과관계를 상기시키지 않는 연속체들의 합법칙성들을 설정할 수 있을 것이다. 본질을 관통하는 대상들 상호간의 관계는 잠재적으로 인과율의 정리(Kausalitätstheorem)에 대해 외적인 것으로 된다. 또 어떤 것이 다른 어떤 것의 원인이라는 말의 단순한 의미조차 무시된다. 엄격히 대상들의 본질에 맞서 응집되는 인과성은 단지 대상들 자체의 껍질에 지나지 않는다. 법칙 개념에서 나타나는 '인간으로의 환원'(reductio ad hominem)은 그 법칙이 객체들에 대해 더 이상 아무것도 말하는 바가 없는 경우에 한계치에 도달한다. 인과성을 순수이성 개념에까지 확장할 경우 인과성은 부정되는 것이다. 칸트의 인과성은 원인(causa)이 없는 인과성이다. 그는 인과성을 자연주의적 선입견에서 치료해내지만, 그의 손아귀 안에서 인과성은 소멸하고 만다. 의식이 그것의 천부적 형식인 인과성에서 결코 벗어날 수 없다는 주장은 분명히 흄의 약점에 대한 응답이다. 그러나 칸트에 따르면 주체는 인과적으로 사유할 수밖에 없다. 따라서 그 역시 본질구성요인들(Konstituentien)을 분석하면서, 필연(Müssen)이라는 말의 의미에 따라 인과적 명제에 따른다. 본래 그라면 본질구성체들(Konstituta)만 인과적 명제에 종속시킬 수 있겠지만 말이다.

순수이성은 그 자체로서 자유여야 하는데 순수이성을 통해 인과성의 본질구성이 이미 인과성에 예속되어 있다면, 자유는 처음부터 이미 오염되어 있어서 법칙에 대한 의식의 순응상태 이외의 어떠한 입지도 차지할 수 없다. 전체적 대립관계를 세워가는 가운데에서 자유와 인과성은 서로 겹친다. 칸트의 경우 자유는 이성에 기초한 행위와 같기 때문에 그것은 합법칙적이기도 하다. 즉 자유로운 행동들도 '규칙들로부터 나온다.' 그로부터 자유는 법칙이 없으면 아무 자유도 아니며 단지 법칙과의 동일시 속에만 자유가 존재한다는, 칸트 이후 철학의 역겨운 저당권이 생겨났다. 그와 같은 것은 독일 관념론을 넘어서 예측할 수 없는 정치적 영향을 발휘하면서 엥겔스에게 전수되었는데,[27] 이는 거짓된 화해의 이론적 근원이다.

질서를 위한 변론

인식론적 강제성과 더불어, 인과성이 주관성의 원칙과 일치하는 한에서 제기하는 총체성에 대한 요구도 사라지게 될 것이다. 그럴 경우 관념론에서

---

27) "헤겔은 자유와 필연의 관계를 올바르게 서술한 최초의 인물이었다. 그에게는 자유가 필연에 대한 통찰이다. '필연은 이해되지 않은 한에서만 맹목적이다.' 자유는 흔히들 꿈꾸는 자연법칙들로부터의 독립에 있는 것이 아니라 이 법칙들에 대한 인식에 있으며, 이로써 주어지는 가능성, 즉 그 법칙들을 특정한 목적을 위해 계획적으로 작동시킬 가능성에 있다. 이는 외적 자연의 법칙들과 관련해서도 타당하며, 인간 자신의 신체적 · 정신적 현존재를 규제하는 법칙들과 관련해서도 타당하다. 이 두 부류의 법칙들을 우리는 기껏해야 상상 속에서나 분리할 수 있을 뿐이며 현실적으로는 분리할 수 없다. 따라서 의지의 자유란 사물에 대한 인식을 통해 결정을 내릴 능력 이외의 아무것도 아니다. 따라서 특정한 문제점과 관련한 어떤 사람의 판단이 자유로울수록 이 판단의 내용은 더욱더 필연성을 띠고 규정될 것이다. 반면에 무지에 근거하는 불확실상태에서는 여러 가지 다양하고 모순적인 결정의 가능성들 사이에서 겉보기에 제멋대로 선택을 하게 되는 듯하지만, 그로써 단지 부자유만을 증명할 따름이다. 즉 지배해야 할 바로 그 대상에 의해 지배되고 있다는 점을 증명할 뿐인 것이다. 따라서 자유는 자연필연성들에 대한 인식에 기초한, 우리 자신 및 외적 자연에 대한 지배에 있다. 따라서 자유는 필연적으로 역사적 발전의 산물이다"(MEW 20, 베를린 : 1962, 106쪽).

역설적으로 자유로서 나타날 수 있을 뿐인 것이, 내용 차원에서는 세계의 흐름을 운명으로 묶어놓는 것을 초월하는 계기가 될 것이다. 인과성을—비록 주관적으로 매개되기는 했지만—사물 자체에 대한 규정으로 추구할 경우, 그 특수화 과정에서는 순수 주관성의 아무 구분 없는 단일자(das unterschiedslos Eine)에 맞서 자유의 전망이 열릴 것이다. 그것은 강압과 구분되는 어떤 것에 대해 타당성을 지닐 것이다. 그럴 경우 강압은 더 이상 주체의 행위로 찬양받지 않게 될 것이며, 주체의 총체성도 긍정되지 않을 것이다. 그것은 현실적 강압으로부터 추론된 아 프리오리한 힘을 상실할 것이다. 인과성이 객관적으로 될수록 자유의 가능성은 더 커진다. 자유를 원하는 자는 무엇보다 그 때문에 필연성을 고집할 수밖에 없다.

그에 반해 칸트는 자유를 요구하면서 자유를 방해한다. 제3이율배반의 테제에 대한 논증, 즉 자유로운 신의 창조행위의 세속화라고 할 수 있는 원인의 절대적 자발성 테제의 논증은 데카르트의 스타일이다. 즉 방법이 충족되려면 그 논증은 타당해야 한다는 식이다. 인식의 완전성이 인식론적 척도로서 설정된다. 자유가 없다면 "자연의 과정에서조차 현상들의 계열은 원인의 측면에서 결코 완전하지 않다"[28]는 것이다. 이때 암암리에 진리와 동일시되는 인식의 총체성은 주체와 객체의 동일성일 것이다. 칸트는 인식비판가로서 그러한 동일성을 제한하며, 진리이론가로서는 그것을 설교한다. 그처럼 완전한 계열을 처분할 어떤 인식, 즉 칸트에 의하면 절대적 자유의 근원적 행위를 실체화할 때에만 상상할 수 있는 인식, 말하자면 감각적으로 주어진 것을 더 이상 아무것도 외부에 허용하지 않는 인식은 그것과 상이한 어느 것과도 맞서지 않는 인식일 것이다.

그런 동일성에 대한 비판은 주관적 인과성 개념의 긍정적·존재론적 신격화에도, 자유의 필연성에 대한 칸트의 증명에도 해당될 것이다. 그렇지 않아도 칸트의 이 증명에는 그 순수한 형식의 측면에서 어떤 모순적 성격이 붙어다닌다. 자유가 존재해야 한다는 점이야말로 법을 만드는 자율적 주체의 최고 불

---

28) 같은 책, 310쪽.

의(iniuria)다. 주체 자신의 자유의—모든 비동일자를 병합한 동일성의—내용은 그러한 필연, 법칙, 절대적 지배와 일체를 이룬다. 여기서 칸트적인 파토스가 불붙는다. 그는 자유까지도 인과성의 특수한 사례로 구성한다.

그에게는 '항존적 법칙들'이 문제다. 무정부상태에 대한 그의 시민적이고 소심한 혐오는 감독에 대한 그의 시민적이고 자의식적인 거부감보다 적지 않다. 이로써도 사회는 그의 가장 형식적인 고찰들 속에까지 파고들어간다. 형식적 요인 자체는 한편으로 개인을 '다름 아니라 바로 그렇게 형성되었다'고 편협하게 규정하는 데에서 해방시키며, 다른 한편으로는 현존상황에 아무것도 맞세우지 못하고 순수한 원칙으로 격상된 지배권 이외의 어떤 것에도 근거를 두지 못하는데, 그러한 것은 시민적 속성이다.

칸트 윤리 형이상학의 근원에는, 그 후 진보의 법칙들과 질서의 법칙들을 나누게 되는 콩트의 사회학적 이분법이 질서의 법칙들에 대한 편파적 옹호와 더불어 감추어져 있다. 즉 질서는 자체의 법칙성을 통해 진보를 제어하리라는 것이다. 안티테제에 대한 칸트의 증명에 나오는 다음 명제는 그와 같은 뉘앙스를 지닌다. "자연법칙들로부터의 자유(독립성)는 물론 강압으로부터의 해방이지만, 모든 규칙들의 안내로부터의 해방이기도 하다."29) 이러한 안내는 '무조건적 인과성'을 통해, 말하자면 자유로운 산출행위를 통해 '종식되어야' 한다는 것이다. 그러나 칸트는 이 자유로운 산출행위를 안티테제에서 과학주의적으로 비판하면서, 그 밖에는 완고한 사실에 대해서만 그랬던 것처럼 그것을 '맹목적'30)이라고 비판한다. 칸트가 자유를 서둘러 법칙이라고 생각한 것은, 그의 계급이 늘 그랬듯이 그도 자유를 엄밀히 받아들이지 않고 있다는 점을 드러내는 것이다. 그의 계급은 산업 프롤레타리아트를 두려워하기도 전에, 예컨대 스미스의 경제학에서, 해방된 개인의 가치를 어떤 질서에 대한 변론과 결합시켰는데, 이 속에서는 한편으로 보이지 않는 손이 거지도 왕도 모두 보살펴주며, 다른 한편으로 자유로운 경쟁자

---

29) 같은 책, 309쪽.
30) 같은 책, 311쪽.

도——봉건적인——공정한 시합에 전념해야 한다고 한다.

칸트를 대중화한 실러는, 민중들이 스스로 해방된다면 복지는 번창할 수 없으리라고 주장하는 시에서, 질서를 다복한 여신이라고 칭했다. 이때 그는 자신의 철학선생을 날조하지는 않은 셈이다.* 그 둘은 그 세대가 비교적 온건했던 프랑스혁명의 공포 앞에서 직면한 혼돈이——그들은 반혁명적 슈앙파**의 잔인성에 대해서는 덜 격분했다——어떤 억압의 산물이었다는 점, 또 이 억압의 특징들은 그것에 저항하는 자들 내부에서 잔존한다는 점에 대해 아무것도 알려고 하지 않았다. 칸트는 독일의 다른 천재들과 마찬가지로 우선은 혁명을 환영할 수밖에 없었다. 그래서 충분히 재빠르게 비방할 수 없었으나, 로베스피에르가 핑곗거리를 제공하자마자 벌써 안심하게 되었다. 그러고는 안티테제의 증명에서 '무법칙성'을 대가로 '합법칙성'을 찬양하며, 심지어 '자유라는 신기루' [31]를 운위하기까지 한다. 법칙들에는 '영속적인'(beständig)이라는 찬양의 수식어가 부여되며, 이 수식어는 법칙들을 무정부상태의 악몽에서 벗어나게 해줄 터인데, 바로 그 법칙들이야말로 부자유로 인한 과거의 악이라는 의심은 떠오르지 않는 것이다. 오히려 칸트의 경우 법칙 개념의 우월성은, 그가 테제뿐 아니라 안티테제의 증명에서도 이 둘의 좀더 높은 통일성인 듯이 법칙들에 호소한다는 데에서 나타난다.

안티테제의 증명

순수이성의 안티테제적 성격에 대한 단원 전체는 주지하듯이 대조를 통해(e contrario) 논증해간다. 테제에서는 반대테제가 인과성을 초월적으로 사용하는 잘못을 범하며, 이로써 범주론을 처음부터 손상시키게 된다고 한다. 또 안티테제에서는 인과성이 경험 가능성의 한계를 넘어선다고 한다.

---

* 실러의 시 「종」(Die Glocke)에 나오는 내용.
** 슈앙파(Chouans): 1793년 서부 프랑스에서 혁명정부에 맞서 반란을 일으키며 왕당파에 가담했다.
31) 칸트, 앞의 책, 311쪽.

이때 철저한 과학주의가 인과성 범주를 그렇게 형이상학적으로 사용하는 일을 경계한다는 점은 내용상으로 소홀히 된다. 이론적 이성의 교리는 과학주의와 오해의 여지없이 공감하는데, 이 과학주의의 불가지론적 결론을 피하기 위해 칸트는 과학주의적 입장에 전혀 상응하지 않는 안티테제를 구성한다. 즉 자유는 치수에 맞춰 제작된 허수아비를 파괴함으로써 쟁취된다는 것이다. 이 경우 인과성을 무한에 이르기까지 긍정적으로 주어진 것으로 간주해서는 안 된다는 점만이 증명될 뿐이다. 이는 『순수이성비판』의 취지에 따르면 일종의 동어반복이지만, 실증주의자들이 그것에 대해 반론을 제기할 일은 별로 없을 것이다. 그러나 그로부터 테제를 논증하는 문맥에서조차, 인과의 사슬이 그것 못지 않게 긍정적으로 간주된 자유의 가정과 단절되리라는 결론이 나오는 것은 결코 아니다. 이때의 논리적 오류는 예측 불가능한 결과를 초래한다. 왜냐하면 그로 인해 명확하지 않은 것(non liquet)을 긍정적으로 재해석할 수 있게 되기 때문이다.

긍정적 자유란 유명론과 과학화에 맞서 어떤 정신적인 것의 즉자존재를 보존하기 위해 고안해낸 진퇴양난의 개념이다. 『실천이성비판』의 핵심부에서 칸트는 무엇이 그 관건인지를 털어놓았다. 즉 어떤 잔여물의 구제가 문제였던 것이다. "그러나 시간 속에서 그 현존재가 규정될 수 있는 사물들의 모든 인과성과 이 법칙이 불가피하게 관계하기 때문에, 만일 그것이 이 물 자체들의 현존재 자체를 표상해야 하는 방식이라면, 자유는 공허하고 불가능한 개념으로 배척될 수밖에 없을 것이다. 그러므로 자유를 그래도 구제하고 싶다면, 시간 속에서 규정될 수 있는 한에서 사물의 현존재를, 따라서 자연필연성의 법칙에 따르는 인과성도 단순한 현상과 관련짓고, 자유를 물 자체와 동일한 본질과 관련짓는 길밖에 없다."[32] 여기서 칸트는 자유의 구성이 훗날 괴테의 『친화력』(Wahlverwandtschaften)에서 표현되듯이 구제의 열망(Begierde des Rettens)에 의해 고무되었음을 자인하지만, 또 한편으로 자유가 시간내적 주체의 특성으로 밀려나면 '공허하고 불가능한' 것이

---

32) 칸트, 『실천이성비판』, 95쪽.

라고 폭로한 것이다. 무한 내 안티테제의 추상적 가능성이 아니라, 이러한
구성의 진퇴양난적 성격이 긍정적 자유론에 대립한다.

이성비판은 자명하게도 공간과 시간의 피안에 있는 인식 대상으로서의
주체에 대해 언급하는 것을 거부한다. 예컨대 도덕철학의 첫머리에서도 칸
트는 이렇게 주장한다. "인간은 그 자신으로서도 그렇거니와 내감을 통해
자신에 대해 얻게 된 지식에 의해서도, 자기 자신이 자체로서 어떠한지 감
히 인식하겠다고 해서는 안 된다."[33] 『실천이성비판』 서문에서도 『순수이성
비판』을 근거로 그러한 주장이 반복된다.[34] 이에 따르면 칸트가 가정하듯이
"물자체를 경험 대상들의 기초로 삼아야"[35] 한다는 것은 명백히 독단적이라
고 여겨진다. 그러나 즉자 및 대자로서의 주체가 무엇인지를 인식할 가능성
에 대한 물음만이 진퇴양난인 것은 아니다. 주체에 대한 상상할 수 있는 모
든 규정, 칸트적 의미에서 '본체적'(noumenal) 규정은 모두 진퇴양난의 의
문에 빠진다. 칸트의 이론상 자유에 가담하려면 이 본체적 주체는 "시간에
따라 규정될 수 없는 현존재 상태의 순수 지능으로서"[36] 시간외적이어야 할
것이다. 구제의 열망으로 인해 칸트는 이 본체적인 것을 어떤 현존재로 만
들면서——그렇지 않을 경우 그에 대해 아무것도 진술할 수 없을 것이기 때
문이다——그것은 시간에 의해 규정될 수 없는 것이어야 한다고 주장한다.
하지만 순수한 이념으로 퇴색하지 않고 어떻게든 주어져 있는(gegeben) 현
존재는 그 자체의 개념상 시간내적이다. 『순수이성비판』의 순수 오성 개념
연역이나 도식론에 대한 단원에서는[37] 주체의 통일성이 순수한 시간형식으

---

33) 칸트, 『윤리 형이상학 정초』, 451쪽.

34) 칸트, 『실천이성비판』, 6쪽.

35) 같은 책, 89쪽.

36) 같은 책, 114쪽.

37) "그런데 그로부터 다음과 같은 사실이 밝혀진다. 오성의 도식론은 구상력의 선
험적 종합을 통해 내감 속의 직관의 모든 다양의 통일로, 따라서 간접적으로는
내감(일종의 수용성)에 상응하는 기능으로서의 통각의 통일로 귀결될 뿐이다.
따라서 순수오성 개념들의 도식들은 그 개념들에 의미와 더불어 객체들에 대한
관계를 만들어주는 진정하고 유일한 조건들이다. 따라서 결국 범주들은 경험적

로 된다. 이것이 의식의 사실들을 동일 인물의 사실들로 통합한다.

종합된 계기들 상호간의 시간내적 연관 없이는 어떠한 종합도 없다. 이러한 연관은 심지어 가장 형식적인 논리적 조작 및 그 타당성의 조건이기도 할 것이다. 그러나 이에 따르면 주체라는 이름 아래 무엇이든 생각만이라도 하기 위해서는 어떤 절대적 주체에게도 초시간성을 부여할 수 없을 것이다. 기껏해야 절대적 주체는 절대적 시간이라고나 할 수 있을 것이다. 원칙적으로 시간적 행동의 속성이며 단지 시간적으로만 실현되는 자유가 어떻게 근본적으로 비시간적인 것이라고 진술될 수 있을지는 불가해하다. 또 그처럼 비시간적인 것이 시간적인 것으로 되어 칸트가 말하는 인과성의 영역에 빠져들지 않고, 어떻게 시공간적 세계에 영향을 끼칠 수 있을지도 불가해하다.

이때 물자체 개념이 기계신(deus ex machina)처럼 뛰어든다. 이 개념은 은밀하고 불확정적인 상태에서 칸트사상의 어떤 빈 자리를 표시해준다. 그와 같은 불확정성을 통해서만 그것을 필요에 따라 설명에 끌어들이는 것이 가능해진다. 칸트가 물자체에 대해 언급하려 드는 유일한 말은 그것이 주체를 '촉발한다'(affizieren)는 것이다. 그러나 이로써 그것은 주체와 엄격히 대립되고 실현될 수도 없으며, 칸트 역시 어디서도 수행하지 않은 사변을 통해서만 그와 마찬가지의 즉자존재인 도덕적 주체와 결합될 수 있을 것이다.

칸트의 인식비판은 자유를 현존재 속에 끌어들이는 일을 방해한다. 그는 이 인식비판에서 면제되지만 또한 그것이 무엇이냐에 대한 모든 판단에서도 면제된 어떤 현존재의 영역을 불러냄으로써 궁지에서 빠져나오려고 한다. 자유론을 구체화하고 자유를 살아 있는 주체들에게 부여하려는 그의 노

으로 사용될 수 있을 뿐이다. 왜냐하면 범주들은 단지 아 프리오리하게 필연적인 통일성의 근거들을 통해(하나의 근원적 통각 속에 모든 의식을 필연적으로 결합하기 때문에), 현상들을 종합의 보편적 규칙들에 종속시키고 이로써 현상들을 하나의 경험으로 일관되게 결합하기에 적합하도록 만드는 데 기여하기 때문이다"(칸트, 『순수이성비판』, 138쪽).

력은 역설적인 주장에 사로잡힌다. "따라서 다음과 같은 점을 인정할 수 있다. 내적·외적 행동들을 통해 드러나는 한 인간의 사고방식을 깊이 통찰하여 그런 행동의 모든 태엽(Triebfeder)을 그 최소한의 것까지도 알게 된다면, 또 이와 아울러 여기에 작용하는 외적인 계기 모두를 알게 된다면, 미래에 대한 한 인간의 반응을 월식이나 일식과 같이 확실하게 계산해낼 수 있으면서도 그 인간이 자유롭다고 주장할 수 있을 것이다."[38]

칸트가 심지어 『실천이성비판』에서조차 '태엽' 따위의 용어를 사용할 수밖에 없다는 사실은 내용의 차원에서 중요하다. 자유이론에서 필요한 만큼 자유를 이해할 수 있게 만들려는 시도가 은유법을 씀으로써 불가피하게 경험세계에서 나오는 관념들에 이를 수밖에 없다. '태엽'은 인과적·기계적 개념이다. 하지만 전제부가 타당하다면, 결론부는 난센스일 것이다. 이 문장은 경험적으로 총체적 인과성 속에 얽혀들어가 있는 사람에게 총체적 결정 상태에서는 책임이 될 수 없을 것을 자유의 이름으로 책임지움으로써, 그를 형이상학적으로 신화적 운명의 연관관계에 끌어들이는 데에나 유용할 것이다. 그러한 책임을 통해 그 총체적 결정상태는 그의 주관성 가장 깊숙한 곳에 이르기까지 강화될 것이다. 그와 같은 자유의 구성에서는 그것이 근거로 삼아야 할 이성을 희생시키면서, 자유에 대해 생각하려고 헛되이 노력하는 자를 권위주의적으로 위축시키는 일말고 남는 것이 없다. 그러나 칸트에게는 이성이 법칙을 세우는 능력 이외의 아무것도 아니다. 그래서 그는 처음부터 자유를 '인과성의 특수한 종류'[39]라고 표상할 수밖에 없다. 그는 자유를 정립하면서 취소한다.

존재적 계기와 이상적 계기

실제로 진퇴양난인 자유의 구성은 본체적인 것이 아니라 현상적인 것에

---

38) 칸트, 『실천이성비판』, 99쪽.
39) 칸트, 『순수이성비판』, 309쪽.

기초한다. 그렇더라도 칸트는 윤리법칙의 소여성을 통해 자유가 현존재자로서 확인된다고 믿는데, 이러한 윤리법칙의 소여성은 현상계에서 관찰되는 것이다. 그러나 소여성이라는 말 자체가 암시하듯이 소여성은 자유의 대립물이며, 공간과 시간 속에서 수행되는 적나라한 강압이다. 칸트의 경우 자유는 자체의 대상들을 스스로 생산하는 순수 실천이성이라고 한다. 또 이러한 이성은 "대상들과 관계하지도 않고, 그것들을 인식해야 하는 것도 아니며, 그것들을 (그것에 대한 인식에 합당하게) 현실화하는 자체의 능력과만 관계한다"[40]고 한다. 이때 함의되는 의지의 절대적 자율성은 내적 자연에 대한 절대적 지배와 다름없는 것이다.

칸트가 찬양하는 바에 의하면 "일관성 있다는 것(consequent zu sein)은 한 철학자의 가장 중대한 책무이지만 만나기는 가장 힘든 것이다."[41] 이는 순수 일관성이라는 형식논리를 최고의 도덕적 기준으로 날조하는 것이다. 뿐만 아니라 그것은 모든 충동을 논리적 통일성에 종속시키고, 자연의 산만한 상태뿐 아니라 심지어 비동일자의 모든 다양성에 비해 논리적 통일성이 우월한 것으로 만든다. 그래서 이 다양성은 논리학의 닫힌 영역 안에서는 언제나 일관성 없어 보이게 된다.

제3이율배반이 해결되어도 칸트의 도덕철학은 여전히 이율배반적이다. 즉 그것은 전체 구상에 따르자면 자유의 개념을 단지 억압으로서만 표상할 수 있다. 칸트의 경우 도덕의 구체화는 모두 억압적 특징들을 지닌다. 그것의 추상성은 주체의 순수한 개념에 상응하지 않는 것을 주체로부터 삭제한다는 점에서 내용적이다. 칸트의 엄숙주의는 여기서 유래한다. 쾌락주의적 원칙을 논박하는 것은 그것이 자체로서 악해서가 아니라 순수한 자아에 대해 타율적이라는 이유 때문이다. "한 사물의 실존에 대한 표상으로 인한 즐거움은, 그것이 이 사물에 대한 욕구를 규정하는 하나의 근거라야만 하는 한 주체의 수용성에 기초를 둔다. 왜냐하면 그것이 한 대상의 현존재에 좌

---

40) 칸트, 『실천이성비판』, 89쪽.
41) 같은 책, 24쪽.

우되기 때문이다. 아울러 그것은 주체에 대한 표상의 관계를 감정에 의거해 표현하지 않고 객체에 대한 표상의 관계를 개념에 의거해 표현하는 오성이 아니라, 감각(감정)에 귀속된다."[42]

하지만 칸트가 특히 자유를 저해하는 모든 요인들로부터 자유를 정화하려 함으로써 자유에 부여하는 명예는 동시에 원칙적으로 개인을 부자유로운 존재로 만든다. 개인은 자신의 충동들을 제한하는 것말고는 달리 그처럼 극단적인 요구를 받는 자유를 경험할 수 없다. 그렇더라도 칸트가 여러 구절에서, 실천이성의 원칙들에 나오는 둘째 정리에 대한 방대한 둘째 주석에서처럼 행복을 추구할 경우 그의 인도주의는 일관성의 규범을 깨뜨렸다. 그러한 관대함이 없다면 윤리법칙에 따라 살 수 없으리라는 점을 그도 어렴풋이 깨달았을 것이다.

인성(Persönlichkeit)의 순수한 이성적 원칙은 인격(Person)의 자체보존 원칙 및 행복을 포함하는 그의 '관심' 전체와 합치될 수밖에 없을 것이다. 개인(Individuum)에게 행복의 추구를 보장하고 노동의 도덕으로 인해 그것을 금지하고 싶어하는 시민정신 전체와 마찬가지로, 칸트는 행복에 대해 양면적 태도를 취한다. 이러한 사회학적 반성이 외부로부터 부가적으로 칸트의 선천주의(Apriorismus)에 도입된 것은 아니다. 『윤리 형이상학 정초』와 『실천이성비판』에서 사회적 내용을 지닌 용어들이 되풀이하여 등장한다는 것은 선천주의적 의도와 결합될 수 없을 것이다. 그러나 이러한 주제전이(Metabasis)가 없다면 칸트는 경험적 인간과 윤리법칙의 양립 가능성에 대한 물음 앞에서 침묵할 수밖에 없다. 그는 자율성이 실현 불가능하다고 인정하자마자 타율성 앞에 굴복할 것이다. 체계적 일치성을 위해 그처럼 사회적 내용이 담긴 용어에서 그 단순한 의미를 빼앗고 그것을 이념으로 승화시키려 한다면, 이는 그저 표현만을 무시하는 것이 아닐 것이다. 칸트의 의도가 그런 용어와 관련해 할 수 있는 것보다 훨씬 더 큰 힘으로 그 속에서는 도덕적 범주들의 진정한 근원이 나타난다.

---

42) 같은 책, 22쪽.

『윤리 형이상학 정초』에 나오는 정언명령의 유명한 변형은 다음과 같다. "인간성(Menschheit)을 너 자신의 인격 차원에서만 아니라 어느 누구의 인격 차원에서도 결코 수단만이 아닌 목적으로서도 필요로 하게끔 행동하라."[43] 이때에도 여전히 '인간성'(Menschheit), 곧 인간들 내면의 인간적 잠재력은 단지 규제적(regulativ) 이념만을 뜻할 수도 있다. 인간성, 곧 인간임(Menschsein)의 원칙은 결코 모든 인간들의 총합이 아니다. 그것은 아직 실현되지 않았다. 그렇기는 하나 이 단어 속에 다음의 사실적 내실이 부가된 것을 떨쳐버릴 수는 없다. 모든 개인은 사회화된 인류의 대표로서 존중되어야지 교환과정의 단순한 기능이 아니라는 점이 그것이다.

칸트가 결정적으로 역설하는 수단과 목적의 구분은 사회적이다. 그것은 경제적 가치를 끄집어낼 수 있는 노동력이라는 상품으로서의 주체들과, 그런 상품이기는 하나 여전히 주체로 남아 있는 사람들——전체 활동은 그들을 망각하고 단지 부수적으로만 그들을 충족시키지만, 어쨌든 그들을 위해 이루어진다——사이의 구분이다. 이러한 시각이 없다면 위의 정언명령은 공허해지고 말 것이다. 그러나 호르크하이머의 논평에 따르면, "결코 (……)만 아니라"(niemals bloß)는 말은 칸트의 숭고하고도 냉철한 표현들 가운데 하나인데, 이 표현들을 통해 칸트는 유토피아의 실현 기회를 망쳐놓지 않기 위해 경험세계를 그 비난받는 모습 그대로, 착취의 세계 그대로 더 나은 세계를 위한 조건으로 함께 받아들이며, 또 그것을 역사철학에서 적대관계(Antagonismus)라는 개념으로써 전개한다.

여기서 칸트는 이렇게 주장한다. "자연이 자체의 모든 성향을 발전시키기 위해 이용하는 수단은 사회 속의 그 성향들의 적대관계다. 그러나 이 경우 적대관계가 결국 사회의 합법칙적 질서의 원인이 되는 한에서 그러하다. 여기서 나는 적대관계라는 말을 인간들의 비사교적 사교성(ungesellige Geselligkeit)이라고 이해한다. 즉 사회에 들어서려고 하는, 그러나 이 사회를 부단히 분열시키려는 지속적 저항과 결합된 인간들의 성향이라고 이해

---

43) 칸트, 『윤리 형이상학 정초』, 429쪽.

한다. 이 성향은 명백히 인간의 천성에 들어 있다. 인간은 자신을 사회화하려는 성향을 지닌다. 왜냐하면 인간은 그런 상태 속에서 자신을 더욱 인간으로서, 즉 자신의 자연적 소질들의 발전으로 느끼기 때문이다. 그러나 인간 또한 스스로를 개별화하려는(고립시키려는) 강력한 성향 역시 지닌다. 왜냐하면 인간은 자신의 내면에서 모든 것을 자신의 감각에 따라 정리하려는 비사교적 특성도 접하며, 따라서 사방에서 저항을 기대할 뿐만 아니라 자신과 관련해 자신이 타인들에게 저항하려는 성향을 띤다는 점도 알기 때문이다. 그런데 인간의 모든 힘들을 일깨우는 이러한 저항이야말로 인간으로 하여금 자신의 게으른 성향을 극복하도록 만들고, 명예욕이나 지배욕 혹은 소유욕에 따라 자기가 좋아하지는 않지만 그렇다고 떠날 수도 없는 자신의 동료들 사이에서 자신의 일정한 지위를 차지하도록 만드는 것이다."[44)

'목적 자체로서의 인류라는 원칙' [45)은 비록 신조의 윤리학(Gesinnungs-ethik)이기는 해도 단순히 내면적인 것이 아니다. 그것은 내면화되기는 했더라도 사회적 원칙으로서 단지 각 개인을 통해서만 존재하는 인간의 개념을 실현하려는 지침이다. 인간성이라는 말의 이중적 의미, 즉 인간이기 위한 이념이자 모든 인간들의 총괄개념이기도 하다는 이중적 의미를 칸트가 알았던 게 분명하다. 그는 변증법적 통찰력을 통해, 비록 유희하듯이 그러기는 했지만 그러한 의미를 이론에 끌어들였다. 그 결과 그의 용어법은 존재적인 어법과 이념에 관련된 어법 사이에서 동요한다.

분명히 '이성적 존재들'(vernünftige Wesen)[46)은 살아 있는 인간 주체들이자 '목적들 그 자체의 보편적 영역' [47)이기도 한데, 이 영역은 이성적 존재들과 동일해야 하지만 칸트의 경우라면 이 인간 주체들을 초월하게 된다. 그는 인간성의 이념을 현존 사회에 양도하고 싶어하지도 않고 환각으로 소

---

44) 칸트, 「세계시민적 의도의 보편사 이념」(Idee zu einer allgemeinen Geschichte in weltbürgerlicher Absicht), 전집 8권, 아카데미판, 20쪽 이하 참조.
45) 칸트, 『윤리 형이상학 정초』, 430쪽.
46) 같은 책, 447쪽.
47) 같은 책, 462쪽.

멸시키고 싶어하지도 않는다. 이러한 긴장은 점차 고양되어 행복에 대한 그의 양가적 태도 속에서 분열되기에 이른다. 한편으로 그는 '행복에 어울리는 상태'(Glückswürdigkeit)라는 개념으로 그것을 옹호하며, 다른 한편으로 예컨대 '일반적 지복'(allgemeine Glückseligkeit)[48]을 의지의 법칙에 쓸모없다고까지 생각하는 자리에서 그것을 타율적인 것이라고 비방한다.

정언명령의 정언적 성격에도 불구하고 칸트가 이 명령을 말끔하게 존재론화할 생각은 아니었다. 이 점은 다음 구절이 증명해준다. "······선과 악의 개념은 도덕법칙 앞이 아니라(그 개념은 외관상 이 법칙의 기초로 되어야 할 테지만), 단지 (이 경우에도 발생하듯이) 도덕법칙에 따라서, 또 그것을 통해서만 규정되어야 한다."[49] 선과 악은 정신적·도덕적 위계질서의 즉자존재자가 아니라 이성에 의해 정립된 것이다. 이처럼 유명론은 칸트의 엄숙주의(Rigorismus) 속에도 깊숙이 파고든다. 하지만 그는 도덕적 범주들을 자체보존적 이성에 고착시키며, 이로 인해 그것들은 칸트가 그토록 엄중히 대립시켰던 행복과 더 이상 결합될 수 없는 것이 결코 아니다. 『실천이성비판』의 전개과정에서 행복에 대한 그의 입장이 여러 차례 수정된 것은 부주의하게 재산윤리학(Güterethik)의 전통을 인정하는 것이 아니다. 오히려 그것은 헤겔에 앞서는 개념의 운동(Bewegung des Begriffs)을 위한 모델이다. 도덕적 보편성은 원하든 원하지 않든 사회로 넘어간다.

그것에 대한 문서상 증거는 실천이성의 제4교리에 대한 첫째 주석이다. "따라서 질료를 한정하는 한 법칙의 단순한 형식은 이 질료를 의지에 부가하는 근거라야 하지만 동시에 이 질료를 전제하지 않아야 한다. 예컨대 질료가 나 자신의 지복이라고 하자. 이 지복은, (실제로 유한한 존재의 경우에 그래도 되는 것처럼) 내가 각자에게 그것을 부여한다면, 단지 내가 타인의 지복을 동일한 지복 속에 끌어들일 경우에만 객관적인 실천적 법칙으로 될 수 있다. 따라서 타인의 지복을 촉진하는 법칙은, 그것이 각각의 자의의

---

48) 칸트, 『실천이성비판』, 36쪽.
49) 같은 책, 62쪽 이하.

객체라는 전제로부터 나오는 것이 아니다. 그 법칙은, 자기애의 원칙에 법칙의 객관적 타당성을 부여하기 위한 조건으로서 이성을 필요로 하는 보편성의 형식이 의지의 규정근거로 된다는 데에서 나올 뿐이다. 따라서 그 객체(타인의 지복)는 순수한 의지의 규정근거가 아니었다. 오히려 그것은 내가 성향(Neigung)에 근거하는 나의 원칙을 제한하여 그것에 어떤 법칙의 보편성을 마련해주고 그것을 순수한 실천이성에 합당하게 만들기 위한 법칙적 형식일 뿐이었다. 그리고 어떤 외적 동인의 부가가 아니라 그러한 제한으로부터만, 나의 자기애 원칙을 타인의 행복에까지도 확대해주는 구속성의 개념도 발생할 수 있었다."⁵⁰⁾

근본적이고 보편적인 정언명령의 공식화가 살아 있는 사람에 대한 사상을 흡수함으로써, 윤리법칙이 경험적 존재나 심지어 쾌락원칙으로부터 절대로 독립해 있다는 강령은 보류된다.

억압적 자유론

이와 병행하여 칸트의 윤리학은 내적으로 취약한 가운데 억압적 측면을 지니고 있다. 이 측면은 형벌의 필요에서 확연히 드러난다.⁵¹⁾ 다음 글은 그의 후기 저서들이 아니라 『실천이성비판』에 나오는 것이다. "다른 경우 성실한 사람인 어떤 자에게(혹은 이 경우 생각 속에서만 어떤 성실한 인간의 위치에 오게 된 자에게) 도덕법칙을 제시하고, 여기서 이 사람이 어떤 거짓말쟁이의 비열함을 인식하면, 그의 실천이성은 (그가 어떤 일을 해야 할 것인가에 대한 판단에서) 즉각 이익을 포기하고, 그 자신의 인격을 존중해주

---

50) 같은 책, 34쪽 이하.
51) 『순수이성비판』의 취지에 따르면 여기서 그와 대립하는 의도도 접할 수 있다. "입법과 통치가 이 이념과 일치하도록 정리될수록 물론 형벌은 점점 드물어질 것이며, 따라서 또한 (플라톤이 주장하듯) 입법과 통치가 완전히 정비될 경우에는 형벌이 전혀 필요하지 않으리라는 것은 전적으로 이성적이다"(칸트, 『순수이성비판』, 248쪽).

는 것(진실성)과 결합된다. 그리고 그 이익은 (전적으로 의무의 편일 뿐인) 이성의 온갖 부속물과 유리되고 세척된 다음 이제 누구나에 의해 측량되어, 또 다른 경우들에도 이성과 결합될 것이다. 다만 그가 이성을 결코 떠나지 않고 이성과 극히 긴밀하게 결합되는 도덕법칙에 대립하게 될 때에는 그렇지 못할 것이다."[52]

동정(Mitleid)을 경멸하는 점에서 순수 실천이성은 칸트의 적수인 니체의 '엄격하라'는 격언과 일치한다. "이러한 동정과 마음 약한 가담의 감정조차, 의무가 무엇이냐에 대한 심사숙고에 앞서고 규정의 근거로 될 때에는, 훌륭히 사유하는 사람들에게 부담이 되며 심사숙고된 이들의 원칙들을 혼돈에 빠뜨린다. 또 이러한 혼돈에서 벗어나 단지 법칙을 부여하는 이성에만 복종하려는 소망을 유발한다."[53]

자율성의 내적 구성과 혼합된 타율성은 때때로 자유의 근원이어야 할 바로 그 이성에 대한 분노로까지 상승한다. 그럴 경우 칸트는 제3이율배반의 안티테제 편에 선다. "그러나 자연법칙에 따른 규정이 끝나는 곳에서 모든 설명도 끝나며, 변론만 남게 된다. 즉 사물들의 본질을 더 깊이 보았다고 하고 그래서 경솔하게 자유가 불가능하다고 주장하는 자들의 반론들을 몰아내는 일만 남는다."[54] 반계몽주의가 절대적 지배요인으로서의 이성에 대한 숭배와 얽힌다. 칸트에 따르면 정언명령으로부터 나온다는 강압이 정언명령 내부에서 그 최고의 규정으로 요약될 자유와 모순된다. 무엇보다 그 때문에 사실성과 이념의 이분법에도 불구하고, 모든 경험세계를 포기한 정언명령은 이성을 통한 검증이 필요없는 '사실'(Faktum)[55]로 제시된다.

칸트 자유론의 이율배반은, 여기서 윤리법칙이 직접 이성적인 것으로 간주되면서 또한 이성적이지 않은 것으로 간주된다는 사실에서 첨예화된다. 이성적인 이유는, 그것이 내용 없는 순수한 논리적 이성에 환원되기 때문이

---

52) 칸트, 『실천이성비판』, 92쪽 이하.
53) 같은 책, 118쪽 ; 호르크하이머·아도르노, 『계몽의 변증법』, 123쪽 이하 참조.
54) 칸트, 『윤리 형이상학 정초』, 459쪽.
55) 칸트, 『실천이성비판』, 31쪽 ; 호르크하이머·아도르노, 앞의 책, 114쪽.

다. 이성적이지 않은 이유는, 그것을 주어진 상태로 받아들여야 하고 더 이상 분석할 수 없다고 하기 때문이다. 더 이상 분석하려는 시도는 모두 저주다. 이러한 이율배반적 상황을 칸트 탓으로 돌릴 수는 없다. 즉 자기성찰 없는 자체보존에 순응하는 순수 일관성논리(Konsequenzlogik)는 그 자체 현혹에 빠져 있고 비이성적이다. 헤겔의 '험담'(Raisonieren)에서도 여전히 작용하고 있는 꺼림칙한 칸트식 궤변의 어법은 이성을 합당한 구분의 근거도 없이 비난하는데, 그것은 이성을 모든 이성적 목적들 너머에서 실체화하는 일과 두드러지게 모순을 이루면서도 서로 어울린다. 지성(ratio)이 비합리적 권위로 되는 것이다.

자유와 부자유에 대한 자기경험

그런 모순은 자기 자신에 대한 의식의 경험과 총체성에 대한 의식의 관계 사이의 객관적 모순에까지 거슬러올라간다. 개인은 사회와 대립할 때, 또 이와는 비록 비교가 안 될 정도로 덜하지만 사회나 다른 개인들에 맞서 무엇인가를 할 수 있다고 믿을 때 자유롭다고 느낀다. 일차적으로 개인의 자유는 사회적 목적들과 직접 동화되지 않는 자신의 목적들을 추구하는 자의 자유다. 그런 한에서 그것은 개별화의 원칙과 일치한다. 이런 유형의 자유는 자연발생적 사회로부터 탈취해낸 것이다. 즉 점점 더 합리적으로 되는 사회 속에서 자유가 어느 정도의 현실성을 얻게 된 것이다. 그러나 동시에 그러한 자유는 시민사회 한가운데에서 개별성(Individualität) 일반에 못지 않게 가상으로 남아 있었다.

결정론에 대한 비판뿐만 아니라 의지의 자유에 대한 비판 역시 이 가상에 대한 비판이다. 형식적으로 자유로운 개인들의 머리 너머로 가치법칙은 관철되는 것이다. 마르크스의 통찰에 따르면 개인들은 원하지 않더라도 가치법칙의 집행자들로서 부자유롭다. 더욱이 자유의 관념을 처음 형성할 수 있게 해주는 사회적 적대관계들이 점차 증대할수록 개인들은 더욱더 철저히 부자유로워진다. 개인의 자립화과정은 교환사회의 기능으로서, 통합에 의

한 개인의 말살로 귀결된다. 자유를 생산한 것이 부자유로 전도된다. 경제 체제가 작동하기 위해 자율성이 요구된 한에서, 개인은 경제활동을 영위하는 시민적 주체로서 자유로웠다. 이로써 개인의 자율성은 본래 이미 잠재적으로는 부정된 것이다. 개인이 자랑한 자유는 헤겔이 처음 간파했듯이 일종의 부정적인 것으로서 진정한 자유에 대한 조소였다. 즉 각 개인의 사회적 운명이 우발적임을 표현하는 것이었다. 극단적 자유주의 이데올로기가 찬양한 자유, 즉 스스로를 유지하고 몸소 관철시켜야 할 그 자유 속의 현실적 필연성은 개인으로 하여금 살아 남으려면 험악해지게끔 강요하는 총체적인 사회적 필연성을 눈가림하는 것이다.

매우 추상적이어서 불변요인에 접근하는 듯해 보이는 개념들조차 여기서 역사적임이 입증된다. 예컨대 삶의 개념이 그러하다. 삶은 부자유의 조건들 아래서 여전히 재생산되고 있지만, 그 개념은 자체 의미상 아직 끌어들이지 않은 것 혹은 열린 경험의 가능성을 전제로 한다. 그런데 그러한 가능성은 삶이라는 말이 이미 공허한 위안처럼 들릴 만큼이나 축소되었다. 그러나 시민적 개인의 자유 못지 않게 그의 행위의 필연성 역시 왜곡된 이미지다. 그것은 법칙의 개념이 갈망하듯이 투명하지 않고 모든 개별 주체에게 우연으로서, 또 신화적 운명의 연속으로서 닥친다. 삶은 이 부정적 측면을 유지해 왔는데, 그것은 슈베르트의 피아노 연탄곡 「삶의 폭풍」(Lebensstürme)의 제목으로 쓰인 것이기도 하다.

상품생산의 무정부상태 속에서는, 본질적으로 사회적인 존재를 나타내는 생물학적 범주인 삶이라는 단어에 공명하는 사회의 자연발생성이 드러난다. 사회의 생산 및 재생산과정이 주체들에게 투명하고 그들에 의해 규정된다면, 주체들 또한 더 이상 경제적 삶의 폭풍에 수동적으로 이리저리 내던져지지 않을 것이다. 이로써 산업시대의 유겐트양식이 그릇된 비합리성을 옹호하기 위해 삶이라는 말에 둘러싸놓은 치명적 아우라와 더불어, 그처럼 삶이라고 칭해지는 것도 사라질 것이다. 때때로 그러한 대용품의 허망한 모습은 그 다정한 그림자를 앞으로 드리운다. 즉 간통을 다룬 19세기의 문학은, 그 시기의 역사적 근원상을 끌어들이는 극히 위대한 작품들을 제외한다면, 오늘날 이미 휴지 조각으로 되었다. 여성 관객들이 비키니를 포기하고 싶어하지 않는 상황에서 이런 관객들에게 헤벨의 『기게스』*를 감히 공연하려는 연출가는 없듯이——소재상 시대착오적인 것에 대한 불안, 미학적 거리의 결여는 또한 어떤 야만적 특성을 지니기도 한다——, 인류가 현상태를 탈피할 경우 오늘날까지 삶이라고 여겨지는 것, 그러나 삶이 이미 얼마나 빈약한지를 속이고 있을 뿐인 것도 거의 모두 언젠가는 그런 운명에 처할 것이다.

그때까지 지배적 법칙성은 개별자 및 그의 이해관계와 대립한다. 시민경제의 조건들 아래서는 그러한 법칙성을 흔들어놓을 수 없다. 시민경제 속에서는 현존하는 것으로서의 의지의 자유 혹은 부자유에 대한 물음에 대답할 수 없다. 이러한 물음 자체도 시민사회의 침전물이다. 개인이라는 범주는 진실로 역사적인 것인데도, 이 범주가 그 물음을 기만적으로 사회적 역동으로부터 배제하며 각 개별자를 근원현상(Urphänomen)으로 다룬다. 개인주의 사회의 이데올로기에 순응하는 가운데 자유는 조야하게 내면화되었다. 이 때문에 어떠한 구속력 있는 대답도 이데올로기로 된다.

의지의 자유에 대한 테제는 예속적 개인들에게 그들이 어찌할 수 없는 사회적 불의의 책임을 지우고, 그들이 포기할 수밖에 없는 욕구들로 그들을 부단히 굴종시킨다. 이에 반해 부자유에 대한 테제는 주어진 상황의 주도권을 형이상학적으로 확장하고 스스로를 불변적인 것이라고 선언한다. 그리고 사실상 개별자는 달리 할 일이 없기 때문에라도 조용히 있을 태세가 되어 있지만, 그렇지 않을 경우 조용히 있도록 부추긴다. 결정론은 교환가치뿐만 아니라 사용가치도 지니는 노동력에서 상품성이 그 한계에 도달한다는 점을 고려하지 않고, 비인간화, 즉 총체성으로까지 전개된 노동력의 상품적 성격이 마치 인간적 본질인 듯한 태도를 취한다. 의지의 자유를 무

---

* 『기게스와 그의 반지』(Gyges und sein Ring)는 마술반지의 힘을 빌려 절대적 순결의 인습을 깸으로써 벌어지는 비극을 다룬 헤벨(Friedrich Hebbel, 1813~1863)의 작품이다.

조건 부인하면 인간은 발전된 자본주의 속에서 그 노동력이 지닌 상품성의 정상적 형태로 남김 없이 환원될 것이다.

선천주의적 결정론은, 상품사회의 한가운데에서 상품사회를 추상해버리는 의지의 자유에 대한 교리 못지 않게 왜곡되어 있다. 개인 자체도 상품사회의 한 계기를 이룰 뿐이다. 그런데 그에게 사회가 잃어버린 순수 자발성이 부여되는 것이다. 주체는 단지 모면할 길 없는 의지의 자유와 부자유라는 양자택일에 처하기만 하면 이미 절망적이다. 어떠한 극단적 테제도 허위다. 가장 본질적인 면에서 결정론과 자유에 대한 테제는 일치한다. 양자는 동일성을 선언한다. 경험적 주체들은, 순수한 자발성에 환원됨으로써 인과성범주로서 결정론으로까지 확대되는 바와 동일한 법칙에 굴복한다.

아마 자유로운 인간들은 의지로부터도 해방될 것이다. 분명코 어떤 자유로운 사회 속에서만 비로소 개인들은 자유로울 것이다. 외적 억압이 사라짐과 더불어 아마 장기적으로는 물론 퇴행의 위협은 영속적으로 남겠지만, 내적인 억압도 사라질 것이다. 철학 전통은 억압의 정신 아래 자유와 책임을 뒤섞지만, 책임은 각 개인의 두려움 없는 적극적 참여로 변해갈 것이다. 즉 참여를 더 이상 제도적으로 경직시키지 않는 전체 사회 속에서 그렇게 될 터인데, 그 속에서는 개인의 참여가 현실적 결과들을 초래할 것이다.

개인의 결정과 이에 대립하는 사회적 책임 사이의 이율배반은 개념들을 잘못 사용한 것이 아니라 현실적인 문제다. 즉 보편과 특수의 화해되지 않은 상태가 도덕적 형태로 나타난 것이다. 충분한 심리학적 통찰에 따르면 히틀러와 그의 괴물들이 그들 유년기의 노예이며 불구화의 산물들이라는 점, 그렇지만 하늘의 벼락을 맞지는 않았다는 이유로 대중들의 무의식 속에서 정당화되는 만행이 끝도 없이 반복되지 않으려면 사람들에게 체포된 몇몇은 석방되어선 안 된다는 점은 이성에 반대되는 실용적 필요성의 구성과 같은 보조구성들을 통해 무마될 수 없다.

개별화의 전체 영역이 그 도덕적 측면을 포함해 부수현상임이 통찰되어야 비로소 개인도 인도주의를 접하게 된다. 때때로 전체사회는 그 절망적 상태에 근거해, 개인들에 맞서 그들의 부자유 속에서 거부되는 자유를 대변한다. 한편 보편적인 사회적 억압의 시대에는 학대받거나 짓밟힌 개인의 특징들 속에서만 사회에 맞선 자유의 이미지가 살아 남는다. 자유가 역사적으로 그때 그때 어디에 숨게 될지를 단적으로 판정할 수는 없다. 자유는 억압의 변화하는 형태들을 통해 그것에 맞서는 가운데 구체화된다. 사람들이 자신을 해방시키고자 하는 한에서는 의지의 자유가 존재했다. 그러나 자유 자체는 부자유와 얽혀 있어 부자유에 의해 억눌릴 뿐만 아니라, 부자유는 자유 개념 자체의 조건이 되기도 한다. 어떤 다른 개별 개념과도 마찬가지로 자유의 개념 역시 절대적인 것으로 분리해낼 수는 없다. 이성의 통일성과 강압이 없다면 자유와 유사한 어떤 것은 생각조차 못할 것이며, 존재하기는 더욱 불가능했을 것이다. 이는 철학을 통해 기록된다.

활용 가능한 유일한 자유의 모델은 다음과 같다. 즉 의식이 사회 전체의 상황에 개입하듯이 이를 통해 개인의 체질에까지 개입한다는 것이다. 이는 의식 자체가 충동적 에너지로부터 가지 쳐 나온 것이며, 그것이 개입하는 대상의 한 계기이자 충동이기도 하다는 점에서 결코 망상이 아니다. 칸트가 발작적으로 부인하는 그러한 친화성이 없다면 자유의 이념도 없을 것이다. 비록 그는 이 자유의 이념을 위해 그러한 친화성을 인정하지 않으려고 하지만 말이다.

인과성의 위기

그러나 자유 이념의 대립물인 인과성의 개념도 그와 마찬가지 사정인 듯하다. 이는 보편자가 특수자를 동일시에 의해 위로부터 청산함으로써 적대 관계들이 거짓으로 지양되기에 이르는 보편적 흐름에 부응한다. 이 경우 자연과학들에서 보는 인과성의 위기에 간단히 호소할 수는 없을 것이다. 자연과학에서 인과성의 위기는 미시적 영역에만 명백하게 적용된다. 다른 한편 칸트의 경우 인과성의 공식화는 적어도 『순수이성비판』에서는 매우 대략적이어서 아마 단순히 통계적인 법칙성들에조차 그 가능성을 인정할 것이다. 인과성에 대해서도 자체의 처리방식들에 내재적인 조작적 규정들에 만족하는 자연과학들과, 자연과학적 방법론을 추상에 의해 반복하는 것 이상이기를 원하는 한 인과성에 대한 설명을 피할 수 없는 철학은 불쌍하게도 서로 단절되어 있으며, 필요만으로 양자가 서로 접합될 수는 없다.

하지만 인과성의 위기는 철학적 경험이 아직 미치는 곳, 즉 현대사회에서도 눈에 띈다. 칸트는 각각의 모든 상태를 '그것의' 원인에 되돌리는 것을 의문의 여지없는 이성의 방법으로 받아들였다. 철학은 열성적으로 제반 과학의 옹호자로 자처할수록 대개 과학과 멀어지는데, 이 과학은 인과적 사슬보다는 인과적 그물을 통해 작업할 것이다. 그러나 이는 인과적 관계들의 경험적 다의성에 대한 잠정적 인정 이상의 의미를 지니는 것이다. 인과성이 어떤 현상을 일의적으로 시간적 계열 속에서 규정하는 것이 아니라, 모든 인과적 계열들이 모든 현상 속에서 서로 교차되는 사태에 대한 의식을 칸트 역시 이 범주 자체에 대해 본질적인 것이라고, 즉 그의 언어로는 선천적이라고 인정할 수밖에 없을 것이다. 말하자면 어떠한 개별 사건도 그러한 다수성에서 예외일 수 없다. 서로 얽히고 교차되는 것의 무한성으로 인해, 제3이율배반의 테제와 안티테제가 다같이 상정하는 바와 같은 일의적 인과의 사슬을 구성하는 것은 결코 실제에서뿐만 아니라 원칙적으로도 불가능하다. 칸트의 경우 아직 한정된 진행과정에 머물렀던 명백한 역사적 반문도 이미, 말하자면 수평적으로 이율배반에 대한 단원 속의 비판이 적용되는 긍정적 무한성를 포함한다.

칸트는 마치 소도시의 조망 가능한 상황을 가능한 모든 대상들에 적용하는 것처럼 이 점을 묵살한다. 그의 모델로부터 완성된 인과적 규정들에 이르는 길은 없다. 그는 인과관계를 단 하나의 원칙으로만 다루기 때문에, 원칙적 유착상태(Verwobenheit)를 간과하게 되는 것이다. 이러한 간과는 그가 인과성을 선험적 주체에 옮겨놓는 데 기인한다. 인과성은 법칙성의 순수한 형식으로서 일차원성으로 수축된다. 악명이 나 있는 '상호작용'을 범주표에 수용하게 된 것은 그런 결함을 모면하려는 사후적 노력이며, 이미 일찍부터 드러나는 인과성의 위기를 증명해주기도 한다. 뒤르켐 학파가 간과하지 않았듯이, 그 도식이 단순한 세대관계를 모방한 것과 마찬가지로 세대관계에 대한 해명에는 인과성이 필요하다. 인과성에는 아낙시만드로스*나 헤라클레이토스의 경우처럼 복수에 대한 태곳적 법관계는 아닐지라도 봉건 사회의 한 측면이 따라다닌다. 탈신화화 과정은 사물들 속에서 작용하는 영령들의 유산인 인과성을 차단하기도 하면서 동시에 법칙의 이름으로 강화하기도 했다. 쇼펜하우어는 인과성을 '다양성 속의 본래적 통일'로서 여러 범주들 가운데 애호했는데, 인과성이 그런 것이라면 부르주아 시기 내내 체계가 있는 만큼의 인과성이 존재했을 것이다.

상황이 명백할수록 그만큼 더 역사 속의 인과성에 대해 쉽게 말할 수 있었다. 빌헬름의 독일이 제1차 세계대전의 원인이 된 것보다 히틀러의 독일은 좀더 명백히 제2차 세계대전의 원인이 되었다. 그러나 그 경향이 전도된다. 마침내 체제가 어떤 단계에 이르면―사회적 구호는 '통합'이라고 한다―모든 계기들이 모든 계기들에 보편적으로 종속됨으로써 인과성에 대한 논의가 낡은 것으로 되기에 이른다. 이 통합적인 사회 내부에서 무엇이 원인이었는지를 찾는 것은 헛일이다. 단지 그러한 사회 자체만이 여전히 그 원인일 것이다. 인과성은 마치 총체성으로 수축된 듯하다. 총체성의 체제 한가운데에서 인과성은 구분되지 않는다. 인과성의 개념이 과학적 계율 아래 추상적인 상태로 희미해질수록, 보편적으로 사회화된 사회의 극단적으로 긴밀해진 연관망은 점차 하나의 상태를 명백히 다른 것에 기인한다고 보기 어렵게 한다. 각각의 상태는 수평적으로든 수직적으로든 다른 모든 상태와 연관되며, 모두에 영향을 끼치며, 모든 것에 의해 영향을 받는다.

계몽이 최후로 인과성을 결정적인 정치적 무기로서 이용한 경우, 곧 상부구조와 하부구조에 대한 마르크스의 학설은 생산·분배·지배의 장치들만 아니라 경제적·사회적 관계들과 이데올로기들도 풀어놓을 수 없을 만큼 서로 얽히고 설킨 상태, 또 살아 있는 인간들이 이데올로기의 일부로 된 상

---

* 헤라클레이토스의 선구자인 아낙시만드로스(Anaximander, 기원전 610~547)는 존재하는 사물들이 시간의 순서에 따라 그것들의 부정의에 대한 벌과 보복을 서로 받으며, 이로써 필연적으로 소멸한다고 주장한다.

태를 순진할 만큼 따라잡지 못하고 있다. 이데올로기가 변론적인 것 혹은 보완적인 것으로서 존재자에 덧붙여지지 않고 존재하는 것은 불가피하며 이로써 합법적이라는 가상으로 변한 곳에서는, 상부구조와 하부구조의 명백한 인과관계를 통해 작업하는 비판은 핵심을 비껴간다. 총체적 사회에서는 모든 것이 중심부로부터 같은 거리에 있다. 이 총체적 사회는 통찰 가능하며 이 사회의 변론은 빤한 것이지만, 그 사회를 통찰하는 자들은 사멸하고 만다. 비판을 통해서는 어느 산업체 관리소나 비행장에서도, 하부구조가 어느 정도 자체의 상부구조로 되었는지를 보여줄 수 있을 것이다. 이를 위해 비판에는 한편으로 전체상태의 관상학과 광범한 개별자료가 필요하며, 다른 한편으로 경제적 구조변화들에 대한 분석이 필요하다. 반면에 자립적으로 자체의 진리를 요구하며 존재하지는 않는 이데올로기를 그것의 인과적 조건들로부터 추론하는 일은 더 이상 필요하지 않다.

자유의 가능성이 쇠퇴함과 상관관계를 가지면서 인과성의 효력도 깨어진다는 것은 수단의 차원에서 합리적인 사회가 이미 오래 전부터 그 목적상 이미 잠재적으로 그랬듯이 비합리적인 사회로 공공연히 변해가는 징후다. 라이프니츠와 칸트의 철학은 최종원인을 좁은 의미에서 현상적으로 타당한 인과성과 구분하고 양자를 결합하려고 노력함으로써 그와 같은 불일치를 다소 감지했지만, 시민사회의 목적과 수단의 이율배반 속에 담긴 그 뿌리에까지 도달하지는 못했다.

그러나 오늘날 인과성의 소멸은 자유의 왕국에 대한 신호가 아니다. 총체적 상호작용 속에서는 과거의 종속성이 확대재생산된다. 그러한 상호작용은 그 수백만 갈래의 망을 통해, 인과적 사유가 진보에 복무하면서 고무하려고 했던, 이제 손에 잡힐 만큼 가까이 다가온 합리적 통찰을 방해한다. 인과성 자체는 자유의 지평 속에서만 의미를 지닌다. 그것은 경험론 앞에서는 보호되는 듯해 보였다. 왜냐하면 인과성을 받아들이지 않으면 과학으로 조직된 인식이 불가능하다고 여겨졌기 때문이다. 관념론이 이보다 더 강력한 논거를 갖지는 못했다. 그러나 주관적 사유필연성으로서의 인과성을 객관의 본질구성적 조건으로 끌어올리려는 칸트의 노력은 그것을 경험주의적으로 부인하는 것보다 견실하지 못했다. 그 자신도 이미 현상들의 내적 연관관계를 받아들이는 데 거리를 둘 수밖에 없었다. 그런데 그것을 받아들이지 않을 경우, 인과성은 인과성의 주관적·범주적 본질에 대한 학설이 보존하고 싶어하는 바로 그 중요한 법칙성—'선천성'—을 잃어버리는 가정-결론 관계(Wenn-Dann-Beziehung)로 된다. 그런 다음 과학 발전은 칸트의 강령에 담긴 잠재력을 완수했다. 인과성을 동기화(Motivation)에 의한 직접적 자기경험으로써 논증하는 것도 임시변통이다. 그 동안 심리학은 그러한 자기경험이 기만적일 수 있을 뿐만 아니라 기만적일 수밖에 없다는 점도 내용적으로 해명했던 것이다.

속박으로서의 인과성

비록 인과성이 주관적 사유원칙으로서 부조리한 면을 지닐지라도, 인과성 없이는 전혀 인식할 수 없다면 인과성에서는 사유 자체가 아닌 것의 한 계기를 찾을 수 있을 것이다. 인과성에서는 동일성이 비동일자에 무엇을 범했는지 배울 수 있다. 인과성에 대한 의식은 법칙성에 대한 의식으로서, 그와 같은 점에 대한 의식이다. 또 인식비판으로서는 동일시 속의 주관적 가상에 대한 의식이기도 하다. 반성된 인과성은 비동일성의 가능성으로서의 자유라는 이념을 가리킨다. 인과성은 물자체들이 동일성원칙에 의해 억압되는 한에서 또 단지 그런 한에서 객관적으로 도발적-반칸트주의적으로 물자체들 사이의 관계일 것이다.

인과성은 객관적으로도 주관적으로도 지배된 자연의 속박(Bann)이다. 인과성의 사물적 기초(fundamentum in re)는 정신적 원칙으로서 단지 실제적 자연지배의 반영일 뿐인 동일성에 있다. 이성에 의해 자연이 지배되는 자연 속의 어디서나 이성은 인과성을 발견한다. 그런데 인과성에 대한 반성을 통해 이성은 속박 원칙으로서의 자체의 자연발생적 성격도 의식하게 된다. 진보해가는 계몽은 그러한 자의식을 통해 신화로의 복귀와 구분되지만, 무반성적일 경우에는 이 신화로의 복귀에 내맡겨지고 말았다. 인간 자신이 만족할 줄 모르는 환원의 대상임을 인식함으로써 계몽은 자체의 환원 도식, 곧 '이것이 인간이다' 라는 도식으로부터 그 전능적 성격을 앗아버린다. 하지만 인과성은 인간이 자연에 대한 지배로서 유지하는 인간의 자연발생성 이외의 아무것도 아니다. 주체는 언젠가 자연과 자신의 평등이라는 계기를 알게 되면 더 이상 자연을 자신과 같게 만들지만은 않을 것이다. 이 점이 관념론의 은밀하고 전도된 진리내용이다. 왜냐하면 주체는 관념론적 관례에 따라 더욱 철저히 자연을 자신과 동일시할수록 자연과의 모든 평등으로부터 더욱더 멀어지기 때문이다.

친화성(Affinität)은 계몽 변증법의 절정이다. 계몽은 친화성을 완전히 잘라내자마자 기만으로, 즉 외부로부터 가해지는 무개념적 실행으로 돌아가고 만다. 친화성이 없으면 진리도 없다. 이 점을 관념론은 동일성철학에 따라 희화시켰다. 의식은 유사성과 더불어 스스로를 삭제함으로써가 아니라, 자체의 타자와 유사한 만큼만 이 타자에 대해 안다. 주체를 삭제한 후에 남는 것으로서의 객관이란 속임수다. 그러한 객관이란 주체가 자신의 타자를 포괄하기 위해 이용하는, 스스로를 의식하지 못하는 도식이다. 주체는 사물들에 대한 친화성을 용납하지 못할수록 더욱더 가차없이 동일시를 꾀한다.

그러나 친화성 역시 긍정적인 존재론적 개별 규정이 아니다. 그것이 직관으로 될 경우, 즉 직접적으로 공감에 의해 인식된 진리로 될 경우, 계몽의 변증법은 그것을 일종의 찌꺼기로서 혹은 케케묵은 신화로서 부숴버린다. 순수이성으로부터 재생산되어 나오는 신화, 곧 지배권과 동의하면서 말이다. 친화성은 범주적 장치의 동일시 도식들을 배제한 후에 인식이 손에 넣게 될 어떤 나머지가 아니라 그런 도식들에 대한 규정적 부정이다. 그러한 비판에서는 인과성에 대한 반성이 이루어진다. 이 비판에서 사유는 그것이 사물들 주위에 설정한 속박에 대한 모방을 어떤 공감의 문턱에서 수행하는데, 이 공감 앞에서 그 속박은 사라질 것이다. 인과성의 주관성은 주체에 의해 객체들에 가해진 것에 대한 예감으로서, 객체들과 친화적이다.

이성, 자아, 초자아

칸트가 윤리법칙을 사실(Faktum)로 전환할 때의 암시력은 그가 자신의 입장을 위해 경험적 인격(Person)의 영역에서 실제로 그와 같은 자료를 끌어들일 수 있다는 데에서 나온다. 이는 경험적인 것과 예지적인 것 사이의——문제적이기는 한——매개를 위해 유리하다. 심리학은 말할 것도 없거니와 경험적 의식의 현상학은 바로 칸트의 교리에서 윤리법칙의 목소리인 양심과 충돌한다. 양심의 효능에 대한 묘사들, 특히 '강요'(Nötigung)에 대한 묘사는 망상이 아니다. 칸트가 자유론에 새겨넣은 강압적 특징들은 현실적 양심의 강압에서 파악해낸 것이다. 심리학적으로 실존하는 양심 혹은 초자아의 경험적 불가항력성은 칸트의 선험적 원칙에 맞서 그에게 윤리법칙의 사실성을 보증해준다. 하지만 칸트의 경우 이 사실성으로 인해 윤리법칙은 타율적 충동과 마찬가지로 자율적 도덕에 대한 논거로서의 자질을 잃을 수밖에 없을 것이다.

칸트는 양심에 대한 어떤 비판도 용납하지 않는다. 이 때문에 그는 현상세계 속에서는 모든 동기화(Motivationen)가 경험적·심리적 자아의 동기화라는 자신의 통찰과 갈등을 일으킨다. 그래서 그는 발생적 계기를 도덕철학에서 떼어놓았으며, 물론 처음부터 주체가 자신에게 부여한다고 하는 예지적 성격의 구성으로써 그것을 대치했다.[56] 하지만 이 '처음부터'라는 말의 시간적·발생적이면서 어쨌든 경험적인 요구는 충족될 수 없다. 성격의

---

56) "따라서 우리는 자유로운 행위들을 그것의 인과성을 고려하는 가운데 판단함으로써 예지적 원인에까지 도달할 수 있는 것이지, 그것을 넘어설 수는 없다. 우리는 그 원인이 자유롭게, 즉 감성과 독립하여 규정되고 그런 식으로 감각적으로 무조건적인, 현상들의 조건일 수 있다는 점을 인식힐 수 있다. 그러나 현존상황에서 왜 예지적 성격이 바로 이러한 현상들과 경험적 성격을 내놓는지에 대해 답하는 것은 우리 이성의 모든 능력을 넘어선다. 또한 우리의 외적·감각적 직관의 선험적 대상은 공간 속의 직관일 뿐이고 다른 어떤 직관도 없다는 것은 어디에서 기인하는가 하는 물음과 마찬가지로, 그에 대해 묻는 것은 이성의 모든 권능을 넘어선다"(칸트, 『순수이성비판』, 376쪽 이하).

발생에 대해 어떻게든 사람들이 아는 것은 그와 같은 도덕적·근원적 생산의 행위에 대한 주장과 결합될 수 없다. 칸트의 경우 그런 행위를 수행해야 할 자아는 직접적인 것이 아니라 그 자체가 매개된 것이자 생겨난 것이기도 하며, 정신분석학적 용어로 말하자면 산만한 리비도의 에너지로부터 갈라져 나온 것이다.

윤리법칙의 모든 특유한 내용만 아니라 그것의 순수한 명령적 형식이라는 것도 또한 사실적 현존재와 본질구성적으로 관련되어 있다. 이러한 형식은 억압의 내면화를 전제한다. 또 그와 마찬가지로 칸트가 윤리의 필연적 조건으로서 절대화하는, 견고하고 동일한 것으로서 유지되는 자아라는 심급도 이미 발전해 있는 상태를 전제로 한다. 칸트의 형식주의에 반대하고, 형식주의 때문에 배제된 도덕의 경험적 상대성을 내용에 의거해 해명하려는 칸트 해석은 모두 충분치 못할 것이다. 극단적 추상성의 차원에서조차 법칙은 형성된 것이다. 또 그 추상성의 고통스러운 면은 침전된 내용이며 정상적인 형태, 곧 동일성의 형태로 환원된 지배권이다.

심리학은 칸트 시대에 아직 알지 못했던 것, 또 그래서 그가 특별히 걱정하지 않아도 되었던 것을 구체적으로 보강했다. 즉 칸트가 분석하지 않은 채 초시간적이고 예지적인 것이라고 찬양한 것의 경험적 발생이 바로 그것이다. 영웅적인 시기의 프로이트 학파는 자아에 이질적인 것, 즉 진정으로 타율적인 것으로서의 초자아에 대한 가차없는 비판을 요구했는데, 이 점에서는 다른 모습의 칸트, 즉 계몽적인 칸트와 공감하였다. 프로이트 학파는 그 초자아라는 것이 사회적 강압의 맹목적·무의식적 내면화라는 점을 간파했다. 페렌치*는 『정신분석학의 구성요소』(*Bausteine zur Psychoanalyse*) 에서, 어쨌든 사회적 결과들에 대한 두려움 때문이라고 볼 수 있는 조심스러운 태도로 다음과 같이 주장한다. "실제의 성격분석은 최소한 잠정적으로는 모든 종류의 초자아를, 따라서 분석자의 초자아도 일소해야 한다. 궁극

---

* 페렌치(Sandor Ferenczi, 1873~1933)는 헝가리의 신경과 의사로 초기 프로이트주의자다.

적으로 환자는 이성과 자신의 리비도적 경향들을 넘어서는 모든 감정적 속박에서 해방되어야 한다. 이처럼 초자아를 전반적으로 제거함으로써만 근본적인 치료를 유도할 수 있다. 어떤 하나의 초자아를 다른 초자아로 대치하는 데에 그치는 성과들은 아직 전이적 성과들(Übertragungserfolge)이라고 지칭해야 할 것이다. 이런 성과들은 전이로부터 해방하려는 치료의 궁극 목적에도 분명히 적합하지 않을 것이다."[57]

칸트의 경우 양심의 근거이기도 한 이성이 여기서는 초자아를 해체하면서 논박해야 할 것이다. 왜냐하면 이성의 무반성적 지배, 곧 이드(Es)에 대한 자아의 지배는 자아의 현실원칙 앞에서 아무 비판도 하지 못하는 정신분석학이 자아의 무의식적 지배 속에 밀어넣은 억압적 원칙과 동일하기 때문이다. 정신분석학의 위상학(Topologie)은 자아와 초자아의 구분에 기초하지만, 이러한 구분은 의심스러운 것이다. 발생상으로 두 가지는 다같이 부친 이미지의 내면화에 기인한다. 따라서 초자아에 대한 분석적 이론들은 그토록 대담하게 시작되었지만 곧 마비되고 만다. 그렇지 않을 경우 이 이론들은 애지중지해온 자아에 개입할 수밖에 없을 것이다. 페렌치는 당장 자신의 비판을 제한한다. 즉 '그의 투쟁은 "초자아 가운데 무의식적으로 되고 그래서 영향을 끼칠 수 없는 부분만"[58]을 겨냥한다고 한다.

하지만 이로써는 충분치 못하다. 칸트가 확인한 양심의 강압이 지닌 불가항력성은 태곳적 터부들처럼 그렇게 무의식적인 것으로 되는 데 있다. 전면적인 합리적 활동성(Aktualität)의 상태를 상상할 수 있다면 초자아는 확립되지 않을 것이다. 이미 페렌치가 그랬고, 또 다른 건전한 견해들로 건전한 초자아라는 관점을 인정하는 정신분석학적 수정주의가 전적으로 그랬듯이, 초자아를 무의식적인 부분과 전의식적인(vorbewußt) 부분, 그러니까 좀더 온건한 부분으로 나누려는 시도는 하찮은 일이다. 양심을 하나의 심급으로 만드는 대상화와 자립화는 본질구성적으로 어떤 망각(Vergessen)이며 그런 한

---

57) 페렌치, 『정신분석학의 구성요소』 3권(베른 : 1939), 394쪽 이하.
58) 같은 책, 398쪽.

에서 자아에 이질적이다. 페렌치는 이에 동의하는 입장에서 이렇게 강조한다. "정상적 인간은 전의식상태에서도 여전히 상당 정도의 긍정적 본보기와 부정적 본보기들을 유지하고 있다."[59] 그러나 엄격한 칸트적 의미에서 타율적인 것이고 정신분석학적으로 말해서 리비도적 속박을 나타내는 개념이 있다면 그것은 바로 본보기라는 개념이다. 이 개념은 역시 페렌치가 존중하는 '정상적 인간'이라는 것의 상관물로서 능동적으로도 수동적으로도 어떠한 사회적 억압에나 다 관여하는 것인데, 정신분석학은 분업을 숙명적으로 믿는 가운데 기존사회로부터 무비판적으로 그러한 것을 끄집어낸다.

정신분석학이 스스로 시작한 초자아에 대한 비판을 사회적 순응주의로 인해 중단하자마자, 오늘날까지 모든 자유론을 기형화시킨 억압에 얼마나 접근하는지는 페렌치의 다음 글이 가장 명백하게 보여준다. "이러한 초자아가 사람들로 하여금 스스로를 예의 바른 시민이라고 느끼고 그러한 시민으로 행동하도록 적절한 방식으로 배려하는 한, 그것은 유익한 장치이며 그것을 뒤흔들어서는 안 된다. 그러나 초자아 형성을 병적으로 과장하는 것들은……"[60] 과장에 대한 불안은, 초자아를 그것의 비합리성들과 더불어 결코 포기하고 싶어하지 않는 예의 바른 시민성의 징표다. 너무 성급하게 이성에 도달한 정신분석학은 정상적 초자아와 병적 초자아를 심리학적 기준들에 따라 어떻게 주관적으로 구분할 것인지에 대해서는 침묵한다. 이는 고루한 시민이 자신의 자연적 민족감정으로 옹호하는 것과 민족주의 사이의 경계선에 대해 침묵하는 것과 같다. 구분의 유일한 기준은 사회적 효과인데, 정신분석학은 이의 정당성 문제들(quaestiones iuris) 앞에서 스스로의 무능을 선언한다.

초자아에 대한 성찰들은 페렌치가 말하듯이, 하지만 그의 명제들과는 모순되게 진실로 '메타심리학적'이다. 초자아 비판은 그것을 생산하는 사회에 대한 비판으로 되어야 할 것이다. 이에 대해 침묵할 경우 그 비판은 지배적

---

59) 같은 자리.
60) 같은 책, 435쪽.

사회규범에 순응할 것이다. 초자아를 그 사회적 유용성이나 불가피성 때문에 권장하면서, 강압메커니즘으로서의 초자아 자체에는 그것이 심리학적 동기화의 효과관계 속에서 요구하는 객관적 타당성을 부여하지 못한다면, 비록 심리학이 비합리성들을 '청산하기' 위해 분발했더라도 심리학 내에서는 이 비합리성들이 반복되고 공고히 된다.

자유의 잠재력

그러나 근래에 벌어지는 일은 초자아를 좀더 이성적인 전체 속에서 지양하는 것이 아니라 무조건적 순응으로 외면화하는 것이다. 경험적 삶에 찾아온 가능성의 사자라고 할 수 있는 자유의 일시적 흔적들은 점점 더 희귀해지는 경향을 띤다. 그리고 자유는 한계치로 된다. 보완적 이데올로기로서조차도 실로 자유를 감히 전면에 내세울 수는 없게 되었다. 이제 이데올로기까지 확실하게 관리하는 지배자들이 선전술로서의 매력을 자유에 그다지 인정해 주지 않게 된 점은 명백하다. 자유는 잊혀지고 있다. 부자유는 그것의 보이지 않는 총체성 속에서 완성된다. 이 총체성은 그것을 바라보고 또 깨뜨릴 수 있는 외부를 더 이상 용납하지 않는다. 있는 그대로의 세계가 유일한 이데올로기로 되며 사람들은 그 구성요소로 된다.

그 속에서도 아직 변증법적 정의가 지배한다. 즉 그것이 편협하고 부자유로운 사회의 원형이자 대리자인 개인에게 부과되는 것이다. 개인이 희망할 수밖에 없는 자유는 단순히 개인 자신의 것일 수는 없으며 전체의 자유라야 할 것이다. 자유의 범주가 부자유로운 개인의 이미지에 따라 만들어진 한, 개인에 대한 비판은 자유의 범주를 훨씬 넘어선다. 개인의 영역에는 아무런 의지의 자유가 없고 그래서 어떠한 도덕도 표명할 수 없는데 반해, 그것들이 없다면 인류의 삶도 결코 유지될 수 없다는 모순은 이른바 가치들이라는 것을 강요한다고 해도 해결되지 않는다. 니체의 새로운 계율들과 같은, 그 가치들의 타율적 정립상태(Gesetztsein)는 자유의 대립물일 것이다.

그러나 자유가 그 생성의 모체, 혹은 과거의 상태에 머물러야 할 필요는 없다. 오히려 사회적 강압이 양심으로 내면화되는 가운데, 이 내면화를 자체의 원칙에 비추어 비판적으로 평가하는, 사회적 권위에 맞선 저항과 더불어 그러한 강압에서 벗어날 어떤 잠재력이 무르익는다. 양심 비판은 이 잠재력의 구제를 겨냥한다. 하지만 심리학의 영역이 아니라 자유로운 자들의 어떤 화해된 삶의 객관성 속에서 그러하다. 결국 칸트의 도덕은 겉보기에 자율성에 대한 자체의 엄격한 요구에 맞서면서 재산윤리학(Güterethik)과 일치하는데, 그 속에서는 어떠한 개념적 종합으로도 메울 수 없는, 사회적 이상과 자체보존적 이성의 주관적 이상 사이의 단절이 진리의 권한을 요구하게 된다.

윤리법칙의 객관성 속에서는 단지 주관적 이성이 절대자처럼 거들먹거린다는 비난은 부차적일 것이다. 오류를 범할 수도 있고 왜곡된 상태로이기는 하나, 칸트는 사회적으로 무엇을 근거 있게 요구할 수 있을지를 말한다. 특수한 이해관계와 보편적 이해관계가 현실적으로 일치할 때까지, 그러한 객관성은 심리학이든 합리성이든 주관적 영역으로 치환될 수 없으며, 좋든 싫든 이런 영역과 분리되어 존속한다. 양심은 부자유로운 사회의 낙인이다. 칸트에게는 자기 철학의 비밀이 필연적으로 감춰져 있었다. 즉 그가 믿듯이 주체가 객관성을 구성하거나 행위를 통해 스스로 객관화될 수 있으려면, 언제나 또한 그 자신도 어떤 객관적 존재라야 한다는 점이 그것이다. 선험적 주체의 경우, 즉 스스로를 객관적이라고 해석하는 순수이성의 경우에는 객체의 우선성이 정신화되는데, 계기로서 그러한 우선성이 없다면 칸트식으로 객관화하는 주체의 실행들(Leistungen)도 없을 것이다.

칸트의 주관성 개념은 그 핵심에서 비인격적 특징들을 지닌다. 심지어 주체의 인성, 곧 주체에게 직접적이고 가장 가깝고 가장 확실한 것도 매개된 것이다. 사회를 이루는 개인들의 피안에 어떠한 사회도 없듯이, 사회 없이는 자의식도 없다. 주체를 초월하는 실천이성의 요구들, 곧 이성·신·자유·불멸성 등은 정언명령 혹은 순수한 주관적 이성에 대한 비판을 함축한다. 그러한 요구들이 없다면 정언명령은 생각할 수도 없을 것이다. 칸트가 아무리 그 반대로 확언을 해도 그렇다. 희망이 없으면 선도 없다.

인격주의에 대한 반론

　유명론적 경향은 도처에서 터져나오는 직접적 폭력 앞에서도 여전히 도덕을 옹호하려는 사상으로 하여금 인격 및 어떤 파괴될 수 없는 선(Gut)을 통해 도덕을 고정시키도록 유혹한다. 자유로운 사회의 건설을 통해서만 등장하게 될 자유를 각각의 개인에게서—기존의 사회 조직이 자유를 거부하는 자리에서—찾게 된다. 이 개인은 자유를 필요로 할 테지만 현재의 개인으로서 그러한 자유를 보장하지는 못한다. 윤리적 인격주의(Personalismus)에서는 사회에 대한 반성이 인격 자체에 대한 반성과 마찬가지로 중단된다. 인격은 일단 보편자로부터 완전히 유리되면 어떤 보편자도 구성하지 못한다. 그럴 경우 보편자는 은밀히 기존의 지배형식들로부터 받아들여지게 된다.

　파시즘 직전 시기에는 인격주의 및 단결에 대한 수다들이 비합리성이라는 공통의 발판 위에서 서로 잘 어울렸다. 절대자로서의 인격은 그로부터 읽어내야 할 보편성을 부정하며, 자의성에다 뻔한 평계를 만들어준다. 인격의 카리스마는 보편자의 불가항력성으로부터 차용된 것이지만, 보편자의 정당성으로 인해 혼란에 빠진 채 인격은 사상의 궁핍 속에서 자체로 응축된다. 인격의 원칙, 즉 인격의 자체성(Selbstheit)을 구성하는 흔들리지 않는 통일성은 주체 내부에서 오만하게 지배관계를 재생산한다. 인격은 역사적으로 묶인 매듭이다. 그것은 자유를 근거로 풀려야지 영속화되어서는 안 될 것이다. 그것은 또한 특수자 속에 자리잡은 보편자의 해묵은 속박이다. 인격으로부터 도덕과 관련해 추론되는 것은 직접적 실존과 마찬가지로 우연한 상태에 머문다. 인성(Personalität)에 대한 칸트의 고풍스러운 논의에서와 달리, 인격은 이미 그들 현존재의 무개념적 현존상태(Diesda)밖에 남지 않은 사람들에게는 동어반복으로 되었다. 수많은 새 존재론들이 인격으로부터 희망하는 초월성은 단지 그것들의 의식만을 과장한다. 그러나 윤리적 근거로서의 인격에 호소할 경우 보편자를 배제하고 싶겠지만, 보편자가 없다면 그러한 의식도 없을 것이다. 그래서 인격의 개념과 그 변형들, 예컨대 '나-너-관계'(Ich-Du-Beziehung)는 신뢰받지 못하는 신학의 아부 같은 어조를 띠게 되었다.

어떤 올바른 인간의 개념을 처음부터 취할 수는 없듯이, 그 개념이 인격 자체의 자체보존에 대한 신성시된 복제품으로서의 인격과 동일하지는 않다. 그러한 개념은 역사철학적으로 한편으로는 성격으로까지 객관화된 주체를, 다른 한편으로는 주체의 붕괴를 전제로 한다. 자아의 완전히 나약해진 상태, 즉 주체들이 수동적이고 원자적이며 반사와 유사한 반응으로 넘어가는 점은 전유(Aneignung)라는 경제적 원칙을 인간학적인 것으로 만들어버린 인격에 합당한 심판이기도 하다. 인간의 예지적 성격으로서 생각할 수 있는 것은 그들의 인격적 요인이 아니라 인간들을 그들의 현존재로부터 구분해주는 어떤 것이다. 인격에서는 이 구분하는 요인이 필연적으로 비동일자로서 나타난다.

모든 인간적 충동은 그것을 포괄하는 자의 통일성에 모순된다. 더 나은 것을 추구하는 모든 충동은 칸트적으로 말해서 이성일 뿐만 아니라 이성에 앞서 어리석음이기도 하다. 인간들은 인격으로서 행동하지 않고 아예 인격으로서 자신을 정립하지 않는 곳에서만 인간적이다. 자연의 산만한 상태는——그런 점에서 자연은 인격이 아니다——어떤 예지적 존재의 모습, 즉 나(Ich)로부터 구해낼 자아(Selbst)와 유사하다. 현대예술은 그에 관해 무엇인가를 감지한다. 주체는 거짓이다. 왜냐하면 자신의 지배의 무조건성을 위해 자기 자신에 대한 객관적 규정들을 부인하기 때문이다. 그러한 거짓을 버리는 자, 곧 동일성에서 얻은 자신의 힘으로 동일성의 틀을 내던진 자만이 주체일 것이다. 인격의 이데올로기적 비실재(Un-wesen)는 내재적으로 비판될 수 있다. 그러한 이데올로기에 따를 경우 인격에 그 품위를 부여하는 실체적 요인은 실존하지 않는다. 인간은 예외없이 아직 전혀 자기 자신이 아니다. 자아의 개념으로 인간의 가능성에 대해 생각하는 것은 당연할 것이다. 그리고 이러한 가능성은 자아의 현실성에 논쟁적으로 대립한다.

무엇보다 그 때문에 자기소외에 대한 논의는 근거가 없다. 그것은 헤겔과 마르크스의[61] 시대에는 좀더 나았지만, 혹은 그 때문에 변론에 빠지고 말았다. 왜냐하면 그것은 마치 인간이 이미 언제나 그러했던 어떤 즉자존재자로부터 몰락했다는 점을 아버지 같은 표정으로 이해하는 척하기 때문이다. 그러나 인간이 그랬던 적은 없으며 그래서 그 원질(ἀρχαί)에 호소하는 것으로부터는 권위, 곧 인간에게 낯선 것에 복종하는 일말고 아무것도 기대할 수 없다. 마르크스의 『자본론』에서 인간의 개념이 더 이상 나타나지 않는 것은 이 저서의 경제적 주제로 인한 것일 뿐만이 아니라 철학적 의미를 지니는 것이기도 하다.

부정적 변증법은 실존의 폐쇄성, 즉 자아의 견고한 자체성 앞에서뿐만 아니라 그에 못지 않게 경직된 그 안티테제, 곧 현대 주관적 사회학이 만병통치약으로 써먹는, 즉 여러 존재론자들에게서 보는 자체성의 실존과 유사하게 사회화의 최종 규정으로 써먹는 역할(Rolle)이라는 것 앞에서도 멈추지 않는다. 역할 개념은 형편없이 왜곡된 오늘날의 비인격화 과정(Depersonalisierung)을 인준한다. 마치 철회될 것을 전제로 힘들여 쟁취된 듯한 자율성 대신에 완전한 순응을 위해 등장했을 뿐인 부자유는 자유를 넘어서는 것이 아니라 자유에 못 미치는 것이다. 분업의 난점이 역할 개념에서는 미덕으로 실체화된다. 역할 개념을 통해 자아는, 사회가 자아에 판결 내리는 바를 다시 한 번 자신에게 지시한다.

자신의 동일성 속에 더 이상 갇혀 있지 않는 해방된 자아에게는 어떤 역할을 맡도록 판결 내릴 수도 없을 것이다. 노동시간이 근본적으로 단축된다면, 분업 가운데 사회적으로 남게 되는 부분은 개별 존재들을 철두철미 모양짓는(formen) 끔찍한 성격을 상실할 것이다. 사회적으로 요구되는 역할들을 위해 자아가 이용될 수 있는 상대나 그리한 역할에 자아가

---

61) "이 '소외'는, 철학자들이 이해할 수 있게 말하자면 물론 두 가지의 실천적 전제조건들 아래서만 지양될 수 있다"(마르크스·엥겔스, 『독일 이데올로기』, 베를린 : 1960, 31쪽).

투입될 태세는 자아의 사물적 경직성과 공범관계에 있다. 동일성이 어쨌든 그 타자로 넘어가려면, 동일성은 도덕적인 것 속에서도 추상적으로 부정될 것이 아니라 저항 속에서 보존되어야 할 것이다. 현재의 상태는 파괴적이다. 즉 추상적 동일성을 위한, 적나라한 자체보존을 위한 동일성 상실의 상태인 것이다.

비인격화와 실존론적 존재론

자아의 양면성은 실존론적 존재론(Existentialontologie)을 통해 표현된 바 있다. 현존재에 대한 호소나 '세인'(das Man)에 맞선 본래성(Eigentlichkeit)의 구상은 자체 내에서 폐쇄되고 '결단 내린'(entschlossen) 강력한 자아의 이념을 형이상학으로 변형한다. 『존재와 시간』은 인격주의 선언문처럼 작용했다. 하지만 하이데거는 주관성을 사유에 앞서는 존재의 양태로 해석했으며, 이로써 이미 인격주의는 그 대립물로 이행했다. 주체를 나타내기 위해 현존재나 실존 따위의 비인격적 표현들을 선정했다는 사실이 그 점을 언어상으로도 말해준다. 그러한 용례 속에서는 국가를 숭배하는 독일 관념론의 동일성 주도권이 동일성 자체의 담지자인 주체의 피안에서 부지불식간에 반복된다. 개별화된 자아의──셸링의 용어로는 자아성(Egoität)의──보편원칙인 주관성과 개별화된 자아 자체 사이의 차이가 이미 비인격화에 근거를 두고 있었다. 즉 부르주아적으로 개별자를 찬양하면서 동시에 그 가치를 깎아내리는 데 근거하고 있었던 것이다.

『존재와 시간』의 주제이기도 한 현존재로서의 주관성의 본질은, 인격이 더 이상 인격이 아닐 경우 그것으로부터 남게 되는 것과 동일하다. 그것을 추구하게 된 동기들은 경멸할 것이 아니다. 인격의 보편개념적 영역과 통분될 수 있는 것, 곧 인격의 개별적 의식은 언제나 가상이며, 관념론이나 존재론의 교리에 따르면 순수 주체에 기초해야 할 초주관적 객관성과 얽힌 것이기도 하다. 자아가 내성을 통해(introspektiv) 어쨌든 자아로서 경험할 수 있는 것은 비자아이기도 하며, 절대적 자아성은 경험 불가능하다. 쇼펜하우어가 확인했듯이 자기 자신을 인식하기 어려운 것은 그러한 데서 기인한다. 궁극적인 것이 궁극적이지 않은 것이다. 절대적 주관성의 등가물인 헤겔의 절대적 관념론이 객관적인 방향으로 전환한 것은 그러한 점에 부응한다. 그러나 한때 개인의 자의식이라고 칭해지던 것을 개인이 철저히 상실할수록, 비인격화는 더욱 증가한다.

하이데거의 경우 죽음이 현존재의 본질로 되었는데, 이는 단순한 독자적 존재(das bloße für sich selbst Sein)의 공허성을 성문화한다.[62] 하지만 탈인격화를 꾀하려는 좀더 음울한 결심은 불가피한 것으로 느껴진 숙명에 퇴행적으로 굴복하며, 그러한 이념을 통해 인격이 자기 자신을 넘어서 그 본연의 상태에 도달하도록 하지는 못한다. 하이데거의 무인격성(Apersonalität)은 언어적으로 마련된 것으로, 그저 주체를 주체로 만드는 유일한 요인을 제거함으로써 너무 쉽게 얻어낸 것이다. 그의 사유는 주체의 매듭(Knoten)을 스쳐 지나간다. 현존재를 추상적으로 그 순수한 가능성의 수준으로 희석시킬 경우 비인격화의 전망은 열리지 않을 것이며, 단지 현존재하는 세계내적 주체들을 분석할 때에만 열릴 것이다. 그 앞에서 하이데거의 현존재 분석은 중단된다. 그래서 그의 무인격적 실존범주들(Existentialien)은 그처럼 아무 힘 안 들이고 인격에 첨가될 수 있는 것이다.

인격에 대한 미시적 분석은 권위주의적 사유로서는 견딜 수 없는 것이다. 자체 내에서 그러한 분석은 모든 지배의 원칙에 타격을 가할 것이다. 그에 반해 어떤 무인격적인 것으로서의 현존재 일반은 마치 초인간적이면서 또한 인간적인 것인 듯이 망설임 없이 다루어질 수 있다. 실제로 살아 있는 사람들의 전체적 상황은 그들 모두에게 객관적으로 앞서는 기능의 연관으로서 익명성(Anonymität)이라는 의미에서 무인격성을 향해 움직인다. 하이데거의 언어는 이에 대해 탄식하기도 하지만 이러한 사태를 초인격적인

---

62) 하이데거의 대표작이 출간된 직후 이미 키에르케고르의 실존 개념에서 그 객관적·존재론적 함의와, 객체 없는 내면의 부정적 객관성으로의 전도가 입증될 수 있었다(아도르노, 『키에르케고르. 미의 구성』, 프랑크푸르트 : 1962, 82쪽 이하 참조).

(suprapersonal) 것으로 긍정하면서 반영하기도 한다. 비인격화의 두려움은 인격 자체의 사물적 성격에 대한 통찰을 통해 혹은 자아와 자체보존의 상등성에 의해 설정된 자아성의 한계에 대한 통찰을 통해 비로소 극복될 것이다.

하이데거의 경우 존재론적 무인격성은 언제나 인격에 도달하지 못하는 가운데 인격의 존재론화에 머문다. 의식이 자체의 생명적 요인을 희생하면서 변하여 이루어진 것에 대한 인식은 그에 역작용하는 힘을 지닌다. 그처럼 자아성은 이미 언제나 사물적이었다. 주체의 핵심 속에는 객관적 조건들이 내재하는데, 주체는 자신의 지배권의 무조건성을 위해 그것들을 부인할 수밖에 없으나 그것은 이 지배 자체의 조건들이다. 주체는 그러한 지배권을 포기해야 할 것이다. 주체의 동일성을 위한 조건은 동일성 강압의 종식이다. 이 점이 실존적 존재론 속에서는 단지 왜곡된 형태로만 나타난다.

그러나 비인격화와 그 변증법의 영역 속에 파고들지 않는 것은 정신적으로 더 이상 아무것도 중요하지 않다. 분열증이 주체에 대한 역사철학적 진리인 것이다. 하이데거가 건드리는 영역은 부지불식간에 관리되는 사회에 대한 비유가 되며 절망적일 정도로 고착된 주관성의 규정을 보완한다. 그가 파괴의 이름으로 철학사에 제시하는 것은 단지 그러한 규정에 대한 비판에서만 그 대상을 발견할 것이다. 이드(Es)에 대한 프로이트의 반형이상학적 교리는 형이상학이기를 원하지 않는 하이데거의 형이상학보다 더 주체에 대한 형이상학적 비판에 가깝다. 자율성에 의해 지시되는 타율성인 역할이 최근의 불행한 의식의 객관적 형태라면, 역으로 주체가 주체 자체가 아닌 경우말고는 어떠한 행복도 없다. 주체에 부과되는 엄청난 압력 아래 주체가 분열적인 것으로서 분해와 다의성의 상태로 다시 몰락하더라도——주체는 그런 상태로부터 탈피해나온 것이다——주체의 해체는 동시에 어떤 가능한 주체의 일시적인 모습이자 심판받은(verurteilt) 모습이기도 하다. 한때 주체의 자유는 신화를 중단시켰지만, 이제 주체는 마치 마지막 신화로부터인 듯이 자신으로부터 스스로를 해방시켰다. 유토피아는 아무 희생 없는 주체의 비동일성일 것이다.

도덕철학에서의 보편과 개인

심리학에 맞서는 칸트의 열성에서는, 힘들여 붙잡은 예지계의 한 모퉁이를 다시 놓칠지도 모른다는 두려움과 더불어, 개인의 도덕적 범주들이 단지 개인적인 것 이상이라는 진정한 통찰도 나타난다. 칸트의 법칙 개념 모델에 따를 때 그러한 범주들에서 보편자로서 드러나는 것은 은밀히 어떤 사회적인 것이기도 하다. 물론 『실천이성비판』에서, 변해가는 인간성 개념의 기능들 가운데에서는 순수이성이 모든 이성적 존재들에게 보편적인 이성으로 간주된다는 점도 사소한 것은 아니다. 그것은 칸트철학의 한 가지 무차별점(Indifferenzpunkt)이기도 하다. 보편성의 개념은 주체들의 다수성으로부터 끄집어내진 다음 이성의 논리적 객관성으로까지 자립하게 되었는데, 여기서는 모든 개별 주체들만 아니라 외관상 주관성 자체가 사라진다. 그러나 칸트는 논리적 절대주의와 경험적 보편타당성 사이의 좁은 산마루에서, 지난날 체계의 일관성논리(Konsequenzlogik)가 몰아낸 존재자로 돌아가고 싶어한다. 이 점에서 그의 반심리학적 도덕철학은 뒷날의 심리학적 발견들과 일치한다.

심리학은 초자아가 내면화된 사회적 규범임을 폭로함으로써 자체의 단자론적 한계들을 타파한다. 이 한계들 자체도 사회적으로 생산된 것이다. 양심이라는 것도 인간에 맞서는 자체의 객관성을 사람들이 살아가는 터전이자 그 수단일 뿐 아니라 사람들의 개별화의 핵심에까지 도달하는 사회의 객관성으로부터 얻어온다. 그러한 객관성 속에는 적대적 계기들이 서로 구분되지 않고 얽혀 있다. 즉 타율적 강압과 상이한 개별이해를 넘어서는 연대(Solidarität)의 이념이 그것이다. 양심 가운데 끈질기게 지속하며 억압적인 사회적 재앙을 재생산하는 것이야말로 자유와 대립하는 것인데, 그것은 그 자체의 결정과정을 증명함으로써 탈마법화될 수 있을 것이다. 그에 반해 양심이 의식하지 못한 채 제 것으로 삼는 보편적 규범은, 사회 속에서 사회적 총체의 원칙으로서 부분성 너머의 어떤 것을 말해준다. 이것이 그러한 규범의 진리계기다. 양심의 옳고 그름과 관련한 물음에 구속력 있는 대답을 할수는 없다. 왜냐하면 양심 자체에 옳은 것과 아울러 그른 것이 내재하며 어떠한 추상적 판단으로도 그것들을 갈라놓을 수는 없기 때문이다. 즉 양심의 억압적 형태를 통해 비로소 그것을 지양하는 연대적 형태가 형성되는것이다.

개인과 사회가 단순한 차이를 드러내는 것도 아니고 양자가 화해되어 있지도 않다는 점이 도덕철학에서는 본질적이다. 사회적으로 충족되지 않은개인의 요구에서는 보편성의 나쁜 측면이 확연히 드러난다. 그것이 도덕에대한 비판의 초개인적 진리내용이다. 그러나 이 경우 궁핍으로 인해 죄를지으면서, 궁극적이고 절대적인 존재로 되는 개인은 개인주의 사회의 가상에 빠져들며 스스로를 오해한다. 이 점 또한 헤겔은 간파했다. 그것도 그가반동적 악용을 돕는 곳에서 가장 예리하게 간파한 것이다. 자체의 보편적요구로 인해 개인에게 불의를 범하는 사회는, 무반성적 자기주장이라는——그 자체로 형편없는 보편자인——사회적 원칙이 개인을 통해 실체화되는한, 개인에 대립해서 정당한 것이기도 하다. 사회는 인과응보의 방식으로대처하는 셈이다. 각자의 자유는 단지 그것이 타인의 자유를 침해하는 한에만 제한되어야 한다는 후기 칸트의 명제는 어떤 화해된 상태를 암호처럼 표현한다.[63] 즉 그것은 사회의 강압메커니즘인 나쁜 보편자뿐만 아니라, 그강압메커니즘을 소우주적으로 반복하는 완고한 개인도 넘어서게 될 상태를표현하는 것이다.

자유에 대한 물음은 예 또는 아니오라는 단순한 양자택일이 아니라, 기존의 사회와 아울러 기존의 개별성도 넘어서는 이론을 요구한다. 그런 이론은내면화되고 경직된 초자아의 권위를 인준하는 것이 아니라 개별자와 유의

---

63) "어떤 행위든, 혹은 그 행위의 원칙에 따라 각자의 자의적 자유가, 하나의 보편적 법칙에 따라 누구나의 자유와 공존할 수 있다면 그 행위는 정당하다"(칸트, 『윤리 형이상학』, 법학입문, §C, 전집 6권, 아카데미판, 230쪽).

변증법을 감당해낸다. 초자아의 엄숙주의는 단지 적대적 상태가 그와 같은 것을 방해한다는 데 대한 반사작용일 뿐이다. 주체는 비자아와 화해한 상태로서 비로소 해방될 것이며 이로써—자유가 그 적수인 억압과 얽혀 있는 한—자유도 넘어설 것이다. 이제까지 자유 속에 얼마나 많은 공격성이 담겨 있는지는 사람들이 보편적 부자유 속에서 자유로운 자처럼 행동할 때면 언제나 분명해진다. 하지만 어떤 자유로운 상태에서는 개인이 낡아빠진 부분성을 발작적으로 고수하지도 않겠지만—개별성은 압력의 산물이기도 하지만 그 압력에 저항하는 힘의 중심이기도 하다—그러한 상태가 현재의 집단 개념과 화합하지도 못할 것이다.

오늘날 사회주의라는 명칭을 독점하는 나라들에서는 집단주의가 사회에 대한 개별자의 종속으로서 직접 명령되는데, 이로써 그러한 사회주의는 허위로 되며 적대관계는 고착된다. 지칠 줄 모르고 사람들을 한곳에 몰아넣고 말 그대로나 비유적으로나 홀로 있을 수 없게 만드는 사회화된 사회는 자아를 약화시킨다. 개별화에 대한 탄식 속에서는 그러한 자아의 약화 못지 않게, 교환관계의 팽창과 더불어 모든 것에까지 확장되는—주체들의 욕구들을 고려하지 않는 이른바 인민민주주의의 권위주의적 지배 속에서도 연장되는—실로 견딜 수 없는 냉담성도 나타난다. 자유로운 인간들의 연대 속에서는 사람들이 지속적으로 도당을 만들어낼 수밖에 없으리라는 생각은 행렬과 행진과 깃발 흔들기와 영도자들의 축하연설 같은 표상영역에 포함된다. 그와 같은 것들은 사회가 비합리적으로 그 강압받는 구성원들을 접합시키려고 하는 한에서만 번창한다. 객관적으로 그것들이 필요한 것은 아니다.

집단주의와 개인주의는 허위 속에서 서로를 보완한다. 양자에 맞서 피히테 이래의 사변적 역사철학은 죄악이 완성된 상태에 대한 학설로써, 또 나중에는 의미의 상실에 대한 교리로써 저항했다. 현대는 형식을 상실한 세계와 동일시된다. 한편 자기 시대에 대한 회고적 적대감의 창시자인 루소는 최후의 거창한 스타일로 이 적대감에 불을 붙였는데, 그의 반감은 사회의 반자연화(Denaturierung) 내지 형식의 과도함에 대한 것이었다. 이제는 의미가 공허해진 세계의 이미지, 즉 동경에 대한 암호로부터 광적으로 질서를 찾는 자들의 구호로 타락한 이 이미지를 버려야 할 때일 것이다. 지구상의 어디에도 현대사회가―그 과학주의적 변론가들이 인정하듯이― '열려 있는' 곳은 없다. 또 어디에도 형식을 상실하지 않은 곳은 없다. 현대사회가 열려 있다는 믿음은 무계획적으로 확장되는 산업으로 인한 도시와 경관의 황폐화로부터 생겨났으며, 그것은 과도한 합리성 때문이 아니라 합리성의 결여에서 나온 것이다.

형식의 상실을 물질적 생산관계들이 아니라 형이상학적 과정들에 기인한다고 보는 자는 잠재적으로 이데올로기들을 제공한다. 세계에 폭력을 가한 인간들에게 비쳐진 세계의 모습, 즉 폭력의 이미지는 물질적 생산관계들의 변화와 더불어 완화될 수 있을 것이다. 초개인적 결속들이 사라졌다면― 그것들은 결코 사라지지 않았다―결코 그 자체로서 나쁘지는 않을 것이다. 20세기의 진정으로 해방된 예술작품들은, 현대가 정당하게도 떨쳐버린 양식들을 통해 번성하는 예술작품들보다 분명히 더 나쁘지는 않다. 인간의 의식과 물질적 생산력의 수준에 따르면 인간은 자유로울 것으로 기대되며, 또 인간 자신도 스스로에게서 그런 것을 기대하지만 실제로는 자유롭지 않다는 경험, 하지만 인간의 극단적 부자유 상태에서는 사유와 행동의 본보기, 또 부자유로운 가운데 사람들이 갈망하는―극히 수치스러운 용어를 쓰자면― '가치'의 본보기가 남아 있지 않다는 등등의 경험이 거울 속에서처럼 뒤집혀 나타나는 것이다. 결속의 결여에 대한 탄식의 실체는 자유를 실현하지 않으면서 자유를 속임수로 보여주는 사회상태다. 자유는 충분히 탈색된 상태로 상부구조 속에만 실존한다. 자유의 영속적 실패는 동경을 부자유 쪽으로 오도한다. 아마 현존재 전반의 의미에 대한 물음은 이 부적절한 관계의 표현일 것이다.

자유의 상태에 대해

충동이 더 이상 파괴적으로 표현될 필요가 없어서 어떠한 억압도 도덕도 필요없게 될 자유상태의 지평선에는 검은 장막이 드리워져 있다. 도덕적인 물음들은 그 역겨운 패러디인 성적 억압 속에서가 아니라, '고문을 해서는 안 된다', '강제수용소가 있어서는 안 된다'는 등의 명제들 속에서 구속력 있게 제기된다. 한편 그 모든 것들은 아프리카와 아시아에서 여전히 존속하는 가운데 단지 은폐될 뿐인데, 그 까닭은 문명적 인도주의에 의해 뻔뻔스럽게도 문명화되지 않은 것이라고 낙인찍힌 것들과 대비할 때 이 인도주의라는 것도 늘 그렇듯이 비인도적이기 때문이다. 그러나 어떤 도덕철학자가 그런 명제들을 물려받고는 자기들이 속 편하게 표명한 가치들을 도덕비판자들도 끌어들인다는 사실을 포착했다고 환호한다면, 그 구속력 있는 결론은 허위일 것이다. 어디선가 고문이 이루어졌다고 말할 경우, 그러한 명제들은 충동(Impuls)으로서 참이다. 그 명제들이 합리화되어서는 안 된다. 그것들은 추상적 원칙으로서는 당장 그 추론과 타당성의 악무한(die schlechte Unendlichkeit)에 빠질 것이다. 도덕에 대한 비판은 인간의 행동에 일관성논리(Konsequenzlogik)를 전용하는 문제와 관련해 타당성을 지닌다. 이 경우 엄밀한 일관성논리는 부자유의 수단으로 된다. 도덕적 반응에 내재하는 충동, 적나라한 신체적 불안, 브레히트의 표현으로 '고통받을 수 있는' 육체들과의 연대감은 가차없는 합리화 추구를 통해 부인될 것이다. 또 가장 절박한 것이 다시 관조적으로 될 것이며, 자체의 절박성에 대한 조롱으로 될 것이다.

이론과 실천의 구분은, 실천을 순수하게 이론으로 환원시킬 수 없듯이 이론과 분리할 수도 없다는 점을 이론적으로 내포한다. 이론과 실천 양자를 붙여서 종합을 이룰 수는 없다. 비분리상태(das Ungetrennte)는 단지 양극단 속에만 살아 있다. 즉 논증에 대해서는 참지 못하는 가운데, 공포가 계속되는 것을 견디려 들지 않는 자발적 충동 속에 살아 있다. 또 어떠한 명령으로도 테러당하지 않은 이론적 의식, 즉 왜 공포가 예상할 수 없을 만큼 계속되는지를 간파하는 의식 속에 살아 있다. 모든 개인들의 현실적 무기력에 비추어보면 이러한 모순만이 오늘날 도덕의 무대다. 의식은 나쁜 상황을 인식하면서 이 인식에 만족하지 않는 한 자발적으로 반응할 것이다.

모든 보편적 도덕판단과 심리적 결정(Determination)의 양립 불가능성은 이러한 것이 악이라는 판단으로부터 벗어날 수 있게 해주지 못하는데, 이 양립 불가능성은 사유의 일관성 결여에 기인하지 않고 객관적 적대관계에 기인한다. 프리츠 바우어*는 수백 가지의 그릇된 논증으로 아우슈비츠 압제자들의 석방을 요구하는 자들과 같은 유형들이야말로 사형제도의 재도입을 지지하는 자들임을 지적했다. 도덕적 변증법의 최근 수준은 그 점으로 집약된다. 그들의 석방은 적나라한 불의일 것이다. 그러나 정당한 속죄 역시 잔인한 폭력의 원칙에 감염될 터인데, 이에 저항하는 것만이 인도주의다. 사형집행은 도덕적일 수 있지만 그것의 합법화는 결코 그럴 수 없다는 벤야민의 명제는 이러한 변증법을 예언한다. 고문의 책임자들을 그들에게 명령한 자들 및 지엄하고 막강한 그들의 후원자들과 함께 당장 총살해버렸다면, 그들 가운데 몇몇에게만 재판을 거는 것보다 더 도덕적이었을 것이다. 그들이 도주하여 20년간 숨어지낼 수 있었다는 사실은 그 당시에 소홀히 된 정의를 질적으로 바꾸어놓는다. 그들에 맞서 형사소송법과 법복과 이해심 있는 변호인들을 포함한 법적 장치가 동원되어야 한다면——그렇지 않아도 범해진 비행에 합당할 만할 어떤 인준을 받을 수도 없는——정의는 이미 허위가 될 것이며 살인자들이 한때 행동의 기준으로 삼았던 것과 동일한 원칙에 얽힐 것이다.

파시스트들은 자신의 악마적 광적 이성을 통해 그러한 객관적 광기를 이용해 먹을 만큼은 충분히 영리하다. 그러한 아포리아의 역사적 근거는 독일에서 파시스트들에 맞선 혁명이 좌절했다는 점, 그보다 1944년에는 혁명적 대중운동이 없었다는 점이다. 경험론적 결정론을 가르치면서 정상적 괴물들을 심판해야 한다는 모순은——아마 결정론에 따르면 그들을 풀어주어야 할 것이다——어떠한 상위의 논리학으로도 해결될 수 없을 것이다. 이론적으로 반성된 정의는 그 모순을 꺼려서는 안 될 것이다. 그러한 정의는 이 모순 자체를 의식화하도록 돕지 않는다면 정치적 요인으로서 고문방법의

---

* 프리츠 바우어(Fritz Bauer) : 홀로코스트의 역사와 영향에 대한 연구소(Fritz Bauer Institut, 1995)를 설립했다.

존속을 고무할 것이다. 그렇지 않아도 집단적 무의식은 그것을 희망하며, 그것을 합리화하겠다고 벼르고 있다. 어쨌든 위협이론(Abschreckungs-theorie)은 그런 한에서 타당하다. 죄인에게 마땅하지 않은 어떤 자유의 명예를 최종적으로 인정해주는 법의 이성과 그들의 현실적 부자유에 대한 통찰 사이의 명백한 단절로 인해, 일관성논리적 동일성사유에 대한 비판은 도덕적으로 된다.

칸트에서의 예지적 성격

칸트는 예지적 성격(intelligibler Charakter)의 구성을 통해 현존재와 윤리법칙을 매개한다. 이 구성은 마치 주어진 것, 현존하는 것은 그로써 정당화되었다는 듯이 '도덕법칙은 그 자체의 현실성을 증명해준다'[64]는 테제에 의지한다. 칸트는 이렇게 말한다. "그러한 인과성의 규정근거는 감성계 외부에서도 예지적 존재의 특성인 자유에서 상정할 수 있다."[65] 이때 '특성'이라는 개념을 통해 예지적 존재는 전적으로 개인의 삶 속에서 긍정적으로 상상할 수 있는 것, 즉 '실재적인 것'으로 된다. 그러나 이는 무모순성의 공리 내부에서, 예지적인 것이 감성계의 피안(Jenseits)이라는 교리에 대립한다. 칸트는 솔직하게 곧 다음을 상기시킨다. "그에 반해 윤리적으로 선한 것은 그 객체에 비추어볼 때 초감성적인 어떤 것이며 그러므로 감성적 직관에서는 그것과 상응하는 어떤 것도"——따라서 아주 명백히 어떠한 '특성'도——"발견될 수 없다. 그러므로 순수 실천이성의 법칙들 아래서는 판단력이 특별한 난관들에 빠져 있는 듯해 보이는데, 이 난관은 다음과 같은 사실에 기인한다. 즉 자유의 법칙은, 감성계에서 일어나고 그런 한에서 자연에 속하는 사건들로서의 행위들에 적용되어야 한다는 점이 그것이다."[66]

---

64) 칸트, 『판단력 비판』, 48쪽.
65) 같은 책, 67쪽.
66) 같은 책, 68쪽.

이성 비판의 정신에 따라 이 구절은 『실천이성비판』에서 엄밀히 비판된, 즉자로 존재하는 자질(Güter)로서의 선과 악의 존재론에 반대한다. 뿐만 아니라 그러한 존재론에 부속되는 주관적 능력, 곧 현상들로부터 유리되어 그 존재론을 보증한다는 능력, 말하자면 순전히 초자연적인 것의 성격에도 반대한다. 칸트는 자유를 구제하기 위해 지극히 논란이 많은 교리, 곧 경험에 맞서면서도 경험세계에 대한 매개로서 구상된 예지적 성격의 교리를 도입한다. 객관적으로 그것은 의지가 존재자로서 현상들에 근거해 해명될 수 없으며 또 현상들의 개념적 종합을 통해서도 정의될 수 없고 현상들의 조건으로 전제되어야 한다는 강력한 모티프들 가운데 한 가지인데, 이에는 그가 오류추론에 대한 단원에서 영적인 것의 또 다른 실체화들과 관련해 파괴한, 내면성의 순진한 실재론의 해악들이 수반된다.

성격의 개념이 변증법적으로 함의하듯이, 성격은 자연과 동화되지도 않고 자연에 대해 절대적으로 초월적이지도 않다는 점을 증명함으로써 그 불안정한 매개가 이루어질 것이다. 그러나 동기화들(Motivationen)이 없다면 그러한 매개도 없는데, 이 동기화는 심리학적 계기를 내포한다. 한편 칸트에 의하면 인간 의지의 동기화들은 "도덕적 법칙 이외의 결코 다른 어떤 것일 수 없다."[67] 이는 가능한 모든 해답의 이율배반을 나타내준다. 칸트는 그것을 다음과 같이 거칠게 표현한다. "왜냐하면 어떻게 하나의 법칙이 자체로서 또 직접적으로 의지의 규정근거일 수 있는지(그러나 의지는 모든 도덕성의 본질적 요인이다)는 인간 이성으로 해결될 수 없는 문제이며, 또 어떻게 자유로운 의지가 가능하냐는 문제와 동일한 것이다. 따라서 우리는 도덕법칙이 자체 내에서 추진력을 만들어내게 되는 근거가 아니라, 그러한 추진력이 존재하는 한 그것이 정서(Gemüthe) 속에서 야기하는 것을(좀더 정확히 말하면 야기할 수밖에 없는 것을) 아 프리오리하게 보여주어야 할 것이다."[68]

---

67) 같은 책, 72쪽.
68) 같은 자리.

그의 사변은 그것이 시작되어야 할 자리에서 침묵하며, 내재적 영향의 연관관계들을 단순히 기술하는 데 그친다. 그런데 자신의 계획에 압도되지 않았다면 그는 별로 주저하지 않고 그러한 연관관계들을 환상이라고 칭했을 것이다. 즉 어떤 경험적인 것이 정서적인 힘을 발휘함으로써 초경험적 권위를 사취하는 것이다. 칸트에 의하면 시간은 현존재자의 본질구성에 관여한다. 그런데 그는 초시간적 현존재, 곧 '예지적 실존'[69]을 다루면서 부가적 모순(contradictio in adjecto) 때문에 놀라지도 않고, 그것을 변증법적으로 명료하게 표현하지도 않았으며, 그런 실존이라는 것으로 도대체 무엇을 생각해야 하는지조차 말하지 않았다. 그가 가장 멀리까지 나아간 것은 '물자체로서의 주체의 자발성'[70]에 대한 논의를 통해서이다. 이성 비판에 따른다면, 이 주체의 자발성에 대해서는 외감적 현상들의 초월적 원인들에 대해서와 마찬가지로 긍정적으로 말할 수 없을 것이다. 한편 예지적 성격이 없다면 경험계 속의 도덕적 행위나 경험계에 대한 영향력 행사는 불가능할 것이며, 이에 따라 도덕도 불가능할 것이다.

그는 체계의 골격이 방해하는 바를 추구하기 위해 절망적으로 노력할 수밖에 없다. 이때 육체적·정신적 자연의 인과적 자동현상(Automatismus)에 맞서, 이성이 개입하여 새로운 관련을 만들어낼 수 있다는 사실은 그에게 유리하게 작용한다. 위에서 서술한 도덕철학에서 그는 순수 실천이성으로 세속화된 예지계를 더 이상 절대적으로 상이한 것으로는 생각하지 않게 되는데, 이는 이성의 확인 가능한 유입(Influxus)에 비추어볼 때 칸트의 기본테제들 상호간의 추상적 관계에 따라 나타나듯 놀라운 일이 결코 아니다.

이성이 자연과는 다른 것이면서 자연의 한 계기라는 사실은 이성의 내재적 규정으로 된 이성의 전사(Vorgeschichte)다. 이성은 자체보존을 위해 분리된 정신적 능력으로서는 자연적이다. 그러나 일단 분리되고 자연과 대조될 경우 이성은 자연의 타자로 되기도 한다. 일시적으로 자연으로부터 떨

---

69) 같은 책, 99쪽.
70) 같은 자리.

어져 나옴으로써 이성은 자연과 동일하기도 하고 동일하지 않기도 하며, 그 자체의 개념상 변증법적이다. 그러나 이 변증법에서 이성이 거침없이 자연에 대한 절대적 대립물로 되고 자체 내의 자연을 망각할수록, 거칠어진 자체보존으로서의 이성은 더욱더 자연으로 퇴행한다. 이성은 이 자체보존에 대한 반성으로서만 자연을 넘어설 것이다.

어떠한 해석 기술도 예지적 성격에 대한 규정들의 내재적 모순들을 제거할 수는 없다. 칸트는 그 예지적 성격이 무엇인지, 어떻게 그것이 스스로 경험적 성격에 영향을 끼치는지에 대해 아무것도 말하지 않는다. 예지적 성격이 경험적 성격을 정립하는 순수 행위일 뿐인지 또는 그것과 병행해서 존속해야 하는지—이는 물론 궤변처럼 들리지만 자아경험에서는 신빙성이 전혀 없는 바도 아니다—에 대해서도 그는 아무것도 말하지 않는다. 칸트는 그 작용이 경험계 속에서 나타나는 대로 묘사하는 데 만족한다. 예지적 성격을—그 말이 유발하는 바처럼—전적으로 분리해서(χωρίς) 상상한다면, 그것에 대해 논하는 것은 칸트가 예지적 성격과 아주 은밀하게 극히 형식적인 유비 속에서 동일시하는 물자체에 대해 논하는 것과 마찬가지로 불가능하다. 그는 예지적 성격이 각 개인에 들어 있는 '하나의' 물자체, 즉 내감적 현상들의 알려지지 않은 원인인지, 아니면 그가 때때로 말하듯 모든 것과 동일한 '바로 그'(das) 물자체, 곧 피히테의 절대적 자아인지 결코 설명하지 않는다.

그처럼 근본적으로 분리된 주체는 그렇게 영향을 끼침으로써 현상계의 계기로 될 것이며, 현상계의 규정들, 따라서 인과성에 종속될 것이다. 전통적 논리학자인 칸트는 동일한 개념이 인과성에 종속되기도 하고 종속되지 않기도 한다는 데 결코 만족할 수 없을 것이다.[71] 그러나 예지적 성격이 더

---

71) 예지(das Intelligible)라는 개념에 대해서는, 현상들의 알려지지 않은 원인들을 단지 극단적 추상에서조차 긍정적으로 거론하는 것은 금지되어 있다고 손쉽게 말할 수 있을 것이다. 어떤 개념에 대해 전혀 아무것도 말할 수 없다면 그 개념으로는 아무 일도 못할 것이며, 그것은 무(Nichts)와도 같을 것이고 그 자체의 내용도 무일 것이다. 이로써 독일 관념론은 칸트에 대항하는 가장 효과적인 반론 가운데 한 가지를 제기했으며, 칸트-라이프니츠의 경계개념(Grenz-

이상 분리된(χωρίς) 것이 아니라면, 그것은 더 이상 예지적이지 않고 칸트식 이원론의 의미에서 감성계와 혼합될 것이며 그에 못지 않게 모순적일 것이다. 예지적 성격에 관한 교리를 좀더 상세히 설명해야 할 의무감을 느낄 경우 칸트는 한편으로 그것을 시간 속의 행위 위에, 즉 결코 그것이 되어서는 안 될 경험적인 것 위에 근거지을 수밖에 없으며, 또 다른 한편으로 그는 자신이 얽혀들어가는 심리학을 소홀히 할 수밖에 없다.

"다음과 같은 경우들도 있다. 즉 어떤 사람들은 그들만 아니라 남에게조차 유익한 교육을 받고도 어릴 때부터 일찍이 악의를 보이고 성년기에 이르기까지 계속해서 점점 더 악의를 드러낸다. 그러면 사람들은 그들을 천성적인 악한이며 사고방식에 관한 한 전적으로 개선의 여지가 없다고 여기게 된다. 그렇기는 하나 사람들이 그들의 행위나 방임 때문에 그들을 심판하고 그들에게 그들 자신의 범죄를 죄라고 지적해주면, 실로 그들(아이들) 자신은 이런 지적을 전적으로 근거가 있다고 여기면서, 그들의 정서가 천부적으로 희망 없는 성격을 띤다고 평가되는 것과 무관하게 다른 어느 누구나와

---

begriff)의 이념에 오래 관계하지는 않았다. 그러나 칸트에 대한 피히테와 헤겔의 그럴듯한 비판에는 반론을 제기해야 할 것이다. 이 비판도 그 나름으로 전통적 논리학에 따르는데, 이 전통적 논리학은 그 개념의 실체를 구성하는 사실내용들에 환원되지 않는 것에 대해 논하는 것을 공허하다고 거부한다. 관념론자들은 칸트에 반항하는 가운데, 칸트에 맞서 자신들이 따랐던 원칙을 너무 열성적으로 망각했다. 그 원칙이란, 사상의 일관성은 긍정적으로 규정될 수 있는 소여성으로 전혀 나타낼 수 없는 개념들의 구성을 강요한다는 것이다. 사변을 위해 그들은 칸트를 사변가라고 탄핵했으며, 실증주의를 이유로 그를 비난했지만 그들 자신도 실증주의에 빠졌다. 이른바 물자체에 대한 칸트의 변론에 담긴 오류, 곧 마이몬(Maimon) 이래 일관성논리학이 그토록 의기양양하게 입증할 수 있었던 오류는 칸트의 이론에서 일관성논리학에 맞서 반항하는 계기, 곧 비동일성에 대한 기억보다 오래 남는다. 그래서 자기 비판자들의 일관성을 분명코 오해하지 않은 그는 이들에게 이의를 제기했고, 동일성을 절대화하기보다 차라리 자신의 독단론을 인정했다. 그런데 이 동일성 자체의 의미에서는, 헤겔이 충분히 재빠르게 인식했듯이 비동일자에 대한 관계가 불가피하다. 물자체와 예지적 성격의 구성은 동일시 가능성의 조건으로서 어떤 비동일자를 구성하는 것이지만, 또한 범주적 동일시를 벗어나는 것의 구성이기도 하다.

마찬가지로 책임을 지게 되는 경우가 있다. 그러한 일은 다음과 같은 점을 전제하지 않는다면 일어날 수 없을 것이다. 즉 (의심의 여지없이 의도적으로 행해진 모든 행위와 같이) 자발적으로 일어나는 모든 일은 일종의 자유로운 인과성을 기초로 하는데, 이 인과성은 유년기부터 그들의 성격을 그들의 현상들(행위들)을 통해 표현하며 이 현상들은 반응의 동일한 모습 때문에 어떤 자연적 연관관계를 드러내주지만, 이 연관관계는 의지의 사악한 특성을 필연적인 것으로 만드는 것이라기보다 오히려 자발적으로 받아들인 악한 불변적 원칙들의 결과이며, 이 원칙들은 그런 연관관계를 더욱 절망적이고 처벌해 마땅한 것으로 만든다는 점이 그것이다."[72]

칸트는 정신병자에 대한 도덕적 심판이 틀릴 수도 있다는 점을 논의하지 않는다. 그는 이른바 자유로운 인과성을 초기 유년기로 옮겨놓는데, 이는 물론 초자아의 발생에 전적으로 적합하기는 하다. 하지만 유아들의 경우에는 이성 자체가 겨우 형성되는데, 완전히 발전한 이성에 결합되는 자율성이 유아들에게도 있다고 단언하는 것은 어리석은 일이다. 성인의 개별 행위에 대한 도덕적 책임을 어렴풋한 그 과거에 기인하다고 봄으로써, 성숙성 (Mündigkeit)의 이름으로 미성숙한 자에 대한 비도덕적·교육적 형사재판을 벌이는 것이다. 자아와 초자아의 형성이나 칸트의 본보기에서처럼 그 형성의 실패를 생애의 처음 몇 해에 결정하는 과정들은 분명 오래된 것이라고 해서 선천적인 것이라고 간주될 수 없다. 또 그것의 극히 경험적인 내실 (Gehalt)에, 칸트의 윤리법칙 교리가 요구하는 순수성을 인정해줄 수도 없다. 유아기의 악당들을 처벌해 마땅하다는 생각에 열중함으로써, 그는 예지계를 떠나지만 단지 경험계에서 재앙을 만들어낼 뿐이다.

예지적인 것과 의식의 통일

칸트가 예지적 성격이라는 개념에서 생각한 것에 대해서는, 비록 그의 이

---

72) 같은 책, 99쪽 이하.

론이 금욕적일 만큼 과묵하기는 해도, 어느 정도 추측할 수 있다. 그것은 자의식의 인식론적 통일의 등가물인 인격(Person)의 통일이다. 칸트 체계의 무대 뒤에서는 실천철학의 최상위 개념이 이론철학의 최상위 개념인 자아원칙(Ichprinzip)과 일치하리라고 기대된다. 이 자아원칙은 실천적으로 충동을 제어하고 통합할 뿐 아니라 이론적으로도 통일을 형성한다. 인격의 통일은 예지적인 것에 대한 교리가 자리잡는 곳이다. 칸트의 경우에 통용되는 형식-내용의 이원론이라는 건축술에 따르면, 인격의 통일은 형식에 속한다. 즉 특수화(Besonderung)의 원칙은, 칸트가 원하지 않았고 헤겔에 의해 비로소 상론된 변증법에서는 일종의 보편자인 것이다.

칸트는 보편성을 존중하기 위해 용어법상으로 인성(Persönlichkeit)을 인격과 구분한다. 전자는 "전체 자연의 메커니즘으로부터의 자립성 및 자유이지만, 동시에 자신의 이성이 부여하는 고유하고 순수한 실천적 법칙들에 따르는 어떤 것의 능력이라고 간주된다. 그러니까 감성계에 속하는 인격은, 동시에 인성이 예지계에 속하는 한, 그 자체의 인성에 종속되어 있다."[73] 개념적 보편자를 나타내는 '성'(keit)이라는 접미사에서 드러나듯이 순수이성으로서의 주체인 인성이 경험적·자연적 개별자(Einzelwesen)로서의 주체인 인격을 종속시킨다는 것이다. 칸트가 예지적 성격이라는 말로 뜻한 바는 그 이전 어법상의 인성, 곧 '예지계에 속하는' 인성에 매우 접근한다. 자의식의 통일은 발생적으로만 아니라 그 자체의 순수한 가능성상으로도 심리적·사실적 의식내용들을 전제로 한다. 그것은 순수이성과 시공간적 경험의 무차별지점(eine Zone der Indifferenz)을 나타낸다.

의식의 사실들은 어떤 개별 의식 내부에서 결정되지, 다른 임의의 의식 내부에서 결정되는 것이 아니다. 그렇지 않다면 의식의 사실들은 현존하지 않을 것이다. 자아에 대한 흄의 비판은 이 점을 간과했다. 칸트는 그를 비난하지만 그 자신도 상호관계를 소홀히 한다. 흄에 대한 그의 비판에서는 인성이 개별 인격들의 피안에 있는 원칙으로서, 혹은 이들의 틀로서 경직되

---

73) 같은 책, 87쪽.

어 있다. 그는 의식의 통일을 모든 경험으로부터 독립되어 있는 것으로 파악한다. 그러한 독립성은 변해가는 개별적 의식사실들에 비할 때 어느 정도 존재한다. 그러나 사실적 의식내용들의 모든 현존에 대해 근본적으로 그렇지는 않다. 칸트의 플라톤주의는——『파이드로스』*에서 영혼은 이념과 유사한 것이었다——인식론적으로 내용을 희생하면서 인격적 통일 자체에 대한 현격히 부르주아적인 긍정을 반복한다. 그리고 그러한 통일은 결국 인성의 이름 아래 단지 강력한 남성(Mann)만을 남겨놓았다.

통합의 형식적 성과는 아 프리오리하게 형식적인 것이 아니라 내용적인 것으로서 내적 자연에 대한 지배의 결과물인데, 그것이 선의 지위를 찬탈한다. 칸트가 상정하는 바에 따르면, 어떤 사람이 인성으로 되면 될수록 그는 더욱 훌륭하다. 이때 그는 '자기 자신이 된다는 것'(Man-selber-Sein)의 수상쩍은 측면에 대해서는 걱정하지 않고 있다. 18세기의 위대한 소설들은 그 점을 아직 의심하고 있었다. 버려진 아이이자 심리학적 의미에서 '충동적 성격'인 필딩**의 톰 존스는 인습으로 인해 불구화되지 않은 인간을 대변하며 동시에 희극적으로 된다. 이오네스코***의 『코뿔소들』(Die Nashörner)은 그런 인간의 마지막 메아리다. 즉 동물적인 규격화에 저항하고 그런 한에서 강한 자아를 보존하는 유일한 자는 알코올중독자이자 직업적으로 성공하지 못한 인물로서, 생활의 판결에 따르면 전혀 강한 자아를 가지지 못한 자다.

근본적으로 악한 유아의 예에도 불구하고, 칸트의 경우 어떤 악한 예지적 성격을 생각할 수 있는지, 또 그가 형식적 통일이 이루어지지 않는 데에서 악을 찾지는 않는지 물어야 할 것이다. 그의 주장에 따르면, 그런 통일이

---

* 중기 플라톤의 대화편. 영혼불사, 생사의 초극 등을 다뤘다.
** 필딩(Henry Fielding, 1707~1754) : 영국의 극작가이자 소설가. 그는 풍자극과 팜플렛을 통해 정부를 비판했다. 톰 존스는 그의 동명 소설(1749)의 주인공이다.
*** 이오네스코(Eugène Ionesco, 1912~1994)는 프랑스 전위극의 대표자로 현대생활의 밑바닥에 깔린 형이상학적 불안을 생리적 고통으로 표현한다. 『코뿔소들』은 1960년 초연되었다.

전혀 없는 곳에서는 동물들의 경우처럼 선에 대해서만 아니라 악에 대해서도 논할 수 없을 것이다. 그는 아마 예지적 성격을 무엇보다 자신의 모든 충동들을 이성적으로 통제하는 강력한 자아라고 표상했을지도 모른다. 이는 근세 합리주의 전통 전체에서 특히 이런 점에서는 적어도 서로 일치하는 스피노자와 라이프니츠가 가르친 바와 같다.[74] 이 위대한 철학은 현실원칙에 따라 모양지어지지 않은 인간, 즉 자체 내에서 경직되지 않은 인간의 이념에 대해 무감각해진다. 칸트는 이를, 통용되는 인과성에 병행해서 자유의 테제를 수행하기 위한 사유전략적 장점으로 치부한다. 왜냐하면 인격의 통일은 그것이 칸트의 체계에서 나타나듯이 형식적 아 프리오리일 뿐만 아니라, 그의 의지에 반하고 그가 표명한 바(Demonstrandum)에 유리하게, 주체의 모든 개별 내용들의 계기이기 때문이다.

주체의 모든 충동은 '주체의' 충동이지만, 주체는 그런 충동들의 총체이고 이로써 그 충동들과 질적으로 다른 것이기도 하다. 자의식의 극도로 형식적인 영역에서는 양자의 경계가 희미해진다. 그런 영역에 대해서는 서로 동화되지 않는 것, 즉 사실적 내용과 그 연관관계의 원칙인 매개가 구분되지 않은 채 서술된다. 인성이라는 무차별개념(Indifferenzbegriff)에서는, 전통적·논리적 논증방식에서 터부시되었지만 그럴수록 더 실재적인 변증법적 사태, 즉 적대적 세계 속에서는 개별 주체들이 각자의 내부에서도 적대적이며 자유롭기도 하고 부자유롭기도 하다는 사태가 극단적 추상을 통해 정당성을 얻게된다. 무차별성의 밤에는 인성 자체로서의 자유에, 즉 프로테스탄트적 내면에, 곧 자기 자신으로부터도 떨어져 있는 것에 희미한 빛이 비춰진다.

지난날 루터주의자가 업적이 아니라 신앙을 통해 정당화되었듯이, 실러의 격언에 따르면 주체는 그것이 행하는 바가 아니라 그 존재를 통해 정당화된다. 칸트식 예지적 성격의 뜻하지 않은 비합리성, 즉 체계가 강요하는 그 예

---

74) 칸트의 의지론과 라이프니츠 및 스피노자의 의지론 사이의 관계에 대해서는 요한 에두아르트 에르트만(Johann Eduard Erdmann)의 『근세철학사』 개정판(슈투트가르트 : 1932), 특히 제4권, 128쪽 이하 참조.

지적 성격의 규정불가능성(Unbestimmbarkeit)은 선택적 은총(Gnaden-wahl)의 비합리성에 대한 명백한 신학적 교리를 암암리에 세속화한다. 물론 이 선택적 은총은 점진적 계몽 속에 보존된 채 점점 더 억압적으로 된다. 지난날 칸트의 윤리학은 신에게 실천이성의 요구에 복무하는 역할을 맡도록 강요한 듯했지만——이 또한 라이프니츠와 심지어 데카르트의 경우에도 미리 형식화되어 있다——일종의 비합리적 양태존재자(Soseiendes)인 예지적 성격이라는 말로, 자유의 이념이 반박하는 바와 동일한 맹목적 운명과 다른 어떤 것을 생각하기는 어렵다.

성격의 개념은 항상 자연과 자유 사이에서 변색해왔다.[75] 주체의 절대적 양태존재(Sosein)가 가차없이 그 주관성과 동일시될 경우, 주관성의 개념은 더욱더 이해할 수 없는 것으로 된다. 지난날 신의 의지에 따른 선택적 은총이라고 여겨진 것은 객관적 이성에 의거한 것이라고 생각하기 어렵다. 또 이 객관적 이성은 주관적 이성에 호소해야 할 것이다. 어떤 경험적 내용도 없는 인간의 순수한 즉자존재, 곧 인간 자신의 이성적 성격에서만 찾을 수 있는 즉자존재는 왜 그것이 어떤 경우에는 성공하고 다른 경우에는 실패했는지에 대해 어떠한 이성적 판단도 허용하지 않는다. 그러나 예지적 성격을 고정지을 수 있게 해주는 심급인 순수이성은 그 자체가 형성되는 것이고 그런 한에서 또한 조건지어진 것이지 절대적으로 조건짓는 것은 아니다. 그것이 시간 외부에서 절대적인 것으로 정립된다는 주장은——그것은 바로 칸트가 비난한 피히테의 기대다——어떠한 창조론보다도 더 비합리적이다. 그것은 자유의 이념을 현실적 부자유와 결합시키는 데 본질적으로 기여했다.

그렇지 않아도 사회는 이차적 자연으로서 그 구성원 모두의 성격을 각인하는데, 예지적 성격은 환원 불가능한 것으로 현존하면서 그 이차적 자연을 개념 속에서 중복한다. 칸트의 윤리학을 현실적 인간에 대한 판단으로 옮긴다면, 그 유일한 기준은 어떤 인간이 한때 어떤 상태로 존재하는 모습, 따라서 그 인간의 부자유일 뿐이다. 확실히 실러의 격언은 교환의 원칙 아래,

---

75) 벤야민, 앞의 책, 36쪽 이하.

곧 하나의 행위를 다른 것들과 대조하여 평가하는 데에 모든 인간관계들을 예속시킬 때 야기되는 혐오감을 일차로 표명하고자 했다. 칸트의 도덕철학도 품위(Würde)와 가격(Preis)의 대립을 통해 동일한 모티프를 제시한다. 하지만 올바른 사회에서는 교환이 청산될 뿐만 아니라 충족되기도 할 것이다. 즉 누구도 노동으로 얻은 수입에서 손해를 보는 일이 없을 것이다. 고립된 행위를 평가할 수도 없지만 행위로 외화되지 않은 선도 존재하지 않는다. 특유한 개입이 결여된 절대적 신조(Gesinnung)는 절대적 무관심 내지 비인간성으로 타락할 것이다.

객관적으로 볼 때 칸트와 실러는 모두 자유부동하는 고결함(ein frei-schwebend Edles)이라는 수치스러운 개념의 전주곡을 연주한다. 뒷날 엘리트를 자칭하는 자들은 그것을 임의로 자신의 특성이라고 증명할 수 있게 된다. 칸트의 도덕철학에는 그것을 사보타주하는 경향이 숨어 있다. 그의 도덕철학에서는 인간의 총체성이 예정된 선택과 구분되지 않는다. 어떤 행위의 정당성 혹은 부당성에 대해서는 더 이상 결의론적으로 물어볼 수 없다는 데에도 불길한 측면이 있다. 즉 판단능력이, 칸트의 선($\grave{\alpha}\gamma\alpha\theta\grave{o}\nu$)이 초월하고자 한 경험적 사회의 강압들 쪽으로 넘어가는 것이다.

모든 부르주아 자유론의 범주들이 그렇듯이 고결함이나 저열함의 범주는 가족관계들 내지 자연관계들과 얽혀 있다. 후기 시민사회에서는 그런 범주들의 자연발생성이 생물학주의로, 또 마침내는 인종이론으로 다시 분출된다. 칸트에 맞서지만 은밀히 그와 동의하면서 철학자로서의 실러가 기대한 도덕과 자연의 화해는 기존상황 속에서 스스로 생각하듯 그렇게 인도적이거나 죄 없는 것이 결코 아니다. 자연은 일단 의미를 갖추게 되면, 예지적 성격의 구성이 추구한 가능성을 대신한다. 괴테의 선미(Kalokagathie)에서는 궁극적으로 살인적 성격을 띠는 변환을 간과할 수 없다. 어느 유태인 화가가 그린 칸트의 초상화에 대한 칸트의 편지도 이미 혐오스러운 반유태적 테제를 써먹는데,[76] 이는 국가사회주의자 파울 슐체-나움부르크(Paul

---

76) "내 가장 존경하고 사랑하는 친구여, 내 생일 다음날 훌륭한 선물을 들고 제대

Schulze-Naumburg)를 통해 유명해지기도 했다.

자유는 사회를 통해 현실적으로 외부로부터뿐만 아니라 그 자체 내에서도 제한되어 있다. 자유가 활용되면 당장 부자유가 증대한다. 좀더 나은 상황의 대리인은 언제나 더 나쁜 상황의 공범자이기도 하다. 사람들이 특히 사회로부터 자유롭다고 느끼는 경우, 즉 그들의 강한 자아 속에서조차 그들은 또한 사회의 대리인이기도 하다. 말하자면 자아원칙은 사회로부터 그들에게 이식된 것이며, 비록 사회는 자아원칙을 제한하지만 그것을 존중한다. 칸트의 윤리학은 이처럼 얽혀 있는 상태를 아직 알아차리지 못했거나 혹은 그것을 지나쳐버린다.

예지설의 진리내용

칸트가 말하는 예지적 성격 X에, 이 난처한 개념의 총체적 불확정성에 맞서 관철되는 진정한 내용을 감히 부여하고자 한다면, 그 성격은 아마 역사적으로 가장 진보적인 의식, 하나의 점처럼 반짝이다가 곧 소멸하는 의식, 올바른 것을 하려는 충동이 내재하는 의식일 것이다. 그 성격은 인간에게 낯설지도 않고 또 인간과 동일하지도 않은, 가능성의 구체적이고 간헐적인 선취다. 인간은 심리학의 토대에 그치지 않는다. 왜냐하면 인간은 외적 자연으로부터 자신에게 다시 투사한, 대상화된 자연지배만으로 소진되지는 않기 때문이다. 사물들이 단지 인간에 의해 만들어진 것일 뿐인 한에서, 인간은 물자체다. 그런 한에서 현상들의 세계는 실로 하나의 가상이다. 따라서 칸트의 『윤리 형이상학 정초』의 순수 의지는 예지적 성격과 그렇게 구분되는 것이

로 나를 도우러 온 그들의 나에 대한 선한 마음을 열어준 데 대해 진심으로 감사하네! 유태인 화가인 뢰베(Loewe) 씨가 나의 동의 없이 그린 초상화는 친구들이 말하듯이 실로 나와 상당히 유사하네. 그러나 회화에 대해 잘 아는 사람이 보자마자 말하더군. 유태인은 언제나 유태인을 그려놓는다고 말일세. 그런 특징을 코에다 그려놓는데, 이제 그만했으면 좋겠더군"(『칸트의 서신교환』, 2권, 1789~1794, 베를린: 1900, 33쪽).

결코 아니다. "세계는 우리들로 무엇을 만들었는가"라는 크라우스의 시구는 그 예지적 성격에 대해 우울하게 심사숙고한다. 반면에 예지적 성격을 소유한다고 상상하는 자는 그것을 망쳐놓는다. 예지적 성격은 주체의 고통 속에서, 즉 모든 사람이 그들의 현재 모습 혹은 그들의 현실 속에서는 불구화되어 있다는 사실에서 부정적으로 나타난다. 그렇지 않은 것, 더 이상 왜곡되지 않은 것은 존재자의 낙인을 지닌 언어를 거부한다. 그래서 한때 신학에서는 신비로운 이름들(mystischer Name)에 대해 논하기도 했다.

그러나 예지적 성격과 경험적 성격의 구분은, 순수 의지 혹은 부가요인(das Hinzutretende) 앞에 다가오는 영원한 장벽(Block)에서 경험된다. 그것은 생각할 수 있는 온갖 종류의 외적인 고려이며, 여러모로 종속적인 그릇된 사회의 주체들의 비합리적 이해관계들이라고 할 수 있다. 또 일반적으로 현사회 속에서 예외 없이 모든 개인에게 그의 행동을 미리 규정해주는 것이자 만인의 죽음이기도 한, 부분적 개인이익의 원칙이라고도 할 수 있다. 그러한 장벽은 고루한 이기적 노력들을 통해, 나아가 신경병을 통해 내면으로 확장된다.

주지하는 바처럼 신경증은 사용 가능한 엄청난 양의 인간적 능력을 흡수하고, 최소저항의 노선에서 무의식의 교활성을 띠면서, 편협한 자체보존과 불가피하게 모순되는 올바른 일을 방해한다. 이 경우 자체보존의 원칙이 자유의 상태에서, 그것이 아 프리오리하게 손상하는 타인들의 이해관계와 마찬가지로 자체의 의무를 감당해야 한다면, 신경증들은 더욱 손쉽게 그런 일을 해낼 것이며 더욱 훌륭히 합리화될 것이다. 신경증들은 사회의 버팀목이다. 그것들은 인간의 더 나은 가능성들을 공허하게 만들며, 이로써 인간이 초래할 수도 있는 객관적으로 더 나은 상황을 공허하게 만든다. 신경증은 그릇된 상태를 넘어서 나아가려는 충동들을, 그릇된 상태에 만족하는 나르시시즘 수준으로 정체시킨다. 스스로를 가능하다면 강인함이라고 오해하는 나약함은 악의 메커니즘을 매끄럽게 만드는 하나의 부속품이다. 결국 예지적 성격은 불구화된 이성적 의지일 것이다.

그에 반해 예지적 성격에서 좀더 고상한 것, 숭고한 것, 또 저열한 것에 의해 손상되지 않은 것으로 간주되는 것들은 본질적으로, 저열하게 만드는 것을 변화시키지 못하는 예지적 성격 자체의 무능 내지 결함이다. 말하자면 자체목적인 듯이 꾸며진 좌절인 것이다. 그렇기는 하나 인간들 사이에서 그런 성격보다 더 나은 것은 없다. 그것은 모든 사람이 자기 자신 속에 갇혀 있고 그래서 자기 자신과도 차단되어 있으나, 자기 자신과는 다른 사람이 될 가능성인 것이다.

칸트 학설의 눈에 띄는 결함, 즉 예지적 성격의 손에 안 잡히는 추상적 측면은 우상금지의 진리 가운데 어떤 요소를 내포한다. 그런데 마르크스를 포함한 칸트 이후의 철학은 이 우상금지를 긍정적인 것에 대한 모든 개념들에까지 확장시키기도 했다. 주체의 가능성으로서의 예지적 성격은 자유와 마찬가지로 존재하는 것이 아니라 형성되는 것이다. 그것이 어떤 묘사를 통해 존재하는 것과 동화된다면, 그 묘사가 아무리 조심스러운 것이라고 해도 그것은 버림받은 것이라고 할 수 있다. 올바른 상황 속에서는 모든 것이 유태의 신학적 현상(Theologumenon)에서처럼 현상태와 조금만 다를 것이다. 그러나 그럴 경우 이 사소한 차이가 어떻게 될지는 조금도 상상할 수 없다. 그렇기는 하지만 예지적 성격이란 존재자 위를 추상적으로 무기력하게 떠다닐 때가 아니라 존재자의 죄 많은 연관관계 속에서 이에 의해 유발된 상태로 늘 실재적으로 나타나는 한에서만 논의될 수 있는 것이다.

자유와 결정론의 모순은 이성비판이 스스로 이해하고 싶어하듯, 독단론과 회의론이라는 이론적 입장들 사이의 모순이 아니라, 때로는 자유롭고 때로는 부자유로운 주체들의 자기경험의 모순이다. 자유의 관점에서 보면 주체들은 자기 자신과 동일하지 않다. 왜냐하면 주체가 아직 주체가 아니기 때문이다. 그것도 바로 주체가 자신을 주체로 회복시킴으로써 그러하다. 즉 자아는 비인도적인 것이다. 자유와 예지적 성격은 동일성 및 비동일성과 유사하다. 비록 어느 하나를 다른 쪽에다 명석판명하게(clare et distincte) 대응시킬 수 없더라도 그렇다. 칸트의 모델에 따르면 주체들은 자기 자신을 의식하는 한, 자기 자신과 동일한 한 자유롭다. 또 그러한 동일성 속에서는 이 동일성의 강압에 종속되고 그것을 영구화하는 한 주체들은 부자유롭기

도 하다. 주체들은 비동일적이고 산만한 자연으로서 부자유롭다. 하지만 그
럼으로써 또한 자유롭다. 왜냐하면 그들은 그들을 압도하는 충동들 속에
서─그것은 주체와 자신의 비동일성일 뿐이다─동일성의 강압적 성격으
로부터도 벗어나기 때문이다. 인성은 자유의 캐리커처인 것이다.

　이러한 아포리아의 근거는, 동일성 강압의 피안에 있는 진리가 이 강압의
순수한 타자가 아니고, 그 강압에 의해 매개되리라는 데 있다. 사회화된 사
회에서는 모든 개인이 사회적으로 필요한 도덕의 능력을 지니지 못한다. 단
지 해방된 사회 속에서만 현실적으로 그러한 능력을 지닐 것이다. 사회적
도덕의 유일한 과제는 가증스러운 보복의 교환이라는 악무한을 언제고 끝
내는 일일 것이다. 그러나 개인에게 남는 유일한 도덕은, 동물들을 존중하
기보다 애호하는 칸트의 도덕이론이 경멸할 뿐인 그런 도덕이다.[77] 즉 자신
이 좋은 동물이었다고 믿을 수 있도록 살려고 노력하는 것이다.

---

77) 칸트, 『실천이성비판』, 76쪽 참조.

제2장 | 세계정신과 자연사
헤겔에 대한 부연설명

경향과 사실들

건강함으로써 병들게 된 인간오성이 가장 민감하게 거부하는 바, 곧 개인들의 공동생활에서나 그들의 의식에서나 객관적 상황이 그들보다 우세하다는 점은, 매일 확연히 경험된다. 사람들은 이 객관의 우세를 근거 없는 사변이라고 일축한다. 이로써 개인들은, 어느새 규격화된 자신의 관념들을 이중적 의미에서 무조건적 진리라고 여기는 즐거운 착각을, 사실은 그렇지 않고 그들은 숙명의 지배 아래 살아왔다는 의심으로부터 보호할 수 있다. 객관적 관념론 체계를 경제학의 객관적 가치론과 마찬가지로 가볍게 떨쳐버린 시대에는, 사회제도들의 직접적 개별 사실들 혹은 그 구성원들의 주관적 특성의 잘 정리된 합계인 현존상황에서 자신의 안전과 인식의 안전을 찾는 정신에 대해 아무 짝에도 쓸모없다고 여겨지는 정리들(Theoreme)이야말로 실로 시의성을 지닌다.

헤겔의 객관정신과 궁극적으로는 절대정신 그리고 인간의 의식 없이 관철되는 마르크스의 가치법칙은, 통제되지 않은 경험에 대해, 오늘날 순진한 과학이전적 의식에까지 확산되는 실증주의적 과학활동의 선별된 사실들보다 더 명백하다. 다만 이 과학활동은 인식의 객관성을 좀더 명예롭게 하려고, 사람들을 내면에서조차 종속시키고 있는 실제의 객관을 사람들이 경험하지 못하도록 한다. 사유하는 사람들이 그런 경험의 능력과 태세를 갖추고 있다면, 이 경험은 사실성(Faktizität)에 대한 믿음 자체를 뒤흔들어놓을 수밖에 없을 것이다. 또 그것은 사실들을 넘어서도록 강요함으로써, 사실들은——승리를 구가하는 유명론에 대해서는 공허한 것이며, 구분작업을 하는 연구자의 삭제 가능한 부가물인——보편개념들에 대한 자체의 무반성적 우선성을 버리게 될 것이다.

헤겔 논리학 첫머리의 고찰에 등장하는 명제, 즉 직접적인 만큼 매개되어 있지 않은 것은 이 세상에 아무것도 없다는 명제는 역사기술이 자랑하는 사실들에서 가장 분명하게 살아 남는다. 히틀러의 파시즘 치하에서 아침 여섯 시에 파시즘에 동조하지 않는 누군가의 집에 경찰이 찾아와 벨을 누른다면, 이는 그것을 겪는 개인에게 그에 앞서 이루어진 권력의 음모와 모든 정부 부서에 당기구가 자리를 잡게 된 사실보다 더 직접적이다. 그것은 바이마르 공화국의 연속성을 깨뜨린, 그리고 개념적 연관관계를 통해서만 나타나고 완전히 전개된 이론 속에서 비로소 구속력을 지니며 나타나는 역사적 경향보다도 더 직접적이다. 그 점을 인식비판적 술책으로 묵살해버리는 것은 아마 어리석은 일일 것이다. 그렇기는 하나 파시즘이 개인을 공격할 때 써먹는 당국의 습격이라는 가차없는 사실(factum brutum)은, 그 희생자와 다소 떨어져 있고 그 순간에는 별 상관없는 온갖 계기들에 의존한다.

프랑스혁명의 수많은 활동은 갑작스레 이루어졌지만 혁명은 시민해방의 전체적 흐름에 편입되었는데, 형편없이 자료나 뒤지는 자들만이 과학적 면밀성의 이름 아래 그 점을 간과할 것이다. 시민계급이 1789년 경제적 생산의 핵심적 지위를 이미 점하지 않았다면, 또 한동안 시민적 이해관계와 결탁했던 봉건주의 및 그 절대주의적 상층부를 시민계급이 넘어서지 않았다면, 프랑스혁명은 가능하지도 않았고 성공할 수도 없었을 것이다. '쓰러지는 것을 밀어버려야 한다'는 니체의 충격적 명령문은 본래의 부르주아 원칙을 사후적으로 성문화하는 것이다. 아마 모든 시민혁명들은 시민계급의 역사적 부흥을 통해 미리 결정되어 있었을 것이며, 예술에서 의고주의적 장식으로서 밖으로 표출된 허식과 혼합되어 있었을 것이다. 그렇기는 하나 절박한 절대주의적 경제실책과, 루이 16세 치하 중농주의적 개혁가들을 좌절시킨 재정위기가 없었다면 역사적 단면상의 그런 특성은 실현되기 어려웠을 것이다. 최소한 파리 대중의 특수한 궁핍이 이 운동을 유발했을 테지만, 궁핍이 그처럼 첨예하지 않았던 다른 지역들에서는 시민해방의 과정이 혁명 없이 이루어지고, 다소간에 절대주의적인 지배형식을 우선은 건드리지 않았을 것이다.

좀더 심층적인 원인과 외적인 계기를 유치하게 구분할 때의 장점은 적어도 직접성과 매개의 이원론을 조잡하게나마 기록한다는 점이다. 즉 계기들은 직접적인 것이고, 이른바 심층적 원인이라는 것은 세부사항들을 융합하는 매개적이고 포괄적인 것이다. 최근까지도 경향의 우월성은 사실들 자체에서 간파할 수 있었다. 독일에 대한 폭격과 같은 고유의 군사행위들은 슬럼을 청소하는 기능을 했으며, 사후적으로는 이미 오래 전부터 북미에서만 아니라 전 세계에서 확인되는 도시들의 변화에 통합되었다. 또 망명자들의 비상상태에서는 가족적 유대가 강화되는데, 이는 반가족적 발전경향을 일시적으로 중단시키지만 이러한 추세를 전체적으로 중단시키기는 어렵다. 이혼과 결손가족의 수는 우선 독일에서만 해도 계속 증가했다. 구멕시코와 페루에 대한 정복자들의 침략을 그 곳 사람들은 다른 행성으로부터의 침략처럼 경험했을 것이 틀림없는데, 그것조차——아스텍인과 잉카인들에게는 비합리적일 테지만——시민적으로 합리적인 사회를 이 사회의 원칙에 목적론적으로 내재하는 하나의 세계라는 개념으로까지 확산시키는 데 잔인하게 기여했다. 그처럼 경향에는 사실들이 필요하지만 또 사실들 속에서는 경향이 우세하다는 사실로 인해, 원인과 계기의 낡은 구분은 결국 무의미해진다. 계기만 아니라 그러한 구분 전체가 외적이다. 왜냐하면 원인은 계기 속에서 구체성을 띠기 때문이다.

궁정의 경제실책이 파리봉기의 지렛대였다면, 이 경제실책 또한 전체의 기능이었다. 즉 자본주의적 수입경제(Einnahmewirtschaft)에 대한 절대주의적 지출경제(Ausgabenwirtschaft)의 후진성의 기능이었던 것이다. 프랑스혁명에서처럼 역사적 전체를 촉진하는 계기들은 물론이거니와 그것에 대립하는 계기들조차 그 전체 속에서만 자체의 위치가를 얻는다. 한 계급의 생산력의 후진성조차 절대적인 것이 아니라 단지 다른 계급의 진보성과 관련하여 상대적인 것이다. 역사철학적 구성에는 이 모든 것에 대한 인식이 필요하다. 무엇보다도 그 때문에—이미 헤겔과 마르크스의 경우처럼—역사철학은 역사기술에 접근하며, 또 역사기술은 사실성에 의해 은폐되어 있지만 이 사실성을 조건짓는 본질에 대한 통찰이라는 점에서 역사철학으로서만 가능하다.

세계정신의 구성을 위해

이런 관점에서도 변증법은 세계관의 변종이 아니며, 견본카드에서 여러 가지 가운데 선정할 수 있는 철학적 입장도 아니다. 이른바 제1철학적 개념이라는 것들에 대한 비판이 변증법으로 진행되듯이, 변증법은 아래로부터 요구된다. 무리하게 자체에 대한 고루한 개념에 맞춰 재단된 경험만이 중요한 개념을, 비록 매개되기는 했어도 자립적인 계기로서, 자체로부터 배제한다. 헤겔에게는, 절대적 관념론이 반성철학으로서 실증주의를 공격하면서도 현존하는 것을 신격화함으로써 이 실증주의로 전도된다고 반론을 제기할 수 있다. 그러나 역으로 오늘날 필요한 변증법은 지배적 의식에 대한 탄핵일 뿐만 아니라, 그것을 감당해낼 수 있음으로써 제자리를 찾고 자체를 부정하는 실증주의라고도 할 수 있을 것이다.

세부에 몰두하라는 철학적 요구, 즉 위로부터 부과되는 어떠한 철학에 의해서도 또 철학 속에 침투한 어떤 의도들에 의해서도 조종되지 않는 이 요구는 이미 헤겔의 한 측면이었다. 다만 그의 경우에는 이 요구의 실행이 동어반복에 사로잡혀 있었을 뿐이다. 즉 세부에 침잠하는 그의 방식은 마치 약속이라도 한 듯이 총체적이고 절대적인 것으로 처음부터 정립되었던 정신을 드러내려는 것이다. 『독일 비극의 기원』 서문에서 전개된, 귀납법을 구제하려는 형이상학자 벤야민의 의도는 이 동어반복에 대립했다. 직관된 현실의 극히 작은 세포도 나머지 세계와 같은 무게를 지닌다는 그의 격언은 일찍부터 현재의 경험수준에 대한 자의식을 증명해준다. 그것은 이른바 철학의 중대 쟁점들에 대해 외적인 것으로 형성되었다는 점에서 더욱 진정성을 지닌다. 이러한 쟁점들을 불신하는 것은 변화된 변증법 개념에 적합할 것이다.

현상에 대한 총체의 우위는, 전통적으로 세계정신이라고 간주되는 것이 지배하는 현상 속에서 파악되어야 한다. 그것은 가장 넓은 의미에서 플라톤적인 이 전통으로부터 신적인 것으로서 넘겨받을 수 있는 것이 아니다. 그러나 세계정신은 결코 정신이 아니라 부정적인 것이다. 헤겔은 이 부정적인 것을 세계정신으로부터 그것에 복종해야 하는 자들에게 전가해버렸다. 또 이들의 좌절은 그들과 객관의 차이가 비진리 내지 나쁜 것이라는 판결을 되풀이한다. 사회의 현실적 전체 운동뿐만 아니라 이른바 정신적 발전들도 개별 행위들로부터 종합되는데, 세계정신은 이 개별 행위들에 대립하는 어떤 자립적인 것으로 되며, 이 행위들의 살아 있는 주체들에 대립해서도 자립적인 것으로 된다. 세계정신은 살아 있는 주체들을 통해 이들의 의식을 초월하며, 그런 한에서 미리부터 적대적이다. 반성적 개념인 세계정신은 전체의 우선성을 표현하지만, 이 전체에 필요하고 또 이 전체를 통해서만 실존할 수 있는 살아 있는 인간들에게 무관심하다. 명백한 유명론적 입장에서 마르크스의 '신비화된'(mystifiziert)이라는 용어가 뜻한 바는 바로 그러한 실체화다.

그러나 해체된 신비화도 마르크스의 이론에 의하면 단순히 이데올로기에 그치지 않을 것이다. 그것은 전체의 실제적 우선권에 대한 왜곡된 의식이기도 한 것이다. 그것은 불가해하고 불가항력적인 보편자의 우선권, 즉 영속화된 신화를 사상적으로 전유한다. 철학적 실체화도 인간들의 관계가 불가해한 상태로 된 타율적 상황에서 그 경험적 내용을 지닌다. 세계정신의 개념은 그 비합리적 요소를 세계진행의 비합리성에서 차용했다. 그렇더라도 그것은 물신주의적이다. 오늘날까지의 역사는 어떻게든 구성될 수 있는 전체 주체가 아니다. 역사의 기저는 현실적 개별 주체들의 기능적 연관관계다. "역사는 아무것도 하지 않으며, '어떤 막대한 부도 소유하지 않으며', '어떠한 투쟁도 벌이지 않는다!' 이 모든 것을 행하고 소유하고 투쟁하는 것은 오히려 인간, 즉 현실적이고 살아 있는 인간이다. 결코 역사가——마치 특별한 인물인 듯이——자체의 목적을 수행하기 위해 인간을 수단으로 사용하는 것은 아니다. 역사는 자신의 목적들을 추구하는 인간들의 활동 이외의 아무것도 아니다."[1]

그러나 역사는 그와 같은 특성들을 지니게 된다. 왜냐하면 수천 년간 사회의 운동법칙은 그 개별 주체들로부터 추상되었기 때문이다. 역사는 개별 주체들을 실제로 단순한 수행자로, 또 사회적 부와 투쟁의 단순한 가담자로 격하시켰다. 그러나 그에 못지 않게 실제로 개별 주체들이 없다면, 그들의 자발성이 없다면 역사는 아무것도 아닐 것이다. 이러한 반(反)유명론적 측면을 마르크스는 부단히 강조했다. 물론 철학적 결론을 그런 측면에다 인정해주지는 않았다. "자본가가 단지 인격화된 자본인 한, 그는 역사적 가치를 지니며, 그러한 역사적 존재권한을 지닌다.……자본의 인격화로서만 자본가는 존경받을 만하다. 그는 그러한 인물로서 보석조각가(Schatzbildner)와 마찬가지로 절대적 축재의 욕망을 지닌다. 그러나 보석조각가의 경우 개인적 열광으로 나타나는 것이 자본가의 경우에는 사회적 메커니즘의 결과이며, 이 메커니즘 속에서 그는 단지 하나의 톱니바퀴일 뿐이다. 뿐만 아니라 자본주의적 생산의 발전은 공업에 투자된 자본의 지속적 증대를 필연적인 것으로 만든다. 또 경쟁은 개별 자본가들에게 자본주의적 생산방식의 내재적 법칙들을 외적 강제법칙으로서 부여한다. 경쟁은 자본가로 하여금 자신의 자본을 유지하려면 그것을 지속적으로 확대하도록 강요한다. 또 그는 점점 더 축적해감으로써만 자본을 확대할 수 있다."[2]

'세계정신과의 조화'

세계정신의 개념에서는 신의 전능이라는 원칙이 통일성 정립의 원칙으로

---

1) 마르크스·엥겔스, 『신성가족』(베를린 : 1953), 211쪽.
2) 마르크스, 『자본론』 1권(베를린 : 1955), 621쪽 이하.

세속화되며, 세계에 대한 계획(Weltplan)은 사건들의 무자비성으로 된다. 세계정신은 신성으로서 존중된다. 그러나 신성의 인격성 및 배려와 은총의 모든 특성들이 신성으로부터 제거된다. 이로써 계몽의 변증법 가운데 일부가 완수된다. 즉 탈마법화되면서 보존된 정신이 신화로 되거나, 아니면 막강하면서 아무 질도 없는 것 앞에서의 전율로까지 퇴행한다. 세계정신에 접한다거나 세계정신이 내는 소리를 감지한다는 느낌은 그런 본성을 지닌다. 그것은 운명에 귀속된 상태로 된다. 운명의 내재성과 마찬가지로 세계정신은 고통 및 오류 가능성에 젖어 있다. 총체적 내재성이 본질적인 것으로 과장됨으로써, 세계정신의 부정성은 우연한 것으로 경시된다.

그러나 세계정신을 전체로서 경험한다는 것은 그것의 부정성을 경험하는 것이다. 공식적 낙관주의에 대한 쇼펜하우어의 비판은 그 점을 지적했던 것이다. 하지만 그의 비판은 현세에 대한 헤겔의 변신론(Theodizee)과 마찬가지로 강박적 상태에 머물렀다. 인류가 총체적 연루상태 속에서만 살며 아마 그로써만 살아 남았으리라는 사실이 삶에의 의지를 긍정해야 한다는 데 대한 쇼펜하우어의 의심을 논박한 것은 아니다. 그러나 때때로 어떤 행복의 자취는, 개인적 불행을 훨씬 넘어서 세계정신이 어우러졌던 것에 근거를 두었다. 예컨대 역사적 상태에 대한 개인의 정신적 재능의 관계에서 그러하다.

개인적 정신이 개별과 보편을 통속적으로 구분하는 입장의 마음에 들도록 보편에 의해 '영향받는' 것이 아니라 자체 내에서 객관에 의해 매개되어 있다면, 객관은 주체에 대해 언제나 적대적인 것만은 아닐 수도 있다. 그 짜임관계는 역사적 역동 속에서 변화한다. 세계정신 혹은 총체성이 암울해지는 국면에서는 특히 재능 있는 자들도 그들 본연의 모습으로 될 수 없다. 프랑스혁명 기간이나 그 직후처럼 유리한 기간에는 어중간한 자들도 자기 자신을 훨씬 넘어서게 되었다. 세계정신과 조화를 이루는 개인의 개별적 몰락에도, 바로 그가 자기 시대를 앞지르기 때문에 때로는 헛되지 않다는 의식이 따르게 된다. 청년기 베토벤의 음악에서는 모든 것이 좋아질 수 있다는 가능성의 표현이 불가항력적이다.

비록 깨어지기 쉬울지라도 객관과의 화해상태는 늘 같은 상태(das Immer-gleiche)를 초월한다. 어떤 부분적인 것이 그 자체의 부분성을 통해 벌써 다른 것을 다시 제한하지 않으면서 해방되는 순간들은, 제약되지 않은 상태 자체에 대한 기대들이다. 그러한 위안의 빛이 초기 시민계급으로부터 후기에 이르기까지도 흘러나온다. 헤겔의 역사철학에서는 이미 한 시기를 알리는 타종소리가 점차 멀어져가면서 메아리쳤다. 그 시기에는 시민적 자유의 실현이 자체를 넘어서고 전체의 폭력이 소멸하는 화해상태에 대한 전망이 열리게끔, 시민적 자유의 실현을 향한 운동이 이루어졌다. 헤겔의 역사철학은 이러한 사실과 무관할 수 없었다.

생산력의 해방

세계정신과 조화를 이루는 시대, 또 개인적 행복보다 더 실질적인 행복을, 사람들은 생산력의 해방과 결부시키고 싶을 것이다. 반면 사람들이 살아가는 사회적 형식들과 그들의 힘 사이의 갈등이 명백해지자마자, 세계정신의 부담은 사람들을 압살할 듯이 위협한다. 그러나 이러한 도식 역시 너무 단순하다. 상승하는 시민계급에 대한 논의는 천박한 것이다. 생산력의 발전과 해방은 그 각각에다 교체되는 국면을 할당할 수 있는 듯이 서로 대립하는 것들이 아니라, 진실로 변증법적인 것이다. 자연을 지배하는 정신의 행위인 생산력의 해방은 자연에 대한 폭력적 지배와 친화성을 지닌다. 일시적으로 이 지배는 후퇴할 수도 있지만, 그것을 생산력의 개념과 떼어서 생각할 수는 없으며, 특히 해방된 생산력과는 더욱이 떼어서 생각할 수 없다. 단순한 말 속에 일종의 위협이 섞여 나오는 것이다.

『자본론』에는 다음과 같은 구절이 있다. "그것은"——교환가치는——"가치를 광적으로 활용하는 존재로서, 인류를 생산을 위한 생산을 향해 가차없이 몰고 간다."[3] 바로 이 자리에서 『자본론』은 교환사회에서 벌어지는 생산과

---

3) 같은 책, 621쪽.

정의 물신화에 맞서며, 나아가 오늘날 보편적인 자체목적으로서의 생산에 대한 의심에 가해지는 터부를 손상한다. 때때로 기술적 생산력들은 사회적으로 방해를 받지 않으나 고정된 생산관계 속에서, 이 생산관계에 별 영향을 끼치지 않고 작동한다. 생산력의 해방이 인간들 사이의 중요한 관계로부터 분리되면 그것은 질서들 못지 않게 물신화된다. 생산력 해방 역시 변증법의 한 계기일 뿐이지 변증법의 마술공식은 아니다. 그와 같은 국면에서 세계정신, 곧 부분의 총체성은 자신이 파묻어버리는 것 쪽으로 넘어갈 수 있다. 이 모든 것이 착각이 아니라면 그것이 현 시기의 징후다.

그에 반해 살아 있는 사람들이 생산력의 진보를 필요로 하거나 적어도 생산력에 의해 눈에 띄도록 위협을 받지 않는 시기에는 세계정신과의 조화감이 주도적이다. 비록 그러한 조화는 일종의 무장해제상태라는 예감에 찬 저주가 따르거나, 헤겔의 경우처럼 주관적 정신이 사업적 열망으로 인해 성급하게 객관적 정신으로 넘어가고 싶어하는 유혹이 수반되더라도 그렇다. 이 모든 경우에도 주관적 정신은 역사적 범주, 곧 발생한 것, 변화하는 것, 잠재적으로는 소멸하는 것임에 변함없다. 원시사회의 아직 개인화되지 않은 민족정신은 문명사회의 압박 아래 이 사회 속에서 재생산되는데, 그것은 개인주의 이후의 집단주의에 의해 계획되기도 하고 방출되기도 한다. 그럴 경우 객관적 정신은 막강한 것이기도 하고 적나라한 사기이기도 하다.

집단정신과 지배

헤겔의 현상학은 철학을 의식의 경험에 대한 과학이라고 선언했다. 철학이 그런 것이라면 철학은, 헤겔이 점차 그랬듯이, 화해되지 않은 나쁜 상태로서 관철되는 보편에 대한 개인적 경험을 우월한 입장에서 처리해버리고 이른바 좀더 높은 입지에서 권력을 변호하는 일에 몰두할 수가 없을 것이다. 예컨대 어떤 위원회에서 그 구성원들이 주관적으로는 선의를 품고 있는데도 열등한 것이 관철된다는 불쾌한 기억은, 보편의 우월권을 분명히 드러내주는데, 세계정신에 호소한다고 해도 그런 것의 치욕을 보상하지는 못할

것이다. 집단적 의견은 집단의 다수 또는 그 가장 영향력 있는 구성원들에
대한 적응을 통해 주도권을 행사한다. 또 그보다도 더 빈번히 그 집단 너머
에 위치하는 좀더 포괄적인 집단에서 결정력을 발휘하는 견해를 통해, 특히
위원회의 구성원들에 의해 인정받은 견해를 통해 주도권을 행사한다. 계급
의 객관적 정신은 그 구성원들의 개인적 지성을 훨씬 넘어서 그들 속에 파
고든다. 그들의 목소리는 그 정신의 메아리다. 경우에 따라 주관적으로 자
유의 옹호자이기도 한 그들 자신은 그것에 대해 아무것도 감지하지 못하더
라도 그러하다. 술책은 단지 위태로운 순간에만 공공연한 범죄로 첨가될 뿐
이다. 위원회는 그 구성원 집단의 소우주이며 결국은 총체적인 것이기도 하
다. 그것이 결정을 미리부터 모양짓는다.

　이처럼 어디서나 관찰할 수 있는 것들은 얄궂게도 지멜 스타일의 형식적
사회학이 행하는 관찰들과 유사하다. 하지만 그것들의 내용은 단순한 사회화
에, 혹은 집단이라는 범주 따위의 공허한 범주들에 있는 것이 아니다. 오히
려 그것들은 형식적 사회학이 그 규정상 탐탁하지 않게만 반성하는 것들, 곧
사회적 내용의 복제품이다. 그것의 불변성(Invarianz)은 역사 속에서 보편의
폭력 가운데 변한 것이 얼마나 없는가, 또한 역사가 아직도 여전히 얼마나
전사(Vorgeschichte) 수준에 머물고 있는가 하는 점에 대한 경고일 뿐이다.
형식적 집단정신은 물질적 지배에 대한 반사운동이다. 형식적 사회학은 지성
(ratio) 자체를 통해 진전해가는 지배의 등가물인, 사회적 메커니즘의 형식화
에서 존재권한을 지닌다. 위원회의 결정들이 본질상 어떤 내용이든 간에, 대
부분은 분명히 형식법적 관점에서 이루어진다는 점도 그런 사실과 일치한다.
계급관계에 비해서 형식화가 더 중립적인 것은 아니다. 보편성의 단계들의
논리적 위계구조인 추상을 통해 계급관계는 재생산되며, 더욱이 지배관계들
이 민주적 절차 뒤에서 위장될 필요가 있는 곳에서도 그러하다.

법의 영역

　실제로 헤겔은 『정신현상학』과 『논리학』 이후 법철학에서 세계의 진행과

정을 가장 광범위하게 찬양했다. 나쁜 상황으로 하여금 그 객관성 때문에 정당성을 유지하고 선의 가상을 취하게 해주는 매체는 대체로 합법성이라는 매체다. 이 매체는 물론 삶의 재생산을 긍정적으로 보호하지만, 그 기존 형태들에서는 폭력의 파괴적 원칙 덕분에 그것의 파괴적 성격이 완화되지 않은 채 드러난다. 제3제국과 같이 법이 없는 사회는 순전한 자의(Willkür)의 희생물이 되었다. 한편 법은 사회 속에서, 항상 인용 가능한 규정의 도움으로 공포에 호소할 태세를 취함으로써, 공포를 보존한다. 헤겔은 실정법의 이데올로기를 제공했는데, 그 이유는 이미 눈에 띄게 적대적인 사회 속에서는 그것이 가장 절박하게 필요하기 때문이었다.

법은 비합리적 합리성의 근원적 현상이다. 법에서는 형식적 등가성의 원칙이 규범으로 된다. 즉 그것은 모든 사람을 천편일률적으로 취급한다. 그처럼 차이를 소멸시키는 평등성은 은밀히 불평등을 촉진한다. 그것은 겉보기에만 탈신화화된 인류의 한가운데에 남아 있는 신화다. 법규범들은 빈틈없는 체계를 위해 그것으로 포괄되지 않는 것, 미리 모양지어지지 않은 경험, 특수한 것에 대한 모든 경험을 잘라버린다. 그리고는 도구적 합리성을 특유한(sui generis) 이차적 현실로 끌어올린다. 법의 영역 전체는 정의들(Definitionen)의 영역이다. 그것의 체계적 성격은 그것의 완결된 범위를 벗어나는 어떤 것도, 법조문 속에 들어 있지 않은 어떠한 것도(quod non est in actis) 그 속에 들어가지 않도록 명령한다. 이러한 울타리는 그 자체로서 이데올로기적이며, 사회적 통제장치로서의 법을 인준함으로써, 관리되는 세계에서는 특히 전적으로 현실적 폭력을 행사한다. 독재체제에서는 그것이 직접 폭력으로 넘어가는데, 그 뒤에는 언제나 간접적으로 폭력이 자리잡고 있었다.

개인이 이해관계상의 적대관계로 인해 법의 영역에 들어갈 수밖에 없을 경우 쉽사리 부당한 대우를 받게 된다는 것은, 헤겔이 개인에게 설득하고 싶어 하듯 개인의 책임이 아니다. 즉 그가 객관적 법규범과 그 보증물들에서 자신의 이익을 재인식하지 못했다고만 할 수는 없는 것이다. 오히려 그것은 법영역 자체의 본질구성요소들의 책임이다. 그러나 헤겔이 주관적 편견이라고 상정하여 묘사하는 바는 객관적으로 진리다. "법(Recht)과 윤리가, 또 법적이고 윤리적인 것의 현실적 세계가 사상을 통해 파악되고, 사상을 통해 이성적 형식 곧 보편성과 규정성을 지니게 되는 것이 곧 법률(Gesetz)이다. 이것이야말로 자의를 유보해놓는 감정과, 주관적 확신 속에 정의를 심어놓는 양심이 합당하게도 자신에 대해 가장 적대적인 것으로 간주하는 바이다. 양심은 의무와 법률로서의 법형식을 싸늘하게 죽은 활자 내지 일종의 속박으로 느낀다. 왜냐하면 법률이 사물의 이성이고 이 이성은 감정으로 하여금 자체의 부분성에서 열기를 얻도록 허용하지 않으므로, 법률에서는 양심이 자신을 인식하지도 못하고 따라서 자유를 찾지도 못하기 때문이다."[4]

주관적 양심이 객관적 윤리를 '합당하게도' 자신에 대해 가장 적대적인 것으로 간주한다는 말은 헤겔의 철학적 실수에서 나온 듯하다. 그는 자신이 논박하는 것을 동시에 떠들어댄다. 실제로 개인적 양심이 '법적이고 윤리적인 것의 현실적 세계'에서 스스로를 인식해내지 못해서 그것을 적대적인 것이라고 간주한다면, 단정적인 말로써 그것을 간과하기는 불가능할 것이다. 왜냐하면 헤겔의 변증법은 개인적 양심이 그 안에서 달리는 어떻게 반응할 수 없으며, 그 안에서 스스로를 인식할 수 없다는 것을 말하기 때문이다. 화해를 증명하는 것이 헤겔 철학의 내용이지만, 그로써 헤겔은 화해가 이루어지지 않았음을 인정한 것이다. 주체에게 법질서가 객관적으로 낯설지도 외적이지도 않다면, 헤겔에게 불가피한 적대관계는 좀더 훌륭한 통찰을 통해 조정될 것이다. 그러나 헤겔은 그러한 것을 믿기에는 적대관계의 조정 불가능성을 너무 철저히 경험했다. 그가 양심과 법규범의 화해상태를 설교하면서 동시에 그것을 부인한다는 역설적 상황은 그런 데서 기인한다.

법과 공정성

내용상으로 상술된 긍정적 자연법 학설은 모두 적대관계들로 귀착된다.

---

4) 헤겔, 전집 7권, 28쪽 이하.

그러나 자연법의 이념은 실정법의 비진리를 비판적으로 고수한다. 오늘날 그것은 현실로 전환되어 현실에서 지배권을 증대시키는 사물화된 의식이다. 계급적 내용이나 계급적 정의에 앞서 이미 단순한 형식만으로도 그것은 지배관계, 곧 개별적 이해관계들과 이를 추상적으로 포괄하는 전체 사이에서 벌어지는 차이를 나타낸다. 성숙한 법학으로 하여금 사회생활 과정을 다루도록 촉구하는 자체적으로 만들어진 개념들의 체계는, 모든 개별자를 범주 아래 포괄함으로써 분류적 체계가 모방하는 질서를 처음부터 옹호한다. 아리스토텔레스는 에피에케이아(ἐπιείχεια)론, 곧 공정성의 이론에서 그 점을 추상적 법규범에 맞서 밝혔는데, 이는 그의 불멸의 명예일 것이다.

그러나 법체계들은 점점 더 일관되게 완성될수록, 그것에 흡수되는 것을 거부하는 데 본질을 두는 것을 점점 더 흡수할 수 없게 된다. 공정성에 대한 요구가 의도한 바는 법 속의 불의에 대한 교정수단이라고 하겠는데, 합리적 법체계는 그 요구를 일반적으로 정실관계 혹은 불공정한 특권이라고 묵살할 수 있다. 이러한 경향은 보편적이다. 그것은 개인적 이해관계들을 어떤 총체성의 공약수로 축소하는 경제적 과정과 같은 의미를 지닌다. 그런데 이 총체성은 개인적 이해관계들로 구성되지만, 그 본질구성적 추상으로 인해 개인적 이해관계들로부터 멀어짐으로써 부정적인 상태에 머문다.

삶의 유지상태를 재생산하는 보편성은 동시에 삶을 점점 더 위험스러운 수준에서 위협하기도 한다. 실현되어가는 보편의 폭력은 헤겔이 생각했듯이 개인들 자신의 본질과 동일한 것이 아니라 점점 그와 대립하기도 한다. 특별영역으로 여겨지는 경제분야에서만 개인들이 캐릭터마스크들(Charaktermasken) 혹은 가치의 대리인들인 것은 아니다. 그들은 경제의 우선성에서 벗어났다고 공상하는 곳에서도, 그들의 심리 깊숙한 곳, 즉 파악되지 않은 개별성이 관용되는 영역에서조차 보편의 강압 아래 반응한다. 그들은 보편과 동일해질수록, 다시 무방비상태로 복종하는 존재로서 보편과 더욱 동일하지 않게 된다. 개인들 자신 속에서는 전체가 그들과 더불어

적대관계를 통해서만 유지된다는 점이 표현된다. 사람들이 의식적이고 보편성에 대한 비판의 능력을 지닐 때조차 자체보존의 불가피한 동기로 인해, 의식적으로는 보편에 반대하면서도 보편이 맹목적으로 관철되도록 돕는 행동이나 태도를 취할 수밖에 없을 때도 수없이 많다. 단지 그들이 살아 남기 위해 자신과 이질적인 것을 자신의 일로 만들어야 하기 때문에 화해상태의 가상이 생겨나는데, 헤겔 철학은 보편의 우월성을 냉철하게 인식하고도 타협적으로 그 가상을 이념으로서 신성시한다. 마치 적대관계들을 초월한 듯이 빛나는 것, 그것은 보편적 연루상태(Verstrickung)와 마찬가지인 것이다. 보편은 자체에 종속되어 있는 특수가 보편 자체보다 더 낫지 않도록 확인한다. 이것이 오늘날까지 산출된 모든 동일성의 핵심이다.

개인주의적 베일

보편의 지배를 직시하면 심리학적으로 모든 개인들의 나르시시즘과 민주주의적으로 조직된 사회의 나르시시즘은 견딜 수 없을 만큼 손상된다. 자아성(Selbstheit)이 실존하지 않는 것 혹은 환상임을 간파하게 되면, 만인의 객관적 절망은 쉽사리 주관적 절망으로 넘어갈 것이다. 또한 개인주의 사회가 그들에게 주입하는 믿음, 즉 그들 개인들이 실체라는 믿음도 사라질 것이다. 기능적으로 결정된 개인적 이해관계가 기존 형식들 아래서 어떻게든 충족되기 위해서는, 그것이 그 자체에 대해 일차적인 것으로 되어야 한다. 즉 개인이 자신에게 직접적인 것을 근원적 실체(πρώτη οὐσία)와 혼동해야 한다. 이러한 주관적 환상은 객관적으로 야기된다. 즉 온갖 편협성을 수반하는 개인적 자체보존의 원칙을 통해서만 전체는 기능을 발휘하는 것이다. 전체는 모든 개별자로 하여금 단지 자기 자신만 보도록 강요하며, 객관에 대한 개인의 통찰을 침해하며, 그래서 실로 객관적으로 악으로서 작동한다. 유명론적 의식은 부분성과 그것의 완고함 덕분에 잔존하는 어떤 전체를 반영한다. 그것은 문자 그대로 이데올로기, 곧 사회적으로 필연적인 가상이다. 보편적 원칙은 고립의 원칙이다. 고립된 자들은 고립을 의심의 여지없

이 확실한 것이라고 여기며, 자신의 존립을 대가로 치르면서도 고립 자체가
얼마나 매개된 것인지를 인식하지 못하도록 마법에 걸려 있다. 그 때문에
철학적 유명론은 대중적으로 확산된다. 각각의 개별 현존재가 그 개념에 대
해 우선성을 지녀야 한다는 것이다. 개인들의 의식인 정신은 단지 개인들
속에만 존재한다고 하며, 또 그들에게서 종합되는 초개인적인 것을 통해서
만 그들은 사유할 수 있는데도 그런 것은 존재하지 않는다는 것이다. 단자
들은 유(Gattung)에 대한 자신의 실제적 의존성뿐만 아니라 그들의 모든
의식형식 및 의식내용의——그 자체로 유명론이 부인하는 보편자인 형식들
과 내용들의——집단적 측면과도 완고하게 담을 쌓는다. 그러나 개인에게
주어지는 어떠한 경험도 또 어떠한 경험자료라는 것도, 보편이 미리 소화하
여 제공하지 않는 것은 없다.

보편과 특수의 역동성

개인적 의식 속의 보편에 대한 인식비판적 반성에 비할 때, 보편에 호소
함으로써 악과 죄와 죽음과 관련해 위로받지 않는 개인적 의식은 정당성을
지니기도 한다. 헤겔의 경우에는 보편적 매개의 교리에 비추어볼 때 역설적
인 듯해 보이지만 그것과 훌륭하게 한덩어리가 되는, 보편적으로 재생산되
는 직접적인 것에 대한 교리가 그러한 개인적 의식을 상기시킨다. 그러나
과학이전적 의식으로 확산되고 이에 근거해 오늘날 다시 과학을 지배하는
유명론은 자신의 순진성을 전문적으로 써먹으면서——실증주의적 작업도구
에는 자신이 순진하다는 점에 대한 자부심이 없지 않으며, '일상언어'라는
범주가 그런 자부심의 메아리다——보편과 특수의 관계 속에 담긴 역사적
계수들에 대해 신경쓰지 않는다. 특수의 진정한 우선성 자체도 보편의 변혁
을 통해서만 비로소 얻을 수 있을 것이다. 특수의 우선성을 현존하는 것으
로 무조건 설정하는 것은 일종의 보완적 이데올로기다. 그것은 특수가 얼마
나 보편의 기능이 되었는지를 은폐한다. 특수는 논리적 형식상 언제나 보편
의 기능이기도 했던 것이다. 유명론이 자체의 가장 확실한 소유물로 집착하

는 대상은 유토피아다. 이 때문에 유명론은 기존상황과의 차이에 대한 사유
인 유토피아적 사유를 증오한다.

과학활동은, 극도로 실제적인 지배메커니즘들에 의해 야기되고 자체의
예비군의 의식내용까지도 계획하는 객관정신이 이들의 주관적 반응들의 총
합에서 비로소 나온다고 기만한다. 그러나 이 주관적 반응들은 사람들 뒤에
더 훌륭하게 숨어서 더 잘 통제하기 위해 사람들을 싹싹하게 환대하는 보편
의 부산물들일 뿐이다. 세계정신 자체는, 객관적이고 위로부터 명령된 사회
를 파악하는 대신 자체의 자급자족적인 경험적 · 합리적 체계를 추구하려는
완고한 주관주의적 과학 관념을 획책했다.

비록 지극히 불구화된 과학적 개념구성 속에도 그에 못지 않게 불구화된
사물 자체의 흔적들이 살아 남아 있기는 하지만, 물자체에 대한 지난날의
비판적 · 계몽적 반항은 인식에 대한 사보타주로 되었다. 애매성 단원에서
칸트가 사물들의 본질에 대한 인식을 거부한 것은 베이컨적 강령의 최후수
단(ultima ratio)이다. 스콜라적 독단을 거부한 것은 그것이 진리라는 역사
적 지표였다. 하지만 그가 인식에 대해 금지한 것이 인식의 인식론적 · 실제
적 조건인 곳에서, 즉 인식 주체가 인식되어야 할 보편과 완전히 동화되지
않으면서 스스로를 이 보편의 계기로 반성해야 하는 곳에서 그러한 모티프
는 전도된다. 그 주체 자신이 자리잡고 있는 영역, 또 주체 자신의 내면 가
운데 너무 많은 부분을 차지하는 그것을 내부로부터 인식하는 일을 방해하
는 것은 난센스다. 그런 한에서 헤겔의 관념론은 칸트보다 더 실재론적이다
(realistischer).

과학적 개념구성은 이성의 반사변적(antispekulativ) 집행자로서 거들먹
거리는데, 그것이 단순한 이성의 이상 못지 않게 자체의 사실성 이상과 갈
등을 일으킬 경우, 그것의 장치는 비이성으로 되었다. 방법이 인식해야 할
바를 제멋대로 배제해버리는 것이다. 자체 내에서 일관성 있고 무모순적이
고 논리적으로 이론의 여지없는 모델에 대한 실증주의적 인식이상은 인식
되어야 할 것의 내재적 모순 때문에, 즉 객체의 적대관계들 때문에 고수할
수 없다. 그것은 사회적 보편과 특수의 적대관계인데, 실증주의적 방법은

그것을 어떠한 내용에도 앞서서 이미 부인한다.

사회적 총체성으로서의 정신

개인 및 그의 의식 앞에 위치하는 객관에 대한 경험은 총체적으로 사회화된 사회의 통일성에 대한 경험이다. 절대적 동일성이라는 철학적 이념은 그 자체의 바깥에 아무것도 용납하지 않는다는 점에서 그러한 통일성과 지극히 친밀하다. 통일성을 철학으로까지 고양시키는 일이 다수(das Viele)를 대가로 치르면서 이 통일성을 기만적으로 고양시켰을지라도, 엘레아 학파 이래 승리해온 철학 전통에 대해 최고선(summum bonum)으로 간주되는 통일성의 우선성은 물론 최고선이 아니지만 일종의 실재적 존재(ens realissimum)다. 그러한 전통은 철학자들이 이념으로서의 통일성과 관련해 찬양하는 초월성 가운데 어떤 측면을 실제로 지니게 된다. 발전한 시민사회는——그런데 최초의 통일성사유는 이미 도시적이었고 초보적 상태로나마 시민적이었다——자체보존을 이루면서 이 과정에서 상호의지하는 개인들의 무수한 개별적 자발성들을 통해 구성되었다. 한편 통일성과 개인들 사이에는, 결코 변론적 정리들(Rechtfertigungstheoreme)에서 현존하는 것으로 제시된 바와 같은 평형상태가 지배하지 않았다.

그런데 통일성과 다수의 비동일성은, 아무것도 자유롭게 놓아두지 않는 체계의 동일성으로서 단일자(das Eine)의 우선성이라는 형태를 취한다. 개별적 자발성들이 없다면 통일성은 형성되지 않았을 것이다. 또 그 자발성들의 종합이라는 점에서 통일성은 이차적인 것이다. 유명론은 그 점을 경고했다. 하지만 다수의 자체보존의 필연성을 통해서든 혹은 단지 그 필연성을 핑계로 악용하는 비합리적 지배관계들을 통해서든, 그 통일성은 점점 더 긴밀하게 짜임으로써 파괴되지 않기 위해 모든 개인들을 사로잡았고——스펜서의 용어를 쓴다면——통합했으며(integrierte), 개인들의 명백한 개별 이익과도 맞서면서 자체의 법칙성에 따라 개인들을 삼켜버렸다. 이로써 점진적 세분화는——스펜서만 해도 세분화가 통합에 필연적으로 수반된다고 망상할 수 있었지만——끝나게 되었다.

단일 전체(das Ganze und Eine)는 불변적으로 그것이 포괄하는 부분들을 통해서만 형성되는데도, 그것은 가차없이 부분들을 넘어서면서 형성된다. 다수의 개별자들을 통해 실현되는 것은 다수 자신의 업무이자 또한 그것이 아니기도 하다. 즉 다수는 점점 더 그것을 감당할 수 없게 되는 것이다. 다수의 총괄개념은 동시에 다수의 타자이기도 하다. 헤겔의 변증법은 이러한 변증법을 고의로 간과한다. 개인들이 자신에 대한 통일성의 우위를 어떻게든 인식하게 되는 한, 그들에게 이 우위는 보편의 즉자존재로 되비치며, 실제로 그들은 이 즉자존재와 충돌한다. 심지어 개인들의 가장 내면적인 영역에까지 그들 스스로 그것을 받아들이는 경우에조차, 그 보편의 즉자존재가 파고든다. '윤리는 인간에게 신령'(ἦθος ἀνθρώπω δαίμων)이라는 진술, 즉 그 자체로서 언제나 보편에 의해 모양지어지는 본성이야말로 인간의 운명이라는 진술은 성격학적(charakterologisch) 결정론의 진술보다 더 진실되다. 보편을 통해 각 개인은 그 특수화의 통일체로 규정되는데, 이러한 보편은 그의 외부로부터 얻어온 것이다. 그래서 그것은 지난날 신령들(Dämonen)이 그에게 언도했다는 것과 마찬가지로 타율적이다.

이념을 즉자존재로 보는 이데올로기는 그것이 진리이기 때문에 막강하지만 그것은 부정적인 진리다. 그것은 부정적 진리를 긍정적인 것으로 전환함으로써 이데올로기로 된다. 인간이 일단 보편의 우월성에 대해 배우게 되면, 그들에게는 그것을——자기들이 달래야 할 좀더 고차원적인 것으로서——정신으로 변형하는 것이 거의 불가피하다. 그들에게는 강압이 의미로 된다. 여기에 아무 근거도 없는 것은 아니다. 즉 강압을 행사하는 전체라는 추상적 보편은 사유의 보편성 혹은 정신과 유사한 것이다. 그래서 또한 정신은 그 담지자를 통해 이 보편성에 다시 투사된다. 마치 정신이 보편성 속에서 실현되고 독자적으로 고유한 현실성을 지니게 되는 듯이 말이다.

정신에서는 보편의 일률성(Einstimmigkeit)이 주체로 되어 있으며, 사회에서는 보편성이 단지 정신을 매체로 해서만, 곧 정신이 극히 실제적으로 수행하는 추상의 조작을 통해서만 관철된다. 사회와 정신 양자는 교환에서 합치된다. 교환은 주관적으로 사유된 것이자 동시에 객관적으로 타당성을 지니는 것이기도 하다. 그러나 그 속에서는 보편의 객관성과 개별 주체들의 구체적 규정이, 다름 아니라 통분할 수 있게 됨으로써, 화해되지 않은 채 서로 대립하기도 한다. 세계정신의 이름으로 정신은 그 자체로 이미 존재했던 대로 긍정되고 실체화될 뿐이다. 그 속에서 사회는 스스로를, 자신의 강압을, 전능한 것으로 숭배한다. 뒤르켐은 이 점을 인식했고, 그래서 형이상학에 빠졌다는 비난을 받기도 했다. 세계정신을 통해 사회는 자신의 타당성을 확인할 수 있을 것이다. 왜냐하면 사회는 실제로 자신이 지닌 온갖 속성들을 정신에서 숭배하기 때문이다. 정신에 대한 신화적 숭배는 순수한 개념신화(Begriffsmythologie)가 아니다. 그것은, 비교적 발전한 역사적 국면들에서는 모든 개인들이 그들과 동화되지 않으면서도 오래 지속되면 될수록 그들의 숙명에 접근하는 사회적 통일성을 통해서만 살아간다는 사실에 감사를 표하는 것이다.

오늘날에는 개인들이 알지도 못하는 가운데, 문자 그대로 거대 독점기업들과 권력층이 개인들의 생사여탈권을 쥐고 있는데, 이로써 중요한 사회 개념이 예로부터 목적론적으로 함축하고 있던 바가 실현된다. 이데올로기는 세계정신이 잠재적으로 이미 자립해 있었기 때문에 그것을 자립시켰던 것이다. 그러나 세계정신의 범주들에 대한 숭배, 예컨대 니체조차 받아들였던 극히 형식적인 위대성의 범주에 대한 숭배는, 의식 속에서 모든 개인들과 세계정신의 차이를 마치 그것이 존재론적인 듯이 강화할 뿐이며, 이로써 적대관계와 눈앞의 재앙을 강화할 뿐이다.

적대적 역사이성

잠재적 이성에 비할 때, 또 세계정신과 구분되는 서로 연대하는 개별 주체들의 전체이익에 비할 때, 세계정신의 이성이 비이성인 것은 오늘날에야 비로소 일어난 일이 아니다. 헤겔과 그의 제자들은 논리적 범주들과 역사철학적·사회적 범주들을 등치한다는 점에서 주제전이의 오류를 범했다고 비

난받았다. 그러한 등치는 사변적 관념론의 절정이며, 경험세계의 구성 불가
능성에 비추어볼 때 타파되어야 한다는 것이다. 하지만 그러한 구성이야말
로 현실에 적합한 것이었다. 역사의 한 걸음 한 걸음은 총체성을 향해 나아
가는 개별 주체들간 사회적 관계의 등가원칙과 마찬가지로, 헤겔이 그 속에
단지 해석해 넣었다고 하는 논리성에 따라 진행된다. 다만 이 논리성, 곧
보편과 특수의 변증법 내 보편의 우선성이 허위의 지표(index falsi)일 뿐이
다. 자유, 개별성, 그리고 헤겔이 보편과 동일시한 모든 것은 그러한 동일
성과 마찬가지로 존재하지 않는다. 보편의 총체성 속에서는 보편 자체의 실
패가 드러난다. 어떤 부분적인 것도 용납하지 않는 것은 이로써 그 자체가
부분적 지배요인임을 드러내는 것이다. 보편적 이성이 관철된다면 그것은
이미 제한된 이성이다. 그것은 다양성 내부의 통일일 뿐 아니라 현실에 대
한 입장으로서, 또한 무엇인가에 대한 통일로서 각인된다. 그러나 이로써
순수 형식상 그 자체로 적대적이다. 통일은 분열인 것이다.

　사회적 총체 내부에서 부분적으로 실현된 지성(ratio)의 비합리성은 지성
에 외적인 것이 아니며, 지성의 적용에만 기인하는 것도 아니다. 오히려 그
것은 지성에 내재적이다. 어떤 충만된 이성에 비추어볼 때, 통용되는 이성
은 이미 그 자체로서 원칙상 양극화되어 있고 그런 한에서 비합리적임이 드
러난다. 계몽은 진실로 변증법에 굴복한다. 즉 변증법이 계몽 자체의 개념
속에서 이루어지는 것이다. 지성도 다른 어느 범주들과 마찬가지로 실체화
될 수 없다.

　자체보존적 관심이 개인들로부터 유(Gattung)로 이행하는 과정은 정신적
으로 지성의 보편적이면서 동시에 적대적인 형태로 응고되었다. 이 이행은
홉스나 칸트와 같이 역사의 전환점에 위치한 주요 시민철학이 재생산한 논
리에 따른다. 즉 자체보존의 관심을 시민적 사유에서 대개 국가에 의해 대
변되는 유에 양도하지 않는다면, 비교적 발전한 사회상황 속에서 개인은 자
신을 보존할 수 없을 것이다. 하지만 개인들에게 필연적인 이 대체를 통해,
보편적 합리성은 그것이 보편화되기 위해 부정할 수밖에 없고 또 그것이 봉
사한다고 표명하고 실제로 봉사하기도 하는 특수한 인간들과 거의 불가피

하게 대립하게 된다.

모든 특수의 곤궁상태(Bedürftigkeit) 및 전체에 대한 특수의 의존상태를 추인하는 지성의 보편성에서는, 보편성이 근거하는 추상과정 덕분에 특수에 대한 보편의 모순이 전개된다. 모든 것을 지배하는 이성, 즉 어떤 타자 위에 자리잡는 이성은 필연적으로 스스로를 제한하기도 한다. 절대적 동일성의 원칙은 그 자체로서 모순적이다. 그것은 비동일성을 억압받고 손상된 것으로서 영속화한다. 그 흔적은 동일성철학으로써 비동일성을 흡수하고 나아가 동일성을 비동일성으로써 규정하려 한 헤겔의 노력에도 파고들어갔다. 하지만 그는 동일자를 긍정하고 비동일자를 물론 필연적으로 부정적인 것으로 허용하면서, 보편의 부정성을 이해하지 못함으로써 사태를 왜곡한다. 그에게는 보편성 아래 파묻힌 특수의 유토피아에 대한 공감이 결여되어 있다. 또 실현된 이성이 보편의 부분적 이성을 넘어설 때에야 비로소 가능하게 될 비동일성에 대한 공감이 결여되어 있다. 그는 보편의 개념이 함의하는 불의에 대한 의식을 질책하지만, 단지 불의 자체의 보편성 때문에만 그러한 의식에 주목할 것이다.

근세 초에 치명상을 입은 용병대장 지킹겐*은 자신의 운명을 나타내기 위해 '원인 없는 것은 아무것도 없다'라는 말을 찾아냈다. 이때 그는 시대의 힘과 더불어 두 가지를 표현했다. 그를 파멸로 몰아넣은 사회적 세계흐름(Weltlauf)의 필연성과, 필연성에 따라 진행되는 세계흐름 원칙의 부정성이 그것이다. 그것은 전체의 행복과도 양립할 수 없다. 그러한 격언의 경험내용은 인과율의 보편타당성이라는 상투어를 넘어선다. 개인의 의식에는 그가 겪는 일을 통해 보편적 상호의존성이 떠오르기 시작하는 것이다. 겉보기에 고립된 개인의 운명은 전체를 반영한다. 한때 운명이라는 신화적 명칭이 나타냈던 것은 탈신화화된 것으로서도 세속적인 '사물들의 논리'(Logik der Dinge) 못지 않게 신화적이다. 이 사물들의 논리는 개인적 특수화의 형상

---

* 지킹겐(Franz von Sickingen, 1481~1523) : 독일 농민전쟁기에 황제를 지지한 기사로 제후들에게 패배했다.

으로서 개인에게 각인된다. 헤겔이 세계정신을 구성한 객관적 동기가 그것
이었다. 한편으로 그것은 주체 해방과 계산을 끝낸다. 주체는 보편성을 그
자체로 또 스스로를 위해 지각하고자 보편성으로부터 일단 물러섰음에 틀
림없다. 다른 한편 사회적 개별 행위들의 연관관계가 봉건시대에는 유례가
없을 만큼 서로 얽혀, 개인을 미리 결정하는 빈틈없는 총체성으로 되었음에
틀림없을 것이다.

세계사

칸트의 철학이 수학적 자연과학들의 타당성에 고무받은 것과 유사하게
헤겔의 철학은 세계사 개념의 타당성에 고무되었다. 그런데 세계사 개념은
통일된 세계가 하나의 전체적 과정에 접근할수록 점점 더 문제적으로 되었
다. 우선 실증주의적으로 발전해가는 역사과학은 총체성과 계속되는 연속
성의 관념을 파괴했다. 그러한 역사과학에 비할 때 철학적 구성은 세부적
지식을 덜 갖추고 있다는 수상쩍은 장점을 지니고 있었으며, 이를 아주 쉽
사리 우월한 거리감으로서 치부했을 것이다. 물론 거리를 두고서만 윤곽이
드러나는 본질적인 것을 말하는 데 대해서도 덜 불안해했다. 다른 한편으로
좀더 발전한 철학은 세계사와 이데올로기 사이의 양해를 감지할 수밖에 없
었으며,[5] 혼란스러운 삶이 불연속적임을 인식해야 했다. 헤겔 자신은 세계
사를 단지 그 자체의 모순들을 통해서만 통일성을 띠는 것으로 구상했다.
변증법의 유물론적 전환과 더불어, 정신과 개념의 어떤 통일로도 만족스럽
게 결합될 수 없는 상황의 비연속성에 대한 통찰이 무엇보다 중요해졌다.
하지만 비연속성과 세계사는 함께 묶어서 생각할 수도 있다. 지난날 사실들
을 유일 정신의 총체적 진전 속에 편입시킨 절대권(Souveränität)은 그 사
실들을 유일 정신의 표현들이라고 확언했다. 그와 마찬가지로 세계사를 형
이상학적 미신의 잔재라고 여겨 제거하는 자들은 단순한 사실성을 유일하

---

5) 벤야민, 전집 1권(프랑크푸르트 : 1955), 494쪽 이하 참조.

게 인식할 수 있고 또 그래서 받아들일 수 있는 것으로서 정신적으로 확정할 것이다.

세계사는 구성되어야 하면서 동시에 부인되어야 한다. 역사 속에서 명시되고 또 역사를 포괄하는, 더 나은 상황을 위해 세계를 계획한다는 주장은 파국을 겪은 후, 또 미래의 파국을 염두에 둘 경우 냉소적일 것이다. 하지만 그렇다고 해서 불연속적이고 카오스적으로 분산되어 있는 역사의 계기들과 국면들을 용접해놓는 통일성을 부인할 수는 없다. 즉 인간에 대한 지배와 궁극적으로는 내적 자연에 대한 지배로까지 진전되는 자연지배의 통일성을 부인할 수는 없는 것이다. 어떠한 세계사도 미개상태로부터 인도주의로 진행되지는 않지만, 아마 투석기로부터 대형폭탄으로 진행되는 것은 얼마든지 가능할 것이다. 그러한 세계사는 조직화된 인간에 대한 조직화된 인류의 총체적 위협으로, 혹은 비연속성의 총괄개념으로 끝난다. 이로써 헤겔은 끔찍하게도 타당성을 지니는 것으로 입증되고 전도된다. 그는 역사적 수난(Leiden)의 총체성을 자체실현되는 절대자의 긍정성으로 변조했는데, 오늘날까지 잠시 숨을 돌리면서 굴러가고 있는 유일한 전체는 목적론적으로 보면 절대적 수난일 것이다.

역사는 연속성과 불연속성의 통일이다. 사회는 적대관계에도 불구하고가 아니라 적대관계를 통해 생명을 부지한다. 객관적으로 볼 때 이윤에 대한 관심과 아울러 계급관계야말로 만인의 삶이 집착하는 생산과정의 원동력이다. 물론 생산과정의 우선성은 만인의 죽음으로 귀결된다. 이는 또한 화해될 수 없는 상황 속의 화해적 요인을 함의한다. 단지 그로써만 인간은 살아갈 수 있기 때문에 그것이 없다면 변화된 삶의 가능성도 없을 것이다. 역사적으로 그러한 가능성을 만들어낸 것은 또한 그것을 파괴할 수도 있다. 세계정신은 정의할 만한 대상이기도 한데, 그것은 영속적 파국이라고 정의해야 할 것이다. 모든 것을 속박하는 동일성 원칙 아래, 동일성에 포함되지 않고 수단 영역 속의 계획적 합리성으로부터 벗어나는 것들은 위협적 요소로 된다. 그것은 동일성 때문에 비동일자가 겪는 재앙에 대한 보상이다. 역사를 마법으로 이념화하지 않은 채, 달리 철학적으로 해석할 수는 없을 것이다.

적대관계는 우발적인가?

적대관계가 인간사회의 근원으로부터, 연장된 자연사의 일부로, 늑대인
간(homo homini lupus)의 원칙으로서 물려받게 된 것이냐 아니면 인공물
(θέσει)로서 비로소 형성된 것이냐에 대해, 또 그것이 분명히 생겨난 것이
라면 유의 생존을 위해 필요한 일들로부터 나온 것이지, 권력을 장악한 자
들의 해묵은 자의적 행위들로부터 우발적인 것처럼 나온 것은 아니지 않는
가에 대해 사변하는 것은 쓸모없는 일이 아니다. 물론 그에 따라 세계정신
의 구성은 서로 갈라질 것이다.

역사적 보편, 곧 전체 경향의 필연성 속에서 결합되는 사물들의 논리는
그것에 외적인 것 내지 우연적인 것에 근거할 것이다. 그것이 존재해야 할
필요는 없었을 것이다. 헤겔뿐만 아니라 마르크스와 엥겔스도 총체성에 대
한 관계에서처럼 그렇게 관념론적인 적은 없다. 그들은 세계변화의 의도를
향해 다가서는, 총체성의 불가피성에 대한 의심을 지배체제가 아니라 자신
의 체계에 대한 치명적 공격인 듯이 거부했을 것이다. 물론 마르크스는 모
든 인간학을 불신하면서, 적대관계를 인간의 본성 혹은 황금시대라는 상투
어에 따라 구상된 원시시대에 옮겨놓지는 않는다. 하지만 그럴수록 더 집요
하게 적대관계의 역사적 필연성을 고집한다. 그의 주장에 따르면 경제는 경
제적 관점에서만 추론될 수 있는 지배관계에 대해 우선성을 지닌다. 이 논
쟁을 사실들에 근거해 해결할 수는 없을 것이다. 사실들은 원시역사 속에서
희미해지고 만다. 그러나 원시역사에 대한 관심은 분명히 지난날 국가계약
에 대한 관심과 마찬가지로 역사적 사실들에 대한 관심이 아니었다. 이미
홉스와 로크는 국가계약을 실제로 이루어진 것으로 간주하기 어려웠다.[6]

---

6) 상상적인 국가계약이 초기 시민 사상가들에게는 매우 달가운 것이었는데, 왜냐
   하면 그것이 형식법적 아 프리오리로서 시민적 합리성, 곧 교환관계의 기초가 되

무신론적 헤겔주의자인 마르크스와 엥겔스의 경우에도 역사의 신격화가 문제였다. 경제의 우선성을 통해, 역사적 엄밀성을 지니면서 행복한 결말이 역사에 내재적이라고 논증해야 하는 것이다. 또 경제적 과정이 정치적 지배 관계들을 만들어내며, 경제적 강압으로부터의 필연적 해방이 이루어질 때까지 그것을 변혁시킨다는 이야기다.

하지만 이러한 강령의 비타협성 자체도, 특히 엥겔스의 경우에는 정치적인 것이었다. 그와 마르크스는 지배의 규칙 혹은 지배의 정치적 형식상의 변화가 아니라, 사회 전체 속에서 사회적 자체보존의 기본층에서 이루어지는 경제적 관계들의 혁명을 원했다. 그들의 비판은 무정부주의자들을 겨냥했다. 교환관계의 총체성에 얽혀 있는 정치경제학의 개념은 그 자체가 근세의 산물인데, 마르크스와 엥겔스가 인류의 원죄와도 같은 원시역사를 정치경제학적으로 해석한 것은 목전에 다가온 혁명에 대한 기대 때문이었다. 그들은 혁명이 바로 다음날에 일어나기를 원했고, 그래서 과거의 스파르타쿠스*나 농민봉기와 유사하게 패배할지도 모른다고 걱정할 수밖에 없었을 조류들을 타파하는 것은 그들에게 지극히 화급한 일이었다. 그들은 유토피아의 실현을 위해 유토피아에 반대했다. 혁명에 대한 그들의 이미지가 원시시대의 이미지를 각인했다. 자본주의 내 경제적 모순들의 압도적 비중은 태고 이래 역사적으로 더 강력했던 것의 축적된 객관성으로부터 그것을 추론할 것을 요구하는 듯해 보였다. 그들은 혁명이 이루어진 곳에서조차 혁명이 실패할 경우 어떤 일이 일어나게 될지 예측할 수 없었다. 그들은 물론 계획경제를 국가자본주의와 혼동하지 않았지만, 이 계획경제보다도 지배관계가 더 오래 남을 수 있다는 점을 예측할 수는 없었다. 그것은 단순한 정치를 겨냥한 경제학의—마르크스와 엥겔스가 발전시킨—적대적 특징을 정치의

있기 때문이다. 그러나 불투명한 현실사회 속에서 시민적 지성(ratio) 자체가 그렇듯이 그것은 상상적인 것이었다.

* 스파르타쿠스(Spartacus, ?~기원전 71) : 고대 로마의 노예반란 지도자. 기원전 73년 농노·목자·빈농을 규합하여 한때 남부 이탈리아를 장악했으나 크라수스에게 패사했다.

특정한 국면을 넘어서까지 확장하는 잠재력인 것이다.

정치경제학 비판이 중심대상으로 삼았던 지배관계는 몰락한 후에도 끈질기게 살아 남았다. 이로 인해 중앙집권화와 같은 사회적 조직의 이른바 불가결한 형식들로부터나, 현실적 과정으로부터 추상된 의식의—지성의—형식들로부터 지배관계를 연역하고는, 공공연히 동의하거나 위선의 눈물을 흘리면서 어쨌든 조직된 사회가 존재하는 한 지배관계는 무한한 미래를 가진다고 예언하는 이데올로기가 손쉽게 승리를 구가한다. 그에 반해 즉자존재자로 물신화된 정치 혹은 자체의 부분성 속에서 부풀려진 정신에 대한 비판은 그 힘을 유지한다.

그러나 계산 가능한 경제적 필연성으로서의 역사적 총체성이라는 이념은 20세기 사건들의 영향을 받는다. 그와 달라질 수 있을 때에만, 즉 개인으로부터 짜낸 보편의 실체화이자 사회적으로 필연적인 가상으로서의 총체성이 그 절대성에 대한 요구를 버리게 될 때에만, 비판적 사회의식은 언젠가 상황이 달라질 수 있으리라는 사상의 자유를 유지하게 된다. 역사적 필연이 현실화된 가상이며 역사적 결정(Determination)은 형이상학적으로 우연적이라는 점을 인식할 때에만, 이론은 역사적 필연의 엄청난 짐을 움직일 수 있다. 역사 형이상학(Geschichtsmetaphysik) 전체는 그러한 인식을 방해한다. 오히려 태초에는 비합리적 파국이 있었다고 추측하는 것이 점차 다가오는 파국에 부합된다. 오늘날 좌절된 타자의 가능성은 그럼에도 불구하고 파국을 피할 가능성 속으로 응축되었다.

헤겔식 세계정신의 초현세성

그러나 헤겔, 특히 역사철학과 법철학에서의 헤겔은 일단 형성된 역사적 객관성을 초월성으로 과장한다. "이 보편적 실체는 현세적인 것이 아니다. 현세적인 것은 무기력하게 그것에 역행한다. 어떠한 개인도 이 실체를 넘어설 수 없다. 개인은 물론 다른 개인들과 구분될 수 있다. 그러나 민족정신과 구분될 수는 없다."[7] 이에 따르면 '현세적인 것'에 대한 대립, 곧 특수

한 존재자를 동일하지 않은 상태에서 심판하는 동일성의 요인은, 초현세적
이다. 그러한 이데올로기조차 나름의 진리를 지니기는 한다. 즉 자신의 민
족정신에 대한 비판자도 인류가 민족들로 분열되어 있는 한 그 민족정신과
통분될 수 있는 요인에 연결되어 있다. 카를 크라우스와 빈 사이의 상호관
계는 그에 대한 최근의 가장 중요한 모델이지만 물론 대개는 비방을 위해
인용되는 모델이다.

그러나 헤겔의 경우 장애요인에 부딪칠 때면 늘 그렇듯이 사정이 그렇게
변증법적으로 진행되지는 않는다. 그가 계속해서 설명하는 바에 따르면, 개
인은 "다른 여러 사람들보다 더 똑똑할 수 있지만 민족정신을 능가할 수는
없다. 똑똑한 사람들은 민족정신에 대해 알고 그것을 지향할 수 있는 사람
들뿐이다."[8] 헤겔은 원한을 품고— '똑똑한'이라는 말의 사용에서는 그런
원한을 간과할 수 없다—그 자신의 구상 수준에 미치지 못하면서 그 관계
를 기술한다. '그것을 지향'한다는 것은 문자 그대로 순응일 뿐이다. 그는
마치 고백할 수밖에 없다는 듯이, 자신이 설교한 긍정적(affirmativ) 동일성
을 여전히 존재하는 단절(Bruch)이라고 해독하며, 강자에 대한 약자의 종
속을 상정한다. 세계사의 과정 속에서는 "각각의 개인들이 괴로움을 겪었
다"[9]라는 역사철학의 미사여구는 본의 아니게 화해되지 않은 상태에 대한
의식에 매우 가까이 접근하며, "의무를 통해 개인은 실체적 자유를 누릴 수
있게 해방된다"[10]는 허장성세는—그런데 이는 독일 관념론 사상 전체의
자산이기도 하다—뷔히너의 『보이체크』(*Woyzek*)*에 나오는 의사 장면 속
의 그 패러디와 이미 구분되지 않는다.

---

7) 헤겔, 『역사 속의 이성』, 제5판(함부르크 : 1955), 60쪽.
8) 같은 책.
9) 같은 책, 48쪽.
10) 헤겔, 전집 7권, 230쪽.
 * 뷔히너(Georg Büchner, 1813~1837)의 미완성 드라마. 의사는 로베스피에르의
   캐리커처로서 과학의 혁명을 꿈꾸며, 주인공 보이체크를 상대로 실험을 한다.
   그의 눈에 인간은 목적만을 지닐 뿐 의미를 지니지 못한다.

헤겔은 철학의 입을 빌려 이렇게 말한다. "신의 뜻이 실현되는 것을 방해하는 어떠한 폭력도 선의 힘, 즉 신의 힘을 능가하지 못한다. 신은 정당하며, 세계사는 섭리의 계획을 나타낼 뿐이다. 신이 세계를 통치한다. 그 통치의 내용, 즉 그 계획의 수행이 세계사이며, 그것을 파악하는 것이 세계사의 철학이다. 그 전제조건은 이상이 실현된다는 것, 단지 이념에 합당한 것만이 현실성을 지닌다는 것이다."11) 이때 헤겔은 이 설교의 절정처럼 "왜냐하면 이성이 신의 업적을 지각하는 것이기 때문이다"12)라고 말함으로써, 쇤베르크의 말을 써먹자면, 하이데거를 앞질러 흉내내는데(voräfft), 여기서는 세계정신이 간교하게 작동한 듯하다. 전능한 사상이 퇴각하여 단순한 지각으로서 순응할 수밖에 없는 것이다.

헤겔은 실체적 보편의 타율성을 미화하기 위해 개별성의 경험에 못 미치는 그리스적 표상들을 동원한다. 그런 구절들에서 그는 역사변증법 전체를 뛰어넘으며, 우선 공식적인 그리스 철학의 윤리였고 나중에는 독일 김나지움의 윤리였던 윤리의 고대적 형태를 주저하지 않고 진정한 윤리라고 선언한다. "왜냐하면 국가의 윤리는 자신의 확신이 지배하는 도덕적·반성적 윤리가 아니기 때문이다. 이러한 윤리는 오히려 근대세계에 더 접근하기 쉽다. 반면에 진정한 고대의 윤리는 각자가 자신의 의무를 다하고 있다는 데 뿌리를 둔다."13) 객관적 정신은 헤겔에게 보복한다. 스파르타 정신의 축하 연설자로서 그는 '자신의 의무를 다하고 있다'는 말로 '고유성이라는 은어'(Jargon der Eigentlichkeit)를 100년이나 앞질러 표현한 셈이다.

그는 희생자들을 만들어낸 상황의 실제상태를 건드리지 않은 채, 희생자들에게 장식적인 위로의 말이나 할 만큼 구차해진다. 그의 탁월한 설명 뒤에서 유령처럼 등장하는 것은, 그 전부터 실러의 가산에 포함된 푼돈이었다. 실러는 『종』(die Glocke)에서 어느 가장(家長)으로 하여금 자기 재산이

---

11) 헤겔, 『역사 속의 이성』, 77쪽.
12) 같은 책, 78쪽.
13) 같은 책, 115쪽.

불에 타자 거지생활이기도 한 방랑생활을 떠나도록 할 뿐 아니라, 이 일을 즐겁게 하도록 만든다. 그는—그 밖에는 아무 가치도 없다고 하는—민족에게 명예를 위해 또한 기꺼이 자신의 모든 것을 걸도록 명한다. 선의의 테러(der Terror des Wohlgemuten)는 사회적 속박을 내면화한다. 그러한 과장은 시적인 사치가 아니다. 관념론적 사회교육자 헤겔은 그 밖의 또 한 가지 일을 해야 한다. 왜냐하면 부가적이고 비합리적인 동일시의 업적이 없다면, 보편이 특수에 약속하는 바를 다시 특수로부터 강탈해간다는 점이 너무 명백해질 것이기 때문이다.

헤겔은 보편의 힘을 위대성이라는 미학적·형식적 개념과 연결한다. "이들은 한 민족의 위인들로서, 민족을 보편정신에 합당하게 이끌어간다. 따라서 우리의 입장에서 개인들은 소멸하여 민족정신이 원하는 바를 현실화하는 자들로만 간주될 뿐이다."[14] 즉석에서 명령된 개인들의 소멸, 즉 철학이 긍정적인 것(Positives)으로 파악하려 드는—그렇다고 실제로 그것이 바뀌지도 않는—부정적인 것은 상존하는 단절(Bruch)의 등가물이다. 세계정신의 폭력은 헤겔이 그 후의 어느 대목에서 개인에 대해 찬양하는 바, 즉 "개인이 자신의 실체에 합당한 것은 자기 자신을 통해서다"[15]라는 찬양에 대한 사보타주다.

그렇기는 해도 그 거부적 공식화는 진지한 문제를 건드린다. 세계정신은 "인간의 의식을 통해 드러나는 세계의 정신이다. 사람들이 그것에 대해 지니는 관계는, 개인들이 자신의 실체인 전체에 대해 지니는 관계와 같다."[16] 이는 개인에 대한 시민적 견해, 곧 통속적 유명론에 대한 확실한 응답이다. 직접적으로 확실하고 실체적인 것으로서 자기 자신에 몰두하는 것이 바로 그로써 보편의 대리자로 되며, 개별성은 기만적인 관념으로 된다. 이 점에서 헤겔은 쇼펜하우어와 일치했다. 그는 쇼펜하우어에 앞서서 개별화와 보

---

14) 같은 책, 60쪽.
15) 같은 책, 95쪽.
16) 같은 책, 60쪽.

편의 변증법이 개인에 대한 추상적 부정으로써 처치될 수는 없다는 점을 통찰했다. 그러나 쇼펜하우어뿐만 아니라 헤겔에게도 맞서서 다음과 같이 이의를 제기해야 할 것이다. 즉 본질, 곧 객관적 경향의 필연적 현상인 개인은 또한 이 경향을 그것의 외면성 및 오류 가능성과 대질시키는 한에서, 이 객관적 경향에 맞서 정당성을 지닌다. '자기 자신에 의거한' 개인의 실체성에 대한 헤겔의 학설에는 그런 의미가 함축되어 있다. 하지만 그는 그것을 전개시키지 않고 보편과 특수의 추상적 대립에 매달리는데, 이 대립은 그 자신의 방법에서도 용납될 수 없을 것이다.[17]

헤겔의 보편 편들기

때때로 헤겔은 특수와 보편의 통일을 동일성으로 여기는데, 그러한 통일에 대한 헤겔 논리학의 통찰은 선입견에 빠진 직접적 의식에 대해서뿐만 아니라 실체적인 것과 개별성의 그와 같은 구분에도 대립한다. "그러나 특수성은 이행과정을 통해서가 아니라 즉자 및 대자적 보편성으로서 그러한 내재적 관계다. 그것은 그 자체로서 총체성이며 단순한 규정성(Bestimmtheit)

---

17) 실증주의자들 가운데 에밀 뒤르켐은, 집단정신에 대한 학설에서 보편의 편을 택한 헤겔의 입장을 고수하며, 또 그의 도식이 추상적으로도 보편과 특수의 변증법에 더 이상의 공간을 허용하지 않는 한에서 그는 헤겔의 입장을 능가한다. 원시종교들의 사회학에서 그는 특수가 자랑으로 여기는 특징이 보편에 의해 특수에 가해진 것이라는 점을 내용적으로 인식했다. 그는 보편에다 단순한 미메시스로서의 특수의 기만과 아울러, 특수를 비로소 특수로 만드는 힘을 지정한다. "(어떤 의례 과정에서 나타나는) 슬픔은 어떤 비참한 파멸로 인해 입게 된 사적인 감성의 자연스러운 움직임이 아니다. 그것은 그 집단에 의해 부과된 의무다. 사람들은 단순히 슬프기 때문에 탄식하는 것이 아니라 탄식해야 할 의무가 있기 때문에 탄식한다. 그것은 관습에 대한 존경심으로 인해 받아들여야 하는 일종의 의례적 태도다. 그것은 대체로 개인들의 실제 상태와 무관하다. 한편으로 그러한 의무는 신화적 혹은 사회적 곤궁에 의해 뒷받침된다"(에밀 뒤르켐, 「종교생활의 기초형식들: 오스트레일리아의 토템 체계」, 『사회학 연보』, 파리: 1912, 568쪽).

이며, 본질적으로 원칙이다. 그것은 보편 자체에 의해 정립되며, 이로부터 다음과 같은 식으로 생겨난다는 것말고는 다른 어떤 규정성도 지니지 않는다. 즉 특수는 보편 자체이지만, 그것은 타자에 대한 보편의 관계이거나 차이이며, 보편이 외부로 나타나는 것이다. 그러나 보편 자체말고 특수와 구분되는 어떤 다른 타자도 현존하지 않는다——보편이 규정되면 그것 자체가 특수다. 규정성은 일종의 구분(Unterschied)이다. 그것은 단지 자체와 구분될 뿐이다."18)

이에 따르면 특수는 직접적으로 보편일 것이다. 왜냐하면 그것이 자체의 특별성(Sonderheit)에 대한 어떠한 규정도 보편을 통해서만 찾기 때문이다. 계속해서 되풀이되는 방식으로 헤겔이 추론하는 바에 따르면, 이 보편이 없다면 특수는 아무것도 아니다. 근대의 정신사는——또 그것만이 그런 것은 아니지만——보편의 부정적 측면을 사유로써 없애려는 변론적 시시포스 노고(Sysphusarbeit)였다. 칸트의 경우 정신은 아직 필연성에 맞서 그런 측면을 상기한다. 그는 필연성을 자연에 제한하려고 했던 것이다. 헤겔은 필연에 대한 비판을 요술처럼 없앤다. "정신의 의식은 세계 속에서 형상화될 수밖에 없다. 이 실현의 재료, 즉 그 토양은 보편적 의식 내지 한 민족의 의식 이외의 아무것도 아니다. 이런 의식은 민족의 모든 목적과 관심을 담고 있으며, 이것들은 그 의식을 지향한다. 이 의식이 민족의 법과 윤리와 종교들을 구성한다. 설혹 개인들이 그것을 알지 못하고 그것이 일종의 전제 조건으로 구성되어 현존하더라도, 그것은 한 민족정신의 실체다. 그것은 일종의 필연성과도 같은 것이다. 개인은 이 분위기 속에서 교육되며, 다른 것에 대해서는 아무것도 모른다. 하지만 그것은 단순한 교육인 것도, 단지 교육의 결과에 그치는 것도 아니다. 오히려 이 의식은 개인 자신에 의해 발전되며, 개인에게 가르쳐지는 것이 아니다. 즉 개인은 이러한 실체 속에서 존재하는 것이다."19)

---

18) 헤겔, 전집 5권, 43쪽 이하.
19) 헤겔, 『역사 속의 이성』, 59쪽 이하.

'그것은 일종의 필연성과도 같은 것이다' 라는 헤겔의 표현은 보편의 우월성에 매우 적합하다. 이때 그 필연성의 단순한 메타포적 본질을 암시하는 '같은 것' 이라는 말은 그 가장 현실적인 것의 가상적 성격을 잠시 건드린다. 그러나 당장 필연의 선에 대한 의심은 억눌리며, 필연성이 바로 자유라고 막무가내로 단언된다. 헤겔에 의하면, 개인은 "이러한 실체 속에서 존재한다." 그런데 이 실체는 그가 보기에 아직 민족정신과 일치하는 보편성이었다. 그러나 그 실체의 긍정성은 자체가 부정적이며, 그것이 긍정적인 듯이 거동하면 할수록 더욱 그러하다. 또 통일성은 다수를 더욱더 철저히 자신의 것으로 삼을수록 더욱 나쁜 것으로 된다. 그러한 정신의 일원으로서 개선행진을 포기하지 않고, 부단히 다수에게 가해지는 것이야말로 세계의 의미라고 주장하는 허식을 포기하지 않는 승리자는 그 통일성에 찬사를 바친다. "서로 지치도록 싸우고, 그 가운데 일부가 파멸하는 것은 특수다. 그러나 바로 그 투쟁에서, 즉 특수의 파멸에서 보편이 나오게 된다. 보편은 방해를 받지 않는다."[20]

오늘날까지도 보편은 방해를 받지 않았다. 그렇지만 헤겔에 따르면 보편도 그것이 규정하는 특수 없이 분리된 것으로는 존재하지 않는다고 한다. 헤겔의 논리학은 특수를 전혀 특수로 다루지 않고 이미 개념적인 것인 특수성만을 다룬다. 단지 이로써만 그의 논리학은——그의 경우에도 아 프리오리하게 보편적 구조들의 학설인데——보편과 규정되지 않은 특수를 구속력 있게 동일시할 수 있으며, 이 양 극단의 매개상태를 인식과 등치시킬 수 있다.[21] 이로써 설정된 보편의 논리적 우선성은 사회적 · 정치적 우선성에 대한 헤겔의 선택에 기초를 제공한다. 특수를 구분하고 각인짓고 또 어떤 의미에서는 그것을 비로소 특수로 만드는 보편의 계기가 없다면, 특수성만 아니라 특수 자체도 생각할 수 없다는 점에서는 헤겔을 인정해줄 수 있을 것이다.

---

20) 같은 책, 105쪽.
21) 이 책의 특히 '존재와 실존' 항목 여기저기 참조.

그러나 변증법적으로 한 계기가 그것에 모순적으로 대립하는 다른 계기를 필요로 한다고 해서, 헤겔이 잘 알면서도 때때로 잊고 싶어했듯이 어느 계기가 비실재(μηὄν)로 환원되는 것은 아니다. 그렇지 않을 경우, '계기들'을 변증법적으로 명시함으로써 타파된, 순수 무모순성 논리학의 절대적 · 존재론적 타당성이 상정된다. 결국은 어떤 절대적 제1원리—개념—의 입장이 상정된다. 이때 이 개념에 대해 사실(Faktum)은 부차적인 것일 텐데, 왜냐하면 관념론적 전통에 따르면 사실은 개념으로부터 '따라나오기' 때문이다. 규정성과 아울러 보편성이 없이는 특수에 대해 진술할 수 없지만, 이때 그러한 진술이 관계맺고 의지하는 특수한 것, 즉 불투명한 것의 계기도 사멸하는 것은 아니다. 그 진술은 짜임관계의 한가운데에서 유지된다. 그렇지 않다면 변증법은 헤겔이 다른 경우에 신중히 원했듯이 직접성의 계기들을 보존하지 못한 채, 매개의 실체화로 귀결될 것이다.

플라톤주의로의 회귀

변증법의 내재적 비판은 헤겔의 관념론을 파괴한다. 인식은 보편이 아니라 특수를 추구한다. 인식은 이 특수의 차이—심지어 인식이 비록 불가결한 것으로서나마 비판하는 보편으로부터의 차이—에 대한 가능한 규정에서 그 진정한 대상을 찾는다. 그러나 특수에 의한 보편의 매개 및 보편에 의한 특수의 매개가 매개 자체의 추상적 규범형식으로 환원될 경우, 특수는 헤겔 체계의 실질적인 부분들(materiale Teile)에서 권위주의적으로 거부당하기에 이르기까지 그 대가를 치러야 한다.

"인간이 무엇을 해야 하며, 미덕을 지니려면 그가 완수해야 하는 의무가 무엇인지는 윤리적 공동체 속에서 쉽게 말할 수 있다. 즉 그에게는 자신의 제반 관계 속에서 미리 정해지고 말로 표현되고 알려진 것말고는 다른 어떤 것도 할 일이 없다. 정의는 그에게 법적으로 혹은 윤리적으로 요구될 수 있는 보편이다. 그러나 도덕적 관점에 대해서는 정의가 쉽사리 어떤 종속적인 것으로 여겨지며, 사람들은 이와 관련해서 자신과 타인들에게 더 많은 것을 요구해야 한다고 생각한다. 왜냐하면 어떤 특수한 것이고자 하는 열망은 즉 자-대자존재자인 보편(das An-und Fürsichseiende und Allgemeine)에 만족하지 않기 때문이다. 그러한 열망은 예외(Ausnahme) 속에서 비로소 특이성(Eigenthümlichkeit)의 의식을 발견하게 된다."[22]

헤겔이 보편과 특수의 동일성이라는 교의를 특수 자체 속의 변증법에까지 계속 밀고 나갔다면, 그의 말로 매개된 보편인 특수에는 보편과 마찬가지의 권한이 할당될 것이다. 아들에게 "아마 너는 자신이 뭔가 특수한 존재라고 생각하겠지"라고 훈계하는 아버지처럼, 그는 이러한 권한을 단순한 열망이라고 깎아내리며, 심리주의적으로 인권을 나르시시즘이라고 비방한다. 하지만 이것은 철학자 헤겔의 개인적 타락이 아니다. 그가 염두에 둔 특수의 변증법은 관념론적으로 해결될 수 없다. 칸트의 이분법과 반대로 철학은 형식의 이론으로서 보편의 영역에서 구성되는 것이 아니라 내용 자체 속에 파고들어야 한다. 이 때문에 철학은 실로 숙명적인 선결문제 요구의 오류(petitio principii)에 빠지면서, 현실과의 억압적 동일성에 순응하는 방식으로 현실을 정리한다.

헤겔의 가장 참된 측면인 특수에 대한 의식의 무게가 없다면 현실의 개념은 광대극으로 타락하는데, 그러한 의식은 가장 거짓된 면을 완성하기도 하고—철학자들이 헤겔에게서 찾는—특수를 제거하기도 한다. 그의 개념은 현실을 추구하고자 집요하게 노력할수록, 아이들 축제 때의 황금 호두와 같이 깨뜨려야 할 지금 이 자리(hic et nunc)의 현실을, 그것을 포착하는 개념과 더욱 기만적으로 혼합한다. "그러한 오해들과 관계되는 것은 현실에 대한 철학의 바로 이러한 입장이다. 이로써 나는 앞서 지적한 바로 돌아간다. 즉 철학은 이성적인 것의 탐구이기 때문에, 바로 그 때문에 현재적이고 현실적인 것의 파악이지, 어디에 존재해야 할지 아무도 모르는—혹은 실제로 어디에 위치하는지 확실히 말할 수 있는, 즉 어떤 일면적이고 공허한 추론의 오류 속에 위치하는—피안의 설정이 아니다. ……반성이든 감정이

---

22) 헤겔, 전집 7권, 231쪽.

든, 주관적 의식이 어떤 형태를 취하든, 그것이 현재를 어떤 공허한 것 (Eitles)으로 보고 그것을 넘어서고 그것에 대해 더 잘 알더라도, 그것은 공허한 것 속에 존재한다. 또 그것은 단지 현재 속에서만 현실성을 지니므로, 그것 자체도 공허(Eitelkeit)일 뿐이다. 그와 반대로 이념이 어떤 사견 (Meinen) 속의 한 이념, 즉 한 표상일 뿐이라고 간주될 경우, 이념 이외의 아무것도 현실적이지 않다는 통찰이 철학을 통해 가능해진다. 그럴 경우 시대적이고 잠정적인 것의 가상 속에서 내재적인 실체 혹은 현재적이면서 영원한 것을 인식하는 일이 문제다."[23][24]

변증법 이론가가 궁여지책으로 이렇게 플라톤식으로 말하는 것이다. 논리적으로도 역사철학적으로도 보편이 특수로 응축되며, 마침내 특수는 그것에 대해 외적인 것이 된 추상적 보편성과 분리된다는 점, 반면에 이와 상응하여 그가 좀더 높은 차원의 객관성으로 옹호하는 보편은 나쁜 주관 혹은 부분성들의 평균치로 퇴화한다는 점 등을 헤겔은 말하지 않으려고 한다. 논리학을 시간 속으로 이행시키는 것을 목표로 삼았던 그가 초시간적 논리학 속에서 체념하는 것이다.

시간의 탈시간화

변증법의 구상 한가운데서 그 구상에도 불구하고 등장하는, 시간적인 것과 영원한 것의 단순한 이분법은 헤겔의 경우 역사철학에서의 보편의 우선성과 일치한다. 추상의 성과물인 보편의 개념이 시간을 초월한다고 자처하

---

23) 같은 책, 32쪽 이하.
24) '단지 하나의 이념일 뿐'이라는 상투어는 이미 칸트도 비판했다. "플라톤의 공화국은 한가한 사색가의 머릿속에나 존재할 수 있는, 꿈꾸던 완전성의 눈에 띄는 본보기로서 격언처럼 되었다. ……그러나 이 사상을 더욱더 추적하고 (그 탁월한 인물이 우리에게 아무 도움도 주지 않는 곳에서는) 새로운 노력을 통해 그것을 조명하는 것이, 매우 초라하고 유해한 실현 불가능성의 핑계 아래 불필요하다고 제쳐놓는 것보다 나을 것이다"(칸트, 『순수이성비판』, 247쪽).

고, 추상과정에 의해 통합된 것이 겪는 손실을 이익이자 영원성의 지표라고
치부하듯이, 이른바 역사의 초시간적 계기들이 긍정적 요인들(Positiva)로
된다. 하지만 그 속에는 해묵은 악이 숨어 있다. 세상이 늘 그대로라는 데
동의함으로써, 그에 항의하는 사상을 덧없는 것으로서 신용 없게 만드는 것
이다. 그처럼 초시간성으로 전도되는 현상이 헤겔의 변증법과 역사철학에
는 외적인 것이 아니다. 헤겔식 변증법은 시간 자체에까지 확장된다. 이로
써 시간은 존재론화되며, 주관적 형식으로부터 존재의 한 가지 구조 내지
자체로서 영원한 어떤 것으로 된다.

　총체성의 절대적 이념을 유한한 모든 것의 일시성과 등치시키는 헤겔의
사변들은 그런 구조에 근거를 둔다. 시간을 연역하는 듯하면서 또한 그 자
체 외부에는 아무것도 용납하지 않는 어떤 영원한 것으로 만들려는 그의 시
도는 그와 같은 구상에 적합하다. 뿐만 아니라 그것은 칸트가 직관과 오성
의 구분에 만족하지 못했던 것과 마찬가지로 시간과 논리학의 구분에 만족
하지 못하는 절대적 관념론에도 적합하다. 한편 그런 점에서도 칸트를 비판
한 헤겔은 칸트 구상의 실행자였다. 칸트가 시간을 순수 직관형식이자 모든
시간적인 것의 조건으로 아 프리오리화했을 때, 시간 자체는 시간으로부터
해방된 것이다.[25] 주관적 관념론과 객관적 관념론은 이 점에서 일치한다.
왜냐하면 양자의 기본층은 시간적 내용이 빠진, 개념으로서의 주체이기 때
문이다. 아리스토텔레스의 경우처럼 순수 현실태(actus purus)는 다시 부동
의 것으로 된다.

　관념론자들의 사회적 당파성은 그들 체계들의 본질구성요소들에까지 파
고든다. 그들은 시간을 초시간적인 것으로 찬양하며, 역사가 시작되리라는
불안 때문에 역사를 영원한 것으로 찬양한다. 시간과 시간적인 것의 변증법

---

25) "시간이 흐르는 것이 아니라, 변화 가능한 것의 현존재가 시간 속에서 진행된
　　다. 따라서 현상 가운데에는 그 현존재에서 불변적인 것, 즉 실체가 그 자체
　　로서 불변적이고 지속적인 시간에 상응한다. 또 단지 시간을 통해서만 현상들
　　의 계열과 동시존재가 시간에 따라 규정될 수 있다"(칸트, 『순수이성비판』,
　　137쪽).

은 헤겔의 경우 일관되게도 본질의 자체 내적시간으로 된다.[26] 이 점을 실
증주의는 즐겨 공격한다. 만일 변증법이 모든 시간적 내용으로부터 정화된
형식적 시간 개념에 내맡겨진다면, 그것은 실로 형편없이 스콜라적일 것이
다. 하지만 그에 대한 비판적 반성에서는 시간이 자체 내에서 매개된 형식
과 내용의 통일로 변증법화된다.

칸트의 선험적 감성론은 '직관형식'으로서의 시간의 순수한 형식적 성격 내
지 시간의 '공허성'이 어떤 성격의 직관에도 부합되지 않는다는 반론에 아무
응답도 할 수 없을 것이다. 칸트의 시간은 모든 가능한 표상과 환상
(Phantasie)을 거부한다. 시간을 표상하기 위해서는 언제나 어떤 시간적인 것
이 함께 표상되어야 하는데, 그것을 통해 시간을 읽어낼 수 있고, 그것에서
시간의 진행 혹은 이른바 흐름(Fließen)을 경험할 수 있어야 한다. 순수 시간
이라는 구상에는 개념적 매개가—실현 가능한 모든 시간 관념들로부터의 추
상이—필요하다. 그런데 칸트는 체계론, 즉 감성과 오성의 분리를 위해 직관
의 형식들을 그러한 매개로부터 면제해주고자 했고 또 그럴 수밖에 없었다.
칸트에 따르면 시간은 절대적으로 역동적이어야 하지만, 시간 속에 존재하고
그 속에서 진행되는 최후의 사실적 토대까지 버린 절대적 시간 자체는 전혀
역동적이지 못할 것이다. 역동성이 이루어질 수 있는 토대가 없다면 어떠한
역동성도 없다. 그러나 역으로 시간적 연속체 속에 그 위치가(Stellenwert)를
지니지 않는 사실성에 대해서도 상상할 수 없을 것이다.

이러한 상호관계를 변증법은 가장 형식적인 영역에까지 끌고 들어간다.
즉 변증법 속에서 본질적이며 서로 대립하는 계기들 가운에 어느 것도 다른
계기 없이는 존재하지 않는 것이다. 그러나 변증법은 그것을 드러내주는 순

---

26) "그런데 좀더 자세히 보면 실제의 자아 자체는 시간에 속한다. 자아가 스스로
를 어떤 타자로 정립하고, 이 변화를 지양하는, 즉 자기 자신 혹은 자아를 또
단지 자아 자신만을 그 자체로 담아내는 공허한 운동 이외의 아무것도 아닌 한
자아는 만일 의식과 자의식의 구체적 내용으로부터 추상화할 경우 시간과 일치
한다. 자아는 시간 속에 존재하며, 시간은 주체 자신의 존재다"(헤겔, 전집 14
권, 151쪽).

수 형식 자체에 의해 유발되지는 않는다. 형식과 내용의 한 관계가 형식 자체로 되었다. 그것은 절대적으로 내용의 형식이다. 즉 분리되고 절대화된 주관성 속에서 이루어지는 형식과 내용의 이원론이 극단적으로 승화된 것이다. 헤겔처럼 논리학으로 하여금 자체로부터 시간을 산출하도록 만들지 않고, 그 대신『순수이성비판』에서 다양하게——특히 도식론에 대한 단원에서——암호식으로 충분히 지적했듯이, 논리학에서 응고된 시간관계들을 감지하는 한 헤겔의 시간이론에서도 그 진리계기를 끄집어낼 수 있을 것이다.

그와 마찬가지로 논증적(diskursiv) 논리학은——오해의 여지없이 추론들 속에——시간적 계기들을 보존하며, 또 이 계기들을 그 주관적 사유에 의해 수행된 객관화 덕분에 순수한 법칙성으로 탈시간화하고 은폐한다. 이 시간의 탈시간화 없이는 시간 또한 객관화되지 못했을 것이다. 흔히 보는 실증주의적 과학론에 따를 때 논리학 속의 논리 이전적인 것으로 돌아감으로써 논리학과 시간 사이의 연관관계를 해석하는 것은, 한 계기에 대한 인식으로서 헤겔과 결합될 수 있을 것이다. 왜냐하면 그의 경우 종합이라고 칭하는 것은 단순히 규정적 부정으로부터 튀어나오는 순전히 새로운 질(Qualität)이 아니라 부정된 것의 귀환이기 때문이다. 변증법적 진보는 언제나, 진보해가는 개념에 의해 희생된 것을 다시 포착하는 것이다. 또 이 개념의 진보해가는 구체화가 그것의 자체교정이다. 논리학의 시간으로의 이행은——의식이 해낼 수만 있다면——논리학이 시간에 가한 바를 시간에 보상하고 싶어하지만, 한편 논리학이 없다면 시간도 없을 것이다.

이러한 관점에서 보면 베르그송이 시간 개념을 이중화한 것은 시간 자체의 무의식적 변증법의 일부다. 그는 지속적 시간(temps durée) 내지 체험된 지속의 개념에서, 철학 및 인과론적·기계론적 자연과학들의 추상에 희생된, 살아 있는 시간경험과 아울러 이의 내용적 계기를 이론적으로 재구성하려고 시도했다. 하지만 그는 이 철학 및 자연과학들 못지 않게, 그의 논적들이 아는 것보다 더 실증주의적으로, 변증법적 개념으로 넘어가지 못했다. 또 점증하는 의식의 사물화에 대한 혐오(dégoût)로 인해 그는 역동적 계기를 절대화하고, 그것을 마치 의식의 한 형태인 것처럼 하나의 특수하고 특권적인 인식방식으로 만들었으며, 말하자면 그것을 한 분야로 사물화한 것이다.

고립된 상태의 주관적 체험시간은 그 내용과 더불어, 그 주체만큼이나 우연하고 매개되어 있다. 또 그래서 정밀시계로 측정되는 시간에 비추어볼 때 언제나 '틀린' 것이기도 하다. 이 점을 설명하는 데에는 다음의 상투어로도 충분할 것이다. 즉 주관적 시간경험들은 시계의 시간(Uhrzeit)에 비추어볼 때 착각에 빠질 수 있지만, 시계의 시간을 통해 대상화되는 주관적 시간경험이 없다면 시계의 시간도 없는 것이다. 그러나 베르그송의 경우 두 가지 시간의 현격한 이분법은, 생생한 경험과 대상화되고 반복 가능한 노동과정들 사이의 역사적 이분법을 기록한다. 말하자면 그의 단절된 시간론은 시간의식의 객관적인 사회적 위기가 일찍부터 표현된 것이다. 지속적 시간과 공간적 시간(temps espace)의 화해 불가능성은 단지 분열을 통해서만 어떻게든 통일이 되는 분열된 의식의 상처다. 그것은 공간적 시간에 대한 자연주의적 해석도, 지속적 시간의 실체화도 극복하지 못한다. 사물화를 회피하는 주체는 이 실체화를 통해 자신을 그저 살아 있는 존재로서 보존하고자 헛되이 바랄 뿐이다. 베르그송에 따르면 삶은 인습적으로 경직되는 데 맞서 웃음을 통해 부활된다지만, 실제로 이미 오래 전부터 웃음은 파악되지 않은 삶에 맞선, 완전히 길들여지지 않은 어떤 자연적인 것의 흔적들에 맞서 인습의 무기로 되었다.

헤겔에서의 변증법 중단

헤겔이 특수를 특수성으로 전이시킨 것은 특수를 범주로서만, 즉 보편의 통치권 형식으로서만 용인하는 사회의 실천에 따른다. 마르크스는 이러한 사태를 헤겔이 예측할 수 없었던 방식으로 명시했다. "모든 생산물과 활동들을 교환가치들로 해체하는 데에는, 생산 속의 모든 견고한 인격적(역사적) 의존관계들의 해체뿐만 아니라 생산자들 상호간의 전면적 의존관계들도 전제된다. 각 개인의 생산은 다른 모든 사람들의 생산에 의존한다. 그와 마찬가지로 그의 생산물이 그 자신을 위한 생필품으로 바뀌는 것도 다른 모든 사람들의 소비에 의존한다. ……이 상호의존성은 교환의 끊임없는 필요성과 전면적 매개자로서의 교환가치를 통해 표현된다. 경제학자들은 이를 다음과 같이 표현한다. 즉 각자는 자신의 사적 이익을 추구하며, 이로써 원하지도 알지도 못하는 가운데 만인의 사적 이익, 곧 보편적 이익에 봉사한다는 것이다. 여기서 재미있는 점은 각자가 자신의 사적 이익을 추구함으로써 사적 이익의 전체, 곧 보편적 이익이 이루어진다는 데에 있지 않다. 그보다는 이 추상적 문구로부터, 각자가 서로 타인의 이익 실현을 방해하며, 이 만인에 대한 만인의 투쟁으로부터 보편적 긍정이 아닌 보편적 부정이 나온다는 결론을 얻을 수도 있을 것이다. 오히려 요점은 다음과 같은 데 있다. 즉 사적 이익 자체가 이미 사회적으로 규정된 이익이며, 단지 사회에 의해 설정된 조건들 내부에서 또 사회에 의해 제시된 수단들을 통해서만 달성될 수 있다는 점, 따라서 이 조건들 및 수단들의 재생산에 묶여 있다는 점이 그것이다. 그것은 사적 개인들의 이익이지만, 그것의 내용은 그 실현의 형식 및 수단과 마찬가지로 만인으로부터 독립해 있는 사회적 조건들을 통해 주어진다."[27]

헤겔이 세계정신이라고 칭한 것은——헤겔에게만 합당할 테지만——그 객관적 실체를 개인들 속에 지니고 있을 뿐만 아니라 즉자존재적 우월성도 지닌다는 생각에서, 개념의 옹호자인 헤겔과 비판자인 마르크스가 왜 서로 일치하는지는, 이상과 같은 개념의 부정적 우선권을 통해 밝혀진다. "개인들은 그들 외부에 숙명처럼 실존하는 사회적 생산 아래 통합된다. 그러나 사회적 생산은 그것을 공동의 자산으로 처분하는 개인들 아래 통합되지 않았다."[28]

실재적인 분리(Chorismos)로 인해 헤겔은 자신의 의지와 반대로 이념의 현실성이라는 테제를 변형할 수밖에 없게 된다. 이론적으로 그 점을 인정하지 않는 가운데, 법철학에는 그와 관련해 오해의 여지가 없는 다음 문장들

---

27) 마르크스, 『정치경제학 비판 개요』(베를린 : 1953), 73쪽 이하.
28) 같은 책, 76쪽.

이 들어 있다. "국가의 이념에서는 특별한 국가나 특별한 제도들을 염두에 둘 필요가 없으며 오히려 이 현실적인 신, 곧 이념 자체를 고찰해야 한다. 사람들은 자신이 가지고 있는 원칙들에 따라 어떤 국가를 나쁘다고 선언할 수도 있고 거기서 이런저런 결함을 인식할 수도 있다. 그러나 모든 국가는, 특히 그것이 우리 시대의 충분히 발전된 국가라면, 그 실존의 본질적 계기들을 언제나 자체 내에 지니고 있다. 그러나 긍정적인 면을 이해하기보다는 결함들을 발견하는 것이 더 쉽기 때문에 사람들은 개별 측면들 때문에 국가의 내적 유기체 자체를 망각하는 오류에 빠지기 쉽다."[29] 만일 '특수한 국가들'이 아니라 '이념 자체를 고찰해야' 하고, 더욱이 원칙적으로 어떤 포괄적인 구조에 따라야 한다면, 위 저서의 전체 논조가 묵살하고 싶어하는 이념과 현실 사이의 모순이 다시 부활한다. 긍정적인 면을 이해하기보다는 결함들을 발견하는 것이 더 쉽다는 불길한 문장은 그와 같은 것에 순응한다. 오늘날 그것은 구성적(konstruktiv) 비판, 즉 굴종적 비판을 향한 아우성으로 되었다.

이념과 현실의 동일성이 이 비판에 의해 취소되므로 그러한 동일성을 확인하려면 이성의 헌신적인 특별 노력이 필요한 것이다. 긍정적으로 (positiv) 실현된 화해의 증거인 '긍정적인 것'(das Affirmative)이 요청되고 의식의 최고 업적으로 찬양받는데, 그 까닭은 헤겔식의 순수 방관이 그러한 긍정(Affirmation)에 충분치 못하기 때문이다. 긍정이 그것에 저항하는 것 내지 현실적인 것에 가하는 압력은, 보편성이 주체에게 그 부정으로서 가하는 현실적 압력을 지칠 줄 모르고 강화한다. 양자 사이의 간극은, 윤리적인 것은 객관적 실체성을 띤다는 테제와 주체가 구체적으로 대면할수록 더욱 더 눈에 띄게 벌어진다.

헤겔 후기의 교양(Bildung) 개념에서는 교양이 단지 주체에게 적대적인 것처럼 기술될 뿐이다. "따라서 교양은 그 절대적 규정상 해방이며 또 좀더 고차원적인 해방의 노동이다. 즉 더 이상 직접적이거나 자연적이지 않고 정

---

29) 헤겔, 전집 7권, 336쪽.

신적이며 또 보편성의 형태로 고양된, 윤리성의 무한히 주관적인 실체성으로 가는 절대적 통과지점이다.——이러한 해방은 주체 내에서 행동거지의 단순한 주관성과 욕심의 직접성에 맞선, 또 감각의 주관적 공허함과 취향의 자의성에 맞선 힘든 노동이다. 교양은 이처럼 힘든 노동이기 때문에도 그다지 애호받지 못한다. 하지만 바로 이러한 교양의 노동을 통해 주관적 의지 자체가 객관성을 얻게 되고, 또 이 객관성을 통해서만 의지는 그 나름으로 이념의 현실성일 자격과 능력을 갖게 되는 것이다."[30]

이런 설명은 그리스의 상식인 '고생 없이는 배우지 못한다'(ὁμὴ δαρεὶς)는 생각에 장식을 붙인 것이다. 그것이 괴테에게는 전혀 적합하지 않겠지만, 괴테는 헤겔의 입장에서 그것을 자기 자서전의 구호로 사용하기를 꺼리지 않았다.* 그러나 이 의고주의적 원칙은 그것이 끌어들이고 싶어하는 동일성에 대한 진리를 선전함으로써 자체의 허위를 자인한다. 즉 순응하라는 달갑지 않은 계율의 말 그대로의 의미 혹은 비유적 의미에서 매로 다스리는 교육법(Prügelpädagogik)의 허위를 자인하는 것이다. 이 교육법은 내재적으로 허위이며, 사람들이 그것에 위임하는 목적에는 무용지물이다. 위대한 헤겔 철학이 경시하는 심리학은 이 점에 대해 헤겔 철학보다 더 많은 것을 알고 있다.

인간에 대한 야만은 인간 내부에서 재생산된다. 능욕당한 자들은 교육을 받는 것이 아니라 퇴행적으로 정체되고 재야만화된다. 억압의 문명적 메커니즘이 리비도를 반문명적 공격으로 변화시킨다는 정신분석학의 통찰을 이제는 지워버릴 수 없다. 폭력적으로 육성된 자는 폭력을 남에게 떠넘기고 그로부터 벗어나기 위해 스스로를 폭력과 동일시함으로써 자신의 공격을 배출한다. 그리하여 주체와 객체가 헤겔 법철학의 교양이상에 따라 실제로 동일시된다. 문화도 아닌 문화는, 그 메커니즘 속에 들어서는 자들이 교양을 지니게 되는

---

30) 같은 책, 268쪽 이하.

* 괴테의 『시와 진실』 첫머리에는 "ὁμὴ δαρεὶς ἄνθρωπος οὐ παιδεὐται"라는 격언이 나온다. 이는 메난드로스(Menandros, 기원전 342~292)의 희극에서 따온 구절로 그 뜻은 '고생하지 않은 인간은 교육받지 못한다'이다.

것을 스스로는 결코 원하지 않는다. 헤겔은 법철학의 극히 유명한 대목에서, 피타고라스가 말했다는 명제, 즉 아들을 윤리적으로 교육하는 가장 좋은 방법은 그를 좋은 법률이 있는 국가의 국민으로 만드는 것이라는 명제를 끌어들인다.31) 이때에는 그 국가 자체와 그 국가의 법률들이 실제로 좋은가에 대한 판단이 필요하다. 하지만 헤겔의 경우 질서는 그 아래서 살아가는 사람들에게 책임질 필요도 없이 아 프리오리하게 좋은 것이다.

아리스토텔레스를 돌아보며 헤겔이 그 후에 제기한 생각, 즉 '실체적 통일은 절대 불변의 자체목적이다'32)라는 생각은 얄궂게도 사실임이 입증된다. 자체목적은 그것을 산출해야 할 변증법 한가운데에 불변적으로 자리잡는다. 이로써 국가를 통해 "자유가 그 최고의 권한을 지니게 된다"33)는 말은 공허한 단언으로 타락한다. 헤겔은 『정신현상학』에서까지도 꺼리던 희미한 교훈적 자세에 빠져든다. 그는 승리를 구가하는 플라톤·아리스토텔레스적 주류 철학이 사회적 과정 속에서 철학의 기초에 대립하는 제도들과 결합되는 국면에서 고대적 사유의 한 상투적 논법을 반복한다. 일반적으로 인류는, 자체로 매개되어 있고 피지배자들에게 주어진 것이자 직접적인 것으로 나타나는 국가보다 사회를 더 늦게 발견했다. "인간의 모든 것은 국가 덕분이다"34)라는 헤겔의 명제는 극히 눈에 띄는 과장이지만, 케케묵은 혼동을 계속 끌고 간다. 헤겔이 이 테제로 가는 동기는, 그가 보편적 목적에 부여하는 그 '부동성'을 일단 경직된 제도에 대해서는 단언할 수 있겠지만 본질적으로 역동적인 사회에 대해서는 단언할 수 없다는 점이다. 이 변증법이론가는 변증법으로부터 벗어나 있다는 국가의 특권을 강화시키고 있는데, 이는 그 자신도 착각하지 않았듯이 변증법이 시민사회를 넘어서 진행되기 때문이다.35) 그는 변

---

31) 헤겔, 진집 7권, 235쪽 참조.

32) 같은 책, 329쪽.

33) 같은 자리.

34) 헤겔, 『역사 속의 이성』, 111쪽.

35) 오스카 넥트, 「콩트와 헤겔의 사회이론 사이의 구조적 관계들」, 『프랑크푸르트 사회학 논집』, 제14권(프랑크푸르트 : 1964), 49쪽 및 여기저기 참조.

증법을 그 자체의 치유를 위한 힘이라고는 신뢰하지 않으며, 변증법적으로 산출되는 동일성에 대한 자신의 확언을 부인한다.

민족정신의 역할

현실을 법철학 및 역사철학으로 구성하는 과정에서 보편과 특수를 화해시키려는 형이상학이 좌절했다는 점은 헤겔의 체계적 욕구에 대해 은폐된 채로 있을 수 없었다. 그는 매개를 위해 노력했다. 그의 매개 범주인 민족정신은 경험적 역사 속에 파고든다. 개별 주체들에게 그것은 보편의 구체적 형태이지만, "특정한 민족정신은……세계사 과정 속의 한 개체일 뿐"[36]이며 좀더 높은 수준의 개별화이지만, 그러한 것으로서 자립적이라는 것이다. 바로 이 민족정신들의 자립성에 대한 테제는 훗날 뒤르켐의 '집단적 규범들' 및 슈펭글러의 '각 문화적 영혼들'과 유사하게, 헤겔의 경우에는 개인들에 대한 전제정치를 공인해준다. 어떤 보편자가 집단적 주체의 휘장으로 풍부하게 치장될수록, 그 속에서 주체들은 더욱더 흔적없이 사라진다.

그런데 명시적으로 매개라고 칭해지지 않고 매개의 기능을 수행할 뿐인 매개의 범주는 헤겔 자신의 매개 개념에도 도달하지 못한다. 그런 범주는 사물 자체 속에서 지배적인 것이 아니고, 사물의 타자를 내재적으로 규정하지도 않으며, 오히려 다리 놓는 개념(Brückenbegriff), 즉 세계정신과 개인들 사이의 실체화된 중간물로 기능한다. 헤겔은 민족정신들의 덧없음을 개인들의 덧없음과 유사하게 보편의 진정한 삶이라고 해석한다. 그러나 사실은 민족의 범주 및 민족정신의 범주 자체도 덧없는 것이지, 그것의 특수한 표현들만이 그런 것은 아니다. 새로 등장하는 민족정신들이 오늘날 실제로 헤겔식 세계정신의 횃불을 계승해야 한다면, 그것들은 인류의 삶을 비교적 낮은 단계에서 재생산할 위험을 지닌다. 그 시기의 칸트적 보편, 곧 시야에 들어오게 된 인간의 유적 존재에 비추어볼 때 이미 헤겔의 민족정신론은 반동적이며, 벌

---

36) 헤겔, 『역사 속의 이성』, 72쪽.

써 부분적인 것이라고 간파된 것을 장려했다. 그는 부르셴샤프트*의 선동가들을 예로 들며 민족주의의 불길한 면을 진단했으면서도, 민족정신이라는 강력한 범주를 통해 그와 동일한 민족주의에 망설임 없이 가담한다.

불변적으로 교체되는 가운데 세계정신의 수행자 노릇을 하는 그의 '국민'(Nation) 개념은, 그 변증법적 저서에서—역설적이지만 그 저서 자체의 한 측면에 합당하게—넘쳐나는 불변요인들 가운데 하나임이 드러난다. 헤겔의 경우 비변증법적 상수들은 변증법의 허위를 말해주지만 그것들 없이는 변증법도 존재할 수 없을 것이다. 그 상수들은 역사가 언제나 동일한 상태로서, 죄와 벌의 악무한으로서, 헤겔의 공범증인이라고 할 수 있는 헤라클레이토스가 이미 고대에 인식하여 존재론적으로 끌어올린 것처럼 진행된 만큼의 진실을 지닌다. 그러나 국민은—용어도, 사실도—근래에야 형성된 것이다. 봉건주의 몰락 이후, 위험스러운 중앙집권적 조직형식이 시민적 이익의 보호를 위해 산만한 자연적 결합체들을 통제하게 된다. 그러한 조직형식은 물신으로 될 수밖에 없었는데, 왜냐하면 그것이 달리 사람들을 통합할 수는 없기 때문이다. 그런데 사람들에게 경제적으로 그러한 조직형식이 필요한 것과 마찬가지로, 이 조직형식은 그들에게 부단히 폭력을 가하는 것이다.

스스로를 해방하는 시민사회의 전제조건인 국민 통합이 실패한 곳, 예컨대 독일에서는 전적으로 국민 개념이 과도한 가치를 지니게 되고 파괴적으로 된다. 씨족(gentes)을 포괄하기 위해 국민 개념은 고대의 부족에 대한 퇴행적 기억들을 부가적으로 동원한다. 악의 효소라고도 할 수 있는 그 기억들은, 역시 뒤늦게 불안정한 상태로 발전한 '개인'을, 보편성과 개인의 갈등이 보편성에 대한 합리적 비판으로 전도되려는 곳에서 억눌러놓는 데 적절하다. 효과적인 비합리적 수단으로써말고 달리 시민사회 목적들의 비합리성을 정착시키기는 거의 불가능했을 것이다. 나폴레옹 시대 직후 독일 특유의 상황으로 인해 헤겔은 자기 자신의 정신 개념과 비교할 때, 민족정신론이 얼마나 시대착

---

* 나폴레옹 침략을 계기로 1815년 결성된 전국적 학생조직. 당시 독일의 분열상황 속에서 통일운동을 주도했다.

오적인지 착각했을지도 모른다. 그러나 초보적 자연발생상태로부터의 해방 혹은 점진적 승화를 정신의 진보로부터 잘라낼 수는 없을 것이다.

헤겔의 경우 이미 민족정신론은 비록 독일의 행정적 통일에 대한 욕구에 의해 유발된 것이기는 해도 허위의식, 곧 이데올로기였다. 민족정신들은 현재의 존재자와 결합된 특수화(Besonderung)로서 위장된 채 이성의 비판을 받지 않게 되지만, 정신의 보편성 속에는 이성에 대한 기억도 보존된다. 칸트의 「영구평화론」(Traktat vom ewigen Freiden) 이후 전쟁에 대한 헤겔의 찬사는 더 이상 역사적 경험의 결여로 인한 순진성 뒤에 숨을 수 없다. 그가 민족정신들의 실체로서 찬양하는 것, 곧 인륜(mores)은 당시에 이미 가망없이 관습으로 타락했다. 또 그것이 독재자들의 시대에는 국가차원에서 역사의 행진(Zug)을 통해 개인들을 더욱 무기력하게 만들기 위해 과시된다. 헤겔이 민족정신들에 대해 복수형태로 말할 수밖에 없다는 점만 해도 그것의 실체성이라는 것이 낡았다는 점을 드러내준다. 그러한 실체성은 민족정신들의 다수성에 대해 말하자마자, 즉 국민들의 국제적 성격을 염두에 두자마자 부정된다. 파시즘 이후에 그것은 다시 등장했다.

민족정신의 고루함

헤겔의 정신은 그 국민들로 부분화함(Partikularisierung)으로써, 그것이 총체성으로서 아직 주장할 수 있었던 것과 같은 물질적 토대를 더 이상 내포하지 못한다. 민족정신의 개념에서는 사회적 조직화의 한 단계인 집단의식이라는 부수현상이 사회의 현실적 생산과정 및 재생산과정에 본질적인 것으로서 대립한다. 한 민족의 정신이 실현될 수 있다는 것, 즉 헤겔의 말로 "현존하는 세계로 만들 수 있다는 것", "바로 이런 느낌을 어느 민족이나 지니고 있다."[37] 오늘날에는 그런 일이 어려우며, 어디서든 민족들로 하여금 그렇게 느끼도록 하는 곳에서는 그것이 재앙으로 된다. 그 '현존하는 세계'의 술어

---

37) 같은 책, 67쪽.

들, 즉 "종교, 예배, 윤리, 관습, 예술, 헌법, 정치법률, 그 제도들의 전 영역, 그 사건들 및 행위들"[38]은 그 자명성과 아울러, 헤겔에게 실체성이라고 여겨진 것들도 상실했다. 개인들이 자기 민족의 "실체적 존재"에 "길들여지고, 그것에 합당해져야"[39] 하리라는 헤겔의 계율은 전제적이다. 그것은 이미 헤겔의 경우에도 그 사이에 마찬가지로 낡아버린 셰익스피어식 가설과는 결합될 수 없었다. 즉 역사적 보편은 개인들의 열정과 이해관계들을 통해 실현되지만, 건전한 민족감정이 그 기계장치에 사로잡힌 자들에게 주입되는 것과 마찬가지 방식으로만 역사적 보편이 개인들에게 주입된다는 가설과는 결합될 수 없었다. 아무도 "지구를 뛰어넘을 수 없듯이 자기 민족정신을 뛰어넘을 수 없다"[40]는 헤겔의 테제는 전 지구적 갈등과 전 지구적 세계 건설의 잠재력이 존재하는 시대에는 고루한 이야기다.

헤겔이 역사에 대해 사유하는 자리에서처럼 역사에 대가를 치른 곳은 없다. 하지만 그는 그 점에 대해서도 생각했으며, 마치 어느 날엔가는 세계정신에 민족정신이 필요없게 되고 세계주의에 자리를 내주는 일이 가능하다고 여긴 것처럼, 자신이 실체화한 민족정신 자체도 역사철학적으로 상대화했다. "각각의 새로운 민족정신은 세계정신의 정복과정에서, 세계정신의 의식 혹은 자유의 획득으로 향하는 하나의 새로운 단계다. 한 민족정신의 죽음은 삶으로의 이행이지만, 자연에서처럼 하나의 죽음이 그와 동일한 다른 하나의 현존을 유발하는 식으로 그런 것은 아니다. 오히려 세계정신은 저급한 규정들로부터 좀더 높은 원칙들 내지 자체에 대한 개념들로, 또는 자체의 이념에 대한 좀더 발전한 서술들로 진전해간다."[41] 이에 따르면 '정복되어야' 하고 민족정신들의 몰락을 통해 실현되며 그것들을 초월하는 세계정신의 이념은 여전히 열린 상태(offen)일 것이다. 사람들은 예로부터 승리자를 아마 승리자라는 이유만으로 더 높은 위치에 있다고 단정했을 것이다. 그러나 승리자가 꼭

---

38) 같은 자리.
39) 같은 자리.
40) 같은 책, 95쪽.
41) 같은 책, 73쪽.

더 높은 단계에 위치해야 하는 것이 아닌 국면에서는, 한 국민에서 다른 국민으로의 이행을 근거로 세계사의 진보를 신뢰할 수는 없을 것이다.

하지만 이로써 민족들의 몰락에 대한 위안은 슈펭글러에게까지 이르는 순환론들에 접근한다. 전체 민족들이나 문화들의 생성과 소멸을 철학적으로 처리할 경우, 상황이 달라진 적은 없기 때문에 역사의 비이성적이고 이해할 수 없는 측면은 자명해졌다는 점이 묵살된다. 또한 진보에 대한 논의에서 그 내용이 박탈되고 만다. 누구나 다 아는 역사에 대한 정의(Definition)에도 불구하고 헤겔은 물론 진보의 이론을 완성한 적이 없다. 세계정신이 한 민족정신에서 다른 민족정신으로 이동한다는 헤겔의 생각은 형이상학으로 부풀려진 민족이동이다. 물론 이러한 민족이동은 사람들 위에서 굴러가는 것이자 세계사 자체의 원형이기도 한데, 아우구스티누스(Augustinus)적 세계사 개념*은 민족이동 시기에 나온 것이기도 하다. 철학으로 하여금 세계사를 세계정신의 노정으로 그려내도록 부추기는 세계사의 통일성은 사람들 위에서 굴러가는 것(Überrollendes) 혹은 공포의 통일성이며 직접적인 적대관계다. 구체적으로 헤겔은 예측 불가능하게 반복되는 민족말살의 이름으로밖에는 달리 민족들을 넘어서지 못했다. 쇼펜하우어 학도인 바그너의 『니벨룽겐의 반지』(Der Ring des Nibelungen)**는 바그너 자신이 생각했던 것 이상으로 헤겔주의적이다.

개별성과 역사

헤겔이 집단적 개별성으로서의 민족정신들에 과도하게 부여하는 비중은

---

* 아우구스티누스(354~430)는 『신국론』에서 최초로 세계사를 다룬다. 410년 서고트인의 로마 정복이 저술의 직접적 동기였다. 그는 궁극목표인 영원히 조화로운 '신의 나라'에 끊임없이 도달하려는 과정이 세계사라고 해석한다.

** 1876년 초연된 바그너의 오페라. 「라인의 황금」, 「지크프리트」, 「발퀴레」, 「신들의 황혼」 등 4부로 이루어져 있다. 황금반지를 둘러싼 장기간의 투쟁으로 신, 소인, 영웅 등이 모두 멸망하여 구세계는 몰락하고, 사랑에 의한 인간의 새로운

개별성, 곧 인간적 개체로부터 끄집어낸 것이다. 헤겔의 경우 개별성은 상호보완적으로, 너무 높으면서 동시에 너무 낮게 평가된다. 그것은 위인들의 이데올로기로서 너무 높이 평가되는데, 헤겔은 이 위인들에게 유리하도록 시종과 영웅들에 대한 지배자들의 재담을 전해준다. 관철되는 보편의 힘이 불투명해지고 소외될수록 그것을 통분할 수 있게 만들려는 의식의 욕구는 더욱 조급해진다. 천재들, 특히 군사적·정치적 천재들이 그 때문에 곤욕을 치를 수밖에 없다. 그들은 실제보다 더 큰 모습으로 알려지게 되는데, 그것은 대개 그들에게 결여되어 있는 개인적 성질들에 근거해 설명되어야 할 성공으로부터 추론된다. 만인의 무기력한 동경의 투사물인 그들은 사슬 풀린 자유, 무한한 생산성 등의 이미지로 기능한다. 마치 이러한 생산성이 언제 어디서나 실현될 수 있다는 듯이 말이다.

헤겔의 경우 그러한 이데올로기적 과잉에는 이상(Ideal)의 빈곤이 대조된다. 그의 철학은 엄밀히 말해 개별성이 존재한다는 데 대해 아무 관심도 없다. 그 점에서 세계정신의 교의는 세계정신 자체의 경향과 조화를 이룬다. 헤겔은 개별성의 역사적 독자존재(Fürsichsein)라는 허구와 아울러 온갖 매개되지 않은 직접성의 허구를 간파했다. 또 칸트의 역사철학에 연원하는 이성의 간계(List der Vernunft) 이론을 통해 개인을 보편의 대리자로 등급매겼다. 또 개인은 수세기 동안 그런 존재로서 공을 세우기도 했다. 이 경우 헤겔은 자신의 변증법 구상의 골격을 이루면서 동시에 그것을 취소하는 일관된 사유구조에 따라, 세계정신과 개인의 관계를 이들의 매개와 더불어 불변적인 것이라고 생각했다. 그는 자체 존속의 한계에 대한 의식에 도달하지 않기 위해 자체의 역동적 범주들조차 영구화할 수밖에 없는 자신의 계급에 복종한 것이다. 그를 이끌어가는 것은 개인주의 사회 속의 개인상이다. 그것이 적합한 이유는, 교환사회의 원칙이 단지 개별 계약자들의 개별화를 통해서만 실현되었기 때문이며, 따라서 개별화 원칙(prinzipium individuationis)이 문자 그대로 교환사회의 원칙이자 교환사회의 보편이었기 때문이다. 그것이 부적

세계가 태어난다는 내용이다.

합한 이유는 개별화의 형식을 필요로 하는 총체적 기능연관 속에서는 개인들이 보편의 단순한 실행기관으로 밀려났기 때문이다.

개인의 기능들과 아울러 개인 자체의 구성도 역사적으로 변화한다. 헤겔과 그의 시대에 비할 때 개인은 예측하지 못했던 수준으로 미미해졌다. 개인이 독자적으로 존재한다는 가상은 모든 사람들에게서 사라져버렸다. 헤겔의 사변이 그것을 미리부터 비의적으로(esoterisch) 파괴했듯이 말이다. 그 본보기로는, 헤겔에게나 발자크에게나 개별성의 원동력이었던 열정을 생각할 수 있다. 무기력한 사람들에게는 도달 가능한 것과 도달 불가능한 것이 점점 더 엄격하게 미리부터 제시되어 있는데, 그들에게 열정은 시대착오적인 것으로 된다. 이른바 위인의 고전적 부르주아 모델에 따라 재단된 히틀러도 이미 발작적으로 눈물을 흘리며 양탄자를 물어뜯는 가운데 열정을 희화했다. 심지어 사적인 영역에서조차 열정은 골동품으로 된다. 청소년들의 성적 반응방식들의 잘 알려진 변화들은 개인의 해체를 나타낸다. 개인은 더 이상 열정을 지닐 힘을—자아의 강인함을—내지도 않고 그것을 필요로 하지도 않는다. 왜냐하면 개인을 통합하는 사회조직이, 한때 열정을 불붙였던 공공연한 저항들이 제거되도록 하며 이를 위해 어떤 대가를 치르더라도 순응하는 개인의 내부까지도 통제하기 때문이다.

이로써 개인이 모든 기능을 상실한 것은 결코 아니다. 예나 지금이나 사회적 생산과정은 기본적 교환과정 속에 사적 처분이라는 개별화 원칙을 보존하고 있으며, 이로써 자신의 자아 속에 갇힌 자의 온갖 악한 본능들을 보존한다. 개인은 개인보다 오래 살아 남는다(das Individuum überlebt sich selbst). 그러나 역사적으로 심판받은 개인의 잔재에는 단지 그릇된 동일성에 희생되지 않는 것만이 아직 남아 있다. 개인의 기능은 무기능적인 것의 기능이다. 말하자면 보편과 일치하지 않고 그래서 무기력하게 개인을 대변하는 정신의 기능이다. 단지 보편적 실천으로부터 면제된 상태로만 개인은 변혁적 실천에 필요한 사상의 능력을 지닌다. 고립된 개인 속에 있는 보편의 잠재력을 헤겔은 이렇게 감지했다. "행동하는 자들은 그들의 활동 속에 유한한 목적들, 즉 특수한 이익들을 지니고 있다. 하지만 그들은 또한 아는 자, 생각하는 자이기도 하다."[42] 사유하는 의식을 통한 보편과 각 개인의 연관(Methexis)은──개인은 사유하는 자로서 비로소 개인으로 된다──이미 보편에 대한 특수의 우발성을 넘어선다. 그런데 개인적인 것에 대한 헤겔이나 그 후의 집단주의적 경멸은 그러한 우발성을 근거로 하는 것이다. 개인은 경험과 일관성(Konsequenz)을 통해, 맹목적으로 관철되는 세력으로서의 보편이 스스로와 타인들에게 은폐해놓는 보편의 진리를 파악할 수 있다. 지배적 여론에 따르면 보편은 보편성으로서의 그 단순한 형식 때문에 정당성을 지닌다고 한다. 자체로서 개념인 보편성은 그로써 무개념적이고 반성에 적대적인 것으로 된다. 정신이 보편성에서 그러한 점을 간파하고 지적하는 것은 저항의 첫째 조건이자 실천의 겸허한 출발점이다.

속박

예나 지금이나 개별 주체들인 인간은 일종의 속박 아래 처해 있다. 그 속박은 세계정신의 주관적 형태이며, 또 이는 외적 생활과정에 대한 세계정신의 우월성을 내면적으로 강화시킨다. 사람들은 그들이 맞설 수 없는 것, 그들 자신을 부정하는 것, 바로 그것으로 되어간다. 그들은 이제 그것을 자신의 입맛에 맞게 좀더 고차원적인 것으로 만들 필요도 없다. 물론 그것은 보편성 등급의 위계질서 속에서, 그들에 비할 때 실제로 더 고차원적인 것이기는 하다. 그들은 스스로, 거의 아 프리오리하게 그 불가피한 상황에 맞게 반응한다.

유명론적 원칙이 그들에게 개별화를 속임수로 보여주는 반면에 그들은 집단적으로 행동한다. 특수가 보편에 내맡겨지고 무기력한 개별화의 전도된 보편성 원칙에 의해 명령되는 한에서, 특수의 보편성에 대한 헤겔의 고집은 참이다. 개별 속에 담긴 보편의 실체성에 대한 헤겔의 학설은 주관적 속박을 자기 것으로 삼는다. 여기서 형이상학적으로 좀더 품위 있는 것처럼 등장하는 것은, 처음부터 그 자체의 불투명성, 비합리성, 또──형이상학에 따르면

---

42) 같은 책, 95쪽.

그처럼 품위 있는 것이어야 할—정신의 대립물 등등 덕분에 그러한 아우라
(Aura)를 지닌다. 부자유의 기본층은 주체들 내부에서 주체들을 확장시켜주
는 주체들의 심리학 피안에 위치하면서 적대상태에 기여하는데, 이 적대상태
는 오늘날 주체들에 근거하여 그것을 변혁해낼 잠재력을 말살하려 든다. 자
발적이고 집단적인 반응형식이었던 표현주의는 그런 속박의 어떤 측면을 경
련적으로 기록했다. 그 사이에 이 속박은 신성(Gottheit)과 마찬가지로 어디
에나 존재하면서, 신성의 지위를 찬탈한다. 그러한 속박은 이제 더 이상 느
껴지지도 않는데, 왜냐하면 어느 것도 어느 누구도 그것과의 차이가 드러날
만큼 그로부터 멀리 달아나기 어렵기 때문이다.

하지만 인류는 아직도 여전히 바를라흐*의 조각들이나 카프카의 산문에서처
럼 그것을 향해 끌려간다. 이는 현존 상황의 중압으로 고개도 처들지 못하면
서 구부린 채 서로 묶여 있는 자들의 끝없는 행진이다.[43] 관념론의 기세 좋은
강령들에 따르면 세계정신의 대립물인 단순한 존재자는 세계정신의 구현물로
서 우연 곧 속박 아래의 자유의 형태와 결합되어 있다.[44] 이 속박은 마치 모

---

* 바를라흐(Ernst Barlach, 1870~1932) : 독일 표현주의 조각가·극작가로 신에
  대한 탐구를 주제로 했다.
43) 벤야민, 전집 2권(프랑크푸르트 : 1955), 197쪽 참조.
44) 우연과 필연의 동일성에 대한 헤겔의 학설은(이 책, 번역판 462쪽 참조) 그의
   구성을 넘어서 진리내용을 지닌다. 자유의 관점에서는 필연성이 아무리 자율적
   인 주체에 의해 미리 규정되었다 해도 타율적이다. 인과성이라는 주관적 범주
   에 종속되어야 할 칸트의 경험 세계는 바로 그로써 주관적 자율성의 외부에 위
   치한다. 즉 인과적으로 결정된 것이 개별 주체에게는 동시에 절대적으로 우연
   적이다. 인간의 운명이 필연성의 영역에서 진행되는 한 그것은 인간에게 맹목
   적이며, '그들의 머리 위에서' 이루어지며, 우발적이다. 다름 아니라 사회의
   경제적 운동법칙들의 엄격한 결정론적 성격 때문에 사회 구성원들은——그들
   자신의 규정이 진정으로 평가기준으로서 존중된다면——우연에 내맡겨지는 것
   이다. 가치법칙과 상품생산의 무정부상태는 동일한 것이다. 따라서 우발성은
   인과성에 의해 손상된 비동일자의 형태일 뿐만 아니라, 그 자체가 동일성원칙
   과도 일치한다. 동일성원칙은 단순히 정립된 것으로서, 경험에 부과된 것으로
   서, 경험의 비동일자로부터 생겨나지 않는 것으로서 그 나름으로 가장 본질적
   인 면에서 우연을 감추고 있다.

든 생명체 위에 자리잡고 있는 듯이 보이지만, 아마 그것은 쇼펜하우어의 생각처럼 무조건 개별화 원칙 및 그것의 집요한 자체보존과 일치하지는 않는다.

동물의 반응은 어떤 강압적 특성을 통해 인간의 반응과 차이를 지닌다. 인간이라는 동물적 유(Gattung) 속에서 그런 특성이 계승되었을지도 모른다. 그러나 여기서 그것은 질적으로 다른 것이 된다. 다름 아니라 속박을 근절할 수 있음에도 불구하고 속박 자체에 봉사하게 된, 반성의 능력을 통해 그러하다. 이 반성의 능력은 그처럼 전도됨으로써 속박을 강화하며, 단순한 양태존재(Sosein)의 순진한 면이 결여된 가운데 속박을 근본적 악으로 만든다. 인간의 경험에서는 속박이 상품의 물신적 성격에 대한 등가물이다. 인간 자신이 만들어낸 것이 즉자(An sich)로 되며, 자아는 그로부터 벗어나지 못하게 된다. 또한 사실들 자체에 대한 지배적 믿음 속에서, 사실들을 긍정적으로 받아들이는 가운데 주체는 거울에 비친 자신의 모습을 숭배한다.

속박으로서의 사물화된 의식은 총체적인 것으로 되었다. 사물화된 의식이 허위라는 점은 그것의 지양 가능성을 약속한다. 즉 사물화된 의식은 그 상태로 머물지 않으며, 허위의식은 불가피하게 자체를 넘어서 움직일 수밖에 없으며, 그것이 최후의 결론이 될 수는 없다는 점을 약속한다. 사회가 주체들의 속박 속에서 재생산되는 총체성을 향해 점점 더 나아갈수록, 사회의 분열 경향은 더욱 심각해진다. 이는 인류의 삶을 위협할 뿐만 아니라 전체의 속박, 곧 주체와 객체의 그릇된 동일성을 부정하기도 한다.

보편은 마치 고문도구처럼 특수를 파열될 때까지 압착하지만, 자체에 맞서는 일도 한다. 왜냐하면 보편은 특수의 삶 속에 그 실체를 지니기 때문이다. 특수의 삶이 없다면 보편은 추상적이고 분리되고 제거될 수 있는 형식으로 추락한다. 『베헤모트』(*Bebemot*)에서 노이만*은 제도의 영역에서 그 점을 진단했다. 즉 결합되지 않은 채 서로 투쟁하는 권력장치들로의 분열이 전체주

---

* 노이만(Franz Leopold Neumann, 1900~1954) : 독일 정치학자로 나치 집권 후 영국을 거쳐 미국으로 망명, 사회조사연구소 요원으로 활동했다. 『베헤모트, 나치즘의 구조와 실제』는 1942년 작이다.

의적 파쇼 국가의 비밀인 것이다. 인간에 대한 화학주의(Chemismus)라고 할 수 있는 인간학은 그것에 상응한다. 아무 저항 없이 집단적 재앙에 내맡겨진 채 인간은 동일성을 상실한다. 그로써 속박이 스스로를 파괴하게 되는 것도 전혀 가망이 없는 일은 아니다. 한동안 거짓되게, 다원주의의 이름 아래 사회의 총체적 구조를 부인하고 싶어하던 것이 그렇게 등장하는 해체로부터 진리를 얻는다. 즉 공포로부터, 또 동시에 속박의 폭파가 이루어지는 현실로부터 진리를 얻는 것이다.

프로이트의 『문화 속의 불만』(*Unbehagen in der Kultur*)은 그가 염두에 두기 어려웠던 내용을 담고 있다. 즉 사회화된 사람들의 마음속에서만 공격 본능이 공공연한 파괴적 충동으로까지 집적되는 것이 아니라 총체적 사회화가 객관적으로 그 반대활동을 부화시키는데, 오늘날까지도 그것이 파국인지 해방인지는 말할 수 없다. 그와 마찬가지로 점차 통일성을 지니게 되면서 자체에 이질적인 것, 말하자면 그것이 감각이든 비자아(Nichtich)든 혹은 무엇이든——칸트가 이질적인 것을 나타내는 명칭으로 사용한——카오스적인 것(Chaotisches)으로서 묵살하는 철학체계들은 위와 같은 사태의 본의 아닌 도식을 구상한 것이다.

곧잘 불안이라고 지칭되고 실존범주로 고상하게 다루어지는 것, 그것은 이 세계 속의, 폐쇄된 체계 속의 폐소공포증이다. 그것은 속박을 사람들 사이의 냉담성으로서 영속화하는데, 이 냉담성이 없다면 재앙은 반복될 수 없을 것이다. 냉담하지 않은 자, 통속적 언어 이미지로 살인자가 희생자를 차갑게 만들듯이 그 자신이 차가워지지 않는 자는 심판을 받았다고 느낄 수밖에 없다. 그러나 불안 및 그 토대와 더불어 아마 이러한 냉담성도 사라질 것이다. 불안은 전반적 냉담성 속에서, 그로 인해 괴로워하는 사람들에 대한 저주의 필연적 형태다.

속박 아래의 퇴행

동일성원칙의 지배가 비동일자에서 관용하는 것은 그 나름으로 동일성의 강압에 의해 매개되어 있으며, 동일시가 제 몫을 잘라내고 난 다음의 알맹이 없는 나머지다. 그와 다른 것, 물론 조금만 섞여도 그 원칙과 결합될 수 없는 것은 속박 아래에서 독소로 변한다. 비동일적인 나머지도 우연한 것으로서 다시 추상적으로 되며, 그래서 그것은 동일시의 법칙성에 순응한다. 이 점이 긍정적으로 제시된 우연과 필연의 통일에 대한 헤겔 학설의 암울한 진리다. 통계 규칙으로 전통적 인과성을 대치하는 것은 그러한 일치를 입증해줄지도 모른다.

그러나 아리스토텔레스가 이미 단순한 존재자에 공통으로 부과한 필연과 우연 양자의 치명적 공통점이 운명(Schicksal)이다. 그것은 지배적 사유가 자기 주위에 그려놓은 원 속에 위치하기도 하지만 이로부터 벗어난 것 속에도 위치하며, 또 이성으로부터 버림받은 채, 주체가 설정한 필연성과 합치되는 비합리성을 획득한다. 지배과정은 억눌린 자연의 넝마조각을 소화하지 않은 채 내뱉는다. 특수가 철학에 의해 보편성으로 사라지지 않기 위해서는 특수가 우연의 저항 속에 유폐되지 않아야 한다. 보편과 특수의 화해를 위해서는 차이의 말살이 아니라 차이에 대한 반성이 도움이 될 것이다. 세계정신에 유일한 현실을 할당해주는 헤겔의 열정은 그러한 차이의 말살에 몰두하는데, 그것은 지옥의 웃음이 천국에서 메아리치는 것과도 같다.

신화적 속박은 빈틈없이 서로 꽉 짜인 현실상황으로 세속화되었다. 그 속에서 살아 남기 위해 영리한 자들이 따르는 현실원칙은 사악한 마술로서 그들을 붙잡아놓는다. 그러한 마술이 그들에게 현실적 중압을 감출수록 그들은 그것을 떨쳐버릴 능력도 의지도 점점 더 잃게 된다. 그들은 그것을 삶이라고 간주한다. 메타심리학적으로는 퇴행에 대한 논의가 타당하다. 오늘날 커뮤니케이션이라고 칭해지는 것은 예외 없이 속박당한 자들의 침묵상태를 압도하는 소음일 뿐이다. 개인들의 자발성들은——이제는 반대파들의 자발성이라는 것까지도 상당 정도——사이비 적극성으로 떨어졌고, 잠재적으로는 정신박약이 되고 말았다. 세뇌 기술들 및 예로부터 그것과 유사했던 것은 외부로부터 내재적·인간학적 경향을 실행하는데, 이는 물론 그 나름으로 외적 동기를 지니는 것이다.

헤겔도 식탁 앞에서 오가는 지혜, 즉 따끔한 맛을 보아야 정신을 차린다는 지혜를 통해 순응의 자연사적 규범에 동의한다. 그런데 이 규범은 헤겔의 경우에도 전적으로 그렇듯이 속박으로서의 세계정신의 도식이다. 최근 생물학은 사람들 사이에서는 터부인 그것에 대한 경험을 동물들에 투사하는데, 아마 동물들을 학대하는 사람들에게서 짐을 덜어주기 위해서일 것이다. 동물들에 대한 존재론은 해묵었으면서도 언제나 소유물로서 새로이 획득되는, 인간의 동물성을 모방한다. 그런 한에서도 세계정신은 헤겔이 원했던 것과는 달리 그 자체에 대한 모순이다. 자체보존적 이성의 동물적 속성은 정신을 숭배하는 유의 정신을 축출한다. 그래서 이미 헤겔의 정신형이상학은 그 모든 단계에서 정신적대성(Geistfeindschaft)에 매우 근접한다.

무의식적 사회 속에서는 자연력의 신화적 폭력이 확대재생산되는 것과 마찬가지로, 그 사회가 생산하는 의식의 범주들도 가장 계몽적인 범주들에 이르기까지 속박 속에 존재하며 현혹으로 된다. 사회와 개인은 그 속에서 다른 어느 곳에서보다 더 조화를 이룬다. 사회와 더불어 이데올로기도 진보함으로써, 이데올로기는 더 이상 사회적으로 필연적인 가상이 되지 않으며, 이로써 설혹 깨어지기 쉬운 상태일지라도 자립상태로 구성되는 것이 아니라 단지 접착제로 될 뿐이다. 즉 주체와 객체의 거짓된 동일성으로 될 뿐인 것이다.

심리학의 오랜 기저인 개인들은 개별화 원칙 자체 덕분에—곧 부분적 이익에 각 개인들이 천편일률적으로 묶여버림으로써—서로 똑같아지며, 이에 상응하여 마치 지배적인 추상적 보편성이 그들 자신의 일인 듯이 그 보편성을 요구한다. 이것이 그들의 형식적 아 프리오리다. 역으로 그들이 감지하지도 못하는 가운데 굴복하는 보편은, 그들이 서로 자유롭고 손쉽고 즐겁게 결합될 수 있도록 그들에게 맞춰서 재단되어 있으며, 그들 내부의 보편과 같지 않은 것에는 더 이상 호소하지 않는다. 현재의 이데올로기는 보편을 통해 이미 그때 그때 매개된 개인들의 심리를 마치 그릇처럼 담아내며, 또한 개인들 속에서 보편을 부단히 새로 산출한다. 속박과 이데올로기는 같은 것이다. 이데올로기는 생물학에까지 거슬러올라간다는 데 그 숙명적 성격을 지닌다. 스피노자적 자체보존(sese conservare)은 실로 모든 생명체들의 자연법칙이다. 그것은 동일성의 동어반복을 내용으로 한다. 즉 그렇지 않아도 이미 존재하는 것이 존재해야 한다는 것이며, 의지가 의지하는 자에게 되돌아가는 것이며, 자기 자신의 단순한 수단으로서 의지가 목적으로 되는 것이다.

이러한 전환은 이미 허위의식으로의 전환이다. 만일 사자가 어떤 허위의식을 지닌다면, 자신이 물어뜯으려고 하는 영양에 대한 사자의 분노는 이데올로기일 것이다. 일관된 자체보존을 위해 이성은 목적 개념으로 고양되는데, 이 개념은 거울의 우상으로부터 해방되어야 할 것이다. 목적은 수단으로서의 주체와는 다른 어떤 것이라고 할 수 있다. 하지만 그것은 자체보존으로 인해 모호해진다. 자체보존은 수단을 어떠한 이성 앞에서도 정당화되지 않는 목적으로 고착시킨다. 생산력이 증대할수록 삶을 자체목적으로 영속화하는 것은 점점 더 자명성을 상실한다. 자연상태에 빠진 채 그러한 목적은 그 자체로서 수상쩍어지지만, 한편 그 속에서는 어떤 타자의 잠재력이 무르익는다. 이 타자가 비록 비규정적이고 미지의 것이기는 하지만, 삶은 그러한 타자의 수단으로 될 태세를 갖춘다. 그러나 타율적인 삶의 조직은 그 타자를 계속해서 제지한다.

자체보존이라는 것이 자고로 힘들고 불확실했기 때문에, 그 수단인 자아충동들은 기술로 인해 자체보존이 잠재적으로 쉬워진 후에도 거의 불가항력적인 힘을 지닌다. 그것들은 객체충동들(Objekttriebe)보다도—이의 전문가인 프로이트는 이 점을 오해했지만—더 큰 힘을 지닌다. 생산력 수준에 비추어보아 불필요한 노력은 객관적으로 비합리적으로 되며, 그래서 속박은 현실적으로 지배적인 형이상학으로 된다. 테크놀러지에서 수단을 목적으로 물신화하는 현재의 단계는 그런 경향이 명백한 난센스로 되어가는 승리과정을 암시한다. 즉 지난날에는 합리적이었지만 이제는 낡아버린 반응방식들이 역사의 논리에 의해 변함없는 모습으로 나타나는 것이다. 그것은 더 이상 논리적이지 않다.

주체와 개인

헤겔은 관념론적으로 다음과 같이 주장한다. "주관성은 그 자체로 절대적 형식이자 실체의 실존하는 현실이며, 주체의 대상·목적·권력으로서의 그 현실과 주체의 차이는 그와 마찬가지로 직접 소멸한 형식의 차이일 뿐이다."[45] 헤겔의 경우에도 보편이면서 총체적 동일성인 주관성은 신격화된다. 하지만 이로써 그 반대의 것이 달성된다. 즉 명백하게 드러나는 객관성으로서의 주체에 대한 통찰이 그것이다. 주체-객체의 구성은 심오한 이중적 성격을 지닌다. 그것은 이데올로기적으로 객체를 절대 주체의 자유로운 행위라고 날조하기도 하지만, 주체 속에서도 나타나는 객관적 요인을 인식하고 이로써 주체를 반이데올로기적으로 제한하기도 한다. 실체의 실존하는 현실로서 주관성은 물론 자신의 우선성을 광고할 테지만 '실존하는' 외화된 주체로서는 객관성이자 현상이기도 할 것이다. 하지만, 이는 구체적 개인들에 대한 주관성의 관계에 영향을 끼칠 수밖에 없을 것이다. 객관성이 개인들에게 내재적이고 그들 속에서 작용하고 있으며 진정으로 그들 속에서 나타난다면, 그런 식으로 본질과 관련된 개별성은 본질에 종속될 뿐인 경우보다 훨씬 더 실체적일 것이다.

그러한 결론 앞에서 헤겔은 침묵한다. 그는 칸트의 추상적 형식개념을 청산하려고 시도하면서도—선험적—주체와—경험적—개인이라는 칸트와 피히테의 이분법을 계속 끌고 다닌다. 또한 주관성 개념에 대한 구체적 규정성의 결여를, 우연성으로부터 정화된 주체의 좀더 높은 객관성이라는 이점으로 이용해먹는다. 이로써 특수를 대가로 하여 주체와 객체의 동일시가 손쉬워진다. 이 점에서 헤겔은 관념론 전체의 관례에 따르지만, 동시에 그는 자유와 필연의 동일성에 대한 자신의 주장을 무너뜨린다. 자유의 기저인

45) 헤겔, 전집 7권, 234쪽 이하.

주체는 정신으로 실체화됨으로써 살아 존재하는 인간들로부터 멀리 떨어지며, 그래서 그들에게는 필연성 속의 자유가 전혀 아무런 성과도 가져다주지 못한다. 헤겔의 말은 그 점을 명백히 드러낸다. "국가 곧 조국이 삶의 공통점을 만들고, 인간의 주관적 의지가 법률에 복종함으로써 자유와 필연의 대립이 사라진다."[46] 어떠한 해석의 기술로도 복종이라는 말이 자유의 반대를 뜻한다는 사실을 묵살할 수는 없을 것이다. 이른바 자유와 필연의 종합이라는 것은 필연에 굴복하고 이로써 자체를 부정한다.

변증법과 심리학

헤겔 철학은 19세기에서 20세기 상당 기간까지의 개별성 발전이 내포하는 손실, 즉 개별성이 성립되는 데 불가피한 보편을 향해 나아갈 힘 내지 구속력의 손실을 조망할 수 있게 해준다. 그 사이에 명백해진 개별성의 쇠퇴는 그러한 손실과 결합되어 있다. 보편으로부터 점점 더 확실하게 분리됨으로써 발전하고 세분화되는 개인은, 그로써 헤겔이 개인과 관련해 지적했던 우연성으로 퇴행할 위험에 처한다. 다만 복고주의적 헤겔은 이 경우 그리스의 본보기에 근거한 명제들에서 나온 이상을 위해 개별화의 진전에 담긴 논리와 강압을 소홀히 했을 뿐만 아니라, 20세기의 가장 악질적인 독일 반동세력의 서곡을 울리는 듯이, 개별성의 파괴 속에서 비로소 무르익은 힘들도 소홀히 했다.[47]

이로써 또한 그는 자신의 변증법에도 불의를 가한다. 보편이 개별성에 단순하게 덮어씌워진 것이 아니라 개별성의 내적 실체라는 점은, 통용되는 인간 윤리가 모든 것을 포괄한다는 따위의 상투어로 환원되지 않는다. 오히려 그것은 개인적 반응방식의 중심 속에서, 특히 성격에서 감지될 수 있다. 말하자면 헤겔이 선입견에 따라 우연성을 벗어날 수 없다고 비난한 심

---

46) 헤겔, 『역사 속의 이성』, 115쪽.
47) 아도르노, 『바그너론』(베를린 · 프랑크푸르트 : 1952), 195쪽 참조.

리학에서——그 사이에 프로이트는 이 점을 논박하기도 했다——감지될 수 있는 것이다. 분명히 헤겔의 반심리학주의(Antipsychologismus)는 사회적 보편의 경험적 선차성에 대한 인식을 완성한다. 그 후 뒤르켐은 이러한 인식을 어떠한 변증법적 반성의 영향도 받지 않은 채 단호하게 표명했다.[48] 겉보기에 보편과 대립하는 심리학은 압박 아래 내면화의 세포들 속에 이르기까지 보편에 굴복하며, 그런 한에서 실재적 구성물(reales Konstitutum)이다.[49]

하지만 변증법적이든 실증주의적이든 객관주의는 심리학에 비해 근시안적이기도 하지만 더 우월하기도 하다. 지배적 객관성은 개인들에게 객관적으로 부적합하기 때문에 단지 개인들을 통해서만, 즉 심리학적으로만 실현된다. 프로이트의 정신분석은 개별성의 가상을 만들어내는 데 기여하기보다 오히려 철학적이고 사회적인 개념만이 그럴 수 있을 만큼 그것을 철저히 파괴한다. 무의식 이론에 따르면 개인은 몇 가지 반복적 상수들과 갈등들로 축소된다. 그런데 무의식 이론은 인간을 경멸하며, 구체적으로 발전한 자아(Ich)에 대해 무관심하지만, 이드(Es)에 대한 규정들에 비할 때 자아에 대한 규정들이 불안정함을 상기시키며, 이로써 자아의 희미하고 일시적인 본성을 상기시킨다. 방어기제 및 합리화의 총괄개념으로서의 자아에 대한 이론은, 자기 자신을 통제하는 개인의 오만(Hybris)을 겨냥한다. 즉 객관적 요인의 우선권을 주장하는 좀더 근본적인 이론들이 파괴한 이데올로기로서의 개인을 겨냥한다.

자신이 무엇을 원하는지 모른다는 반론에 대응하기 위해 어떤 올바른 상태를 그려내는 자는 그러한 우선권을——자신에 대한 우선권까지도——간과할 수 없다. 심지어 그의 환상이 모든 것을 극단적으로 변화된 모습으로 상상할 수 있다 하더라도, 그 환상은 여전히 정태적인 연관점으로서의 그의

---

48) 뒤르켐, 『사회학 방법의 규칙들』, 13판(파리 : 1956), 100쪽 이하 참조. 또 아도르노, 「사회과학적 객관성에 대한 메모」, 『쾰른 사회학·사회심리학보』 17호, 1965, 3권, 416쪽 이하 참조.

49) 뒤르켐, 같은 책, 104쪽 참조.

현재와 그 자신에 얽매여 있을 것이며, 또한 모든 것이 왜곡될 것이다. 자유의 상태에서는, 가장 비판적인 자조차 그가 바꾸고 싶어하는 자들과 마찬가지로 완전히 달라질 것이다. 아마 그릇된 세계의 주민 누구라도 올바른 세계를 견딜 수 없을 것이다. 그들은 올바른 세계에 어울리기에는 너무 손상되어 있을 것이다. 이 때문에, 세계정신에 공감하지 않는 지식인의 의식에는 그의 저항 한가운데에서 약간의 관용이 혼합된다. 그러나 차이와 비판 때문에 혼란에 빠지지 않은 사람은 자신을 정당하다고 여겨서는 안 될 것이다. 물론 어떤 정치체제 하에서든 이 세상에서는 그렇게 부가된 온화함이 퇴폐적인 것으로서 추방될 것이다.

이 아포리아는 개인들의 행복일 인류의 행복에 대한 목적론적 개념에까지 확대된다. 개인의 범주가 더 이상 자기폐쇄적이지 않아야 비로소 나타날 행복의 이념이, 자신의 욕구와 자신의 열망을 고착시킴으로써 불구화된다. 행복은 불변요인이 아니다. 다만 항등성(Immergleichheit)을 본질로 하는 불행만이 불변요인일 것이다. 행복 가운데 기존의 전체상황에 의해 용납되거나 승인되는 것은 미리부터 그 부분성의 흔적들을 지닌다.[50] 오늘날까지도 모든 행복은 아직 없었던 것을 약속하며, 그것의 직접성에 대한 믿음은 그 실현을 방해한다. 이런 점에서 행복에 적대적인 헤겔 역사철학의 표현들은 그것이 직접 의미하는 것 이상의 진리를 지닌다. "……사람들은 자기 자신과 조화를 이루는 자를 행복하다고 칭한다. 또 역사를 고찰할 때 행복의 관점을 취할 수도 있다. 그러나 역사는 행복의 발판이 아니다. 행복한 시기들은 역사 속의 빈 자리들이다. 물론 세계사 속에는 충족도 있을 것이다. 그러나 이 충족은 행복이라고 지칭되는 것이 아니다. 왜냐하면 행복은 부분적 이해관계들을 넘어서는 목적들의 충족이기 때문이다. 세계사 속에서 의미를 지니는 목적들은 추상적 의지를 통해 강력히 고수되어야 한다. 그런 목적들을 추구한 세계사적 개인들은 충족을 얻었을지 모르지만 행복

---

50) 마르쿠제, 「쾌락주의 비판」, 『사회연구지』 제7호, 1938(파리 : 1939), 55쪽 이하 참조.

하고자 하지는 않았다."[51]

확실히 그렇지는 않았다. 하지만 차라투스트라까지도 인정한 그들의 체념은 유토피아에 비할 때 개인적 행복이 불충분하다는 점을 표현해준다. 행복이란 지금 이 자리의 개인적 행복과 화해될 수 없는 보편적 원칙으로서의 부분성으로부터 구제될 때 비로소 이루어질 것이다. 그러나 행복에 대한 헤겔 입장의 억압적 성격을 그 자신의 방식으로, 이른바 좀더 높은 관점으로부터 '무시해도 되는 양'(quantité négligeable)으로서 취급해서는 안 될 것이다. 그는 비록 역사가 행복의 발판은 아니라는 명제로써 자신의 역사낙관주의를 강력하게 교정하고 있지만, 그 명제를 행복의 피안에 있는 이념으로 설정하고자 함으로써 상당한 오류를 범한다. 현실을 충분히 현실적이라고 볼 수 없는 잠재적 유미주의가 여기서처럼 두드러지게 드러나는 곳은 없다.[52]

행복한 시대들이 역사의 빈 자리들이어야 한다면——그런데 이는 유럽의 19세기처럼 비록 역사적으로 다분히 역동적이었지만 인류사 속에서 어느 정도 행복했던 시기에 비추어본다면 수상쩍은 주장이기도 하다—— '위대한 행위들을 기록하는 책'이라는 은유는 무반성적으로 인습적 교육으로부터 차용한 개념, 즉 세계사를 웅대한 것으로 보는 개념을 암시한다. 방관자로서 전투와 전복과 파국 등에 열광하는 헤겔은 자신이 부르주아적으로 옹호하는 해방이 그러한 범주 자체로부터도 해방되어야 하지 않을지에 대해 침묵한다. 마르크스는 그 점을 염두에 두고 있었다. 그는 고찰의 대상으로서 정리된 위대성, 곧 정치적 위대성의 영역을 이데올로기라고, 따라서 일시적인 것이라고 규정한다. 행복에 대한 사상의 입장은 모든 거짓된 행복에 대한 부정일 것이다. 그것은 온 세상을 지배하는 관점에 단호히 맞서 행복의 객관성에 대한 이념을 요청한다. 그것은 키에르케고르의 '객관적 절망' 이론에서 부정적으로 구상된 것이기도 하다.

---

51) 헤겔, 『역사 속의 이성』, 92쪽 이하.
52) 아도르노, 『헤겔에 대한 세 연구』(프랑크푸르트 : 1963), 154쪽 이하 참조.

'자연사'

역사적 삶의 객관성은 자연사의 객관성이다. 마르크스는 이 점을 헤겔에 맞서 인식했으며, 그것도 주체들의 의식을 초월하여 실현되는 보편과의 연관 속에서 엄밀히 인식했다. "한 사회가 그 운동의 자연법칙을 파악할 수 있게 될 경우에도──또 현대사회의 경제적 운동법칙을 폭로하는 것이 이 책의 궁극적인 목적이기도 하다──그 사회는 자연적 발전단계들을 뛰어넘을 수도, 묵살할 수도 없다. ……내가 자본가나 지주를 장밋빛으로 그려내는 것은 결코 아니다. 그러나 여기서는 경제적 범주들의 의인화이자 특정 계급관계들 및 이해관계의 담당자인 한에서의 개인들만이 문제다. 경제적 사회구성체의 발전을 일종의 자연사적 과정으로 파악하는 나의 입장은 어느 입장보다도 더──개인이 아무리 주관적으로는 사회를 넘어설지라도 사회적으로는 여전히 제반 관계들의 산물이므로──이 제반 관계들을 개인의 책임으로 돌릴 수 없을 것이다."[53]

여기서 마르크스가 포이어바흐의 인간학적 자연개념을 뜻한 것은 분명히 아니다. 마르크스는 헤겔 좌파에 맞서 헤겔을 탈환한다는 의미에서, 그러한 자연개념에 변증법적 유물론의 초점을 맞추었던 것이다.[54] 이른바 자연법칙이라는 것은 자본주의 사회의 자연법칙일 뿐이며, 그래서 마르크스는 그 것을 '신비화'(Mystifikation)라고 지칭했다. "따라서 일종의 자연법칙으로 신비화된 자본주의적 축적의 법칙은 실제로 다음을 표현해줄 뿐이다. 즉 그 자연이란, 자본관계의 부단한 재생산 및 점점 더 확대된 단계에서의 재생산을 심각하게 위협할 수도 있을, 노동 착취 수준상의 감소 혹은 노동가격의 증대를 배제한다는 점을 나타낼 뿐이다. 대상적 부가 노동자의 발전욕구를 위해 존재하지 않고, 노동자가 현존 가치들의 이용욕구를 위해 존재하는 생산방식에서는 그럴 수밖에 없다."[55]

---

53) 마르크스, 『자본론』 1권, 제1판 서문 7쪽 이하.
54) 알프레트 슈미트, 「마르크스 이론에서의 자연 개념」, 『프랑크푸르트 사회학 논집』, 2권(프랑크푸르트 : 1962), 15쪽 참조.

그러한 법칙은 기존 생산관계들 아래서 불가피한 성질을 지니기 때문에 자연적이다. 이데올로기는 교체 가능한 층으로서 사회적 존재 위에 겹치는 것이 아니라 사회적 존재에 내재한다. 이데올로기는 교환과정에 본질적으로 포함되는 추상에 근거를 둔다. 살아 있는 인간들을 무시하지 않고는 교환도 불가능할 것이다. 그것은 오늘날까지의 실제 생활과정에서 필연적인 사회적 가상을 함의한다. 그 핵심은 물자체 혹은 '자연'으로서의 가치다. 자본주의 사회의 자연발생성은 실제적이면서 동시에 그러한 가상이기도 하다. 자연법칙들에 대한 가정을 문자 그대로 받아들여서는 안 되며, 무엇보다 어떤 성격의 것이든 이른바 인간의 기투(Entwurf)라는 의미에서 존재론화해서는 안 된다는 점이야말로 마르크스 이론 전반의 가장 강력한 모티프, 곧 그런 법칙들의 제거 가능성이라는 모티프가 말하는 바이다. 자유의 왕국이 시작되는 곳에서는 그런 법칙들이 더 이상 타당하지 않을 것이다.

마르크스는 헤겔의 매개적 역사철학을 동원함으로써 필연의 왕국과 자유의 왕국이라는 칸트식 구분을 일련의 국면들에 전용한다. 그런데 디아마트(Diamat)는 필연의 왕국을 자유의 왕국이라고 단언함으로써 그것을 연장시켜놓는다. 이처럼 마르크스의 모티프를 전도시킴으로써 비로소 자연법칙성에 대한 마르크스의 논쟁적 개념을 자연사의 구성에서 과학주의적 불변요인에 대한 이론으로 날조하는 수준으로 타락할 수 있었다. 그러나 이로써 자연사에 대한 마르크스의 논의가 그 진리내용을, 특히 비판적 내용을 잃어버리는 것은 아니다. 헤겔만 해도 아직 의인화된 선험적 주체에 의지했는데, 물론 여기서는 주체가 이미 소멸한다. 마르크스는 헤겔식 변용(Verklärung)뿐만 아니라 변용되는 사태 자체도 탄핵한다. 인간의 역사, 곧 진전하는 자연지배는 무의식적 자연사, 곧 먹고 먹히는 상황을 계승한다.

반어적인 의미로 마르크스는 사회다윈주의자(Sozialdarwinist)였다. 즉 사회다윈주의자들이 찬양한 것, 또 그들이 행동의 본보기로 삼고자 갈망했던

---

55) 마르크스, 『자본론』 1권, 652쪽 이하.

그것이 마르크스에게는 부정성인데, 이 속에서는 부정성의 지양 가능성이 깨어나는 것이다. 『정치경제학 비판 개요』의 한 대목을 보면, 자연사에 관한 그의 견해에 담긴 비판적 본질에 대해 의심할 수가 없다. "그런데 이 운동 전체가 사회적 과정으로서 나타나고 이 운동의 개별 계기들이 개인들의 의식적 의지와 특수한 목적들에서 출발할지라도, 이 과정의 총체는 자연발생적으로 생겨나는 하나의 객관적 연관관계로서 나타난다. 물론 그것은 의식적 개인들의 상호작용으로부터 생겨나지만, 그들의 의식 속에 존재하는 것도 아니고 전체로서 그들 아래 총괄되는 것도 아니다."56)

이러한 사회적 자연 개념은 자체의 변증법을 지닌다. 사회의 자연법칙성은 불변적 자연상태로 실체화되는 한 이데올로기다. 그러나 상품형식의 분석에서부터 파국이론에 이르기까지 『자본론』이 반정신(Widergeist)의 현상학으로서 추적한, 무의식적 사회의 운동법칙으로서의 자연법칙성은 실재적이다. 그때 그때 본질구성적인 경제형식들의 교체는, 수백만 년 이상을 성장하다가 사멸하는 여러 동물들의 교체와 마찬가지로 이루어졌다. 물신에 대한 단원에 나오는 '상품의 신학적 변덕들'은 교환 당사자들에게 교환가치의 사회적 관계를 사물들 자체의 특성으로 보이게 하는 허위의식에 대한 조소다. 그러나 그것들은 지난날 잔인한 우상숭배가 실제로 실행되었던 것과 마찬가지로 참이기도 하다. 왜냐하면 사회화의 본질구성적 형식들은——이 가운데 하나가 그러한 신비화다——마치 신의 섭리라도 되는 듯이 인간에 대한 자체의 무조건적 우월성을 주장하기 때문이다.

이론이 대중을 사로잡으면 현실적 힘으로 되리라는 명제는, 사회적 지배세력에 비합리적 후광을 보장해주는——오늘날까지 잔존하는 터부 내지 태곳적 속박의 성격을 보장해주는——모든 허위의식에 앞선 구조들에도 이미 적용된다. 이에 관해서는 헤겔도 무엇인가 생각한 바 있다. "그러나 국가정체(Verfassung)가 시간 속에서 생겨난 것이지만 만들어진 것이라고는 여겨지지 않는다는 점이야말로 어쨌든 본질적인 문제다. 그 까닭은 국가정체가

---

56) 마르크스, 『정치경제학 비판 개요』, 111쪽.

오히려 그저 즉자대자적으로 존재하는 것이며, 그래서 신적이고 지속적인 것, 또 만들어지는 것의 영역을 넘어서는 것으로 간주되기 때문이다."[57] 이로써 헤겔은 자연상태(φύσει)의 개념을, 한때 인공물(θέσει)이라는 반대개념을 규정했던 것에까지 확대한다. 자연의 모든 직접성을 매개해온 역사적 세계의 명칭인 '국가정체'가 역으로 매개의 영역, 곧 역사적 영역을 자연으로 규정하는 것이다. 헤겔의 이 말은 진부하고 역사와 이질적이지만 당시에 흔히 통용되던 국가계약론들에 대한 몽테스키외의 반론, 즉 국법 기관들은 주체들의 어떤 의식적 의지행위에 의해서도 만들어지지 않았다는 주장에 근거한다. 하지만 이차적 자연으로서의 정신은 정신에 대한 부정이며, 더욱이 그 자의식이 자체의 자연발생성과 차단될수록 점점 더 철저히 그렇게 된다.

그런데 이런 일이 헤겔에게도 벌어진다. 그의 세계정신은 자연사의 이데올로기다. 그가 이를 세계정신이라고 칭하는 것은 그것의 힘 때문이다. 지배권이 절대화되고 존재 자체에 투사되어, 그것이 이제 정신이라고 칭해진다. 그러나 이미 언제나 존재했다는 어떤 것에 대한 설명인 역사는 무역사성이라는 성질을 얻게 된다. 헤겔은 역사의 한가운데서 불변성, 항등성, 과정의 동일성을 편들며, 그것의 총체성이 구원이라고 주장한다. 따라서 말 그대로 그가 역사신화론에 빠져 있다고 비판할 수 있다. 그는 사람들을 질식시키는 신화를 정신 및 화해라는 말로 변장시킨다. "우연은 본래부터 우연한 것에 닥쳐온다. 그리고 일반적으로 개념과 철학이 단순한 우연성의 관점을 소멸시키고 가상으로서의 우연성 속에서 그 본질인 필연성을 인식하는 것과 마찬가지로, 그와 같은 운명이 바로 필연성이다. 재산, 삶 따위의 유한한 것이 우연으로 설정되는 것은 필연적이다. 왜냐하면 우연이란 유한한 것의 개념이기 때문이다. 이러한 필연성은 한편으로 자연력의 형태를 띠며, 또 모든 유한한 것은 사멸하는 것이고 덧없는 것이다."[58]

---

57) 헤겔, 전집 7권, 375쪽.
58) 같은 책, 434쪽.

서양의 자연신화는 사람들에게 이와 다른 것을 가르치지 않았다. 정신
철학이 좌우할 수 없는 일종의 자동현상에 따라, 헤겔은 자연과 자연력을
역사의 모델로 끌어들인다. 그러나 그것들이 철학에서 중요해질 수 있는
것은, 동일성을 정립하는 정신이 맹목적 자연의 속박을 부인하면서도 이
것과 동일하기 때문이다. 심연 속을 들여다보면서 헤겔은 거창한 세계사
적 희비극을 이차적 자연으로서 감지하지만, 그것과의 가증스러운 공범관
계 속에서 그 속에 담긴 일차적 자연을 찬양한다. "법의 토대는 일반적으
로 정신적인 것이며, 그것의 좀더 엄밀한 위치와 출발점은 자유로운 의지
다. 그래서 자유가 그것의 실체와 규정을 구성하고, 법체계가 실현된 자
유의 왕국을 구성하며, 정신의 세계가 그것 자체로부터 이차적 자연으로
서 산출되었다."[59]

그러나 루카치의 『소설이론』에서 처음 철학적으로 다시 다루어진 이차적
자연은[60] 어쨌든 일차적 자연으로 생각할 수 있는 것의 부정물로 남는다.
인공물($\theta\acute{\epsilon}\sigma\epsilon\iota$), 즉 비록 개인들에 의해서는 아니더라도 그들의 기능연관에
의해 비로소 산출된 것은, 실로 시민의식에 대해 자연으로 간주되고 자연스
럽다고 여겨지는 것처럼 가장된다. 그 바깥에 위치하는 어떤 것도 그런 의
식에는 더 이상 나타나지 않는다. 어떤 의미에서는 실제로도 그 바깥에는
아무것도 없다. 즉 총체적 매개에 포착되지 않은 것은 아무것도 없는 것이
다. 그 때문에 그 속에 사로잡힌 것이 그 자체에 대한 타자성(Andersheit)
으로 되는데, 이것이 관념론의 근원현상이다. 사회화가 점점 더 가차없이
인간적·인간상호적 직접성의 모든 계기들을 제어하게 될수록, 그러한 연
관관계가 형성된 것이라는 사실을 기억하는 것은 점점 더 불가능해지며, 자
연의 가상은 더욱더 불가항력적으로 된다. 인류의 역사가 자연으로부터 거
리를 둠에 따라 그러한 가상은 더욱 강화된다. 즉 자연이 감옥상태에 대한
불가항력적 비유로 된다.

---

59) 같은 책, 50쪽.
60) 루카치, 『소설이론』(베를린 : 1920), 54쪽 이하 참조.

청년 마르크스는 두 계기들이 부단히 서로 얽혀 있다는 점을 매우 강력히 말했는데, 이는 틀림없이 독단적 유물론자들을 화나게 할 것이다. "우리는 유일한 과학, 곧 역사과학만을 알 뿐이다. 역사는 두 측면에서 고찰될 수 있으며, 자연의 역사와 인류의 역사로 구분될 수 있다. 그러나 양측면은 분리될 수 없다. 인간이 존재하는 한, 자연의 역사와 인간의 역사는 서로를 조건짓는다."[61] 자연과 역사라는 전래적 안티테제는 참이기도 하고 거짓이기도 하다. 자연적 계기가 겪은 바를 표현하는 한에서 그것은 참이다. 또한 역사의 개념적 추후구성을 통해, 또 역사 자체를 통해, 역사의 자연발생성을 은폐하는 일을 변론적으로 반복하는 한에서 그것은 허위다.

역사와 형이상학

자연과 역사의 구분에서는 동시에 과학적 방법들의 불가피한 분업을 아무 생각 없이 대상들에 투사하는 분업이 무반성적으로 표현되었다. 존재론적 사유는 자연주의적 사유와 스스로를 열성적으로 구분하지만, 거짓되게 부활한 형이상학이 역사성이라고 칭하는 바에 담겨 있는 무역사적 역사 개념에서는, 자연주의적 사유에 대한 존재론적 사유의 동의를 입증할 수 있을 것이다. 역사가 존재자의 존재론적 기본구조로 되거나, 아니면 존재 자체의 비밀스런 성질(qualitas occulta)로 된다면, 불변적인 것으로서의 변화인 그것은 희망 없는 자연종교를 모방한 것이다. 그럴 경우에는 역사적으로 규정된 것을 임의로 불변요인으로 변조할 수 있을 것이며, 또 한때 신이 원한 것으로 여겨지던 역사적 상황을 근세에 이르러 자연적 상황으로 간주하게 된 통속적 견해, 말하자면 존재자를 본질화하려는 유혹들 가운데 한 가지를 철학적으로 포장할 수 있을 것이다.

자연과 역사의 괴리를 넘어섰다는 존재론의 주장은 사기다. 역사적 현존재자로부터 추상된 역사성은 그 나름으로 역시 존재론화될 수 없는 자연과 역사

---

61) 마르크스, 『독일 이데올로기』, MEGA, 제1부, 5권(베를린 : 1932), 567쪽.

의 안티테제로 인한 고통을 간과하고 만다. 그 점에서도 새 존재론은 암암리에 관념론적이며(krypto-idealistisch), 동일하지 않은 것을 다시 동일성으로 몰아가며, 역사성 개념이야말로 그것을 대신하여 역사를 담당하는 것이라고 상정함으로써, 그 개념에 저항하는 것은 무엇이든 제거해버린다. 그러나 존재론은 현실적 화해가 실패했기 때문에 이데올로기적 방법을 향해, 정신 속의 화해를 향해 나아간다. 역사적 우발성과 개념은 서로 빈틈없이 얽힐수록 더욱 무자비하게 서로 싸운다. 개인의 역사적 운명은 우연적이고 무의미하다. 왜냐하면 의미를 참칭한 역사적 과정 자체가 무의미한 상태로 남았기 때문이다.

절대적 제1원리로서의 자연, 즉 자체의 매개에 대해 단연코 직접적인 것으로서의 자연에 대한 물음 자체가 이미 그에 못지 않게 기만적이다. 이 물음은 자체가 갈구하는 바를 분석판단의 위계적 형식을 통해 제시하는데, 이 판단의 전제들은 그것에 따르는 모든 것에 대해 명령적인 관계를 지닌다. 또한 이로써 자연에 대한 물음은 그것이 벗어나고 싶어하는 기만을 반복한다. 일단 정립된 인공물(θέσει)과 자연상태(φύσει)의 차이는 반성을 통해 유동적인 것으로 될 수 있지만 지양되지는 않는다. 물론 반성되지 않은 상태에서 그러한 이분법은 본질적인 역사적 과정을 단순한 부속품으로 만들어놓을 것이며, 또한 형성되지 않은 것(das Ungewordene)으로 하여금 본질로서 군림하도록 그 나름으로 기여할 것이다.

사상의 과제는 그보다 모든 자연과 아울러 자연으로서 설정되는 모든 것을 역사로서 파악하고, 또한 모든 역사를 자연으로서 파악하는 일일 것이다. 즉 "역사적 존재를 그 극단적인 역사적 규정상태 속에서, 곧 그것이 가장 역사적인 곳에서 그 자체로 일종의 자연적 존재라고 이해하는 것, 혹은 자연이 자연으로서 겉보기에 가장 깊이 자체에 집착하는 곳에서 자연을 역사적 존재로 파악하는 것"[62]이다. 하지만 자연과 역사가 서로 통분될 수 있는 계기는 일시성(Vergängnis)의 계기다. 벤야민은 이 점을

---

62) 아도르노, 「자연사의 이념」(칸트학회 프랑크푸르트 지부에서의 강의), 1932년 7월.

『독일 비극의 기원』에서 핵심적으로 인식했다. 이에 따르면, 바로크 시인들에게는 자연이 "영원한 일시성으로서 나타나며, 그 속에서만 그 세대의 소박한 시선은 역사를 인식했다."[63] 그들의 시선만이 그랬던 것은 아니다. 아직도 여전히 자연사는 역사철학적 해석의 규준이다. "비극과 더불어 역사가 무대 속에 들어선다면, 역사는 그런 일을 문자(Schrift)로서 해낸다. 자연의 모습 위에 '역사'는 일시성의 상형문자로 씌어 있다. 무대 위에서 비극을 통해 제시되는 자연-역사의 알레고리적 관상학은 폐허로서 실제로 현재적이다."[64]

이는 형이상학이 역사로 전환되는 것이다. 이로써 형이상학은 전적으로 세속적인 범주, 즉 쇠퇴(Verfall)라는 범주를 통해 세속화된다. 철학은 가장 미세한 것 속에서, 즉 그러한 쇠퇴로 인해 타격을 받으면서 객관적 의미들을 지니는 단편들(Bruchstücken) 속에서, 언제나 새로운 경고인 그 상형문자를 해석해낸다. 일시성을 통하지 않고는 초월성에 대한 어떤 기억도 불가능하다. 영원성은 그 자체로서 나타나는 것이 아니라 가장 덧없는 것을 통해 파손된 상태로 나타난다. 헤겔의 형이상학은 절대자의 삶을 모든 유한한 것의 일시성의 총체성과 동일시하면서 찬양하는 자리에서, 또한 그것이 포착하고 강화하는 신화적 속박을 조금 넘어서는 것을 바라보기도 한다.

---

63) 벤야민, 『독일 비극의 기원』(프랑크푸르트 : 1963), 199쪽.
64) 같은 책, 197쪽.

제3장 | 형이상학에 대한 명상들

1. 아우슈비츠 이후

불변적인 것은 진리이고 유동적인 것과 일시적인 것은 가상이라는 생각, 또 시간적인 것과 영원한 이념들 상호간의 무관성은 더 이상 주장할 수 없다. 시간적 현존재가 그 개념에 내재하는 무화(Vernichtung) 덕분에——이 무화의 영원성(Ewigkeit)으로써 표현되는——영원한 것(das Ewige)에 복무한다는 헤겔식의 무모한 설명을 통해서라도 그와 같은 것을 주장할 수는 없다. 변증법 속에서 세속화된 신비론적 충동 가운데 하나는, 전통적 형이상학이 초월성으로서 구분지은 것에 대해, 혹은 적어도——그보다 덜 그노시스적(gnostisch)이고 덜 극단적인 차원에서——철학 규범이 형이상학에 던진 물음들에 대한 의식의 입장에 대해, 세계내적인 것 혹은 역사적인 것이 중요성을 지닌다는 학설이었다. 아우슈비츠 이후 현존재의 긍정성에 대한 어떠한 주장도 헛소리로 혹은 희생자들에 대한 불의로 거부하는 감정, 또 희생자들의 운명으로부터 설혹 탈색된 상태로일지라도 어떤 의미를 짜내는 데 반대하는 감정은, 긍정적으로(affirmativ) 정립된 초월성으로부터 나오는 내재성의 의미 구성을 조소하는 사건들 이후 그 나름의 객관적 계기를 지닌다. 이러한 구성은 절대적 부정성(Negativität)을 긍정하고(bejahen) 이 부정성이 잔존하도록 이데올로기적으로 도울 것이다. 그렇지 않아도 기존사회의 원칙 속에는, 기존사회가 자체파괴되는 단계에 이르기까지, 그러한 부정성이 실제로 잔존한다.

리스본의 지진은 볼테르를 라이프니츠의 변신론(Theodizee)으로부터 치유하는 데 충분했다. 그런데 일차적 자연의 조망 가능한 파국은 이차적 자연의 파국, 곧 사회적 파국과 비교하면 사소한 것이었다. 이 사회적 파국은 인간적 악으로부터 실제의 지옥을 만들어냄으로써 인간의 상상을 초월하고 있는 것이다. 이미 일어난 일들로 인해 사변적·형이상학적 사상과 경험이 결합될 수 있도록 하는 토대가 파괴됨으로써, 형이상학을 수행할 능력은 마비되었다. 다시 한 번 양질 전환의 변증법적 모티프가 말로 표현할 수 없는 승리를 거둔다.

관리(Verwaltung)를 통한 수백만 명의 살해와 더불어, 죽음은 이제까지 그렇게 두려운 적이 없었던 어떤 것으로 되었다. 죽음이 개인들의 경험적 생활 속에 어떻게든 그 생활과정과 일치하는 것으로 들어서게 될 가능성은 이제 존재하지 않는다. 개인은 그에게 남아 있던 최후의 가장 사소한 것까지 빼앗긴다. 수용소에서 더 이상 개인이 아닌 본보기(Exemplar)가 죽었다는 사실은 그러한 조치에서 벗어났던 사람들의 죽음에도 영향을 끼칠 수밖에 없다. 대량학살이란 절대적 통합(Integration)이다. 이러한 통합은 사람들이 획일화되는 곳이면 어디서나, 사람들이 완전한 무가치성의 개념으로부터 벗어날 경우 문자 그대로 말살될 때까지—군대에서 말하듯이—마모되는 곳이면 어디서나 등장하게 된다. 아우슈비츠는 순수 동일성은 죽음이라는 철학명제가 진실임을 확증했다. 베케트의 『승부의 끝』(*Endspiel*)에 나오는 극히 적나라한 표현, 즉 이제는 그렇게 두려워할 것이 전혀 없으리라는 말은 강제수용소를 통해 최초의 본보기를 보여준 실천에 대한 반응이다. 그런데 한때 존중할 만했던 이 실천의 개념 속에는 이미 비동일자의 말살이 목적론적으로 잠복하고 있다. 절대적 부정성은 눈앞에 보이며 더 이상 아무에게도 놀라운 것이 아니다. 공포는 자체보존의 개별화 원칙에 묶여 있었다. 그리고 이 원칙은 그 자체의 일관성에 따라 말살된다. 수용소의 사디스트들이 희생자들에게 한 말, 즉 "내일이면 너는 연기가 되어 이 굴뚝 밖으로 나가 하늘에 서려 있을 것이다"라는 말은 각 개인의 삶이 아무래도 좋다는 점(Gleichgültigkeit)을 지칭하는 것인데, 역사는 그런 상태를 향해 움직여간다. 즉 개인은 이미 형식적 자유상태에서도 대체 가능하고 대신할 수 있으며, 이제 그들을 말살하는 자들의 발굽 아래서 그러한 것이다.

　그러나 보편적인 개인적 이익을 법칙으로 삼는 세계 속에서 개인은 이 아무래도 좋은 것으로 된 자신(Selbst) 이외에 아무것도 가진 것이 없기 때문에, 예로부터 친숙해온 경향을 실행하는 것은 또한 가장 끔찍한 일이기도 하다. 이로부터 벗어나는 것은, 전류가 흐르는 강제수용소 철조망 울타리 밖으로 빠져나오기가 어려운 것 못지 않게 어렵다. 고문당하는 자가 비명지를 권한을 지니듯이, 끊임없는 괴로움(Leiden)은 표현의 권리를 지닌다. 따라서 아우슈비츠 이후에는 시를 쓸 수 없으리라고 한 말은 잘못이었을 것이다. 그러나 그보다 덜 문화적인 물음, 즉 아우슈비츠 이후에도 살아갈 수 있겠는가, 우연히 그것을 모면했지만 합법적으로 살해될 뻔했던 자가 제대로 살아갈 수 있겠는가 하는 물음은 잘못이 아니다. 그런 사람이 살아가기 위해서는 틀림없이 시민적 주관성의 기본원칙인 냉담성(Kälte)이 필요하다. 그런데 이 원칙이 없었다면 아우슈비츠는 불가능했을 것이다. 그것은 살아남은 자의 명백한 책임이다. 이를 보상하기 위해 그는 다음과 같은 몽상에 시달린다. 그는 더 이상 살아 있는 것이 아니며, 1944년에 가스로 살해되었고, 그 이후 그의 전 실존은 단지 상상 속에서만, 즉 20년 전에 살해된 어떤 자의 미친 소망의 유출(Emanation) 속에서만 이루어졌다는 몽상이 그것이다.

　반성적 인간들은, 또 예술가들은 완전히 현장에 있지는 않았다는 느낌, 동참하지는 않았다는 느낌을 흔히 표현했다. 마치 그들이 그들 자신이 아니고 일종의 방관자인 듯이 말이다. 또 다른 사람들은 그것을 여러모로 거부한다. 이에 근거해서 키에르케고르는 자신이 '미학적 영역'(ästhetische Sphäre)*이라고 칭한 것에 반론을 제기했다. 그러나 철학적 인격주의(Personalismus)에 대한 비판은 다음 사실을 말해준다. 즉 직접적인 것과 관련해 모든 실존적 태도를 거부하는 입장은 자체보전적 동기의 기만(Verblendung)을 넘어서는 계기를 통해 객관적 진리를 지닌다는 점이 그것이다. "그것은 전혀 그렇게 중요하지 않다"는 말은 물론 그 나름으로 시민적 냉담성과 결합되는데, 그런 말에서 개인은 불안 없이도 실존의 무가치성을 무엇보다 쉽사리 감지할 수 있을 것이다. 그것의 비인간적 요소, 즉 방관하며 거리를 두고 초월적 입장을 취하는 능력은 결국 인도주의 이데올로그들이 반대하는 인도주의적 요소다. 그런 식으로 반응하는 부분이 사라지지 않으리라는 생각에 아무 신빙성도 없는 것은 아니다. 쇼(Shaw)가 극장 가는 길에 어느 거지에게 자기 증명서를 내보이고 서두르면서 "기자요" 하고 덧붙여 말한 장면은 냉소주의 속에 그런 의식을 감추고 있다. 이는 쇼펜하우어를 놀라게 한 사실, 즉 타인만 아니라 자신의 죽음 앞에서의 감정도 대체로 아주 약하다는 사실을 해명하는 데 도움이 될 것이다.

아마 인간들은 예외 없이 속박을 받고 있고, 누구도 이미 사랑할 능력을 지니지 못하며, 그래서 또 각자는 너무나 사랑받지 못한다고 생각할 것이다. 그러나 동시에 방관자적 태도는, 비록 주체가—망상 속에서는 자신에게 그토록 중요하면서도—매우 빈곤한 면과 충동상의 동물적 일시성만을 지니기는 하지만, 도대체 이것이 전부일 수 있는가 하는 의심을 표현하기도 한다. 속박 아래 사는 자들은 원하지 않는 부동심(Ataraxie), 곧 나약함에서 나오는 미적 태도와, 갈등에 얽혀들어간 자의 야수성 사이에서 선택하게 된다. 양자는 거짓된 삶이다. 그러나 양자의 어떤 측면은 또한 제대로 된 멋(désinvolture)과 공감(Symphatie)에도 필요할 것이다.

아마 일단 극복된 자체보존의 죄스러운 충동이 강화된 것은 바로 늘 눈 앞에 있는 위협을 통해서일 것이다. 다만 자체보존과 관련해서는 다음을

---

* 키에르케고르는 인간의 실존을 미학적·윤리적·종교적 실존으로 나눈다. 미학적 실존은 내적 분열과 무익한 자기 반성, 목표 없는 인생의 향유 및 그로 인한 절망 등을 나타낸다.

의심할 수밖에 없다. 즉 자체보존을 확정시키는 삶이, 자체보존이 두려워하는 것으로 되지 않는가, 곧 깨어 있는 의식으로 꿰뚫어보면 실존하지 않는 유령 내지 영계의 일부로 되지 않는가 하고 의심할 수밖에 없다. 마치 확률계산에 의해 예견되기라도 한 듯이, 엄청난 수의 학살당한 자들을 최소한의 구조받은 자들로써 보완하는 통계학에 따라, 그 순수한 사실로서도 이미 다른 삶을 질식시키는 삶의 죄는 더 이상 삶과 화해될 수 없다. 그러한 죄는 한순간도 의식에 완전하게 현존할 수 없기 때문에 부단히 재생산된다.

다름 아니라 그런 것이 철학을 하도록 강요한다. 이 경우 철학은 더 깊이, 더 강력히 파고들수록 더욱더 자신이 있는 그대로의 것으로부터 멀어지지 않는가 하는 의심이 생겨난다는 충격을 경험한다. 일단 본질의 베일이 벗겨진다면 가장 피상적이고 가장 사소한 견해들조차 본질을 목표로 하는 견해들에 비해 더 정당할 수도 있는 것이다. 이로써 진리 자체가 환하게 조명된다. 사변은 그 적수인 상식에 해독제의 지위를 인정할 어떤 의무를 느낀다. 삶은, 인식해야 할 일들이 떨쳐 일어서는 것보다 오히려 땅바닥에 쓰러져 있는 것과 같으리라는 두려운 예감을 조장한다. 그러한 예감은 비속한 것들 너머에서도 확인되지만, 또 한편으로 사상은 고양(Elevation)을 통해서만 행복을, 곧 자체의 진리에 대한 약속을 얻을 수도 있을 것이다. 비속한 것들이 최종적인 것이고 그것이 진리라면 진리의 품위는 사라질 것이다.

이론상 실증주의와 무반성적 유명론으로 표현되는 천박한 의식은 고상한 의식보다도 '사물과 인식의 적합성'(adaequatio rei atque cogitationis)에 더 가까울 수도 있으며, 적합성의 개념과 다른 진리 개념이 성립되지 않는다면, 진리를 익살스럽게 조소하면서 우월한 의식보다 더 진실될 수도 있을 것이다. 그 다른 진리에서는 형이상학이 스스로를 내던질 때에만 성공하리라는 의식도 중요하다. 무엇보다 그러한 것이 유물론으로 넘어가는 동기를 이룬다. 헤겔주의자로서의 마르크스로부터 벤야민의 귀납법 구제에 이르기까지도 그런 성향을 추적할 수 있을 것이다. 카프카의 작품은 그런 성향의 극치일 것이다. 부정적 변증법이 사유의 자체반성을 요구한다면, 그것은 분명히 사유가 참이려면 어쨌든 오늘날에는 자체에 반대해서도 사유해야 한다는 것을 함의한다. 만일 사유가 개념으로 파악되지 않는 극단적인 것에 비추어 평가되지 않는다면, 처음부터 그것은 친위대가 희생자의 비명소리를 압도하기 위해 즐겨 사용한 음악과도 같은 성격을 띤다.

2. 형이상학과 문화

히틀러는 부자유상태에 처한 사람들에게 새로운 정언명령을 강요했다. "아우슈비츠가 되풀이되지 않고 그와 유사한 일이 일어나지 않도록 생각하고 행동하라"는 명령이 그것이다. 이 명령은 지난날 칸트식 정언명령의 경우가 그랬듯이 논증되기 어렵다. 그것을 논증적으로(diskursiv) 다루는 것은 불경한 일일 것이다. 왜냐하면 그 명령에서는 윤리 속의 부가적 계기를 몸으로 느낄 수 있기 때문이다. 몸으로 느낄 수 있다는 이야기는, 그것이 개인들이 겪는 견딜 수 없는 신체적 고통에 대한——정신적 반응형식으로서의 개별성이 소멸하게 된 후에도——실제화된 거부감이기 때문이다.

단지 꾸밈 없는 유물론적 동기 속에서만 도덕은 살아 남는다. 역사의 노정은 전통적으로 유물론의 직접적 대립물이었던 것, 곧 형이상학으로 하여금 유물론으로 넘어가도록 강요한다. 한때 정신이 자신과 같은 것으로서 규정하거나 구성한다고 자부한 것이, 정신과 같지 않은 것, 즉 정신의 지배에서 벗어나는 것을 향해, 그러나 정신의 지배가 절대적 악으로 드러나게 되는 곳을 향해 움직여간다. 생명체의 육체적이고 의미와 거리가 먼 계층이야말로 수용소에서 정신과 그 객관화인 문화의 온갖 위안물을 아무 희망도 없이 불태워버린 수난의 무대다. 형이상학으로 하여금 형이상학적 구상이 한때 맞섰던 것을 향해 부단히 나아가도록 하는 과정은 그 소실점에 도달했다. 청년 헤겔 이후의 철학은 허가받은 시시한 생각에 팔려버리지 않은 한, 형이상학이 물질적 현존재의 문제에 빠져들어가게 되었다는 점을 묵살할 수 없었다.

어린이들은 가죽 벗기는 사람의 영역, 썩은 시체, 역겹게 들큼한 부패의 악취, 그 영역을 나타내는 추잡한 표현들 등으로부터 나오는 매력에서 그런 사실의 어떤 면을 감지한다. 무의식 속에서 이 영역이 지니는 힘은 유년기 성적 영역의 힘에 못지 않을 것이다. 양자는 항문적 고착증에서 서로 중첩되지만 같은 것은 아니다. 무의식적 지식은 아이들에게 문명적 교육을 통해 억압되는 바를, 즉 '이것이 문제다'라는 말을 속삭인다. 또 초라한 육체적 실존은 그에 못지 않게 억압되는 최고의 관심사, 즉 '저것이 무엇인가'와 '그것은 어디로 가고 있는가'라는 관심사에 불을 붙인다. 한때 '시체의 개울'(Luderbach)이니 '돼지우리'(Schweinstiege)니 하는 말이 즉각적으로 연상시키던 바에 대해 생각해낼 수 있는 자는, 아마 독자에게 절대지(absolutes Wissen)를 약속하면서 그것을 다시 우월한 입장에서 거부하는 헤겔의 절대지에 대한 글보다 더 절대지에 가까이 다가갈 것이다.

육체적 죽음을 문화 속에 통합하는 것에 대해서는 이론적으로 반박해야 할 것이다. 그러나 죽음이라는, 존재론적으로 순수한 실체를 위해서가 아니다. 썩은 살의 악취가 나타내는 바를 위해서이며, 또 그것이 '시신'으로 변형됨으로써 은폐되는 바를 위해서다. 아담(Adam)이라는 어느 호텔 주인이 자기를 좋아하는 아이의 눈앞에서 마당에 있는 쥐구멍으로 나오는 쥐들을 몽둥이로 때려 죽였다. 그 아이는 그의 이미지에 따라 최초 인간의 이미지를 만들었다. 그런 이미지가 잊혀진다는 점, 사람들이 개백정의 개 싣는 차 앞에서 한때 느꼈던 것을 이제는 더 이상 이해하지 못한다는 것은 문화의 승리이자 실패다. 문화는 그런 영역에 대한 기억을 참지 못하는데, 그것은 문화가 부단히 반복해서 그 아담이라는 노인과 마찬가지의 짓을 하기 때문이며, 바로 이것이 문화 자체에 대한 개념과 결합될 수 없기 때문이다.

문화는 스스로 악취를 풍기기 때문에, 또 브레히트의 빼어난 글에 나오듯 문화의 궁전이 개똥으로 지어졌기 때문에 악취를 두려워한다. 브레히트의 글이 나온 지 몇 년 뒤에 아우슈비츠는 문화의 실패를 이론의 여지없이 입증했다. 그것이 철학과 예술과 계몽적 과학들의 온갖 전통 한가운데에서 일어날 수 있었다는 사실은, 이것들 곧 정신이 인간을 사로잡아 변화시킬 수 없었다는 점 이상의 것을 말한다. 그 영역들 자체 속에, 그것들의 자족성에 대한 강력한 요구 속에 비진리가 내재하는 것이다. 아우슈비츠 이후의 문화는 그것에 대한 절박한 비판을 포함하여 모두 쓰레기다. 문화는 자체의 경관 속에서 저항 없이 일어난 것에 따라 복원되었고, 이로써 문화는 전적으로 이데올로기가 되었다. 그런데 문화는 물질적 실존과 대립하는 가운데, 육체노동과 정신의 분리로 인해 물질적 실존에 거부된 빛을 그것에 다시 불어넣겠다고 참칭한 이래 잠재적으로 이데올로기였다. 근본적으로 유죄이며 초라한 문화의 유지를 옹호하는 자는 그 공범자로 된다. 반면에 문화를 거부하는 자는 직접 야만을—문화가 야만임은 드러났지만—촉구하게 된다. 침묵도 결코 이러한 순환고리에서 벗어나게 해주지는 못한다. 침묵은 단지 객관적 진리의 수준으로써 자신의 주관적 무능력을 합리화하며, 이로써 객관적 진리를 다시 허위로 격하시킨다.

동구 국가들은 스스로 떠드는 바와 반대로 문화를 말살하고, 순전한 지배수단인 잡동사니로 바꾸어놓았다. 이에 대해 신음하는 문화가 겪은 바는 문화가 겪어 마땅한 것이다. 또 그것은—사람들이 자신과 같은 것에 대해 갖는 민주적 권리의 이름으로—문화 쪽에서도 열성적으로 추구하는 바이기도 하다. 다만 그쪽 기관원들의 행정적 야만은 스스로를 문화라고 찬양하고 그 재앙(Unwesen)을 불멸의 유산으로 보호함으로써, 그들의 통치 때문에 해체되는 상부구조만큼이나 그 현실인 하부구조도 야만적이라는 사실을 자인하게 될 뿐이다. 서방에서는 최소한 그에 대해 말하는 것이 허용되어 있다.

위기의 신학은 자신이 추상적으로, 그래서 헛되이 반대한 사실을 기록했다. 그것은 형이상학이 문화와 융합되어 있다는 점이다. 정신의 절대성 내지 문화의 후광은, 그것이 표현한다고 속인 것에다 지칠 줄 모르고 폭력을 가한 것과 동일한 원칙이었다. 위로부터 울려오는 어떠한 말도, 신학적인 말조차, 아우슈비츠 이후 변하지 않은 채 어떤 권한을 지니지는 못한다. 전래되는 말들의 도발, 곧 신이 분격하여 개입하지 않고 그런 일을 허용하겠느냐 하는 시험은, 니체가 이미 오래 전에 이념들에 내린 판결을 희생자들을 통해 다시 한 번 실행했다. 놀라운 힘으로 아우슈비츠와 다른 수용소에서도 살아 남은 어느 사람이 베케트에게 격렬한 거부감을 가지고, 베케트가 아우슈비츠에 있었다면 글을 다르게 썼을 것이라고 말했다. 즉 죽음을 면한 사람이 전쟁터에서 얻은 종교를 통해 좀더 긍정적으로 썼으리라는 것이다. 죽음을 면한 그는 자신이 생각하는 바와 다른 권한을 가진다. 베케트나 또 그 밖에 자제심을 가진 자라도 그 곳에서는 좌절했을 것이며, 아마 그 죽음을 면한 자가 사람들에게 용기를 주겠다는 말로써 포장해놓은 그 종교를 신봉할 수밖에 없었을 것이다. 마치 용기라는 것이 어떤 정신적 형상물에 깃들여 있다는 듯이 말이다. 또 사람들을 겨냥하고 그들에 맞춰 세워진 계획이, 설혹 그들이 정반대를 믿을지라도, 그들이 요구하는 바를 앗아가지 않는 듯이 말이다. 형이상학은 이런 상황에까지 오게 된 것이다.

3. 오늘날의 죽음

이런 상황이 형이상학을 처음부터 시작하자는 요구, 혹은 흔히들 말하듯이 근본적으로 묻자는 요구, 또 실패한 문화가 자신의 책임과 진리를 위장하는 가상을 벗겨내자는 요구에 암시력을 부여해준다. 그러나 이처럼 파괴라고 간주된 것이 손상되지 않은 기본층에 대한 욕구에 순응하자마자, 그것은 자신이 파괴한다고 뻐기는 문화와 우선적으로 결탁하게 된다. 파시스트들은 파괴적 문화볼셰비즘(Kulturbolschewismus)에 대해 호통을 쳤는 데 반해, 하이데거는 그 파괴를 존재(Sein) 속에 파고들기 위한 장치로서 존중받을 만한 것으로 만들었다. 문화비판과 야만 사이에는 동의가 없지 않다. 이 점은 실천적으로 신속히 검증되었다.

자체의 문화적이고 매개된 요소들에서 벗어나려는 형이상학적 고찰들은 이른바 자체의 순수한 범주들과 사회적 내용의 관계를 부인한다. 그러한 고찰들은 사회를 도외시하는 가운데 사회가 기존의 형식들로 존속되는 것을 고무하는데, 이 형식들은 진리의 실현과 아울러 그 인식을 차단한다. 순수한 근원적 경험이라는 우상은 문화적으로 세련된 것 혹은 인공물(θέσει)에 대한 닳아빠진 범주 품목과 마찬가지로 사람들을 우롱한다. 두 가지를 그 매개상태 속에서 규정할 때에만, 즉 문화를 쓰레기에 대한 포장으로 규정하고, 설혹 자연이 존재의 초석으로 되는 곳에서조차 존재는 온갖 변화 속에서도 그 자체로 남아야 한다는 형편없는 문화적 욕구에 대한 투사로서 자연을 규정할 때에만, 탈출이 가능해질 것이다. 심지어 죽음의 경험조차 궁극적이고 의문의 여지가 없는 것으로서는, 혹은 한때 데카르트가 불완전한 '사유하는 자아'(ego cogitans)로부터 연역했던 것과 같이 형이상학으로서는, 충분하지 못하다.

죽음의 형이상학들이 영웅적 죽음에 대한 광고로 타락하거나, 인간은 결국 죽을 수밖에 없다는 오해의 여지없는 사실을 단순히 반복하는 천박성, 곧 형이상학 전체의 이데올로기적 재앙에 빠진다는 사실은, 아마 오늘날까지 존속되는, 죽음의 경험을 견뎌내고 어쩌면 그것을 자체 내에 아예 받아들이는, 인간 의식의 취약성에 근거할 것이다. 공공연하고 자유롭게 객체들과 관여하는 어떤 인간의 삶도 각 인간의 정신 속에 잠재력으로서 현존하는 것을 실현하기에 충분하지 못하다. 그러한 삶과 죽음이 서로 괴리되는 것이다. 죽음에 의미를 부여하는 성찰들은 동어반복적 성찰과 마찬가지로 무기력하다. 의식이 동물적 성격으로부터 벗어나고, 견고하고도 그 형식상 지속적인 것으로 될수록, 의식은 자체의 영원성을 의심스러운 것으로 만드는 모든 것에 대해 점점 더 냉혹해진다.

주체가 역사적으로 정신으로서 권좌에 오르는 일과, 주체는 사라질 수 없다는 속임수는 서로 결합되어 있었다. 과거의 재산 형식들이 죽음을 묶어놓는 마술적 실천과 병존했다면, 모든 인간관계들이 재산에 의해 점점 더 완전히 결정됨에 따라 지성(ratio)은 한때 제식들(Riten)만이 그랬듯이 더욱더 집요하게 죽음을 몰아낸다. 어떤 궁극적인 단계에서는 죽음 자체가 절망 속에서 재산으로 된다. 죽음의 형이상학적 숭배는 죽음에 대한 경험으로부터 해방된다. 흔히 통용되는 죽음의 형이상학은, 한때 사람들에게 죽음을 견딜만하게 만들었다는 것이——곧 완성된 삶과의 서사적 통일성에 대한 감정이—사회적 변화들로 인해 사람들에게서 사라졌다는 사실에 대한 사회의 무기력한 위안일 뿐이다. 그것은 또한 늙어서 삶에 염증을 내는 자의 권태를 통해—그의 힘든 삶은 과거에도 이미 전혀 삶이 아니었으며 그에게서 죽음에 대한 저항의 힘마저 앗아갔기 때문에, 그는 죽는 것이 합당하다고 여긴다—죽음의 지배를 찬양했을 뿐일지도 모른다.

하지만 사회화된 사회 속에서는, 즉 빠져나갈 길 없이 긴밀한 내재성의 짜임 속에서는, 사람들이 죽음을 단지 자신에게 외적이고 낯선 것이라고만 느끼며, 죽음이 자신의 삶과 공약수를 가진다는 환상을 품지 않는다. 그들은 자신이 죽을 수밖에 없다는 점을 받아들일 수 없다. 거기에는 비뚤어지고 흐트러진 희망의 조각이 달라붙는다. 다름 아니라 하이데거의 경우처럼 죽음이 현존재의 전체성을 본질구성하는 것은 아니기 때문에, 사람들은 쇠약증에 걸리지 않은 한 죽음과 죽음의 사자인 질병들을 이질적이고 자아에 낯설다고 경험한다. 자아는 죽음에 대립하는 자체보존의 원칙일 뿐이며, 그 자체가 자아인 의식을 통해 죽음을 흡수할 능력은 없다는 식으로 재빨리 그 점을 논증할 수도 있을 것이다. 그러나 의식의 경험은 이 점을 별로 뒷받침해주지 않는다. 죽음 앞에서 이 경험은 기대되는 반항의 형태를 필연적으로 띠지는 않는 것이다. 존재하는 것은 그 자체로서 몰락한다는 헤겔의 학설을 주체는 그다지 확인하지 않는다. 노쇠의 징후들을 감지하는 노인에게는 인간이 죽을 수밖에 없다는 사실이 오히려 자신의 신체에 의해 야기된 불행한 사건처럼 나타나며, 오늘날 전형적인 외적 재난의 특징과 동일한 우발성의 특징들을 지닌다.

이는 객체의 우선성에 대한 통찰과 대위법을 이루는 사변을 부추긴다. 즉 정신 자체가 모든 것을 잡아먹지도 않고 스스로 죽음에 사로잡힌 상태를 재생산하지도 않을 때 비로소 자유롭게 되는, 자립적이고 순수한 어떤 계기를 정신이 지니지 않는가 하는 사변을 부추기는 것이다. 이런 계기가 없다면, 자체보존에 대한 기만적 관심에도 불구하고—칸트까지도 품었던—불멸성이라는 이념의 저항력은 설명하기 어려울 것이다. 물론 그 저항력은 몰락하는 개인들에서와 마찬가지로 유의 역사에서도 쇠퇴하는 듯해 보인다. 죽음의 고통을 없애주겠다고 약속한 객관적 종교들이 몰락했다는 것은 오래 전부터 은밀히 인정되었다. 그 후 지속적 경험 일반의 사회적으로 결정된 쇠퇴로 인해, 죽음은 오늘날 완전히 낯선 것으로 된다.

주체들이 삶을 적게 누릴수록, 죽음은 더 갑작스럽고 끔찍해진다. 죽음이 주체들을 말 그대로 사물로 바꾸어놓는 데에서 주체들은 그들의 영속적 죽음, 즉 그들에게도 책임이 있는 인간관계의 형식인 사물화를 깨닫게 된다. 죽음에 대해 아무 힘도 없고 죽음 앞에서 가소로우면서도 죽음을 치장하는 것, 곧 문명을 통해 죽음을 통합하는 것은 그 사회적 요인에 대한 반응을 형성하는 것이며, 상품사회가 아직 열어놓은 채로 두었던 마지막 구멍들을 메우려는 교환사회의 서투른 노력이다.

죽음과 역사, 특히 개인이라는 범주의 집단적 역사는 하나의 짜임관계(Konstellation)를 형성한다. 한때 개인은 예컨대 햄릿처럼 죽음의 불가항력성에 대한 어렴풋한 의식으로부터 자신의 절대적 본성을 추론했다. 그런데 개인의 파멸은 시민적 현존재의 전체 구성을 끌고들어간다. 즉자적으로 공허한 것, 어쩌면 이미 대자적으로도 공허한 것이 말살되는 것이다. 이로부터 죽음 앞의 지속적 공포가 생겨난다. 이 공포는 죽음을 억압함으로써말고 달리 무마할 수 없다. 역사적 연루상태로부터 죽음 자체 혹은 생물학적 근원현상으로서의 죽음을 분리해낼 수는 없다.[1] 그러기에는 죽음을 경험하는 개인이라는 것이 너무 역사적인 범주다. 죽음은 언제나 동일하다는 명제는 추상적이기도 하고 허위이기도 하다. 의식이 죽음에 만족하는 형태는 한 사람이 죽을 때의 구체적 조건들과 더불어 그 신체적 측면에 이르기까지 변화한다.

강제수용소들에서는 죽음이 새로운 공포를 포함한다. 아우슈비츠 이래 죽음을 두려워한다는 것은 죽음보다도 더 나쁜 것을 두려워한다는 것을 의미한다. 죽음이 사회적으로 심판받은 자들에게 가하는 바는, 나이 많고 사랑받는 사람들에게서 생물학적으로 예견할 수 있다. 그런 사람들의 육체뿐

---

1) 하인리히 레기우스, 『여명』(취리히 : 1934), 69쪽 이하 참조.

만 아니라 그들의 자아, 즉 그들을 인간으로서 규정하는 모든 것이 병이나 폭력적인 간섭 없이도 부서진다. 그들의 초월적 지속에 대한 신뢰의 잔재가 마치 현세적 삶 속에서 소멸하는 것 같다. 즉 그들에게서 사멸하지 않고 존재해야 할 것에 대한 신뢰가 소멸하는 것이다. 그러한 해체 혹은 착란상태 속에도 인간의 핵심이 존립하리라는 믿음에 찬 위로의 말은 그와 같은 경험과 무관하게 어떤 어리석고 냉소적인 성격을 띤다. 그것은 오만한 속물적 지혜, 즉 인간은 늘 그대로 인간으로 남아 있다는 생각을 무한히 연장한다. 형이상학적 욕구의 가능한 충족을 부정하는 것으로부터 등을 돌리는 자는 그런 욕구에 대해 인상을 찌푸린다.

그렇기는 하나 죽음이 단순히 최종적인 것이라는 사상을 끝까지 생각해 갈 수는 없다. 죽음을 표현하려는 언어적 노력들은 논리학에 이르기까지 쓸 모가 없다. 지금 이 자리에서 자기가 죽어 있다고 진술되는 주체가 누구겠는가? 니체의 명쾌한 말에 따르면 영원하기를 바란다는 쾌락만이 일시성에 저항하는 것은 아니다. 죽음이—철학이 헛되게 긍정적으로 불러낸—절대 자라면, 모든 것은 전혀 아무것도 아니며, 어떠한 생각도 허공 속을 향해 생각한 것일 테고, 어떠한 사상도 어쨌든 진실되게 사유될 수 없을 것이다. 왜냐하면 자체의 시간적 핵심과 더불어 지속한다는 것이 진리의 한 계기이기 때문이다. 어떠한 지속도 없다면 진리도 없을 것이다. 절대적 죽음은 진리의 마지막 흔적까지 삼킬 것이다. 절대적 죽음의 이념은 불멸성의 이념 못지 않게 사유를 비웃는다.

그러나 죽음이라는 것을 끝까지 생각해갈 수 없다고 해서, 사상이 모든 형이상학적 경험의 신뢰 불가능성을 망각해도 되는 것은 아니다. 모든 사람들을 사로잡는 현혹의 연관관계는 사람들이 은폐망을 찢는 데 동원한다고 여기는 수단들에도 관여한다. 형이상학이 어떻게 가능한가 하는 칸트의 인식론적 물음 대신에, 형이상학적 경험이란 것이 도대체 아직도 가능한가 하는 역사철학적 물음이 등장한다. 이 경험은 학교에서 사용하는 형이상학이라는 말처럼 시간적인 것의 피안에 위치하는 것이 결코 아니었다. 신비론이라는 명칭은 제도적 장치를 통해 형이상학적 경험을 상실하는 데 맞서, 형이상학적 경험의 직접성을 구제하고 싶어한다. 그런데 사람들이 관찰하는 바에 의하면 그 신비론은 그 나름으로, 서로에 대해 이단으로 간주되는 종교들의 경계선을 넘어서 사회적 전통을 형성하며 그런 전통에서 유래한다. 유태교적 신비론 체계의 명칭인 카발라(Kabbala)는 전통을 의미한다. 형이상학적 직접성은 가장 멀리까지 진전해갔을 경우 그 스스로가 얼마나 매개되어 있는지를 부인하지 않았다. 그러나 전통에 호소할 경우 그것은 정신의 역사적 수준에 의존한다는 점도 인정할 수밖에 없다.

칸트의 경우 형이상학적 이념들은 어떤 자료(Material)에 의해 충족되어야 할 경험에 대한 실존판단들로부터 떨어져 있었지만, 이율배반들에도 불구하고 순수이성의 일관성 속에 위치해야 했다. 그러나 오늘날 그러한 이념들은—사람들이 그것의 부재를 발설하는 자들을 열성적으로 분류하여 거부하면서 지칭하듯이—부조리할 것이다. 하지만 형이상학적 이념들의 역사철학적 몰락을 부인하지 않으면서도—의식으로서의 자신을 함께 부인하지 않으려면—그 몰락을 견디지 못하는 의식은, 단순한 의미론 차원 이상의 수준에서 혼동하면서 형이상학적 이념들의 운명을 어떤 형이상학적인 것으로 직접 끌어올리는 경향을 띤다.

세계에 대한 절망은 사물 자체에 그 근거와 진리를 지니며, 미적 세계고(Weltschmerz)도 아니고 허위의식이나 저주받아 마땅한 의식도 아니다. 그런데 은밀히 잘못 추론되는 바로는 이러한 절망이야말로 이미 희망 없이 박탈당한 자의 현존재를 보장하리라는 것이다. 그러나 이 현존재는 이미 보편적 죄의 연관관계가 되었다. 신학이 마땅히 겪게 된 온갖 수모 가운데 최악의 것은, 기성 종교들이 비신자들의 절망에 대해 토로하는 기쁨의 부르짖음이다. 마침내 그들은 신을 부정할 때마다 신의 찬가를 부르기 시작하는데, 그럴 때면 최소한 신의 이름이 필요하기 때문이다.

지구상의 전 인류가 받아들이는 이데올로기에서 수단이 목적을 참칭하듯이, 오늘날 부활한 형이상학에서는 욕구가 그 욕구에 결여되어 있는 것을 참칭한다. 부재하는 것의 진리내용은 무의미해진다. 사람들은 그 부재하는 것이 사람들에게 좋다는 이유로 그것을 주장한다. 형이상학의 변호인들은 자신이 경험하는 실용주의와 동의하며 논리를 펴는데, 이 실용주의는 아 프리오리하게 형이상학을 해체한다. 절망은 역사적·사회적 조건을 지니는 최후의 이데올로기이다. 그와 마찬가지로 형이상학적 이념들을 잡아먹은 인식의 과정은 '누구에게 유익한가'(cui bono)라는 질문으로도 중단될 수 없다.

4. 행복과 헛된 기다림

형이상학적 경험을 이른바 종교적 근원체험이라는 것으로 환원시키는 것을 경멸하는 자는, 예컨대 오터바흐(Otterbach : 수달개울), 바터바흐(Watterbach : 모래톱개울), 로이엔탈(Reuenthal : 참회계곡), 몬브룬(Monbrunn : 달빛샘) 따위의 마을 이름이 약속하는 행복을 통해, 형이상학적 경험이 무엇인지 가장 훌륭하게 상상할 것이다. 그 곳에 가게 되면 충족을 경험하리라고 믿는다. 마치 충족이라는 것이 있다는 듯이 말이다. 그러나 실제로 그 곳에 가면 약속된 것은 무지개처럼 물러난다. 그렇더라도 실망을 하지는 않게 된다. 오히려 사람들은 너무 가까이 와서 그것을 보지 못한다고 느낀다.

이 경우 어떤 유년기의 이미지 세계를 결정하는 지역과 경관들 사이의 차이는 아마 그다지 크지 않을 것이다. 일리에르(Illiers)에서 프루스트의 머리에 떠오른 것은 다른 곳에 사는 동일한 사회계층의 수많은 아이들에게도 유사하게 떠올랐다. 그러나 프루스트의 표현이 지니는 이 진정하고도 보편적인 측면이 형성되려면, 보편을 곁눈질하지 않으면서 그 한 장소에 매료되어야 한다. 아이에게는 자기가 좋아하는 작은 도시에서 그를 매혹하는 것이 그 곳에서만 유일하게 찾을 수 있는 것이며, 그 밖의 다른 어디서도 찾을 수 없다는 점이 자명하다. 그것은 착각이다. 그러나 그의 착각은 사물들로부터 추상된 빈약한 것이 아니라 결국 사물 자체의 개념이 될 어떤 개념 혹은 경험의 모델을 이룬다. 프루스트의 화자가 어린이로서 처음 게르망트 공작부인(Duchesse de Guermantes)을 바라볼 때의 결혼식은 완전히 그와 같이, 또 뒷날의 삶에 대해 똑같은 힘을 지니면서, 다른 장소에서 다른 시간에도 거행되었을 수 있다. 단지 절대적으로 해체될 수 없게 개별화된 것 앞에서는 정확하게 바로 그것이 이미 존재했으며 또 존재하리라는 것을 희망할 수 있을 뿐이다. 그것을 이행함으로써 비로소 개념의 개념을 충족하게 될 것이다. 그러나 이 개념은 행복에 대한 약속에 집착하는 반면에, 행복을 거부하는 세계는 프루스트의 경험 재구성이 집요하게 반발한 지배적 보편성의 세계다.

형이상학적 경험에서 유일하게 무기력한 욕구 이상의 것인 행복은 대상들의 내부를 동시에 이 대상들로부터 떨어져 있는 것으로서 드러내준다. 그러나 그런 경험을 통해 마치 그것이 암시하는 바를 손에 잡은 듯이 순진하게 원기를 되찾는 자는, 자신이 벗어나고자 하는, 또 그에게 그러기 위한 가능성을 유일하게 만들어주는 경험세계의 조건들에 굴복한다. 형이상학적 경험의 개념은 칸트의 선험적 변증론이 가르치는 것과는 다르게 아직 이율배반적이다. 형이상학적인 것에서 주체의 경험에 호소하지 않고, 또 주체의 직접적 참여 없이 표명되는 것은, 주체 자신이 인식하지 않은 것은 아무것도 강요받지 않으려는 자율적 주체의 욕망 앞에서 무기력하다. 하지만 그에게 직접적으로 명백한 것은 오류 가능성과 상대성으로 인해 괴로움을 겪는다.

파괴되지 않은 주관적 직접성이라는 소망상에 의해 고무된 사물화의 범주에는, 유물론적 사유를 즐거이 흡수하는 변론적 사유가 지나치게 열성적으로 이 범주에 부여하는, 단서적 성격(Schlüsselcharakter)이 더 이상 적합하지 못하다. 이 점은 형이상학적 경험의 개념 아래 포괄되는 모든 것에 역으로 작용한다. 청년 헤겔 이래 철학에서 사물화라고 공격을 받은 객관적·신학적 범주들은 결코 변증법이 배제해버린 찌꺼기들에 그치는 것이 아니다. 그것들은 관념변증법의 취약성에 대해 보완적 관계를 지닌다. 관념변증법은 동일성사유로서 사유 속에 들어오지 않는 것에 대해 이의를 제기한다. 그러나 이것은 사유의 단순한 타자로서 사유와 대조되자마자 어떤 식으로도 규정될 수 없는 것이기도 하다. 형이상학적 범주들의 객관성 속에

는, 실존주의가 바라듯이 경직된 사회만 담겨 있는 것이 아니라 변증법의
계기인 객체의 우위도 담겨 있다.

모든 사물적인 것을 남김없이 유동화시키면, 순수 행위라는 주관주의로
의 퇴행이 이루어질 것이며, 매개는 직접성으로 실체화될 것이다. 순수한
직접성과 물신주의는 똑같이 허위다. 사물화에 맞서 순수한 직접성을 고집
할 경우, 헤겔의 제도주의(Institutionalismus)가 간파했듯이 변증법 속의
타자성이라는 계기를 자의적으로 포기하게 된다. 또 그와 마찬가지로 변증
법은 후기 헤겔이 그랬듯이 변증법 피안의 어떤 확고한 것 속에 붙잡아둘
수도 없다. 그러나 주관적·형이상학적 경험이 결단코 포기하고 싶어하지
않는, 주체를 넘어선 잉여부분과 사물적인 것에 담긴 진리계기는 진리의
이념에서 서로 접하는 양 극단이다. 왜냐하면 진리는 가상에서 벗어나는
주체가 없을 경우에도 존재하지 못하거니와, 주체가 아니면서 진리의 근원
상을 담고 있는 그 사물적인 것 없이도 존재하지 못하기 때문이다.

세속화 과정이 진행되는 동안 순수한 형이상학적 경험은 오해의 여지없
이 더 희미해지고 산만해진다. 그리고 이는 과거 경험의 실체성을 약화시킨
다. 이 실체성은 무엇보다도 헛된 기다림을 통해 명료하게 드러나는, "이것
이 모두란 말인가?" 하는 물음을 통해 부정적으로 유지된다. 예술은 그 점
을 그려냈다. 알반 베르크*는 『보체크』(Wozzeck)에서 음악만이 해낼 수 있
는 헛된 기다림을 나타낸 박자들을 최고의 위치에 배치했으며, 결정적인 휴
지부들과 『룰루』(Lulu) 끝부분에서 그 박자들의 조화를 이끌어냈다. 하지만
그런 감각이나 블로흐가 상징의도(Symbolintention)라고 칭한 것 가운데
어떤 것도 단순한 삶과의 혼합으로부터 영향을 받지 않는 것은 없다. 헛된
기다림은 그 기다림의 대상을 보장하지 않고, 오히려 좌절을 척도로 삼는
상태를 반영한다. 삶에서 남는 것이 점점 줄어들수록, 의식에 대해서는 살
아 있는 것의 빈약하고 돌발적인 잔재들을 현현하는 절대자로서 받아들이

---

* 알반 베르크(Alban Berg, 1885~1935) : 오스트리아의 작곡가. 쇤베르크의 제자.
 그의 『보체크』(1925)와 『룰루』(1935)는 20세기의 대표적인 오페라로 평가된다.

는 일이 점점 더 유혹적으로 된다.

그렇기는 하나 삶에 대해 초월적인 그 무엇도 약속하지 않는 것은 진정 살아 있는 것으로 경험될 수 없을 것이다. 어떠한 개념의 노력도 그것을 넘어서게 하지는 못한다. 초월적인 것은 존재하기도 하고 또 존재하지 않기도 한다. 존재하는 것에 대한 절망은 한때 그 절망에 제동을 걸었던 선험적 이념들에까지도 확장된다. 무한한 고통의 유한한 세계가 신적인 세계계획에 포괄되어 있다는 이야기는 세계의 업무들에 관여하지 않는 사람들에게는 누구에게나, 긍정적인 정상적 의식과 아주 훌륭하게 어울리는 헛소리로 된다. 굶주림에 시달리는 최후의 보루라고 할 수 있는 역설(Paradox)이라는 신학적 개념의 구제 불가능성은 세계의 흐름에 의해 추인된다. 그리고 이 세계의 흐름 속에서는 키에르케고르가 응시했던 추문이 공공연한 신성모독으로 바뀐다.

5. '허무주의'

형이상학적 범주들은 고상한 것을 찾는 통속적 충동이 삶의 의미에 대한 물음이라고 칭하는 것 속에서 세속화된 형태로 잔존한다. 이 삶의 의미라는 말에는 세계관적 어조가 담기는데, 이 때문에 그 물음은 부적합하다. 거의 피할 수 없게 그 물음에는 삶의 의미란 묻는 자가 삶에 부여하는 의미라는 대답이 따른다. 공식적 신조로 비하된 마르크스주의도 후기의 루카치처럼 별다른 이야기를 하지 않을 것이다. 그런 대답은 허위다. 의미의 개념은 모든 작위(Machen)의 피안에 있는 객관성을 내포한다. 의미는 만들어진 것인 한 이미 허구이며, 설혹 집단적일지라도 주체를 중복하며, 그것이 부여하는 듯해 보이는 것을 주체로부터 속여 빼앗아낸다. 형이상학은 주관적 반성 없이 불가능하겠지만, 어떤 객관적인 것을 다룬다. 주체들은 그 자신에, 즉 자신의 '본질구성'(Konstitution)에 파묻혀 있다. 형이상학은 그럼에도 그들이 얼마나 자신을 넘어서서 바라볼 수 있느냐는 점에 대해 심사숙고해야 한다.

그런 과제를 벗어버린 철학명제는 철학적 자질을 상실하고 위로의 말로 된다. 이 분야에 얽매여 있는 자의 활동은 수십 년 전에 다음과 같이 규정되기도 했다. 즉 그런 자는 세상을 돌아다니면서 회사원들에게 의미에 대해 강의를 한다는 것이다. 삶이 언젠가 삶 같아 보이게 되고—크라우스의 인식처럼—생산과 소비만을 위해 유지되지는 않게 될 때 안도의 숨을 내쉬는 자는, 그로부터 열성적으로 직접 어떤 초월성의 현재성을 읽어낼 것이다.

사변적 관념론이 의미의 문제로 타락하게 되면, 조금 다른 말을 통해서이기는 하나 그 절정기에 그런 의미를 선언한 관념론도 역으로 유죄판결을 받는다. 이 관념론은 불충분한 주체 속의 근원에서 벗어나지 못한 채 자신과 닮은 모습을 통해 자신의 욕구를 달래는 정신을 절대자라고 선언했던 것이다. 그것은 이데올로기의 한 가지 근원현상이다. 그 물음 자체가 총체적으로 일종의 마법을 행사하는데, 그것은 온갖 긍정적 태도를 취하더라도 현실적 불행 앞에서 공허해진다. 절망하여 자살하려는 사람이 그것을 말리려고 그에게 좋은 말을 하는 사람에게 삶의 의미에 대해 묻는다면, 그 무기력한 조력자는 그에게 어떠한 의미도 말할 수 없을 것이다. 그가 어떤 의미를 말하려 한다면, 당장 그것은 보편적 합의(consensus omnium)의 메아리로서, 그 핵심은 '황제에게는 병사들이 필요하다'는 격언에서 나타난다고 반박할 수 있을 것이다. 의미를 지닐 수도 있는 삶은 그것에 대해 묻지 않는다. 그 의미는 그런 물음 앞에서 달아난다.

하지만 그 대립물인 추상적 허무주의는 그 반대의 물음, 즉 "그러면 너 자신은 왜 사느냐"는 물음 앞에서 침묵할 수밖에 없을 것이다. 전체를 추구한다는 것, 삶의 순이익을 계산한다는 것은 이른바 의미의 문제가 피하고자 하는—그런 한에서 그런 문제는 다른 탈출구도 없이 죽음의 의미에 의해 고무되기도 하지만—바로 그 죽음이다. 수치스럽지 않은 상태로 의미라는 이름을 요구할 수 있는 것은 자체로서 폐쇄된 것이 아니라 개방적인 것에서 찾을 수 있다. 삶에 아무 의미도 없다는 테제는 그 반대 테제가 허위인 것과 꼭 마찬가지로, 긍정적인 것으로서는 어리석은 주장일 것이다. 그 테제는 단지 단정적 상투어에 대한 타격으로서만 참이다.

세계의 본질인 맹목적 의지를 인도적 관점에서 절대적으로 부정적인 것으로서 확인하는 쇼펜하우어의 성향도 이제는 의식의 수준에 더 이상 적합하지 않다. 총체적 통합의 요구는 그가 증오하던 그 시대 관념론자들의 긍정적 요구와 너무 유사하다. 한때 에피쿠로스적 계몽주의*는 태연히 방관하는 신들이라는 빈곤한 이념을 마신들의 두려움 혹은 자연종교에 비해 더 나은 것으로 그려냈다. 그런데 이 자연종교가 다시 불붙고 있다. 쇼펜하우어식 비합리주의에 비하면 그가 계몽의 정신에 입각해 공격한 유일신론 역시 그 나름의 진리를 지닌다. 쇼펜하우어의 형이상학은 수호신(Genius)이 아직 침묵의 한가운데에서 깨어나지 않은 단계로 퇴행한다. 그는 사람들이 한동안 기억한, 또 어쩌면 완전한 부자유의 단계에서도 기억하게 될 자유의 동기를 부인한다. 쇼펜하우어는 개별화의 가상적 성격을 근본적으로 간파한다. 그러나 『의지와 표상으로서의 세계』 제4권 속의 자유에 대한 그의 지침, 즉 삶을 향한 의지의 부정은 그와 마찬가지로 기만적이다. 마치 일시적으로 개별화된 존재가 자신의 부정적 절대자, 곧 물자체로서의 의지에 대해 최소한의 힘이나마 지닐 수 있다는 듯이, 또 착각을 통하지 않고 자신의 마법에서 벗어나올 수 있으면서도 그 빈틈으로 의지형이상학(Willensmetaphysik) 전체가 달아나버리지는 않는 듯이 주장하기 때문이다. 총체적 결정론은 헤겔논리학의 총체성 못지 않게 신화적이다. 쇼펜하우어는 본의 아닌 관념론자였으며 마법의 대변인이었다. 전체(das totum)는 토템이다.

부정적 전체 속에 그 분산된 흔적을 남기는 어떤 다양한 색채의 개념을 지니지 않는다면 의식은 회색에 대해서도 전혀 절망할 수 없을 것이다. 그런 흔적은 언제나 과거의 것으로부터 유래하며, 희망은 그 대립물, 곧 몰락할 수밖에 없었던 것 혹은 심판받은 것으로부터 유래한다. 이런 해석은 『친화력』(*die Wahlverwandtschaften*)에 대한 벤야민의 텍스트 가운데 마지막 문장, 즉 "희망 없는 자들을 위해서만 우리에게는 희망이 주어졌다"는 문장에

---

* 에피쿠로스에 의하면 신들은 인간과 동질의 존재이며, 인간에게 무관심하다. P. 가생디(1592~1655)는 에피쿠로스의 원자론에 입각해 물질과 독립된 시간과 공간을 논증하고 경험적 지식을 모든 인식의 원천이라고 보았다. 그의 원자론은 프랑스 계몽주의의 감각론과 백과전서파에 큰 영향을 주었다.

아마 어울릴 것이다. 그러나 의미를 삶 일반이 아니라 충족된 순간들 속에서 찾는 것은 유혹적이다. 이 충족된 순간들은 현세적 삶 속에서, 이 삶이 그 외부의 아무것도 용납하지 않는다는 점에 대해 보상해줄 것이다.

형이상학자로서의 프루스트에게서는 비교할 수 없는 힘이 나온다. 그 이유는 그가 어느 누구보다도 더 거침없이 행복을 요구하고 자신의 자아를 억누르려고 하지 않으면서, 그러한 유혹에 자신을 맡겼기 때문이다. 그러나 타협을 모르는 이 작가는 소설의 진행과정을 통해 그 충만한 상태, 즉 기억을 통해 구제된 그 순간도 그와 같은 것은 아니라는 점을 뒷받침했다. 프루스트는 삶의 구체화 속에 담긴 삶의 의미심장함에 대한 표상을 이론으로 끌어올린 베르그송의 경험영역에 접근했다. 그러나 프랑스 환상파괴소설(Desillusionsroman)의 후예인 프루스트는 동시에 베르그송주의의 비판자이기도 했다. 삶의 풍요로움에 대해, 삶이 빛나는 곳에서조차 부조리(lucus a non lucendo)에 대해 논하는 것은 죽음에 대한 지나치게 부적합한 관계로 인해 공허해진다. 죽음이 돌이킬 수 없는 것인 한, 비록 진실되지만 단편적인 경험의 광채 속에서 떠오르는 의미를 주장하는 것도 이데올로기적이다. 이 때문에 프루스트는 자기 작품의 중심 대목 가운데 하나인 베르고트(Bergotte)가 죽는 장면에서 모든 생철학에 맞서서, 그러나 긍정적인 종교들의 비호 없이 부활에 대한 희망을 모색하듯 표현하려고 했다.

삶의 충만이라는 이념은, 사회주의적 개념들이 사람들에게 약속하는 것조차, 그 스스로 오해하는 것처럼 유토피아가 아니다. 왜냐하면 그 충만이라는 것이 갈망과는 구분될 수 없기 때문이다. 즉 유겐트 양식이 '충분히 삶을 누리기'(sich Ausleben)라고 칭한 것, 혹은 폭력행위와 억압을 내포하는 욕망과 구분될 수 없기 때문이다. 욕구의 충족 없이는 어떠한 희망도 없지만, 이 욕구 또한 희망 없는 짓인 등가교환의 악명 높은 연관 속에 얽혀들어가 있다. 힘의 관리(Kraftmeierei) 없이는 어떠한 충족도 없다. 공허성에 대한 의식 덕분에 신학은 현세를 믿는 자들에 비해 부정적 측면에서 정당성을 지닌다. 삶의 허망함에 대한 비가(悲歌)는 그런 한에서 진실을 지닌다. 다만 인간이 다른 감각을 지님으로써 그것이 내부로부터 치유될 수는 없으며, 그저 거부적 원칙의 제거를 통해서만 치유될 것이다. 이 원칙과 더불어 결국에는 충족과 전유의 순환도 소멸할 것이다. 그처럼 형이상학과 삶의 조직은 서로 얽혀 있다.

허망함과 무의미성이라는 구호에서는 허무주의라는 말이 연상된다. 니체가 써먹은 이 표현은 야코비가 아마 러시아의 암살계획들에 대해 보도하는 신문기사들에서 처음으로 받아들여 철학적으로 사용했을 것이다. 그 동안 반어를 파악하는 귀가 너무 둔해지긴 했지만, 니체는 반어적으로 그 표현을 사용했다. 즉 그는 그것이 음모활동에서 뜻한 바와 반대되는 것, 즉 삶에의 의지에 대한 제도화된 부정으로서의 기독교를 탄핵하는 데에 사용했다. 그 후로 철학은 이 허무주의라는 말을 포기하고 싶어하지 않았다. 철학은 니체와 반대 방향에서 그것을 타협주의적으로 기능전환하여, 공허하다고 비난받거나 스스로를 비난하는 상태의 총괄개념으로 만들었다.

어쨌든 허무주의를 나쁜 것이라고 여기는 사유습관으로 보면 그러한 상태는 의미의 주입을 기다리는데, 이때 허무주의 탓으로 간주되는 이 상태에 대한 비판이 근거 있는지 없는지는 아무래도 좋다는 식이다. 허무주의에 대한 이런 식의 논의들은 비록 구속력을 지니지는 못하지만 선동에 적합하다. 하지만 그것들은 스스로 세워놓은 허수아비를 파괴한다. 모든 것이 공허하다는 명제는, 헤겔식의 개념 운동이 그 명제와 동일시한 존재라는 말 못지 않게 공허하다. 이 경우 헤겔의 개념 운동이 그 양자를 동일시한 것은 양자의 동일성을 고수하기 위해서가 아니라, 전진해가면서 또한 추상적 허무성의 뒤로 돌아가면서, 그 두 가지 대신에 이미 자체의 규정성만으로도 무 이상의 것인 어떤 규정된 것을 정립하기 위해서였다.

때때로 니체가 암시하듯이 인간이 무를 원한다는 이야기는 각각의 특정한 개별 의지에 대해서는 우스꽝스러운 망상일 것이다. 심지어 조직화된 사회가 지구를 살 수 없게 만들거나 허공 속으로 폭파할 수 있게 된다 하더라도 그러하다. 무에 대한 믿음, 이 말로는 무라는 말 자체로써보다 더 많은 것을 생각하기 어렵다. 합당하든 그렇지 않든 믿음이라는 말로 뜻하게 되는 어떤 것은 그 자체의 의미상 무가 아니다. 무에 대한 신앙은 존재에 대한 신앙과 마찬가지로 무미건조할 것이다. 그것은 속임수를 간파하는 데에서 자랑스럽게 만족을 찾는 정신의 진정제라고 할 수 있다. 오늘날에 이미 다시 획책되고 있는 허무주의에 대한 분노는, 부정적 허무(nihil privativum)로서의 무 속에서조차 거기서 부정되는 그 어떤 것을 발견하고, 무라는 말 자체로부터 벗어난 변증법으로 들어가는 신비론에는 적용되기 어렵다. 그렇기 때문에 아마 도처에서 미움받고 사방의 유쾌한 분위기와 결합될 수 없는 그 말이 동원됨으로써, 긍정성이라는 서구적 유산의 상속을 거부하고 기존상황의 어떠한 의미도 인정하지 않는 자가 쉽사리 도덕적으로 비방받게 된다. 그러나 가치허무주의(Wertnihilismus), 즉 고수할 수 있는 것은 아무것도 없다는 점에 대해 수다를 떨 경우, 그것은 동일한 하위 언어영역에 해당되는 극복을 열망한다. 더 이상 어느 것도 고수할 수 없는 상황이야말로 비로소 인간다운 상황이 아닌가 하는 전망은 차단된다. 철학은 사상에 대해 언제나 자율적으로 반응하도록 요구하고도 동시에 그런 반응을 방해했지만, 그런 상황에서 사상은 마침내 자율적으로 반응할 수 있게 될 것이다.

극복행위들(Überwindungen)은 언제나 극복대상(das Überwundene)보다 더 나쁘다. 이 점은 본의 아니게 파시즘에 구호를 제공하기도 한 니체식 허무주의를 포함한 허무주 극복의 경우에도 역시 마찬가지다. 무의 개념을 자체로서 의미 있는 것이 아니라 어떤 것에 대한 부정으로 인식한 중세의 부정적 허무(nihil privativum)는, 어떤 것으로서의 무(Nichts als Etwas)의 이미지인 열반(Nirvana)의 이미지와 마찬가지로 열성적인 극복행위들보다 뛰어나다. 절망이라는 것을 단순한 용어로 받아들이지 않는 자들은, 무엇인가 있는 것보다 전혀 아무것도 없는 것이 더 낫지 않은가 하고 물을 수도 있을 것이다. 이에 대해 일반적으로 답할 수는 없다. 강제수용소에 있는 사람에게는—만일 제때에 탈출할 수 있었던 사람이 어떻게든 그에 관해 판단할 수 있다면—태어나지 않은 것이 더 나았을 것이다. 그럼에도 불구하고 한 눈만 번뜩여도, 또 좋은 먹이를 얻어먹은 개가—그것을 곧 잊겠지만——꼬리만 살짝 쳐도 무의 이상은 소멸하고 말 것이다. 생각 있는 사람이라면 자기가 허무주의자냐는 질문에 대해 별로 그렇지 못하다고 대답해야 할 것이다. 아마 냉담해서 수난당하는 것에 대한 그의 공감이 너무 미미하기 때문일 것이다.

무 속에서는 추상이 절정에 달한다. 그리고 추상적인 것이야말로 비난의 대상인 것이다. 베케트는 마치 우상금지 명령이라도 받은 듯이 강제수용소 상황에 대해 직접 언급하지는 않지만, 강제수용소 상황에 유일하게 적합한 반응을 보였다. 현존상황이 강제수용소와도 같다는 것이다. 언젠가 그는 '평생 지속되는 사형'이라는 말을 했다. 유일한 희망으로 떠오르는 것은 더 이상 아무것도 존재하지 않는 상태다. 그는 이 희망도 버린다. 그로써 형성되는 비일관성의 틈으로부터, 그의 문학이 고수하는 '어떤 것으로서의 무'의 형상세계가 등장한다. 하지만 그 속에 담긴 행위(Handlung)의 유산, 즉 겉보기에 스토아적인 부단한 노력(Weitermachen) 속에서는, 상황이 달라져야 한다고 소리 없는 비명이 울려나온다. 그러한 허무주의는 무와의 동일시에 대한 반대를 함의한다. 그노시스적으로 그에게는 창조된 세계가 근본적으로 악한 세계이며, 그것에 대한 부정이야말로 아직 존재하지 않는 다른 세계의 가능성이다. 세계가 현존하는 대로 존재하는 한, 화해와 평화와 안정의 모든 형상들은 죽음의 형상과 유사하다. 무와 안정에 도달한 상태 사이의 극히 사소한 차이야말로 존재와 무의 경계말뚝 사이의 임자 없는 땅, 곧 희망의 도피처일 것이다. 그 영역에서 의식은 극복이라는 것을 찾아내기보다는 그 양자택일에 좌우되지 않는 것을 탈취해야 할 것이다. 허무주의에 맞서 자신의 더욱더 퇴색된 긍정성들을 내세우고, 이것들을 통해 기존의 온갖 비열함과 결국에는 파괴적 원칙 자체와 공모하는 자들이야말로 허무주의자들이다. 허무주의로서 비난받는 것을 옹호하는 일은 사상의 명예다.

6. 칸트의 체념

칸트 체계의 이율배반적 구조는, 형이상학적 대상들에 대한 사변이 필연적으로 얽혀들어간다는 모순들 이상의 것을 표현했다. 즉 어떤 역사철학적 요인을 표현한 것이다. 『순수이성비판』의 강력한 효과는, 그 인식론적 내실을 훨씬 넘어서, 그것이 의식의 경험수준을 그려낸 충실성 덕분이라고 할 수 있다. 철학사 기술은 처음부터 그 책의 성과를 타당한 인식과 형이상학을 구속력 있게 구분한 데에서 찾는다. 사실상 그것은 우선 과학적 판단의 이론으로 등장할 뿐 그 이상은 아니다. 인식론과 광의의 논리학은 법칙들에 따른 경험세계의 연구를 지향한다. 하지만 칸트는 그 이상의 의도를 갖는다. 그는 인식론적 성찰을 매체로 해서 이른바 형이상학적 물음들에다 형이상학적으로 결코 중립적이지 않은 해답을 제시한다. 엄밀히 말해 그와 같은 것을 물어서는 안 되리라는 것이 그 해답이다. 그런 한에서 『순수이성비판』은 논리학과 형이상학이 같은 것이라는 헤겔의 이론을 미리 만들어내고 있다. 뿐만 아니라 그것은 모든 것을 좌우한다는 물음들을 제거해버림으로써 그것들을 회피하고 간접적으로는 그것들을 부정적으로 결정하는 실증주의 이론도 미리 만들어낸다. 전체를 감당하는 의무를 짊어지겠다는 인식론의 기본적 요구로부터 독일 관념론은 자체의 형이상학을 추론해냈다. 끝까지 생각한다면, 절대자에 대한 객관적으로 타당한 인식을 논박하는 『순수이성비판』은 바로 그로써 스스로를 절대자라고 판단한다. 관념론은 그 점을 강조했다.

그렇기는 하나 관념론의 결론은 그런 모티프를 그 반대되는 것으로 왜곡하고 이로써 또한 허위로 만든다. 객관적으로 그보다 훨씬 더 온건한 칸트의 과학이론적 학설에서 기초가 되는 테제를, 그의 이론은 그 테제의 불가피성에도 불구하고 정당하게 거부했다. 칸트로부터 엄격히 도출해냈지만 그와 대립하는 결론들을 통해 그는 과학이론 너머로 확대된다. 그에게서 끌어낸 결론을 통해 관념론은 그의 형이상학적 유보조건을 위반한다. 말하자면 순수한 일관성사유(Konsequenzdenken)는 거침없이 스스로에 대해 절대자가 되는 것이다. 이성이 필연적으로 이율배반에 빠진다고 한——이 이율배반을 그는 이성으로써 해소하지만——칸트의 고백은 반실증주의적이었다.[2]

　그렇기는 해도 그는 이성능력에 대한 비판이 이성에 남겨주는 좁은 영역 속에서 발 아래의 견고한 토대에 만족하면서 자리를 잡을 수 있다는 실증주의적 위안을 경멸하지 않는다. 그는 자신의 편협성을 긍정하는 특히 시민적인 태도에 동의한다. 헤겔의 칸트 비판에 따르면, 이성이 경험 가능성의 한계를 넘어섰는지, 또 이성이 그럴 수 있는지에 대한 이성의 판결은 이미 칸트식 지도 위에서 분리되어 있는 영역들 피안의 어떤 입장을 마치 제3심급처럼 전제한다.[3] 칸트는 위상학적(topologisch) 열성으로 인해, 그에 대한 해명도 없이 결정의 가능성으로서 오성영역에 대한 초월성을—이 초월성에 대해 긍정적으로 판단하는 것을 그는 거부한다—상정한다는 것이다. 독일 관념론에서는 절대 주체인 '정신'이 그러한 심급으로 되었는데, 이 절대 주체가 비로소 주체-객체의 이분법 및 이와 아울러 유한한 인식의 한계를 생산한다고 한다. 하지만 정신에 대한 이 형이상학적 견해가 일단 힘을 잃게 되면, 한계를 설정하려는 의도는 단지 인식하는 자인 주체만을 제한할 뿐이다. 그럴 경우 비판적 주체가 체념적 주체로 된다. 주체 자신이 영혼을

---

2) "그에 따른다면 순수이성의 한 가지 변증론적 교리는 그것을 온갖 궤변적 명제들과 구분해주는 다음의 특성을 자체로서 지녀야 한다. 즉 그 교리는 단지 어떤 임의의 의도로써만 제기하는 자의적 물음에 관여하지 않고, 모든 인간적 이성이 그 진행과정에서 필연적으로 부딪칠 수밖에 없는 물음에 관여해야 한다. 둘째로 그 교리는 자체의 대립명제를 통해, 사람들이 통찰하기만 하면 곧 사라지고 마는 어떤 인위적 가상뿐만 아니라 어떤 자연적이고 불가피한 가상도 수반한다. 이러한 가상은 설혹 사람들이 그로 인해 더 이상 속아넘어가지는 않더라도, 그 자체가 기만적이지는 않지만 여전히 착각을 유발하며, 따라서 해롭지 않게 될 수 있지만 결코 제거될 수는 없는 것이다"(칸트, 『순수이성비판』, 290쪽 이하).

3) "흔히……사유나 이성 등의 한계가 상당히 중시된다. 그리고 그 한계들을 넘어설 수는 없다고 주장하기도 한다. 이러한 주장 속에는 다음과 같은 무의식상태가 담겨 있다. 즉 무엇인가가 한계로 규정되어 있다는 사실 자체를 통해 이미 그 한계는 넘어서게 되었다는 점이 그것이다. 왜냐하면 어떤 규정상태, 곧 한계는 그 타자 일반에 대한 대립, 말하자면 그것의 무제한상태에 대한 대립 속에서만 한계로 규정되는데, 어떤 한계의 타자는 바로 그 한계를 넘어서는 것이기 때문이다"(헤겔, 전집 4권, 153쪽).

불어넣는다는 본질의 무한성에 대해 더 이상 신뢰하지 않는 가운데, 주체는
자기 자신의 본질에 맞서 스스로를 자신의 유한성 및 유한의 영역에 고정시
킨다. 주체는 형이상학적 승화에 이르기까지도 방해받지 않고 싶어하며, 절
대자는 주체에게 쓸데없는 걱정거리로 된다.

 그와 같은 것이 비판주의의 억압적 측면이다. 그 뒤의 관념론자들은 그것
에 반항하는 한에서 자신의 계급을 앞질렀다. 니체까지도 지적 성실성이라
고 찬양한 것의 근원 속에는 정신의 자기혐오가 숨어 있다. 즉 이성이라는
창녀에 대한 내면화된 프로테스탄트적 분노가 숨어 있는 것이다. 계몽주의
자들과 생시몽에게서조차 높은 지위를 누리던 환상을 배제하는 합리성은
그 보완으로서 자체가 무미건조해지며 비합리주의적으로 타락한다. 비판주
의도 자체의 기능을 바꾼다. 즉 비판주의에서는 시민계급이 혁명적 계급에
서 보수적 계급으로 바뀌는 현상이 반복된다. 이러한 철학적 사태는, 자신
의 편협성을 자랑으로 여기면서 오늘날 세계를 가득 채우는 건전한 인간오
성의 악의(Bosheit)를 통해 메아리친다. 이 악의는 반대추론에 근거해(e
contrario), 만인이 일치하여 숭배하는 한계를 존중하지 않아도 된다고 주
장한다. 그러한 악의는 '긍정적인' 것이다. 또 그것은 배비트*로 구현되는
상식이 사변적 사상을 향해 비난하는, 주관적으로 정리된 것(subjektiv
Veranstaltetes)의 자의성으로써 표현되는 것이기도 하다.

 진리의 나라를 나타내는 칸트의 비유, 즉 대양 속의 섬이라는 비유는 객
관적으로 은밀한 지적 행복을 로빈슨 크루소식으로 나타내준다. 이와 마찬
가지로 생산력의 역동성은 실로 급속하게 목가적 상황을 파괴했는데, 소시
민들은 그 역동성을 합당하게 불신하면서 그런 목가적 상황에 매달리고 싶
었을 것이다. 무한에 대한 칸트의 파토스는 그의 학설이 지닌 고루한 면과
갈등을 일으킨다. 실천적 이성이 이론적 이성에 대한 우선성을 인식한다면,
자체로서 일종의 행동방식이기도 한 이론적 이성 역시 그 우위에 있는 실천

---

* 배비트(Babbitt) : 미국 작가 싱클레어 루이스(Sinclair Lewis, 1885~1951)의 동명
 소설(1922) 주인공. 낙관적이고 편협하며 독선적인 중년 사업가의 전형이다.

적 이성이 수행할 수 있다는 것에 접근해야 할 것이다. 오성과 이성의 단절을 통해 이성 자체의 개념이 무너지지 않으려면 말이다. 그런데 칸트는 과학성에 대한 자신의 관념으로 인해 바로 거기까지 밀려간다. 그는 그 점을 말해서도 안 되지만 또한 말할 수밖에 없다. 정신사적으로 쉽사리 과거 형이상학의 후진성으로 치부되던 비일관성은 문제(Sache) 자체에 의해 촉진된 것이다. 칸트가 감히 차지했다고 자부하는 인식의 섬 자체도 독선적 편협성으로 인해, 그가 무제한적인 것에 대한 인식에 투사하는 허위에 빠진다. 그 나름으로 인식이 도달할 수 없다는 절대자로부터—칸트식으로 말하자면 이성으로부터—추론된 진리를 유한에 대한 인식에 부여하는 것은 불가능하다. 칸트식 메타포의 대양은 매 순간 인식의 섬을 삼키려고 위협한다.

7. 구제의 욕망과 장벽

역사적으로 방대한 체계들과 본질적으로 일치하는 형이상학적 철학은 경험론적이고 실증주의적인 철학보다 더 많은 광채를 지닌다. 이는 개념시(Begriffsdichtung)라는 어리석은 말 때문에 믿게 될 수도 있는 것처럼 단순히 미적인 것이 아니며, 또 심리적 소망 충족도 아니다. 한 사유의 내재적 성질, 즉 사유 속에서 힘과 저항과 환상으로서 또 비판적 요인과 그 대립물의 통일로서 나타나는 것은, 진리의 지표(index veri)는 아닐지라도 최소한 진리에 대한 하나의 암시이기는 하다. 카르나프*와 미제스**가 칸트와 헤겔보다 더 진실되다는 것이 맞는 말일지라도 그것이 진리일 수는 없을 것이다.

『순수이성비판』의 이념론에서 칸트는 형이상학 없이는 이론이 불가능하

---

* 카르나프(Rudolf Carnap, 1891~1970) : 독일 출신으로 나치 치하에서 미국으로 망명한, 논리실증주의 혹은 논리경험주의의 대표자. 형이상학을 배제하고 철학은 언어의 논리적 신택스 분석으로 이루어진다고 보았다.
** 독일 출신의 체스 대가인 자크 미제스(Jacques Mieses, 1865~1954)를 지칭하는 듯하다.

다고 말했다. 하지만 이론이 가능하다는 사실은, 칸트가 고수하면서도 그 저서의 영향을 통해 깨뜨리기도 한 바로 그 형이상학의 권한을 함의한다. 주지하는 바와 같이 칸트의 예지계 구제는 프로테스탄트적 변론일 뿐만 아니라, 계몽의 변증법이 이성 자체의 말살로 종결되는 자리에서 계몽의 변증법에 개입하고 싶어하기도 한다. 칸트의 그 구제 욕망이 유명론의 한가운데에서 이에 맞서 전통적 이념들 가운데 무엇인가를 손에 잡으려고 하는 경건한 소망에만 아니라 그보다 얼마나 더 깊은 곳에 근거를 두는지는, 불멸성을 실천이성의 한 가지 요청으로 구성한다는 점이 증명해준다. 그것은 기존 질서의 견딜 수 없는 상태를 심판하며, 그것을 인식하는 정신을 강화시킨다. 어떠한 세계내적 개선도 죽은 자들을 정의롭게 대하는 데에는 충분할 수 없으며, 어떠한 개선도 죽음의 불의를 건드리지는 않으리라는 점 때문에, 칸트의 이성은 이성에 반대하는 희망을 품게 된다. 절망에 대해 끝까지 생각할 수 없다는 점이 칸트 철학의 비밀이다.

그는 모든 사상들이 하나의 절대자로 수렴한다는 점으로 인해 절대자와 존재자 사이의 절대적 경계선에 머물 수 없었다. 물론 이에 못지 않게 그러한 경계선을 그을 수밖에 없기도 했지만 말이다. 그는 형이상학적 이념들을 고수하면서도, 언젠가 절대자가 영구평화와 마찬가지로 실현될 수 있으리라는 사상으로부터 절대자는 그래서 존재한다는 명제로 건너뛰는 것을 금지했다. 그의 철학은 아마 어느 철학이나 그렇겠지만, 존재론적 신증명 주위를 맴돈다. 그는 당당하게도 애매성을 띠면서 자신의 입장을 미정상태로 놓아두었다. '영원한 주님이 계심에 틀림없다'는 칸트주의적 환희의 찬가에 대한 베토벤의 곡은 칸트의 정신에 따라 '틀림없다'(Muß)에 강세를 둔다. 그런데 이 모티프에는, 형이상학적 이념들 특히 불멸성의 이념이 공간과 시간의 표상들에 사로잡혀 있고 그래서 그 나름으로 제한되어 있다는 칸트의 비난 구절이 대립한다. 이 점에서 칸트는 뒷날 쇼펜하우어가 광고했듯이 쇼펜하우어와 매우 근접한다. 칸트는 긍정(Affirmation)으로 넘어가는 것을 경멸했다.

칸트식 장벽(Block), 즉 가능한 긍정적 인식의 한계에 대한 이론은 역시 헤겔의 비판에 의하면 형식-내용의 이원론에서 유래한다. 인간학적 논증에 따르면, 인간의 의식은 그것에 일단 주어진 인식의 형식들에 영원히 사로잡혀 있도록 판결받았다고 한다. 인식을 촉발하는 요인은 전혀 규정되지 않은 상태이며, 의식의 형식들을 통해 비로소 규정받게 된다고 한다. 그러나 이 형식들은 칸트가 묘사하듯이 최종적인 것이 아니다. 형식들과 존재하는 내용의 상호관계로 인해 형식 또한 그 나름으로 발전한다. 하지만 이는 파괴할 수 없는 장벽이라는 구상과 결합될 수 없다. 주체를 근원적 통각으로 보는 견해에 이미 사실상 적합한 것처럼 일단 형식들이 어떤 역동성의 계기들이라면, 그 형식들의 긍정적 형태는 어떠한 내용과도 마찬가지로 미래의 모든 인식에 대해 상정될 수 없다. 그 형식들은 내용이 없다면 존재하지 않으며 또 내용과 더불어 변해가는 것이다. 단지 형식과 내용의 이분법이 절대적일 때에만 칸트는 그 이분법이 형식으로부터만 나오는 비물질적 내용을 거부한다고 주장할 수 있을 것이다. 형식들 자체에 이 물질적 계기가 따른다면, 그 장벽은 그것이 방해하는 바로 그 주체에 의해 만들어진 것임이 드러난다.

경계선이 주체 속에, 혹은 주체의 선험논리적 조직 속에 옮겨질 경우 주체는 격상되기도 하고 비하되기도 한다. 인간은 아직 그것을 모르지만 아마 그것을 틀림없이 해명해낼 것이라는 순진한 의식은—괴테도 분명히 이런 의식에 애착을 가졌다—칸트가 말하는 무지한 인간(Ignoramus)보다 형이상학적 진리에 더 접근한다. 절대적 한계에 대한 그의 반관념론적 교리와 절대적 지식에 대한 그의 관념론적 교리는 그것들이 서로 생각했던 것처럼 그렇게 적대적이지 않다. 헤겔 『정신현상학』의 사고과정에 따르면 절대지에 대한 그의 관념론적 교리 역시, 절대지는 현상학 자체의 사고과정일 뿐이며 따라서 결코 초월을 이루지 못한다는 결론으로 나아간다.

예지계로의 일탈을 거부하는 칸트는 뉴턴식 과학을 그 주관적 측면에서는 인식과 동일시하며 객관적 측면에서는 진리와 동일시한다. 따라서 형이상학이 과학으로서 어떻게 가능한가 하는 물음은 엄밀하게 받아들여야 한다. 즉 형이상학이 수학과 이른바 고전 물리학의 이상을 지향하는 인식의 기준들을 충족시키는가 하는 물음으로서 받아들여야 하는 것이다. 칸트가 상정한 천성(Naturanlage)으로서의 형이상학에 대한 사상에서는, 그의 문제제기가 보편타당하고 필연적인 것으로 상정된 인식으로서의 방법(Wie)과 관계하지만, 그 인식의 내용(Was) 내지 그 가능성 자체를 뜻한다. 그는 그 과학의 이상을 척도로 하여 이 가능성을 부인한다. 그는 과학의 엄청난 결과들 때문에 더 이상 과학에 대해 심사숙고하지 않지만, 바로 그 과학은 시민사회의 산물이다.

칸트식 이성 비판 모델의 경직된 이원론적 기본구조는 인식의 메커니즘으로부터 그 현상들이 산출되어 나오듯 기계들로부터 상품들이 쏟아져나오게 되는 생산관계의 기본구조를 중복한다. 이러한 생산관계 속에서는 재료와 그 고유의 규정상태가 이윤에 대해 아무래도 좋은데, 이 점은 인식 메커니즘으로 현상에 각인하도록 하는 칸트의 경우에도 마찬가지다. 교환가치를 위한 최종산물은 주관적으로 만들어지고 객관으로서 받아들여지는 칸트식 대상들과 동일하다. 현상으로 나타나는 모든 것을 영속적으로 인간에 환원(reductio ad hominum)하게 되면, 인식은 내적·외적 지배의 목적에 따라 무장된다. 지배의 최고 표현은 통일성의 원칙인데, 이는 부분 행위들로 분해된 생산의 통일성으로부터 차용해온 것이다. 칸트의 이성이론은 엄밀히 말해 과학적 명제들의 권력영역에만 관심을 기울인다는 점에서 지배적이다. 칸트식 문제제기를 조직화된 자연과학적 경험에 제한하기, 타당성 지향, 인식비판적 주관주의 등은 서로 얽혀 있어서 한 가지가 없으면 다른 것도 존재할 수 없을 것이다. 주관적 반문이 타당성에 대한 검증이어야 하는 한, 과학적으로 인준되지 않은 인식들, 즉 필연적이지 않고 보편적이지 않은 인식들은 열등한 것들이다. 그 때문에 칸트 인식론을 자연과학 영역으로부터 해방시키려는 노력들은 모두 좌절할 수밖에 없었다.

동일시를 꾀하는 성향 내부에서는 이 성향이 자체의 본질상 제거하는 것을 보완적으로 회복시킬 수가 없다. 어쨌든 그러한 성향은 그 불충분성에 대한 인식을 근거로 바뀌어야 할 것이다. 하지만 그것이 인식이라는 살아 있는 경험에 적합하지 못하다는 점은 그것의 허위를 표시한다. 즉 그것이 계획하는 바인 경험의 논증을 수행할 능력이 없음을 나타낸다. 왜냐하면 어떤 경직되고 불변적인 것을 통한 그 논증은 경험이 스스로에 대해 아는 바와 모순되기 때문이다. 실제로 경험은 더 개방적이고 더 활성화될수록 언제나 그 형식들까지도 바꾸어간다. 그럴 능력이 없는 것은 경험 자체의 능력이 없는 것이다. 칸트 자신이 설명하지 않은 어떤 인식론적 요소를 그의 이론에 덧붙이는 것은 불가능하다. 왜냐하면 그의 인식론에서는 그런 요인들을 배제하는 것이 중심적이기 때문이다. 순수이성론의 체계적 요구가 그 점을 오해의 여지없을 만큼 충분히 말해주고 있다.

칸트의 체계는 일종의 정지신호들의 체계다. 주관적 성향을 띤 본질구성분석(Konstitutionsanalyse)은 순진한 시민의식에 주어진 대로의 세계를 바꾸지 않은 채, 자신의 '경험적 실재론'(empirischer Realismus)을 자랑한다. 하지만 그 분석에서는 그것의 타당성에 대한 요구 수준이 추상의 수준과 일치한다. 그것은 자체의 종합판단의 선천성(Apriorität)에 심취하여, 그 규칙에 적응하지 않는 것을 인식에서 모두 배제해버린다. 아무런 반성 없이 사회적 분업이 그 결함과 더불어 존중된다. 이 결함은 그 이래 200년 동안 확연해졌다. 즉 분업적으로 조직된 과학들이 정당치 못하게 진리를 독점해버린 것이다.

칸트 인식론의 오류추론들은, 시민적이면서 매우 칸트적인 방식으로 말하자면 과학의 전개와 더불어 기계적 사업에 항의하게 된 불량 어음인 것이다. 칸트적 진리 개념의 권위는 절대자에 대한 사유의 금지와 더불어 테러리즘적으로 되었다. 그것은 중단 없이 사유에 대한 금지 전반으로 진행된다. 칸트식 장벽은 이성의 자해(自害)를 진리에 투사한다. 이성은 자체의 과학성을 위한 시작의례(Initiationsritus)로서 스스로에게 그러한 손상을 가한 것이다. 그 때문에 칸트의 경우 인식으로서 이루어지는 것은 관념론 체계들이 뒤집힌 상태로나마 그 권리를 부여하고자 한 살아 있는 사람들의 경험과 비교하면 그토록 보잘것없는 것이다.

진리의 이념이 과학주의적 이상을 조소한다는 데 대해 칸트가 반론을 제기하기는 어려웠을 것이다. 그러나 이 부적절한 관계는 결코 예지계

(mundus intelligibilis)와 관련해 비로소 드러나는 것이 아니라, 통제되지 않은 의식에 의해 실현된 모든 인식에서 드러난다. 그런 한에서 칸트식 장벽은, 후기 횔덜린의 찬가들에 담긴 철학적으로 철학에 앞서는 것을 정신에서 비방하는 일종의 허위다. 관념론자들에게는 그것이 낯설지 않았다. 그러나 그들의 경우 열린 상태(das Offene)는 칸트로 하여금 경험과 과학을 혼합하도록 강요한 것과 동일한 마법에 빠져들었다. 관념론의 여러 가지 충동은 열린 상태를 추구했지만, 관념론은 칸트의 원칙을 확장하는 가운데 그것을 박해했으며, 내용들은 칸트의 경우보다도 더 부자유로워졌다. 이로 인해 칸트의 장벽은 다시 그 나름의 진리계기를 얻는다. 즉 그것은 개념신화론을 예방한 것이다.

절대자 앞에 설정된 한계인 그 장벽이—칸트가 철학으로 변용시킨 것과 동일한 마법에 사람들을 현실적으로 붙잡아두는—노동의 필요성과 동일하다는 사회적 혐의에는 근거가 있다. 그는 솔직하고도 무자비하게 정신을 내재성에 사로잡혀 있도록 선고하는데, 이처럼 내재성에 사로잡힌 상태는 이미 불필요한데도 여전히 사람들의 욕구를 거부하기만 하는 사회가 사람들에게 강요하는, 자체보존에 사로잡힌 상태다. 언젠가 감옥과도 같은 자연사적 걱정이 타파된다면, 진리에 대한 의식의 입지도 변할 것이다. 의식의 현재 입지는 사람들을 현상태에 묶어놓는 객관에 의해 규정된 것이다. 장벽에 대한 칸트의 학설이 일종의 사회적 가상이었더라도, 실제로 가상이 인간들을 지배하는 만큼의 근거를 지니기는 한다. 감성과 오성의 구분, 장벽을 논증하는 신경 등은 그 나름으로 사회적 산물이다. 감성은 그러한 분리(Chorismos)를 통해 오성의 희생물로 정해진다. 왜냐하면 세계의 조직(Einrichtung)은 그에 대립하는 온갖 장치들에도 불구하고 감성을 충족시키지 못하기 때문이다. 그 분리는 언젠가 이 사회적 조건과 더불어 사라질 수도 있을 테지만, 관념론자들은 화해되지 않은 상황의 한가운데서 화해를 이미 이루어진 것이라고 찬양하거나 화해를 화해되지 않은 상황의 총체성에 내맡기는 점에서 이데올로그들이다.

그들은 일관되지만 또한 헛되게 정신을 그 자체와 그것의 비동일자의 통

일로서 해석하려고 노력했다. 이러한 자체반성은 심지어 칸트로부터 관념
론자들을 거쳐 곧장 마르크스에게까지 이르는 실천이성의 우선성이라는 테
제에도 작용한다. 또한 실천의 변증법은 실천 혹은 그릇된 실천의 보편적
위장물인 '생산을 위한 생산'의 척결을 요구하기도 했다. 그것이 부정적 변
증법 속에서 공식적 유물론의 교의에 맞서는 특징들의 유물론적 근거다. 정
신 속의 환원 불가능성 및 자립성이라는 계기는 객체의 우위에 동의할 수도
있을 것이다. 오늘 이 자리에서 정신이 자립할 때, 정신이 타자를 속박함으
로써 스스로 빠져드는 속박을 명시하는 순간, 얽히고 설킨 실천이 아니라
정신이야말로 자유를 예감하는 것이다. 관념론자들은 정신을 신성시했지
만, 누군가 정신을 소유했을 때에는 화를 당하리라.

8. 예지계

칸트의 경우 장벽의 구성에는 『실천이성비판』에서의 긍정적 형이상학 구
성이 대립한다. 그는 그것의 절망적 요소에 대해 결코 침묵하지 않았다.
"그러나 어쨌든 세계의 변화를 시작하기 위해 자유의 선험적 능력이 보완된
다고 해도, 이 능력은 최소한 세계 바깥에만 존재할 수밖에 없을 것이다(가
능한 모든 견해들의 총괄개념 외부에 있는, 어느 가능한 지각에도 주어질
수 없는 어떤 대상을 상정하는 것은 대담한 월권임에 변함없기는 하다)."[4]
'대담한 월권'이라는 삽입구는 예지계(mundus intelligibilis)라는 자신의
생각에 대한 칸트의 회의를 말해준다. 제3이율배반의 안티테제에 대한 주
석에 나오는 그 표현은 실로 무신론에 접근한다. 뒷날 열성적으로 요구하는
바를 그는 여기서 이론적 월권이라고 지칭한다. 칸트는 그러한 요청이 일종
의 실존판단이라는 상상에 대한 필사적 거부감으로부터 그 후 힘들여 벗어
난다. 그 구절에 따르면, 모든 직관으로부터 떨어져 있는 것으로도 생각되
어야만 하는 것이 적어도 가능한 직관의 대상으로서 생각될 수도 있어야 할

---

4) 칸트, 『순수이성비판』, 313쪽.

것이다. 이성은 스스로의 한계를 미리 규정하는 오만함을 통해——객관적으로는 이성으로서 그 한계에 묶여 있지 않으면서——그 자체의 적용영역을 비합리주의적으로 제한하지 않는다면, 그와 같은 모순 앞에서 굴복해야 할 것이다. 하지만 관념론자들이나 신칸트주의자들의 경우처럼 직관도 무한한 이성에 동화된다면, 초월성은 잠재적으로 정신의 내재성에 의해 폐기될 것이다.

칸트가 자유와 관련하여 통찰할 수 있게 해주는 것은 신 및 불멸성에도 당연히 적용될 것이다. 왜냐하면 이 말들은 결코 행동의 순수한 가능성과 관계하는 것이 아니라, 그 자체의 개념상 어떤 성격의 것이든 간에 어떤 존재자에 대한 가정들이기 때문이다. 그것은 어떤 '질료'를 필요로 하며, 칸트의 경우 그가 초월적 이념들에서는 불가능하다고 본 직관에 전적으로 의존할 것이다. 칸트적 예지계의 파토스는 그것을 어떻게든 확인하는 일, 즉 '예지적'이라는 말로 규정되는 자족적 사상만을 매체로 해서라도 그것을 확인하는 일의 어려움에 대한 보완물이다. 그 말이 어떤 현실적인 것을 지칭해선 안 될 것이다.

그러나 『실천이성비판』의 움직임은 칸트의 의도 속에서 간파할 수 없었던, 예지계의 어떤 긍정성을 향해 나아간다. '존재하는 것'(das Seiende)과 강력히 구분된 '존재해야 할 것'(das Seinsollende)이 고유한 본질을 지닌 영역으로 확립되고 절대적 권위를 지니게 되자마자, 그것은 설혹 원하지 않았더라도 그러한 처리방식을 통해 어떤 이차적 현존재의 성격을 지니게 된다. 어떤 것에 대해서도 생각하지 않는 사상은 어떠한 사상도 아니다. 형이상학의 내실인 이념들은 직관적이어도 안 되고 사유의 신기루여도 안 될 것이다. 그렇지 않으면 그것들은 객관성을 모두 상실할 것이다. 예지계에 의해 초월되어야 할 바로 그 주체가 예지적인 것을 삼켜버릴 것이다.

칸트보다 1세기 후 예지적인 것을 상상적인 것으로 평준화하는 일은 신낭만주의와 유겐트 양식, 그리고 그것들에 잘 어울리는 철학, 곧 현상학의 주요 죄악이 되었다. '예지적인 것'이라는 개념은 실재적인 것의 개념도, 상상적인 것의 개념도 아니다. 오히려 그것은 진퇴양난의 개념이다. 땅 위

의 어느 것도, 텅 빈 하늘 속의 어느 것도 그것을 변호한다고 해서 구제될
수는 없다. 무엇이든 빼앗기고 싶어하지 않는, 비판적 논증에 대한 "그렇기
는 하지만"(Ja aber)이라는 응답은 이미 기존질서를 집요하게 고집하고 그
것에 집착하는 모습을 지니며, 구제(Retten)의 이념과는 화해될 수 없다.
구제의 이념 속에서는 그처럼 연장된 자체보존의 발작이 해소될 것이다. 어
느 것도 변화되지 않고는 구제될 수 없다. 즉 그 죽음의 문을 통과하지 않
은 것은 어느 것도 구제될 수 없다. 구제가 모든 정신의 가장 내밀한 충동
이라면, 아무 유보조건 없는 헌신(Preisgabe)의 희망 이외에는 어떠한 희망
도 없다. 즉 구제되어야 할 것과 그것을 희망하는 정신의 희망 이외에는 어
떠한 희망도 없는 것이다. 희망의 제스처는 주체가 고수하려는 것, 또 지속
하리라고 주체가 기대하는 것 가운데 아무것도 고수하지 않는 제스처다.

　예지적인 것은 경계를 설정하는 칸트의 정신에서나 그것을 넘어서려는
헤겔의 방법에서나 단지 부정적으로만 생각할 수 있을 것이다. 칸트가 염두
에 둔 예지계는 역설적으로 다시 '현상'일 것이다. 즉 그것은 유한한 정신
에게 감추어져 있는 것이 정신에게 보여주는 것, 정신이 생각할 수밖에 없
고 자체의 유한성으로 인해 기형화하는 것이다. '예지적인 것'이라는 개념
은 유한한 정신의 자체부정이다. 정신 속에서 '단순히 존재하는 것'(was
bloß ist)이 자체의 결함을 인식하는 것이다. 자체 내에 완고하게 갇혀 있는
현존재와의 결별이, 정신 속의 자연지배 원칙으로부터 정신을 갈라놓는 정
신적 요인의 근원이다. 이러한 전환은 정신이 그 스스로에 대해서도 현존재
자가 되지 않기를 원한다. 그렇지 않을 경우에는 언제나 동일한 것이 끝없
이 반복된다. 정신 속의 생명적대적 요인은 만일 정신의 자각에서 절정에
달하지 않는다면 가증스러울 뿐이라 하겠다.

　정신이 타자에게 요구하는 금욕은 잘못이지만 정신 자신의 금욕은 좋은
것이다. 정신은 자체부정을 통해 스스로를 넘어선다. 그것은 후기 칸트의
『윤리 형이상학』에도 사람들이 기대하듯이 그렇게 낯설지는 않았다. 정신이
정신이기 위해서는 자신이 다가서는 대상만으로, 자신과 같게 되는 유한성
만으로 소진하지 않는다는 점을 알아야 한다. 그래서 정신은 자신으로부터

사라져버린 것에 대해 생각한다. 칸트 철학을 방법의 갑옷에서 일단 꺼내놓으면, 그러한 형이상학적 경험이 칸트 철학을 고취한다. 형이상학이 어쨌든 아직도 가능한지 심사숙고할 경우, 유한성이 갈망하는 유한의 부정에 대해 성찰해야 한다. 그 부정의 수수께끼 같은 모습이 '예지적'이라는 말에 영혼을 불어넣는다. 이 개념은 정신이 자체의 절대화를 통해 상실한 자립성의 계기 때문에도 야기되었다. 또 비동일자가 고수되면서 정신 속의 모든 존재자가 사라지지 않을 경우, 정신은 그 자립성의 계기를 그 나름으로 존재자와 동일하지 않은 것으로서 획득한다. 정신은 온갖 매개들 속에서도, 이른바 정신의 선험적 순수성이라는 것이 대신한 현존재에 관여한다. 형이상학의 가능성은 분리될 수도 존재론화될 수도 없는 정신의 초월적 객관성 계기속에 눈에 띄지 않는 자리를 차지하고 있다. '예지적 영역'의 개념은 존재하지 않으면서도 또 단순히 존재하지 않는 데에 그치지 않는 어떤 것의 개념일 것이다. 예지계 속에서 부정되는 영역의 규칙들에 따르면, 예지계는 아무 저항 없이 상상적인 것으로서 부인될 수 있을 것이다. 이 경우처럼 진리가 허약한 경우는 달리 어디에도 없다. 진리는 근거 없이 고안된 것—그 속에서 사상은 잃어버린 것을 소유한다고 망상한다—의 실체화로 타락할 수 있다. 그리고 그것을 이해하려는 노력은 다시 쉽사리 스스로를 존재자와 혼동한다.

칸트가 파괴한 존재론적 신증명의 오류추론을 통해, 사유된 것을 현실적인 것과 혼동하는 사유는 공허한 것이다. 그러나 마치 존재하는 것의 결함이 존재하는 것으로 하여금 그 결함으로부터 탈피하도록 보증해주는 듯이, 단순한 존재자에 대한 비판인 부정성을 직접 긍정적인 것으로 끌어올릴 경우 오류추론이 이루어진다. 극단적인 경우에도 부정의 부정은 긍정성(Positivität)이 아니다. 칸트는 선험적 변증론을 가상의 논리학이라고 칭했다. 즉 초월적인 것을 어떤 긍정적으로 인식할 수 있는 것으로 다룰 경우에는 언제나 불가피하게 얽혀들어갈 수밖에 없는 모순들의 학설이라고 칭했다. 그의 판결은 가상의 논리학을 진리의 논리학으로 돌려놓으려는 헤겔의 노력에 의해서도 낡은 것이 되지는 않았다. 하지만 가상에 대한 판결과 더

불어 반성이 중단되는 것은 아니다. 자신에 대해 의식하는 가상은 더 이상 과거의 가상이 아니다. 초월성에 대해 유한한 것이 말하는 바는 초월성의 가상이다. 하지만 칸트도 잘 알았듯이 그것은 필연적 가상이다. 따라서 미학의 대상인 가상의 구제는 비교 불가능한 형이상학적 중요성을 지닌다.

9. 중성화

앵글로색슨계 국가들에서는 칸트가 대체로 완곡어법으로 불가지론자라고 지칭된다. 이 경우 칸트 철학의 풍부한 내용 가운데 남는 것은 별로 없지만, 이 소름끼치는 단순화가 순전히 무의미한 것만도 아니다. 칸트 학설의 이율배반적 구조는 이율배반들의 해소 뒤에도 살아 남는데, 그것은 대략 한가한 질문은 삼가라는 사유 지침으로 바꿔놓을 수 있다. 그것은 견실하게 손안에 확실히 쥐고 있는 것만을 진지하게 대하는 시민적 회의주의의 통속적 형태를 능가한다. 칸트는 그러한 입장에서 전적으로 자유로울 수 없었다. 그는 '정언명령'에서만 아니라 이미 『순수이성비판』의 이념들에서도 집게손가락을 치켜들고는 그 경멸받는 고상한 것을 덧붙여 선사하며, 시민계급은 노동으로부터의 자유에 대한 패러디인 일요일과 마찬가지로 그러한 첨가물을 포기하고 싶어하지 않는다. 확실히 이런 사실이 독일에서 사상적 영향을 훨씬 넘어서 칸트의 권위를 강화시켰다.

엄숙주의(Rigorismus) 속의 구속력 없는 유화적 계기는 모든 정신적인 것을 장식물로 중화시키는 경향에 순응했다. 그러한 경향은 혁명의 승리 후 혹은 혁명이 일어나지 않은 곳에서, 알지 못하는 사이에 관철되는 시민화과정을 통해 정신의 전체 양상을 장악했으며, 지난날 시민해방운동이 무기로 이용한 정리들(Theoreme)까지도 정복했다. 승리한 계급의 이해관계에 더 이상 필요없게 되자 그것은, 슈펭글러가 루소에게서 예리하게 간파했듯이, 이중적 의미에서 흥미 없어졌다. 비록 사회는 정신을 이데올로기적으로 찬양하지만, 사회 내 정신의 기능은 부차적인 것으로 되었다. 칸트식 불명확성(non liquet)은 봉건주의와 결합된 종교에 대한 비판을, 관용이라는 이름으로 인도주의의 외투를 두른 무관심으로 바꾸어놓는 데 기여했다.

사회의 문화적 자랑거리가 가능한 실천과의 관계를 점점 더 상실할수록, 정신은 예술로서만 아니라 형이상학으로서도 중성화된다. 칸트의 형이상학적 이념들 속에서는 아직 그 관계가 분명했다. 이 이념들을 통해 시민사회는 자체의 편협한 원칙을 넘어서고 스스로를 지양하려는 듯했다. 그러나 이제 그러한 정신은 받아들여질 수 없게 되며, 문화는 시민적으로 활용 가능한 정신의 형태와──현대 독일어식 표현상으로── '받아들일 수 없는 상태' (Untragbares) 사이의 타협으로 되어 이 상태를 도달 불가능한 먼 곳에 투사해 버린다. 여기에 물질적 상황은 또 무엇인가를 첨가한다. 확대투자의 강압 아래 자본은 정신을 자기 것으로 삼는데, 이 정신의 객관화들(Objektivationen)은 그것에 고유하고 불가피한 대상화(Vergegenständlichung)로 인해 소유물 내지 상품으로 변하도록 부추겨진다. 미학에서 말하는 무관심적 만족(das interesselose Wohlgefallen)은, 일단 만들어지고 사유된 것을 그 진리내용과 관계없이 고찰하고 찬탄하며 결국은 맹목적으로 어떤 연관과도 무관하게 찬양하는 데 자족함으로써, 정신을 미화하고 또한 비하한다. 점증하는 상품적 성격은 이익을 위해 문화를 객관적으로 경멸하는 가운데 유미화한다. 철학은 전시품으로서 정신의 표현(Manifestation)으로 된다.

그뢰튀젠*이 18세기와 17세기에 이르기까지 종교에서 역추적한 바, 즉 악마는 더 이상 두려워할 필요가 없으며 신에 대해서도 더 이상 기대할 바 없다는 점은 형이상학에도 확대된다. 물론 형이상학이 그러한 불안과 희망에 대해 비판적으로 반성하더라도 형이상학에는 신과 악마에 대한 기억이 잔존해 있기는 하지만 말이다. 극도로 비이데올로기적으로 이해할 때 인간에게 가장 시급할지도 모르는 것이 소멸한다. 객관적으로 그것은 문제적으로 되었다. 주관적 차원에서 사회적 그물망과 끝없는 과잉 요구는 순응의

---

* 그뢰튀젠(Bernard Groethuysen, 1880~1946): 딜타이의 제자로 이해심리학과 정신사적 연구방법을 '프랑스 부르주아 세계관 및 인생관'이라는 주제에 적용했다.

압박을 통해 사람들에게 그것에 대해 사고할 시간도 힘도 더 이상 허용하지 않는다. 그 문제들은 해결된 것도 아니고 또 그것의 해결 불가능성이 증명된 것도 결코 아니다. 그것들은 망각되었으며, 사람들이 그것들에 대해 언급할 때에도 더욱 깊이 그 형편없는 수면상태 속에서 노래될 뿐이다. 칸트의 철학은 영향력을 발휘하여 보편적 의식으로 넘어갔으므로 에커만에게 칸트를 읽을 필요가 없다고 한 괴테의 치명적인 말은 형이상학적 무관심의 사회화 속에서 승리를 거두었다.

그러나 현세 속의 충족을 통해서는 결코 보상될 수 없는 형이상학적 물음들에 대한 의식의 무관심은 형이상학 자체에는 무관심한 일이 되기 어렵다. 그 속에는 일종의 공포가 감추어져 있는데, 사람들이 그것을 억누르지 않는다면 그것은 사람들의 숨쉬기를 방해할 것이다. 사람들은 인류에게 열린 의식과 아울러 죽음에 대한 의식을 만들어주는 발전사적 전환이 그런 의식을 견딜 수 없게 하는 상태, 곧 지속적이기는 하지만 동물적인 그런 상태에 반대하지 않는가에 대한 인간학적 사변들에 빠져들 수도 있을 것이다. 그럴 경우 잔존 가능성을 위해 의식을 제한한다는 대가를 치러야 할 것이다. 이러한 제한은 의식을 그 자체의 상태로부터, 즉 죽음에 대한 의식으로부터 보호해준다. 모든 이데올로기의 편협성이 마치 생물학적인 듯이 자체보존의 필요성에 기인하며, 사회의 올바른 조직을 통해서도 결코 사라져야만 하는 것은 아니라는 관점은 가망 없는 것이다. 오히려 올바른 사회 속에서만 물론 올바른 삶의 가능성이 열릴 것이다.

현대사회는 죽음을 두려워할 필요가 없다고까지 속이며, 죽음에 대한 성찰을 방해한다. 쇼펜하우어의 염세주의는 사람들이 삶의 한가운데에서 (media in vita) 죽음에 대해 얼마나 걱정하지 않는지에 주목했다.[5] 그는

---

5) "인간만이 추상적 개념들을 통해 자신의 죽음에 대한 확신을 품고 다닌다. 하지만 매우 이상하게도 이 확신은 개별적인 순간에만, 즉 어떤 계기가 그것을 환상으로서 생생히 드러내줄 때에만 인간을 불안하게 할 수 있다. 자연의 막강한 소리에 맞서 반성이 할 수 있는 일은 별로 없다. 생각을 하지 않는 동물들의 경우와 마찬가지로 인간의 내면에서도 지속적인 상태로 인간이 자연 혹은 세계 자체

100년 후의 하이데거처럼 그러한 무관심을 역사적 산물로서의 인간이 아니라 인간의 본질로부터 읽어냈다. 형이상학적 감각의 결여가 그들 두 사람에게는 형이상학적 현상으로 된다. 그로써 어쨌든 시민의식의 한 가지 실존론적 범주인 중성화(Neutralisierung)가 도달하는 깊이를 측량할 수 있다. 그와 같은 깊이는, 온갖 낭만주의보다 오래 남는 낭만적 전통이 정신에 주입하듯이, 청년기 루카치가 의미로 충만한 시대라고 칭한 시대, 이른바 형이상학적으로 보호받는 시대에는 그래서 상황이 그렇게 달랐느냐 하는 의심을 일깨운다. 그런 전통은 일종의 오류추론을 수반한다. 문화들의 폐쇄성, 형이상학적 견해들의 집단적 구속력, 삶에 대한 그것의 힘 등이 그것의 진리를 보증하지는 않는다. 오히려 형이상학적 경험의 가능성은 자유의 가능성과 친밀하며, 성스러운 것으로 찬양받는 유대들을 끊어버린 발전한 주체만이 자유의 능력을 지닐 수 있다. 그에 반해 행복하다는 시대의 사회적으로 인정된 견해에 둔하게 사로잡혀 있는 자는 실증주의적으로 사실을 신봉하는 자와 유사하다.

현실원칙의 직접성을 넘어서 존재자를 넘어서는 것의 이념을 구상하려면 자아는 역사적으로 강화되어야 한다. 의미상으로 자체 내에 응축되는 질서는 그 질서 너머의 가능성에 맞서 폐쇄된다. 형이상학이 실증주의 강령의 주장처럼, 신학에 비할 때 역사적으로 뒤늦은 단계 내지 신학의 개념적 세속화일 뿐인 것은 아니다. 형이상학은 신학이 사람들에게 강요하고 이로써

라는 극히 내밀한 의식으로부터 생겨나는 확신이 지배적이다. 그러한 확신으로 인해, 확실하면서도 멀지 않은 죽음에 대한 생각이 어떤 인간을 명백히 불안하게 만들지는 않으며, 각자는 마치 자신이 영원히 살 수밖에 없는 것처럼 살아간다. 그로 인해 엄밀히 말해서 아무도 자신의 죽음의 확실성을 생생하게 확신하지는 않는다고까지 말할 수 있을 것이다. 왜냐하면 그렇지 않다면 그의 정서와 판결받은 범죄자의 정서 사이에 그토록 큰 차이가 존재할 수는 없을 것이기 때문이다. 오히려 각자는 그런 확실성을 추상적으로(in abstracto) 이론적으로 인정하지만, 실천에 적용할 수 없는 다른 이론적 진리들과 마찬가지로 그것을 자신의 살아 있는 의식 속에 어떤 식으로든 받아들이지 않고 치워버린다고도 말할 수 있을 것이다"(쇼펜하우어, 프라우엔슈테트 편, 『의지와 표상으로서의 세계』 1, 전집 2권, 라이프치히 : 1888, 332쪽).

모욕하는 바를 가능성으로서 열어주며, 이를 통해 신학에 대한 비판 속에 신학을 보유한다. 정신이 묶어놓은 힘들은 정신의 우주를 파괴했으며, 이로써 정신은 정당한 대우를 받은 것이다. 자율적이었던 베토벤은 바흐의 위계(ordo)보다 더 형이상학적이며, 따라서 더 참되다. 주관적으로 해방된 경험과 형이상학적 경험은 인도주의로 수렴된다. 위대한 예술작품들이 침묵하는 시대에조차 전래의 신학 텍스트들보다 위대한 예술작품들로부터 더 강력하게 분출되는, 희망에 대한 모든 표현은 인간적인 것에 대한 표현과 더불어 형상을 이룬다. 그것이 베토벤 음악의 어떤 순간들에서보다 더 명백하게 나타나는 경우는 없다. 모든 것이 헛되지는 않다는 점을 의미하는 것은 인간적인 것에 대한 공감을 통해 주체들 내부의 자연에 대한 자성을 통해 생겨난다. 자신의 자연적 성격에 대한 경험을 통해서만 천재는 자연에서 벗어난다.

다른 어느 철학자도 해내지 못했지만 칸트는 예지적인 것에 대한 학설에서 인간적인 것과 초월적인 것의 짜임관계를 그려냈는데, 이 점에서 그는 존중받을 만하다. 인도주의가 눈뜨기 전에는, 삶의 궁핍이라는 객관적 압박 아래 인간은 코앞의 굴욕에 전념하고 있었으며, 의미의 생활내재성이란 인간의 편협성에 대한 은폐물일 뿐이었다. 조직사회나 자체로서 견고하게 구성된 자족적 연관관계와 같은 어떤 것이 존재하게 된 이래로는 그런 연관관계를 떠나려는 열망이 약했을 뿐이다. 아직 준비가 되지 않은 아이는, 신자들이 믿어야 할 내용과 처신할 방법과 관련해 주입받은 모든 것에 비할 때 자신의 프로테스탄트적 찬송가책 가운데 '최후의 것들'(Die letzten Dingen)이라는 표제를 달고 있는 부분이 얼마나 빈약하고 희미한지를 알게 될 것이다. 종교들 속에서 마술과 미신이 계속해서 번성한다는 오랜 의심의 이면에는, 기성 종교들에 대해서는 그것의 개념이 요구하는 것처럼 종교의 핵심인 피안에 대한 희망이 그렇게 중요한 적은 별로 없었다는 사실이 존재한다.

형이상학적 사변은 역사철학적 사변과 결합된다. 즉 그것은 그 최후의 것들에 대한 올바른 의식의 가능성도 삶의 궁핍이 없는 미래에서 기대하는 것이다. 그러한 사변의 저주는, 그것이 단순한 현존재를 넘어서기보다 오히려 그것을 장식하며 스스로 형이상학적 권위로 자리를 잡는다는 점이다. 솔로몬 이래 위대한 신학자들이 내재성에 부여한 '모든 것은 공허하다'는 말은 내재성을 넘어서 사람들을 안내하기에는 너무 추상적이다. 자신의 현존재가 중요하지 않다는 점(Gleichgültigkeit)을 확신하면, 사람들은 어떠한 반론도 제기하지 않게 된다. 현존재에 대한 자신의 입장을 바꾸지 않는 한 그들에게는 타자도 공허하다. 존재자를 가능성의 전망 없이 공허하다고 아무 구분 없이 비난하는 자는 그 어리석은 짓에 기여한다. 그러한 총체적 실천이 지향하는 야수성은 일차적 야수성보다 더 나쁘다. 즉 그것은 자체에 대해서도 원칙으로 되는 것이다. 내재성의 공허함에 대한 카푸친파* 수도사의 저속한 설교는 은밀하게 초월성을 제거한다. 초월성은 내재성 속의 경험들만을 근거로 하기 때문이다. 하지만 그러한 냉담성(Indifferenz)과 깊이 얽혀 있는 중성화는, 현실 옹호론자들이 선전하는 바에 따른다면 사람들을 그들의 근본적 관심사로 몰아갔어야 할 파국들 뒤에도 살아 남았다. 그 이유는 사회의 근본상황이 변하지 않았기 때문이다.

불가피하게 부활된 신학과 형이상학은 비록 여러모로 용감하게 이의를 제기하며 저항하지만, 이 사회적 근본상황으로 인해, 타협을 지지하는 입장의 출입증으로 되고 만다. 단순한 의식의 어떠한 반항도 그런 것을 넘어서지는 못한다. 주체들의 의식 속에서도 시민사회는 자체의 기본층을 위협할 반성들을 향해 나아가기보다 오히려 그 객관적 잠재상태인 총체적 파멸을 선택한다. 인간의 형이상학적 관심을 위해서는 인간의 물질적 관심들을 온전히 지각할 필요가 있을 것이다. 이 물질적 관심들이 사람들에게 은폐되어 있는 한, 그들은 마야의 베일 아래서 사는 것이다. 존재하는 것이 바뀔 수 있을 때에만, 존재하는 것이 모든 것은 아닐 것이다.

---

* 카푸친파(Kapuziner) : 프란체스코 교단의 일파로 엄격하고 검소한 생활을 유지하고 기도와 설교를 중시한다.

10. '그저 하나의 비유일 뿐'

게오르게(George)의 「무아경」(Entrückung)에 붙인 곡에 대한 수십 년 후의 설명에서 쇤베르크는 그 시를 우주비행사들의 감정을 예언적으로 미리 보여주는 것이라고 칭찬했다. 이로써 그는 순진하게도 자신의 극히 중요한 작품을 SF의 수준으로 끌어내리는 가운데, 뜻하지 않게 형이상학의 궁핍으로부터 벗어났다. 물론 이 신낭만주의적 시 속에서 소재내용, 즉 '다른 행성'을 밟는 자의 표정은 어떤 내면적인 것, 즉 막시미누스(Maximinus)*의 기억 속에 담긴 황홀과 고양에 대한 비유다. 그 황홀경은 설혹 그것이 우주에 대한 경험일지라도, 또 그 이미지들이 이 경험으로부터 빌려온 것임에 틀림없을지라도 공간 속의 황홀경이 아니다. 하지만 바로 그 점이 실로 너무도 현세적인 이 해석의 객관적 근거를 드러내준다. 신학이 약속하는 바를 말 그대로 받아들이는 것은 그런 해석과 마찬가지로 야만적일 것이다. 다만 역사적으로 축적된 존경심만이 그에 대한 의식을 방해한다. 또한 시적 고양은 그 연시의 상징어 전체와 마찬가지로 신학의 영역으로부터 벗어나 있다. 문자 그대로(à la lettre)의 종교는 그 자체로서 이미 SF와도 같을 것이다. 우주여행은 실제의 약속된 천국으로 가는 것이라고도 할 수 있을 것이다. 로켓 여행이 그리스도론에 미칠 결과들에 대한 유치한 생각들에서 신학자들은 벗어나지 못하는데, 역으로 우주선에 대한 관심의 유아상태는 구원의 메시지들 속에 담긴 유아상태를 드러내준다.

하지만 이 메시지들이 모든 소재내용으로부터 정제되어 완전히 승화된다면, 그것이 무엇을 위한 것인지 말하기가 극히 난처해질 것이다. 각각의 상징이 단지 다른 상징을, 또다시 개념적인 것을 상징할 뿐이라면 그것의 핵심과 아울러 종교는 공허한 상태에 머물 것이다. 그것이 오늘날 신학적 의식의 이율배반이다. 무엇보다도 톨스토이식—시대착오적인—원시기독교,

---

* 게오르게는 15세의 소년 막시미누스를 만나자 그를 신성(Gottheit)의 진정한 구현이라고 여기며, 새로운 그리스 정신의 예언자 노릇을 한다. 그리고 이를 『동맹의 별』(1914)에서 찬가 형식으로 표명한다.

즉 지금 이 자리에서 아무 생각 없이 눈을 감고 구세주를 따르자는 생각은
그런 이율배반에 만족할 것이다. 이미 『파우스트』(*Faust*)의 구성 속에는 그
런 이율배반 가운데 어떤 요소가 감추어져 있다. 파우스트는 "그 이야기는
충분히 듣네만, 내겐 믿음이 없다네"라는 구절을 통해, 자신의 자살을 막아
주는 감동을 유년기에서 유래하는 기만적인 위안적 유물들의 재현이라고
해석한다. 하지만 그는 구원을 받아 마리아의 천국으로 들어간다. 이 작품
은 그 점차적 진행이 성숙한 사상가의 회의를 논박하는지, 아니면 그 마지
막 말 또한 상징— '그저 하나의 비유'—일 뿐이며 초월성은 거의 헤겔식
으로 충족된 내재성 전체의 형상으로 세속화된 것인지를 결정해주지 않는
다. 초월성을 확고한 것으로 고정시키는 자에게는, 크라우스가 그랬듯이 환
상도 없고 정신에 대해 적대적이며 그런 점에서 초월성을 배반한다고 비난
할 수 있다.

그에 반해 존재자 속의 비록 멀고도 나약한 구원의 가능성이나마 완전히
삭제된다면, 정신은 환각(Illusion)으로 될 것이며 결국은 유한하고 제한되
고 단순히 존재하는 주체가 정신의 담지자로서 신격화될 것이다. 진정한 신
성(Gottheit)인, 억압으로부터 해방된 인류에 대한 랭보의 상상(Vision)은
초월성의 이 패러독스에 대한 답변이었다. 뒷날 구칸트학도인 미노나*는 주
체를 노골적으로 신화화하며, 오만(Hybris)으로서의 관념론을 표명한다.
SF와 로켓공학은 그런 사변적 결론들과 쉽사리 양해된다. 실제로 모든 별
가운데 지구에만 이성적 존재가 산다면, 그것은 일종의 형이상학적 현상일
것이다. 그러나 형이상학은 그것의 백치적 성격을 비난할 것이다. 결국 인
간은 실제로 신들일 텐데, 다만 그 점을 알지 못하게 막는 속박 아래 존재
하는 신들일 것이다. 그렇다면 어떤 신들이겠는가! 물론 우주를 지배하지
는 못하는 신들이며, 이로써 다행히도 그런 사변들은 다시 사라질 것이다.

---

* 미노나(Mynona, 1871~1946) : 독일 평론가 살로모 프리드랜더(Salomo
  Friedlaender)의 필명. 저서로 『회색 마법』(1922), 『안티-프로이트』(1924), 『마법
  교리문답』(1925) 등이 있다.

하지만 모든 형이상학적 사변들은 숙명적으로 수상쩍은 것이 되고 만다. 초월성 개념 속의 이데올로기적 허위는 노동분업의 반영인 육체와 영혼의 분리다. 그것은 자연지배 원칙으로서의 사유하는 존재(res cogitans)의 우상화에 도달하며, 죄의 연관관계 피안에 있는 초월성의 개념을 통해 파괴될 물질적 거부(Versagung)에 도달한다. 그러나 희망은 미뇽의 노래*에서처럼 변용된(verklärt) 육체에 달라붙는다. 형이상학은 그에 대해 아무것도 듣지 않으려 하며, 물질적인 것과 어울림으로써 스스로를 비천하게 만들지 않으려 한다. 그 때문에 형이상학은 저열한 영혼신앙으로 가는 경계선을 넘어선다. 비육체적이면서도 개별화된 정신을 실체화하는 것——또 이것말고 신학에 무엇이 남아 있겠는가——과, '심령론'(Spiritismus)을 통해 순수 정신적 존재가 실존한다고 기만적으로 주장하는 것 사이에는 정신 개념을 감싸는 역사적 품위 이외에 아무 차이도 없다. 사회적 성공, 곧 권력은 그런 품위를 통해 형이상학적 진리의 기준으로 된다.

개별적인 실체적 원칙으로서의 정신에 대한 교리를 나타내는 독일어 '유심론'(Spiritualismus)은 마지막 철자들만 없다면 영어의 심령론을 나타내는 말이기도 하다. 이런 애매성은, 한때 관념론자들을 개별적 의식의 분석을 넘어서 선험적 혹은 절대적 의식의 구성으로 몰아간 인식론적 필요에 기인한다. 개인적 의식은 시공간적 세계의 일부로서 이 세계에 대해 어떠한 특권도 지니지 못하며, 육체적 세계와 분리될 경우 인간의 능력으로써는 상상할 수 없는 것이다. 하지만 세속의 잔재를 잘라내려고 하는 관념론적 구성은 정신 개념의 모델이었던 그 자아성(Egoität)을 완전히 제거하자마자 공허한 것으로 된다. 그 때문에 비감성적 자아성을 가정하더라도, 그것은 다시 현존재로서 그 자체의 규정에 대립하여 공간과 시간 속에서 드러나야 하는 것이다.

---

* 미뇽(Mignon)은 괴테의 『빌헬름 마이스터의 수업시대』에 등장하는 떠돌이 남장 소녀다. "저 천상의 존재들은/남녀를 묻지 않고,/변용된 육체에는/옷이고 주름이고 다 필요없으니까요"라고 노래한다.

우주론의 현재 수준에 따르면 천국과 지옥을 공간 속에 존재하는 것으로 보는 것은 단순한 의고적 사고방식일 뿐이다. 그것은 불멸성을 영령들의 불멸성으로 몰아낼 것이며, 불멸성의 개념 자체를 비웃는 어떤 유령 같고 비현실적인 성격을 불멸성에 부여할 것이다. 영혼의 각성을 육체의 부활과 함께 생각한 기독교 교의학(Dogmatik)은 사변적 형이상학보다도 형이상적으로 더 일관성 있었으며, 더 계몽적이었다고도 할 수 있다. 이는 희망이 신체적 부활을 뜻하며 그것을 정신화하면 그 가장 훌륭한 부분을 상실하게 되는 것과 마찬가지다. 하지만 이로써 형이상학적 사변의 부당한 요구들은 견딜 수 없을 만큼 증대한다. 인식은 그것이 견딜 수 없는 것, 즉 절대적 사멸성(Sterblichkeit) 쪽으로 심하게 기우는데, 그 앞에서 인식은 스스로에 대해 전혀 아무래도 좋은 것으로 된다.

형이상학적 이념들 가운데 최상의 이념인 진리의 이념이 사람들을 그리로 몰아간다. 그 때문에, 신을 믿는 자는 신을 믿을 수 없다. 신의 이름이 나타내는 가능성은 믿지 않는 자가 고수하게 된다. 일단 우상금지가 이름부르기(Nennung des Namens)에까지 확장되자, 그것 자체가 이런 모습으로는 미신이라는 의심을 받게 되었다. 우상금지는 엄중해졌다. 즉 희망에 대해 생각만 하는 것도 희망에 위배되며, 희망에 대립하는 것이다. 그처럼 형이상학의 역사는 점진적 탈신화화인 역사를 헛되이 부인하는 형이상학적 진리 속에 깊숙이 파고들게 되었다. 하지만 이 탈신화화는 신화 속의 신들이 기꺼이 자기 자식들을 먹어치우듯이 스스로를 잠식한다. 탈신화화는 단순한 존재자만을 남겨놓음으로써 신화로 돌아간다. 왜냐하면 신화란 존재하는 것의 완결된 내재성의 연관관계일 뿐이기 때문이다. 오늘날 형이상학은 이런 모순 속으로 수렴했다. 그 모순을 제거하려는 사유는 여기서도 저기서도 허위의 위협을 받는다.

11. 타자의 가상

존재론적 신증명은 칸트의 비판에도 불구하고 마치 이 비판까지도 삼키면서 헤겔의 변증법 속에서 부활한 듯하다. 하지만 그것은 헛일이었다. 헤겔은 일관되게 비동일자를 순수 동일성으로 해소하는데, 이로써 개념은 비개념적인 것을 보증하는 것이 되며, 초월성은 정신의 내재성에 사로잡혀 정신의 총체성이 됨으로써 제거되기도 한다. 그에 따르면 초월성이 계몽을 통해 점점 더 세계와 정신 속에서 분해될수록 그것은 모든 매개들을 넘어선 어떤 극단적 첨단을 통해 집중되는 것처럼 점점 더 불가해한 것으로 된다. 그런 한에서 순전히 상이한 것을 다루는 반역사적 신학은 그 역사적 지표를 지닌다. 형이상학에 대한 물음은 이처럼 전적으로 희미하고 추상적이고 비규정적인 것이 형이상학의 이미 실패한 최종 변론의 입장인가, 혹은 형이상학이 극히 사소하고 비참한 모습으로만 살아 남고, 아무 저항도 반성도 없이 자기 업무를 수행하는 독재적 이성을 완전히 눈에 띄지 않는 상태에서 이성으로 만드는 것인가 하는 물음으로 첨예화된다. 실증주의의 테제는 세속성으로 도피한 형이상학 역시 공허하다는 것이다. 실증주의는 진리의 이념을 위해 출발하고도 이 진리의 이념조차 희생한다.

그 점을 드러내준 것이 비트겐슈타인의 공적이다. 한편 '명확히 말할 수 없는 것에 대해서는 침묵하라'는 그의 계율은, 그릇되게 부활한 독단적 형이상학에 훌륭히 어울리며, 또 아무 말 없이 황홀경에 빠져 있는 존재신앙과 더 이상 구분할 수 없다. 변론적으로 이용되지 않고도 탈신화화의 타격을 받지 않는 것은 논증이—논증의 영역은 단순히 이율배반의 영역이다—아닐 것이다. 오히려 그것은, 자멸하지 않는 사상이 초월성으로 귀결되며 결국은 기존의 고통이 청산될 뿐 아니라 돌이킬 수 없게 지나간 고통도 철회될 수 있는 사회상황의 이념에까지 그 사상이 도달하게 된다는 경험이다.

모든 사상들이 말로 표현할 수 없는 존재자인 세계와는 다른 어떤 것에 대한 개념으로 수렴된다는 사실은, 라이프니츠와 칸트가 초월성의 이념을 과학과 통분될 수 있게 만들려고 활용한 미분원칙(Infinitesimalprinzip)과 동일하지 않다. 이 과학 자체의 오류 가능성, 혹은 자연지배와 즉자존재의 혼동이 비로소 그러한 수렴의 교정적 경험을 유발한다. 세계는 지옥보다 더 나쁘기도 하고 더 좋기도 하다. 더 나쁜 이유는 허무성(Nihilität)이 결코 쇼펜하우어식 열반(Nirvana)에서조차 결국 세계가 화해적으로 드러내는 모습, 곧 절대자가 아닐 것이기 때문이다. 빠져나갈 길 없이 완결된 내재성의 연관관계는, 세계를 어떤 악령의 꿈이라고 보는 인도철학의 명제가 세계 속에서 파악하는 의미를 거부한다. 쇼펜하우어는 내재성을 그 자체의 마법 속에 묶어두는 법칙을, 내재성에 의해 차단되고 초월적으로만 표상될 수 있을 본질적인 것에 대한 매개 없이 설명한다는 점에서 틀리게 사고한다. 하지만 쇼펜하우어가 세계의 흐름에 인정해주는 절대적 완결성은 자체의 나름으로 관념론적 체계로부터 차용한 것이며 순수한 동일성원칙으로서 다른 동일성원칙과 마찬가지로 기만적이다. 이 때문에 이 세계는 지옥보다 더 낫다. 혼란스러워지고 손상받은 세계의 흐름은 카프카의 경우처럼 자체의 순수한 무의미성과 맹목성의 의미와도 통분될 수 없으며, 그것들의 원칙에 따라 엄밀히 구성될 수도 없다. 그것은 절망을 절대자로 정립하려는 절망적 의식의 시도에 대립한다. 세계의 흐름은 절대적으로 완결된 것이 아니다. 절대적 절망조차 그렇다. 오히려 절대적 절망은 세계흐름의 완결성이다. 세계흐름 속에서는 타자의 모든 흔적들이 불확실하며, 모든 행복은 취소될 가능성 때문에 일그러진다. 하지만 존재자는 동일성의 허위를 드러내주는 파손들을 통해 언제나 다시 깨어지는 그 타자에 대한 약속들로 점철된다. 어떠한 행복도 인간을 단념하는, 또 인간이 단념하는 전체 행복의 단편(Fragment)이다. 역사의—인간적으로 약속된—타자인 합일(Konvergenz)은, 존재론이 부당하게 역사 앞에 자리잡아주거나 역사로부터 배제해버리는 것을 의연하게 가리켜 보인다.

개념은 존재론적 증명에서 애호되듯이 현실적인 것은 아니다. 그러나 사물 속의 어떤 것이 그것으로 다가오지 않는다면 개념은 사유될 수 없을 것이다. 크라우스는, 환상에 빠진 채 환상 없이(phantasierend-phantasielos) 확고부동하게 초월성을 주장하는 데에 현혹되지 않고, 초월성을 삭제해버리기보다 오히려 그것을 동경하면서 동경으로부터 읽어냈다. 그는 낭만적 · 자유주의적 메타포 작가가 아니었다. 사실 형이상학이 부활할 수는 없다. 부활이라는 개념은 생명체에 적용되는 것이지 창작물에 적용되는 것은 아니며, 정신적 형상물에서는 그것의 허위를 나타내는 지표다. 하지만 형이상학은 그 영향 아래 사유된 것의 실현과 더불어 비로소 생겨날 것이다. 예술은 그로부터 무엇인가를 기대한다.

니체의 저서는 형이상학에 대한 악담으로 넘친다. 하지만 차라투스트라의 '그저 바보이며, 그저 시인일 뿐'이라는 공식보다 더 충실하게 형이상학을 묘사하는 것은 없다. 이 사유하는 예술가는 사유되지 않은 예술을 이해했다. 가련한 존재적인 것(Ontisches)에 굴복하지 않는 사상은 이 존재적인 것의 기준 앞에서 무너지며, 진리는 비진리로, 철학은 바보짓으로 된다. 그렇더라도 실현된 반이성(Widervernunft) 속에서 어리석음이 승리하게 되지 않으려면 철학은 퇴진할 수 없다. "바보보다는 오히려 미친 사람이 더 좋다"(Aux sots je préfère les fous). 바보짓이란, 허위의 한가운데서 진리를 버리지 않을 경우 즉시 두들겨맞게 되는 형태로 된 진리다.

예술은 그 최고의 고양상태에서도 가상이다. 그러나 예술은 그 불가항력적 요인인 가상을 가상 없는 것으로부터 받아들인다. 예술, 특히 허무주의적이라고 비난받은 예술은 판단에서 벗어남으로써 모든 것이 단지 무일 뿐인 것은 아니라고 말한다. 그렇지 않다면, 늘 존재하는 것은 창백하고 색깔없고 아무래도 좋을 것이다. 인간과 사물을 비추는 어떤 빛도 초월성을 반사하지 않는 것은 없다. 대체 가능한 교환 세계에 맞선 저항에서 지워버릴 수 없는 것은, 세계의 색채들이 소멸하는 것을 원하지 않는 눈의 저항이다. 가상 속에서는 가상 없는 것이 약속된다.

12. 변증법의 자체반성

절대자에 대한 지식으로서의 형이상학이 절대적 지식의 구성—이는 헤겔의 『정신현상학』 마지막장 제목을 이루는 관념론이기도 한데—없이도 가능한지를 물어야 할 것이다. 절대자를 다루는 자는 필연적으로 사유의 기관(das denkende Organ)이야말로 절대자를 감당할 능력이 있고 바로 그로써 자체가 절대자라고 말하지 않겠는가? 한편 변증법은 단순히 변증법과 같지는 않은 형이상학으로 넘어가는 과정에서, 부정성이라는 자체의 엄격한 개념에 위배되지 않겠는가? 부정적 지식의 총괄개념인 변증법은 다른 어떤 지식과도 병존하기를 원하지 않는다. 부정적 변증법으로서도 그것은 긍정적 변증법 혹은 체계로부터 배타성의 계율을 넘겨받아 끌고 다닌다. 그러한 논법에 따르면 변증법은 비변증법적 의식을 유한하고 오류 가능한 것으로 부정해야 할 것이다. 변증법은 그 역사적 형태들 전체 속에서 그러한 배타성으로부터 벗어나기를 거부했다. 변증법은 원하든 원치 않든 무조건적 정신과 유한한 정신 사이를 개념적으로 매개했다. 이로써 신학은 간헐적으로 늘 변증법의 적이 되었다. 비록 변증법은 절대자에 대해 사유하지만, 절대자는 변증법에 의해 매개된 것으로서, 조건지어진 사유에 예속된 상태로 남는다. 헤겔의 절대자가 '신성'의 세속화였다 해도 어쨌든 신성의 '세속화'였던 것이다. 그 절대자는 정신의 총체성으로서 궁극적으로 인간적인 총체성 모델에 매여 있었다. 하지만 그 점을 온전히 의식하는 가운데 어떤 사상이 자체를 넘어서 모색해 나아가고, 그리하여 타자를 자신이 사유하기는 하지만 자신과 전혀 통분될 수 없는 것이라고 칭할 경우, 그 사상은 독단적 전통 이외의 어디에서도 보호받을 수 없다. 그런 사상 속에서 사유는 자체의 내실에 대해 낯설고 화해되지 않은 것이며, 새로이 진리를 두 가지로 파악할 수밖에 없게 된다. 이는 진리의 이념과 결합될 수 없을 것이다.

형이상학은 궤변에 빠지지 않은 채 이런 아포리아에서 벗어날 수 있는가 하는 문제에 집착한다. 그러려면 변증법은 보편적 현혹연관(Verblendungszusammenhang)의 산물이면서 동시에 그에 대한 비판이라는 점에서, 궁극적 운동에서는 자체에 대해서도 반대해야 할 것이다. 스스로를 절대화하는 모든 부분적인 것에 대한 비판은 그 비판 자체를 뒤덮는 절대성의 그림자에 대한 비판이다. 즉 그러한 비판도 그 자체의 성향에 맞서서 개념이라는 매체 속에 머물 수밖에 없다는 점에 대한 비판이다. 그러한 비판은 동일성에 대한 요구를 검증하고 존중함으로써 파괴한다. 그 때문에 비판은 이 요구만큼만 도달한다. 동일성 요구는 마법의 원처럼 절대지의 가상을 비판에 각인한다. 비판의 자체반성은 그러한 가상을 제거해야 하며, 바로 그런 점에서 그것은 긍정으로 넘어가지 않는 부정의 부정이다.

변증법은 객관적 현혹연관에 대한 자의식이며, 이 현혹연관으로부터 이미 벗어나 있는 것은 아니다. 내부로부터 그 연관을 깨고 나오는 것이 객관적으로 변증법의 목표다. 그렇게 깨고 나올 힘을 변증법은 내재적 연관관계로부터 점차 얻게 된다. 변증법은 적의 힘을 흡수하여 적을 향하게 만든다는 헤겔의 말을 변증법에 다시 한 번 적용할 수 있을 것이다. 변증법적 개별자 속에서뿐만 아니라 궁극적으로는 전체 속에서도 그렇다. 변증법은 논리학을 수단으로 하여 논리학의 강압적 성격을 파악하며, 그것이 완화되기를 희망한다. 왜냐하면 그런 강압은 그 자체가 신화적 가상이며 강요된 동일성이기 때문이다. 그러나 형이상학이 염두에 두는 절대자는 동일성 강압이 사라진 다음에야 비로소 등장할 비동일자일 것이다. 동일성 테제가 없다면 변증법은 전체적인 것이 아니다. 하지만 이 경우 변증법적 진행과정 속에서 동일성 테제를 버리는 것도 죽을 죄는 아닐 것이다. 부정적 변증법의 규정에는 마치 스스로가 총체적인 듯이 자체 내에 안주하지는 않는다는 점도 포함된다. 이것이 부정적 변증법이 품는 희망의 형태다.

칸트는 동일시 메커니즘들의 피안에 존재하는 초월적 물자체에 대한 교리에서 그에 대해 무엇인가를 묘사했다. 그 후예들은 이 교리를 엄격히 비판했지만, 그들은 그에 못지 않게 혁명 이후의 시민계급 전체가 그랬듯이 퇴행적으로 속박을 강화했다. 그들은 강압 자체를 절대자라고 실체화했던 것이다. 물론 칸트 자신도 물자체를 예지적 존재로 규정하면서 초월성을 비동일자로서 구상했지만, 그것을 절대적 주체와 동일시했으며 다시 동일성 원칙 앞에 굴복했다. 초월적 사물에 점점 가깝게 접근해야 할 인식과정은 마치 그것을 자기 앞으로 밀어내는 듯하며 그것을 의식으로부터 멀어지게 한다. 절대자에 대한 동일시들은 동일성원칙의 근원인 인간에 절대자를 옮겨놓는다. 때때로 그러한 동일시들이 자인하듯이, 또 계몽적 사유가 언제나 적절히 비난할 수 있듯이, 그것들은 의인관들(Anthropomorphismen)일 뿐이다.

그래서 정신이 접근하는 절대자는 정신 앞에서 달아난다. 정신의 접근은 신기루인 것이다. 의인관을 통해 기만의 연관관계가 제거된다고 하지만, 모든 의인관이 성공적으로 제거된다는 것은 결국 기만의 연관관계인 절대적 동일성과 일치할 것이다. 동일시를 통해 비밀을 부인한다고 해도, 즉 비밀로부터 점점 더 많은 부분을 뜯어냄으로써 비밀을 부인한다고 해도 비밀을 해소하지는 못한다. 오히려 비밀은 마치 게임을 하듯이 자연지배의 힘이 무기력함을 상기시킴으로써, 자연지배가 거짓이라고 비판한다. 계몽은 형이상학적 진리내용 가운데 거의 아무것도——근래의 음악 연주기호를 쓴다면 '프레스크 리엥'(presque riens)이라고 하겠다——남겨놓지 않는다. 그로부터 뒤로 물러나는 것은, 괴테가 어떤 극단적인 것을 언급하는 새로운 멜루신(Neue Melusine)*의 작은 상자에 대한 비유에서 묘사하듯이, 점점 더 작아지고 점점 더 눈에 띄지 않게 된다. 이것이야말로 형이상학이 미시론 속으로 들어가게 되는 인식비판적·역사철학적 근거다. 미시론은 총체적인 것으로부터의 도피처인 형이상학이 위치하는 곳이다. 어떠한 절대자도 내재성의 범주들과 소재들을 통하는 것 이외에는 달리 표현될 수 없다. 하지만 그 반면에 나름의 조건을 지니는 이 내재성뿐만 아니라 그것의 총체적 총괄개념도 신격화되어서는 안 될 것이다.

형이상학은 그 자체의 개념상 존재자에 대한 판단의 연역적 연관관계로서는 가능하지 않다. 그와 마찬가지로 형이상학은, 가차없이 사유를 조소할 절대적으로 상이한 어떤 것(ein absolut Verschiedenes)을 본보기삼아 사유될 수도 없다. 이런 본보기에 따르면 형이상학은 단지 존재자의 독해 가능한 짜임관계로서만 가능할 것이다. 이 존재자로부터 형이상학은 소재를 받아들일 것이며, 이것이 없다면 형이상학은 불가능할 것이다. 하지만 그 요소들의 현존재를 찬양하지 않고 오히려 그것들을 어떤 짜임새(Kon-

---

* 멜루신은 고대 프랑스의 전설에 나오는 아름다운 바다요정. 사람의 아내가 되지만 요정의 모습을 남편에게 들켜 본래의 상태로 돌아갔다. 괴테의 동화 「새로운 멜루신」에서는 기본 모티프가 밝은 성격을 띠게 되었다.

figuration)로 이끌어갈 것이며, 이 속에서 그 요소들은 서로 결합되어 문자로 될 것이다. 그러려면 형이상학은 소망에 대해 충분히 이해해야 할 것이다. 소망이 사상의 형편없는 한 가지 원천이라는 점은 크세노파네스* 이래 유럽 계몽사상의 일반적인 테제다. 또한 이 테제는 존재론적 복고의 시도에 대해 아직 그대로 적용된다.

　하지만 그 자체로서 일종의 행위인 사유는 욕구를——우선 삶의 필요를——내포한다. 욕구에 찬 사유(wishful thinking)가 비난받는 곳에서도 사유는 욕구를 근거로 이루어진다. 욕구야말로 사유를 행위로서 포함하는 노력의 원동력이다. 그래서 비판의 대상은 사유 속의 욕구가 아니라 양자 사이의 관계다. 하지만 사유 속의 욕구는 사유되기를 원한다. 그것은 사유를 통한 자신의 부정을 요구하며, 실제로 충족되려면 그것은 사유 속에서 소멸해야만 한다. 그리고 그것은 이러한 부정 속에서 사유보다 오래 남으며, 사상의 가장 내밀한 세포 속에서 사상과 동일하지 않은 것을 대변한다. 극히 미세한 세계내적 성향들도 절대자에 대해 중요성을 지닐 것이다. 왜냐하면 미시론적 시선은 통합적 상위개념의 척도에 따를 때 무기력하게 개별화된 것의 껍데기를 깨고 그것의 동일성, 즉 그것이 단순한 본보기일 뿐이라는 착각을 파괴하기 때문이다. 그러한 사유는 형이상학이 몰락하는 순간에도 형이상학과 연대를 이룬다.

---

* 크세노파네스(Xenophanes, 기원전 565~470): 신들을 인간의 모습으로 그려낸 그리스의 다신교에 대해 신랄하게 풍자한 것으로 유명하다.

● 옮긴이의 말

『부정변증법』은 읽기 어렵다. 그러나 매력적이다. 책 전체가 쓸 만한 격언들로 빈틈없이 짜인 듯하다. 그래서 『부정변증법』의 독서에는 무수한 되새김이 필요할 것이다. 이는 『부정변증법』의 철학적·문화사적 밀도와 반성의 수준 때문이기도 하지만, 그것이 던지는 실천적(부정적·긍정적) 함의 때문이기도 하다.

1970년대 말 아직 유신 반공 이데올로기가 우리의 지적 풍토를 짓누르고 있을 때, 당시 막 소개되기 시작한 아도르노와 몇몇 신좌파 이론가들의 글은 역자에게 구원의 빛처럼 다가왔다. 그들의 까다로운 글들에 산재해 있는 마르크스의 개념들, 예컨대 '사용가치/교환가치' '생산력/생산관계' '사물화·소외·물신' '이론과 실천의 결합' 등은 기존 이론들만 아니라 현실의 제반 현상을 지배/피지배 관계 속에서, 또 해방적 실천과의 연관 속에서 읽는 버릇을 길러주었다. 이는 그들 이론의 난해성에 대한 보상이 되고도 남는다고 여겨졌다. 1980년대 중반 이후 민중운동·노동운동의 가파른 성장과 숨가쁜 마르크스주의 수용과정에서, 신좌파의 취약점들은 간단히 간파되었고, 그 이론적 성과들은 쉽사리 실천적 오점들 속에 파묻혀버렸다. 덕분에 그들과의 진지한 이론적 대결은 생략해도 좋은 것처럼 되고 말았다. 그 자리에 마르크스와 레닌의 고전들과 구동독과 구소련의 쉬운 교과서들이 들어섰다. 아도르노의 눈에 당 관료 정도로 비쳐지던 루카치마저 짧은 수용기를 거쳐 큰 고민 없이 수정주의자로서 타도될 수 있었다. 어찌 보면 구서독의 1960년대 지적 풍경이 한국에서는 좀더 극단화된 모습으로 전개된 셈이었다.

세계사적 격변을 거치면서도 여전히 구조적 불행이 주관적 환멸과 조급증을 압도하고 냉철한 변혁의식과 의지를 요청하는 지금, 1980년대의 열정도 소중히 키워내야겠지만 아도르노의 이론도 버릴 수 없다는 확신이 선다. 『부정변증법』의 무게중심은 다분히 개인주의적이고 반실천적이다. 역자 자신은 지금도 그 논지에 전적으로 동의하지는 않는다. 그러나 『부정변증법』의 여러 통찰들은 우리의 지적 자산목록을 늘리는 데에 그치지 않을 것이다. 무엇보다 『부정변증법』은 실천과 실천론의 자아도취증을 예방하는 데 유용하다. 이 시대의 실천론이 그의 시비조차 감당하지 못한다면, 이는 단순한 지적 게으름이나 무능의 차원을 넘어, 해방적 실천 자체에 내재하는 억압성의 지표로 될 것이다.

『부정변증법』을 번역하기 시작한 것은 1980년대 초였다. 하지만 짧은 독일어와 빈약한 철학 공부 때문에, 또 시대적 분위기에 편승해 중도에 포기한 채 15년 이상을 보냈다. 그래도 반쯤 끄적거려놓은 원고뭉치를 이사 때마다 챙겼다. 이제 힘들게나마 변역을 마친 것은 분명 한길사와의 계약 기한에 쫓긴 덕분이기도 하다. 독해에 도움이 될 역주를 힘닿는 대로 달았지만, 고급 독자들에게는 불필요할지도 모른다는 생각 때문에, 또 『부정변증법』의 논의 수준에 한참 밑도는 듯해 쑥스럽기도 했다. 그러나 역자 자신도 고급 독자임을 자처하면서, 읽어가며 난감했던 대목에는 주석을 다는 편이 만인에게 유익하다고 보기로 했다. 영어판의 도움을 조금 얻었다. 영어판 자체는 그다지 친절하지 못했다. 그러나 원본에서 끝없이 반복출현하는 die, sie, jene, es, das 등등의 미지수들을 확정할 때 모두 따르지는 않았지만 영어판을 고려했다. 일어판이 잘되어 있다는 소문을 들었으나 일어문맹이라 처음부터 포기했다.

번역 내내 가까운 사람들을 괴롭혔다. 대구대 독문과 대학원생들이 선생 잘못 만난 죄로 한 학기와 한 방학과 또 반학기 동안 매주 『부정변증법』의 세례를 받았다. 그 시간이 괴롭지만은 않았기를 바랄 뿐이다. 또 역자의 신경성 야행증 때문에 온 식구의 바이오리듬이 엉망으로 되었다——직접적인 도움도 받았다. 대구대 독문과의 베르툴리스(H. Bertulies) 선생은 실로 놀라울 만큼 풍부한 인문학 지식으로 역자가 풀 수 없었던 수수께끼 십수 개를 어렵지 않게 해결해주었다. 역자에게는 행운이었다.

아직 석연치 않은 대목을 극소화하는 일은 역자의 장기 과제로서 끌고다닐 작정이다. 미진한 번역판을 통해서라도 우리의 이론이 『부정변증법』의 까다로운 함정들을 거뜬히 뛰어넘으면서 챙길 것은 다 챙기기를 기대한다. 그것이 말처럼 쉽지는 않겠지만 인간해방의 장구하고 광범한 싸움 가운데 어느 한 몫을 떠맡는 일임에는 틀림없다고 본다.

1999년 7월

홍승용

●아도르노 연보

1903년 9월 11일 프랑크푸르트에서 성공한 유대인 주류상인 아버지 오스카 알렉산더 비젠그룬트와 오페라 가수인 어머니 칼벨리 아도르노 델 피안의 외아들로 출생.

1919년 베른하르트 제클레스에게서 작곡 수업.

1921년 프랑크푸르트에서 철학·음악학·심리학 공부. 음악비평가로서 활동 개시.

1924년 후설에 관한 연구논문 「후설 현상학에서의 사물적인 것과 노에마적인 것의 초월성」으로 박사학위 취득.

1925년 빈으로 이주. 알반 베르크에게서 작곡 수업. 에두아르트 슈토이어만에게서 피아노 수업.

1927년 쇤베르크 학파의 해체 후 프랑크푸르트로 돌아옴. 막스 호르크하이머와 가까워지면서 음악비평과 이데올로기 비판의 결합 시도. 교수채용 논문(「선험적 영혼론에서의 무의식 개념」) 철회.

1928~31년 빈의 음악잡지 『여명』의 편집인.

1931년 키에르케고르에 대한 연구 『키에르케고르 : 미의 구성』으로 교수채용 논문 통과.

1933년 교수자격증이 나치에 의해 회수됨.
『키에르케고르 : 미의 구성』 발간.

1934년 나치의 박해를 피해 영국으로 망명.

1934~37년 영국 옥스퍼드 머튼 칼리지에서 활동. 마르가레테 카르플루스와 결혼.

1938년 뉴욕으로 이주. 사회연구소의 회원이 됨. 프린스턴 라디오 연구 프로젝트에 참여.

1941~49년 로스앤젤레스에 체류.

1944년 '반유대주의의 본성과 파장'에 관한 버클리 프로젝트에 참여. 이 연구 결과는 『권위주의적 성격』으로 발간됨.

1947년 호르크하이머와의 공저 『계몽의 변증법』이 암스테르담에서 발간.

1949년 프랑크푸르트로 돌아옴. 재건된 사회연구소와 프랑크푸르트 대학의 비정규 교수(1956년 정교수로 됨). 『신음악의 철학』 발간.

1950년 엘제 프랭켈-브룬스비크, 대니얼 J. 레빈슨, 네비트 샌퍼드 등과의 공저인 『권위주의적 성격』 발간. 『최소한의 도덕』 발간.

1952년 『바그너론』 발간.

1952~53년 미국에서의 마지막 체류. 해커 재단의 학술담당 책임자.

1955년 『프리즘 : 문화비판과 사회』 발간.

1956년 『인식론 메타비판 : 후설 및 현상학적 이율배반에 대한 연구』 발간. 『불협화음 : 관리되는 세계 속의 음악』 발간.

1957년 『헤겔 철학의 제 측면』 발간.

1958년 『문학노트 1』 발간.

1959년 『음향도형 : 음악론 1』 발간.

1960년 『말러 : 음악적 관상학』 발간.

1961년 포퍼와 아도르노의 「사회과학의 논리」에 관한 보고서로부터 '실증주의 논쟁'이 촉발됨. 그 결과는 1969년 『독일 사회학에서의 실증주의논쟁』으로 발간됨. 『문학노트 2』 발간.

1962년 『음악사회학 입문 : 12편의 음악 강의』 발간.

1963년 독일 사회학회 회장.
　　　　『헤겔에 대한 세 연구』 발간. 『개입 : 9편의 비판 모델』 발간. 『충실한 연습교사 : 음악 활동을 위한 교육서』.

1964년 『악흥의 순간들』 발간.
　　　　『고유성이라는 전문어 : 독일 이데올로기에 대해』 발간.

1965년 『문학노트 3』 발간.

1966년 『부정변증법』 발간.

1967년 『본보기 거부 : 작은 미학』 발간.

1968년 학생들과 격렬한 논쟁.
　　　　『베르크 : 미세한 이행의 대가』 발간. 『즉흥곡』 발간.

1969년 1월 31일 연구소를 점령한 학생들의 해산을 경찰에 요청. 여름학기에 강의가 중도 폐강됨. 8월 6일 스위스에서 심장경색으로 사망.
한스 아이슬러와의 공저 『영화를 위한 작곡』 발간.
『슬로건 : 비판 모델 2』 발간

1970년 『미학이론』『발터 벤야민』『사회이론과 방법론에 대한 논문들』『성숙을
위한 교육』 등이 유고로 발간됨.

1973년 『'종극'의 이해를 위해』『참여의 변증법』『철학용어 1』『철학용어 2』
등이 유고로 발간.

● 참고문헌

Th. W. Adorno, *Drei Studien zu Hegel*, Frankfurt : 1963.

―――, "Die Idee der Naturgeschichte," Vortrag in der Frankfurter Ortsgruppe der Kantgesellschaft, 1932. 7.

―――, *Kierkegaard : Konstruktion des Ästhetischen*, Frankfurt : 1962.

―――, "Thesesn über Tradition," in : *Insel Almanach auf das Jahr 1966*, Frankfurt : 1965.

―――, "Versuch über Wagner," Berlin · Frankfurt : 1952.

―――, *Zur Metakritik der Erkenntnistheorie*, Stuttgart : 1956.

G. Anders, *Die Antiquiertheit des Menschen*, München : 1961.

―――, "On the Pseudo-Concreteness of Heidegger's Philosophie," in : *Philos. Phenomenol. Research*, Vol. VIII, Nr.3.

Aristoteles, *Metaphisik*.

W. Becker, "Die Dialektik von Grund und Begründetem in Hegels Wissenschaft der Logik," Frankfurter Dissertation 1964.

W. Benjamin, *Briefe* Bd.2, Frankfurt : 1966.

―――, *Schriften* 1, Frankfurt : 1955.

―――, *Schriften* II, Frankfurt : 1955.

―――, *Ursprung des deutschen Trauerspiels*, Frankfurt : 1963.

―――, *Deutsche Menschen. Eine Folge von Briefen*, Frankfurt : 1962(Nachwort von Th. W. Adorno).

―――, *Passgenarbeit, Manuskript, Konvolut K*, Bd.6.

B. Croce, *Lebendiges und Totes in Hegels Philosophie*, Übersetzung von K.

Bücher, Heidelberg : 1909.

E. Durkheim, "Les formes élémentaires de la vie religieuse : Le système totémique en Australie," Paris : 1912(Travaux de l'Année sociologique).

J. E. Erdmann, *Geschichte der neueren Philosophie, Neudruck,* Stuttgart : 1932.

S. Ferenzi, *Bausteine zur Psychoanalyse,* Bern : 1939.

K. H. Haag, *Kritik der neueren Ontologie,* Stuttgart : 1960.

F. W. Hegel, *WW 6*(Heidelberger Enzyklopädie), *WW 2, WW 4, WW 5, WW 7, WW 8, WW 14,* Jubiläumausgabe, hrsg. v. H. Glockner, Stuttgart, seit 1927.

──── , *Die Vernunft in der Geschichte,* 5. Aufl., Hamburg : 1955.

M. Heidegger, *Aus der Erfahrung des Denkens,* Pfullingen : 1954.

──── , *Vom Wesen des Grundes,* Frankfurt : 1949.

──── , *Platons Lehre von der Wahrheit,* 2.Aufl., Bern : 1954.

──── , *Was heißt Denken?,* Tübingen : 1954.

──── , *Was ist Metaphysik?,* 5.Aufl., Frankfurt : 1949.

──── , *Einführung in die Metaphysik,* Tübingen : 1958.

──── , *Holzwege,* Frankfurt : 1950.

──── , *Identität und Differenz,* 2.Aufl., Pfullingen : 1957.

──── , *Sein und Zeit,* 6.Aufl., Tübingen : 1949.

──── , *Über den Humanismus,* Frankfurt : 1949.

F. Hölderlin, *WW2,* hrsg. v. F. Beissner, Stuttgart : 1953.

M. Horkheimer · Th. W. Adorno, *Dialektik der Aufklärung,* Amsterdam : 1947.

M. Horkheimer, "Montaigne und die Funktion der Skepsis," in : *Zeitschrift für Sozialforschung,* VII. Jg. 1938.

K. Jaspers, *Philosophie,* Berlin-Göttingen-Heidelberg : 1956, Bd.1.

I. Kant, *Briefwechsel,* Bd.II, 1789~1794, Berlin : 1900.

──── , *Kritik der reinen Vernunft,* 2.Aufl., *WW III,* Akademie-Ausgabe.

──── , *Kritik der praktischen Vernunft, WW V,* Akademie-Ausgabe.

──── , *Grundlegung zur Metaphysik der Sitten, WW IV,* Akademie-Ausgabe.

──── , *Idee zu einer allgemeinen Geschichte in weltbürgerlicher Absicht, WW VIII,* Akademie-Ausgabe.

————, *Metaphysik der Sitten, Einleitung in die Rechtslehre, WW VI*, Akademie-Ausgabe.

A. Loos, *Sämtliche Schriften*, Bd.1, Wien-München : 1962.

K. Löwith, *Heidegger : Denker in dürftiger Zeit*, Frankfurt : 1953.

G. Lukács, *Die Theorie des Romans*, Berlin : 1920.

H. Marcuse, "Zur Kritik des Hedonismus," in : *Zeitschrift für Sozialforschung*, Jg. VII 1938, Paris : 1939.

K. Marx, *Das Kapital* Bd.1, Berlin : 1955.

————, *Deutsche Ideologie*, in : *MEGA*, 1.Abtlg., Bd.V, Berlin : 1932.

————, *Kritik des Gothaer Programms*, Auswahl und Einleitung von F. Borkenau, Frankfurt : 1956.

————, *Grundrisse der Kritik der politischen Ökonomie*, Berlin : 1953.

K. Marx/F. Engels, *Kommunistisches Manifest*, Stuttgart : 1953.

————, *Die Deutsche Ideologie*, Berlin : 1960.

————, *Die heilige Familie*, Berlin : 1953.

————, *Werke* Bd.20, Berlin : 1962.

O. Negt, "Strukturbeziehungen zwischen den Gesellschaftslehren Comtes und Hegels," Frankfurter Beiträge zur Soziologie Bd.14, Frankfurt : 1964.

F. Nietsche, *Gesammelte Werke*, München : 1924.

H. Regius, *Dämmerung*, Zürich : 1934.

F. W. J. Schelling, *Die Weltalter*, München : 1946.

A. Schmidt, "Der Begriff der Natur in der Lehre von Marx," Frankfurter Beiträge zur Soziologie, Bd.11, Frankfurt : 1962.

A. Schopenhauer, *Die Welt als Wille und Vorstellung I, SWW*, ed. Frauenstädt, II. Band, Leipzig : 1888.

H. Schweppenhäuser, "Studien über die Heideggersche Sprachtheorie," in : *Archiv für Philosophie* 7, 1957.

U. Sonnemann, *Negative Anthropologie*.

F. A. Trendelenburg, *Logische Untersuchungen*, 1.Bd., Leipzig : 1870.

M. Weber, *Gesammelte Aufsätze zur Religionssoziologie* 1, Tübingen : 1947.

E. Zeller, *Die Philosophie der Griechen*, Tübingen : 1859.

● 찾아보기

HANGIL GREAT BOOKS 33

부정변증법

지은이 테오도르 아도르노
옮긴이 홍승용
펴낸이 김언호

펴낸곳 (주)도서출판 한길사
등록 1976년 12월 24일
주소 10881 경기도 파주시 광인사길 37
홈페이지 www.hangilsa.co.kr
전자우편 hangilsa@hangilsa.co.kr
전화 031-955-2000~3 팩스 031-955-2005

인쇄 오색프린팅 제책 경일제책사

제1판 제1쇄 1999년 9월 5일
제1판 제9쇄 2023년 1월 20일

값 33,000원

ISBN 978-89-356-5203-7 94160

• 잘못 만들어진 책은 구입하신 서점에서 바꿔드립니다.

한길그레이트북스 인류의 위대한 지적 유산을 집대성한다